国家社科基金西部项目"世界经济波动下中国对外直接投资风险管理研究"
（项目批准号：14XJL007）

# 中国对外直接投资风险评估与管理研究

## 基于世界经济波动视角

刘军荣 ◎ 著

**RESEARCH ON RISK ASSESSMENT AND MANAGEMENT OF CHINA'S OUTWARD FOREIGN DIRECT INVESTMENT**
FROM THE PERSPECTIVES OF THE WORLD ECONOMIC FLUCTUATION

中国社会科学出版社

## 图书在版编目（CIP）数据

中国对外直接投资风险评估与管理研究：基于世界经济波动视角／刘军荣著．—北京：中国社会科学出版社，2021.11
ISBN 978-7-5203-9394-2

Ⅰ.①中… Ⅱ.①刘… Ⅲ.①对外投资—直接投资—风险管理—研究—中国 Ⅳ.①F832.6

中国版本图书馆 CIP 数据核字（2021）第 254653 号

| 出 版 人 | 赵剑英 |
| --- | --- |
| 责任编辑 | 刘晓红 |
| 责任校对 | 周晓东 |
| 责任印制 | 戴 宽 |

| 出　　版 | 中国社会科学出版社 |
| --- | --- |
| 社　　址 | 北京鼓楼西大街甲 158 号 |
| 邮　　编 | 100720 |
| 网　　址 | http://www.csspw.cn |
| 发 行 部 | 010-84083685 |
| 门 市 部 | 010-84029450 |
| 经　　销 | 新华书店及其他书店 |
| 印　　刷 | 北京君升印刷有限公司 |
| 装　　订 | 廊坊市广阳区广增装订厂 |
| 版　　次 | 2021 年 11 月第 1 版 |
| 印　　次 | 2021 年 11 月第 1 次印刷 |
| 开　　本 | 710×1000　1/16 |
| 印　　张 | 29.25 |
| 插　　页 | 2 |
| 字　　数 | 465 千字 |
| 定　　价 | 168.00 元 |

凡购买中国社会科学出版社图书，如有质量问题请与本社营销中心联系调换
电话：010-84083683
版权所有　侵权必究

# 前 言

本书是国家社科基金项目"世界经济波动下我国对外直接投资的风险管理研究"（14XJL007）的最终成果，主要评估了世界经济波动下我国对外直接投资（Outward Foreign Direct Investment，OFDI）的风险，并基于评估结果对我国 OFDI 风险管理展开了研究，提出了风险管控措施。本书研究符合国家经济安全需要，有利于中国投资者做出理性投资决策，提高了我国 OFDI 风险防范能力，维护我国海外投资安全。

近几次经济危机引发的全球性经济灾难，对全球产业和经济环境的破坏是显而易见的。近 20 年来，中国企业即使在全球经济和金融危机恶化期间对海外直接投资依然仍然非常活跃，但投资绩效明显下滑，这必然部分地受到世界经济波动的影响。因此，将世界经济波动系统性地纳入我国 OFDI 风险研究中，这既有利于更加深刻地了解我国 OFDI 风险机制、水平和趋势，也有利于中国 OFDI 决策者识别并规避各种相关风险，并做出理性的投资决策。在当前全球经济政治百年未有之大变局的背景下，认识到世界经济波动下我国 OFDI 长期趋势和风险要素，将有利于推进我国与相关国家经济、政治、政策的国际协同，并服务于我国对海外经济利益的安全管理，既有利于优化我国对外政治经济策略，贯彻实现新发展格局精神，也有利于推动形成以国内大循环为主体、国内国际双循环相互促进的新发展格局，有利于带动"一带一路"建设。

风险评估服务于风险管理。有效规避中国 OFDI 风险损失，保障投资安全，是风险监测、预警和控制的最终目的。中国 OFDI 风险管理的微观主体是中国跨国公司，现代跨国企业必须有能力应对经济波动等带来的外部威胁，不断优化经营方式和组织结构，逐渐形成高效快速、动态柔性、内外兼顾的风险应对策略和战略，提高自身风险免疫能力。跨国企业的母国属性是永远存在的，除了企业自身的风险保护体系外，国家必须依靠主权力量保护我国海外投资和跨国公司，保护我国海外合法利益，保障我国海外经济安全。因此，构建国家和企业层面的 OFDI 风险管控体系，对我国经济持续发展和海外经济安全具有深远的战略意义。

### 一　经济波动对 OFDI 影响的客观性

经济波动是客观存在的，经济波动与 OFDI 及其环境的互动性也是客观存在的。本书理论或实证研究显示，全球、区域和国别（地区）层次的经济波动对中国 OFDI 流量影响是显著的；同时，经济波动对我国 OFDI 东道国经济、政治、金融环境以及综合环境波动存在长期影响，多数样本国家具有显著的短期影响。可见，对我国 OFDI 风险进行评估时，经济波动是必须重视的风险因素。

### 二　我国 OFDI 风险的多面性和复杂性

我国 OFDI 宏观风险包括许多因素，不同机构和学者在对我国进行 OFDI 风险评估时所选的指标、方法、测度和侧重均有所差异，所以，很难找到针对同一对象且被一致认可的风险评估体系和结果。我们认为，我国 OFDI 宏观风险包括偿债能力风险、商务环境风险、经济风险、政治风险、对外经济风险和对华关系风险六个方面内容，基于这六个方面风险来评估出综合风险，继而考察整体风险。另外，风险评估需要从不同层面进行考察，其中包括国家层面、国家组别（不同发展或收入水平的国家组别）层面和总体（总体样本）层面；除此之外，风险评估过程中，涉及基于类别风险和国别风险计算国别综合风险和中国 OFDI 整体风险时，不同类别风险和国别风险的权重方面可能有多重选择，在没有充分理由排除其他选择的情况下，多重权数选择和计算结果及其比较是必需的，这样有利于显示风险评估的客观性和科学性，但也使定量分析难以获得统一的定性评估。这说明，我国 OFDI 宏观风险评估的复杂性。

该复杂性也体现在风险评估结果上。我国 OFDI 宏观风险评估结果显示，在大多数样本东道国家中，中国 OFDI 的经济风险、商务环境风险、偿债能力风险和对华关系风险呈下降趋势；而在政治风险和对外经济风险方面多数东道国则呈上升趋势；还有部分国家类别风险的长期趋势难以稳定。这表明研究样本的不同类别风险之间和国别风险之间的差异性很大。从综合风险评估结果来看，有半数样本国的综合风险总体呈下降趋势，其中绝大多数为发展中国家。统计还显示，近十年来绝大多数发展中国家的综合风险明显下降，而绝大多数发达国家综合风险明显增加。国家组别风险评估结果部分地呈相似趋势。从中国 OFDI 总体风险来看，偿债能力风险、经济风险、对华关系风险波动较大，但总体呈下降趋势，尤其是 2000 年之后，下降趋势相对明显；从长期来看，中国 OFDI 的政治风险、商务环境风险和对外经济风险呈上升态势。风险指数趋势显示，1990—2016 年中国 OFDI 综合风险总体呈中等风险或低风险水平，国际金融危机之后呈明显下降趋势。

中国跨国企业作为 OFDI 的决策主体和项目实施主体，也是风险承受主体，因此，中国跨国公司经营风险必然是中国 OFDI 风险研究的一项重要内容。本书基于一般跨国企业研究显示出，经济波动对跨国公司传统技术优势、区位优势和内部化优势以及邓宁折中理论下的综合优势均有深远影响，并对跨国公司经营构成多方面风险，包括价格风险、资产值风险、成本风险、合约风险、产业风险、资金链风险、偿付风险、交易风险、法律风险、国有化风险、转移风险、干预风险等。中国跨国公司具有一般跨国企业的普遍属性，经济波动也是我国跨国企业经营的重要风险源。

### 三 强化多层面风险科学管理，维护我国海外资产安全

中国跨国公司必须把宏观经济波动指标带入其经营风险的判别与评估中去，方能有效地优化企业经营和选择正确的风险控制策略。跨国公司以宽松财务、金融操作、集中融投、扩张生产、国际市场、集中资源、企业品牌、社会责任、本土演化等作为其经营优势和风险应对工具，在战略和策略层面展开风险管控。在战略层面，我国跨国公司风险管理的战略选择包括战略柔性化、动态联盟战略、经营虚拟化战略、平衡战略、非均衡战略等；在策略层面，跨国公司应对风险的策略包括风险分散、加强内部化、优化投资方式、构建多元化价值链、产品标准化、市场定价策略、转移定价策略、技术转移等。

从全球实践来看，国家对海外直接投资的风险管控在一定时期处于

主导地位。从美国、欧盟、日本等发达国家、地区对海外投资风险的管理历史来看，第二次世界大战以来西方国家就开始利用其国家机器和主权从国际外交、国际合作和国内政策法规等诸方面有效地降低了本国企业海外直接投资风险。自20世纪90年代中期以来，我国对外直接投资快速增长，但是，从国家层面来看，对我国OFDI的风险控制系统仍不完善。我们认为，国家层面需要从政府国际协调、国际平台、国家平台和利益安全体系几个角度的思考来防范我国海外直接投资和海外企业的风险，保护海外投资项目和企业。基于国家主权而进行的国际协商为我国OFDI和跨国公司提供了良好的国际宏观经营环境和安全保障；国际评级机构平台、国际投资担保机构和区域经济合作平台为我国OFDI和跨国公司提供了中观和微观的安全保障。

国际合作层面的风险管控超越了国家主权范围的非可控因素很多，多边国际风险管控系统的效果有限且其本身风险较大。因此，构建国内针对海外直接投资风险的管理系统显得更加必要和有效。第二次世界大战之后，发达国家在对外经济扩张过程中非常重视国内风险控制系统的建设，这为其海外投资安全和跨国企业经营提供了强大的安全保障。鉴于此，在我国经济深度融入世界经济体系，对外直接投资飞速增长，中国企业国际化快速发展的今天，我国应积极建设国家OFDI信息咨询服务平台、OFDI金融服务平台、海外投资保险服务平台、海外投资安全研究体系和海外投资政策体系等国家级OFDI管理平台，以保障我国海外投资安全。

从企业层面来看，我国跨国公司需要建立风险管理机制、内部风险管理机构系统和外部风险管理协作系统以应对外部风险。在建立风险管理机制方面，首先，需要建立风险评估和预警机制，构建可行可用的风险侦测、评估、预警和信息报送机制；其次，风险管理的风险决策机制包括专业决策技术团队、决策评价专家团队、风险信息数据库、风险管理知识库、决策主体和链接平台等；最后，建立风险响应机制，建立"响应命令发出者—风险响应出勤者—风险响应监督者—风险处置评估者—风险报告提交者"的高效能风险响应科学流程。在建立内部风险管理机构系统及工作机制方面，应该建设明确的组织机构体系，主要包括董事会（重大风险决策）、高层风险管理委员会（风险决策部门）、中层风险管理部（风险管理组—风险评估、预警和处理）、风险感知部门（销售部和财务部）。在建立工作机制方面，最为核心的部分是高层风险管理委员会下属的中层风险管理部，它包括市场风险、财务风险、技术风险和公关风险等主要业务的分支。

在建立外部风险管理协作系统方面，中国跨国公司必须通过外部横向和纵向协同来进行风险管理，实现与国家海外投资风险管理、专业风险管理行业机构、当地政府风险管理部门协同及国际机构相协同。除此之外，与东道国当地独立的 GNO 组织或国际 GNO 组织进行合作与沟通，加强与当地社会民众和各阶层的沟通，形成正面舆论引导，以获得行之有效的风险处理方案是我国海外直接投资主体风险协同管理的重要部分。

#### 四　本书的突出特色和主要建树

1. 综合评估我国 OFDI 风险长期趋势

本书基于 33 个样本国家的宏观经济数据，从国别、国家类别、总体等层次层面评估了我国 OFDI 的偿债能力、商务环境、经济、政治、对外经济和对华关系六方面的风险和综合风险。考察期跨度为 27 年（1990—2016 年），评估结果显示了我国 OFDI 风险水平和长期趋势，并将不同计算方法的评估结果作了展示、说明和比较，体现了评估分析的客观性和科学性。而国内同类 OFDI 的风险评估考察期跨度较短（通常为 1 年或 5 年）。本书对 OFDI 风险长期考察，为我国 OFDI 政策和风险防控提供了新的参考视角。

2. 将经济波动引入我国 OFDI 风险评估和风险管理中

由于现有的中国 OFDI 风险评估研究更注重于静态宏观风险研究，虽然把经济基础作为风险要素之一，但没有考虑经济波动对政治等非经济风险要素及其内在的联系与影响，因此，现有相关研究成果鲜有将经济波动纳入 OFDI 风险评估和风险管理体系之中。本书研究了经济波动对 OFDI 流量和环境的影响，在我国 OFDI 风险评估、投资风险管理机制策略和国家或企业层面的风险管理措施研究中充分考虑了经济波动的影响，在前人研究之下略作拓展，并使本书对我国 OFDI 风险评估更具客观性和科学性。

# 目 录

第一章　导论 ····················································· 1

　　第一节　研究背景和意义 ····································· 1
　　第二节　国内外研究现状述评 ································· 4
　　第三节　本书主要研究内容 ··································· 6

## 第一篇　互动研究

第二章　经济波动对中国对外直接投资流量影响的考察 ············· 11

　　第一节　基于全球数据的长期考察 ···························· 11
　　第二节　基于亚洲、美国和中国香港的考察 ···················· 19

第三章　经济波动对直接投资环境的影响 ························· 23

　　第一节　样本与数据 ········································ 23
　　第二节　经济波动与东道国国家风险的相关性分析 ·············· 28
　　第三节　经济波动与国家风险的同步性分析 ···················· 37
　　第四节　基于面板数据的整体分析 ···························· 48

第四章　经济波动下 OFDI 风险理论 ······························ 56

　　第一节　经济波动下东道国引入直接投资的收益最大化 ·········· 56
　　第二节　风险要素分析 ······································ 59

1

第二节　基于东道国消费最大化 …………………………………… 64
第三节　OFDI 风险界定理论 ……………………………………… 66
第四节　OFDI 风险评估和预警的两个模型介绍…………………… 70

# 第二篇　风险评估

## 第五章　经济波动下中国对外直接投资风险评估体系 ………… 77
第一节　经济波动下中国对外直接投资的风险因素和
　　　　形成机理 ………………………………………………… 77
第二节　风险评估机构、指标和方法概述 ………………………… 84
第三节　风险评估指标选取 ………………………………………… 86
第四节　风险内容和评估方法 ……………………………………… 91
第五节　本书风险评估体系的特点 ………………………………… 97

## 第六章　中国对外直接投资的国别类别风险评估 ……………… 99
第一节　国别类别风险总体趋势分析 ……………………………… 99
第二节　国别类别风险趋势与经济波动互动性分析……………… 102
第三节　国别经济风险评估结果阐释
　　　　——以部分国家为例的描述…………………………… 113
第四节　国别商务环境风险评估结果分析
　　　　——以部分国家为例的描述…………………………… 122
第五节　国别偿债能力风险评估结果分析
　　　　——以部分国家为例的描述…………………………… 132
第六节　国别政治风险评估结果分析
　　　　——基于部分国家为例…………………………………… 142
第七节　国别对外经济风险评估分析
　　　　——基于部分国家为例…………………………………… 152
第八节　国别对华关系风险评估结果
　　　　——以部分国家为例……………………………………… 160

# 目录

## 第七章　中国对外直接投资国别综合风险评估　164

第一节　国别综合风险的总体趋势（1990—2016 年）　165

第二节　国别综合风险的描述与分析
　　　——以部分国家为例　171

## 第八章　中国对外直接投资国家组别类别风险评估　179

第一节　不同收入水平国家的类别风险　179

第二节　不同发达水平国家的类别风险分析　196

第三节　不同收入水平国家相同类别风险比较　206

第四节　不同发展水平的相同类别风险比较　212

## 第九章　中国对外直接投资总体风险评估　218

第一节　中国对外直接投资的总体类别风险评估结果与
　　　分析　218

第二节　中国对外直接投资的总体风险评估　224

## 第十章　中国对外直接投资风险等级　227

第一节　风险等级的划分方法　227

第二节　国别类别风险等级　228

第三节　国别综合风险等级　232

第四节　不同组别国家的风险等级　233

## 第十一章　经济波动与对外直接投资企业经营风险
　　　——基于一般跨国公司的视角　240

第一节　经济波动与跨国公司经营风险　241

第二节　经济周期扁平化与跨国公司优势变迁　246

第三节　经济波动协同性与跨国公司经营风险　251

## 第三篇 风险管理

**第十二章 中国 OFDI 风险分析结论和相关问题思考**……… 259
  第一节 中国 OFDI 风险实证研究综合描述 ……………… 259
  第二节 互动分析和风险评估的综合观点 ………………… 266
  第三节 中国 OFDI 风险评估的相关问题 ………………… 268

**第十三章 经济波动下中国对外直接投资风险预警分析**……… 273
  第一节 研究方法和数据 …………………………………… 273
  第二节 国别类别风险预警模型训练 ……………………… 274
  第三节 国别类别风险模型预警与结果分析 ……………… 284
  第四节 国别综合风险预警 ………………………………… 293

**第十四章 经济波动与跨国公司风险管理机制和策略**
       ——基于跨国公司的视角 ……………………… 297
  第一节 经济波动与跨国公司风险管理策略 ……………… 297
  第二节 经济波动下跨国公司其他风险管理策略 ………… 303
  第三节 跨国公司对突发危机反应机理
       ——基于一般企业的视角 ……………………… 306
  第四节 经济周期与跨国公司国际转移定价策略 ………… 312
  第五节 经济周期与跨国公司技术研发及转移策略 ……… 318

**第十五章 经济波动与跨国公司的风险应对战略**……………… 324
  第一节 经济波动与战略柔性化 …………………………… 324
  第二节 动态联盟战略 ……………………………………… 329
  第三节 经营虚拟化战略 …………………………………… 338
  第四节 经济波动与平衡战略 ……………………………… 341
  第五节 经济波动与跨国公司非均衡战略 ………………… 349

第十六章　中国对外直接投资和跨国公司风险管理…………… 354

　　第一节　对外直接投资风险国家层面管理…………………… 354

　　第二节　对外直接投资风险企业层面管理…………………… 360

附　录………………………………………………………………… 366

参考文献……………………………………………………………… 447

# 第一章

# 导 论

## 第一节 研究背景和意义

**一 研究背景**

1. 中国正在不断深度融入世界经济

自改革开放以来，中国与世界经济的联系不断加强。无论从国家顶层设计、国家政策、国际交往、国际平台参与、国际平台建设、对外贸易、对外投资的发展趋势都显示出我国不断深度融入世界经济的过程。从党的十一届三中全会到党的十九大以来，我国持续拓宽开放领域，完善开放体制，促进开放共赢。从兴办经济特区、开放沿海港口城市、设立经济技术开发区，到扩大内陆沿边开放，我国开放由点到线、由线到面逐步展开。党的十八大以来，我国以"一带一路"建设为重点，深化沿海开放，扩大向西开放、向周边国家开放、陆海内外联动和东西双向互济的全面开放新格局加快形成。2020年5月，中央提出"充分发挥我国超大规模市场优势和内需潜力，构建国内国际双循环相互促进的新发展格局"，要求国内大循环为主体，立足于扩大内需，维护国内的产业链安全与供应链安全。国内国际双循环相促进，需要通过积极推动新型全球化，推进"一带一路"建设，促进国内循环、国际循环相互促进的全球大循环。① 目前由我国主导的"一带一路"倡议是全球最大

---

① 商务部党组：《中国对外开放四十年的回顾与思考》，中国共产党新闻网，http://theory.people.com.cn/n1/2019/0118/c40531-30575128.html，2019年1月18日。

的区域合作平台，中国是当前世界最主要的全球化推动者。国家主席习近平多次强调"中国推动更高水平开放的脚步不会停滞！中国推动建设开放型世界经济的脚步不会停滞！中国推动构建人类命运共同体的脚步不会停滞！"

对外直接投资（Outward Foreign Direct Investment，OFDI）是实现我国"走出去"战略的重要组成部分，是延长我国企业价值链、参与国际分工、促进技术进步、优化我国产业结构以及获得海外资源的重要举措。然而，世界经济周期性和非周期性波动渐进地或甚至突发性地影响着我国 OFDI 环境，使其面临巨大风险，危害我国对外投资的安全，进而影响我国经济安全。

在全球化背景下，经济波动国际协同性不断增强，使全球各经济体之间经济同步性不断提高。在此情况下，任何一个国家对外直接投资必然受到全球经济波动的影响。中国作为最大的发展中国家，其对外直接投资必然受到世界经济波动及其协同性的影响。

2. 中国对外直接投资不断提高，但投资失败率高，海外企业经营艰难

根据联合国贸发会议数据统计，1989 年我国对外直接投资流量为 7.80 亿美元，2016 年该数字为 1961.5 亿美元，扩大了 250 倍，年均增长 8.93 倍。同期，我国 OFDI 存量分别为 36.25 亿美元和 13573.90 亿美元，增长了 374 倍，年均增长 13.37 倍。我国 OFDI 的存量排名全球第八位，流量排名第二位。我国目前拥有 2 万余家企业投资设立境外生产经营子企业 3 万余家，分布在全球近 200 个国家。

但是，我国 OFDI 项目失败率达到 70% 以上。中国商务部研究中心专家顾问吴东华教授直言"中国海外矿产能源、基础设施领域的投资 70% 是失败的！"而且目前还未看到中国企业维权成功的案例。

2018 年国际产能合作论坛暨第十届外洽会议上国家发改委外资司巡视员王建军表示，中国企业对外投资经营水平不断提高，2017 年 70% 以上的境外投资企业实现盈利或盈亏平衡，[①] 这表明中国境外企业

---

① 李春晖：《中企境外投资效益不断显现：去年超 70% 实现盈利或盈亏平衡》，中国网财经，http：//finance.china.com.cn/industry/20180918/4763166.shtml，2008 年 9 月 18 日。

近30%为亏损状态。又据《中国跨国公司发展报告（2016）》显示，2016年入围世界500强榜单的中国跨国公司为110家，数量上创下历史新高。然而自2013年以来，中国入围世界500强的跨国企业中的亏损企业占比逐年增大，2016年亏损企业占比近20%。中国OFDI主体主要为国有企业，投资失败的主力也是国有企业。

如此大面积投资失败除了缺乏投资风险意识，缺失风险管理系统，国企管理问题凸显，海外盲目扩张，海外投资经验不足等原因外，全球性或区域性经济波动导致的政治稳定、债务能力、商务环境、国际关系等方面变化也可能是投资失败的重要原因。因此，如何有效地监控世界经济波动对我国OFDI产生的风险显得尤为重要，亟待对该主题进行系统性研究。尽管目前大量学者研究了我国OFDI的风险问题，但鲜有学者研究世界经济波动对我国OFDI产生的风险及风险管理，这恰恰是本书的主要任务。

**二 本书研究意义**

本书研究经济波动背景下我国OFDI东道国的经济、政治、偿债能力、商务环境、对外经济和对华关系六方面风险问题，分析风险长期趋势，风险评估结果显示了1990—2016年我国OFDI各类风险趋势以及与经济波动的互动水平。中国企业整体实力尚不雄厚，而OFDI是国家经济发展之必需。如何规避中国OFDI风险损失和保障投资安全是风险监测、预警和控制的最终目的。

首先，该研究服务于宏观OFDI风险研究和管理。明确了经济波动下中国OFDI风险的长期趋势，为我国OFDI风险识别、防范与控制及OFDI宏观管理提供决策参考，服务于维护我国海外投资安全。

其次，经济波动融入OFDI风险评价拓宽OFDI风险研究的理论研究和管理实践视角。本书把经济波动融入OFDI风险评价中，为OFDI风险理论研究者提供了新视角，为投资者提供了风险识别和管理的新维度。

再次，风险类别研究将丰富OFDI风险理论研究和管理实践内涵。本书把我国OFDI分成上述六个方面（或类别），丰富了OFDI风险理论研究的维度和OFDI风险管理内容。

最后，服务于中国海外企业的风险控制。本书为我国跨国企业识别、防范与控制 OFDI 风险实践提供了理论依据与方法建议，有利于中国企业更为稳健地参与国际竞争。为我国政府正确引导企业实施"走出去"战略提供对策建议。

## 第二节　国内外研究现状述评

目前，学界对经济波动、OFDI 风险评估和风险管理研究的学者众多，成果丰富，已形成了系统性理论和研究共识。结合本书主题，笔者主要从经济波动与 OFDI 的相关性、OFDI 风险影响因素、国家风险等级、投资风险评估、OFDI 风险控制等方面的相关研究进行文献梳理，找到既有研究边界和基础，为本书研究找到学术参考和指导，提出本书可能的学术边际贡献。

### 一　经济波动与对外直接投资的相关性

少数学者就经济波动及宏观经济指标对 OFDI 的影响作了深入分析，包括经济波动对 OFDI 区位影响（刘军荣，2011），经济波动对 OFDI 流量影响（刘军荣，2008），汇率波动对 OFDI 的影响（朱孟怡，2014；罗洁，2013；罗忠洲，2006）。总体而言，关于经济波动对 FDI 影响的研究很少。

### 二　对外直接投资风险影响因素的相关研究

大量学者研究了 OFDI 风险影响因素，这些因素主要包括政治因素（Click，2005；Peter，2006；Hemphill，2008；张金杰，2008；陈漓高，2009；王海军，2012）、外汇因素（Chow & Lee，1997；Benassy，2001；Buch，2008；林圣哲，2006；彭红枫，2011；胡兵，2012）、文化因素（Hall，1976；Fons & Charles，l998；Dorothy & Timothy，2006；彭迪云，2000；张树俊，2007）、法律因素（Laura & James，1996；赵源，2006；曹征，2007；陈爱搭，2008；李煜，2008）等。这些研究着重探讨了 OFDI 特定风险及其影响因素。

然而，世界经济波动对 OFDI 产生的影响远超出上述三类因素的范畴，产生的冲击更直接、更显著。尽管上述研究包含了外汇等宏观经济要素，但是世界经济波动对 OFDI 环境带来的冲击远不只如此，如偿债能力、对外经济关系、国际关系和投资竞争（Yothin Jinjarak，2007）

以及技术竞争等诸方面也会对 OFDI 风险具有重大影响。

### 三 对国家风险等级和投资风险评估的相关研究

许多国际评级机构和学者运用定量化的方法建立了国家风险的指标体系，如 PRS 集团的国家风险国际指南（ICRG）、德国经济研究所制定的国家风险预警系统、日本公司债研究所的国家风险等级、欧洲货币指数国家风险等级指标，标准普尔国家风险评级、中国社会科学院对外直接投资风险指标（CROIC – IWEP）以及陈菲琼（2015）和宣国良（1995）等学者编制的境外投资项目国家风险评价系统等。这些机构和学者的研究方法和成果为本书提供了宝贵的研究参考。

投资风险评估方面，国内外学者作了富有成效的研究。Miller（1996）提出了国际风险感知模型（PEU 模型）；Subldh（2001）提出了影响跨国公司国际化运营的决策过程的三种不确定性，即宏观环境不可预测性、竞争者行为的不可预测性、交易者的行为不确定性，并认为国际市场进入的模式选择取决于这些不确定性；赵曙明（1998）、许晖（2006）和杨乃定（2008）等把 OFDI 的风险进行分类，并建立了 OFDI 风险评价体系。

国家风险是国家主权行为所引起的国别风险，而世界经济波动可能是全球性风险，空间上突破了主权范围，强度上超越主权控制。前者偏于年度静态评估，后者的影响更深远且动态性更强。国家风险评估强调某些方面的特定风险（如 ICRG 非常偏重于政治风险），可能低估了经济波动对 OFDI 带来的风险；在国际投资风险评估研究方面，学者把宏观经济风险与自然、文化、管理风险以及人事因素相提并论，而实际上宏观经济形势是影响国际投资最直接、最经常、最明显的因素，许多学者的研究证明了这一点（Niles Russ，2003；Levy – Yeyati，2002；Bernanke，2000；M. Funk，2006；Yothin Jinjarak，2007），课题负责人研究也发现经济周期与 FDI 流量周期存在明显的互动关系。

### 四 对外直接投资风险控制策略的相关研究

该方面的研究集中于 OFDI 风险预警系统和监控机制的理论研究。有学者（刘红霞，2006；曹松艳，2010；狄向华，2012）认为，需要从事前控制的角度加强风险预警，以便对海外投资风险进行有力控制，建立境外投资协调机制和构建境外投资风险预警系统，从而加强境外投

5

资风险的识别和预控。韦军亮（2009）强调OFDI风险预警系统的连续性动态监控、实时传输和实时处理。韩师光（2014）、朱兴龙（2016）、陈菲琼（2015）、尹晨（2018）、陈立泰（2008）、曹松艳（2010）和白远（2005）等学者提出了我国OFDI国家、企业或项目多层次风险管理方案和策略。

上述研究为本书提供了极具价值的理论、方法和视角参考。现有中国OFDI风险评估研究更注重静态宏观风险研究，虽然把经济基础作为风险要素之一，但是没有考虑经济波动对政治等非经济风险要素或非经济风险形成的内在联系和影响，因此现有相关研究成果也很少将经济波动与OFDI风险评估和风险管理相结合。本书研究尝试将经济波动纳入我国OFDI风险评估、投资风险管理机制策略和国家或企业层面的风险管理措施研究中，使我国OFDI风险评估和管理更具客观性和科学性。

## 第三节　本书主要研究内容

本书主要从经济波动与直接投资的互动性、中国OFDI风险评估和中国OFDI风险管理三个主要部分展开研究，这三部分是构成本书主体部分的三篇。

**一　互动研究篇：经济波动与中国OFDI的互动性研究**

该部分将从理论和实证角度探讨经济波动对中国OFDI流量的影响、OFDI风险评估理论和经济波动对OFDI环境的影响等问题，旨在证明经济波动与直接投资及其环境存在客观的互动关系。

经济波动对中国OFDI流量影响分析主要采用实证考察角度，分别从全球、亚洲或国别（或地区）三个层次进行研究；经济波动下OFDI风险理论分析旨在厘清经济波动与OFDI风险之间的逻辑关系，是纯理论梳理和探究；经济波动对直接投资环境影响是基于中国OFDI东道国样本的经济波动指标和与之匹配的PRS集团的国家风险数据（ICRG）的互动展开实证分析，旨在证明经济波动是OFDI的重要风险影响因素。

## 二 风险评估篇：中国 OFDI 风险评估

本部分涵盖风险评估体系，各类风险评估过程和结果及一般性跨国企业的风险分析等内容。本篇以到 2016 年吸收中国 OFDI 存量超过 10 亿美元的 33 个东道国为样本，充分考虑经济波动因素影响，对中国 OFDI 各类风险进行评估。本部分旨在分析中国 OFDI 以及海外企业经营风险和风险趋势，主要分析宏观风险的长期趋势。

风险评估体系主要包括风险类别、风险评估指标、风险评估计算方法以及评估原则；国别综合风险评估主要是基于国别数据评估样本国经济、偿债能力、商务环境、政治、对外经济和对华关系六方面的风险及长期趋势，简要分析与经济波动的关系，并以部分经济体为例进行分析与阐释；国别综合风险评估主要基于类别风险评估结果通过因子分析打分或算术平均并加权经济波动因素评估而得，并对其进行趋势分析和阐释；国家组别类别风险评估是基于不同收入水平和发展水平国家的分类对不同类型国家进行风险评估和比较分析；对于经济波动下企业经营风险的分析，本书基于一般性跨国企业从理论和实证角度研究经济波动下跨国公司（作为投资和 OFDI 的经营主体）传统优势变迁及风险后果。OFDI 企业经营风险研究主要从理论角度探讨经济波动对跨国公司技术优势、规模优势、内部化优势、整体优势等方面的影响及其变迁，并将分析经济波动及其国际协同性对跨国公司经营风险的形成机制。

## 三 风险管理篇：中国 OFDI 风险管理

本部分主要包括中国 OFDI 风险预警研究、风险研究结果概述和相关问题思考、跨国公司风险管理机制与策略研究、跨国公司风险应对战略研究和风险管理研究。本篇基于前两篇研究结果从风险管理角度提出理论观点和现实设想。

中国 OFDI 风险预警研究主要基于样本风险指标和风险评估结果，采用神经网络预测模型训练进行风险预警分析，旨在提供一种风险预警展示和参考，为现实风险管理提供工具性思考；中国 OFDI 风险分析结论和相关问题思考部分是对第一篇和第二篇研究发现的总结和延展，旨在为风险管理策略提供目标性支撑；中国 OFDI 经营主体（跨国公司）的风险管理机制与策略主要是基于经济波动背景在一般企业和一般跨国公司层面展开理论研究的；跨国公司风险应对战略研究侧重于企业层面风险管理战略理论性；风险管理研究侧重于风险管理实践，并重点从中国 OFDI 和中国跨国公司风险管理体系构建角度提出国家层面政策性和企业制度性建议。

# 第一篇　互动研究

## 经济波动与中国直接投资的互动性研究

本篇从理论与实证角度分析经济波动对对外直接投资的影响,具体包括经济波动对中国对外直接投资(OFDI)流量的影响、经济波动对 OFDI 环境的影响和经济波动下 OFDI 风险理论三个方面的内容。本篇主要探讨经济波动对中国 OFDI 影响的客观性。

# 第二章

# 经济波动对中国对外直接投资流量影响的考察

## 第一节 基于全球数据的长期考察

### 一 概述和数据说明

中国对外直接投资必然受制于全球经济波动的影响,本部分旨在实证考察这种影响是否客观存在。为了提高实证分析的可靠性,笔者分别用了相关性、灰色关联度,回归法和格兰杰因果检验法。通过上述数种方式来确定中国对外直接投资是否受全球经济波动影响。

根据经济波动理论和学者的研究共识,本书的研究选取了世界GDP、世界消费者物价指数(WCPI)、世界贸易(WTRADE)、基准利率指数(WIR)、世界综合价格指数(PIDX)等来刻画经济波动。在回归中作为解释变量,中国对外直接投资流量(COFDI)作为被解释变量。其中,中国对外直接投资、世界GDP、世界消费者物价指数,全球贸易的数据来源于UNCTAD数据库;基准利率指数为澳大利亚、加拿大、美国、中国、日本、印度、英国、意大利、南非9个国家的基准率的平均值,原始数据来自世界银行数据库;全球商品综合价格指数由热带饮料(Tropical Beverages)、植物油料(Vegetable Oilseeds and Oils)、农业原料(Agricultural Raw Materials)及矿物、矿石和金属(Minerals, Ores and Metals)四部分价格平均加权获得,原始数据来自

UNCTAD 数据库。①

## 二 相关性检验

本部分旨在探索中国 OFDI 是否与全球各经济指标变量波动存在联系，从而确认全球经济波动对中国对外直接投资影响的客观存在性。

相关性分析结果显示（见表 2-1），中国对外直接投资流量（COFDI）与各宏观经济指标的相关关系较显著，相关系数绝大多数 > 0.8 或 < -0.8，这表明解释变量与被解释变量的互动关系可能很显著。

表 2-1　中国 OFDI 流量及宏观经济指标相关性分析结果

| | | WCPI | WOFDI | WGDP | FOOD | WTRADE | WIR |
|---|---|---|---|---|---|---|---|
| WOFDI | 皮尔森（Pearson）相关 | 0.926** | | | | | |
| | 显著性（单尾） | 0.000 | | | | | |
| | N | 33 | | | | | |
| WGDP | 皮尔森（Pearson）相关 | 0.898** | 0.942** | | | | |
| | 显著性（单尾） | 0.000 | 0.000 | | | | |
| | N | 33 | 33 | | | | |
| FOOD | 皮尔森（Pearson）相关 | 0.515** | 0.606** | 0.789** | | | |
| | 显著性（单尾） | 0.001 | 0.000 | 0.000 | | | |
| | N | 33 | 33 | 33 | | | |
| WTRADE | 皮尔森（Pearson）相关 | 0.888** | 0.939** | 0.996** | 0.785** | | |
| | 显著性（单尾） | 0.000 | 0.000 | 0.000 | 0.000 | | |
| | N | 33 | 33 | 33 | 33 | | |
| WIR | 皮尔森（Pearson）相关 | -0.848** | -0.872** | -0.928** | -0.661** | -0.934** | |
| | 显著性（单尾） | 0.000 | 0.000 | 0.000 | 0.000 | 0.000 | |
| | N | 33 | 33 | 33 | 33 | 33 | |
| 中国 OFDI | 皮尔森（Pearson）相关 | 0.811** | 0.877** | 0.959** | 0.813** | 0.948** | -0.876** |
| | 显著性（单尾） | 0.000 | 0.000 | 0.000 | 0.000 | 0.000 | 0.000 |
| | N | 33 | 33 | 33 | 33 | 33 | 33 |

注：** 表示相关性在 0.01 水平下显著（单尾）。

---

① 联合国贸易和发展会议，https：//unctadstat.unctad.org/wds/TableViewer/tableView.aspx? ReportId = 140863。

相关性分析结果显示，尤其是全球对外直接投资流量（WOFDI）与全球 CPI（WCPI）、全球 GDP、全球贸易的相关系数平均达到 0.9。WOFDI 与全球基准利率（WIR）的相关系数为 -0.872，说明全球 OFDI 与利率呈反相关，利率越高世界 OFDI 越小，这表明 WOFDI 与 WIR 高度相关；从中国 OFDI 流量与经济指标的相关水平来看，中国 OFDI 流量与 WCPI（世界 CPI）、WOFDI（世界 OFDI）、WGDP（世界 GDP）、FOOD（世界食物价格指数）、WTRADE（全球贸易）、WIR（全球基准利率）的相关系数分别为 0.811、0.877、0.959、0.813、0.948 和 -0.876。[①] 相比而言，仅世界食物价格与中国 OFDI 的相关关系（相关性为 0.52）相对较弱。总体而言，全球经济指标对世界 OFDI 或中国 OFDI 均影响显著。

### 三 灰色关联度检验

灰色关联度分析法（Grey Relation Analysis，GRA）的前提是已经了解某一个指标可能与其他的某几个因素相关，通过该方法可以确定该指标与其他哪个因素相关性更紧密或更微弱，依次类推，从而获得相关关系紧密性排序。因此，灰色关联分析是研究母因子和子因子关系密切程度的统计分析方法，可以确定系统各因素中的主要因素。本部分采用该方法旨在确认中国对外直接投资（COFDI）是否与全球各指标变量波动存在联系，并可找出影响中国 OFDI 的全球经济指标。指标与变量符号的对应关系显示在表 2-2 中。

表 2-2　　指标与变量符号的对用关系及说明

| 指标名称 | 中国对外直接投资 | | | | | |
|---|---|---|---|---|---|---|
| 指标缩写 | COFDI | WCPI | WGDP | FOOD | WTRADE | WIR | PIDX |
| 变量符号 | $y_0$ | $x_1$ | $x_2$ | $x_3$ | $x_4$ | $x_5$ | $x_6$ |
| 指标说明 | 中国对外直接投资流量的对数值 | 全球 CPI | 世界 GDP 的对数值 | 全球食物产品价格指数 | 全球贸易的对数值 | 全球基准汇率指数 | 全球产品价格指数 |

---

① 说明中国 OFDI 与利率呈反相关，利率越高中国 OFDI 越小，这表明中国 OFDI 与 WIR 高度相关。实际上，WIR 倒数（1/WIR）y 与中国 OFDI 和世界 OFDI 的相关系数分别为 0.853 和 0.823，为强相关关系。

灰色关联分析适用于数字序列短和规律性较差数据序列的分析。实际上，本部分指标序列均为1982—2013年连续的时间序列，因此同样可用于灰色分析。通过灰色关联分析法的无量纲化①、差序列处理之后，获得各差序列中的最大差（M）和最小差（m）（见表2-3）。

表2-3　各差序列中的最大差（M）和最小差（m）

| 差序列 | 极大差（M） | 极小差（m） |
| --- | --- | --- |
| ΔWCPI | 20.983 | 0 |
| ΔWGDP | 1.935 | 0 |
| ΔFOOD | 1.875 | 0 |
| ΔWTRADE | 1.884 | 0 |
| ΔWIR | 2.474 | 0 |
| ΔPIDX | 1.895 | 0 |

利用式（2-1）—式（2-2）

$$r(y_0, x_i) = (m + \psi M)/(\Delta x_i + \psi M) \quad (\psi = 0.5, i = 1, 2, \cdots, v)② \quad (2-1)$$

$$R(y_0, x_i) = \frac{1}{n}\sum_{k=1}^{n} r(y_0, x_{ik})(k = 1, 2, \cdots, n) \quad (2-2)$$

其中 $r(y_0, x_i)$ 为关联系数，$R(y_0, x_i)$ 为底色关联系数，$y_0$ 为中国OFDI流量，$\psi$ 为灰色分析分辨率系数，$n$ 为在指标数。

我们得出各指标变量与COFDI灰色关联度（见表2-4）。

表2-4　全球各指标变量与中国COFDI灰色关联度

| 年份 | $x_1$ | $x_2$ | $x_3$ | $x_4$ | $x_5$ | $x_6$ |
| --- | --- | --- | --- | --- | --- | --- |
| 1982 | 1.000 | 1.000 | 1.000 | 1.000 | 1.000 | 1.000 |
| 1985 | 0.861 | 0.938 | 0.933 | 0.937 | 0.935 | 0.938 |
| 1990 | 0.503 | 0.934 | 0.933 | 0.935 | 0.929 | 0.932 |

---

① 本章的序列无量纲化处理均采用初值法。
② 本章所有灰色分析分辨率系数 $\psi = 0.5$，全书下同。

续表

| 年份 | $x_1$ | $x_2$ | $x_3$ | $x_4$ | $x_5$ | $x_6$ |
|---|---|---|---|---|---|---|
| 1995 | 0.359 | 0.917 | 0.915 | 0.918 | 0.903 | 0.917 |
| 2000 | 0.341 | 0.934 | 0.927 | 0.936 | 0.909 | 0.927 |
| 2005 | 0.340 | 0.882 | 0.878 | 0.885 | 0.852 | 0.879 |
| 2010 | 0.337 | 0.851 | 0.854 | 0.854 | 0.814 | 0.855 |
| 2011 | 0.335 | 0.850 | 0.854 | 0.853 | 0.815 | 0.857 |
| 2012 | 0.334 | 0.847 | 0.852 | 0.850 | 0.812 | 0.851 |
| 2013 | 0.333 | 0.844 | 0.848 | 0.848 | 0.809 | 0.847 |
| 灰色关联系数 | 0.481 | 0.908 | 0.907 | 0.910 | 0.889 | 0.907 |
|  | 全球CPI | 世界GDP | 全球食物产品价格指数 | 全球贸易 | 全球基准汇率指数 | 全球产品价格指数 |

资料来源：原数据来源于 UNCTAD 和世界银行数据库。

灰色关联度的分析结果显示，全球 CPI、世界 GDP、全球食物产品价格指数、全球贸易、全球基准汇率指数、全球产品价格指数与中国 OFDI 流量的灰色关联度分别为 0.481、0.908、0.907、0.910、0.889 和 0.907。按照对中国 OFDI 流量产生影响力从大到小的排序，全球经济指标依次为全球贸易、全球 GDP、全球食物产品价格指数、全球基准汇率指数和全球 CPI 指数，全球 CPI 的影响最弱。

### 四 协整检验

为了进一步探究中国 OFDI 与世界经济指标的长期互动影响，我们进行协整检验，中国 OFDI 为解释变量，世界经济指标为被解释变量。

前文相关性分析显示，解释变量之间具有很高的相关水平，这说明它们之间有很强的共线性。由于我们拟通过回归方法研究经济指标对中国对外直接投资的综合影响，因此需要消除解释变量的共线性。我们拟采用因子分析，把六个解释变量整合成几个影响因子。需要说明的是，由于世界基准利率与其他指标呈反相关，为了计量便利，我们对其进行倒数处理（1/WIR）。

对世界消费者物价指数（WCPI）、世界 GDP（WGDP）、全球食物产品价格指数（FOOD）、全球贸易（WTRADE）、全球基准利率指数（WIR）和全球产品价格指数（PIDX）的因子分析结果表明（见表 2 –

5），其中第一个因子（Factor 1）累计特征值就达到 86.824%，说明该因子能够代表六个因子的整体情况。因子分析的旋转元件矩阵（见表 2-6）显示，全球食物产品价格指数的得分绝对值小于 0.7 外，其他变量在旋转元件矩阵中得分绝对值均大于 0.7，其中全球 CPI 和全球直接投资得分分别为 0.915 和 0.873，我们将该因子（Factor 1）记为全球通胀与投资指数（WI&I），代表全球经济状况。

表 2-5　　　　　因子分析元件抽取变异数总计

| 组件 | 起始特征值 |  |  | 撷取平方和载入 |  |  |
|---|---|---|---|---|---|---|
|  | 总计 | 变异的% | 累计% | 总计 | 变异的% | 累计% |
| 1 | 5.209 | 86.824 | 86.824 | 5.209 | 86.824 | 86.824 |
| 2 | 0.559 | 9.310 | 96.134 | 0.559 | 9.310 | 96.134 |
| 3 | 0.143 | 2.380 | 98.514 | 0.143 | 2.380 | 98.514 |
| 4 | 0.069 | 1.142 | 99.656 |  |  |  |
| 5 | 0.018 | 0.294 | 99.951 |  |  |  |
| 6 | 0.003 | 0.049 | 100.000 |  |  |  |

表 2-6　　　　　　因子分析旋转组件矩阵

| 变量 | 组件 |  |  |
|---|---|---|---|
|  | 1 | 2 | 3 |
| WCPI | 0.915 | 0.219 | 0.284 |
| WFDIO | 0.873 | 0.340 | 0.297 |
| WGDP | 0.732 | 0.551 | 0.393 |
| FOOD | 0.265 | 0.940 | 0.205 |
| WTRADE | 0.719 | 0.547 | 0.417 |
| 1/WIR | 0.619 | 0.376 | 0.688 |

撷取方法：主体组件分析。转轴方法：具有 Kaiser 正规化的最大变异法。

基于中国 OFDI 流量和全球通胀与投资指数，我们绘制了两者互动的散点图,其中横轴为中国 OFDI 流量的对数值(lnCOFDI),纵轴为 WI&I。散点图(见图 2-1)显示,中国 OFDI 流量和 WI&I 为正相关的趋势,即中国对外投资越大,WI&I 越大(可能全球 CPI、全球 OFDI、全球 GDP、全球贸易增大,而世界基准利率指数);反之则反。

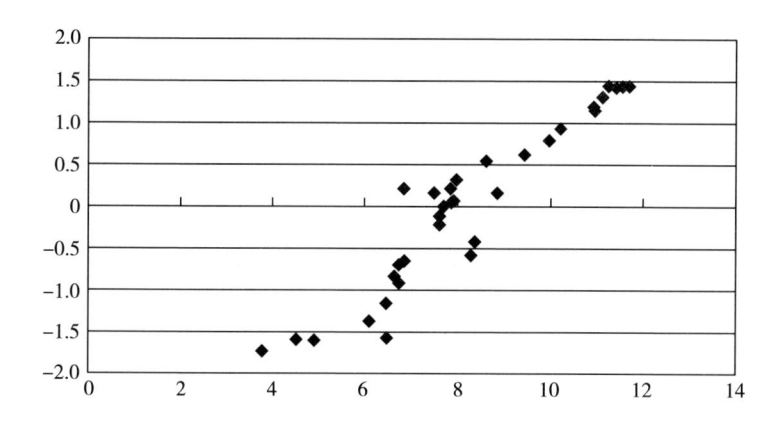

图 2-1 中国 OFDI 流量(对数)和 WI&I
(全球通胀与投资)互动的散点图

散点图内含如下现实意义:

第一,全球经济景气,市场风险和政治风险下降,有利于中国对外直接投资。全球利率下降、CPI 增加、投资增大、GDP 增加和贸易提高为中国 OFDI 提供机遇。机遇主要表现在世界经济向好,中国获得海外投资空间和海外生产市场,进而形成良好的海外投资收益预期,这是我国对外直接投资的直接动力。同时良好的经济趋势促使各国经济关系和政治关系好转,政治风险下降,投资渠道畅通。

第二,全球经济下滑,经济风险和政治风险提高,导致中国 OFDI 下降。经济下行使全球经济不确定性增大,项目盈利能力和跨国公司经营环境恶化,东道国政策风险增大,投资企业主要持谨慎态度,收缩投资规模或减少投资。除此之外,经济下行与政府间经济互信弱化相联系,由于各国外贸、汇率、利税等反周期宏观调控政策具有天然的对抗性,可能会导致国际政治和关系恶化,政治风险提高,进一步减弱企业投资动机。

为了研究经济波动与中国对外直接投资的影响，我们检验中国对外直接投资流量和 WI&I 平稳性。检验结果显示中国对外直接投资流量和 WI&I 为一阶单整序列（见表 2-7），可对两者进行协整检验。

表 2-7 中国 OFDI 流量和全球通胀与投资指数（WI&I）单位根检验

| 数据型 | 指标 | ADF 统计量 | 临界值 | t-统计量 | 概率 |
|---|---|---|---|---|---|
| 原数据 | 中国 OFDI 流量 | -1.4136 | 1% level | -3.6537 | 0.5633 |
|  |  |  | 5% level | -2.9571 |  |
|  |  |  | 10% level | -2.6174 |  |
|  | 全球投资和通胀 | -2.6899 | 1% level | -3.6702 | 0.0875 |
|  |  |  | 5% level | -2.9640 |  |
|  |  |  | 10% level | -2.6210 |  |
| 一阶差分 | 中国 OFDI 流量 | -7.0693 | 1% level | -3.6617 | 0.0000 |
|  |  |  | 5% level | -2.9604 |  |
|  |  |  | 10% level | -2.6192 |  |
|  | 全球投资和通胀 | -4.7315 | 1% level | -3.6702 | 0.0007 |
|  |  |  | 5% level | -2.9640 |  |
|  |  |  | 10% level | -2.6210 |  |

协整检验结果（见表 2-8）显示，迹检验和最大特征值检验在 5% 的显著水平下认为中国 OFDI 流量和全球通胀与投资指数之间存在一个协整方程。这表明两者在长期内存在均衡关系。换句话说，世界经济波动与中国 OFDI 之间存在长期互动关系。这种互动关系包含如下可能：第一，经济波动对中国 OFDI 在短期内可能不显著，但是在长期内该影响是显著的。第二，世界经济波动导致东道国经济环境、政治环境和国际关系优化，中国海外直接投资增加。反之，中国 OFDI 流量减少。第三，既然这种长期关系存在，因此我国 OFDI 风险评估必须要把经济波动考虑其中，尤其需要考虑经济波动对我国 OFDI 的长期影响。

表2-8　中国OFDI流量和全球通胀与投资指数的协整检验结果

| 模型 | 原假设迹数量 | 特征值 | 迹统计 | 最大特征值统计 | 临界值 | 概率 |
|---|---|---|---|---|---|---|
| 迹检验 | 没有 | 0.3356 | 14.8235 |  | 12.3209 | 0.0187 |
|  | 最多一个 | 0.0670 | 2.1507 |  | 4.1299 | 0.1681 |
| 最大特征值 | 没有 | 0.3356 |  | 12.6728 | 11.2248 | 0.0276 |
|  | 最多一个 | 0.0670 |  | 2.1507 | 4.1299 | 0.1681 |

### 五　因果检验

格兰杰（Granger）于1969年提出了一种基于"预测"的因果关系（格兰杰因果关系），后经西蒙斯（1972，1980）的发展，格兰杰因果检验作为一种计量方法已经被经济学家普遍接受并广泛使用。该方法利用基于统计学验证两个不同事件之间的关系。我们这里讨论的因果关系主要是全球宏观经济指标对中国对外直接投资的因果影响关系（见表2-9）。

表2-9　$Y$ 与 $X_i$ 的格兰杰因果检验结果

| 原假定 | 序列观察量 | F-统计量 | P值 | 判定结果 |
|---|---|---|---|---|
| FOOD 不导致中国 OFDI 的变化 | 30 | 0.42496 | 0.65843 | 无因果关系 |
| PIDX 不导致中国 OFDI 的变化 | 30 | 1.10709 | 0.34619 | 无因果关系 |
| WGDP 不导致中国 OFDI 的变化 | 30 | 3.87220 | 0.03428 | 因果关系* |
| WIR 不导致中国 OFDI 的变化 | 30 | 2.12449 | 0.14056 | 无因果关系 |
| WTRADE 不导致中国 OFDI 的变化 | 30 | 4.38949 | 0.02324 | 因果关系* |
| WCPI 不导致中国 OFDI 的变化 | 30 | 1.76417 | 0.19200 | 无因果关系 |

注：* 表示在5%的显著性水平下拒绝原假设。

分析结果显示，全球 GDP 和世界贸易对中国 OFDI 存在因果关系，而其他指标对被解释变量不存在因果关系。

## 第二节　基于亚洲、美国和中国香港的考察

### 一　概述

全球经济波动由于其复杂性和体量冲击巨大，尽管对中国 OFDI 在

统计上具有明显影响，但在现实中这种影响缺乏足够的表象供我们直接感知和观察。鉴于此，我们在相对小的空间范围内研究经济波动对中国OFDI的影响。

根据中国OFDI在空间上的分布，亚洲是中国OFDI最大的地区，在国家和地区方面，从2003—2014年综合来看主要是中国香港、美国、开曼群岛等地区或国家，占中国OFDI总量的80%左右。[①] 其中，中国香港和美国占比最大，故我们选取亚洲、美国和中国香港作为考察国家和地区样本区域。

**二 数据说明**

基于数据可得性和数据的解释力，本部分我们选取亚洲宏观经济数据分析亚洲经济波动对中国OFDI流量的影响。这些指标包括亚洲GDP、工业生产指数（Industrial Production Index，IPI）、失业率（UNEM）和工业（INDU）。被解释变量为中国在亚洲的OFDI。其中中国OFDI和亚洲GDP来自UNCTAD数据库；IPI、失业率和工业数据来自美国联邦经济数据库。

就美国和中国香港的相关分析，我们选取的指标是GDP、贷款利率、资本构成率、CPI记的通货膨胀、失业率和广义货币增长率，这些数据来源于《腾讯财经》在线数据库；中国对美国或中国香港的OFDI的数据来自历年《中国OFDI统计公报》。

**三 亚洲经济波动与中国OFDI的灰色关联度分析**

由于中国在亚洲的OFDI数据统计区间仅为2003—2013年，本部分我们拟采用灰色关联度分析法，充分利用该方法对时序长度的不高的要求。通过分析，我们得到亚洲宏观经济指标与中国OFDI的灰色关联度（见表2-10）。

表2-10　亚洲各指标变量与中国OFDI的灰色关联度

| 年份 | GDP | IPI | UNEM | INDU |
|---|---|---|---|---|
| 2003 | 1 | 1 | 1 | 1 |
| 2004 | 0.967243 | 0.960762 | 0.951093 | 0.968132 |

---

① 商务部、统计局、外汇管理局：《中国对外直接投资统计公报》（2005—2014年）。

续表

| 年份 | GDP | IPI | UNEM | INDU |
|---|---|---|---|---|
| 2005 | 0.938571 | 0.925191 | 0.914331 | 0.941287 |
| 2006 | 0.875877 | 0.85712 | 0.843634 | 0.879308 |
| 2007 | 0.730422 | 0.710583 | 0.701731 | 0.733433 |
| 2008 | 0.480394 | 0.46909 | 0.46601 | 0.482604 |
| 2009 | 0.501039 | 0.487896 | 0.490581 | 0.502118 |
| 2010 | 0.476378 | 0.460957 | 0.463453 | 0.478268 |
| 2011 | 0.477329 | 0.457854 | 0.459273 | 0.480535 |
| 2012 | 0.3839 | 0.369873 | 0.369817 | 0.385814 |
| 2013 | 0.346463 | 0.3339 | 0.333333 | 0.347701 |
| 灰色关联系数 | 0.652511 | 0.639384 | 0.635751 | 0.654473 |

通过灰色关联度分析，亚洲 GDP、工业生产指数、失业率和工业对中国在亚洲 OFDI 的关联度分别为 0.653、0.639、0.636 和 0.654，可见亚洲 GDP、工业对中国 OFDI 影响相对较大，其次是工业生产指数和失业率。但总体来看，这些宏观指标对中国 OFDI 的影响相当。

**四 美国和中国香港经济波动与中国 OFDI 的灰色关联度分析**

就美国和中国香港经济波动与中国 OFDI 的灰色关联度分析，我们选取的指标包括美国 GDP、贷款利率、资本构成率、CPI 记的通货膨胀、失业率和广义货币增长率，这些数据源于《腾讯财经》在线数据库；中国对美国或中国香港的 FDIO 的数据来自历年《中国 OFDI 统计公报》。

我们运用灰色关联度方法分析了美国或中国香港与中国在美国 OFDI 流量的关联度，其结果显示于表 2 - 11 和表 2 - 12 中。分析结果显示，美国各指标变量与中国对美国 OFDI 灰色关联度平均为 0.74，而中国香港各指标变量与中国对中国香港 OFDI 灰色关联度为 0.64。这表明，尽管中国内地对中国香港的 OFDI 占比为 56%，但是，美国经济波动对中国 OFDI 的影响更为显著。

表 2-11　美国各指标变量与中国对美国 OFDI 灰色关联度

| 年份 | GDP | 贷款利率 | 资本构成 | 通胀年增率 | 失业率 | 广义货币增长率 |
|---|---|---|---|---|---|---|
| 2003 | 1.00 | 1.00 | 1.00 | 1.00 | 1.00 | 1.00 |
| 2004 | 0.98 | 0.98 | 0.98 | 0.98 | 1.00 | 0.99 |
| 2005 | 0.94 | 0.95 | 0.94 | 0.95 | 0.90 | 0.96 |
| 2006 | 0.96 | 0.97 | 0.96 | 0.96 | 0.90 | 0.97 |
| 2007 | 0.96 | 0.97 | 0.96 | 0.96 | 0.90 | 0.99 |
| 2008 | 0.87 | 0.87 | 0.87 | 0.88 | 0.90 | 0.88 |
| 2009 | 0.76 | 0.75 | 0.75 | 0.74 | 0.80 | 0.74 |
| 2010 | 0.68 | 0.67 | 0.68 | 0.67 | 0.70 | 0.66 |
| 2011 | 0.60 | 0.59 | 0.60 | 0.60 | 0.60 | 0.60 |
| 2012 | 0.39 | 0.39 | 0.39 | 0.39 | 0.40 | 0.39 |
| 2013 | 0.41 | 0.40 | 0.40 | 0.40 | 0.40 | 0.40 |
| 2014 | 0.34 | 0.33 | — | 0.33 | 0.30 | 0.33 |
| 灰色关联系数 | 0.74 | 0.74 | 0.78 | 0.74 | 0.70 | 0.74 |

表 2-12　中国香港各指标变量与中国内地对中国香港 OFDI 灰色关联度

| 年份 | GDP | 资本构成 | 库存变化 | 贷款利率 | 通胀年增长率 | 失业率 | 广义货币增长率 |
|---|---|---|---|---|---|---|---|
| 2003 | 1.00 | 1.00 | 1.00 | 1.00 | 1.00 | 1.00 | 1.00 |
| 2004 | 0.96 | 0.96 | 0.95 | 0.96 | 0.93 | 0.95 | 0.96 |
| 2005 | 0.94 | 0.94 | 0.89 | 0.95 | 0.89 | 0.93 | 0.92 |
| 2006 | 0.85 | 0.85 | 0.82 | 0.86 | 0.80 | 0.84 | 0.89 |
| 2007 | 0.73 | 0.72 | 0.73 | 0.73 | 0.69 | 0.71 | 0.76 |
| 2008 | 0.47 | 0.47 | 0.46 | 0.46 | 0.44 | 0.46 | 0.46 |
| 2009 | 0.49 | 0.49 | 0.50 | 0.48 | 0.47 | 0.48 | 0.48 |
| 2010 | 0.47 | 0.47 | 0.49 | 0.46 | 0.45 | 0.46 | 0.47 |
| 2011 | 0.49 | 0.49 | 0.49 | 0.48 | 0.46 | 0.48 | 0.49 |
| 2012 | 0.40 | 0.40 | 0.39 | 0.39 | 0.38 | 0.39 | 0.39 |
| 2013 | 0.35 | 0.35 | 0.34 | 0.34 | 0.33 | 0.34 | 0.35 |
| 灰色关联系数 | 0.65 | 0.65 | 0.64 | 0.65 | 0.62 | 0.64 | 0.65 |

# 第三章

# 经济波动对直接投资环境的影响

从宏观层次来看，直接投资的外部风险主要来自东道国的经营环境，东道国的经营环境主要表现为国家风险。本章将以中国对外直接投资的主要东道国为样本，基于国家风险数据，研究经济波动对东道国的国家风险影响，以探索经济波动对投资环境的影响因素和冲击水平。

## 第一节 样本与数据

### 一 研究样本筛选

本书样本剔除中国香港、中国澳门、英属维尔京群岛、开曼群岛、百慕大群岛。因为中国香港、中国澳门为中国 OFDI 的转出地，而英属维尔京群岛、开曼群岛、百慕大群岛是全世界投资的避税天堂。根据中国当前投资状况和国家周边战略所显示未来投资的区域，我们选择的样本主要是中国直接投资存量在 10 亿美元以上的经济体。2014 年年末，中国 OFDI 存量 8826.4242 亿美元，通过中国香港、中国澳门转投以及投入英属维尔京群岛、开曼群岛、百慕大群岛的直接投资存量为 6454.1867 亿美元，占总量的 73.12%，其中大概 40% 为 "返程投资"。[1] 中国 OFDI 存量在 10 亿美元以上的经济体所占份额为 23.2313%，总量为 2050.50 亿美元。[2]

---

[1] 刘洪愧：《新时期中国对外直接投资高质量发展的实践基础、前景及建议》，《经济学家》2020 年第 6 期。

[2] 商务部、统计局、外汇管理局：《中国对外直接投资统计公报》（2014 年）。

通过样本筛选，我们确定了 2016 年存量 10 亿美元以上的经济体，分布在亚洲、非洲、欧洲、拉丁美洲、北美洲和大洋洲。本书抛出中国香港、中国澳门转投以及投入英属维尔京群岛、开曼群岛、百慕大群岛的直接投资存量。由于阿联酋、老挝和柬埔寨三国的关于经济波动和投资环境统计数据不可得到，我们仅对这剩余 33 个中国投资对象的投资环境进行分析（见表 3-1），这些经济体接受的中国直接投资占中国 OFDI 总存量（除中国香港、中国澳门、英属维尔京群岛、开曼群岛、百慕大群岛外）的 82%。

表 3-1　　　　　　中国 OFDI 环境评估经济体样本

| 序号 | 地区和国家 | | 中国 OFDI 存量（万美元） | 发展水平 | 开放指数* | 社会条件** | 备注 |
|---|---|---|---|---|---|---|---|
| 1 | 亚洲 | 新加坡 | 2063995 | 发达国家 | 358.0 | — | |
| 2 | | 印度尼西亚 | 679350 | 发展中国家 | — | 6.00 | |
| 3 | | 缅甸 | 392557 | 最不发达国家 | — | — | UN 2678 号 |
| 4 | | 巴基斯坦* | 373682 | 发展中国家 | 33.1 | 5.33 | |
| 5 | | 伊朗 | 348415 | 发展中国家 | — | 5.5 | |
| 6 | | 印度 | 340721 | 发展中国家 | 53.2 | 4.75 | |
| 7 | | 泰国* | 307947 | 发展中国家 | 143.9 | 7.50 | |
| 8 | | 韩国* | 277157 | 发达国家 | 102.8 | 9.46 | |
| 9 | | 日本 | 254704 | 发达国家 | 35.2 | 9.29 | |
| 10 | | 沙特阿拉伯* | 198743 | 发展中国家 | 82.4 | 6.00 | |
| 11 | | 马来西亚* | 178563 | 发展中国家 | 154.1 | 9.96 | |
| 12 | 非洲 | 南非 | 595402 | 发展中国家 | 65.1 | 4.50 | |
| 13 | | 阿尔及利亚 | 245157 | 发展中国家 | — | 5.00 | |
| 14 | | 尼日利亚* | 232301 | 发展中国家 | 31.8 | — | |
| 15 | | 赞比亚 | 227199 | 发展中国家 | — | 2.00 | |
| 16 | | 刚果（金）* | 216867 | 最不发达国家 | — | — | UN 2678 号 |
| 17 | | 苏丹* | 174712 | 最不发达国家 | — | 1.50 | UN 2678 号 |
| 18 | | 津巴布韦 | 169558 | 发展中国家 | — | 1.21 | |
| 19 | | 加纳 | 105669 | 发展中国家 | — | 4.58 | |

续表

| 序号 | 地区和国家 | | 中国OFDI存量（万美元） | 发展水平 | 开放指数* | 社会条件** | 备注 |
|---|---|---|---|---|---|---|---|
| 20 | 欧洲 | 卢森堡 | 1566677 | 发达国家 | — | — | |
| 21 | | 英国* | 1280465 | 发达国家 | 61.5 | 8.21 | |
| 22 | | 法国 | 844488 | 发达国家 | 58.1 | 7.42 | |
| 23 | | 德国* | 578550 | 发达国家 | 85.4 | 9.00 | |
| 24 | | 挪威 | 522350 | 发达国家 | 67.1 | 10.50 | |
| 25 | | 荷兰 | 419408 | 发达国家 | 155.5 | 8.21 | |
| 26 | | 瑞典 | 301292 | 发达国家 | 82.7 | 9.21 | |
| 27 | 拉丁美洲 | 巴西* | 283289 | 发展中国家 | 27.6 | 7.38 | |
| 28 | | 委内瑞拉 | 249323 | 发展中国家 | 50.4 | 4.00 | |
| 29 | | 阿根廷 | 179152 | 发展中国家 | — | 5.00 | |
| 30 | | 特立尼达和多巴哥 | 102531 | 发展中国家 | — | — | |
| 31 | 北美洲和大洋洲 | 加拿大 | 215144 | 发达国家 | — | 8.54 | |
| 32 | | 美国 | 778908 | 发达国家 | 30 | 8.54 | |
| 33 | | 澳大利亚 | 2388226 | 发达国家 | 41.0 | 9.54 | |

注：*为2016年数据，来源于世界银行数据库整理；**来源于ICRG2016年数据。

## 二 东道国国家风险指标

关于投资环境指标，目前绝大多数学者都是同专家评估法进行评估。我们认为，对于中国对外直接投资东道国的投资环境评价依赖于数十、数百位专家的主观评估是不可靠的，而且所有参评专家对样本国家的情况不可能全面了解，甚至可能一无所知。鉴于此，我们采用政治风险服务集团（PRS Group）国家风险指数间接反映东道国投资环境。全球知名国际风险评估机构PRS集团的《国家风险国际指南》（International Country Risk Guide，ICRG）中发布的国家风险1990—2014年的国家风险数据，包括金融风险、经济风险、政治风险和综合风险。ICRG发布的国家风险被许多国家政府、组织和机构广为认可并用于投资风险决策和投资风险的科学研究。

## 三 宏观经济波动指标选择

### 1. 指标说明

参考 NBER 公布的显示经济波动的宏观经济指标，同时基于样本各国上述指标数据的可得性，我们选取如下 6 个指标作为经济波动的变量，数据来自联合国贸发会议（UNCTAD），国际货币基金组织（World Economic Outlook Databases，WEO）和美国联邦准备委员会（FED）数据库。[①]

各宏观经济波动指标的选择基于如下原则：第一，能够反映一个国家经济的短期、中期、长期波动。筛选能综合反映经济波动的指标，而不是某几个特定经济波动指标，而是能反映短期、中期、长期以及周期性和非周期性经济波动的指标，以及经济波动的同步和滞后经济指标。第二，能够反映经济波动国际传递的通道。在当前经济全球化背景下，经济波动国际传递成为常态，国内经济波动源往往来自国际经济波动传递，因此所选指标必须包含国际经济交流和互动指标。第三，能够反映政府经济波动调控行为。政府经济调控一般按照逆周期调控，政府支出是国家财政政策逆周期调控的重要手段。宏观经济指标的相关描述和选择理由见表3-2。为了避免数据之间量纲差异，我们对数据作了归一化处理。

表3-2　　　　　　经济波动指标的描述与选择理由

| 指标 | 指标描述 | 选择理由 | 数据来源 |
|---|---|---|---|
| GDP增长率 | 2010年不变价格GDP年度增长率 | BNER*，经济波动显性指标，滞后指标 | UNCTAD |
| 通胀指数 | 国内GDP平减指数 | BNER*，经济波动显性指标，滞后指标 | UNCTAD |
| 出口变化率 | 商品和服务出口变化率 | IMF*，经济波动和国际传递指标 | UNCTAD |
| 总投资 | 总投资占GDP的比重 | WB*，经济波动显性指标，先行指标 | WEO，FED |

---

① 美国圣路易斯联邦储备银行，https://fred.stlouisfed.org/。

续表

| 指标 | 指标描述 | 选择理由 | 数据来源 |
|---|---|---|---|
| 经常账户余额 | 经常账户的余额占GDP的比重 | BNER*，经济波动和国际传递指标 | WDI |
| 总储蓄 | 总储蓄占GDP的比重 | IMF*，经济波动显性指标，同步指标 | WEO，FED |

注：UNCTAD 为联合国贸发会议数据库，WEO 为国际货币基金组织 World Economic Outlook Databases，FED 为美国联邦准备委员会数据库（https://fred.stlouisfed.org/）。

*该指标被引用于研究经济波动的机构。

2. 指标描述

指标描述性统计显示（见表3-3），宏观经济指标数据没有显著奇异数据，各指标数值分布总体集中。从相关性统计（见表3-4）来看，人均收入增长率和GDP增长率的相关系数为0.626，国民总储蓄率和国民总储蓄率的相关系数为0.445，除此之外，其他指标间相关性系数很低，这表明指标间相互独立性较强，对于下文的面板数据分析来说，不存在共线性问题。

表3-3　　　宏观经济指标数据的描述性统计

| 指标 | N | 最小值 | 最大值 | 平均数 | 标准偏差 |
|---|---|---|---|---|---|
| 总投资 | 891 | 0.00 | 1.00 | 0.2970 | 0.11430 |
| GDP增长率 | 891 | 0.00 | 1.00 | 0.2646 | 0.05911 |
| 人均GDP增长率 | 891 | 0.00 | 1.00 | 0.2686 | 0.05795 |
| 失业率 | 891 | 0.00 | 1.00 | 0.7433 | 0.18208 |
| 国民总储蓄率 | 891 | 0.00 | 1.00 | 0.5480 | 0.06976 |
| 通胀率 | 891 | 0.00 | 1.00 | 0.7671 | 0.24726 |

表3-4　　　宏观经济指标数据的相关性统计

| | | 总投资率 | GDP增长率 | 人均国民收入增长率 | 失业率 | 国民总储蓄率 | 通胀率 |
|---|---|---|---|---|---|---|---|
| 总投资 | 相关系数 | 1 | | | | | |
| | 显著性 | 0.000 | | | | | |
| | 样本量 | 891 | | | | | |

续表

|  |  | 总投资率 | GDP增长率 | 人均国民收入增长率 | 失业率 | 国民总储蓄率 | 通胀率 |
|---|---|---|---|---|---|---|---|
| GDP增长率 | 相关系数 | 0.017 | 1 |  |  |  |  |
|  | 显著性 | 0.311 | 0.000 |  |  |  |  |
|  | 样本量 | 891 | 891 |  |  |  |  |
| 人均收入增长率 | 相关系数 | 0.018 | 0.626** | 1 |  |  |  |
|  | 显著性 | 0.297 | 0.000 | 0.000 |  |  |  |
|  | 样本量 | 891 | 891 | 891 |  |  |  |
| 失业率 | 相关系数 | 0.100** | 0.100** | 0.126** | 1 |  |  |
|  | 显著性 | 0.001 | 0.001 | 0.000 | 0.000 |  |  |
|  | 样本量 | 891 | 891 | 891 | 891 |  |  |
| 国民总储蓄率 | 相关系数 | 0.445** | -0.038 | 0.013 | 0.184** | 1 |  |
|  | 显著性 | 0.000 | 0.129 | 0.348 | 0.000 | 0.000 |  |
|  | 样本量 | 891 | 891 | 891 | 891 | 891 |  |
| 通胀率 | 相关系数 | 0.187** | 0.064* | 0.155** | -0.227** | 0.312** | 1 |
|  | 显著性 | 0.000 | 0.028 | 0.000 | 0.000 | 0.000 | 0.000 |
|  | 样本量 | 891 | 891 | 891 | 891 | 891 | 891 |

注：**表示相关性在0.01的显著性水平下显著（单尾）；*表示相关性在0.05的显著性水平下显著（单尾）。

## 第二节 经济波动与东道国国家风险的相关性分析

### 一 经济波动与国家风险的相关性分析

经济波动与国家风险关系，笔者进一步对33个样本国的经济波动指数与国家风险进行相关性检验。检验结果显示于表3-5。结果显示，20个国家在5%的显著水平下存在相关性系数大于0.30的相关水平。其中日本、伊朗等9个经济体的经济波动与国家风险相关水平很高，达到0.70以上。澳大利亚、加纳等8国的经济波动与国家风险相关系数大于0.50。瑞典、美国和法国的两指标相关性系数为0.3—0.50，经济波动与国家风险相关不太明显。检验结果显示，新加坡、缅甸等9国经济波动与国家风险不相关。荷兰、挪威、加拿大和韩国的相关检验结果显示，该四国经济波动与国家风险呈明显的负相关。

表3-5　各国经济波动指数与国家风险的相关性分析

| 序号 | 国别 | 皮尔森相关系数 | 显著性 | 重复取样偏差 | 90%置信区间 上限 | 90%置信区间 下限 |
|---|---|---|---|---|---|---|
| 1 | 日本 | 0.889 *** | 0.000 | 0.000 | 0.783 | 0.951 |
| 2 | 伊朗（2000—） | 0.860 *** | 0.000 | -0.014 | 0.582 | 0.953 |
| 3 | 赞比亚（2000—） | 0.812 *** | 0.000 | 0.017 | 0.593 | 0.959 |
| 4 | 刚果（金） | 0.810 *** | 0.000 | 0.004 | 0.692 | 0.908 |
| 5 | 阿尔及利亚 | 0.803 *** | 0.000 | -0.035 | 0.386 | 0.944 |
| 6 | 印度 | 0.787 *** | 0.000 | 0.000 | 0.625 | 0.894 |
| 7 | 苏丹 | 0.745 *** | 0.000 | -0.046 | 0.285 | 0.899 |
| 8 | 印度尼西亚 | 0.743 *** | 0.000 | 0.005 | 0.568 | 0.867 |
| 9 | 沙特阿拉伯 | 0.715 *** | 0.000 | -0.011 | 0.485 | 0.870 |
| 10 | 澳大利亚 | 0.694 *** | 0.000 | -0.022 | 0.351 | 0.853 |
| 11 | 加纳 | 0.689 *** | 0.000 | 0.011 | 0.500 | 0.860 |
| 12 | 南非 | 0.622 *** | 0.000 | 0.028 | 0.275 | 0.913 |
| 13 | 卢森堡（1997—）① | 0.595 *** | 0.005 | -0.064 | -0.037 | 0.902 |
| 14 | 泰国（1997—） | 0.593 *** | 0.006 | -0.005 | 0.286 | 0.799 |
| 15 | 阿根廷 | 0.563 *** | 0.002 | -0.002 | 0.309 | 0.784 |
| 16 | 英国（1997—） | 0.542 *** | 0.012 | 0.002 | 0.067 | 0.881 |
| 17 | 巴西 | 0.529 *** | 0.003 | 0.000 | 0.231 | 0.758 |
| 18 | 瑞典（1997—） | 0.474 ** | 0.027 | 0.000 | -0.085 | 0.773 |
| 19 | 美国（1997—） | 0.437 ** | 0.040 | -0.055 | -0.240 | 0.787 |
| 20 | 法国② | 0.344 ** | 0.046 | 0.000 | -0.007 | 0.596 |
| 21 | 新加坡（1997—） | 0.374 * | 0.070 | -0.004 | -0.176 | 0.853 |
| 22 | 德国 | 0.052 | 0.404 | -0.017 | -0.375 | 0.478 |
| 23 | 津巴布韦 | 0.032 | 0.440 | -0.006 | -0.245 | 0.265 |
| 24 | 马来西亚 | -0.049 | 0.408 | -0.017 | -0.617 | 0.512 |
| 25 | 特立尼达和多巴哥 | -0.082 | 0.348 | -0.001 | -0.371 | 0.243 |
| 26 | 尼日利亚 | -0.104 | 0.310 | 0.000 | -0.473 | 0.328 |
| 27 | 委内瑞拉 | -0.143 | 0.247 | -0.006 | -0.484 | 0.208 |
| 28 | 巴基斯坦 | -0.151 | 0.236 | 0.002 | -0.534 | 0.226 |
| 29 | 缅甸（1995—） | -0.315 * | 0.088 | 0.001 | -0.624 | 0.097 |
| 30 | 荷兰 | -0.363 ** | 0.037 | -0.013 | -0.637 | -0.097 |

续表

| 序号 | 国别 | 皮尔森相关系数 | 显著性 | 重复取样偏差 | 90%置信区间 上限 | 下限 |
|---|---|---|---|---|---|---|
| 31 | 挪威 | -0.523*** | 0.004 | 0.006 | -0.782 | -0.198 |
| 32 | 加拿大 | -0.530*** | 0.003 | 0.000 | -0.793 | -0.189 |
| 33 | 韩国 | -0.787*** | 0.000 | -0.004 | -0.880 | -0.677 |

注：1. \*\*\*表示相关性在0.01的显著性水平下显著；\*\*表示相关性在0.05的显著性水平下显著；\*表示相关性在0.10的显著性水平下显著；2.①数据从1997年开始计算相关性检验；②投资环境滞后2期。

## 二 经济波动与金融风险相关性分析

金融环境是影响投资的重要因素，笔者对经济波动指数与金融风险作了相关性分析，显示两者的相关水平，借此评估经济波动对金融风险的影响。各国经济波动指数与金融风险指数的相关性分析结果（见表3-6）显示，日本、阿尔及利亚、印度、阿根廷四国经济波动指数与金融风险指数的相关性很高，相关系数处于[0.700, 0.932]区间；赞比亚、刚果（金）等5国，该相关系数处于[0.500, 0.692]区间，表明这些国家经济波动与金融风险之间有明显的相互影响；荷兰、法国等5个国家的该相关系数较低，处于[0.330, 0.470]区间，表明这些国家经济波动与金融风险之间的相互影响相对较弱；南非、新加坡、澳大利亚等13个国家的检验结果显示，经济波动与金融风险之间不存在相关性；而德国、韩国等5国经济波动与金融风险之间呈负相关。

表3-6　　　各国经济波动指数与金融风险的相关性分析

| 序号 | 国别 | 皮尔森相关系数 | 显著性 | 重复取样偏差 | 90%置信区间 上限 | 下限 |
|---|---|---|---|---|---|---|
| 1 | 日本 | 0.932*** | 0.000 | -0.004 | 0.978 | 0.825 |
| 2 | 阿尔及利亚 | 0.874*** | 0.000 | -0.007 | 0.945 | 0.724 |
| 3 | 印度 | 0.760*** | 0.000 | -0.002 | 0.881 | 0.552 |
| 4 | 阿根廷 | 0.714*** | 0.000 | 0.003 | 0.859 | 0.529 |
| 5 | 赞比亚 | 0.692*** | 0.000 | 0.010 | 0.496 | 0.845 |

续表

| 序号 | 国别 | 皮尔森相关系数 | 显著性 | 重复取样偏差 | 90%置信区间上限 | 90%置信区间下限 |
|---|---|---|---|---|---|---|
| 6 | 刚果（金） | 0.653*** | 0.000 | −0.013 | 0.841 | 0.394 |
| 7 | 加纳 | 0.577** | 0.030 | −0.008 | 0.768 | 0.314 |
| 8 | 津巴布韦 | 0.554** | 0.040 | −0.024 | 0.784 | 0.224 |
| 9 | 委内瑞拉 | 0.540*** | 0.005 | 0.000 | 0.752 | 0.270 |
| 10 | 荷兰 | 0.471** | 0.018 | −0.008 | 0.728 | 0.114 |
| 11 | 苏丹 | 0.404** | 0.045 | −0.018 | 0.642 | 0.078 |
| 12 | 巴西 | 0.373* | 0.066 | −0.008 | 0.641 | 0.025 |
| 13 | 印度尼西亚 | 0.370* | 0.069 | −0.053 | 0.782 | −0.205 |
| 14 | 法国 | 0.344* | 0.092 | 0.014 | 0.610 | 0.100 |
| 15 | 南非 | 0.331 | 0.106 | 0.016 | 0.745 | −0.099 |
| 16 | 加拿大 | 0.137 | 0.514 | −0.007 | 0.499 | −0.251 |
| 17 | 马来西亚 | 0.112 | 0.594 | −0.083 | 0.687 | −0.792 |
| 18 | 沙特阿拉伯 | 0.112 | 0.593 | 0.013 | 0.576 | −0.263 |
| 19 | 巴基斯坦 | 0.067 | 0.749 | −0.014 | 0.434 | −0.331 |
| 20 | 尼日利亚 | 0.058 | 0.783 | 0.007 | 0.371 | −0.254 |
| 21 | 伊朗 | 0.035 | 0.867 | 0.005 | 0.490 | −0.319 |
| 22 | 泰国 | −0.017 | 0.935 | −0.040 | 0.310 | −0.474 |
| 23 | 特立尼达和多巴哥 | −0.057 | 0.786 | −0.070 | 0.220 | −0.345 |
| 24 | 缅甸 | −0.120 | 0.567 | −0.018 | 0.141 | −0.511 |
| 25 | 卢森堡 | −0.175 | 0.402 | 0.001 | 0.130 | −0.457 |
| 26 | 新加坡 | −0.247 | 0.234 | −0.001 | 0.150 | −0.590 |
| 27 | 德国 | −0.348* | 0.095 | 0.003 | 0.115 | −0.659 |
| 28 | 英国 | −0.399** | 0.048 | −0.006 | −0.118 | −0.644 |
| 29 | 美国 | −0.491** | 0.013 | −0.016 | −0.252 | −0.753 |
| 30 | 瑞典 | −0.551*** | 0.004 | −0.001 | −0.287 | −0.761 |
| 31 | 澳大利亚 | −0.610 | 0.773 | 0.026 | 0.359 | −0.442 |
| 32 | 挪威 | −0.614** | 0.010 | 0.010 | −0.303 | −0.830 |
| 33 | 韩国 | −0.689*** | 0.000 | −0.012 | −0.412 | −0.913 |

注：*** 表示相关性在 0.01 的显著性水平下显著；** 表示相关性在 0.05 的显著性水平下显著；* 表示相关性在 0.10 的显著性水平下显著。

## 三 经济波动与经济风险相关性分析

相关性分析显示（见表3-7），与金融投资环境相比，经济波动与经济风险的相关水平要高得多。研究发现，33个样本国中19个国家的经济波动与经济风险之间存在显著相关性，平均相关系数达到0.62。就国别而言，至少在10%的显著水平下，各国该相关系数处于[0.358, 0.939]数值区间，其中阿尔及利亚、印度尼西亚等5国最为显著，相关系数均在0.80以上。英国、加拿大等10国的经济波动与经济风险之间没有相关性。挪威、瑞典、泰国和韩国4国经济波动与经济风险则呈较显著负相关。

表3-7　各国经济波动指数与经济风险的相关性分析

| 序号 | 国别 | 皮尔森相关系数 | 显著性 | 重复取样偏差 | 90%置信区间 上限 | 下限 |
|---|---|---|---|---|---|---|
| 1 | 阿尔及利亚 | 0.939*** | 0.000 | 0.000 | 0.980 | 0.866 |
| 2 | 赞比亚 | 0.850*** | 0.000 | 0.000 | 0.930 | 0.740 |
| 3 | 刚果（金） | 0.847*** | 0.000 | 0.000 | 0.925 | 0.740 |
| 4 | 沙特阿拉伯 | 0.811*** | 0.000 | 0.001 | 0.932 | 0.679 |
| 5 | 印度尼西亚 | 0.808*** | 0.000 | -0.065 | 0.916 | 0.223 |
| 6 | 印度 | 0.779*** | 0.000 | 0.002 | 0.903 | 0.615 |
| 7 | 日本 | 0.746*** | 0.000 | 0.009 | 0.895 | 0.579 |
| 8 | 澳大利亚 | 0.709*** | 0.000 | -0.014 | 0.858 | 0.372 |
| 9 | 伊朗 | 0.589*** | 0.002 | -0.012 | 0.880 | 0.164 |
| 10 | 法国 | 0.561*** | 0.003 | -0.033 | 0.789 | 0.102 |
| 11 | 加纳 | 0.559*** | 0.004 | 0.017 | 0.323 | 0.780 |
| 12 | 津巴布韦 | 0.554*** | 0.004 | -0.017 | 0.233 | 0.778 |
| 13 | 委内瑞拉 | 0.492** | 0.013 | -0.003 | 0.750 | 0.168 |
| 14 | 南非 | 0.450** | 0.024 | -0.005 | 0.755 | 0.082 |
| 15 | 苏丹 | 0.448** | 0.025 | -0.015 | 0.687 | 0.096 |
| 16 | 阿根廷 | 0.436** | 0.029 | 0.003 | 0.683 | 0.184 |
| 17 | 德国 | 0.434** | 0.034 | -0.020 | 0.723 | -0.110 |
| 18 | 巴西 | 0.397** | 0.050 | -0.003 | 0.674 | 0.032 |
| 19 | 巴基斯坦 | 0.358* | 0.079 | -0.013 | 0.657 | -0.079 |

续表

| 序号 | 国别 | 皮尔森相关系数 | 显著性 | 重复取样偏差 | 90%置信区间 上限 | 下限 |
|---|---|---|---|---|---|---|
| 20 | 英国 | 0.248 | 0.233 | -0.022 | 0.523 | 0.096 |
| 21 | 尼日利亚 | 0.222 | 0.285 | -0.010 | 0.525 | -0.135 |
| 22 | 荷兰 | 0.186 | 0.374 | -0.009 | 0.569 | -0.301 |
| 23 | 美国 | 0.125 | 0.552 | -0.007 | 0.435 | -0.224 |
| 24 | 特立尼达和多巴哥 | 0.095 | 0.652 | 0.000 | 0.400 | -0.195 |
| 25 | 马来西亚 | 0.053 | 0.801 | -0.030 | 0.557 | -0.535 |
| 26 | 缅甸 | -0.002 | 0.991 | -0.008 | 0.355 | -0.419 |
| 27 | 新加坡 | -0.093 | 0.657 | 0.001 | 0.304 | -0.441 |
| 28 | 卢森堡 | -0.122 | 0.562 | 0.001 | 0.161 | -0.402 |
| 29 | 加拿大 | -0.321 | 0.117 | -0.011 | -0.692 | 0.083 |
| 30 | 挪威 | -0.546*** | 0.000 | 0.012 | -0.202 | -0.764 |
| 31 | 泰国 | -0.569*** | 0.003 | -0.016 | -0.196 | -0.917 |
| 32 | 瑞典 | -0.644*** | 0.001 | -0.004 | -0.328 | -0.850 |
| 33 | 韩国 | -0.743*** | 0.000 | 0.002 | -0.537 | -0.896 |

注：*** 表示相关性在0.01的显著性水平下显著；** 表示相关性在0.05的显著性水平下显著；* 表示相关性在0.10的显著性水平下显著。

### 四 经济波动和政治风险相关性分析

经济波动对政治风险的影响主要为间接影响，通过实证分析可以评估这种间接影响的程度，笔者基于此检验了各国经济波动指数与政治风险指数的相关性水平（见表3-8）。检验结果显示，瑞典、泰国等12个国家的经济波动指数与政治风险指数之间存在相关性，瑞典、挪威、苏丹、英国和刚果（金）5国的政治风险受经济波动影响很显著；荷兰、阿尔及利亚、美国、南非和法国该相关系数在0.5以上，表明这些国家的政治风险受经济波动影响很明显。印度、卢森堡、泰国3国相较而言显得较弱。检验结果表明，对德国、巴基斯坦等13国而言，经济波动对政治风险没有影响。而日本、韩国、马来西亚、澳大利亚、巴西、新加坡、加拿大7个国家的检验结果显示，经济波动对政治风险呈负相关，绝对值均小于0.05。这说明在这些国家经济波动几乎不会导致政治风险变化。这是值得专门深入研究的现象。

表3-8 各国经济波动指数与政治风险的相关性分析

| 序号 | 国别 | 皮尔森相关系数 | 显著性 | 重复取样偏差 | 90%置信区间上限 | 90%置信区间下限 |
|---|---|---|---|---|---|---|
| 1 | 瑞典 | 0.858 *** | 0.000 | 0.001 | 0.950 | 0.742 |
| 2 | 挪威 | 0.827 *** | 0.000 | 0.004 | 0.924 | 0.702 |
| 3 | 苏丹 | 0.739 *** | 0.000 | -0.035 | 0.908 | 0.208 |
| 4 | 英国 | 0.727 *** | 0.000 | 0.019 | 0.569 | 0.900 |
| 5 | 刚果（金） | 0.711 *** | 0.000 | 0.000 | 0.889 | 0.424 |
| 6 | 荷兰 | 0.621 *** | 0.001 | 0.011 | 0.801 | 0.436 |
| 7 | 阿尔及利亚 | 0.549 *** | 0.005 | -0.003 | 0.745 | 0.260 |
| 8 | 美国 | 0.542 *** | 0.005 | 0.019 | 0.798 | 0.301 |
| 9 | 南非 | 0.517 *** | 0.008 | 0.007 | 0.816 | 0.244 |
| 10 | 法国 | 0.511 *** | 0.009 | 0.000 | 0.724 | 0.249 |
| 11 | 印度 | 0.424 ** | 0.035 | -0.018 | 0.698 | -0.013 |
| 12 | 卢森堡 | 0.397 ** | 0.050 | 0.005 | 0.632 | 0.117 |
| 13 | 泰国 | 0.378 * | 0.062 | -0.003 | 0.641 | 0.087 |
| 14 | 德国 | 0.332 | 0.113 | 0.001 | 0.959 | 0.041 |
| 15 | 加纳 | 0.208 | 0.319 | -0.004 | 0.549 | -0.172 |
| 16 | 津巴布韦 | 0.192 | 0.358 | 0.015 | 0.461 | -0.021 |
| 17 | 沙特阿拉伯 | 0.184 | 0.378 | 0.077 | 0.852 | -0.110 |
| 18 | 印度尼西亚 | 0.171 | 0.414 | -0.013 | 0.386 | -0.174 |
| 19 | 赞比亚 | 0.149 | 0.477 | -0.026 | 0.466 | -0.306 |
| 20 | 缅甸 | 0.065 | 0.758 | 0.010 | 0.311 | -0.159 |
| 21 | 特立尼达和多巴哥 | -0.052 | 0.805 | 0.008 | 0.245 | -0.347 |
| 22 | 委内瑞拉 | -0.064 | 0.762 | 0.000 | 0.261 | -0.405 |
| 23 | 尼日利亚 | -0.163 | 0.437 | 0.012 | 0.236 | -0.479 |
| 24 | 阿根廷 | -0.216 | 0.299 | -0.002 | 0.033 | -0.440 |
| 25 | 伊朗 | -0.254 | 0.220 | 0.026 | 0.233 | -0.577 |
| 26 | 巴基斯坦 | -0.260 | 0.210 | 0.017 | 0.112 | -0.510 |
| 27 | 加拿大 | -0.406 ** | 0.044 | 0.005 | 0.002 | -0.703 |
| 28 | 新加坡 | -0.462 ** | 0.020 | 0.005 | -0.170 | -0.682 |

续表

| 序号 | 国别 | 皮尔森相关系数 | 显著性 | 重复取样偏差 | 90%置信区间 上限 | 下限 |
|---|---|---|---|---|---|---|
| 29 | 巴西 | -0.595*** | 0.002 | -0.010 | -0.282 | -0.801 |
| 30 | 澳大利亚 | -0.758*** | 0.000 | -0.010 | -0.660 | -0.857 |
| 31 | 马来西亚 | -0.758*** | 0.000 | 0.017 | -0.456 | -0.903 |
| 32 | 韩国 | -0.796*** | 0.000 | -0.005 | -0.698 | -0.890 |
| 33 | 日本 | -0.896*** | 0.000 | -0.004 | -0.823 | -0.951 |

注：*** 表示相关性在0.01的显著性水平下显著；** 表示相关性在0.05的显著性水平下显著；* 表示相关性在0.10的显著性水平下显著。

## 五 经济波动与国家风险之间存在长期互动关系

基于相关性分析，我们通过部分国家找到了经济波动对国家风险影响的初步证据，笔者将通过协整检验方法进一步分析经济波动对国家风险的影响，以确认两者之间是否存在长期互动关系。该方法基于 Balk 和 Fomby (1997)[①] 提出了所谓的阈值协整 (Threshold Cointegration) 方法，它刻画了经济变量之间的非线性调整机制。

Engle 和 Granger (1987a) 指出，两个或多个非平稳时间序列的线性组合可能是平稳的。假如这样一种平稳的线性组合存在，这些非平稳（有单位根）时间序列之间被认为是具有协整关系的。这种平稳的线性组合被称为协整方程，可解释为变量之间存在长期均衡关系。

我们对上述两个序列进行 ADF 单位根检验和 VAR 检验，并对数据处理使之满足协整检验要求。通过这两个序列的协整检验，我们得到经济波动与中国 OFDI 东道国国家风险的协整检验结果（见表3-9）。

协整检验结果显示，中国 OFDI 东道国33个样本国中有30个国家的国家风险和经济波动指数之间存在2个协整方程，表明这些经济体的国家风险与经济波动指数存在两种长期均衡互动关系；挪威、巴基斯坦和缅甸3国，两指标之间存在1个协整方程，存在一种长期均衡互动关系。

---

① Nathan S. Balke and Thomas B. Fomby, "Threshold Cointegration", *International Economic Review*, Vol. 38, No. 3, Aug, 1997, pp. 627-645.

表3-9　经济波动指标与国家风险指标的协整检验结果

| 国家 | 协整方程数 | 概率 | 协整关系判断 | 长期关系判断 |
| --- | --- | --- | --- | --- |
| 阿尔及利亚 | 2 | 0.0002 | 存在 | 存在 |
| 阿根廷 | 2 | 0.0032 | 存在 | 存在 |
| 澳大利亚 | 2 | 0.0120 | 存在 | 存在 |
| 巴西 | 2 | 0.0560 | 存在 | 存在 |
| 德国 | 2 | 0.0520 | 存在 | 存在 |
| 法国 | 2 | 0.0000 | 存在 | 存在 |
| 刚果 | 2 | 0.0067 | 存在 | 存在 |
| 荷兰 | 2 | 0.0121 | 存在 | 存在 |
| 加拿大 | 2 | 0.0345 | 存在 | 存在 |
| 加纳 | 2 | 0.0031 | 存在 | 存在 |
| 津巴布韦 | 2 | 0.0331 | 存在 | 存在 |
| 卢森堡 | 2 | 0.0015 | 存在 | 存在 |
| 美国 | 2 | 0.0261 | 存在 | 存在 |
| 南非 | 2 | 0.0000 | 存在 | 存在 |
| 尼日利亚 | 2 | 0.0055 | 存在 | 存在 |
| 挪威 | 1 | 0.0082 | 存在 | 存在 |
| 瑞典 | 2 | 0.0455 | 存在 | 存在 |
| 苏丹 | 2 | 0.0227 | 存在 | 存在 |
| 特立尼达和多巴哥 | 2 | 0.0001 | 存在 | 存在 |
| 委内瑞拉 | 2 | 0.0333 | 存在 | 存在 |
| 英国 | 2 | 0.0072 | 存在 | 存在 |
| 赞比亚 | 2 | 0.0225 | 存在 | 存在 |
| 巴基斯坦 | 1 | 0.0421 | 存在 | 存在 |
| 韩国 | 2 | 0.0002 | 存在 | 存在 |
| 马来西亚 | 2 | 0.0000 | 存在 | 存在 |
| 缅甸 | 1 | 0.0118 | 存在 | 存在 |
| 日本 | 2 | 0.0160 | 存在 | 存在 |
| 沙特阿拉伯 | 2 | 0.0190 | 存在 | 存在 |
| 泰国 | 2 | 0.0028 | 存在 | 存在 |
| 新加坡 | 2 | 0.0360 | 存在 | 存在 |
| 伊朗 | 2 | 0.0215 | 存在 | 存在 |
| 印度 | 2 | 0.0084 | 存在 | 存在 |
| 印度尼西亚 | 2 | 0.0082 | 存在 | 存在 |

注：通过数据计算得出（Eviews 8.0 环境下完成）。

协整检验发现，经济波动与国家风险之间存在长期互动关系。国家风险作为东道国投资环境衡量的最直接和最有效的刻画指标，经济波动对其产生影响和机制能很好地阐释经济波动对东道国投资环境的冲击和机制。

## 第三节 经济波动与国家风险的同步性分析

### 一 同步性分析方法

为进一步分析经济波动与投资环境变化之间的内在联系，我们采用C—M同步化指数方法分析各国经济波动指数与国家风险的协同性。C—M同步化指数方法是 Cerqueira 和 Martins（2009）[①] 首次使用。该方法主要用于分析两国经济周期的同步性，其最大的优势在于，该方法能够计算出两序列对应观测值的同步性水平，并可以展示出两序列同步水平的动态趋势。基于本书的研究主题，我们对 C—M 计算公式的指标进行重新界定。同步化指数具体计算如式（3－1）所示：

$$\rho_{ij,t} = \left(1 - \frac{1}{2}\left(\frac{d_{j,t} - \overline{d_j}}{\sqrt{\frac{1}{T} \cdot \sum_{t=1}^{T}(d_{j,t} - \overline{d_j})^2}} - \frac{d_{i,t} - \overline{d_i}}{\sqrt{\frac{1}{T} \cdot \sum_{t=1}^{T}(d_{i,t} - \overline{d_i})^2}}\right)^2\right)$$

(3－1)

此处相关指标含义为：

$\rho_{ij,t}$（$-\infty$，1]为同步化指数，是经济波动 $i$ 和国家风险 $j$ 在时期 $t$ 协同性的强弱，取值越大表明两者之间协同性越显著；

$d_{i,t}$、$d_{j,t}$ 分别表示 $t$ 时期经济波动指数和国家风险；

$\overline{d_j}$、$\overline{d_i}$ 分别表示 $t$ 时期经济波动指数和国家风险各自平均值；

$T$ 为考察期时期数（本书为年度数）。

Michael Artis 和 Toshihiro Okubo（2011）对式（3－1）进行了修正，得到扩展 C—M 同步化指数的计算式：

$$r_{ij,t} = \frac{1}{2}\log\left(\frac{1}{1 - \rho_{ij,t}}\right)$$

(3－2)

---

[①] Cerqueira P A, Martins R. "Measuring the Determinants of Business Cycle Synchronization Using A Panel Approach", *Economics Letter*, Vol. 102, No. 2, Dec. 2008, pp. 106－108.

式(3-2)中 $r_{ij,t}$ 的取值范围为 $(-\infty, +\infty)$，从而克服了原公式计算得到的同步化指数取值不对称问题。当 $r_{ij,t}$ 为正表明协同正相关，否则为协同负相关。$r_{ij,t}$ 越大说明经济波动指数和东道国风险协同性越强；反之，两者间的协同性越弱。

## 二 经济波动与国家风险的同步性分析

### 1. 经济波动与金融风险的同步性分析

笔者基于上述两个计算公式，分别计算各国经济波动与金融风险（代表投资的金融风险环境）的同步指数。计算结果显示（见图3-1），除了韩国（$r_{ij,t}<0$）和挪威（$r_{ij,t}<0$）外，其他31国经济波动指数和金融风险指数的同步性指数 $r_{ij,t}>0$，表明这31个经济体经济波动指数和金融风险指数为正相关。除挪威和韩国外，31个国家按照经济波动与金融风险的同步水平可分为高、中、低三个类别。

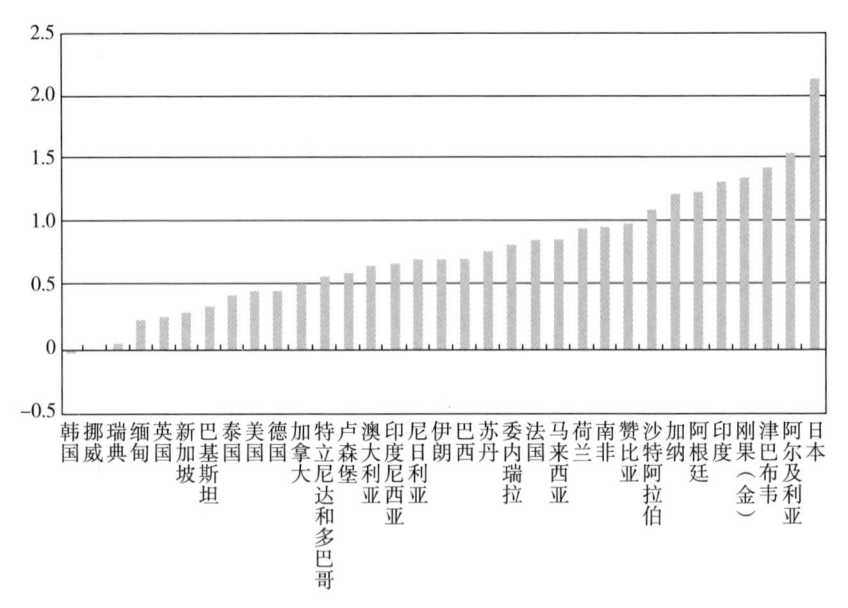

**图3-1 各国经济波动指数与金融风险指数趋势的同步性指数比较**

资料来源：基于原数据计算绘制。

第一，经济波动与金融风险高同步类别，即 $r_{ij,t}$（同步化指数）>1.0 的经济体。按照 $r_{ij,t}$ 从大到小的顺序分别为日本、阿尔及利亚、沙特阿拉伯、津巴布韦、印度、印度尼西亚、阿根廷、刚果（金）和赞比亚 7 个国家。这些国家的经济波动与投资经济环境具有很高的同步性，表明经济波动对金融风险的冲击很显著。

第二，经济波动与金融风险中等同步类别，即 $0.5 < r_{ij,t}$（同步化指数）$< 1.0$ 的经济体。按照 $r_{ij,t}$ 从大到小的顺序分别为南非、荷兰、马来西亚、法国、委内瑞拉、苏丹、巴西、伊朗、尼日利亚、印度尼西亚、澳大利亚、卢森堡、特立尼达和多巴哥、加拿大 14 个国家。这些国家的经济波动与金融风险具有较高的同步性，表明经济波动对金融风险冲击较明显。

第三，经济波动与金融风险低同步类别，即 $0 < r_{ij,t}$（同步化指数）$< 0.5$ 的经济体。按照 $r_{ij,t}$ 从大到小的顺序包括德国、美国、瑞典等 7 个国家，经济波动对金融风险的影响很弱。挪威和韩国的经济波动与金融投资环境之间正相关性。值得关注的是，日本金融风险与经济波动之间的协同关系最为明显，远高于其他样本国家。

2. 经济波动与经济风险同步性分析

各国经济波动与经济风险（代表投资经济环境）同步指数的计算结果显示（见图 3-2），在 33 个样本经济体中，其中 32 个国家经济波动与投资经济环境同步指数为正（$r_{ij,t} > 0$），表明这 32 个国家的经济波动与经济风险之间存在协同正相关。只有泰国经济波动与经济风险的同步指数为负。除泰国外，32 个样本国家按照经济波动与投资经济环境的同步水平可分为高、中、低三个类别，具体情况如下。

第一，经济波动与投资经济环境高同步类别，即指 $r_{ij,t} > 1.0$ 的经济体。按照 $r_{ij,t}$ 从大到小的顺序，这些国家分别为阿尔及利亚、沙特阿拉伯、日本、赞比亚、刚果（金）、加纳和法国等 12 个国家，即图 3-2 中从右到左的 12 个国家。这些国家的经济波动与投资经济环境具有很高的同步性，表明经济波动对经济风险存在的冲击很显著。

第二，经济波动与投资经济环境的中同步类别，即 $0.5 < r_{ij,t} < 1.0$ 的经济体。按照 $r_{ij,t}$ 从大到小的顺序包括德国、巴基斯坦、荷兰和马来西亚等 12 个国家。这些国家的经济波动与经济风险具有较高的同步性，表明经济波动对投资经济环境形成较明显的冲击。

第三，经济波动与投资经济环境低同步类别，即 $0 < r_{ij,t} < 0.5$ 的经济体。按照 $r_{ij,t}$ 从大到小的顺序包括美国、卢森堡、加拿大、瑞典、韩

国等8个国家，即图3-2中从左到右的8个国家。这些国家的经济波动与投资经济环境具有较低的同步性，表明经济波动对经济风险存在的冲击较弱。

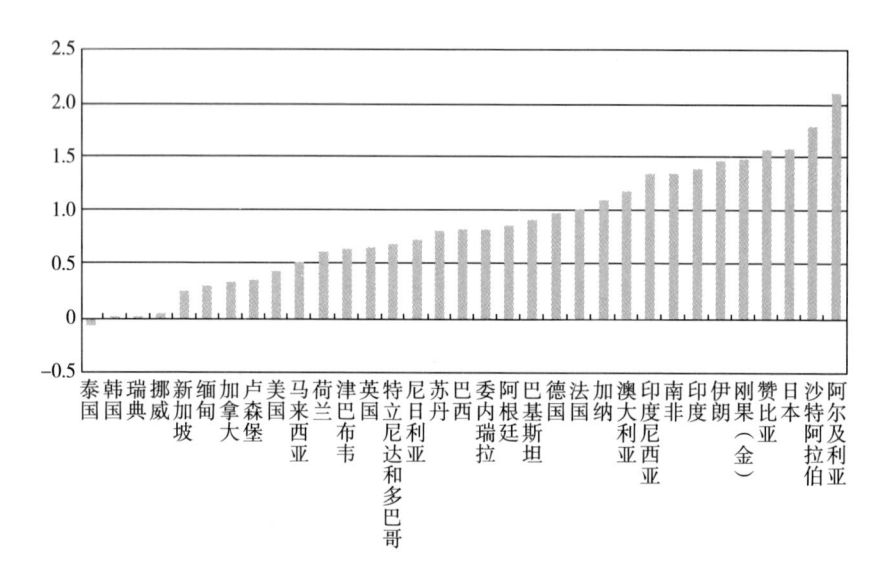

**图3-2　各国经济波动指数与投资经济环境指数的同步性比较**

3. 经济波动与政治风险的同步性分析

政治环境（本书也称为社会环境）是影响投资环境的重要内容，东道国政治气候或氛围的变化将对该国外商直接投资产生重大影响，笔者拟用国家政治风险来衡量国家投资的政治环境。前文笔者已假定社会环境受经济波动影响，也就是说，经济波动会引起政府稳定、社会条件、内部冲突、腐败程度、军事干预政治、法律和秩序以及民族关系等方面变化，而且这些社会因素变化将显著地影响直接投资风险及其营收状况。

笔者基于上文同步指数的计算公式得到各国经济波动与国家政治风险同步指数。计算结果（见图3-3）显示，33个样本经济体的国家经济波动与国家政治风险同步指数为正（$r_{ij,t}>0$），表明样本国家的经济波动与国家政治风险之间存在协同正相关。同样地，33个国家按照经济波动与投资政治环境的同步水平来看可分为以下三个类别。

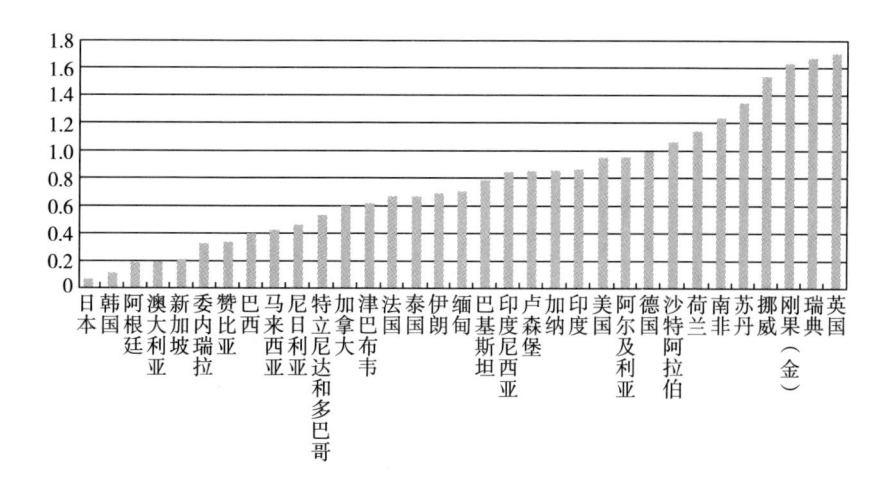

图 3-3　各国经济波动指数与国家政治风险指数的同步性比较

第一，经济波动与投资政治环境高同步类别，即 $r_{ij,t} > 1.0$ 的经济体。这些国家按照 $r_{ij,t}$ 从大到小的顺序分别为英国、瑞典、刚果（金）、挪威、苏丹、南非、荷兰、沙特阿拉伯和德国 9 个国家，即图 3-3 中从右到左的 9 个国家。这些国家的经济波动与国家政治风险具有显著的同步性，在这些经济体中经济波动对投资政治环境的冲击最大。

第二，经济波动与投资政治环境中同步类别，即 $0.5 < r_{ij,t} < 1.0$ 的经济体。按照 $r_{ij,t}$ 从大到小的顺序包括阿尔及利亚、美国、印度、加拿大和特立尼达和多巴哥等 14 个国家。这些国家的经济波动与政治风险具有较高的同步性，表明经济波动对投资政治环境的冲击较明显。

第三，经济波动与投资政治环境低同步类别，即 $0 < r_{ij,t} < 0.5$ 的经济体。按照 $r_{ij,t}$ 从大到小的顺序包括尼日利亚、马来西亚、韩国和日本等 10 个国家，即图 3-3 中从左到右的 10 个国家。这些国家的经济波动与政治风险具有较低的同步性，表明经济波动对投资政治环境的冲击较弱。

4. 经济波动和国家风险的同步分析

笔者通过两种方式计算出各国国家风险（用于刻画投资总体环境，Overall Investment Environment，OVERENV），我们用国家风险指数进行衡量。第一种方法基于金融风险、经济风险和政治风险的因子分析得分获得各国总体风险（OVERENV Based on Factor Analyses，OVERENV_FC-

TRA）；第二种方法通过金融风险、经济风险和政治风险指数加总获得各国总体风险（OVERENV Based on Addition，OVERENV_ADD）。

通过 C-M 同步化指数的计算公式，我们分别计算出各国1990—2014年度经济波动与两方法计算所得的国家风险同步化指数（见图3-4）。需要说明的是，经济波动趋势与 OVERENV_FCTRA 的同步指数记为 ECO_OVERENV_FCTRA，经济波动与 OVERENV_ADD 的同步指数记为 ECO-OVERENV_ADD。

ECO_OVERENV_FCTRA 的同步指数。图3-4显示，32个样本经济体（除韩国外）的国家经济波动与国家风险同步指数为正（$r_{ij,t} > 0$），表明这些样本国家的经济波动与国家风险之间存在正相关协同。32个国家按照经济波动与国家风险的同步水平来看可分为三个层次。

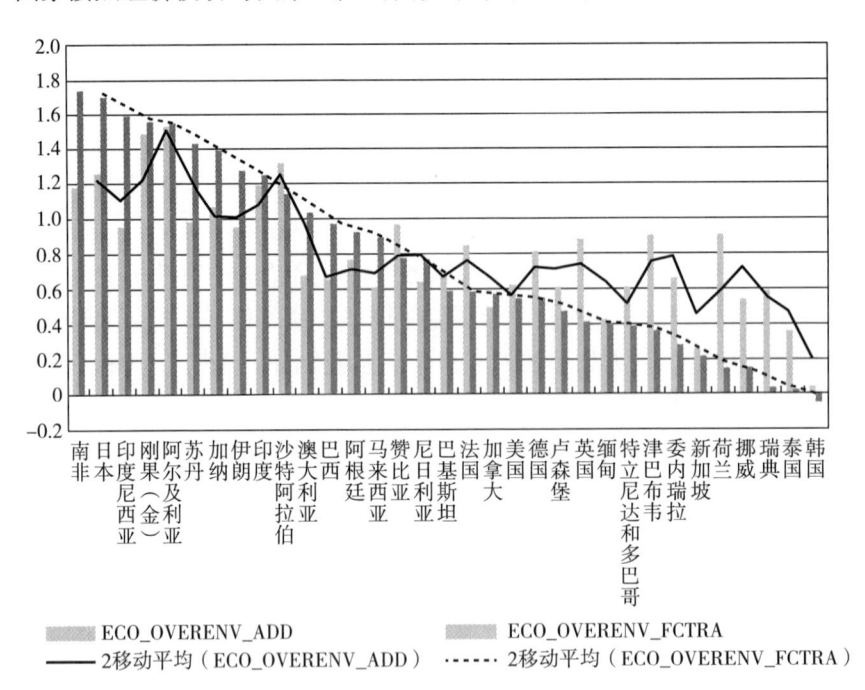

图3-4　各国经济波动和国家风险（投资总体风险）同步化指数比较

资料来源：基于原数据计算绘制。

第一层次，$r_{ij,t} > 1.0$ 的经济体。按照 $r_{ij,t}$ 从大到小的顺序包括南非、日本、印度尼西亚、刚果（金）、阿尔及利亚、苏丹、加纳、伊朗、印度、沙特阿拉伯和澳大利亚11个国家，即图3-4中从左到右的11个国家。这些国家的经济波动与国家风险具有显著的同步性，表明比较而言这些经济体的经济波动对国家风险（投资总体环境）存在的冲击最大。

第二层次，$0.5 < r_{ij,t} < 1.0$ 的经济体。按照 $r_{ij,t}$ 从大到小的顺序包括巴西、阿根廷、马来西亚、赞比亚、尼日利亚、巴基斯坦、法国、加拿大、美国和德国 10 个国家。这些国家的经济波动与国家风险具有较高的同步性，表明经济波动对投资总体环境的冲击较明显。

第三层次，$0 < r_{ij,t} < 0.5$ 的经济体。按照 $r_{ij,t}$ 从大到小的顺序包括卢森堡、英国、缅甸、特立尼达和多巴哥、津巴布韦、委内瑞拉、新加坡、荷兰、挪威、瑞典、泰国这 11 个国家。这些国家的经济波动与国家风险具有较低的同步性，表明经济波动对投资总体环境的冲击较弱，其中瑞典、泰国、韩国（$r_{ij,t} < 0$）三个国家最低。

ECO_OVERENV_ADD 的同步指数。计算结果显示，33 个样本经济体的国家经济波动与国家风险同步指数为正（$r_{ij,t} > 0$），表明这些样本国家的经济波动与投资总体环境之间存在协同正相关。基于 33 个国家按照经济波动与国家风险（投资总体环境）的同步水平，我们把样本国分为三个层次。

第一层次，$r_{ij,t} > 1.0$ 的经济体。按照 $r_{ij,t}$ 从大到小的顺序包括阿尔及利亚、刚果（金）、沙特阿拉伯、日本、印度、南非、加纳这 7 个国家。这些国家的经济波动与国家风险具有显著的同步性，表明比较而言这些经济体的经济波动对投资总体环境的冲击最大。

第二层次，$0.5 < r_{ij,t} < 1.0$ 的经济体。按照 $r_{ij,t}$ 从大到小的顺序包括苏丹、赞比亚、伊朗、瑞典、挪威和加拿大等 22 个国家。这些国家的经济波动与总体风险具有较高的同步性，表明经济波动对投资总体环境冲击较明显。

第三层次，$0 < r_{ij,t} < 0.5$ 的经济体。按照 $r_{ij,t}$ 从大到小的顺序包括缅甸、泰国、新加坡、韩国 4 个国家。这些国家的经济波动与国家风险具有较低的同步性，表明经济波动对投资总体环境存在的冲击较弱，其中韩国最低。

上述两种计算方法所得结果显示，分布在 $r_{ij,t} > 1.0$、$0.5 < r_{ij,t} < 1.0$ 和 $0 < r_{ij,t} < 0.5$ 以及 $r_{ij,t} < 0$ 同步水平的国家数量有所差别。但从平

均移动趋势来看，两种方法分析结果显示的经济波动与国家风险同步性排序有明显的一致性，说明两者能够指向共同分析结论。

### 三 样本总体分析

#### 1. 基于时间序列的趋势分析

为了显示经济波动指数与各类投资环境指数同步性的时间趋势，笔者基于算数平均得到各国经济波动与金融风险的同步指数（ECO_FINENV）、经济波动与经济风险的同步指数（ECO_ECOENV）、经济波动与政治风险的同步指数（ECO_POLIENV）、经济波动与OVERENV_FCTRA的同步指数（ECO－OVERENV_FCTRA）这四类指数均值，并将时间趋势分布绘制如图3－5所示。

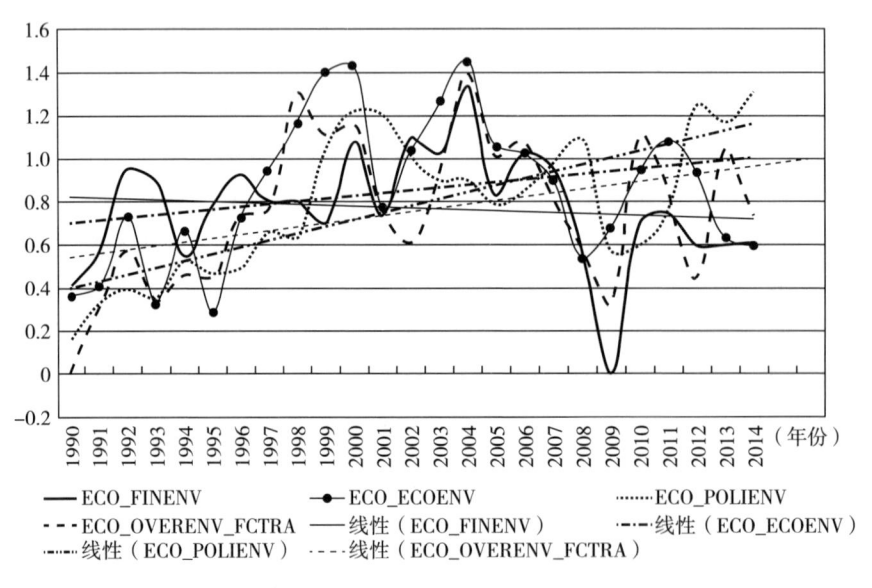

**图3－5 各国经济波动指数与各类风险同步性的时间趋势**

资料来源：基于原数据计算绘制。

图3－5显示，ECO_FINENV、ECO_ECOENV、ECO_POLIENV和ECO－OVERENV_FCTRA四个时间序列整体上呈同步趋势。换句话说，1990—2014年经济波动指数与各类投资环境指数在趋势上显示出同步性，即同步性指数具有同步性。该四个指标在1990—2014年都经历了逐步上升（1990—1999年），小幅下降（2000—2001年），小幅波动调整（2002—2014年）的过程。四个序列中CO_FINENV、ECO_ECOENV

和 ECO_OVERENV_FCTRA 同步性相较更为明显。ECO_POLIENV 与前述三个序列同步性略低。究其原因，笔者认为，ECO_FINENV 和 ECO_ECOENV 两者由于经济与金融本来就具有天然联系，二者受经济波动影响具有内在一致性，这必然导致 ECO_OVERENV_FCTRA 变化与 CO_FINENV、ECO_ECOENV 变动路径相似。与之相反，政治因素间接地受经济因素影响，许多因素多重干扰导致与 CO_FINENV、ECO_ECOENV 和 ECO – OVERENV_FCTRA 的同步性趋势较差。

从总体趋势来看，从 1990—2014 年 ECO_FINENV、ECO_ECOENV、ECO_POLIENV 和 ECO_OVERENV_FCTRA 的线性趋势来看，ECO_FINENV 呈下降微弱趋势，ECO_ECOENV、ECO_POLIENV 和 ECO_OVERENV_FCTRA 呈上升趋势，这表明经济波动对金融风险的影响逐渐弱化。而经济波动对投资经济环境、政治环境和总体环境的影响逐渐强化，其中经济波动对投资政治环境的影响提升得最快。可见，在对外直接投资决策中，经济波动所致政治风险的变化值得重视。

2. 基于同步指数的比较

为了概括出经济波动对投资环境影响的总体情况，笔者把各国的 ECO_FINENV、ECO_ECOENV、ECO_POLIENV、ECO_OVERENV_ADD 和 ECO_OVERENV_FCTRA 的各年平均值进行比较（见图 3 – 6、图 3 – 7）。图 3 – 6 显示，日本同步指数总体最高，韩国最低，各国对应同步指数按大小分布于图 3 – 6，从左端到右端总体呈递减趋势。

图 3 – 6、图 3 – 7 显示，经济波动与投资环境同步性较高的经济体（靠近原点的，占总样本的 30%）中，仅日本为发达国家；同步性处于中间水平的经济体（占总样本的 30%）中，发达国家包括荷兰、法国、澳大利亚；同步性处于低水平部分（后 40%）中，发达国家包括卢森堡、加拿大、德国、美国、新加坡、英国、瑞典、挪威和韩国。可见，大多数发达国家经济波动与投资环境同步性相对发展中国家偏低，主要分布在远离原点的区域（占 40%）。同样地，阿尔及利亚、津巴布韦、刚果（金）、加纳、沙特阿拉伯、赞比亚、苏丹等发展中国家的四类同步指数处在数轴靠近原点的前 60% 范围内，并主要分布在前 30% 的范围内。

由此可得到一般性结论，发达国家的经济波动对投资环境的影响弱于发展中国家，发展中国家的经济波动对投资环境的影响更显著。

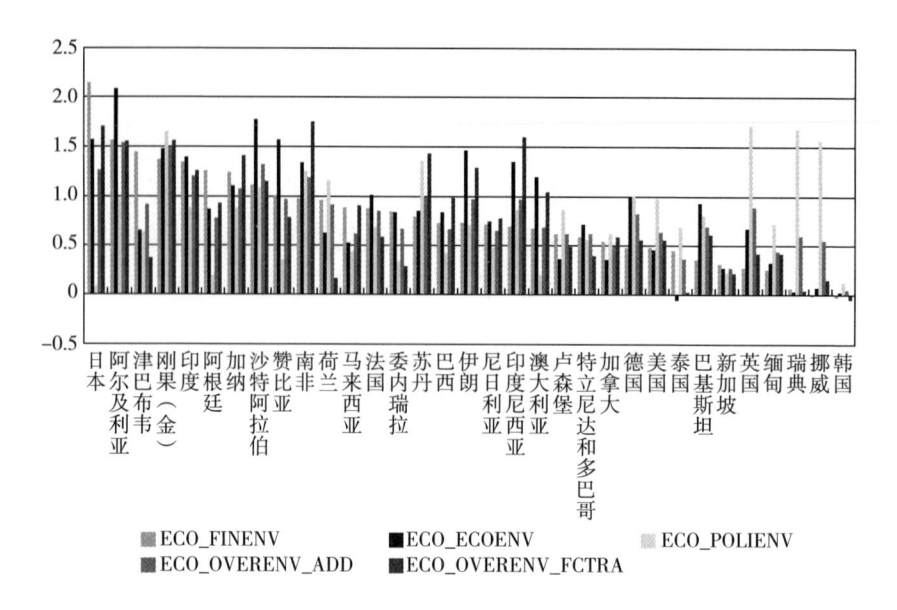

**图 3-6　各国经济波动指数与各类风险（投资环境指数）的同步性比较**

资料来源：基于原数据计算绘制。

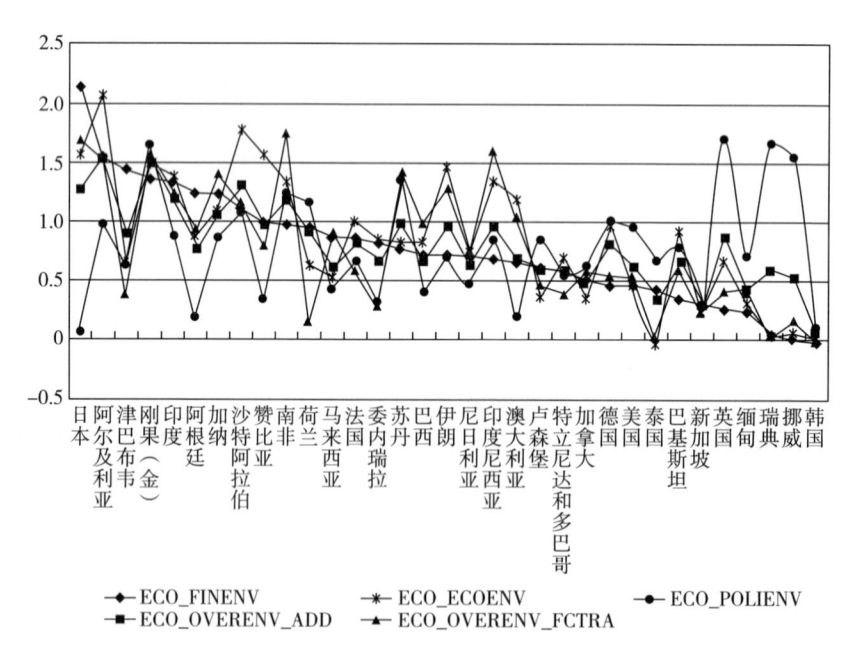

**图 3-7　样本国经济波动指数与各投资环境指数的同步性横向趋势比较**

资料来源：基于原数据计算绘制。

为了进一步证明上述结论，笔者计算出各样本国经济波动与各类投资环境（金融、经济和政治环境）同步性指数的平均值，并绘图进行比较（见图3-8）。图3-8显示，除日本外，发达国家的经济波动与投资环境的同步性主要分布于后70%，即图3-8中远离原点的12个发达国家，并集中分布在后30%范围内（7个发达国家）。同样地，欠发达国家绝大多数分布在前70%范围内，且集中分布在前30%的经济体范围内。进一步说明发达国家经济波动对投资环境的影响较弱，而欠发达国家经济波动对投资环境的影响更显著。

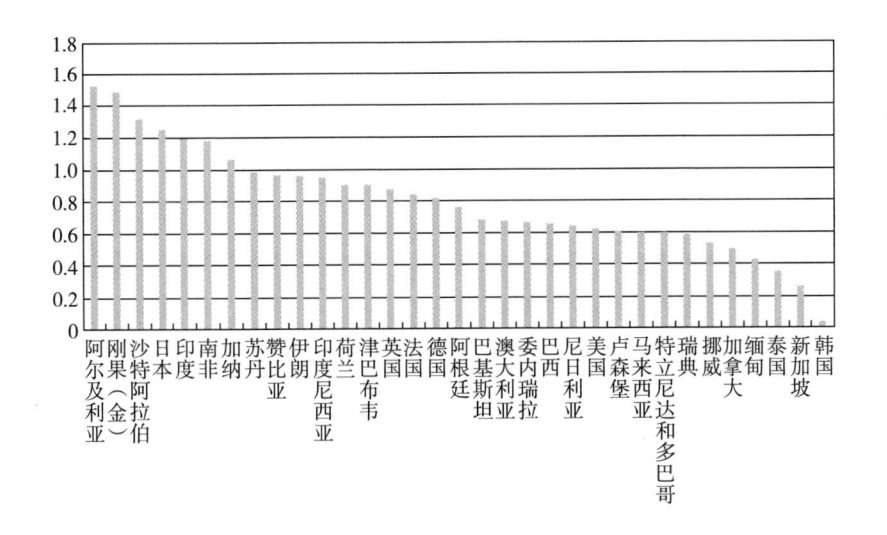

**图3-8 各国经济波动与平均风险同步指数横向比较**

资料来源：基于原数据计算绘制。

3. 基于同步指数的国家分类分析

为了进一步分析发达国家（DCs）与发展中国家（LDCs）的经济波动对投资环境影响差异，笔者把 ECO_FINENV、ECO_ECOENV、ECO_POLIENV、ECO_OVERENV_ADD 和 ECO_OVERENV_FCTRA 不同水平上的发达国家和发展中国家的个数和占比进行比较（见表3-10）。我们把同步水平分成 $r_{ij,t}>1.0$、$0.5<r_{ij,t}\leq1.0$、$0\leq r_{ij,t}\leq0.5$ 和 $r_{ij,t}<0$ 四个区间。

表3-10显示，发达国家共有13个，在四个同步水平上，大多数

分布在 $0.5 < r_{ij,t} \leq 1.0$、$0 \leq r_{ij,t} \leq 0.5$ 和 $r_{ij,t} < 0$ 范围内；发展中国家共 20 个，绝大多数国家分布在 $r_{ij,t} > 1.0$ 和 $0.5 < r_{ij,t} < 1.0$ 范围内。说明发达国家的经济波动对投资环境的影响一般弱于发展中国家，与上文结论一致。

另外，统计趋势发现，发达国家（DCs）的经济波动对经济风险和政治风险的影响高于对金融风险的影响；发展中国家（LDCs）的经济波动对经济风险和金融风险的影响高于对政治风险的影响。

表 3-10　　发达国家与发展中国家的经济波动与各类风险同步性分布对比

|  | ECO_FINENV DCs (%) | ECO_FINENV LDCs (%) | ECO_ECOENV DCs (%) | ECO_ECOENV LDCs (%) | ECO_POLIENV DCs (%) | ECO_POLIENV LDCs (%) | ECO_OVERENV DCs (%) | ECO_OVERENV LDCs (%) |
|---|---|---|---|---|---|---|---|---|
| $r_{ij,t} > 1.0$ | 1　8% | 8　40% | 3　23% | 9　45% | 5　38% | 4　20% | 2　15% | 9　45% |
| $0.5 < r_{ij,t} < 1.0$ | 5　38% | 9　45% | 3　23% | 9　45% | 4　31% | 10　50% | 4　32% | 6　30% |
| $0 < r_{ij,t} < 0.5$ | 5　38% | 3　15% | 7　54% | 1　5% | 4　31% | 6　45% | 5　25% | |
| $r_{ij,t} < 0$ | 2　16% | 0　— | 0 | 1　5% | 0 | 0　— | 1　8% | 0　0 |

资料来源：基于原数据计算所得。

## 第四节　基于面板数据的整体分析

### 一　数据来源

1. 投资环境数据来源

关于投资环境指标，目前绝大多数学者使用专家评分或问卷调查数据。笔者认为，由于专家之间的评价标准存在差异，同时问卷调查数据主观性太大，因此对于 33 个国家的金融、经济和政治投资环境的专家评价和问卷调查不仅不现实，且所得数据有效性很低。鉴于此，我们依然采用了 PRS 集团的 ICRG（International Country Risk Guide）中的金融风险、经济风险、政治风险和国家总体风险指数分别代表金融投资环境指数、经济投资环境指数、政治环境投资指数和综合投资环境指数。①

2. 经济波动指标数据来源

基于本部分研究的主题，我们选择了国民生产总值增长率（GDP Growth Rate）、消费者物价指数（Consumer Price Index）、出口增长率（Volume of Exports of Goods and Services）、总投资（Total Investment）、经常账户的余额（Current Account Balance）及总储蓄（Percent of GDP of Gross National Savings）这6个宏观经济指标来刻画经济波动（见表3－11）。除此之外，笔者基于这6个宏观经济指标利用因子分析法得到综合反映经济波动的总体指标，称为经济波动指数（$EFI_{jt}$）。宏观经济指标数据均来自IMF在线数据库。② 需要特别说明的是，为了数据便于比较和分析，笔者对所有数据进行了标准化处理。

表3－11　　　　　　　经济波动指标的描述与选择理由

| 序号 | 指标名称 | 代码 | 指标描述 | 选择理由 |
| --- | --- | --- | --- | --- |
| 1 | GDP增长率 | $GDP_{jt}$ | 国民生产总值增长率 | BNER③ |
| 2 | 1/CPI | $CPI'_{jt}$ | 消费者物价指数倒数 | BNER经济波动显性指标，滞后指标 |
| 3 | 出口增长率 | $EXP_{jt}$ | 商品和服务出口变化率 | IMF经济波动和国际传递指标 |
| 4 | 总投资比 | $INV_{jt}$ | 总投资占GDP的比重 | WB经济波动显性指标，先行指标 |
| 5 | 经常账户余额 | $BCA_{jt}$ | 经常账户余额占GDP的比重 | BNER经济波动和国际传递指标 |
| 6 | 总储蓄率 | $SAV_{jt}$ | 总储蓄占GDP的比重 | IMF经济波动显性指标，同步指标 |
| 7 | 经济景气指数 | $EFI_{jt}$ | 经济波动指数 | 基于序号1—6项因子分析所得，综合反映经济波动 |

## 二　单位根检验和 Hausman 检验

1. 单位根检验

为了避免出现伪回归现象，笔者采用了 L. L. C、Breitung、IPS、

---

① 美国政治服务集团（PRS）的国家风险数据库，https://epub.prsgroup.com/products/icrg/countrydata。
② 国际货币基金组织在线数据库，http://www.imf.org/external/datamapper/index.php。
③ 采用该指标分析宏观经济波动的研究机构和组织。

Fisher – ADF（F – ADF）和 Fisher – PP（FPP）方法对数据进行了单位根检验（见表3 – 12）。单位根检验结果显示，所有序列在 IPS 和 ADF 方法下全部在5%的显著性水平下为平稳序列，但是个别序列在其他检验方法下存在单位根。基于上述五种检验方法的检验结果综合判断，投资环境（$INV_{jt}$）与经常账户余额（$BCA_{jt}$）的一阶差分序列和其他变量的原序列在5%的显著性水平下均为平稳数列。

表3 – 12　　　　　　　　数据平稳性检验结果与判定

|  | L.L.C | Breitung | IPS | F – ADF | FPP | 综合判定 |
| --- | --- | --- | --- | --- | --- | --- |
| $EFI_{jt}$ | – 5.08 *** | – 5.71 *** | – 3.70 *** | 117.43 *** | 121.55 *** | 平稳 |
| $GDP_{jt}$ | – 12.32 *** | – 7.18 *** | – 10.10 *** | 231.52 *** | 262.16 *** | 平稳 |
| $CPI'_{jt}$ | – 4.5 *** | – 2.60 *** | – 1.78 *** | 131.6 *** | 88.2 *** | 平稳 |
| $EXP_{jt}$ | – 12.72 *** | – 9.23 *** | – 10.4 *** | 198.3 *** | 371.5 *** | 平稳 |
| $INV_{jt}$ | 2.23 | 0.89 | – 2.6 *** | 115.8 *** | 178.09 *** | 平稳 |
| $BCA_{jt}$ | – 14.31 *** | – 10.1 *** | 14.1 *** | 349.0 *** | 789.62 *** | 平稳 |
| $SAV_{jt}$ | – 3.69 *** | – 4.12 *** | – 3.58 *** | 117.7 *** | 132.5 *** | 平稳 |
| $y_1$ | – 3.77 *** | – 3.05 *** | – 1.59 ** | 78.06 * | 81.6 * | 平稳 |
| $y_2$ | – 11.44 *** | – 9.57 *** | – 12.15 *** | 258.18 *** | 822.43 *** | 平稳 |
| $y_3$ | – 9.17 *** | – 2.00 ** | – 9.72 *** | 408.34 *** | 144.97 *** | 平稳 |
| $y_4$ | – 2.78 *** | – 0.61 | – 1.69 ** | 83.33 ** | 51.05 | 平稳 |

注：* 表示 $p<0.1$，** 表示 $p<0.05$，*** 表示 $p<0.01$；$INV_{jt}$ 和 $BCA_{jt}$ 为一阶差分。

2. Hausman 检验

本书拟基于面板数据作回归分析，以投资环境指数（$y_i$）为因变量和以经济波动指标为自变量考察经济波动对投资环境的影响。面板数据回归在处理模型中无法量化的"个体效应"上，根据其是否随时间变化而采用固定效应模型和随机效应模型两种模型。在面板数据回归中，在使用固定效应模型和随机效应模型的选择上，美国麻省理工学院经济学系教授 Jerry Hausman（1978）提出了选择检验方法，称为 Hausman 检验。在 Hausman 检验中，估计一个随机效应回归模型，当概率 P 值小于0.05，表明须选择固定效应模型。当概率P值大于0.05，应选择随机效应模型。基于此，笔者对本书拟将回归的方程进行Hausman检验。

经济波动指标对投资环境回归的Hausman检验结果显示，$GDP_{jt}$、$CPI'_{jt}$、$INV_{jt}$、$SAV_{jt}$、$EXP_{jt}$和$BCA_{jt}$与$y_1 - y_4$的回归应该选择固定效应回归模型；东道国国民经济波动指数（$EFI_{jt}$）与$y_1 - y_4$的回归应该选择随机效应回归模型（见表3-13）。

表3-13　经济波动指标与投资环境指标逐步回归的Hausman检验结果

| 序号 | 回归方程 | 原假设 | P值 | 模型选择建议 |
| --- | --- | --- | --- | --- |
| 1 | $y_1 = f(*)$ | 个体效应与回归变量无关 | P = 0.0007 | 固定效应模型 |
| 2 | $y_2 = f(*)$ | 个体效应与回归变量无关 | P = 0.0000 | 固定效应模型 |
| 3 | $y_3 = f(*)$ | 个体效应与回归变量无关 | P = 0.0000 | 固定效应模型 |
| 4 | $y_4 = f(*)$ | 个体效应与回归变量无关 | P = 0.0000 | 固定效应模型 |
| 5 | $y_1 = f(EFI_{jt})$ | 个体效应与回归变量无关 | P = 0.9982 | 随机效应模型 |
| 6 | $y_2 = f(EFI_{jt})$ | 个体效应与回归变量无关 | P = 0.9972 | 随机效应模型 |
| 7 | $y_3 = f(EFI_{jt})$ | 个体效应与回归变量无关 | P = 0.9907 | 随机效应模型 |
| 8 | $y_4 = f(EFI_{jt})$ | 个体效应与回归变量无关 | P = 0.9956 | 随机效应模型 |

注：$f(*) = f(GDP_{jt}、CPI'_{jt}、INV_{jt}、SAV_{jt}、EXP_{jt}、BCA_{jt})$。

### 三　经济波动对投资环境影响的实证结果

本部分分别就经济波动对金融、经济、政治和综合投资环境进行分析。笔者把$y_1 - y_4$分别与$GDP_{jt}$、$CPI'_{jt}$、$INV_{jt}$、$SAV_{jt}$、$EXP_{jt}$、$BCA_{jt}$和$EFI_{jt}$进行回归。由于数据通过了标准化处理，我们可以通过系数观察到解释变量和被解释变量的互动水平，回归结果显示在表3-14和表3-15中。

1. 经济波动对金融投资环境的影响

回归结果（见表3-14）显示，GDP增长率、$CPI'_{jt}$与出口增长率和经常账户余额宏观经济因素对金融投资环境（$y_1$）影响显著。GDP

增长率和 $CPI'_{jt}$ 与金融投资环境呈正相关，出口增长率和经常账户余额与金融投资环境变化呈负相关。通过标准回归数的绝对值比较来看，GDP 增长率对金融投资环境影响最强劲，出口增长率影响次之，$CPI'_{jt}$ 和经常账户余额对金融投资环境影响略弱。总体而言，标准化回归系数表明该四个变量对金融投资环境影响水平大体相近。

表 3–14　　　　　经济波动指标对投资环境影响的面板估计结果（固定效应）

|  | $y_1$ | $y_2$ | $y_3$ | $y_4$ |
| --- | --- | --- | --- | --- |
| $GDP_{jt}$ | 0.157 *** <br> (0.0345) | 0.174 *** <br> (0.0544) |  | 0.177 ** <br> (0.0712) |
| $CPI'_{jt}$ | 0.142 *** <br> (0.0233) | 0.138 *** <br> (0.0587) | 0.094 *** <br> (0.0502) |  |
| $EXP_{jt}$ | -0.136 ** <br> (0.0118) |  |  |  |
| $INV_{jt}$ |  | 0.073 ** <br> (0.0422) | -0.042 *** <br> (0.0122) | 0.166 *** <br> (0.0325) |
| $BCA_{jt}$ | -0.242 ** <br> (-0.0676) | 0.201 ** <br> (0.0729) | 0.047 *** <br> (0.0477) | 0.203 *** <br> (0.0753) |
| $SAV_{jt}$ |  |  | -0.091 ** <br> (0.0255) | -0.159 *** <br> (0.0692) |
| N | 756 | 756 | 756 | 755 |
| Adj. $R^2$ | 0.0723 | 0.2023 | 0.0455 | 0.2699 |

注：括号内的数据为标准误。* 表示 $p<0.05$，** 表示 $p<0.01$，*** 表示 $p<0.001$。

2. 经济波动对经济投资环境的影响

表 3–14 显示，影响经济投资环境（$y_2$）的宏观经济变量主要是 GDP 增长率、$CPI'_{jt}$、总投资及经常账户余额，四者均与被解释变量正相关。即经济增长越快，通胀率越小（CPI 已作倒数处理），社会总投资和国际收支顺差越大将有利于优化经济投资环境。其中对经济投资环境的影响由大到小的排列分别是，$CPI'_{jt}$、GDP 增长率、经常账户余额和总投资。相比较而言，$CPI'_{jt}$ 和 GDP 增长率对经济投资环境的影响明显高

于其他两个解释变量，这说明经济增长和国内物价水平是影响经济投资环境的最重要因素。

3. 经济波动对政治投资环境的影响

经济波动对政治投资环境（$y_3$）回归分析结果（见表 3-14）表明，在 1% 的显著水平下 $CPI'_{jt}$、总投资、经常账户余额和总储蓄均对政治投资环境产生冲击。$CPI'_{jt}$ 和经常账户余额与政治投资环境呈正相关，而其他两个宏观经济指标与政治投资环境均为负相关。但回归标准化指数绝对值均小于 0.1，说明经济波动对政治投资环境影响相对较弱。这是因为，政治投资环境的相关因素众多，经济波动对这些因素的作用机制具有相当的复杂性、长期性、间接性和不平衡性。

4. 经济波动对综合投资环境的影响

经济波动指标与综合投资环境（$y_4$）回归结果（见表 3-14）表明，综合投资环境受 $GDP_{jt}$、$CPI'_{jt}$、$INV_{jt}$、$SAV_{jt}$、$EXP_{jt}$ 和 $BCA_{jt}$ 的显著影响。总储蓄与综合投资环境呈负相关，其他指标与综合投资环境为正相关。回归系数显示，GDP 增长率对综合投资环境影响排在第一位，总投资排在第二位，经常账户余额排在第三位，总储蓄排在第四位。相对于金融、经济和政治投资环境而言，经济指标对综合投资环境影响程度更显著。

5. 经济景气指数对投资环境的影响

为了显示经济总体趋势对投资环境的影响，笔者把经济景气指数与四种投资环境指数进行随机效应回归。回归结果显示，经济景气指数与金融投资环境（$y_1$）、经济投资环境（$y_2$）、政治投资环境（$y_3$）和综合投资环境（$y_4$）至少在 5% 的显著性水平下存在线性回归关系（见表 3-15）。经济景气指数与投资环境回归结果显示，经济景气指数与各投资环境指数在 5% 的显著性水平下呈正相关，即经济波动景气导致金融、经济、政治和综合四方面的投资环境变好。从回归系数来看，经济景气状况对经济投资环境的影响程度最大，对综合投资环境的影响次之，对金融投资环境影响排在第三位，对政治投资环境的影响相对最小。

### 四 实证分析结论

**1. 宏观经济波动对国内投资环境的冲击是客观存在的**

部分宏观经济指标与金融投资环境、经济投资环境、政治投资环境和综合投资环境指数具有显著的线性相关性。从理论角度来讲，经济波动会导致投资环境优化或恶化，进而改变对该国直接投资的风险。从分析结果可以看出，GDP增长率和消费物价指数是影响金融、经济和综合投资环境的最主要因素；东道国的经济增长、社会总投资、经常账户余额和总储蓄对综合投资环境有显著影响；总体经济景气状况对投资环境影响显著，对经济投资环境的影响力度很大。除此之外，本书研究表明，经济波动对东道国政治投资环境的影响是客观存在的。实证分析显示，经济波动与政治投资环境指数存在相关性。P值显示，经济波动对政治投资环境的影响确实存在，但标准化系数显示这种影响的力度相对较弱。

表3-15　　　　　经济景气指数对综合投资环境影响的面板估计结果（随机效应）

|  | $y_1$ | $y_2$ | $y_3$ | $y_4$ |
|---|---|---|---|---|
| $EFI_{jt}$ | 0.165** | 0.456*** | 0.147* | 0.172** |
|  | (0.250) | (0.503) | (0.607) | (0.772) |
| cons | -0.00245 | -0.00444 | 0.00530 | -0.0124 |
|  | (0.160) | (0.342) | (0.212) | (0.403) |
| N | 754 | 754 | 754 | 754 |
| Adj. $R^2$ | 0.0870 | 0.0212 | 0.0098 | 0.0166 |

注：括号内的数据为标准误；*** 表示 $p<0.001$，** 表示 $p<0.01$，* 表示 $p<0.05$。

**2. 利用经济波动（波动周期）规律可有效地预测对外直接投资风险**

既然实证研究已经表明经济波动对金融环境、经济环境、政治环境和总体环境有客观的影响，那么已经成熟的经济波动（经济周期）研究理论、方法和成果可以有效地指导对外直接投资风险的研究。因此，东道国和投资国利用全球性、区域性和国家级的长期（康德拉基耶夫周期）、中长期（库兹涅茨周期）、中期（朱格拉周期）和短期（基钦周期）以及长短交合期（熊波特周期）的经济波动周期规律来评估和预测投资环境和投资风险是可行和可靠的。宏观经济指标不仅是投资环境恶化和投资风险发生的观测结果，也是未来投资环境变化和投资风险的预警指标。鉴于此，东道国宏观经济调控工具成为投资环境调控和投资风险控制的有效工具，甚至经济调控工具可以用于政治风险防范与管理，优化投资政治环境，降低直接投资风险。就投资国而言，可以利用国际经济合作，积极顺应东道国经济波动规律，改善东道国宏观经济状态，优化投资金融、经济、政治环境，化解投资风险。

# 第四章

# 经济波动下 OFDI 风险理论

## 第一节 经济波动下东道国引入直接投资的收益最大化

由于 OFDI 具有商业经营性和空间跨国性等相关属性,因此其必然面临跨国经济、政治制度的不确定性以及多方利益冲突风险。[①] 狭义上讲,OFDI 风险水平取决于直接投资经济结果与东道国经济目标的差异大小。东道国政府经济目标包括充分就业、物价稳定、经济增长、国际收支平衡等。如果该投资有碍于东道国该目标,那么来自东道国风险的压力将不断增加。广义上讲,OFDI 风险来自社会全域的不利变化冲击。笔者将基于狭义简单情境从理论上探讨经济波动与 OFDI 风险间的内在机制。

**一 分析假定**

为了便于展开分析,我们做如下简化假设:

(1) 全世界只有两个国家(A 国为母国,B 国为东道国),A 国一家跨国公司对外 B 国投资;

(2) 东道国对母国的市场价格没有影响;

(3) 东道国市场处于完全竞争;

(4) 两种要素投入,分别为资本和劳动力;

---

[①] 王海军:《中国企业对外直接投资的国家经济风险》,中国经济出版社 2014 年版,第 72—73 页。

（5）东道国国内资本和劳动力供给不变；

（6）资本可以跨境自由流动，空间均匀分布，但劳动力不能跨境流动；

（7）在对外直接投资流入之前，东道国处于自给自足封闭经济状态；

（8）外商直接投资会提高东道国全要素生产率；

（9）东道国国内生产性投资的全要素生产率贡献率为零；

（10）经济增长具有波动性，并导致政策变化以及生产要素价格波动。

## 二 基本讨论

从供给角度来看，东道国资金源于国内和国外。基于假定，外国资金具有外部化效益，提高东道国全要素生产率，而本国国内投资不具有该效益。由于劳动力不能跨境流动，东道国国内劳动力供给是给定的。

在封闭经济条件下，东道国的柯布—道格拉斯（Cobb-Dauglas）生产函数为：

$$y_{t_0} = A k_{dt_0}^{\beta} l_{t_0}^{\alpha} \tag{4-1}$$

式（4-1）中 $y_{t_0}$、$k_{dt_0}^{\beta}$、$l_{t_0}^{\alpha}$ 分别为东道国自给自足条件下的产出、资本投入和劳动投入。$A$ 为封闭经济的全要素生产率，$l_t$ 为劳动投入，$\alpha + \beta = 1$。

在"两国"和"一个投资者"（跨国公司）的开放经济下，东道国企业资本来源于国内和国外，即 $k_t = k_{dt} + k_{ft}$。其中 $k_t$ 是总资本数量，$k_{dt}$、$k_{ft}$ 分别为国内和国外资本存量。

外部性柯布—道格拉斯生产函数中全要素生产率的增长率，并与外资规模（$k_{ft}$）呈正相关。令外部性为：

$$\Gamma_t = \varphi(k_{ft}, *) \quad (\Gamma_t > 0) [①]$$

将 $\Gamma_t$ 代入东道国生产函数，可得东道国开放经济下的生产函数式（4-2）：

$$y_t = A[1 + \varphi(k_{ft}, *)](k_{dt} + k_{ft})^{\beta} l_t^{\alpha} \tag{4-2}$$

令东道国政府合意的动态生产函数为：

---

① 当 $\Gamma_t < 0$，外商直接投资对东道国产生不经济，该投资将被东道国禁止。

$$y_{tv} = A(1+\varphi)k_{tv}^{\beta}l_{tv}^{\alpha} \qquad (4-3)$$

式 (4-3) 中，$y_{tv}$、$\varphi$、$k_{tv}$、$l_{tv}$ 分别为东道国合意产出、合意外部性（外资合意全要素生产率增长水平）、合意投资和合意劳动投入。

基于经典经济理论，经济合意增长经济体追求的理想状态，导致经济运行偏离合意状态的外商直接投资会遭到东道国管控，能够促进经济合意发展的外商直接投资将受到东道国鼓励。偏离合意的情况包括：$y_t - y_{tv} > 0$、$y_{tv} - y_{t_0} > 0$、$y_t - y_{tv} < 0$ 和 $y_{tv} - y_{t_0} < 0$。

除此之外，如果外国投资使本国经济发展更好（$y_t - y_{t_0} > 0$）而不是变差（$y_t - y_{t_0} < 0$），这将决定东道国对外商直接投资的鼓励态度，反之则反。

笔者基于比较封闭，开放和合意经济状态与东道国态度及 OFDI 风险评价整理（见表 4-1），表中东道国经济状态、对外资态度及风险评价显示经济波动与 OFDI 风险的基本机制。

**表 4-1　　　　东道国经济状态与对外资态度及风险评价**

| 状态 | 东道国对外资基本态度 | 风险评价 |
| --- | --- | --- |
| $y_t - y_{t_0} > 0$<br>$y_t - y_{tv} > 0$<br>$y_{tv} - y_{t_0} > 0$ | 东道国鼓励或保护外资 | 低风险 |
| $y_t - y_{t_0} = 0$<br>$y_t - y_{tv} = 0$<br>$y_{tv} - y_{t_0} = 0$ | 东道国不重视外资，筛选优质外资，对外资态度不明朗，外资政策保护较弱 | 中风险 |
| $y_t - y_{t_0} < 0$<br>$y_t - y_{tv} < 0$<br>$y_{tv} - y_{t_0} < 0$ | 东道国出台政策限制或禁止外资流入，抵制外资的倾向加强，外资罚没风险增大 | 高风险 |

我们假定 $y_t - y_{t_0}$，$y_t - y_{tv}$ 和 $y_t - y_{tv}$ 服从相同函数关系 $H = f(*)$，则：

$$H_1 = y_t - y_{t_0} = f[\varphi(k_{ft}), \ k_{ft} + k_{dt} - k_{dt_0}, \ l_t^{\alpha} - l_{t_0}^{\alpha}] \qquad (4-4)$$

$$H_2 = y_t - y_{tv} = f[\varphi(k_{ft}) - \varphi, \ k_{ft} + k_{dt} - k_{dtv}, \ l_t^{\alpha} - l_{tv}^{\alpha}] \qquad (4-5)$$

$$H_3 = y_{tv} - y_{t_0} = f[\varphi, \ k_{dtv} - k_{dt_0}, \ l_{tv}^{\alpha} - l_{t_0}^{\alpha}] \qquad (4-6)$$

根据柯布—道格拉斯函数特征，我们可以判定 $H=f(*)$ 是随变量单调函数（单调递增和单调递减）。下文将基于 $H=f(*)$ ［式（4-4）、式（4-5）和式（4-6）］进一步讨论东道国经济状态与OFDI风险的内部逻辑。

需要指出的是，在东道国不存在投资罚没风险的情况下，经过无限期的投资调整，外商投资者行为将服从投资收益最大化原则，即 $\pi_h = \pi_f$（其中，$\pi_h$ 为母国投资边际收益，$\pi_f$ 为对外投资边际收益）。在东道国，外资（$k_{ft}$）、国内投资（$k_{dt}$）和劳动（$l$）三种生产要素是可相互替代的①，要素投入原则为 $\pi_{k_{ft}} = \pi_{k_{dt}} = \pi_l$（$\pi_{k_{ft}}$、$\pi_{k_{dt}}$、$\pi_l$ 分别为外商直接投资、国内投资和劳动投入边际产出）。

## 第二节 风险要素分析

在上文基本讨论的基础上，本节将深入风险要素与投资风险之间机制探讨。

### 一 基于 $H_1$ 的分析

式（4-4）表明，$H_1$ 决定于 FDI 外部经济性、外商投资规模、国内投资变动和就业差异等要素。本节假定其他因素不变，笔者对单因素进行讨论。

1. 关于外部经济性 $\Gamma_t$ 的讨论

外资外部经济性 $\Gamma_t$ 是跨国公司收益在东道国的外溢，主要表现为技术溢出、产业结构优化、就业与人力资源提升和促进外贸等。$\Gamma_t$ 与 $H_1$ 呈正相关，当 $\Gamma_t > 0$ 时，$k_{ft}$ 规模与 $\Gamma_t$ 与 $H_1$ 呈正相关。在 $k_{ft}$ 为常数的情况下，$\Gamma_t$ 取决于东道国经济政策、产业结构和技术水平等多方面因素。

在其他因素不变的情况下，当 $k_{ft}$ 可变时，$\Gamma_t$ 的大小取决于外商投资规模 $k_{ft}$。基于大卫·查理德森（1972）FDI 理论，任何一个成熟跨国公司必须对短期和长期进行综合考虑，影响投资存量 $k_{ft}$ 的因素包括

---

① 三者之间存在差异可用不同转化系数作以限制。

预期利润率（$P_t$），加速变量（$Q_t$），企业可投资金（$T_t$），新古典变量（$N_t$）① 以及投资者战略竞争变量（$S_t$）。$t$ 期的投资存量可表示如下：

$$k_{ft} = \sum_t [a_t^P P_t + a_t^Q Q_t + a_t^L L_t + a_t^N N_t + a_t^S S_t] \qquad (4-7)$$

其中为各变量的系数，不全为零。

这些变量确定了 $k_{ft}$ 的规模，从而内生地决定了外部经济性 $\Gamma_t$，间接地决定了 $H_1$ 变动。

2. 关于 $k_{ft} + k_{dt} - k_{dt_0}$ 的讨论

东道国国内投资波动取决于投资收益率（$\lambda_t$）和投资成本（$r_t$）两个要素，除此之外还受到市场景气指标（$v_t$）的影响。我们用函数表达为 $\Delta k_t = k_{dt} - k_{ft} = f(\lambda_t, r_t, v_t)$。在以消费主导的繁荣期，东道国投资成本（$r_t$）较高，同时投资收益率（$\lambda_t$）较高，其他景气指标较高，投资需求和投资增量 $\Delta k_t = k_{dt} - k_{ft}$ 较大。在东道国资本不足的情况下，外商直接投资需求增大，外资受到政府鼓励和保护；在以投资主导的繁荣期，东道国投资成本（$r_t$）较高，投资收益率（$\lambda_t$）较高，然而市场需求远低于市场供给，此时外商直接投资将受到东道国政府限制或东道国投资者的排挤。

在需求不足导致的经济萧条期，东道国投资成本（$r_t$）不变，同时投资收益率（$\lambda_t$）较低，其他景气指标较低，主要是东道国需求不足。此时，国内需求压低国内投资，国内资本剩余，$FDI$ 受到行业排斥和政府限制。在投资不足主导的经济萧条，东道国投资成本（$r_t$）下降，投资收益率（$\lambda_t$）较低，市场需求存在。这可能是国内资本严重不足所致，外资在此时期尤其被东道国渴望，并获得东道国优惠政策甚至超国民待遇。

在式（4-4）中，当 $y_t - y_{t_0} > 0$ 且 $(k_{ft} + k_{dt}) - k_{dt_0} > 0$ 时，表明东道国经济开放促进了经济增长。如果此时东道国国内投资不足以支撑经济增长的情境下，外商直接投资将受到鼓励。当 $k_{dt} - k_{dt_0} > k_{ft}$ 时，国内资本足以支撑经济发展，东道国对外资需求不大。当 $k_{dt} - k_{dt_0} < k_{ft}$ 时，则表明东道国国内资本短缺，外资将受到鼓励；当 $y_t - y_{t_0} > 0$ 且 $(k_{ft} +$

---

① 基于新古典理论——投资与最终产品的价格，资本品、利率和税率相关。

$k_{dt}) - k_{dt_0} < 0$ 时，表明当前国内外资本尚不足以支撑经济发展，提高外资增量成为必需，东道国将鼓励外资进入。

式（4-4）中，当 $y_t - y_{t_0} < 0$ 且 $(k_{ft} + k_{dt}) - k_{dt_0} > 0$ 时，表明外资进入可能导致总体经济恶化，东道国将对外商直接投资实施限制，$FDI$ 面临风险提高；当 $y_t - y_{t_0} < 0$ 且 $(k_{ft} + k_{dt}) - k_{dt_0} < 0$ 时，即 $k_{dt_0} - k_{dt} > k_{ft}$ 时，由于国内资本供给不足导致经济下滑，东道国对外商直接投资需求增加，FDI 将获得东道国"国民待遇"甚至"超国民待遇"。

3. 关于 $l_t^\alpha - l_{t_0}^\alpha$ 的讨论

式（4-4）中，当 $y_t - y_{t_0} > 0$ 且 $l_t^\alpha - l_{t_0}^\alpha > 0$ 时，表明经济开放会导致东道国经济增长，但是开放后需要更多劳动力供给。在其他条件不变的情况下，东道国会增加劳动力投入，保障经济开放后的劳动力需求。在劳动力供给不足的情况下，东道国会提高投资以替代劳动力供给不足，导致对 FDI 需求提高；当 $y_t - y_{t_0} > 0$ 且 $l_t^\alpha - l_{t_0}^\alpha < 0$ 时，表明东道国劳动就业有所下降，这表明开放后人均劳动产出大幅增加并超过劳动失业的损失。假如东道国更重视充分就业，维持 $y_t$ 水平下，东道国可能会用增加就业来替代资本。此时资本需求下降，外资受到东道国限制；反之则反。

当 $y_t - y_{t_0} < 0$ 且 $l_t^\alpha - l_{t_0}^\alpha > 0$ 或 $l_t^\alpha - l_{t_0}^\alpha < 0$ 时，说明经济开放后，无论就业状态变好或变坏（增加和减少），东道国经济都倾向恶化。此时，FDI 被东道国视为毒药而 FDI 面临巨大罚没风险。

## 二 基于 $H_2$ 的分析

1. 关于 $\varphi(k_{ft}) - \varphi$ 的讨论

式（4-5）中，当 $y_t - y_{tv} > 0$ 且 $\varphi(k_{ft}) - \varphi > 0$ 时，表明开放经济处于经济过热状态，此时全要素生产率 $\varphi(k_{ft})$ 高于合意全要素生产率 ($\varphi$)。这说明经济过热极有可能由 $FDI$ 所推动，东道国将对部分外资实施针对性限制，从而使 $FDI$ 面临较大风险；当 $y_t - y_{tv} > 0$ 且 $\varphi(k_{ft}) - \varphi < 0$ 时，表明 $FDI$ 降低了东道国合意经济条件下的全要素生产率，东道国将对低效外商直接投资进行限制、甄别和筛选。此时，部分外资将面临较大风险。

式（4-5）中，当 $y_t - y_{tv} < 0$ 且 $\varphi(k_{ft}) - \varphi > 0$ 时，表明开放经济增长水平与合意经济之间有差距，东道国经济尚有增长空间。在其他条件不变的情况下，由于 $\varphi(k_{ft}) - \varphi > 0$，$FDI$ 对东道国经济增长具有持续支撑作用，提高全要素生产率，此时东道国对 $FDI$ 持鼓励态度；当 $y_t - y_{tv} < 0$ 且 $\varphi(k_{ft}) - \varphi < 0$ 时，表明东道国全要素生产率被 $FDI$ 拖累，导致产出降低（$y_t - y_{tv} < 0$），$FDI$ 成为该国经济增长的阻碍，因此 $FDI$ 可能面临东道国政府的限制和罚没风险。

2. 关于 $k_{ft} + k_{dt} - k_{dtv}$ 的讨论

式（4-5）中，当 $y_t - y_{tv} > 0$ 且 $(k_{ft} + k_{dt}) - k_{dtv} > 0$ 时，表明在东道国经济尚未达到合意景气状态，开放东道国接受的 $FDI$ 总额已经饱和并超过合意景气的投资需求，东道国投资需求下降，外商直接投资（$FDI$）可能受到一定限制。但是，由于外商投资具有明显的外部性 $\varphi(k_{ft})$，东道国国内投资将可能被外商投资替代。在这种情况下，$FDI$ 风险取决于东道国对国内和国外投资的偏好；当 $y_t - y_{tv} > 0$ 且 $(k_{ft} + k_{dt}) - k_{dtv} < 0$ 时，表明在东道国经济尚未达到合意景气的情况下，东道国投资积累尚不能满足合意景气的资本需求，从而对外资需求提高，$FDI$ 将受到鼓励。

当 $y_t - y_{tv} < 0$ 且 $(k_{ft} + k_{dt}) - k_{dtv} > 0$ 时，表明当前经济过热，而且经济过热极有可能是投资推动所致。此时，东道国投资需求必然下降，$FDI$ 将受到限制；当经济过热且 $(k_{ft} + k_{dt}) - k_{dtv} < 0$ 时，这表明东道国内经济过热是非投资所致（比如，需求拉动经济过热等情况）。在短时间内，东道国对 $FDI$ 需求可能增加，但长期内 $FDI$ 将因政府反周期调控而面临较高风险。

3. 关于 $l_t^\alpha - l_{tv}^\alpha$ 的讨论

式（4-5）中，当 $y_t - y_{tv} > 0$ 且 $l_t^\alpha - l_{tv}^\alpha > 0$ 时，说明东道国经济过热，劳动力需求大于劳动力供给。如果国内资本已耗尽，在劳动力不足的情况下，$FDI$ 成为东道国劳动力的替代要素。如果经济过热是需求拉动，则经济体要求生产性投资的增大以抑平物价的虚涨，$FDI$ 将会得到鼓励。如果经济过热是投资拉动，则外商直接投资将被限制。在 $l_t^\alpha - l_{tv}^\alpha < 0$ 情况下，经济过热且投资替代了就业，导致失业增加，这是典型的投资拉动过热现象，政府将会削减投资，$OFDI$ 将被限制。

当 $y_t - y_{tv} < 0$ 且 $l_t^\alpha - l_{tv}^\alpha > 0$ 时，表明东道国劳动供给丰富，实现合意景气劳动力可替代部分投资。劳动力投入取决于其边际产出，仅当

$\pi_{k_{ft}} > \pi_{k_{dt}} \geq \pi_l$（$\pi_{k_{ft}}$、$\pi_{k_{dt}}$、$\pi_l$ 分别为外资、内资和劳动力的边际产出）[①]时，东道国鼓励 FDI 流入。反之，OFDI 将被限制；当 $l_t^a - l_{tv}^a < 0$，表明东道国经济尚未达到合意景气，如果此时东道国资本总需求既定且劳动供给不足，则外商直接投资因其外部性效益而受到东道国鼓励，这些新增资金主要用于替代东道国国内劳动供给不足。

### 三 基于 H₃ 的分析

**1. 关于 $\varphi$ 的讨论**

式（4-6）中，当 $y_{tv} - y_{t_0} > 0$ 时，表明封闭经济低于合意经济，东道国增加要素投入和提高全要素生产率以实现经济合意增长。在国内投资全要素生产率（TFP）边际贡献为零情况下，出于效率和成本的考虑，东道国不会考虑增加国内投资（满足资本需求）和内部改革（TFP 提升），而是更愿意引进外商直接投资。引进 FDI 其目的有二：一是满足国内资本要素的需求，二是通过 FDI 外部性 $\varphi(k_{ft})$ 拉动 $\varphi$ 的提升。在此情况下，东道国将对 FDI 持欢迎态度；当 $y_{tv} - y_{t_0} < 0$ 时，东道国合意经济景气在封闭经济条件下可以实现，$\varphi$ 的提升不需要 FDI 来拉动，此时 FDI 不能进入东道国。

**2. 关于 $k_{dtv} - k_{dt_0}$ 的讨论**[②]

式（4-6）中，当 $y_{tv} - y_{t_0} > 0$ 且 $k_{dtv} - k_{dt_0} > 0$ 时，封闭经济低于合意经济（$y_{tv} - y_{t_0} > 0$）情况下，东道国属于相对衰退状态，经济发展有很大空间，东道国的投资需求较大，即 $k_{dtv} - k_{dt_0} > 0$。此时 FDI 既能保障资本供给也有助于优化东道国产业结构，提升东道国全要素生产率。在这种情况下，东道国政府将鼓励 FDI 流入，甚至给予 FDI 超国民待遇。

式（4-6）中，当 $y_{tv} - y_{t_0} > 0$ 且 $k_{dtv} - k_{dt_0} < 0$ 时，表明东道国在封闭条件下国内资本供给已超过合意投资需求，而经济仍处于非合意景气，这说明东道国资本效率很低，即全要素生产率极低，此时东道国必须进行结构调整和技术提升以提高全要素生产率。当东道国确定引进 FDI 作为经济结构调整手段时，外部性 $\varphi(k_{ft})$ 较高的外资将会受到

---

① 基于边际的分析将在下文做详细分析。
② 当 $y_{tv} - y_{t_0} < 0$ 时，外资不可能进入东道国，不予讨论。

青睐。

3. 关于 $l_{tv}^{\alpha} - l_{t_0}^{\alpha}$ 的讨论

式（4-6）中，当 $y_{tv} - y_{t_0} > 0$ 且 $l_{tv}^{\alpha} - l_{t_0}^{\alpha} > 0$ 时，表明东道国劳动供给尚有空间满足经济增长，在东道国资本充足的情况下，东道国可能在封闭条件下达到合意景气。如果东道国劳动力供给和资本供给不能满足经济合意增长的情况下，FDI 将会受到东道国的追捧；当 $y_{tv} - y_{t_0} > 0$ 且 $l_{tv}^{\alpha} - l_{t_0}^{\alpha} < 0$ 时，表明东道国劳动力丰富，该国可能在封闭条件下达到合意景气，甚至可以替代国内劳动力不足。在此情况下，东道国对 FDI 需求较低。

式（4-6）中，当 $y_{tv} - y_{t_0} < 0$ 且 $l_{tv}^{\alpha} - l_{t_0}^{\alpha} > 0$ 时，表明东道国在封闭经济下便可实现合意经济景气，但是国内劳动力供给不足。如果此时东道国资本供给丰富，国内资本将部分地替代劳动投入，弥补后者投入不足。如果东道国国内资本和劳动供给均不足以支撑封闭经济下的景气增长，$y_{tv} - y_{t_0} < 0$ 且 $l_{tv}^{\alpha} - l_{t_0}^{\alpha} > 0$ 是不可能存在的状态；当 $y_{tv} - y_{t_0} < 0$ 且 $l_{tv}^{\alpha} - l_{t_0}^{\alpha} < 0$ 时，表明东道国在封闭经济下不可能实现合意经济景气，合意景气需要国内劳动力供给，FDI 需求减少。在国内资本不能替代劳动力供给不足时，东道国必须引进 FDI 以获得资本支持和外部性 $\varphi(k_{ft})$，可以实现经济景气，此时 FDI 将受到鼓励。

## 第二节 基于东道国消费最大化

### 一 消费效用最大化模型

假定东道国居民的收入包括投资收益（$r_t$）和工资（$w_t$）以及资本折旧（$d$），可得东道国居民收入 $R_t$ 的表达式 $R_t = (1 - d + r_t) k_{dt} + w_t$。

我们假定东道国消费者由无限个家庭或政府组成，他们进行消费—储蓄安排满足终生消费效用最大化。需要说明的是，对于外资的态度，家庭会把外资处理权和处置权交给政府。实际上，政府对外资的态度代表所有消费者的态度。

设消费者国内消费为 $c_t$，消费函数为 $u(c_t)$，$\delta^t$ 贴现率 $[\delta^t \in (0, 1)]$，逐期消费之和为 $Z$，可表示为：

$$Z = \sum_{t=0}^{\infty} \delta^t u(c_t)$$

消费者条件约束下的消费效用最大化表示如式（4-8）所示：

$$\max_{e_t} \sum_{t=0}^{\infty} \delta^t u(c_t), u'(*) > 0, u''(*) < 0 \qquad (4-8)$$

$$\text{s. t. } c_t \leq R_t = (1-d+r_t)k_{dt} + w_t$$

## 二 比较分析

在上文中，我们定义封闭经济、开放经济和合意经济三种经济状态。我们将把消费者的逐期消费之和与经济状态进行比较，以显示消费者（政府）对外商直接投资的态度。

1. $\max_{e_t} \sum_{t=0}^{\infty} \delta^t u(c_t)$ 与 $y_t$ 的讨论

当 $\max_{e_t} \sum_{t=0}^{\infty} \delta^t u(c_t) > A[1 + \varphi(k_{ft}, *)](k_{dt} + k_{ft})^\beta l_t^\alpha$ 时，东道国最佳消费大于国内产出，说明东道国供给不足，国内生产尚有扩展空间。此时，国内对资本和劳动力等生产要素需求增加。当劳动力和国内投资不变时，FDI 需求增加，其风险下降。

当 $\max_{e_t} \sum_{t=0}^{\infty} \delta^t u(c_t) < A[1 + \varphi(k_{ft}, *)](k_{dt} + k_{ft})^\beta l_t^\alpha$ 时，东道国国内需求小于供给，国内生产将会萎缩，要素投入均会减少。外商直接投资将会受到限制，FDI 面临的风险增大。

2. $\max_{e_t} \sum_{t=0}^{\infty} \delta^t u(c_t)$ 与 $y_0$ 的讨论

当 $\max_{e_t} \sum_{t=0}^{\infty} \delta^t u(c_t) > A k_{dt_0}^\beta l_{t_0}^\alpha$ 时，表明东道国国内不能达到自给自足，即封闭条件下的生产不能满足国内消费者达到最佳消费水平。此时，在东道国国内资本和劳动力供给不变的情况下，东道国对 FDI 的需求增加，FDI 风险下降。

当 $\max_{e_t} \sum_{t=0}^{\infty} \delta^t u(c_t) < A k_{dt_0}^\beta l_{t_0}^\alpha$ 时，在自给自足的条件下东道国生产能够满足国内居民消费效益最大化，假定其他情况不变，外商直接投资不可能进入东道国。

3. $\max\limits_{e_t}\sum\limits_{t=0}^{\infty}\delta^t u(c_t)$ 与 $y_{tv}$ 的讨论

当 $\max\limits_{e_t}\sum\limits_{t=0}^{\infty}\delta^t u(c_t) > A(1+\varphi)k_{tv}^{\beta}l_{tv}^{\alpha}$ 时，即合意经济景气尚不能满足国内消费者效益最大化。该情况产生原因可能有二：其一，东道国经济结构已经得以优化，但由于需求拉动导致国内经济过热和通货膨胀，如果经济过热是终端消费推动，东道国将选择扩大供给抑平通胀，FDI 需求将会提高；其二，东道国结构不优且高需求是生产性消费所推动，政府将选择减少投资作为反周期调控手段，部分 FDI[①] 将会面临限制。

当 $\max\limits_{e_t}\sum\limits_{t=0}^{\infty}\delta^t u(c_t) < A(1+\varphi)k_{tv}^{\beta}l_{tv}^{\alpha}$ 时，这说明合意的东道国生产供给超出消费者效益最大化需求，供给大于需求，东道国生产过剩，投资需求迅速下降。在这种情况下，外商直接投资将面临巨大的市场竞争，政府可能利用该情景提高 FDI 选择标准，以实现未来产业技术升级和结构优化等目标。东道国产业结构和技术层次越高，外商直接投资将面临越高的市场竞争风险。

## 第三节　OFDI 风险界定理论

### 一　概念界定

学者对风险的界定取得了共识，即风险是指未来不利事件的可预测性和不确定性。该界定显示风险具有三个内在特征：不确定、不利事件和可预测。[②] 经济波动下的 OFDI 风险具有一般投资风险的基本特征，但是生成要素、机理和评估预测理论具有其独特性。

经济波动下的 OFDI 风险可以界定为经济周期或非周期波动对 OFDI 的形成不利后果的不确定性。经济波动下 OFDI 风险因素是源于经济波动而造成的经济指标变化，风险事件是经济周期或非周期波动事件（突发性经济危机）；风险结果是外商投资被限制、没收、投资流产、投资企业被驱逐、项目无法落地、项目建成无法营运等不利事件后果。

---

[①] 此处指的是外部性不明显的外商直接投资。
[②] 白远：《中国企业对外直接投资风险论》，中国金融出版社 2012 年版，第 61 页。

利用郭晓亭等学者[①]对风险的数理表述为式（4-9）：

$$R_X^2 = \frac{1}{n}\sum_i^n [P_i - E(P)]^2 \qquad (4-9)$$

我们可以对该表述进行重新解释，$R_X^2$ 是经济波动下外商直接投资不利事件 $X$ 的风险，$P_i$ 是第 $i$ 种外商直接投资不利事件 $X$ 的发生概率，$n$ 是不利事件 $X$ 的数目。$E(P)$ 为经济波动下外商直接投资不利事件 $X$ 发生的预期概率。

为强调风险结果导致的损失，郭晓亭等学者提出风险数理表述式（4-10）：

$$R_X^2 = \sum_i^n E[X_i - E(X)]^2 P_i \qquad (4-10)$$

s. t.

$$X_i - E(X) = \begin{cases} 0, & \text{当 } X_i \geqslant E(X)_i \\ -[X_i - E(X)], & X_i \leqslant E(X) \end{cases}$$

基于本书研究主题对该表述进行解释，在经济波动条件下，直接投资面临的不利事件风险取决于不利事件结果与事件风险预期结果的差异和不利事件发生的概率。当风险事件发生结果优于预期，直接投资风险在预期可控范围，损失为 0；如果风险事件发生结果劣于预期，外商企业将遭受损失。上式中 $R_X^2$ 是经济波动下直接投资不利事件 $X$ 的风险，$X_i$ 是第 $i$ 种 FDI 不利事件 $X$ 的可能结果，$E(X)$ 是事件 $X$ 发生的结果预期，$P_i$ 是第 $i$ 种直接投资不利事件 $X$ 的发生概率，$n$ 是不利事件 $X$ 的数目。

## 二 内涵界定

$$R_X^2 = f(h_t, v_t, d_t) \qquad (4-11)$$

式（4-11）中 $h_t$ 为经济波动下直接投资 $t$ 期的风险因素，$v_t$ 为 $t$ 期的风险事件，$c_t$ 为 $t$ 期的风险事件结果。记经济波动下 OFDI 的风险因素出现的概率为 $p_{h_t}$，$t$ 期风险事件的发生概率为 $p_{v_t}$ 和 $t$ 期风险事件结果的发生概率为 $p_{d_t}$。

## 三 风险要素

我们假定经济波动导致风险事件的机制如下：

---

① 郭晓亭等：《风险概念及其数量刻画》，《数量经济技术经济研究》2004 年第 2 期。

经济波动导致经济社会指标波动超出其正常范围 $z_i$ 而被激活成为风险因素 $v_{it}$，这些风险因素可能单独或联合出现并导致风险事件。$t$ 期出现风险因素概率 $p_{it}$ 可表述如下：

$$p_{it} = P(v_{it} \neq z_i)$$

在 $n$ 期内，风险因素出现的概率为：

$$P_{it} = \sum_{t=1}^{n} \left[ \prod_{i=1}^{m} P(v_i > z_i) + \prod_{i=1}^{m} P(v_i < z_i) \right] \quad (4-12)$$

其中，$\prod_{i=1}^{m} P(v_i \neq z_i)$ 显示多风险因素联合出现，$\sum_{t=1}^{n}[A+B]$ 包括了 $v_i > z_i$ 和 $v_i < z_i$ 两种情况。式（4-12）表示在 $n$ 期内多种风险要素出现的概率。风险要素到风险事件的发生仍然存在随机性。

### 四 风险事件

在风险因素给定条件下，风险事件是指经济波动导致东道国对外商直接投资的限制、没收、收益损失、项目停工、资金链断裂等投资损失或投资失败事件。上文外商直接投资风险机制的理论分析显示，风险事件（东道国采取对外商直接投资的不利政策）的发生概率取决于经济合意水平、投资经济性以及东道国国内供需状态。

首先，我们认为，经济合意水平和投资经济性决定于投资边际产出，基于该角度，东道国政府对外商直接投资政策态度的概率（$p_{a_t}$）表述为：

$$p_{a_t} = P(\pi_{ft}, \pi_{dt})$$

东道国政府对外商直接投资不利政策的概率（$p_{v_t}$）为式（4-13）：

$$p_{v_t} = P(\pi_{ft} < \pi_{dt}) \quad (4-13)$$

式（4-13）表示东道国对外商直接投资出台不利政策的概率取决于 $\pi_{ft}$ 和 $\pi_{dt}$ 的比较，即外商直接投资[①]的边际产出 $\pi_{ft}$ 低于东道国国内投资边际产出 $\pi_{dt}$ 时，东道国将限制外商直接投资。

其次，东道国国内消费市场的供需关系也是决定东道国对外商直接投资态度的重要因素。

假定外商直接投资与东道国消费的关系可表示为 $C = c(k_f)$，当

---

① 按照柯布—道格拉斯的生产理论，东道国劳动力与资本可以相互替代。

$\max Z > c(k_f)$ 时东道国可能制定对外商直接投资不利的政策。

上述两个方面合并，东道国对外商直接投资不利政策概率可表述为：

$$p_{v_t} = P[\pi_{ft} < \pi_{dt},\ \max Z > c(k_f)] \tag{4-14}$$

### 五 风险结果

尽管东道国可能采取对外商直接投资的不利行为，但是不利行为不总是导致收益损失。正如1997年东南亚金融危机和2008年国际金融危机中许多企业受到严重冲击而损失巨大，但有些企业却在危机中获得市场洗牌、技术更新、国别政策和产业格局变化所带来的重大机遇。

令 $w$ 为期末投资价值，$E(w)$ 为投资预期价值，$w^*$ 为置信水平 $\rho$ 的资本在投资期间的最小值。笔者认为，外商直接投资在风险结果就是 $w \leq w^*$。因此风险结果产生的概率可表示为式（4-15）：

$$p_{d_t} = p(w \leq w^*) \tag{4-15}$$

在此情况下，外商直接投资的风险结果可定义如式（4-16）所示①：

$$\begin{aligned} V_a R &= E(w) - w^* \\ &= w_0(1+r) - w_0(1+r^*) \\ &= -w_0(r^* - \upsilon) \end{aligned} \tag{4-16}$$

其中，$w_0$ 为外商投资初期值，$r$ 为投资收益率，$\upsilon$ 为 $r$ 的数学期望值（概率水平值），置信水平为 $\rho$，$r^*$ 为 $\rho$ 上的投资最小收益率。

假定 $f(w)$ 为外商投资在投资期间价值保有的概率分布密度，在置信水平给定为 $\rho$ 的情况下，式（4-17）显示 $w^*$ 最糟的情况：

$$\rho = \int_{w^*}^{\infty} f(w) dw \tag{4-17}$$

则：

$$1 - \rho = \int_{-\infty}^{w^*} f(w) dw = p(w \leq w^*) = p_{d_t} \tag{4-18}$$

### 六 总体风险

经济波动下直接投资的风险是经济波动风险因素、东道国外商投资

---

① 郭晓亭等：《风险概念及其数量刻画》，《数量经济技术经济研究》2004年第2期。

不利风险事件和外商投资受损风险结果三方面的共同结果。根据上述三者的表述，风险因素是风险事件的条件，而风险事件又是风险结果的条件，且在三者发生的解释因素是相互独立的，因此经济波动下直接投资风险 $t$ 期出现的概率为 $P_t = p_{h_t} \times p_{v_t} \times p_{d_t}$。

基于重点描述不利结果的不确定性，经济波动下直接投资的风险可表述为：

$$R_X^2 = \frac{1}{n} \sum_i^n [p_{h_{it}} \times p_{v_{it}} \times p_{d_{it}} - E(P_{Eh} \times p_{Ev} \times p_{Ed})]^2 \quad (4-19)$$

我们可以对式（4-19）进行重新解释，$R_X^2$ 为经济波动下直接投资不利事件 $X$ 的风险，$p_{h_{it}}$、$p_{v_{it}}$、$p_{d_{it}}$ 分别是第 $i$ 种直接投资风险因素、风险事件和风险结果发生概率，$n$ 是不利事件 $X$ 的数目。$E(P_{Eh} \times p_{Ev} \times p_{Ed})$ 为经济波动下直接投资风险因素、风险事件和风险结果发生导致不利事件 $X$ 发生的预期概率。

从不利结果的损失大小角度，经济波动下直接投资的风险可表述为：

$$R_X^2 = \sum_i^n E[X_i - E(X)]^2 (p_{h_{it}} \times p_{v_{it}} \times p_{d_{it}}) \quad (4-20)$$

s.t.

$$X_i - E(X) = \begin{cases} 0, & \text{当 } X_i \geqslant E(X)_i \\ -[X_i - E(X)], & X_i \leqslant E(X) \end{cases}$$

## 第四节　OFDI 风险评估和预警的两个模型介绍

基于本书研究主题，我们把重点基于 OCTAVE（Operationally Critical Threat, Asset and Vulnerability Evaluation）和 BP 神经网络风险评估理论结合经济波动理论来阐述经济波动下 OFDI 风险评估理论基础。这两个模型将对下文的风险评估和预警有重要参考意义。

### 一　基于三要素的 OCTAVE 模型

在 OFDI 的视角下，经济波动对东道国社会带来的影响可分为两个大层次，我们分别称为宏观综合层次和经济基础层次。在宏观综合层次，经济波动会导致东道国政治波动、政策波动、市场波动和社会预期变化。在经济基础层次，经济波动导致东道国经济发展指标、经济管理工具、经济主体行为和经济结构等方面的变化。宏观综合层次和经济基础层次并非独立的两个层次。前者是后者的原因或前提，后者是前者的表现。但是两者之间存在不同的内涵，两者共同或者相对独立地对外商直接投资的风险产生影响。本书中，经济波动改变外商直接投资的经营环境是 OFDI 的重要风险源，我们归其为环境威胁。

投资主体的投资管理能力是影响 OFDI 的另一个重要因素群，具体包括投资决策、企业内控、信息控制、外部关系和反应能力等。对于投资管理能力强的投资企业，所形成的风险敞口较窄且对 OFDI 的风险控制能力强。反之，该企业投资风险的控制能力弱，导致投资风险上升。站在风险的角度，我们用投资管理"脆弱性"来概括企业的投资管理能力，脆弱性与管理能力成反比。脆弱性作为外商直接投资风险评估中的要素之一，该概念适用外延可以扩展至区域经济、国家经济以及国际经济政治关系等更广阔的层面上。

外商直接投资风险评估中最重要的因素是风险结果，即风险成为现实所导致的损失。计量风险损失的直接办法是货币计量损失，也可以用指数计量或损益比例等。风险后果可能包括直接损失或间接损失。风险后果反映在宏观综合层次和经济基础层次。

基于环境威胁、脆弱性和风险结果的关系，笔者梳理了经济波动与 OFDI 风险形成机制（见图 4 - 1）。笔者认为，经济波动引起宏观综合层、经济基础层、企业管理层要素变化，三者相互加成强化，形成最终 OFDI 风险结果。

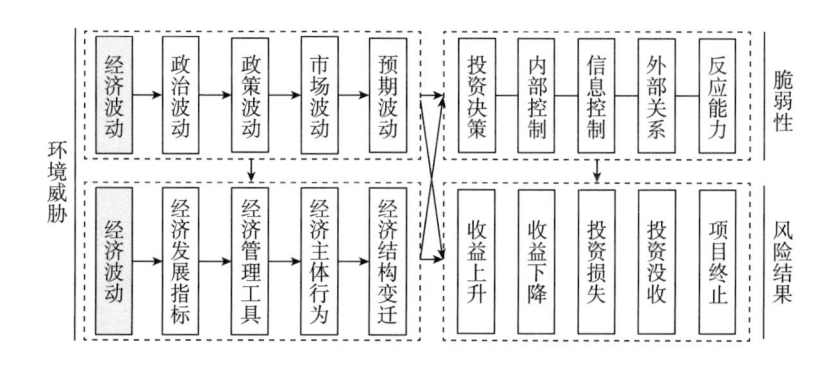

图 4 - 1　经济波动与 OFDI 风险示意

基于 OCTAVE 风险评价模式，威胁（Threat）、脆弱性（Vulnerability）和风险结果（代表 Asset）成为外商直接投资的三个核心要素。我们对这 3 个要素进行再解释，威胁（Threat）为经济波动导致的投资环境的变化（Threat from Economic Fluctuation），脆弱性（Vulnerability）为企业投资风险的控制能力的缺陷（Weakness to Control Risky Situation under Economic Fluctuation），风险结果（代表 Asset）为风险成为现实所导致的损失或严重性（Loss by Economic Fluctuation）。基于 OCTAVE 风险评价模式的基本思想，外商直接投资在经济波动下的风险为：$R = T \times L \times W$。其几何图上表示立体坐标中立体图形的体积（见图 4-2）。

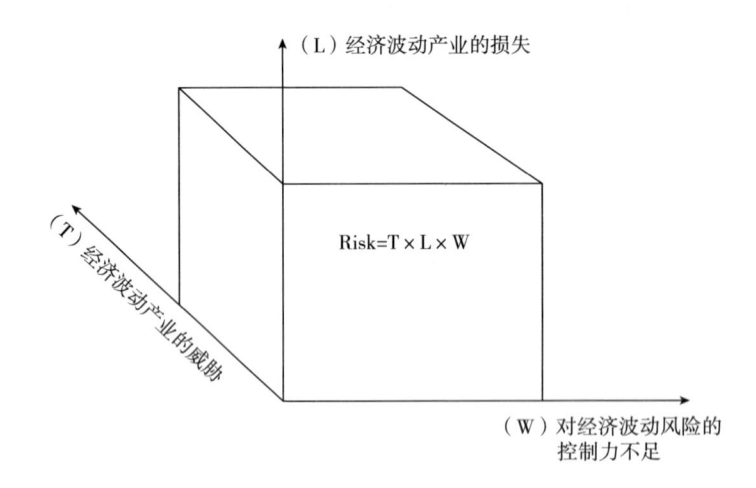

**图 4-2　OFDI 在经济波动下 OCTAVE 风险评价**

注：Weakness（W）指投资企业能力，Threat（T）为经济波动的投资变化，Loss（L）为 OFDI 收益损失。

资料来源：[美] Christopher A：《信息安全管理》，吴晞译，清华大学出版社 2003 年版。

## 二　基于神经网络的评估模型

经济波动对外商直接投资的影响不限于经济领域，它可以通过政治领域影响外商直接投资的收益。正如 1929—1933 年的经济危机带来了普遍严重的政治危机，即经济波动会导致政治风险，而政治风险会导致不利于外商直接投资的风险事件。我们基于网络模型来描述经济波动造成政治风险和经济风险进而对外商投资形成风险。神经网络模型拓扑结构包括输入层（Input）、隐含层（Hidden Layer）和输出层（Output Layer）（见图4-3）。

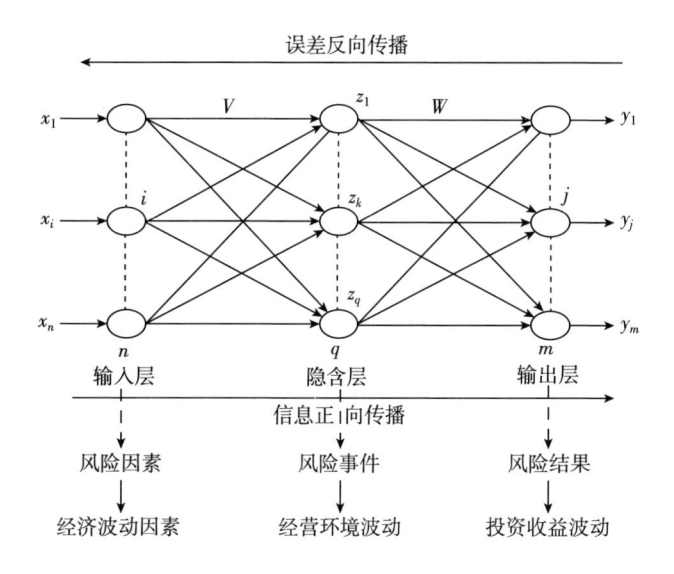

图4-3 经济波动下OFDI风险的BP神经网络结构示意

美国全国经济研究所（NBER）经济波动周期确定委员会使用了总产出、收入、就业、贸易等指标来测度经济波动，但是最核心指标是GDP。经济波动主要表现在真实GDP对潜在GDP的偏离。[①] 可表示为式（4-21）。

$$y_t = y_t^{trend} + \gamma = y_t^{potential} + y_t^{gap} \tag{4-21}$$

$y_t$、$y_t^{trend}$、$y_t^{potential}$ 分别为 $t$ 期的现实GDP、GDP长期趋势和潜在GDP。$\gamma$ 是随机波动项，$y_t^{gap}$ 是 $t$ 期现实GDP对 $y_t^{potential}$ 的偏离。$|y_t^{gap}| > 0$ 表明经济出现波动。$y_t^{gap}$ 至少作为BP神经网络的输入信息之一。

除了GDP的偏离水平（$y_t^{gap} = x_1$）外，收入、就业、贸易、利率、汇率、价格等其他经济变量，这些变量包括宏观经济环境、中观经济环境和微观经济环境变化，笔者拟通过主成分分析法提炼为少数指标，令其为序列 $x$（$x_1, x_2, \cdots, x_{n-1}, x_n$）。$x$（$x_1, x_2, \cdots, x_{n-1}, x_n$）作为

---

① 董进：《宏观经济波动周期的测度》，《经济研究》2006年第7期。

BP 人工神经网络的输入层,传播到隐含层。隐含层实际上包括外商直接投资者在东道国由于经济波动而导致的一系列风险事件,包括宏观经济风险、政府政策风险、政治风险、市场风险、技术风险、信誉风险、交易风险、筹资风险等系统性和非系统性风险事件。令这些风险事件序列为 $z\ (z_1, z_2, \cdots, z_{n-1}, z_n)$。这些风险事件导致外商直接投资的不利风险结果,我们可视为 BP 人工神经网络的输出层,令这些风险结果序列为 $j\ (j_1, j_2, \cdots, j_{n-1}, j_n)$。

在人工神经网络模型中,前向传递输入信号从输入层经隐含层逐层处理,直至输出层,每一层的神经元状态只能影响下一层神经元状态。[①] 除此之外,$x\ (x_1, x_2, \cdots, x_{n-1}, x_n)$ 和 $j\ (j_1, j_2, \cdots, j_{n-1}, j_n)$ 相同;$z\ (z_1, z_2, \cdots, z_{n-1}, z_n)$ 和 $j\ (j_1, j_2, \cdots, j_{n-1}, j_n)$ 的神经元的算法只是具体的参数不同,运算规则基本相同,其具体算法在实证章节介绍。人工神经网络模型有个重要的信息逆向传播功能,即输出层的结果将会逆向推进隐含层的变化,最后反作用于输入层,再通过正向传播向输出层传出,形成反复的循环的影响过程。

实际上,经济波动本身就是投资环境更迭,同时也引致诸多因素的变化,包括经济结构、国家政治格局、产业结构和技术结构的变更,这些将直接或间接地成为外商直接投资的风险因素。经济波动的冲击通过正向和反向连锁机制使外商直接投资风险复杂化。这些变化可以通过 BP 人工神经网络模型清晰地表述出来。

---

[①] 陈菲琼、钟芳芳:《中国海外直接投资政治风险预警系统研究》,《浙江大学学报》(人文社会科学版) 2012 年第 1 期。

# 第二篇 风险评估

## 经济波动下中国 OFDI 的宏观风险及趋势

本部分主要利用中国 OFDI 的 33 个东道国为样本，基于经济基础、商业环境、偿债能力、政治风险、对外开放性和对华关系六方面的宏观指标，评估了 1990—2016 年中国 OFDI 的相应风险。具体包括经济波动下中国 OFDI 风险评估体系、中国 OFDI 的国别类别风险评估、中国 OFDI 国别综合风险评估、中国 OFDI 国家组别类别风险评估、中国 OFDI 总体风险评估、中国 OFDI 风险等级、OFDI 企业经营风险等相关内容。

# 第五章

# 经济波动下中国对外直接投资风险评估体系

## 第一节 经济波动下中国对外直接投资的风险因素和形成机理

前文关于经济波动与东道国投资环境的分析一样，宏观经济波动不仅本身是影响投资环境的直接因素，而且也会影响金融环境和政治环境进而成为 OFDI 风险的间接影响因素。实际上，OFDI 风险因素构成包括经济因素和非经济因素，同时前者还对后者形成影响。由此可见，研究 OFDI 风险因素和风险形成机理不仅需要考虑经济波动因素，而且必须把非经济因素以及叠加其上的经济波动冲击纳入其中。

在不考虑经济波动的情况下，OFDI 风险已被学者广为讨论并深入研究，但凡对投资风险研究的学术成果都对风险因素展开了分析，不同学者只是站在不同的角度看待风险因素而已，或者找到了不同的风险因素。学者在风险形成机理方面已经在学界达成了共识，笔者将基于这些共识讨论经济波动与 OFDI 风险的互动机理和逻辑。

笔者认为，OFDI 风险来源主要包括经济运行状况（经济基础）、商业营运环境（商业环境）、债务状况（主要体现为东道国偿债能力）、内外政治不确定性（政治风险）、对外开放性（主要体现为对外经济交往）和对华关系（主要政治关系和空间距离）。

经济波动作为客观存在的经济现象，由于其极富活性的辐射和传导性能，它不仅影响经济状况本身，而且极为迅速、高效地影响政治、商业环境、偿债能力和对外经济关系等方面。因此在分析风险因素的机理方面，本书研究与其他学者分析的最大不同在于，笔者不仅考虑其通常的传导机制，而且重点分析经济波动产生的叠加影响。这是本书研究的特色和创新之处。关于风险要素与OFDI风险的形成机制将在下文做详细阐述。

### 一 经济基础与OFDI风险

简言之，东道国经济波动就是经济景气变化。东道国经济景气情况是OFDI风险判断的重要因素。显而易见，经济景气变化部分地反映了东道国内经济所处的冷热状态转换。具体而言，它表现在市场需求、产品物价、生产水平、资金供给、就业水平等方面变化；在政策角度则表现为国家货币、财政、行政等方面的宏观安排变化；在社会心理角度则表现为消费者信心、收入预期和价格预期等社会经济主体的经济心理变化。上述变化继而演化成为当下和未来消费水平、消费价格和储蓄水平等波动，导致整体市场消费、企业库存、开工比率等波动；在整体宏观层面上，该变化则为国家经济增长波动，国内消费和投资市场容量，通货膨胀水平和失业率波动，甚至整个国民账户以及国际支付的变化。宏观层面的变化在市场方面将会导致国内资本需求波动，引发投资市场的萎缩或扩张。从微观层面来看，东道国宏观经济波动会导致直接投资企业在该国销售、库存、融资、物流、生产要素和采购等经营成本变化，宏观经济波动变化导致汇率变化，同样会引起资本跨国流动时形成收益和损失，导致在东道国的直接投资（OFDI）收益水平的波动以及资产安全的不确定性。

上述表述可以概括为：经济风险导致OFDI风险。东道国经济风险主要是来自一系列宏观经济指标波动，根据经济学智能单元（Economist Intelligence Unit）国家风险分析显示，这些指标除了具有明显周期属性（Cyclicality）外还具有显著的结构属性（Architectural Attributes）。此外笔者还认为，经济结构属性会强化周期属性，且两种属性通过经济机制相互传导，因此经济风险分析的指标选择必须充分考虑周期性指标（如经济稳定性指标）和结构性指标（如经济规模和支撑要素）并纳入分析之中。

## 二 商业环境与 OFDI 风险

商业环境对跨国直接投资的影响是显而易见的，良好的商业环境会降低投资风险；反之将会提高投资风险。此处，我们重点说明经济波动对商业环境的影响。

商业环境是指市场监管水平、税率、贪腐程度、经济自由度、商业交易的便利程度等。对于 OFDI 的商业经营环境而言，可用相关具体指标进行刻画，分别为官员素质（Bureaucracy Quality）、腐败程度（Corruption）、社会经济条件、国际流动性、投资便利性（Investment Profile）[1]、法律与秩序。[2] 东道国经济波动对这些指标的影响在短期内或通常状态下可能并不显著，但是在长期或者严重经济危机的情况下该影响会显著表征出来。官员素质和腐败程度在短期内具有明显刚性，很难发生变化，在长期内会因外部经济冲击逐渐变迁。宏观经济景气促进政治市场中官僚系统运行高效和有序，统治阶层和官僚政治利益关系稳定安全，政治市场各集团内部规制有效。从官员个体而言，经济景气导致官员工资、政府业绩奖励、财产收益等个人收入增加，官员受到激励和内心满足感会促使整个官僚系统工作效率、廉洁程度提高；反之，长期经济萎靡和衰退，会导致政治市场混乱，官僚系统被政治利益集团所撕裂和分割，政治共识打破，官僚体系运行失效或低效，政治集团和利益集团以及官员个体参与利益争夺，官员素质下降，国家腐败猖獗。

社会经济条件、国际流动性、投资便利性、法律与秩序等与经济波动的联系相对紧密得多。其中逻辑可简要表述为：经济波动后果或原因主要表现为社会经济条件（包括就业水平、消费者信心、生产者信心、社会贫穷与富裕状况），投资便利性（包括协议可执行性、政府征用、利润回汇管制、支付延迟状况等）、经济相关法律政策的变动等，前者与后四者之间存在强烈的内生关系。

## 三 偿债能力与 OFDI 风险

偿债能力反映了东道国负债能力，较高的负债能力说明东道国偿债

---

[1] PRS 集团使用了该指标，其下包括协议可执行性、政府征用、利润回汇管制、支付延迟状况等子指标。由于 Investment Profile 的直译"投资概况"的字面意思与其内涵有巨大差异并产生歧义，本书笔者将其翻译为"投资便利性"。

[2] 陈菲琼（2012）、PRS 集团、中国社会科学院等采用了这些指标。

容量高，负债能力强，债务风险较小；反之则大。对外债务风险很大程度上取决于他国（尤其是债权国或相关国）对负债国经济的干预程度以及该国能否抵御和消除来自外部的威胁。失去了自主性，在外力逼迫下所进行的紧急经济调整，必然会破坏其内部经济系统稳定性。境外相关利益经济体主要通过利率和汇率操纵使其获得最有利的资产状态，而该政府是否具有足够的外汇储备是对付外力干预的关键所在。否则，外债拖欠就成为外力干预增强的正当理由，由此引发债务危机。[①] 东道国经济总量和增量是其外部债务安全干预能力的核心指标，当一个国家经济总量或年度增量很大，东道国政府对债务安全的调控能力强；反之就弱。可见东道国的经济波动对其偿债能力的影响是显著的。

偿债能力是通过债务风险的大小对 OFDI 风险产生影响的。当东道国债务风险很高时，该国外商直接投资的利润回汇将受到很大限制，且外商投资被东道国国有化的风险大幅提高。债务危机将使该国货币汇率、资产价格、商品进出口、国内消费和投资等诸方面受到极大冲击，外商投资企业的经营环境将迅速恶化。

### 四　政治波动与 OFDI 风险

1. 政治波动对 OFDI 的影响

政治变动对 OFDI 而言是毒药，这是因为政治变动直接改变外商投资的政策环境和社会环境，并对企业经营可能带来最彻底和最深远的影响。

政治风险是投资者投资决策时必须审慎考量的内容。本书研究主题下的政治风险含义为，由于不可预见的国家政府层面对内对外管理方面变化（可控的或不可控的）而导致外国投资企业的经济利益带来的不确定性，这种不可预见的变化可能发生在一国政府、政策和管理环境变化，也可能是东道国的政治环境或东道国与其他国家之间政治关系改变。在所有变化中，那些超越政府控制能力的变故因素才是形成巨大风险的主要源头，比如战争、恐怖主义、军事政变等内外部冲突。军事或宗教对政治的干预使东道国国内政治难以琢磨。20 世纪和 21 世纪初，南亚以及东南亚等国家军政府和宗教控制国家政治导致投资者难以进入这些区域及国家。政府频繁更迭是直接投资高风险源泉，包括政府交接

---

① 马一民：《金融体系的风险与安全》，社会科学文献出版社 2007 年版，第 23 页。

前后的适应过程、政府政策变化、国民政治期待等产生的观望以及混乱让投资企业无所适从或疲于应付。尤其是东道国政治波动导致的国有化倾向成为投资者心中的毒蛇猛兽。一旦政府采取类似行动，对投资者的影响是难以估量的，也会对东道国政府的信心和信用产生长期负面影响，难以恢复。2007年，委内瑞拉总统乌戈·查韦斯（Hugo Chavez）突然宣布对当地电话公司 CANTV 进行国有化导致该国石油行业外国投资长期疲软，成为外国投资者挥之不去的阴影。1956年，埃及苏伊士运河国有化事件同样导致外国投资者对埃及长时间望而却步。直接投资最显著的政治风险就是东道国经济政策或制度的变化，在短期内它将显著影响投资者经营状况。

2. 经济波动影响政治风险变化

政治对经济的影响已被学界广为研究，尽管"经济基础决定上层建筑"已成为放之四海而皆准的法则，但是经济波动对政治影响鲜有学者进行研究。前文基于经济波动指标与 ICRG 风险指数的实证分析表明，经济波动对政治形成长期或短期冲击。尽管经济波动对政治风险指标的影响力较弱，但是两者之间的联系是客观存在的。

政治与经济的关系主要体现在生产关系和利益分配关系上。[①] 回溯经济对政治的影响与机制，经济基础影响政治核心（核心上层建筑），经济手段影响政治运行方式（非核心深层建筑），具体机制则是经济波动与集体行为（Collective Action）、制度体制（Institutions）、政治市场（Political Market）之间的互动关系。[②] 基于此，我们可以预见，短期微弱的经济波动对政治的影响较弱，但长期显著的经济波动对政治影响是很显著的。

第一，经济波动通过集体行为对政治的影响机制。集体行为理论基于一个重要假设，即有组织选民群体远比没有组织的选民对政治家的影响大得多。在所有类型的国家中，基于某些特殊利益号召民族很容易被组织起来形成磅礴正面响应（Postive Backup）抑或成为庞大敌对力量

---

① 聂运麟：《论市场经济与民主政治》，《华中师范大学学报》（人文社会科学版）1998年第6期。

② Philip Keefer, "What Does Political Economy Tell Us About, Economic Development – and Vice Versa?", World Bank, Policy Research Working Paper [3250], March 2004.

(Antagonistic Strength），从而极大地改变社会政治格局。经济波动对社会民众利益的影响是显而易见的，在消费领域表现为商品价格、商品供给水平和消费满意度等方面的变化；在生产供给领域体现为生产要素价格、工资收入、经营利润、产品销售量等方面的波动；在金融领域显示为金融要素价格、资产价格、投资收益等波动。经济波动影响着消费、生产和金融领域，直接影响社会民众的收入水平和生活质量，可能使社会资本拥有者的获利机会散失，社会利益集团出现"利益再分配"或"重新洗牌"，甚至可能因为"分赃不匀"而导致社会冲突、阶层冲突和宗教冲突，最终引起经济利益集团和政治利益集团的冲突或妥协等。如果这些冲突以社会民众为载体，形成大板块和高水平组织的集体运动，这将对东道国政治产生巨大冲击，可能引起政府更迭或社会重大政治变革。

第二，经济波动通过制度体制对政治的影响机制。经济波动通过集体行为（消费、生产、就业、投资、迁移和选举等）对政治产生巨大影响，如果国家层面不予提前控制和预防，社会政治风险得不到抑平，社会压力缺乏释放出口，可能导致社会动荡、内战或政权更迭。政治风险的控制和预防表现为压制、妥协或两者兼有的政治制度或体制的变化之中，这是冲突各方博弈的结果，或者为军事、宗教、商业对政治的干预结果。这些制度或体制的调整可能是包括宪法、一般性法律、规章制度的变化，也包括货币政策、财政政策和经济行政性政策的调整。本质上，这是政治利益相关方利益平衡。

第三，经济波动通过政治市场对政治的影响机制。政治领域利益平衡实则是政治利益的交换，即政治市场。政治市场必须有共识性、利益性和隐蔽性三个核心特征。共识性是指政治市场交换原则，是社会阶层的划分和政治利益认同。利益性是政治市场存在原因，是政治市场主体展开所有活动的最终指向和行为动机。隐蔽性是政治市场内的群体对政治市场之外民众的自我隐藏，目的是确保正式市场的稳定性和合法性。经济波动会导致宏微观政治和经济领域引起波动进而冲击政治市场的共识性、利益性和隐蔽性，出现政治市场的非共识性、利益冲突和非隐蔽性等，最终导致原有政治市场混乱（Politic Market Chaos）、政治市场失效（Politic Market Malfunction）、政治市场解体（Politic Market Disintegration）和政治市场重构（Politic Market Reconstruction）等。严重情况可能导致政府更迭、军事暴动、民族或种族冲突以及外部势力袭入，至少迫使政府和统治阶层在制度和政策上做出调整。

**五　对外经济开放水平与 OFDI 风险**

对外经济活动主要包括对外直接投资和对外贸易。经济波动对东道国对外经济活动的强度和水平具有重要影响。OFDI 为外国资本输入和本国资本输出，国际贸易为商品、服务和技术的跨境流进流出。直接投资流动和商品跨国流动与本国经济景气、技术水平、政治稳定、商业环境、消费市场、国际惯例共识和认知等宏观经济要素关系紧密。而经济波动本身就是经济景气的变化，该变化将导致东道国国内商业环境变化、市场竞争、技术竞争、居民消费能力变化，最终影响外商直接投资的收益和商品进出口。换言之，东道国经济周期或非周期性波动包含着生产要素价格、消费价格、收入水平、投资信心和生产能力等重要信息，这些信息显著地影响着直接投资收益预期、资本水平、消费能力和商品供给能力，导致东道国的外商直接投资流量和贸易流量波动，并可能激发与经济波动同步发生的国际投资周期（International Investment Cycle）和国际贸易周期（International Trade Cycle）。

东道国对外经济水平越高，表明该国融入世界经济水平和经济开放度越高。一个国家愈加开放，其融入世界越深入，对于全球生产链、供给链和资金链的依赖性更强，更加遵守全球规则，更加崇尚多边主义，尊重外商直接投资，熟悉国际合作惯例，更加注重国内政治经济稳定，优化商务环境。因此，对外经济水平高的经济体，外商直接投资的风险相对较低。

**六　对华关系与 OFDI 风险**

东道国对华关系对中国 OFDI 的关系有重要影响。两国良好邦交关系，国家层面和省市层面的官方沟通畅通，直接投资分歧与纠纷较容易通过官方协商解决。在邦交关系恶劣的情况下，东道国政府可能抵制中国投资或对中国企业进行针对性损害或侵害，如美国政府在 2018—2020 年对华为、中兴、大疆、Tiktok 等中国企业展开了强力打压；再如，由于国际政治关系问题，澳大利亚政府发起主要针对中国的计划审查所有外国投资提案，导致中国对澳 OFDI 下降 36%；而在邦交关系好转的情况下，中国投资和企业可能受到东道国的欢迎和保护。可见，中国与东道国国家层面的政治经济关系越好，对该国的投资风险越小。国际政治经济关系可以部分地用空间距离、建交关系、经济合作协议等相关指标来衡量。

需要特别说明的是，康德拉季耶夫周期（50—60年）和朱格拉周期（9—10年）可能会对国际建交、经济合作协议等有一定影响，但是经济波动建交关系和经济合作协议签订的影响很小，至少在短期内影响甚微。经济波动不可能改变国际空间距离。尽管对华关系相对独立于经济波动，我们仍然把东道国的对华关系相关指标纳入中国对外直接投资风险研究中，主要原因在于对华关系增强风险评估的中国关联性。

## 第二节 风险评估机构、指标和方法概述

### 一 当前国家风险评级机构

对OFDI宏观风险的研究在很大程度上就是研究东道国国家风险（标准普尔；穆迪；PRS集团；惠誉；中国社会科学院；聂名华、颜晓晖，2008；[①] 陈菲琼、钟芳芳，2012；[②] 方旖旎，2016[③] 等）。就国家风险评估机构而言，目前全球已成规模和标杆性的国家风险评级机构有标准普尔（Standard & Poor）、穆迪（Moody）和惠誉（Fitch），这三家评级机构在全球已呈垄断局面，市场份额为90%以上。除此之外，大公、经济学人信息社（Economist Intelligence Unit，EIU）、PRS集团（ICRG）以及环球透视（IHS Global Insight，GI）等评级机构在全球国家风险评级中也处于权威地位。中国社会科学院的中国海外投资国家风险评级体系（CROIC）是国内颇具权威的中国海外投资风险评级体系。

### 二 目前流行的风险评价指标

尽管上述全球知名风险评级机构采用二级或三级指标以及评价对象

---

① 聂名华等：《境外直接投资风险识别及其模糊综合评价》，《中南财经政法大学学报》2007年第2期。
② 陈菲琼、钟芳芳：《中国海外直接投资政治风险预警系统研究》，《浙江大学学报》（人文社会科学版）2012年第1期。
③ 方旖旎：《"一带一路"战略下中国企业对海外直接投资国的风险评估》，《现代经济探讨》2016年第1期。

方面有所差异，但在一级指标上达成明显共识，主要包括经济风险、政治社会风险和自然风险三大指标模块。概括而论，这些研究机构使用二级指标体系具体包括如下，社会风险指标（薪酬冲突、经济信任冲突、商业信任缺失、非政府组织袭扰、工会对抗等），政治风险（政治稳定性、政治参与度、治理有效性、民主政治观念、政治体制、国家管理能力、战争与内乱、外国干预、宗教军事干政、恐怖主义、没收征用国有化、合同落空等），经济风险（经济发展水平、价格、利率、汇率、债权债务、国际贸易、国际信贷和国际投资等以及相关经济指标），自然风险（地震、海啸、流行病、旱涝等）。

中国海外投资国家风险评级体系综合了上述经济、政治和社会因素，并引入与中国关系这一指标模块，力求更为全面与综合，从而有针对性地衡量海外投资风险。在衡量国别风险时，CROIC 对中国国情进行细致考察。此外，在当今国际局势不断变化的环境下，随着中国国家力量的提升，不同国家与中国外交关系的远近，甚至民间交往的深度和广度，都会对中国投资主体的行为有所影响。CROIC 对此有专门的考量，在一定程度上弥补了传统评级机构方法的不足。

### 三 当前采用的风险评价方法

上述国际评估机构和 CROIC 采用的风险评价方法主要包括完全定性分析、结构定性分析、清单分析法、德尔菲法等。完全分析法为非固定格式的分析法，是评价者基于大量信息后的主观定性评估。该方法简单易行，但是缺乏评估精度，预测信息少；结构定性分析是基于数据统计的标准评估报告。该方法分析框架标准，客观性较高，易于横向纵向比较，易于量化和排序。该方法的缺陷是对数据的要求很高；清单分析为国家风险项的问题表，对表中加权和非加权指标进行按等级赋值，进行分项加总和总体打分的类别风险（Category Risk）或综合风险（Composite Risk）。该方法的缺陷实施加权和赋值有明显主观性，可能导致评估偏差；德尔菲法是基于专家集体智慧的评价方法，它通过信息输入和集体判断获得风险评估结果。该方法采用头脑风暴机制，评估结果显著高于完全定性分析。但是，该方法最大缺陷为主观成分很大，在信息给定情况下很大程度上取决于专家数量、专家知识、分析能力和专家经验等因素。实际上，上述评级机构没有任何一家单独地使用某一种方法，而是综合使用了上述方法，基于不同评估对象而各有偏重而已。但是从总体来看，结构定性分析法使用较多。

## 第三节 风险评估指标选取

为了全面量化中国 OFDI 的风险，本书指标体系纳入了经济基础、商业环境、偿债能力、政治风险、对外经济和对华关系六个类别的指标，共包括 38 个子指标。基于本书对经济波动和投资风险的相关研究，中国 OFDI 风险考察样本期必须覆盖 2—3 个经济波动周期，同时尽量与上文经济波动与投资环境的考察时段相一致，因此我们设置考察期为 1990—2016 年。

### 一 经济基础指标

东道国经济状况是投资者最重要的考量因素，良好的经济基础为直接投资提供良好收益水平预期和安全保障，糟糕经济状况使投资面临巨大经营风险。

经济基础指标共包含 6 个二级指标（见表 5-1）：GDP 增长率、GDP 平减指数、人均 GDP、失业率、国民总储蓄和总投资。其中 GDP 增长率和人均 GDP 衡量东道国的经济规模和水平；GDP 增长率、GDP 平减指数和失业率衡量东道国的经济稳定性；国民总储蓄和总投资衡量经济发展支撑水平。

表 5-1　　　　　　经济基础指标说明与数据来源

| 指标名称 | 指标说明 | 数据来源 |
| --- | --- | --- |
| GDP 增长率 | 基于 2010 年不变价格的年度平均增长率 | UNCTAD |
| GDP 平减指数 | 国内生产总值平减指数 | UNCTAD |
| 人均 GDP | 基于 2010 年不变价格的人均 GDP 的增长率 | UNCTAD |
| 失业率 | 失业人数占社会总劳动力比例 | UNCTAD，FED |
| 国民总储蓄 | 国民总储蓄的年变动率 | WEO，FED |
| 总投资 | 总投资占 GDP 的比重 | WEO，FED |

注：UNCTAD 为联合国贸发会议数据库，WEO 为国际货币基金组织 World Economic Outlook Databases，FED 为美国联邦准备委员会数据库。

资料来源：https://fred.stlouisfed.org。

## 二 商业环境指标

商业环境是OFDI主体经营的主要载体。广义的商业环境是指商业经营所在的经济环境、社会环境、生产环境、竞争环境等。本书中，商业环境体现为中国OFDI经营所涉的商业效率性和公正性要素，主要包括6个二级指标（见表5-2），分别为官员素质、腐败程度、社会经济条件、国际流动性、投资便利性、法律与秩序。其中，官员素质、腐败程度、法律与秩序衡量商业环境的公正性；社会经济条件、国际流动性、投资便利性衡量商业环境的效率性。

表5-2　　　　　　　　商业环境指标说明与数据来源

| 指标名称 | 指标说明 | 数据来源 |
| --- | --- | --- |
| 官员素质 | 衡量官员素质高低，0—4分，分数越大，官员素质越高 | ICRG |
| 腐败程度 | 政治体系的腐败程度，0—6分，分数越小，越腐败 | ICRG |
| 社会经济条件 | 社会经济条件质量，社会消费信心和贫穷水平，0—12分，分数越大，风险越小 | ICRG |
| 国际流动性 | 进口商品资金垫付的期限，0—5分，分数越大，还款期越长 | ICRG |
| 投资便利性 | 投资经营环境，协议履行程度、资产征收、资本或利润汇出自由度以及支付效率，0—12分，分数越大，风险越小 | ICRG |
| 法律与秩序 | 履约质量，产权保护，-2.5—2.5分，分数越高，法制程度越高 | ICRG |

注：ICRG为PRS集团International Country Risk Guide数据库。

## 三 偿债能力指标

偿债能力指标用于衡量东道国公共部门和私人部门的债务动态和偿债能力。较高偿债能力表明该国外债偿还率高，出现债务危机的概率较小，外商对该国的直接投资相对安全；反之，对该国的直接投资风险较高。

偿债能力指标包括6个二级指标，分别为债务清偿、汇率波动、外债风险、经常账户余额（A）、经常账户余额（B）和财政余额。其中，债务清偿和财政余额衡量外债偿付能力；汇率波动和经常账户余额

(A，B）衡量外债动态余额；外债风险衡量外债危机爆发风险（见表5-3）。

表5-3　　　　　　　偿债能力指标说明与数据来源

| 指标名称 | 指标说明 | 数据来源① |
|---|---|---|
| 债务清偿 | 债务清偿占对外商品和服务出口的比重 | ICRG，WEO |
| 汇率波动 | 本国货币兑美元的汇率波动水平 | ICRG，UNCTAD |
| 外债风险 | 对外债务占GDP的比重 | ICRG，WEO |
| 经常账户余额（A） | 经常账户余额占GDP的比重 | ICRG，WEO |
| 经常账户余额（B） | 经常账户余额占商品和服务出口的比重 | WDI |
| 财政余额 | 财政余额＝财政收入－财政支出 | WDI |

### 四　政治风险指标

政治风险是东道国内部政治环境或国际政治关系变化给外商企业的资产收益和资产安全带来的不确定性。包括政府对政府民主稳定、政府独立性、国家内部冲突和外部冲突。

政治风险指标包括7个二级指标（见表5-4），民主问责和政府稳定性衡量政府的民主稳定性；军事干预和宗教紧张度衡量政治独立性；种族紧张度和内部冲突衡量国家内部冲突。外部冲突衡量来自外部经济、金融、政治、军事、恐怖袭击以及战争等方面的压力。

表5-4　　　　　　　政治风险指标说明与数据来源

| 指标名称 | 指标说明 | 数据来源 |
|---|---|---|
| 民主问责 | 政府对民众诉求的回应，0—6分，分数越高，民主问责越强 | ICRG |
| 种族紧张度 | 本国内种族、民族和语言隔离及歧视的程度，0—6分，得分越高，种族冲突越小。 | ICRG |

---

① ICRG为美国政治风险服务集团（PRS）International Country Risk Guide 数据库，WEO为国际货币基金组织 World Economic Outlook Databases，WDI为世界银行 World Development Indicators，UNCTAD为联合国贸发会议数据库。

续表

| 指标名称 | 指标说明 | 数据来源 |
| --- | --- | --- |
| 外部冲突 | 来自国外的行为对在位政府带来的风险。国外的行为包括非暴力的外部压力，例如外交压力、中止援助、贸易限制、领土纠纷、制裁等，也包括暴力的外部压力，例如跨境冲突，甚至全面战争，0—12分，分数越高，外部冲突越小 | ICRG |
| 政府稳定性 | 政府执行所宣布政策的能力以及保持政权的能力，0—12分，分数越高，政府越稳定 | ICRG |
| 内部冲突 | 国家内战和政变、恐怖主义和政治暴力，民事纠纷等发生的风险程度，0—12分，得分越高，风险越小 | ICRG |
| 军事干预政治 | 军队部门对一国政府的参与程度，0—6分，分数越高，军事干预政治越弱 | ICRG |
| 宗教紧张度 | 指某一个宗教集团控制整个国家和社会，驱逐其他宗教集团，以宗教教规取代民法，0—6分，得分越高，宗教紧张度越小 | ICRG |

### 五 对外经济指标

对外经济活动是指东道国与他国的经济互动，包括贸易、投资（金融性与非金融性）、贷款、援助和劳务输出等内容，该指标体现了东道国开放性、对外经济的依赖水平与遵守国际规则意愿。本书主要指对外贸易和对外直接投资。

对外经济指标包括9个二级指标（见表5–5），即INFDI增长率、INFDI流量强度、INFDI资本形成率、商品贸易占INFDI流量比例、商品和服务贸易总值占INFDI流量比、出口贸易增长率、进口贸易增长率、出口贸易占世界比和进口贸易占世界比。其中，INFDI增长率、INFDI流量强度和INFDI资本形成率衡量对外直接投资水平；商品贸易占INFDI流量比例与商品和服务贸易总值占INFDI流量比衡量对外直接投资和商品贸易互动水平；出口贸易增长率、进口贸易增长率、出口贸易占世界比和进口贸易占世界比衡量对外商品贸易水平。

表 5-5　　　　　　　　对外经济指标说明与数据来源

| 指标名称 | 指标说明 | 数据来源 |
| --- | --- | --- |
| INFDI 增长率 | INFDI 流量年增长率 | UNCTAD |
| INFDI 流量强度 | INFDI 流量占 GDP 的比率 | UNCTAD |
| INFDI 资本形成率 | INFDI 流量固定资本形成占比 | UNCTAD |
| 商品贸易占 INFDI 流量比例 | 当年商品贸易总值占 INFDI 流量百分比 | UNCTAD |
| 商品和服务贸易总值占 INFDI 流量比 | 当年商品和服务贸易总值占 INFDI 流量百分比 | UNCTAD |
| 出口贸易增长率 | 商品出口贸易总值的年度增长率 | UNCTAD |
| 进口贸易增长率 | 商品进口贸易总值年度增长率 | UNCTAD |
| 出口贸易占世界比 | 该国出口贸易占世界出口份额 | UNCTAD |
| 进口贸易占世界比 | 该国进口贸易占世界进口份额 | UNCTAD |

注：UNCTAD 为联合国贸发会议数据库。

### 六　对华关系指标

对华关系指标衡量中国与东道国之间的国际关系和空间距离，以及经济往来政策。基于本书的内容，笔者选择了 4 个二级指标，分别是两国（东道国与中国）地理距离指数、与中国战略合作指数、与中国签订 BIT 指数和与中国是否建交指数（见表 5-6）。

表 5-6　　　　　　　　对华关系指标说明与数据来源

| 指标名称 | 指标说明 | 数据来源 |
| --- | --- | --- |
| 与中国地理距离指数 | 按照法国经济研究中心（CEPII）特别地将地理距离 Geo_cepii 按照 Mayer 和 Zignago（2006）的算法计算 dist_W 值。dist_W 值标准化分段为 1 表示 16000—20000 千米，2 表示 12000—15999 千米，3 表示 8000—11999 千米，4 表示 4000—7999 千米，5 表示 1—3999 千米 | 世界银行 |
| 与中国战略合作指数 | 战略合作关系指数：中国按照外交亲疏关系，从 1998 年开始将建交国家的关系分类，按照等级由低到高依次为：单纯建交，睦邻友好，伙伴，传统友好合作和血盟五种关系。1 = 单纯建交，2 = 为其他合作关系，3 = 睦邻友好，4 = 伙伴关系（合作伙伴，建设性伙伴，全面合作伙伴，战略伙伴，战略合作伙伴，全面战略合作伙伴），5 = 传统友好合作 | 外交部 |

续表

| 指标名称 | 指标说明 | 数据来源 |
|---|---|---|
| 与中国签订BIT指数 | 是否签订BIT（双方投资协定）指数：指数为1，表示已签订生效；0.5表示已签订未生效；0表示未签订 | 商务部 |
| 与中国是否建交指数 | 与中国是否建交指数：建交为1，没有建交为0 | 外交部 |

与中国地理距离指数衡量了东道国与中国的地理空间距离，笔者认为，空间距离越小，中国与东道国的地缘政治和地缘经济的红利越大，OFDI 所受风险越小。东道国与中国战略合作指数衡量了国家层面（全面的或局部的）达成的政治经济缔约关系和政治互信水平。合作水平和互信水平越高，双边政治关系越好，中国 OFDI 面临的风险越小。东道国与中国签订的 BIT 指数显示了中国与东道国是否签订双边投资协议数量，签署的 BIT 协议越多，中国 OFDI 越安全。东道国与中国的建交指数是"东道国与中国战略合作指数"的辅助指标。

## 第四节　风险内容和评估方法

本篇将基于上述原始历史数据对33个样本国家1990—2016年风险进行事后评估，重点分析中国 OFDI 的历史趋势，并为中国 OFDI 风险的预测和预警提供研究基础。笔者拟对中国 OFDI 的国别类别风险（National Category Risk）、国别总体风险（National Composite Risk）、类别综合风险（Composite Category Risk）和中国对外直接投资综合风险（Composite Risk of China's OFDI）进行评估，并评估不同收入水平和发展水平国家的各类风险。通过这些风险评估结果的趋势研究，探讨中国 OFDI 未来风险状况。尤其需要特别提出的是，笔者在中国 OFDI 风险评估中将充分考虑经济波动的因素，主要体现在相关各类风险权数中。

### 一　指标归一化和同向化

为了消除各指标之间的量纲差异，避免一些不必要的数值问题，便于后续统计和计量分析，笔者对风险评估指标进行归一化，使原数据统一映射在[0，1]区间。在归一化中必考虑异常值的处理，确保不影响风险评估精度。为了保证数据归一化后能够进行国别比较,归一化将基于33国相同指标共同归一化。为了确保风险分析结果的可识别性,笔者对GDP平减指数和失业率相对其他指标进行同向化。通过同向化后,数值越大表示风险越小,数值越小表示风险越大,1.0表示风险最小,0.0表示风险最大。

指标归一化公式为:

$$Z_{ij} = \frac{X_{ij} - \min X_i}{\max X_i - \min X_i} \tag{5-1}$$

指标同向化公式为:

$$Z'_{ij} = 1 - \frac{X_{ij} - \min X_i}{\max X_i - \min X_i} \tag{5-2}$$

其中,$Z_{ij}$为归一化的指标值,$X_{ij}$为$j$国$X$指标时数值,$\min X_i$为所有国家该指标的最小值,$\max X_i$为最大值。$Z'_{ij}$为同向化后的数值。需要特别说明的是,为了便于比较风险评估结果,笔者对33国样本各相同风险评估指标数据基于共同的最大值最小值进行归一化处理。为了便于通过风险指数观察风险水平高低,本书对评估指数结果进行了归一化和百分制化。但是,为了更科学地显示评估结果,在下文"2+1×3+5"五级风险定级方法中,我们采用归一和百分制化后的风险指数显示风险大小;而在极值—均值法四级风险定级中,我们基于未归一化的风险指进行风险定级的。需要说明的是,"2+1×3+5"五级风险定级便于国际间比较,极值—均值法四级风险定级则便于国内时间纵向比较。

## 二 国家类别风险的计算

本书把中国OFDI的风险分为经济风险($R_{eco}$)、商业环境风险($R_{bus}$)、债务风险($R_{deb}$)、政治风险($R_{pol}$)、对外经济风险($R_{ext}$)和对华关系风险($R_{rel}$)六个类别。国别类别风险(National Category Risk)计算公式为:

$$R_{j\_i,t} = \sum_u \beta_{j\_i,u} F^u_{j\_i,t} \tag{5-3}$$

式(5-3)中,$F^u_{j\_i,t} = (F^u_{j\_i,t_1}, F^u_{j\_i,t_2}, \cdots, F^u_{j\_i,t_n})^T$,$R_{j\_i,t}$为$i$国在$t$期的$j$类别风险,$\beta_{j\_i,u}$为$i$国在$j$类别风险指标因子分析的因子权重,$F^u_{j\_i,t}$为$i$国在$j$类别风险指标因子分析中提取的第$u$个因子$t$期的值。

具体而言，$R_{eco\_i,t}$、$R_{bus\_i,t}$、$R_{deb\_i,t}$ 为 $i$ 国在 $t$、$R_{pol\_i,t}$、$R_{ext\_i,t}$ 的计算分别基于各国类别（Category）下指标的因子分析特征值累计占比作为权重得分所得。根据各类别因子分析中的旋转元件矩阵确定观察每个抽取因子的主要成分，进而研究每个指标对类别风险的贡献，累计特征值不低于85%。其中：

$R_{eco\_i,t}$ 为 $i$ 国在 $t$ 期的经济风险（National – Economic Risk）；

$R_{bus\_i,t}$ 为 $i$ 国在 $t$ 期的商业环境风险（National – Business Risk）；

$R_{deb\_i,t}$ 为 $i$ 国在 $t$ 期的债务风险（National – Debt Risk）；

$R_{pol\_i,t}$ 为 $i$ 国在 $t$ 期的政治风险（National – Political Risk）；

$R_{ext\_i,t}$ 为 $i$ 国在 $t$ 期的对外经济风险（National – International Economic Exchange risk）；

$R_{rel\_i,t}$ 为 $i$ 国在 $t$ 期的对华关系风险（National – China Relationship Risk）。

### 三 各国总体风险的计算

东道国总体风险（National Composite Risk）是基于各国类别风险加权得到的风险，它用于衡量中国对该国直接投资所面临的总体风险。本书主题是经济波动下中国 OFDI 风险状况，因此，此处风险评估必须充分考虑经济波动因素。笔者认为，经济风险（$R_{eco}$）、商业环境风险（$R_{bus}$）、债务风险（$R_{deb}$）、政治风险（$R_{pol}$）、对外经济风险（$R_{ext}$）和对华关系风险（$R_{rel}$）六个类别中，由于经济风险本身包含了经济波动，而东道国对华关系理论上与经济波动关系不大，因此我们仅考虑经济波动对商业环境风险（$R_{bus}$）、债务风险（$R_{deb}$）、政治风险（$R_{pol}$）、对外经济风险（$R_{ext}$）的影响。笔者认为，经济波动率会直接导致相关类别风险等幅变动，当经济波动率为正（经济向好）会导致相关类别风险降低，经济波动率为负导致相关类别风险增加。

国家总体风险计算如式（5-4）所示：

$$R_{n,c\_i,t} = a_1 R_{eco\_i,t} + a_2 R_{bus\_i,t}\left(1 + \frac{\Delta R_{eco\_i,t}}{R_{eco\_i,t-1}}\right)$$

$$+ a_3 R_{deb\_i,t}\left(1 + \frac{\Delta R_{eco\_i,t}}{R_{eco\_i,t-1}}\right)$$

$$+ a_4 R_{pol\_i,t}\left(1 + \frac{\Delta R_{eco\_i,t}}{R_{eco\_i,t-1}}\right) a_5 R_{ext\_i,t}\left(\left(1 + \frac{\Delta R_{eco\_i,t}}{R_{eco\_i,t-1}}\right)\right.$$

$$+ a_6 R_{rel\_i,t} \tag{5-4}$$

其中，$R_{n,c\_i,t}$ 为 $i$ 国在 $t$ 期的国家风险（National – Composite Risk），$a_1$、$a_2$、$a_3$、$a_4$、$a_5$、$a_6$ 分别为各类别风险的权重，$a_j \left( R_{j\_i,t} + \Delta R_{eco\_i,t} \right)$ 表示受经济波动的类别风险（category risk）项，其中 $R_{j\_i,t}$ 分别表示各类别风险，$a_j$ 为该项的权重，$\Delta R_{eco\_i,t} = R_{eco\_i,t} - R_{eco\_i,t-1}$ 表示经济风险的波动值，在此作为经济波动的风险项对应经济波动紧密相关的类别风险的冲击项。

关于计算东道国总体风险时类别风险的权重，笔者选取了两种权重，第一种权重基于因子分析变异特征值占比。需要特别说明的是，在采用此种权重时，则为因子分析中100%特征值累计的全部提取因子。

第二种权重为平均权重，① 即 $a_j$ 基于为平均权重 $\left( a_j = \frac{1}{6} \right)$。在后文中国 OFDI 风险评估过程中，我们综合两种权重进行分析。

**四 中国对外直接投资的类别综合风险**

本书拟将对国别类别风险赋权重相加计算得出中国对外直接投资的类别综合风险（China OFDI Composite Category Risk）指数。确定中国 OFDI 类别综合风险的各国权重有三种选择：第一，按各国吸收中国 OFDI 占比（中国当年对该国的直接投资存量/中国当年对样本国直接投资存量总值）与该国 GDP 占 33 国 GDP 综合的比（该国当年的 GDP/样本 33 国当年 GDP 总值）的乘积。第二，每个国家的 GDP 的占比（该国当年的 GDP/样本 33 国当年的 GDP 总值）。第三，每个国家吸收中国 OFDI 的占比（中国对该国当年的直接投资存量/中国对样本国当年直接投资存量总值）。对三种权重选择的风险评估结果的评价将会在下文的相关章节展开讨论。

中国对外直接投资的类别综合风险计算如式（5-5）—式（5-10）所示：

$$R_{Ch,bus,c\_t} = \sum b_{i,t} R_{bus\_i,t} \tag{5-5}$$

---

① 中国社会科学院世界经济与政治研究所：《中国海外投资国家风险评级》（2017），第13页。

$$R_{Ch,deb,c\_t} = \sum b_{i,t} R_{deb\_i,t} \qquad (5-6)$$

$$R_{Ch,pol,c\_t} = \sum b_{i,t} R_{pol\_i,t} \qquad (5-7)$$

$$R_{Ch,ext,c\_t} = \sum b_{i,t} R_{ext\_i,t} \qquad (5-8)$$

$$R_{Ch,rel,c\_t} = \sum b_{i,t} R_{rel\_i,t} \qquad (5-9)$$

$$R_{Ch,eco,c\_t} = \sum b_{i,t} R_{eco\_i,t} \qquad (5-10)$$

其中，$i$ 为国家，$t=1990,\cdots,2016$。$R_{Ch,eco,c\_t}$ 为中国 OFDI 在 $t$ 期经济风险（China – Composite Economic Risk）；$R_{Ch,bus,c\_t}$ 为中国 OFDI 在 $t$ 期商业环境风险（China – Composite Business Risk）；$R_{Ch,deb,c\_t}$ 为中国 OFDI 在 $t$ 期偿债能力风险（China – Composite Debt Risk）；$R_{Ch,pol,c\_t}$ 为中国 OFDI 在 $t$ 期政治风险（China – Composite Political Risk）；$R_{Ch,ext,c\_t}$ 为中国 OFDI 在 $t$ 期对外经济风险（China – Composite External Economic Risk）；$R_{Ch,rel,c\_t}$ 为中国 OFDI 在 $t$ 期对华关系风险（China – Composite Relationship Risk）。

基于 OFDI 和 GDP 占比 $F$ 的权重，$b_t=$（中国对该国当年的直接投资存量/中国对东道国当年 OFDI 存量总值）×（该国当年的 GDP/样本 33 国当年 GDP 总值）；基于 GDP 占比的权重（1990—2016 年），$b_t=$ 该国当年的 GDP/样本 33 国 $t$ 年 GDP 总值；基于 OFDI 占比的权重（2003—2016 年），$b_t=$（中国对该国当年 OFDI 存量/中国对东道国当年 OFDI 存量总值）。

### 五 中国对外直接投资综合风险

中国 OFDI 综合风险（$R_{Ch\_composite\_OFDI}$）是基于 33 个样本国综合风险加权平均计算得来，各国权重仍然有三种情况，与中国 OFDI 的类别综合风险计算权重一样。计算如式（5-11）所示：

$$R_{Ch\_OFDI\_composite\_t} = \sum b_{i,t} R_{n,c\_i,t} \qquad (5-11)$$

其中，$i$ 为国家，$t=2003,\cdots,2016$，$R_{Ch\_OFDI\_composite\_t}$ 表示中国 OFDI 的综合风险（$t=2003,\cdots,2016$）。

第一种权重为 $b_t=$（中国对该国 $t$ 期的 OFDI 存量/中国对外国 $t$ 期 OFDI 存量总值）×（该国 $t$ 期的 GDP/33 国样本 $t$ 期 GDP 总值）。第二种权重为 $b_t=$ 该国 $t$ 期的 GDP/样本 33 国 $t$ 期 $GDP$ 总值。第三种重

权为 $b_t$ = 中国对该国 $t$ 期的 OFDI Stock/中国对样本国 $t$ 期 OFDI 存量总值。

## 六 样本分类及风险计算

1. 样本分类

为进一步分析中国对不同类别的国家 OFDI 风险，笔者把样本国家按收入和发展水平进行分类，分类结果见表 5-7。

表 5-7　　　　　　　样本国家按收入和发展水平分类标识

| 国家 | 国家代号 | 按收入水平标识 | 发展水平标识 |
| --- | --- | --- | --- |
| 阿尔及利亚 | DZA | 上中等收入 | 发展中国家 |
| 阿根廷 | ARG | 高收入（非 OCED） | 发展中国家 |
| 澳大利亚 | AUS | 高收入（OCED） | 发达国家 |
| 巴西 | BRA | 上中等收入 | 发展中国家 |
| 加拿大 | CAN | 高收入（OCED） | 发达国家 |
| 刚果（金） | COD | 低收入 | 最不发达国家 |
| 法国 | FRA | 高收入（OCED） | 发达国家 |
| 德国 | DEU | 高收入（OCED） | 发达国家 |
| 加纳 | GHA | 中低收入 | 发展中国家 |
| 印度 | IND | 中低收入 | 发展中国家 |
| 印度尼西亚 | IDN | 中低收入 | 发展中国家 |
| 伊朗 | IRN | 上中等收入 | 发展中国家 |
| 日本 | JPN | 高收入（OCED） | 发达国家 |
| 韩国 | KOR | 高收入（OCED） | 发达国家 |
| 卢森堡 | LUX | 高收入（OCED） | 发达国家 |
| 马来西亚 | MYS | 上中等收入 | 发展中国家 |
| 缅甸 | MMR | 中低收入 | 最不发达国家 |
| 荷兰 | NLD | 高收入（OCED） | 发达国家 |
| 尼日利亚 | NGA | 中低收入 | 发展中国家 |
| 挪威 | NOR | 高收入（OCED） | 发达国家 |
| 巴基斯坦 | PAK | 中低收入 | 发展中国家 |
| 沙特阿拉伯 | SAU | 高收入（非 OCED） | 发展中国家 |
| 新加坡 | SGP | 高收入（非 OCED） | 发达国家 |
| 南非 | ZAF | 上中等收入 | 发展中国家 |
| 苏丹 | SDN | 中低收入 | 最不发达国家 |

续表

| 国家 | 国家代号 | 按收入水平标识 | 发展水平标识 |
|---|---|---|---|
| 瑞典 | SWE | 高收入（OCED） | 发达国家 |
| 泰国 | THA | 上中等收入 | 发展中国家 |
| 沙特阿拉伯 | TTO | 高收入（非OCED） | 发展中国家 |
| 英国 | GBR | 高收入（OCED） | 发达国家 |
| 美国 | USA | 高收入（OCED） | 发达国家 |
| 委内瑞拉 | VEN | 高收入（非OCED） | 发展中国家 |
| 赞比亚 | ZMB | 中低收入 | 发展中国家 |
| 津巴布韦 | ZWE | 低收入 | 发展中国家 |

资料来源：收入水平标识和发展水平标识来源于发展指标（World Development Indicators）数据库。

**2. 分类样本组别的类别风险**

各组别的类别风险（Group Composite Category Risk）的计算公式为式（5－12）：

$$R_{gj\_w,t} = F_{gj\_w,t} \sum R_{nj\_i,t} \tag{5－12}$$

其中，$R_{gj\_w,t}$ 为按 $g$ 标准（收入标准或发展水平标准）划分的 $w$ 组别在 $t$ 期的 $j$ 类别风险，$F_{gj\_w,t}$ 为按 $g$ 标准划分的 $w$ 组别在 $j$ 类别风险指标权重，本书设其为平均权重。$R_{nj\_w,t}$ 为 $i$ 国在 $j$ 类别 $t$ 期的风险。

**3. 分类样本组别总体风险**

各国家组别的综合风险（Group Composite Risk）的计算公式为式（5－13）：

$$R_{g\_w,t} = F_{g\_w,t} \sum R_{n\_c\_i,t} \tag{5－13}$$

其中，$R_{g\_w,t}$ 为按 $g$ 标准划分的 $w$ 组别在 $t$ 期的综合风险，$F_{g\_w,t}$ 为按 $g$ 标准划分的 $w$ 组别风险指标权重，国家组别总体风险采用平均权重，$R_{n\_c\_i,t}$ 为 $i$ 国在 $t$ 期的国家风险（National－Composite Risk）。

## 第五节　本书风险评估体系的特点

### 一　中国 OFDI 风险宏观管理视角

本书关于中国 OFDI 风险评估方法主要从宏观角度构建了经济基

础、商业环境、偿债能力、政治风险、对外经济和对华关系六个一级指标共38个指标，以此来评估东道国的经济景气水平、商业环境的效率性和公正性、政治独立性、内外部冲突、国际融入程度和对华关系等，旨在分析中国OFDI风险水平、风险趋势和风险机制等，为中国跨国企业、对外经济管理部门以及政府决策者提供对外投资的安全警示，降低投资风险，提高投资安全和成功率。

### 二 重点强调经济波动对投资风险的影响

本书旨在经济波动下研究中国OFDI的风险，这是本书区别于其他类似研究的最大特征。因此，本书除了把经济基础作为非常重要的风险指标外，还在风险分析中对经济波动有长期敏感性的非经济指标（商业环境、偿债能力、政治风险、对外经济）在计算国别综合风险时叠加了经济波动率。笔者认为，这是符合直接投资风险形成的客观机制，是科学的。它为企业或政府在评估投资风险时提供了新视角。

### 三 风险评估综合全面，覆盖多方面风险源

影响OFDI风险的因素众多，且内部关系非常庞杂，是任何一个计量模型无法囊括的。本书风险分析涵盖了经济基础、商业环境、偿债能力、政治风险、对外经济和对华关系六大类指标体系，充分考虑了对外经济风险、对华关系、政治风险等指标，而且重点考虑了经济波动对非经济指标的叠加影响。本书明确了各指标或指标组合所指向的风险意义，笔者认为，本风险评估体系具有逻辑清晰、框架严谨、指标优化、论证科学等优点。

# 第六章

# 中国对外直接投资的国别类别风险评估

基于中国 OFDI 东道国的 33 个样本国数据，本章旨在评估每个国家的经济风险、商务环境风险、偿债能力风险、政治风险、对外经济风险和对华关系风险。并重点分析其长期趋势，考察与经济波动的互动水平，并以部分国家为例予以阐释。需要说明的是，基于主题和研究的逻辑性，本书关于 OFDI 风险与经济波动的互动关系问题，笔者将重点考察二者正向互动性，略谈反向互动性。

## 第一节 国别类别风险总体趋势分析

本节主要基于所选指标评估各国经济风险、商务环境风险、偿债能力风险、政治风险、对外经济风险和对华关系风险（六类类别风险，Categroy Risks），并对评估结果进行说明和阐释。

### 一 国别经济风险总体趋势

评估结果显示（见表 6-2），33 个东道国事后评估的经济风险指数趋势各国差异很大。根据各国经济风险指数滤波趋势，我们把样本国家分为经济风险下降（经济风险指数上升）、经济风险上升（经济风险指数下降）和经济风险趋势不明三种类型。

经济风险下降（经济风险指数上升）类型的国家包括阿尔及利亚、澳大利亚、巴西、加拿大、刚果、德国、加纳、印度、伊朗、缅甸、南非、苏丹、瑞典、美国、赞比亚和津巴布韦，共 16 个经济体。尤其是巴西、刚果（金）、德国、加纳、印度、缅甸、苏丹和赞比亚 8 个国家经济风险下降趋势尤为显著。风险指数滤波趋势显示，这些国家的经济风险呈持续下降态势。

经济风险上升（经济风险指数下降）国家包括阿根廷、印度尼西亚、日本、韩国、卢森堡、荷兰、挪威、巴基斯坦、沙特阿拉伯、新加坡、泰国和委内瑞拉12个经济体。这些国家的经济风险总体表现为持续增加。

经济风险趋势不明国家包括法国、马来西亚、尼日利亚、特立尼达和多巴哥和英国5个经济体。这些国家经济风险指数滤波总体趋势没有明显向上和向下趋势，我们界定为风险趋势不明。

总体而言，1990—2016年中国OFDI的总体经济环境较好，大多数东道国经济风险下降，但是少部分东道国经济风险凸显，我国投资者需要防备和谨慎。

**二　国别商务环境风险总体趋势**

统计分析显示（见表6-3），1990—2016年商务环境风险下降（商务环境风险指数上升）的国家包括阿尔及利亚、阿根廷、澳大利亚、加拿大、印度、伊朗、日本、马来西亚、缅甸、巴基斯坦、新加坡、苏丹、瑞典、特立尼达和多巴哥和英国，共15个国家。风险趋势表明，这些经济体在1990—2016年投资环境总体向好，未来对其投资的经济风险较小。

1990—2016年商务环境风险上升（商务环境风险指数下降）的国家包括巴西、刚果（金）、法国、德国、加纳、韩国、卢森堡、荷兰、尼日利亚、南非、泰国、美国、委内瑞拉和津巴布韦14个国家。评估结果和统计显示，这14个经济体在1990—2016年投资商务环境总体恶化。

印度尼西亚、挪威、沙特阿拉伯和赞比亚4国1990—2016年商务环境风险升降不明确，无法判断总体趋势。

**三　国别偿债能力风险总体趋势**

各样本国的偿债能力风险指数的计算结果和滤波趋势（见表6-4）显示，巴西、刚果、德国、印度尼西亚、伊朗、韩国、卢森堡、马来西亚、荷兰、尼日利亚、挪威、巴基斯坦、新加坡、南非、苏丹、瑞典、泰国、特立尼达和多巴哥和赞比亚共19个国家的偿债能力风险指数总体呈持续上升趋势，国家偿债能力风险不断减小。

评估和统计结果（见表6-4）显示，在1990—2016年，阿尔及利亚、阿根廷、澳大利亚、巴西、加拿大、日本、法国、加纳、印度和委内瑞拉的偿债能力风险指数总体上（滤波趋势）呈倒"U"形变化趋势。

大体上表现为2005—2010年之前呈上升趋势，其后呈下降趋势。

英国、美国和津巴布韦3个国家在1990—2016年偿债能力风险指数总体呈持续下降态势，表明这些国家偿债能力风险持续提高。

评估结果显示，1990—2016年中国OFDI的大多东道国偿债能力风险下降，未来该类型投资风险较小。

### 四 国别政治风险总体趋势

基于样本国家的政治风险指数计算和滤波趋势数据显示（见表6-5），阿尔及利亚、刚果（金）、加纳、韩国、马来西亚、缅甸、巴基斯坦、南非、苏丹、特立尼达和多巴哥和赞比亚共11个国家在1990—2016年政治风险指数总体呈上升趋势，说明该期间这些经济体的政治风险呈下降态势。

统计结果显示，阿根廷、澳大利亚、巴西、法国、德国、印度尼西亚、伊朗、日本、卢森堡、荷兰、尼日利亚、挪威、新加坡、瑞士、泰国、英国、美国和委内瑞拉共18个国家在1990—2016年政治风险呈增大（政治风险指数下降）的趋势，说明这些国家政治环境逐渐向不利转变。其他国家则表现为政治风险长期趋势不明。

从国别政治风险评估结果来看，大多数东道国的政治风险呈上升趋势，主要包括澳大利亚、法国、德国、日本、英国和美国等经济体，这些经济体经济规模很大，国际政治影响力强，因此所占政治风险权重也很大。相比而言，政治风险下降的国家主要为南亚、东南亚、非洲等地区的欠发达国家，政治风险权重较低。可见，1990—2016年中国OFDI的政治风险较大，未来趋势可能继续存在或进一步恶化，将不利于中国对外直接投资，值得重视。

### 五 国别对外经济风险总体趋势

评估结果和统计数据趋势显示（见表6-6），样本国家对外经济风险下降（经济风险指数上升）的国家包括刚果（金）、加纳、沙特阿拉伯、新加坡和苏丹5国。

对外经济风险上升（经济风险指数下降）的国家包括阿根廷、法国、德国、伊朗、日本、韩国、卢森堡、马来西亚、缅甸、尼日利亚、特立尼达和多巴哥、英国和委内瑞拉13个国家，这些国家对外经济风险指数的滤波趋势为持续下降，说明对外经济风险持续上升。

对外经济风险趋势呈倒"U"形（经济风险指数为先上升后下降）

的国家包括阿尔及利亚、澳大利亚、巴西、加拿大、美国、赞比亚和津巴布韦 7 个国家，近 10 年对外经济风险呈增加趋势。对外经济风险趋势为正"U"形（经济风险指数为下降后上升）的国家包括印度和卢森堡，近 10 年对外经济风险呈下降趋势。

总体来看，大多数国家的对外经济风险为上升或趋势不明且近 10 年呈增加趋势。这表明，在 1990—2016 年中国 OFDI 面临投资合同违约、压制中国项目、排挤中国企业等国际经济单边主义风险很大。

### 六 国别对华关系风险总体趋势

根据数据统计结果（见表 6 - 7），33 个样本国家中除了巴基斯坦和赞比亚外，对华关系风险指数均呈上升趋势和上升后高位平稳态势，这表明这些国家的对华友好关系加强，对华关系风险下降。巴基斯坦和赞比亚两国对华关系风险指数呈现出正"U"形态势，从统计角度上看 2000 年之后两国对华友好关系迅速恢复，风险快速下降。因此，仅从东道国对华关系角度来看，中国 OFDI 享有很适宜的国际关系，有利于中国对外直接投资。

## 第二节 国别类别风险趋势与经济波动互动性分析

### 一 经济风险与经济波动的互动关系

以各国 GDP 增长率作为衡量经济波动的简化指标，笔者分析并比较各样本国经济风险指数与 GDP 增长率（GDPR）的互动水平。为了较全面地显示二者互动水平，笔者测算了经济风险指数与 GDPR 的相关系数（Pearson 相关）及 C—M 同步指数。①

---

① 前文已作介绍 C—M 同步指数的内涵和计算公式。同步指数法是衡量指标之间的协动关系和相关水平的方法。本部分以及下文各类风险与经济波动的 C—M 同步指数的内涵和计算公式如下：

$$\rho_{ij,t} = \left(1 - \frac{1}{2}\left(\frac{d_{j,t} - \overline{d_j}}{\sqrt{\frac{1}{T} \cdot \sum_{t=1}^{T}(d_{j,t} - \overline{d_j})^2}} - \frac{d_{i,t} - \overline{d_i}}{\sqrt{\frac{1}{T} \cdot \sum_{t=1}^{T}(d_{i,t} - \overline{d_i})^2}}\right)^2\right)$$

上式中相关指标含义为：

$\rho_{ij,t}$ $(-\infty, 1]$ 为同步化指数，是风险指数 $d_i$ 和经济波动指数 $d_j$ 在时期 $t$ 协同性的强弱，$\rho_{ij,t}$ 值越大即风险指数和经济波动指数的互动性越显著；

$d_{i,t}$、$d_{j,t}$ 分别表示在 $t$ 时期风险指数和经济波动指数；

$\overline{d_j}$、$\overline{d_i}$ 分别表示风险指数和经济波动指数在观察期 $t_0 - t_T$ 的平均值；

$T$ 为考察期时期数（本书为年度数）。

统计分析结果（见表6-2）显示，经济风险指数与GDP增长率的相关系数和C—M同步指数值很接近。我们按照互动强度把相关水平分为极强相关（相关系数或同步指数在0.8—1.0）、强相关（相关系数或同步指数在0.6—0.8）、中等程度相关（相关系数或同步指数在0.4—0.6）、弱相关（相关系数或同步指数在0.2—0.4）和极弱相关或无相关（相关系数或同步指数在0.0—0.2）。

从统计结果来看，①加拿大、刚果（金）、法国、日本、马来西亚、荷兰、尼日利亚、巴基斯坦、沙特阿拉伯、新加坡、瑞典、英国、委内瑞拉和津巴布韦15个东道国的经济风险指数与GDP增长率的相关系数和同步性指数在0.8—1.0之间，表明这些国家的经济波动对经济风险有极强的影响；②阿尔及利亚、德国、印度尼西亚、伊朗、韩国、卢森堡、挪威、南非、泰国和赞比亚的经济风险指数与经济波动指数的相关系数和同步性指数在0.6—0.8，表明这些国家的经济波动与经济风险之间为强相关关系；③加纳、澳大利亚、印度和美国的经济风险指数与经济波动指数的相关系数和同步性指数在0.4—0.6之间，表明这些国家的经济波动与经济风险之间呈中等水平的相关关系；④阿根廷、巴西、缅甸和苏丹的经济风险指数与GDP增长率的相关系数和同步性指数小于0.2，表明这些国家的经济波动与经济风险弱相关或不相关。

综合来看，33个样本国家中29个国家（占比87.88%）的经济波动与经济风险之间存在互动影响，其中15个国家两者之间呈极强相关（占比45.45%），10个国家（占比30.3%）两者强相关，4个国家（占比12.12%）两者中等相关，4个国家（占比12.12%）二者不相关或负相关。可见，经济波动与经济风险之间的互动性显著且具普遍性。

## 二 商务环境风险与经济波动的互动关系

相较于经济风险的相关水平，经济波动对商务环境的影响要小得多。统计显示（见表6-3），阿尔及利亚、印度和泰国的经济波动与商务环境风险的互动水平处于0.4—0.6，显示这些国家经济波动与商务环境风险互动为中等相关。但是，笔者对这3个国家数据滤波处理之后发现，经济波动与商务环境风险互动水平大幅提高，分别达到0.83、

0.97和0.92。这说明，阿尔及利亚、印度和泰国的国家经济波动与商务环境风险在滤波趋势上呈极强相关。卢森堡、巴基斯坦和英国的该项互动水平较弱（0.2—0.4）。其他国家该相关系数趋近于零或小于零。可见，经济波动与商务环境风险的正向互动水平总体较弱。

### 三 偿债能力风险与经济波动的互动关系

风险评估结果统计（见表6-4）显示，①阿尔及利亚和刚果（金）的偿债能力风险指数与经济波动互动水平在0.4—0.6，说明该两国的经济波动与偿债能力风险有较强的互动关系；②阿根廷、巴西、加拿大、印度、缅甸、尼日利亚、南非、瑞典、英国、美国、委内瑞拉和赞比亚的偿债能力风险指数与经济波动互动水平在0.2—0.4之间，表明这些国家的偿债能力风险与经济波动存在较弱的互动性；③澳大利亚、法国、德国、印度尼西亚、马来西亚、巴基斯坦、沙特阿拉伯、苏丹的偿债能力风险指数与经济波动互动水平（同步/相关系数）介于0.0—0.2之间，说明这些国家偿债能力风险指数与经济波动互动水平很微弱。其他国家的偿债能力风险指数与经济波动指数为负相关。

需要特别指出的是，阿尔及利亚、刚果（金）、加纳和印度尼西亚的偿债能力风险指数与经济波动指数的滤波数据的同步/相关系数达到0.8—1.0，显示为极强互动关系；加拿大、缅甸、尼尔利亚、南非和美国的偿债能力风险指数与经济波动指数的滤波趋势数据的互动水平在0.6—0.8，互动关系显著；英国和赞比亚滤波数据的互动水平在0.4—0.6，说明这两个指标之间具有较强互动关系。

### 四 政治风险与经济波动的互动关系

统计显示（见表6-5），①刚果政治风险指数（0.763）与经济波动指数的相关系数和同步性指数在0.6—0.8，表明刚果的经济波动与政治风险为强相关；②印度、荷兰、挪威和南非政治风险指数与经济波动指数的相关系数和同步性指数在0.4—0.6，具有中等相关水平；③澳大利亚、加纳、印度尼西亚、卢森堡、缅甸、苏丹、美国、委内瑞拉和赞比亚的政治风险与经济波动互动水平为弱相关（0.2—0.4）；④阿根廷、巴西、法国、德国、日本、新加坡、沙特阿拉伯、英国和津巴布韦的政治风险与经济波动互动水平为正相关但极弱相关（0.0—0.2）；⑤阿尔及利亚、加拿大、伊朗、韩国、马来西亚、尼日利亚、巴基斯坦、沙特阿拉伯、瑞典和泰国的政治风险与经济波动互动水平为负相关。

笔者对样本各国的政治风险指数与经济增长率通过滤波处理并做相关性和同步性分析发现，刚果（金）、日本、卢森堡、荷兰和挪威5个国家的政治风险指数和经济增长率的互动水平达到0.8—1.0，表现出极强互动水平；加纳、新加坡、南非和赞比亚滤波数据的互动系数达到0.6—0.8，表现为强相关；法国、德国、印度、缅甸、美国和委内瑞拉对应同步/相关系数达到0.4—0.6，为中等互动水平。

### 五 对外经济风险与经济波动的互动关系

统计显示（见表6-6），①刚果（金）、伊朗、韩国、马来西亚、南非和瑞典6国对外经济风险指数与GDP增长率的互动指数在0.6—0.8之间，表明经济波动与对外风险指数的互动关系很强；②阿根廷、巴西、加拿大、法国、德国、加纳、印度、印度尼西亚、荷兰、特立尼达和多巴哥、委内瑞拉和赞比亚的经济波动与对外风险指数的互动关系显著（互动系数为0.4—0.6）；③阿尔及利亚、日本、尼日利亚、巴基斯坦、新加坡、苏丹、英国和美国的经济波动与对外风险指数的互动关系较弱（互动系数为0.2—0.4）；④澳大利亚、卢森堡、缅甸、挪威、沙特阿拉伯、泰国和津巴布韦的经济波动与对外风险指数的互动关系微弱或不相关或反相关（互动系数<0.2）。

滤波数据的互动性显示，加拿大、刚果（金）、加纳、印度、卢森堡、马来西亚、沙特阿拉伯和赞比亚8国对外经济风险与GDP增长呈极强互动关系（0.8—1.0）。阿尔及利亚、阿根廷、巴西、法国、印度、印度尼西亚、日本、尼日利亚和南非9国的对外经济风险与经济波动呈强相关（0.6—0.8）。这表明这些国家对外经济风险在长期趋势上与经济波动存在显著互动关系。

### 六 对华关系风险与经济波动的互动关系

表6-8显示，①刚果（金）对华关系风险与经济波动的互动水平很高；阿尔及利亚、加纳和缅甸对华关系风险与经济波动的互动水平显著；②巴西、印度和瑞典的对华关系风险与经济波动的互动水平较弱；③其他国家两者之间的互动很弱或呈负相关。数据滤波处理之后，阿尔及利亚、刚果（金）、加纳、印度和瑞典的对华关系风险与经济波动为

极强或强相关。

值得一提的是，澳大利亚、德国、日本、韩国、荷兰、挪威、新加坡和美国等发达国家对华关系风险指数的滤波数据与经济波动的互动分析显示，两者之间呈极强负相关。换句话说，这些发达国家的经济越好，对华关系越差，反之则反。这是个较有趣的现象。

### 七 国别类别风险与经济波动互动关系

相关性检验发现，GDP 增长率与经济、债务偿还、商务环境、政治风险、对外经济和对华关系六方面风险指数的相关系数分别为 0.54、0.08、0.01、0.06、0.25 和 0.008。为进一步研究类比各类风险与经济波动的互动关系，我们拟把各风险指数与 GDP 增长率的面板数据进行回归，其中经济增长率（GDPR）为解释变量，各风险指数为被解释变量。

回归结果显示（见表 6-1），偿债能力、经济、对外经济和政治的风险指数与 GDP 增长率存在回归关系，商务环境和对华关系风险指数与 GDP 增长率没有回归关系。回归结果显示，偿债能力、经济、对外经济和政治方面的类别风险与经济波动有长期互动关系，经济波动对这些类别风险会产生影响，而经济波动对商务环境和对华关系方面的影响不显著。

表 6-1　　　　GDPR 与各类别风险面板数据回归结果

| | 债务风险 | 商务风险 | 经济风险 | 对外经济风险 | 政治风险 | 对华关系风险 |
|---|---|---|---|---|---|---|
| 系数 | 10.037 | 1.706 | 66.762 | 30.848 | 7.421 | 1.366 |
| 标准误 | 4.195 | 4.791 | 3.492 | 3.923 | 4.033 | 5.397 |
| t 统计 | 2.392 | 0.356 | 19.116 | 7.862 | 1.839 | 0.253 |
| P 值 | 0.016 | 0.721 | 0.0000 | 0.0000 | 0.066 | 0.800 |
| F 统计 | 5.723 | 0.126 | 365.42 | 61.818 | 3.385 | 0.064 |
| Obs | 891 | 891 | 891 | 891 | 891 | 891 |
| 固定或随机效应 | 固定效应 | 固定效应 | 固定效应 | 固定效应 | 随机效应 | 固定效应 |

表6-2　1990—2016年各国经济风险的总趋势与经济波动（BC）的互动水平

| 国家 | 阿尔及利亚 | 阿根廷 | 澳大利亚 | 巴西 | 加拿大 | 刚果（金） | 法国 | 德国 | 加纳 | 印度 | 印度尼西亚 |
|---|---|---|---|---|---|---|---|---|---|---|---|
| 总趋势图像 | ～ | ～ | ～ | ～ | ～ | ～ | ～ | ～ | ～ | ～ | ～ |
| 与BC的相关性 | 0.675** | 0.195 | 0.569** | 0.098 | 0.913** | 0.853** | 0.840** | 0.790** | 0.398* | 0.508** | 0.756** |
| 滤波数据相关性 | 0.966** | 0.233 | 0.608** | 0.446* | 0.821** | 0.973** | 0.497** | -0.517** | 0.760** | 0.811** | 0.745** |
| 与BC的同步性 | 0.680 | 0.220 | 0.570 | 0.100 | 0.910 | 0.850 | 0.840 | 0.800 | 0.400 | 0.510 | 0.760 |
| 滤波数据同步性 | 0.970** | 0.24 | 0.610** | 0.450* | 0.820** | 0.980** | 0.500** | -0.520** | 0.760** | 0.810** | 0.750** |

| 国家 | 伊朗 | 日本 | 韩国 | 卢森堡 | 马来西亚 | 缅甸 | 荷兰 | 尼日利亚 | 挪威 | 巴基斯坦 | 沙特阿拉伯 |
|---|---|---|---|---|---|---|---|---|---|---|---|
| 总趋势图像 | ～ | ～ | ～ | ～ | ～ | ～ | ～ | ～ | ～ | ～ | ～ |
| 与BC的相关性 | 0.776** | 0.898** | 0.783** | 0.764** | 0.814** | -0.151 | 0.849** | 0.955** | 0.712** | 0.980** | 0.958** |
| 滤波数据相关性 | -0.266 | 0.943** | 0.511** | 0.701** | 0.193 | -.060 | 0.662** | 0.975** | 0.800** | 0.759** | 0.981** |
| 与BC的同步性 | 0.708** | 0.900** | 0.790** | 0.770 | 0.820** | -0.150 | 0.850** | 0.960** | 0.720 | 0.980** | 0.960** |
| 滤波数据同步性 | -0.270 | 0.940** | 0.510** | 0.700 | 0.200 | -0.060 | 0.670 | 0.980** | 0.800 | 0.760** | 0.980** |

| 国家 | 新加坡 | 南非 | 苏丹 | 瑞典 | 泰国 | 特立尼达和多巴哥 | 英国 | 美国 | 委内瑞拉 | 赞比亚 | 津巴布韦 |
|---|---|---|---|---|---|---|---|---|---|---|---|
| 总趋势图像 | ～ | ～ | ～ | ～ | ～ | ～ | ～ | ～ | ～ | ～ | ～ |
| 与BC的相关性 | 0.904** | 0.791** | -0.039 | 0.973** | 0.742** | 0.909** | 0.938** | 0.574** | 0.905** | 0.638** | 0.899** |
| 滤波数据相关性 | 0.742** | 0.945** | -0.041 | 0.992** | 0.199 | 0.972** | 0.159 | 0.346 | 0.859** | 0.872** | 0.894** |
| 与BC的同步性 | 0.920 | 0.800 | -0.400 | 0.980 | 0.750 | 0.920 | 0.950 | 0.580 | 0.920 | 0.650 | 0.900 |
| 滤波数据同步性 | 0.750** | 0.950* | -.004 | 1.000** | 0.200 | 0.980** | 0.160 | 0.350 | 0.860 | 0.880** | 0.900** |

资料来源：根据原数据计算所得。* 表示相关性在0.05的显著性水平下显著（双尾），** 表示相关性在0.01的显著性水平下显著（双尾）；下同。

表6—3　1990—2016年各国商务环境风险的总趋势与经济波动（BC）的互动水平

| 国家 | 阿尔及利亚 | 阿根廷 | 澳大利亚 | 巴西 | 加拿大 | 刚果（金） | 法国 | 德国 | 加纳 | 印度 | 印度尼西亚 |
|---|---|---|---|---|---|---|---|---|---|---|---|
| 总趋势图像 | ⌢ | ⌢ | ⌢ | ⌢ | ⌢ | ⌢ | ⌢ | ⌢ | ⌢ | ⌢ | ⌢ |
| 与BC的相关性 | 0.543** | -0.156 | 0.036 | -0.106 | -0.050 | 0.044 | 0.151 | 0.128 | 0.006 | 0.608** | 0.502** |
| 滤波数据相关性 | 0.831** | -0.673** | 0.159 | -0.508** | 0.061 | -0.307 | 0.501** | 0.827** | -0.417* | 0.968** | 0.816** |
| 与BC的同步性 | 0.540* | -0.120 | 0.040 | -0.110 | -0.050 | 0.040 | 0.150 | 0.130 | 0.006 | 0.620 | 0.510 |
| 滤波数据同步性 | 0.830** | -0.680 | 0.160 | -0.510 | 0.061 | -0.310 | 0.500 | 0.830** | -0.420 | 0.980** | 0.820** |

| 国家 | 伊朗 | 日本 | 韩国 | 卢森堡 | 马来西亚 | 缅甸 | 荷兰 | 尼日利亚 | 挪威 | 巴基斯坦 | 沙特阿拉伯 |
|---|---|---|---|---|---|---|---|---|---|---|---|
| 总趋势图像 | ⌢ | ⌢ | ⌢ | ⌢ | ⌢ | ⌢ | ⌢ | ⌢ | ⌢ | ⌢ | ⌢ |
| 与BC的相关性 | -0.499** | 0.120 | 0.013 | 0.200 | -0.399* | -0.210 | 0.382* | -0.223 | -0.585** | 0.332 | 0.482* |
| 滤波数据相关性 | -0.866** | -0.573** | 0.539** | 0.965** | -0.931** | -0.184 | 0.907** | -0.568** | -0.906** | -0.174 | 0.910** |
| 与BC的同步性 | -0.500 | 0.120 | 0.020 | 0.220 | -0.400 | -0.220 | 0.390* | -0.220 | -0.600 | 0.350 | 0.490 |
| 滤波数据同步性 | -0.870* | -0.590 | 0.540 | 0.970** | -0.940** | -0.190 | 0.910** | -0.570 | -0.910* | -0.180 | 0.910** |

| 国家 | 新加坡 | 南非 | 苏丹 | 瑞典 | 泰国 | 特立尼达和多巴哥 | 英国 | 美国 | 委内瑞拉 | 赞比亚 | 津巴布韦 |
|---|---|---|---|---|---|---|---|---|---|---|---|
| 总趋势图像 | ⌢ | ⌢ | ⌢ | ⌢ | ⌢ | ⌢ | ⌢ | ⌢ | ⌢ | ⌢ | ⌢ |
| 与BC的相关性 | -0.413* | -0.440* | -0.082 | 0.088 | 0.537* | -0.039 | 0.258 | 0.081 | 0.363 | 0.358* | -0.171 |
| 滤波数据相关性 | -0.841** | -0.762** | -0.149 | 0.452* | 0.922** | -0.161 | -0.947** | 0.394 | 0.595** | 0.747** | -0.417* |
| 与BC的同步性 | -0.420 | -0.440 | 0.082 | 0.090* | 0.540 | 0.041 | 0.260 | 0.090 | 0.370 | 0.400 | -0.190 |
| 滤波数据同步性 | -0.850* | -0.760 | -0.150 | 0.450 | 0.930** | -0.170 | -0.950** | 0.400 | 0.600 | 0.750* | -0.420 |

资料来源：根据原数据计算所得。\*表示相关性在0.05的显著性水平下显著（双尾），\*\*表示相关性在0.01的显著性水平下显著（双尾）；下同。

## 第六章 | 中国对外直接投资的国别类别风险评估

表6-4  1990—2016年各国偿债能力风险的总趋势与经济波动（BC）的互动水平

| 国家 | 阿尔及利亚 | 阿根廷 | 澳大利亚 | 巴西 | 加拿大 | 刚果（金） | 法国 | 德国 | 加纳 | 印度 | 印度尼西亚 |
|---|---|---|---|---|---|---|---|---|---|---|---|
| 总趋势图像 | ⌒ | ⌒ | ⌒ | ⌒ | ⌒ | ⌒ | ⌒ | ⌒ | ⌒ | ⌒ | ⌒ |
| 与BC的相关性 | 0.545** | 0.355 | 0.144 | 0.249 | 0.272 | 0.534** | 0.072 | 0.020 | 0.162 | 0.381 | 0.065 |
| 滤波数据相关性 | 0.912** | -0.296 | 0.377 | -0.129 | 0.796** | 0.974** | -0.228 | -0.624** | 0.840** | 0.868** | -0.486* |
| 与BC的同步性 | 0.550* | 0.350 | 0.140 | 0.250 | 0.270 | 0.530* | 0.070 | 0.020 | 0.170 | 0.400* | 0.070 |
| 滤波数据同步性 | 0.910* | -0.300 | 0.380 | -0.130 | 0.800* | 0.980* | -0.230 | -0.630* | 0.840* | 0.870* | -0.50 |
| 国家 | 伊朗 | 日本 | 韩国 | 卢森堡 | 马来西亚 | 缅甸 | 荷兰 | 尼日利亚 | 挪威 | 巴基斯坦 | 沙特阿拉伯 |
| 总趋势图像 | ⌒ | ⌒ | ⌒ | ⌒ | ⌒ | ⌒ | ⌒ | ⌒ | ⌒ | ⌒ | ⌒ |
| 与BC的相关性 | -0.166 | -0.214 | -0.057 | -0.181 | 0.150 | 0.388* | -0.236 | 0.244 | -0.534** | 0.130 | 0.167 |
| 滤波数据相关性 | -0.817** | -0.795** | -0.971** | -0.687** | -0.796** | 0.669** | -0.819** | 0.668** | -0.839** | -0.251 | -0.129 |
| 与BC的同步性 | -0.170 | -0.220 | -0.060 | -0.190 | 0.150 | 0.400 | -0.250 | 0.250 | -0.550* | 0.140 | 0.170 |
| 滤波数据同步性 | -0.820* | -0.800* | -0.970* | -0.690 | -0.800* | 0.670 | -0.820* | 0.670 | -0.840* | -0.250 | -0.130 |
| 国家 | 新加坡 | 南非 | 苏丹 | 瑞典 | 泰国 | 特立尼达和多巴哥 | 英国 | 美国 | 委内瑞拉 | 赞比亚 | 津巴布韦 |
| 总趋势图像 | ⌒ | ⌒ | ⌒ | ⌒ | ⌒ | ⌒ | ⌒ | ⌒ | ⌒ | ⌒ | ⌒ |
| 与BC的相关性 | -0.146 | 0.392* | 0.135 | 0.236 | -0.007 | -0.053 | 0.265 | 0.373 | 0.387* | 0.260 | -0.154 |
| 滤波数据相关性 | -0.785** | 0.636** | -.047 | 0.753** | -0.766** | -0.130 | 0.463** | 0.781 | 0.321 | 0.425** | -0.716** |
| 与BC的同步性 | -0.150 | 0.400* | 0.150 | 0.250 | -0.007 | -0.055 | 0.270 | 0.380 | 0.390 | 0.260 | -0.160 |
| 滤波数据同步性 | -0.790** | 0.640* | -0.050 | 0.760* | -0.770* | -0.130 | 0.480* | 0.780* | 0.320 | 0.430 | -0.720* |

资料来源：根据原数据计算所得。*表示相关性在0.05的显著性水平下显著（双尾），**表示相关性在0.01的显著性水平（双尾）；下同。

表6-5  1990—2016年各国政治风险的总趋势与经济波动（BC）的互动水平

| 国家 | 阿尔及利亚 | 阿根廷 | 澳大利亚 | 巴西 | 加拿大 | 刚果(金) | 法国 | 德国 | 加纳 | 印度 | 印度尼西亚 |
|---|---|---|---|---|---|---|---|---|---|---|---|
| 总趋势图像 | ⌒ | ⌒ | ⌒ | ⌒ | ⌒ | ⌒ | ⌒ | ⌒ | ⌒ | ⌒ | ⌒ |
| 与BC的相关性 | -0.048 | 0.067 | 0.251 | 0.033 | -.502** | 0.763** | 0.132 | 0.172 | 0.251 | 0.503** | 0.268 |
| 滤波数据相关性 | 0.237 | -0.212 | 0.266 | 0.066 | -.991** | 0.901** | 0.501** | 0.465** | 0.650** | 0.581** | 0.020 |
| 与BC的同步性 | -0.050 | 0.100 | 0.250 | 0.030 | -0.500 | 0.760 | 0.130 | 0.180 | 0.250 | 0.510 | 0.270 |
| 滤波数据同步性 | 0.240 | -0.220 | 0.270 | 0.070 | -1.000 | 0.900* | 0.520 | 0.470 | 0.660 | 0.580 | 0.020 |

| 国家 | 伊朗 | 日本 | 韩国 | 卢森堡 | 马来西亚 | 缅甸 | 荷兰 | 尼日利亚 | 挪威 | 巴基斯坦 | 沙特阿拉伯 |
|---|---|---|---|---|---|---|---|---|---|---|---|
| 总趋势图像 | ⌒ | ⌒ | ⌒ | ⌒ | ⌒ | ⌒ | ⌒ | ⌒ | ⌒ | ⌒ | ⌒ |
| 与BC的相关性 | -0.315 | 0.144 | -0.341 | 0.312 | -0.310 | 0.218 | 0.407* | -0.518** | 0.442* | -0.199 | -0.516** |
| 滤波数据相关性 | -0.058 | 0.905** | -0.528** | 0.841** | -0.868** | 0.466* | 0.954** | -0.723** | 0.812** | -0.357 | -0.818** |
| 与BC的同步性 | -0.330 | 0.150 | -0.341 | 0.312 | -0.310 | 0.218 | 0.410 | -0.530* | 0.450 | -0.200 | -0.520* |
| 滤波数据同步性 | -0.060 | 0.910** | -0.530* | 0.840** | -0.870** | 0.470* | 0.960** | -0.720** | 0.820** | -0.360 | -0.820** |

| 国家 | 新加坡 | 南非 | 苏丹 | 瑞典 | 泰国 | 特立尼达和多巴哥 | 英国 | 美国 | 委内瑞拉 | 赞比亚 | 津巴布韦 |
|---|---|---|---|---|---|---|---|---|---|---|---|
| 总趋势图像 | ⌒ | ⌒ | ⌒ | ⌒ | ⌒ | ⌒ | ⌒ | ⌒ | ⌒ | ⌒ | ⌒ |
| 与BC的相关性 | 0.059 | 0.481* | 0.201 | -0.173 | -0.056 | 0.115 | 0.144 | 0.337 | 0.243 | 0.298 | 0.082 |
| 滤波数据相关性 | 0.642** | 0.741** | 0.377 | -0.544** | 0.163 | 0.172 | 1.000 | 0.587 | 0.568** | 0.771** | -0.111 |
| 与BC的同步性 | 0.060 | 0.490 | 0.210 | -0.180 | -0.060 | 0.130 | 0.150 | 0.350 | 0.250 | 0.310 | 0.100 |
| 滤波数据同步性 | 0.640* | 0.750** | 0.380 | -0.550* | 0.160 | 0.170 | 1.000** | 0.600** | 0.590* | 0.780** | -0.120 |

资料来源：根据原数据计算所得。*表示相关性在0.05的显著性水平下显著（双尾）；**表示相关性在0.01的显著性水平下显著（双尾）；下同。

表6-6　1990—2016年各国对外经济风险的总趋势与经济波动（BC）的互动水平

| 国家 | 阿尔及利亚 | 阿根廷 | 澳大利亚 | 巴西 | 加拿大 | 刚果（金） | 法国 | 德国 | 加纳 | 印度 | 印度尼西亚 |
|---|---|---|---|---|---|---|---|---|---|---|---|
| 总趋势图像 | ⌣ | ⌢ | ⌣ | ⌢ | ⌢ | ⌢ | ⌢ | ⌢ | ⌢ | ⌢ | ⌢ |
| 与BC的相关性 | 0.273 | 0.550** | -0.122 | 0.438* | 0.577** | 0.738* | 0.438* | 0.495* | 0.434* | 0.470* | 0.447* |
| 滤波数据相关性 | 0.703** | 0.616* | 0.107 | 0.706** | 0.924** | 0.985** | 0.768** | 0.0200 | 0.885** | 0.957** | 0.750** |
| 与BC的同步性 | 0.600* | 0.530* | -0.120 | 0.440 | 0.580* | 0.740* | 0.440 | 0.500* | 0.440 | 0.470 | 0.450 |
| 滤波数据同步性 | 0.700* | 0.620* | 0.120 | 0.710* | 0.930* | 0.990* | 0.770* | 0.0200 | 0.890* | 0.960* | 0.750* |
| 国家 | 伊朗 | 日本 | 韩国 | 卢森堡 | 马来西亚 | 缅甸 | 荷兰 | 尼日利亚 | 挪威 | 巴基斯坦 | 沙特阿拉伯 |
| 总趋势图像 | ⌣ | ⌢ | ⌢ | ⌢ | ⌢ | ⌢ | ⌢ | ⌢ | ⌢ | ⌢ | ⌢ |
| 与BC的相关性 | 0.602** | 0.371 | 0.619** | -0.331 | 0.655** | -0.389* | 0.486* | 0.296 | -0.110 | 0.223 | 0.141 |
| 滤波数据相关性 | 0.417* | 0.712** | 0.403* | 0.819** | 0.985** | -0.521** | 0.284 | 0.710** | -0.375 | -0.153 | 0.005 |
| 与BC的同步性 | 0.600* | 0.380 | 0.620* | -0.340 | 0.660* | -0.390 | 0.490 | 0.300 | -0.120 | 0.240 | 0.150 |
| 滤波数据同步性 | -0.810** | 0.710* | 0.410* | 0.820* | 0.990* | -0.520 | 0.280 | 0.710* | -0.380 | -0.160 | 0.010 |
| 国家 | 新加坡 | 南非 | 苏丹 | 瑞典 | 泰国 | 特立尼达和多巴哥 | 英国 | 美国 | 委内瑞拉 | 赞比亚 | 津巴布韦 |
| 总趋势图像 | ⌢ | ⌢ | ⌢ | ⌢ | ⌢ | ⌢ | ⌢ | ⌣ | ⌢ | ⌢ | ⌢ |
| 与BC的相关性 | 0.313 | 0.683** | 0.264 | 0.619** | -0.115 | 0.525** | 0.243 | 0.379 | 0.464* | 0.525** | -0.051 |
| 滤波数据相关性 | -0.810** | 0.783** | 0.329 | 0.325 | -0.308 | 0.893** | -0.056 | 0.316 | 0.573** | 0.920** | -0.118 |
| 与BC的同步性 | 0.320 | 0.700* | 0.270 | 0.620 | -0.120 | 0.530* | 0.250 | 0.380 | 0.470 | 0.530* | -0.050 |
| 滤波数据同步性 | -0.810* | 0.790* | 0.330 | 0.330 | -0.310 | 0.900* | -0.060 | 0.320 | 0.570* | 0.920* | -0.120 |

资料来源：根据原数据计算所得。 *表示相关性在0.05的显著性水平下显著（双尾），**表示相关性在0.01的显著性水平下显著（双尾）；下同。

表6-7 1990—2016年各国对华关系风险的总趋势与经济波动（BC）的互动水平

| 国家 | 阿尔及利亚 | 阿根廷 | 澳大利亚 | 巴西 | 加拿大 | 刚果（金） | 法国 | 德国 | 加纳 | 印度 | 印度尼西亚 |
|---|---|---|---|---|---|---|---|---|---|---|---|
| 总趋势图像 | ⌣ | ⌒ | ⌢ | ⌢ | ⌢ | ⌣ | ⌢ | ⌢ | ⌢ | ⌢ | ⌢ |
| 与BC的相关性 | 0.532** | -0.065 | 0.181 | 0.224 | -0.214 | 0.698** | 0.050 | -0.384* | 0.459* | 0.356 | -0.339 |
| 滤波数据相关性 | 0.800** | -0.605** | -0.926** | 0.164 | -0.326 | 0.968** | -0.282 | -0.976** | 0.887** | 0.765** | -0.736** |
| 与BC的同步性 | 0.530* | -0.030 | 0.180 | 0.220 | -0.210 | 0.700* | 0.050 | -0.400 | 0.460 | 0.360 | -0.340 |
| 滤波数据同步性 | 0.800** | -0.610* | -0.930** | 0.160* | -0.330 | 0.970** | -0.280 | -0.980** | 0.890** | 0.770** | -0.740 |

| 国家 | 伊朗 | 日本 | 韩国 | 卢森堡 | 马来西亚 | 缅甸 | 荷兰 | 尼日利亚 | 挪威 | 巴基斯坦 | 沙特阿拉伯 |
|---|---|---|---|---|---|---|---|---|---|---|---|
| 总趋势图像 | ⌣ | ⌣ | ⌣ | ⌣ | ⌣ | ⌒ | ⌣ | ⌒ | ⌣ | ⌣ | ⌣ |
| 与BC的相关性 | -0.146 | -0.298 | -0.390* | -0.171 | -0.108 | 0.447* | -0.482* | 0.174 | -0.522* | 0.101 | 0.080 |
| 滤波数据相关性 | -0.680** | -0.858** | -0.802** | -0.762** | -0.359 | 0.542** | -0.972** | 0.124 | -0.931** | 0.356 | -0.099 |
| 与BC的同步性 | -0.150 | -0.310 | -0.400* | -0.180 | -0.110 | 0.450 | -0.490* | 0.190 | 0.530* | 0.110 | 0.100 |
| 滤波数据同步性 | -0.680* | -0.860** | -0.800** | -0.760* | -0.360 | 0.540** | -0.970** | 0.120 | -0.930** | 0.360 | -0.100 |

| 国家 | 新加坡 | 南非 | 苏丹 | 瑞典 | 泰国 | 特立尼达和多巴哥 | 英国 | 美国 | 委内瑞拉 | 赞比亚 | 津巴布韦 |
|---|---|---|---|---|---|---|---|---|---|---|---|
| 总趋势图像 | ⌣ | ⌣ | ⌣ | ⌣ | ⌣ | ⌣ | ⌣ | ⌣ | ⌣ | ⌣ | ⌣ |
| 与BC的相关性 | -0.242 | -0.204 | -0.314 | 0.291 | -0.113 | -0.218 | -0.269 | -0.441* | -0.095 | -0.136 | 0.039 |
| 滤波数据相关性 | -0.812** | -0.395* | -0.627** | 0.699** | -0.363 | -0.322 | -0.737** | -0.839 | -0.371 | -0.753** | 0.280 |
| 与BC的同步性 | -0.260 | -0.210 | -0.330 | 0.300 | 0.120 | -0.230 | -0.270 | -0.460 | -0.100 | -0.150 | 0.050 |
| 滤波数据同步性 | -0.810** | -0.400* | -0.630** | 0.700** | -0.360 | -0.320 | -0.740** | -0.840** | -0.370 | -0.750** | 0.280 |

资料来源：根据原数据计算所得。*表示相关性在0.05的显著性水平下显著（双尾），**表示相关性在0.01的显著性水平下显著（双尾）；下同。

## 第三节 国别经济风险评估结果阐释
## ——以部分国家为例的描述

### 一 美国经济风险的长期趋势

自1990—2016年,美国经济风险大体上可以分为三个阶段:1990—1998年持续下降阶段,1999—2009年提高阶段,2010—2016年下降阶段。按照谷点划分,考察期(1990—2016年)涵盖了三个美国经济中周期(8—10年),即1990—2001年、2001—2009年和2009—2016年。从总体趋势来看,美国经济风险指数变动趋势与美国GDP增长趋势同步性较高(见图6-1),原数据相关系数为0.572,同步性系数为0.59。[①] 滤波后的趋势数据(见图6-2)显示,1990—1997年两者相关系数为0.996,1998—2016年两者相关系数为0.843,同步系数均接近1.0。

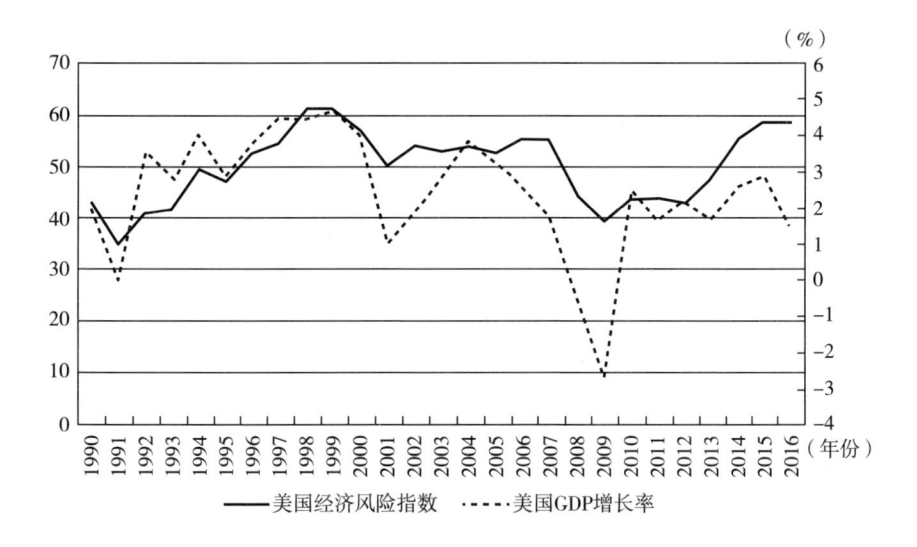

图6-1 美国经济风险指数与GDP增长率趋势

---

① 同步系数在0—1.0,越趋近1.0,同步性越高。

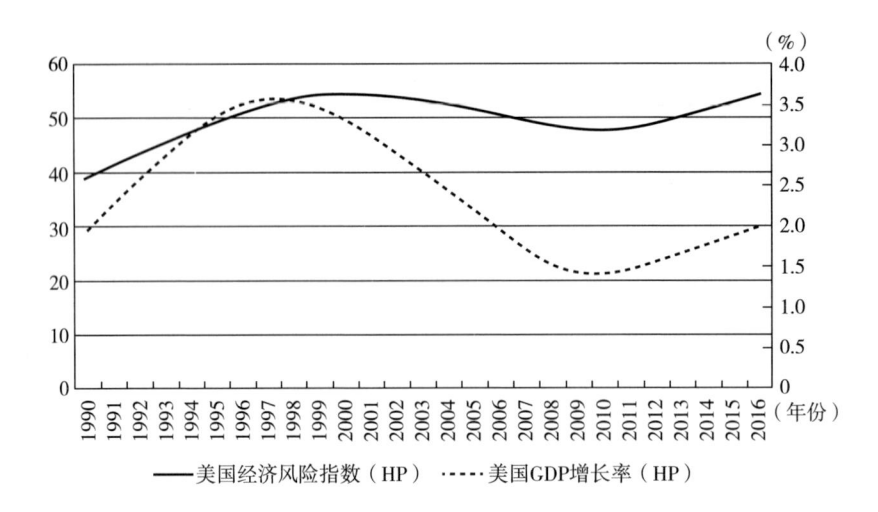

图6-2 美国经济风险指数与GDP增长率滤波趋势

1990年美国经济进入一次短暂、温和的衰退，同年8月伊拉克入侵科威特，造成国际油价飙升。1991年3月，美国经济衰退结束，从此开始了10年的"新经济"期直到1999年。在此阶段，美国经济风险指数与经济波动轨迹吻合水平很高。但自2000年第三季度以来，美国经济增速放缓。2001年第一季度GDP增幅降为1.3%，第二季度又下跌至0.2%，创近十年以来的新低。美国经济告别"长期繁荣"，开始步入慢车道。"9·11"恐怖袭击事件使美国经济雪上加霜，出现了美国2000—2002年经济衰退。通过美国政府调控经济逐渐恢复，但2004—2006年出现了一个严重房地产泡沫，2005年房价暴跌，最终导致2008年国际金融危机，2009年美国经济全面触底。

在本阶段美国经济风险指数趋势与经济波动趋势大体趋同，但是经济风险指数波动比GDP增长率波动平缓得多。如2000—2002年，美国经济风险下降幅度远低于经济下滑幅度；又如，美国次级贷款危机风险祸根已经在2004年种下，但是风险指标所显示的风险指数变化却在2007年才表现出来。与经济波动相比，风险指数的波动相对平和，波动幅度和频度不大。同时由于GDP增长率波动趋势预期形成了美国在2010—2014年的高经济风险。美国次级贷款危机之后，美联储通过降利率（银行储蓄利率基本为零）和量化宽松使美国经济逐渐拔出泥潭，并于2010年迅速恢复直到2016年才出现温和衰退。由于经济基础和社会信心,美国经济自2010年以来稳定增长,尽管在短期经济衰退但并不影响宏观经济基本面,经济风险仍然很小。

## 二 法国经济风险的长期趋势

法国经济风险指数趋势(见图6-3)显示,法国1990—2016年经济风险指数变化趋势经历了1990—2000年、2000—2007年和2007—2016年三个较明显周期(三个正"U"形)。这三周期与法国经济周期非常吻合(朱格拉周期)。

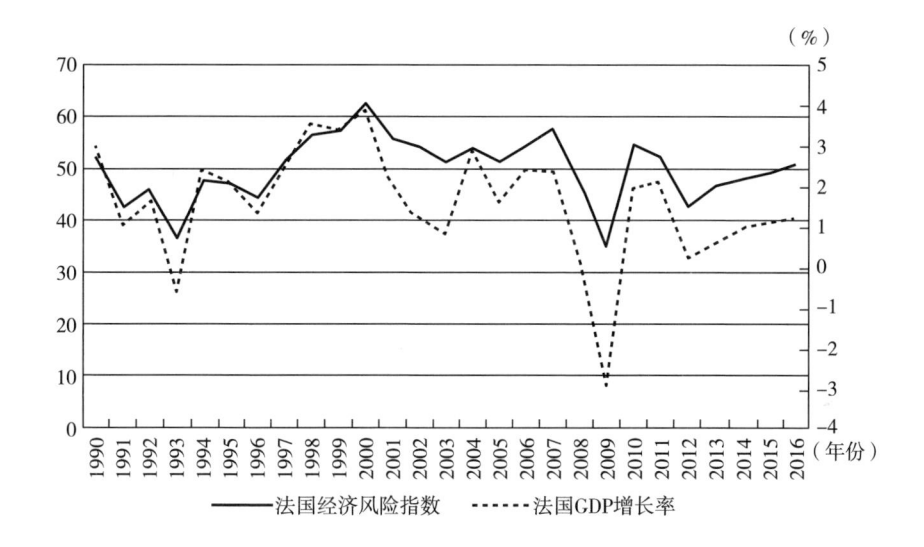

图6-3 法国经济风险指数与GDP增长率趋势

1990—1992年西方世界再次爆发经济危机。1990年7月起,美国首开危机纪录,很快波及加拿大、日本、欧洲和澳大利亚等西方国家、地区。1992年年底美国走出了低谷,而西欧、日本等国仍处在衰退阴影之中,由于索罗斯和一些共同基金及跨国公司操作欧洲国家货币,使欧洲主要国家经济再遭创伤。法国是这次经济危机的主要欧盟受害国之一,1993年出现经济负增长。随着法国政府有效调控,《马斯特里赫特条约》逐渐发挥正面作用和欧洲汇率体系所带来的红利,1994—2000年法国经济逐渐复苏并稳定增长。该阶段法国经济风险持续增长并于

2000年年底逐渐下降。从1990—2000年整体来看，法国经济风险指数与经济增长率趋势几乎重合。

法国经济增长率自2000年达到近10年的最高点后，2001—2003年三年快速下滑，并于2003年触底。据德国《星期日世界报》报道，这或许是由于伊拉克的战争和德国经济严重衰退拖累欧洲经济使法国陷入衰退。在2004年恢复后较为稳定发展至2007年。此阶段法国经济风险指数的变化趋势与经济波动趋势同步性很高，比GDP增长率趋势要平滑许多。

2008—2009年国际金融危机重创欧洲经济，在2009年经济增长率低于-3%。在2010—2011年得到短期恢复后，由于欧洲区域性债务危机，法国经济处于持续低迷直到2016年方见起色。2008—2016年，经济风险指数趋势与经济波动同步性极高。

法国作为欧盟主要经济体之一，其经济风险趋势和经济波动趋势可以反映整个欧盟的大体状态。从统计角度来看，1990—2016年法国经济风险指数和经济增长率的相关系数为0.840，同步性系数为0.91。显示出经济风险与经济波动间显著的互动性。

### 三 澳大利亚经济风险的长期趋势

1990—2016年澳大利亚的经济风险指数变化趋势（见图6-4）总体上显示为三个周期，即1990—2001年（逐渐上升和下降），2001—2008年（上升、平稳和下降），2007—2016年（快速上升、快速下降和持续上升）。具体而言，在第一个周期中，澳大利亚经济风险趋势经历了下降（1990—1998年）和缓慢增加（1999—2001年）；在第二个周期中，2001—2007年澳大利亚经济风险呈温和下降或总体稳定状态，在2007—2008年有所提高；在第三个周期中，澳大利亚的经济风险水平波动较大，在2008—2010年由于国际金融危机出现大幅波动，并在2011年后持续下降。澳大利亚经济风险变化与其GDP增长率的波动趋势在2007—2008年金融危机前同步性较高，但在该危机之后两者趋势呈负相关。这表明澳大利亚经济基本面较好，经济风险指数高于GDP增长率，未来经济风险下降趋势显著。

从统计角度来看，1990—2016年澳大利亚经济风险与经济增长率的相关系数为0.57，同步系数为0.63。对数据进行滤波处理后，

1990—1998 年和 1999—2012 年二者同步性系数分别为 0.996 和 0.993，同步系数几乎为 1.0（见图 6-5）。可见澳大利亚经济风险与经济波动之间有很显著的同步性。

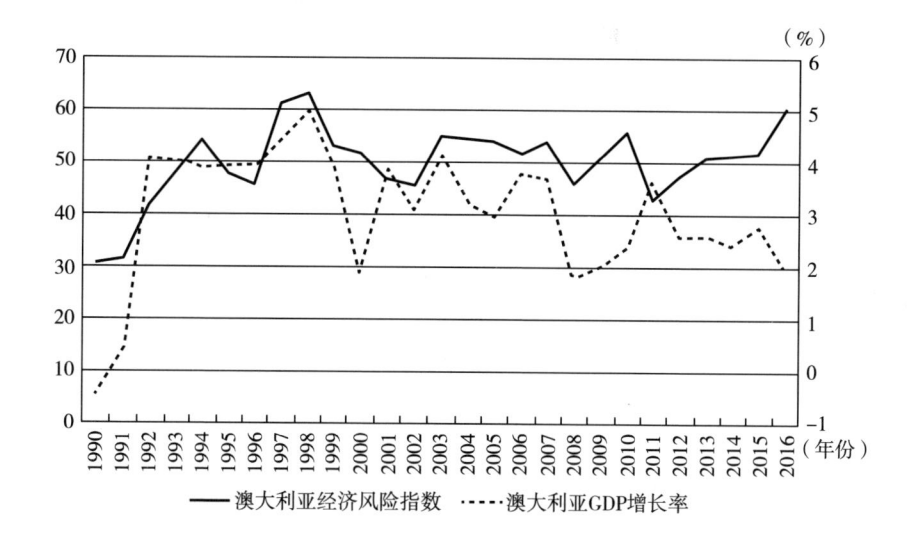

图 6-4　澳大利亚经济风险指数与 GDP 增长率趋势

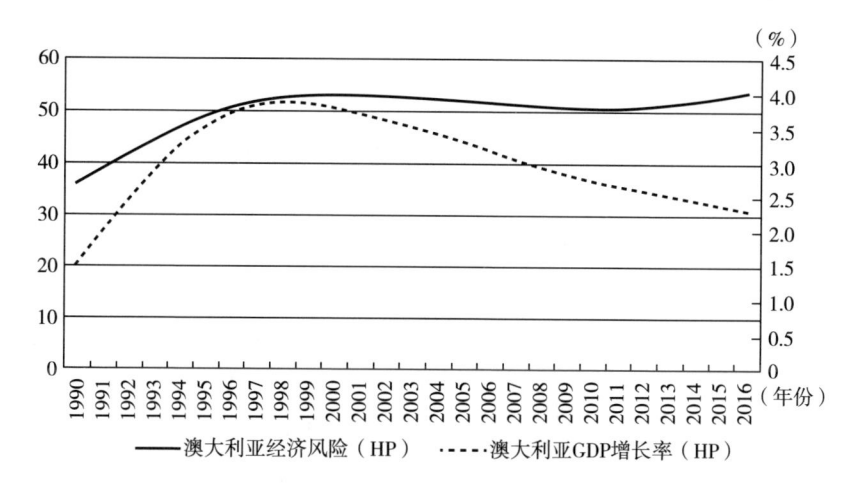

图 6-5　澳大利亚经济风险指数与 GDP 增长率滤波趋势

## 四 巴西经济风险的长期趋势

1990—2016 年的巴西经济风险分布总体上可分为两段：第一段为 1990—1995 年，此阶段经济风险相对较高而且非常稳定。1995 年之后，巴西经济风险迅速降低，并一直稳定至 2016 年（见图 6-6）。与 GDP 增长率趋势相比，巴西经济风险指数具有明显的稳定趋势，而经济增长趋势波动性很大。从巴西宏观经济指标来看，除巴西 GDP 增长率和人均 GDP 增长率波动外，其他社会总投资增长率、储蓄率、失业率和通胀指标趋势都较平稳，使其经济基本面呈现稳定趋势。

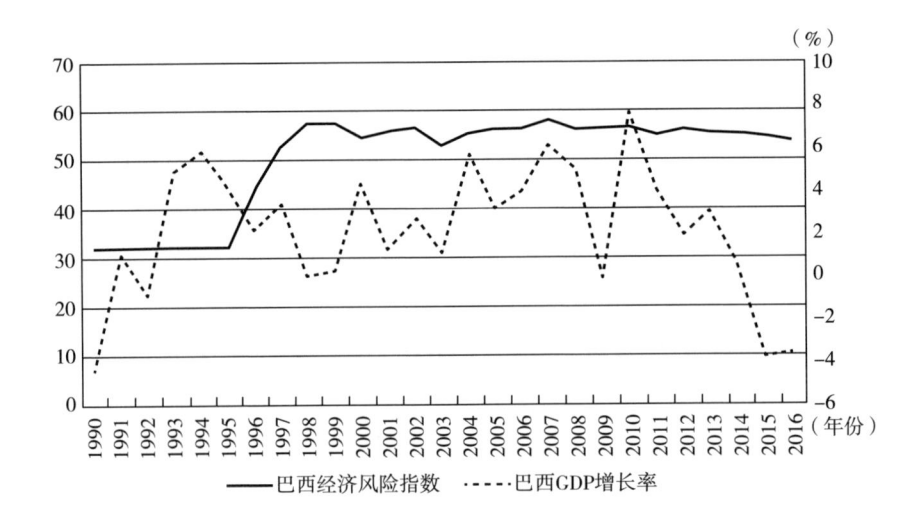

图 6-6 巴西经济风险指数与 GDP 增长率趋势

从统计角度来看，1990—2016 年巴西经济风险与经济增长的相关系数为 0.098，两者滤波趋势数据（见图 6-7）的相关系数为 0.45，同步系数为 0.50；按阶段统计数来看，1990—2007 年，巴西经济风险与经济增长原数据的相关系数为 0.198，滤波趋势数据的相关系数为 0.970，同步系数为 1.0；2008—2016 年两者滤波后趋势数据的相关系数为 0.997，同步系数为 1.0。可见，巴西经济风险与经济波动具有密切的互动关系。

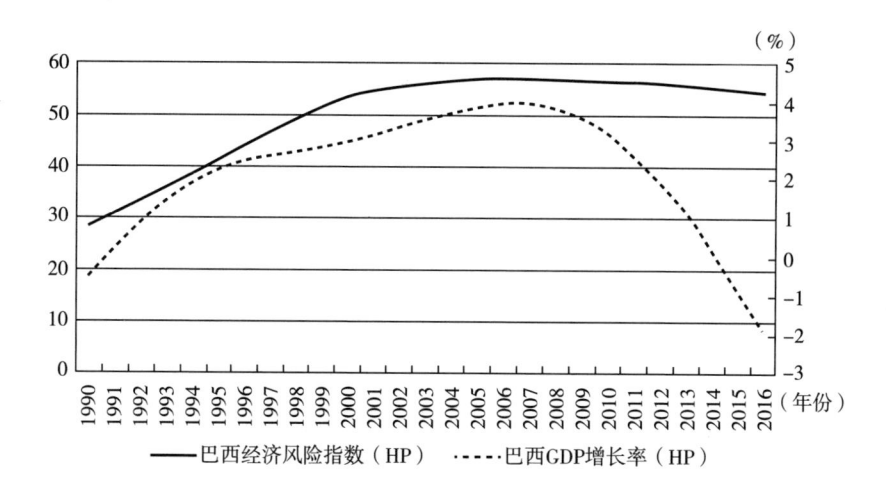

图 6-7　巴西经济风险指数与 GDP 增长率滤波趋势

### 五　印度经济风险长期趋势

评估结果显示（见图 6-8），1990—2016 年印度经济风险总体呈持续下降趋势。参考 GDP 增长率的波动，印度经济风险与前者在总体趋势和波动起伏方面存在一定的协同性，但是经济风险指数的波幅远小于 GDP 波动。从图 6-8 很容易观察到，印度经济受 1997 年亚洲金融危机的影响较小，但是受到 2000 年美国经济衰退和"9·11"恐怖袭击事件的冲击却很明显，导致 2000—2002 年经济增长有所下降，使印度在本时期的经济风险也略有提高；2007—2008 年国际金融危机导致印度经济增长大幅下降，同期经济风险也有所增加。2011—2012 年在全球经济衰退风险增加、欧债危机持续恶化、美国评级下调等风险事件的冲击下，全球金融市场和新兴市场股市基金资金净流出，新兴市场经济体的增长下跌，印度经济增长快速下滑，在 2013 年后慢慢低速恢复，同时期印度经济风险评估结果呈下降趋势。

统计显示（见图 6-8、图 6-9），1990—2016 年印度经济风险与经济增长率原数据的相关系数为 0.508，同步系数为 0.56，而滤波趋势数据为 0.811，同步系数为 0.86。这显示出印度经济风险与经济波动在长期趋势上有很强的同步性。

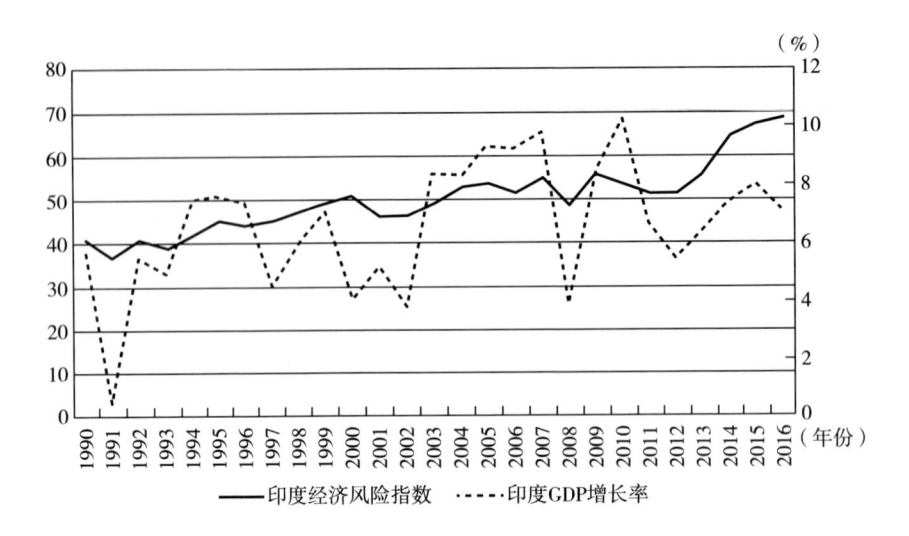

图 6-8 印度经济风险指数与 GDP 增长率趋势

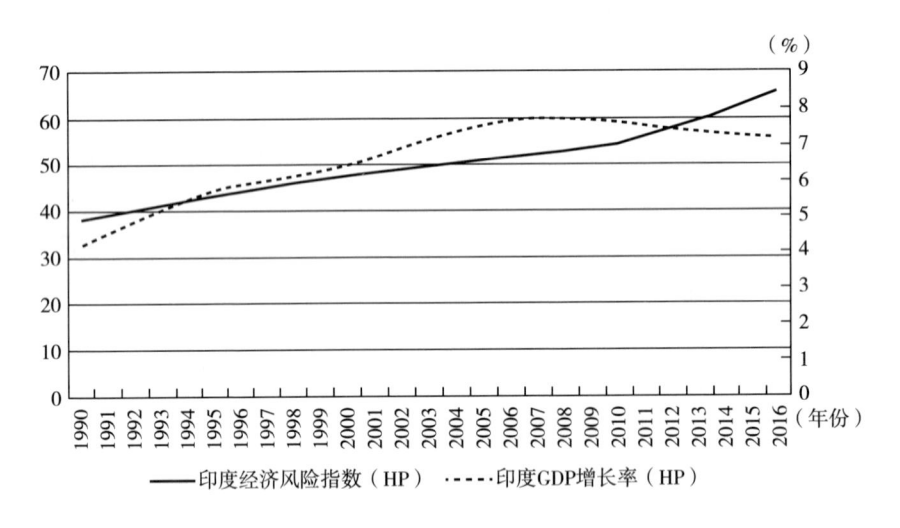

图 6-9 印度经济风险指数与 GDP 增长率滤波趋势

### 六 南非经济风险长期趋势

图 6-10 显示，1990—2016 年南非经济风险指数从其变化趋势来看可分为 1990—1998 年、1999—2002 年、2003—2009 年和 2010—2016 年四个阶段，每个阶段均为"N"形波动趋势。与南非经济增长率相比，经济风险与经济波动非常同步，经济风险"N"形波动的几个阶段

与经济周期完全重合。从南非1990—1998年经济发展历史来看，南非黑人为了争取政治和经济权益，爆发了南非黑人矿工斗争史上规模空前的大罢工，再由于20世纪80年代初至90年代初受国际制裁的影响，南非经济出现了明显衰退。新南非政府受到黑人广泛欢迎，制订了"重建与发展计划"，经济获得平稳发展，直到1998年受亚洲金融风暴影响经济出现短暂衰退；南非政府从1998年开始，实行"三年中期开支框架"，在稳定经济方面取得良好进展，为经济取得更高增长奠定了基础。通过贸易自由化和放松管制，使南非经济发展获得竞争力；1999—2003年经济发展平稳，其中总统大选预期导致2001—2002年经济增长下降，风险增加；2003年后南非逐渐摆脱经济衰退，经济出现数年的平稳发展，但是在2008年南非受国际金融危机影响，经济增速放缓，经济风险增加，2009年南非实际GDP（Real GDP）负增长；2010年南非经济逐渐复苏，并加入"金砖国家"合作机制，经济风险下降。2010年以来，祖马政府相继推出"新增长路线"和《2030年国家发展规划》，围绕解决贫困、失业和贫富悬殊等社会问题，实现了经济增长稳定。但是，受全球经济增长缓慢和欧债危机拖累以及2012年大罢工，南非经济总体低迷，增长乏力，经济风险增大。

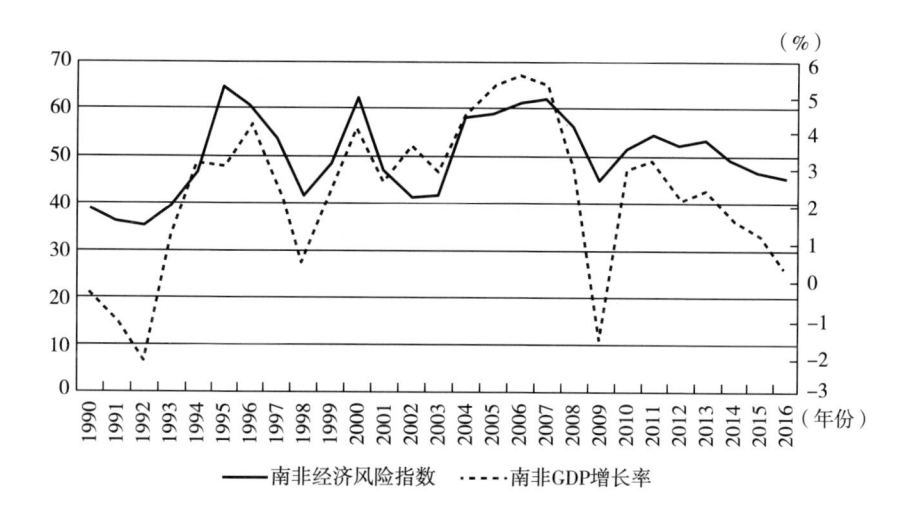

图6-10 南非经济风险指数与GDP增长率趋势

统计分析（见图6-11）显示，1990—2016年南非经济风险与经济增长率原数据的相关系数为0.791，同步系数为0.82；滤波趋势数据为0.945，同步系数为1.0。这显示出南非经济风险与经济波动在长期趋势上有非常显著的同步性。

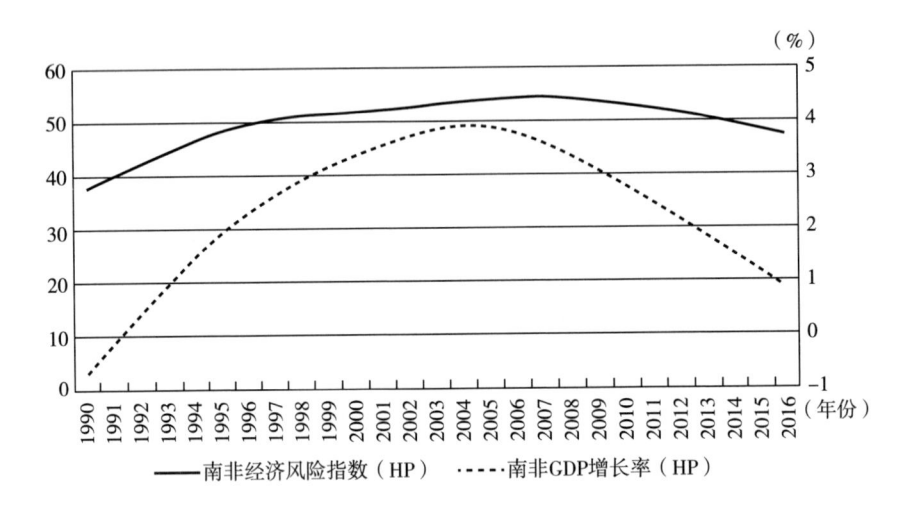

图6-11 南非经济风险指数与GDP增长率滤波趋势

## 第四节 国别商务环境风险评估结果分析
## ——以部分国家为例的描述

### 一 美国商务环境风险长期趋势

风险评估结果统计（见图6-12）显示，1990—2016年美国商务环境风险指数整体呈下降趋势。从1991年美国商务环境风险逐渐增加，2000年达到最高，在2001年之后缓慢降低，2003—2016年转而缓慢持续提高。

从美国商务环境风险指数与其经济增长率趋势比较来看，1990—2016年考察期内，20世纪90年代两者同步性总体上升，在其后逐渐下降。从3—5年短期来看，两者同步性水平很低。究其原因可以从历史角度进行解释。麦肯锡发布的《影响全球商业环境》报告认为，全球

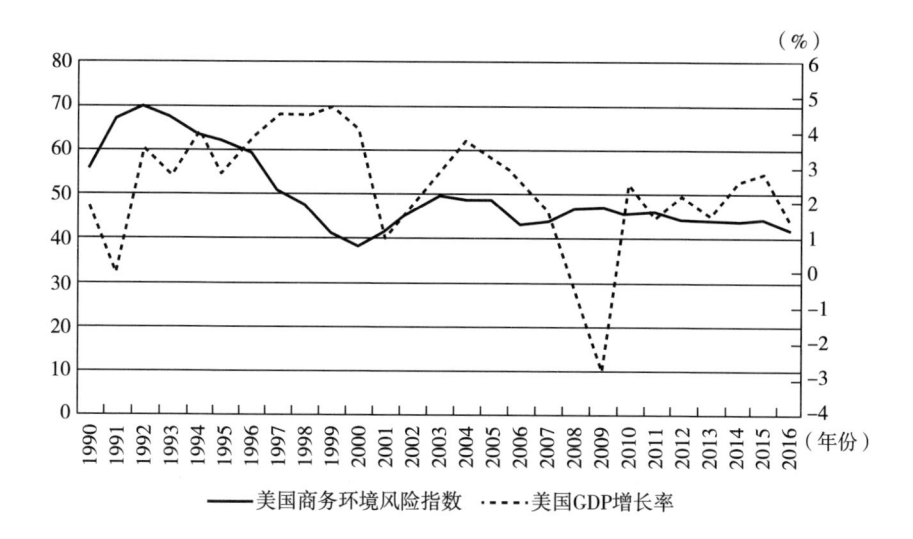

图 6-12 美国商务环境风险指数与 GDP 增长率趋势

格局发生重要变化，亚洲占全球 GDP 比例从 1990 年的 28% 到 2015 年的 42%。随着"金砖国家"和"四小龙"国家等飞速发展，美国商务环境评估地位逐渐下降，特别是美国遭受 2001 年"9·11"恐怖袭击和 2007—2008 年国际金融危机之后更是如此。由于大量非经济事件和非周期性经济波动存在，使美国经济商务环境风险与经济增长并不同步。但是从 1990—2016 年总体趋势来看，两者仍存在一定同步性。统计分析显示，美国经济商务环境风险指数与经济增长原数据相关系数仅为 0.080，表明两者之间互动性很低。但是，两者长期滤波趋势数据（见图 6-13）的相关系数为 0.40，同步系数为 0.43；而就 1996—2016 年滤波趋势来看，两者相关系数为 0.80，同步系数为 0.84。可见美国商务环境风险指数与经济波动在长期趋势上具有显著的互动性。

## 二 法国商务环境风险长期趋势

法国商务环境风险指数在 1990—1993 年呈上升阶段，1994—2002 年迅速下降，2002—2011 年基本平稳，2012—2014 年略有提高，2014—2016 年呈下降趋势。这表明法国商务环境在 1994—2002 年持续恶化，2002—2011 年基本稳定并略有好转（见图 6-14）。对于 1990—1993 年商务环境好转的最主要原因可能是 1991 年欧洲共同体首脑会议

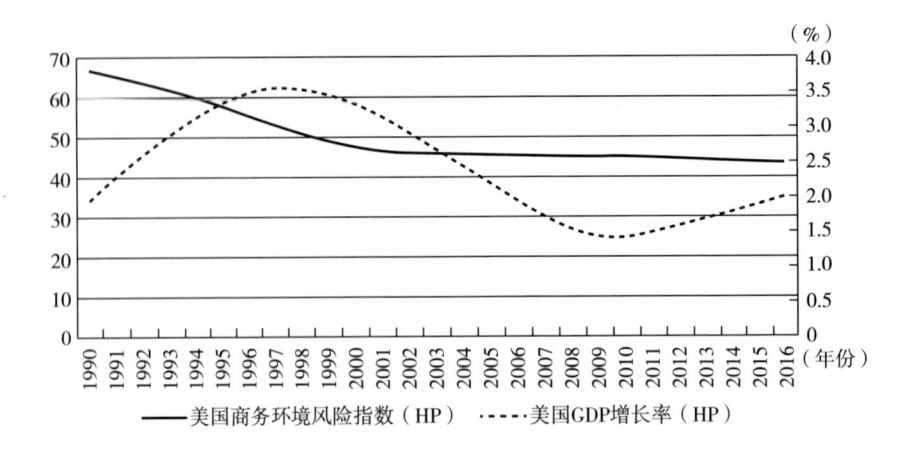

图6-13 美国商务环境风险指数与GDP增长率滤波趋势

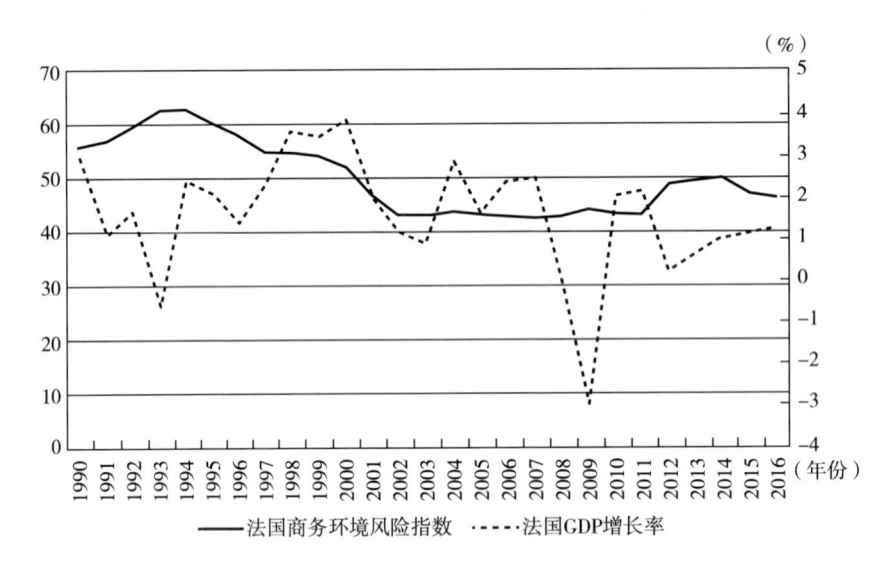

图6-14 法国商务环境风险指数与GDP增长率趋势

签订《马斯特里赫特条约》，它使欧洲内部实现资本自由流通，真正实现统一市场，并使经济政策共同体很好地协调起来，为欧盟各国提供了良好的商务环境。2012—2016年法国商务环境风险略有下降，但在2015—2016年呈上升趋势。综合1990—2016年的长期趋势可以判断，未来几年法国商务环境风险总体上处在较高水平，并呈温和下降态势。

综观考察期法国商务环境风险指数与法国经济增长趋势，1997—2016年两者存在一定同步态势。20世纪90年代，由于社会保障制度改革的决策失误，法国爆发了严重的社会危机，伴随社会内撕裂、失业增加和经济衰退，导致法国投资环境恶化。进入21世纪，由于新生欧元运行带来的不确定性、欧盟《稳定与增长公约》的限制以及"欧盟扩员"的不良后果，欧洲各国面临经济、政治和社会等诸方面日益增高的风险压力。在此背景下，法国内部投资政策、经济政策、货币政策及财政政策难以发挥应有作用，同时美国次贷危机之后暴露的欧盟债务危机使法国乃至整个欧洲的经济景气和商务环境难以恢复到理想状态。可见，从90年代中期到2016年，法国商务投资环境风险变化与其经济发展具有相似轨迹。

从统计角度来看，法国商务环境风险指数与法国经济增长的相关系数为0.151，同步系数为0.20；而两者滤波趋势数据的互动水平明显提高，相关系数为0.50，同步系数为0.55（见图6-15）。尤其是1996—2016年，两者滤波趋势数据的相关性为0.652，同步系数为0.70。可见，法国商务环境风险指数与经济波动长期趋势上具有较高的互动性。

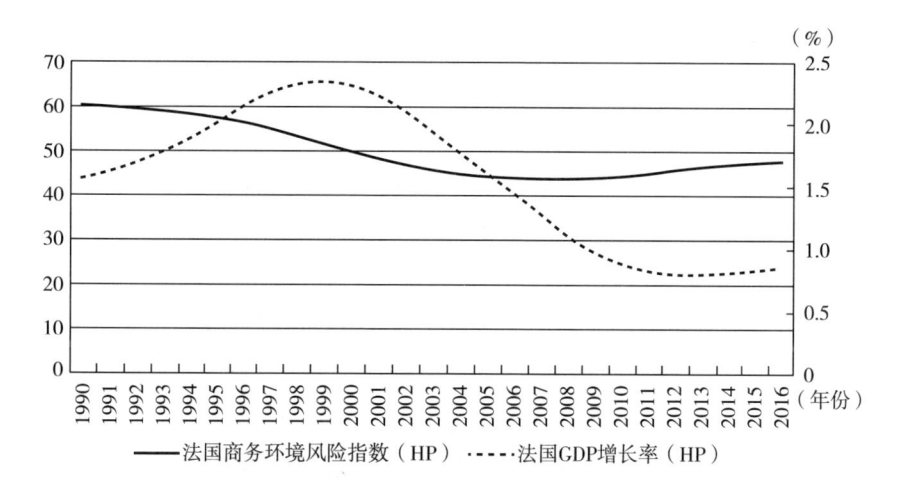

图6-15　法国商务环境风险指数与GDP增长率滤波趋势

### 三 澳大利亚商务环境风险长期趋势

从评估结果和趋势来看，澳大利亚商务环境整体上呈好转态势（见图6-16）。商务环境风险指数在1990—2006年逐年持续增大（风险下降），2007年之后下降（风险提高），并于2013年后温和增大（风险下降）。1989年预算和政府购买大幅下降，使澳大利亚经济堕入相对衰退期；来自澳大利亚统计局的数据显示，澳政府支出逐年递增，在1998—2016年各财年政府支出翻倍，同时澳政府收入也从2500亿澳元上涨至4170亿澳元。[①] 可见，在此期间澳政府形成了政府支出和收入的良性循环，不仅为经济发展提供动力，也优化了国内商业环境。

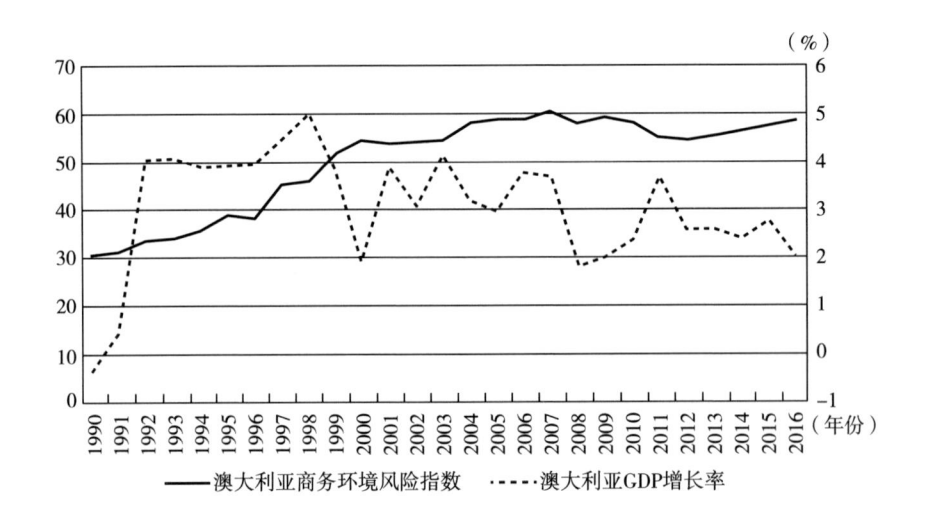

**图6-16 澳大利亚商务环境风险指数与GDP增长率趋势**

从GDP增长率可以看出，1990—2007年澳洲经济发展未出现明显衰退，长期良好的经济发展必然有利于形成良好的商业环境，这与本书结果相一致。这说明本书研究的评估结果与现实是相符的。从评估结果来看，2007—2008年国际金融危机导致澳大利亚经济震荡，但是该国商务环境风险并没有明显提高，主要原因是经济持续增长所形成的经济

---

① 周俣勋：《资本存量、技术冲击与政府购买对澳大利亚短期经济周期的影响》，《中国市场》2018年第35期。

发展预期和政府预算大幅增加，抑制了该国商业环境恶化。

从统计角度来看，1990—2016 年澳大利亚商务环境风险指数与经济增长的相关系数为 0.036。两者滤波趋势数据（见图 6-17）的相关系数为 0.160，同步系数为 0.18；按阶段统计数来看，1990—2003 年，澳大利亚商务环境风险指数与经济增长滤波趋势数据的相关系数为 0.819，同步系数为 0.83。可见，澳大利亚商务环境风险与经济波动具有一定的互动关系，在局部时期两者在趋势上具有较明显的同步性。

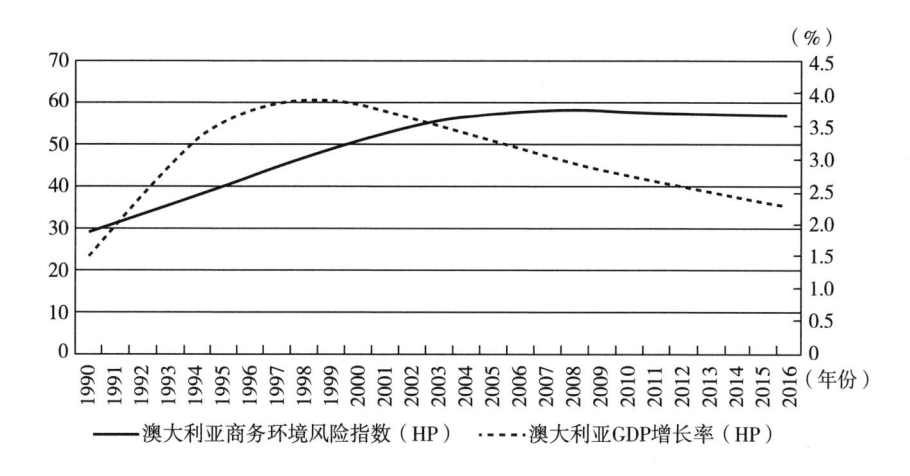

**图 6-17　澳大利亚商务环境风险指数与 GDP 增长率滤波趋势**

### 四　巴西商务环境风险长期趋势

巴西商务环境风险指数变化呈"U"形趋势（见图 6-18），总体为下降。1990—1996 年商务环境风险指数显示巴西商务环境良好，风险相对较低。从波动趋势来看，可分为四个阶段：1996—1998 年快速下降，1999—2009 年缓慢下降，2010 年快速提高，2011—2016 年保持基本稳定。与经济增长趋势相比较，巴西商务环境风险指数变动明显滞后1—3 年。

对于巴西商务环境风险评估结果，我们可以从历史事实找到相关印证。受 1982 年债务危机影响，巴西在整个 20 世纪 80 年代以及 90 年代初期陷入经济低迷，虽然在 20 世纪 90 年代中期经济有所恢复，但是"去工业化"趋势不断腐蚀巴西经济，使该国经济和产业发展疲软，就业、金融和消费均不景气，导致巴西自1996年之后国内商业环境不断恶化。1999年货币危机导致该国经济雪上加霜，国内产业停滞和金融混乱，商务环境风险逐年恶化。进入21世纪，虽然得益于中国、印度等新兴市场国家对大宗商品日益扩大的需求，巴西经济增长步入较为稳步发展时期（2000—2008年）。但是，经济增长的结构性问题仍然没有实质性改善，该时期巴西产业结构调整几乎停滞，制造业仍然呈衰退趋势。从商品贸易的技术集中度看，2006年巴西制造业仍以资源密集型为主。

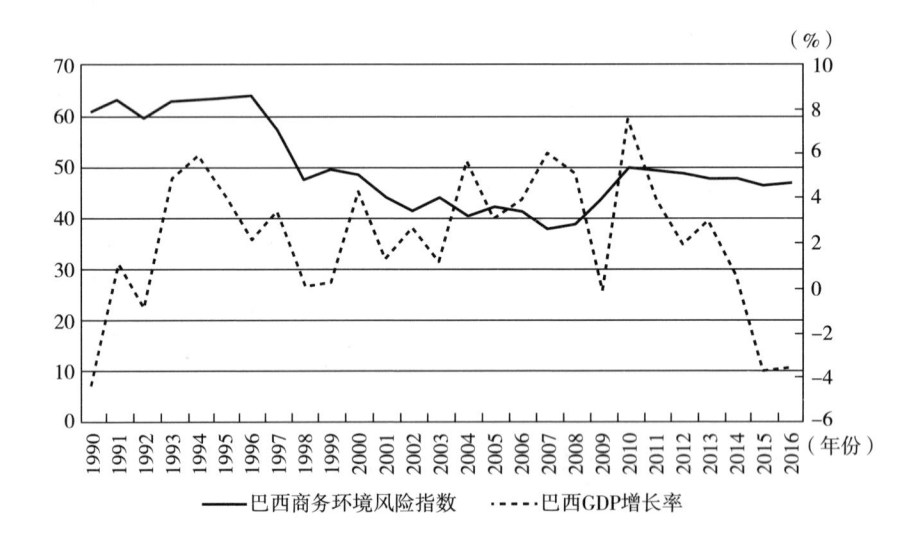

**图6-18 巴西商务环境风险指数与GDP增长率趋势**

2007—2008年国际金融危机再次冲击巴西经济金融和产业。尽管政府积极推进资本密集型产业的发展，但是巴西劳动力素质与产业发展之间存在结构性矛盾，税负较重、基础设施落后、劳工成本较高，使巴西商业环境更加恶化。2010年巴西大宗商品出口导致汇率波动，2014年石油腐败案导致巴西政治和社会危机，进一步强化了民众对经济的悲观预期，巴西商业环境风险增大趋势明显。

统计显示，巴西商务环境风险指数与经济增长率无论是原数据还是滤波趋势（见图6-19）数据均为负相关。这显示，巴西商务环境更多

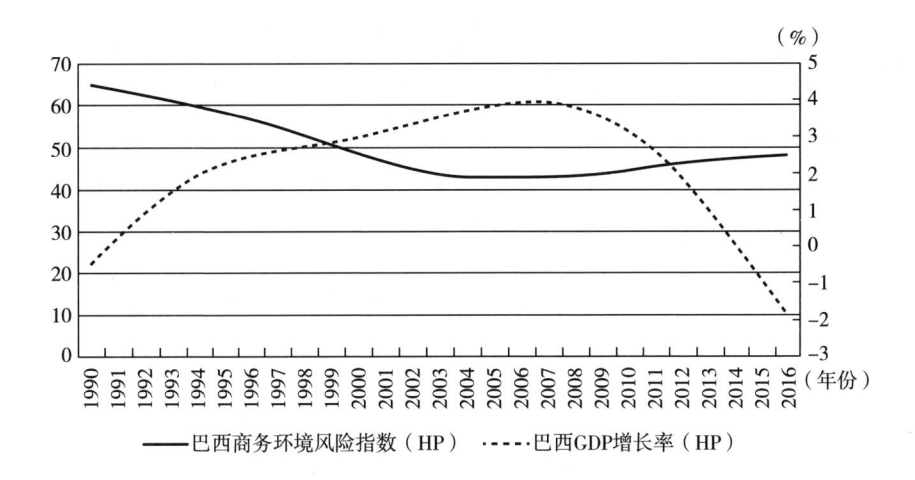

地受经济波动之外的其他因素的影响，比如政府腐败、政治波动等。

**图 6-19　巴西商务环境风险指数与 GDP 增长率滤波趋势**

## 五　印度商务环境风险长期趋势

1990—2016 年印度商务环境风险指数呈上升趋势（见图 6-20），但也明显存在周期趋势，即 1990—1997 年、1998—2005 年、2006—2010 年和 2011—2016 年四个周期（峰—峰周期），这 4 个周期与印度经济周期[①]基本重合，表明印度经济波动对其商务环境有显著影响。实际上，印度政府于 1991 年开始实行全面经济改革，为工业、外贸和金融部门解绑，商业环境日渐宽松，1992—1996 年实现经济均增长 6.2%。由于亚洲金融危机的冲击，印度商业环境风险明显增加。伴随印度"十一五"（2007—2012 年）计划实施，经济改革不断深化，促进了国有企业私有化，销售自由化，投资环境得以改善，商业环境不断优化，国内外投资迅速增加，很快从金融危机中挣脱出来，2009—2011 年印度经济实现了快速增长。2009—2012 年，由于全球经济影响和印度国内经济增长的积累性问题，印度高财政赤字、高经常账户赤字、高通胀、低储蓄率、低投资率并存，商务环境恶化，经济出现明显衰退。

---

① 贺书锋：《"金砖四国"经济周期互动与中国核心地位》，《世界经济研究》2010 年第 4 期。

2011年8月,印度计划委员会通过"十二五"(2012—2017年)计划指导文件,提出国民经济增速9%的目标。印度政府实施了降低财政赤字、优化投资政策环境、完善基础设施和抑平通胀等政策,经济逐步恢复,使商务环境得以改善。上述历史脉络证明了本书对印度商务环境风险的评估结果是合理的。

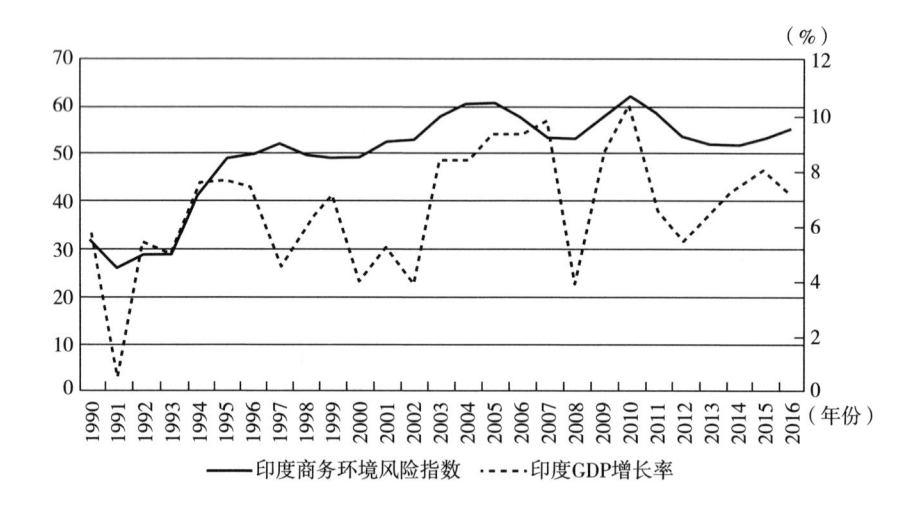

图6-20 印度商务环境风险指数与GDP增长率趋势

从统计角度来看,1990—2016年印度商务环境风险指数与经济增长的相关系数为0.608,同步系数为0.660;两者滤波趋势数据(见图6-21)的相关系数为0.968,同步系数几乎为1.0。可见,印度商务环境风险与经济波动之间有极为显著的互动关系。

**六 南非商务环境风险长期趋势**

1990—2016年南非商务环境风险指数总体呈下滑趋势(见图6-22),可大体分为1990—1994年、1995—2004年和2005—2016年三个阶段。1990—1994年商务环境风险相对较小且趋势稳定;1995—2004年南非商务环境风险指数持续降低,表明该阶段南非商务环境恶化;2005—2016年南非商务环境风险指数缓慢小幅上升,说明该时期南非商务环境稳定,并略有向好。图6-22显示,南非商务环境风险与经济波动之间几乎没有明显互动性,两者相关性很弱,表明该国非经济因素对商务环境有较显著冲击。

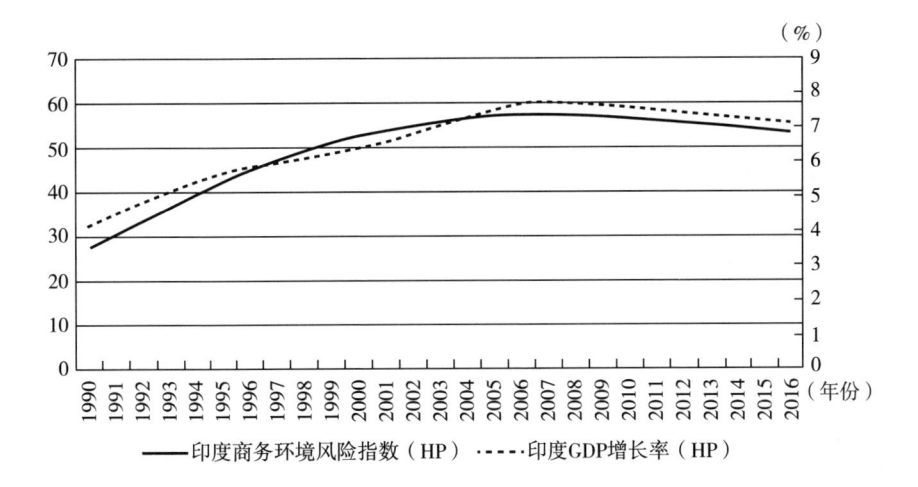

图 6-21 印度商务环境风险指数与 GDP 增长率滤波趋势

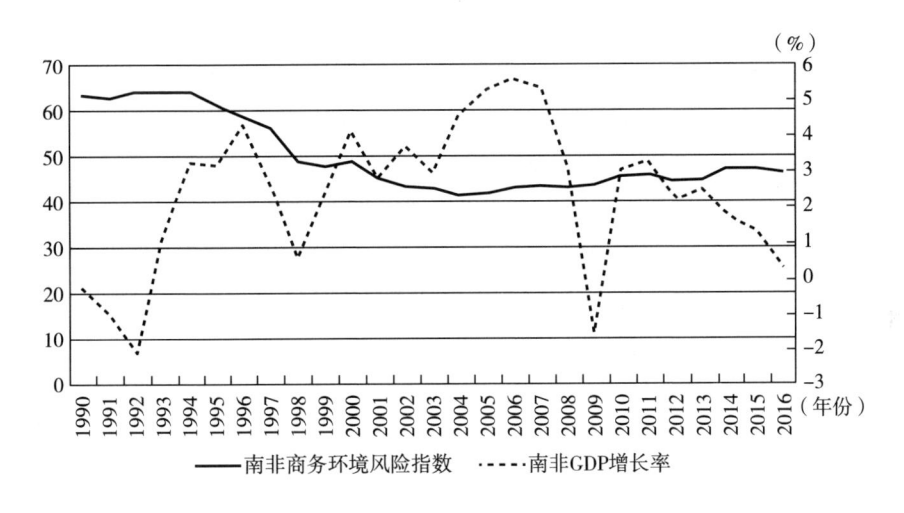

图 6-22 南非商务环境风险指数与 GDP 增长率趋势

从商务环境分析指标来看，南非社会经济条件风险指数（Socioeconomic Conditions）自 1994—2002 年快速下滑，并在 2003—2016 年持续保持在相对很低的水平，这表明南非社会经济风险自 1994 年后大幅增加；在南非社会腐败（Corruption）方面，据 PRS 集团的 ICRG 数据显示，1997—2004 年南非腐败风险指数大幅下降，并在 1997—2016 年保持在相对较低的水平，这说明南非在 1997 年之后社会腐败风险很高；

在官员素质方面，PRS 集团 ICRG 数据显示，1994—1999 年南非政府官员素质（Bureaucracy Quality）风险指数大幅下降，并从 1999—2016 年持续保持相对较低的水平；南非社会法律和秩序指数（Law & Order）从 1990—2016 年也经历了总体下降的变化；仅国际流动性（International Liquidity）风险指数和投资概貌（Investment Profile）风险指数呈略微上升的趋势。正是上述指标综合导致南非商务环境风险在考察期总体上呈恶化态势。

从南非商务环境风险测算指标与经济增长的同步性来看，除了投资概貌（Investment Profile）风险指数与 GDP 增长率有较明显的同步性（同步系数为 0.81）[①] 外，其他指标与之同步性水平很低甚至为负。

从历史角度来看，1994 年无种族差别的选举导致南非民族政权诞生，南非国民大会领导的三党执政联盟执政开始，并在 20 多年取得显著成就。尽管南非为新晋金砖国家，但该国新的政治框架导致经济社会发展存在很多风险，种族和解并非完美，宗族冲突仍然明显。尤其是大量白人移出南非，导致白人精英流失，社会人才支撑弱化；新政权导致社会腐败严重、官员素质整体下降，国家政策对黑人的偏护，对白人的歧视。《黑人经济振兴法案》和《矿产和石油资源法》等法案进一步加深了民族矛盾，遏制社会经济发展。南非腐败源于白人精英和黑人精英联手控制了社会财富的分配和再分配，同时导致社会贫富差距拉大。总之，自 1994—2016 年南非社会问题和政治问题导致社会商业条件整体恶化。由于南非社会政治问题的弱经济性和政府经济干预的无效性，导致经济波动与商务环境指标呈弱相关或互不相关。

## 第五节　国别偿债能力风险评估结果分析
——以部分国家为例的描述

### 一　美国偿债能力风险长期趋势

风险指数计算结果和统计趋势显示，1990—2016 年美国偿债能力风险指数表现为逐步上升（1993—2000 年）、明显下降（2001—2009

---

[①] 同步系数在 0—1.0，越近 1.0，同步性越高。

年)和快速上升(2009—2016年)的总体趋势(见图6-23)。忽略短时期变化,1993—2000年美国偿债能力风险指数缓慢上升,2001—2009年该指数呈两次梯级下跃至2009年最低点,并在2009—2011年保持考察期最低水平。该风险指数2011—2016年快速上升,表明美国偿债能力风险在该时期快速下降。

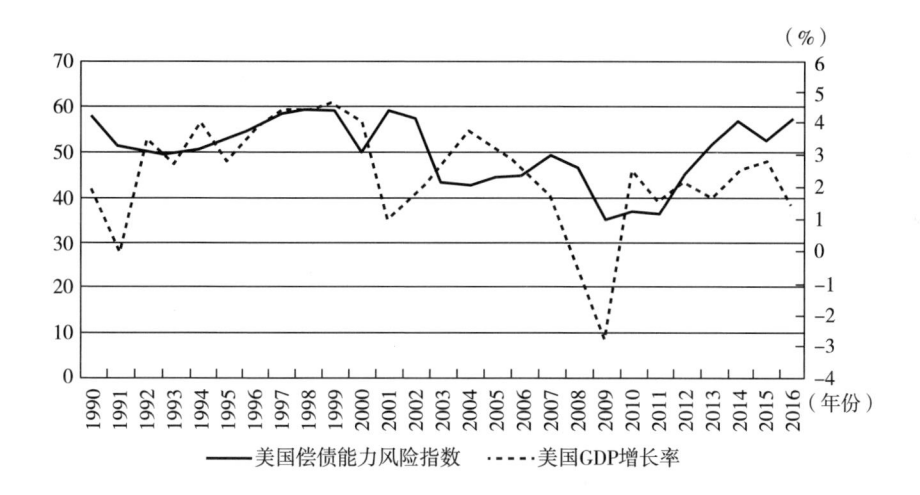

**图6-23 美国偿债能力风险指数与GDP增长率趋势**

上述美国偿债能力风险变化轨迹可以在历史事实中获得支撑。众所周知,美国作为全球最大债务国,但本书研究评估结果显示,美国偿债能力风险并不高,其根本原因在于美元和美国债务经济模式,这也是美国高债务运行赖以生存的基础。在老布什和克林顿政府期间,美国财政状况仍然健康,当时美国偿债能力风险相对较小。但在小布什(2001年当选美国总统)政府期间,由于伊拉克战争、阿富汗战争、超级富豪减税和经济衰退,美国政府财政盈余被一耗而空,小布什政府末期美国联邦债务总额已达到7.6万亿美元;奥巴马政府期间,由于应对金融危机的经济刺激计划,使美国债务不断增加并强迫政府不断调整上限,到2011年第三季度美国债务总额已达到79万亿美元(各联邦和州市县的综合),导致美国偿债能力风险明显增加。2011—2016年美国债务率不断提高,2016年年底美国联邦债务总额达19.5万亿美元,与十年前美国债务总额相比翻了 1 倍有余，同年公众持有的债务占 GDP 的 77.0%。值得一提的是，美国政府在次贷危机后靠修改会计准则暂时掩盖了巨大的金融和债务窟窿，通过剪取中国、日本、南非等国家的"羊毛"填补债务窟窿，重振美国经济，赚钱还债。奥巴马提出产业回归是特朗普政府唯一继承下来的产业政策，美国重振实体经济获得起色，经济获得持续数年的繁荣，2011—2016 年美国偿债能力风险下降。

图 6-23 显示，1990—2016 年美国偿债能力风险指数和美国经济增长率趋势存在显著同步性。统计分析显示，1990—2016 年美国偿债能力风险指数和经济增长率相关系数为 0.337，同步系数为 0.40；两者滤波趋势数据相关系数为 0.735，同步系数达到 0.76；从局部时间段来看，1997—2016 年滤波趋势（6.24）数据相关系数为 0.762，同步系数为 0.80。从滤波数据趋势来看，两者具有完全相同的波动周期，但偿债能力风险指数波动幅度远小于经济波动幅度。

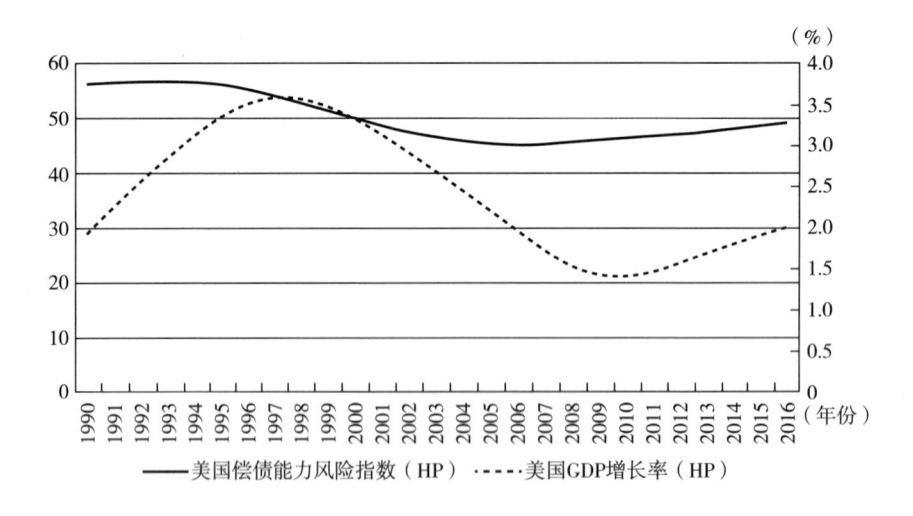

图 6-24 美国偿债能力风险指数与 GDP 增长率滤波趋势

## 二 法国偿债能力风险长期趋势

1990—2016 年法国偿债能力风险指数总体上呈短期下降（1990—1993 年）、长期持续提高（1994—2003 年）、长期平缓下降（2003—2016 年）的态势（见图 6-25），表明法国偿债能力不断提高并日趋稳定，偿债能力风险呈逐渐下降的长期态势。

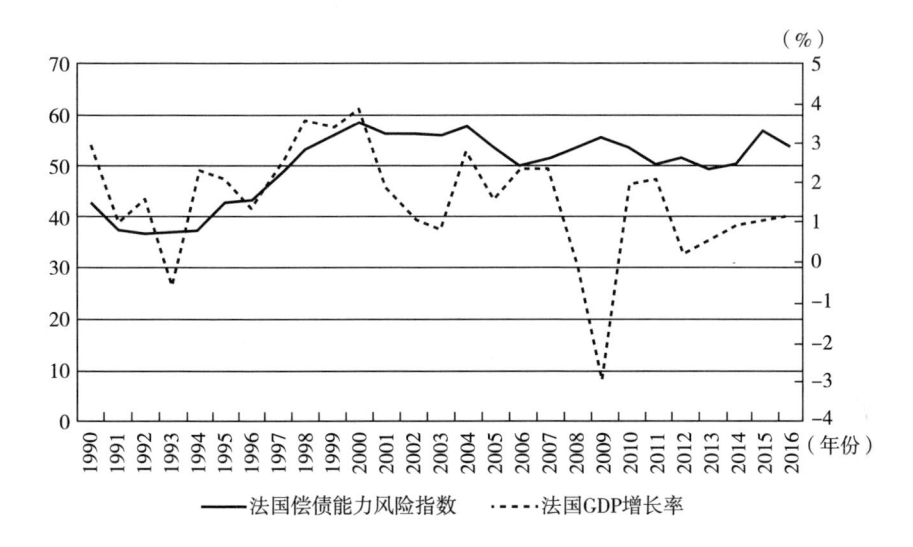

**图6-25 法国偿债能力风险指数与GDP增长率趋势**

图6-25显示，法国偿债能力风险指数与GDP增长率具有明显的同步性，在1990—2000年两者同步性尤为显著（同步系数为0.65），2002—2016年同步性减弱。GDP增长率趋势显示，在21世纪初和2008—2009年危机期间法国经济增长出现大幅下降，但法国债务状况并没有恶化。统计结果显示，1990—2016年法国偿债能力风险指数与GDP增长率同步系数为0.072。如果排除2008—2009年危机间经济增长大幅波动情况，同步系数可达0.28，说明两者具有一定的互动关系。从局部时期来看，1990—1999年法国偿债能力风险指数与GDP增长率的相关系数为0.736，滤波趋势数据为0.995，同步系数分别为0.75和1.0；2000—2016年该两指标间的相关系数为0.110，滤波趋势（见图6-26）数据为0.702，同步系数分别为0.13和0.76。可见，法国偿债能力风险指数与经济波动在长期具有较显著的互动关系。从长期滤波结果来看，两者具有大体相近的波动周期，经济波动相对偿债能力风险指数变化提前1—2年，并且呈正相关。

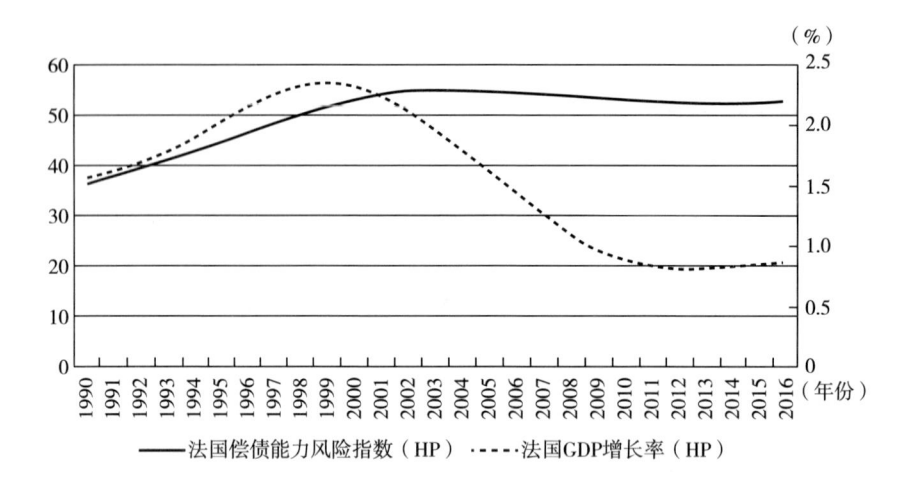

图 6-26 法国偿债能力风险指数与 GDP 增长率滤波趋势

### 三 澳大利亚偿债能力风险趋势

评估和统计结果显示，澳大利亚偿债能力风险指数（1990—2016年）经历了由缓慢提高和缓慢下降的过程（见图 6-27），其中除了 2008—2009 年明显下降外，其他时段较为平滑。具体而言，1990—2006 年澳大利亚偿债能力风险指数持续提高，该阶段偿债能力风险下

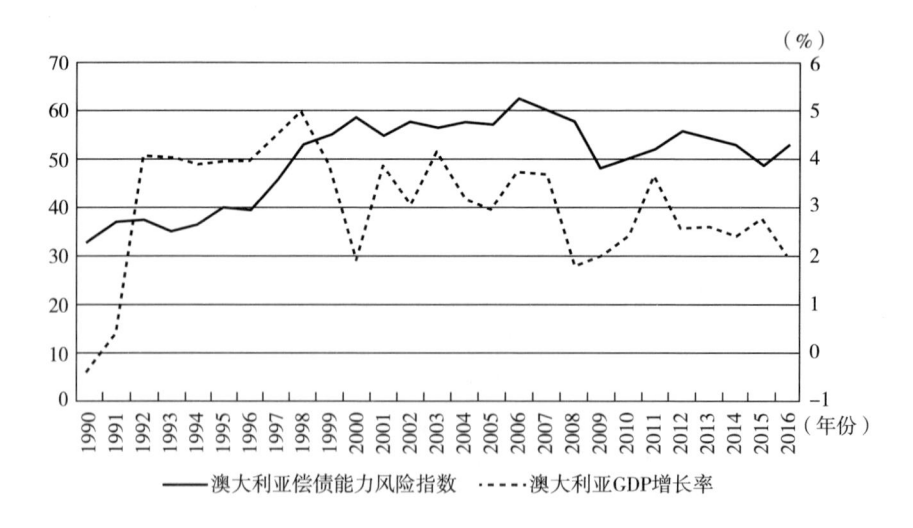

图 6-27 澳大利亚偿债能力风险指数与 GDP 增长率趋势

降；2004—2006年偿债能力风险指数达到最高，此时偿债能力风险最小；2007—2016年，该国偿债能力风险指数缓慢下降，说明该阶段澳大利亚偿债能力风险在增加。

澳大利亚偿债能力风险指数趋势与该国经济增长率呈现相同趋势。总体趋势显示，经济增长率与偿债能力风险指数同步提高和下降，同步性很显著。数据统计显示，1990—2016年澳大利亚经济增长率与偿债能力风险指数原数据的相关系数为0.144，而滤波趋势数据（见图6-28）的同步系数为0.377，说明两者互动关系较明显；2003—2016年二者滤波趋势数据相关性为0.874，同步性系数为0.91，表明澳洲偿债能力风险与经济波动长期内具有较显著的互动性。

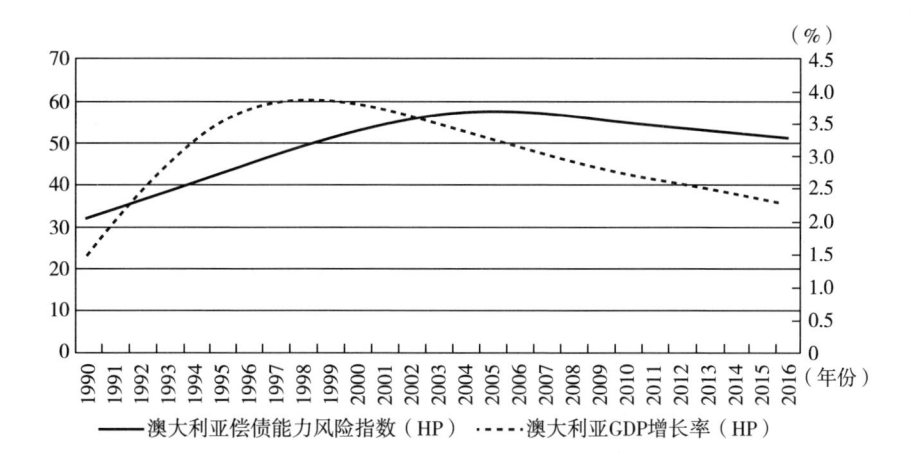

图 6-28 澳大利亚偿债能力风险指数与 GDP 增长率滤波趋势

### 四 巴西偿债能力风险趋势

巴西偿债能力风险指数变动趋势（见图6-29）显示，1990—2016年巴西偿债能力风险指数经历了缓慢下降（1992—1999年）、迅速提高（2000—2010年）和缓慢下降（2010—2016年）三个阶段。从图6-29观察可得，考察期内巴西国家偿债能力风险指数与经济增长率的长期趋势相似，表现为两者同升同降的态势，但局部时段的同步性不显著且波动幅度差异较大，经济增长率波动幅度和频率明显大于偿债能力风险指数。在整个考察期内两者相关系数为0.25，但在1993—2011年的相关系数为0.454，该期间的同步系数为0.49。1993—2007年二者滤波趋势（见图6-30）数据的相关系数为0.727，同步系数为0.74。可见，在中长期内，巴西经济波动与偿债能力风险存在互动关系。

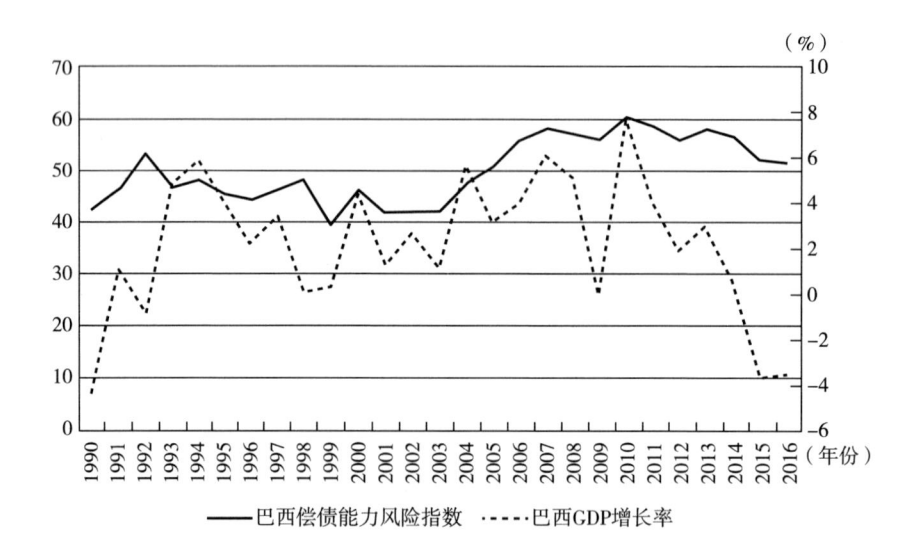

图6-29 巴西偿债能力风险指数与GDP增长率趋势

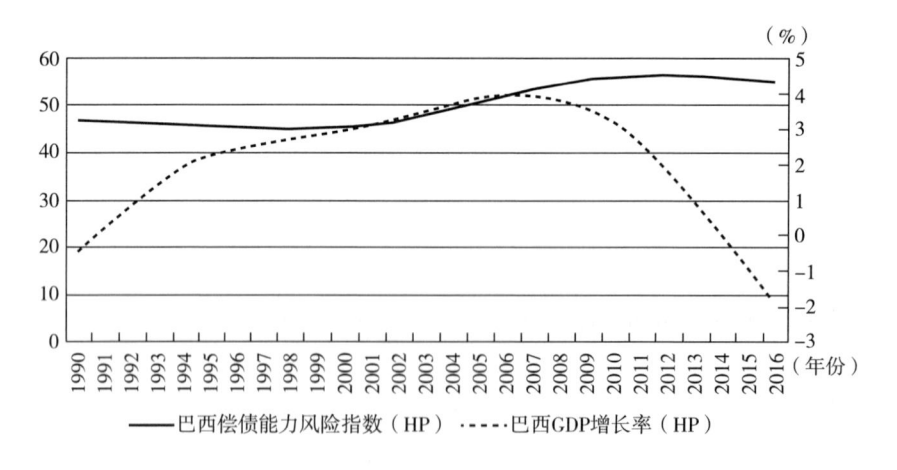

图6-30 巴西偿债能力风险指数与GDP增长率滤波趋势

### 五 印度偿债能力风险趋势

分析显示，1990—2016年印度偿债能力风险指数变化整体呈增大趋势（见图6-31）。具体而言可分为快速提高阶段（1990—1998年）、高位稳定阶段（1999—2006年）和缓慢下降稳定阶段（2007—2016年）。从图6-31可以看出，在整个考察期内，印度偿债能力不断增强，偿债能力风险持续下降。尤其是在1999—2006年，印度偿债能力风险达到考察期历史最低。尽管2005年之后印度的偿债能力风险逐渐增大（尤其是2008—2009年国际金融危机期间），但在后危机阶段总体上呈稳定或温和下降态势。

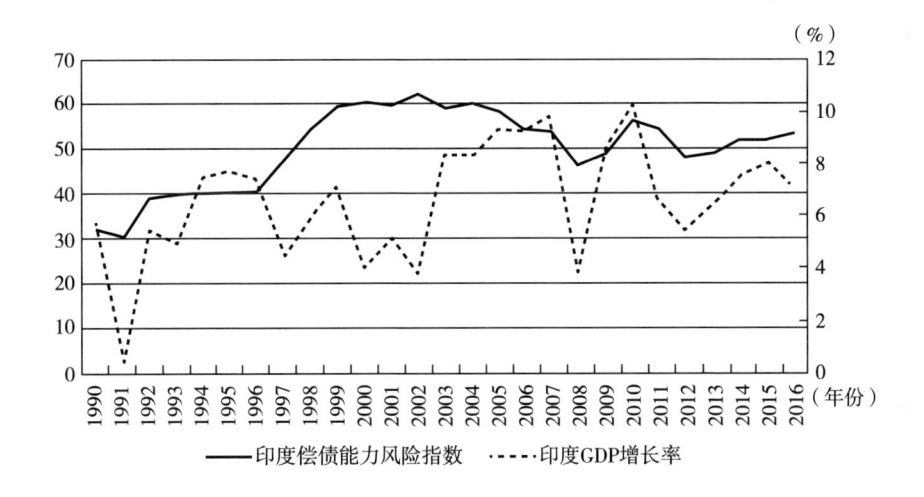

图6-31 印度偿债能力风险指数与GDP增长率趋势

综观整个样本期，印度偿债能力风险指数与GDP增长率的趋势同步性在不同时段出现明显差异。1990—1996年和2007—2016年两个阶段的同步性很高，相关系数分别为0.77（同步性系数为0.79）和0.75（同步性系数为0.78）；而1997—2006年两者相关系数为0.039（同步性系数为0.04），整个考察期相关系数为0.38（同步性系数为0.41）。除1997—2006年外，印度偿债能力风险指数变化与GDP增长率趋势具有较高同步水平，两者互动显著。若从滤波长期趋势来看（见图6-32），两者相关性为0.868，同步系数为0.91，表明印度偿债能力风指数变化趋势与 GDP 增长率之间长期内具有显著互动关系。

关于 1997—2006 年两者相关水平很低的解释，主要原因在于印度股市表现。据印度 500 家大型上市公司的股市统计显示，自 1997 年起，印度股市回报率在亚洲最高，其股市平均收益率和收益增长率明显高于亚洲其他地区，并一直领先于全球。① 虽然 1997—2002 年印度经济增长率相比发展缓慢，但是印度金融业同期非常健康。1997—2006 年的银行不良资产率平均仅为 5.4% 左右，净不良资产率更低，再加上先进的资本市场、活跃的股票市场、庞大交易量（全球排名资本交易量第六位，股票交易量第三位），印度股票市场投资回报率也很高，如 2006 年孟买股票交易所该指数回报率达到 46.7%。印度经济统计也显示，同期印度经济基本面明显比其他国利好。② 正是上述这些因素支撑了印度较高的偿债能力，偿债能力风险较低。

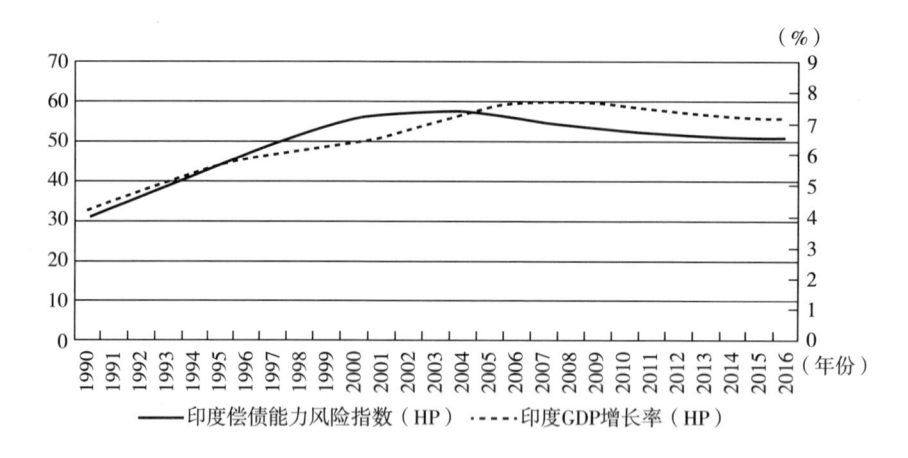

图 6-32 印度偿债能力风险指数与 GDP 增长率滤波趋势

### 六 南非偿债能力风险趋势

风险评估和统计结果显示，除金融危机期间（2008—2009 年）外，1990—2016 年南非偿债能力风险指数总体上为持续上升趋势，即该国

---

① FVMR Investing. Dr. Andrew Stotz, http：//www.sohu.com/a/125152496_469990.
② FVMR Investing. Dr. Andrew Stotz, http：//www.sohu.com/a/125152496_469990.

偿债能力风险呈总体下降态势（见图6-33）。具体而言，1990—2002年南非偿债能力风险指数长期呈缓慢提高到温和下降的态势；2003—2010年经历了短期快速提高、缓慢提高和高位稳定、迅速下降四个阶段；2010—2016年缓慢提高。南非经济从1990—1991年的深谷中迅速爬升，之后由于受亚洲金融危机牵连，1998年南非经济出现明显衰退的趋势，于1999年快速恢复并在2000—2002年进行波动调整。南非经济发展和政治新制度支撑了该时期南非较强的债务偿还能力。2003—2007年，南非经济增长率达到考察期历史最高水平，支撑了其偿债能力达到最高水平（2004—2009年）；2010—2016年，南非偿债能力风险指数与经济增长率出现背离趋势，经济增长下行而偿债能力风险指数缓慢提高。

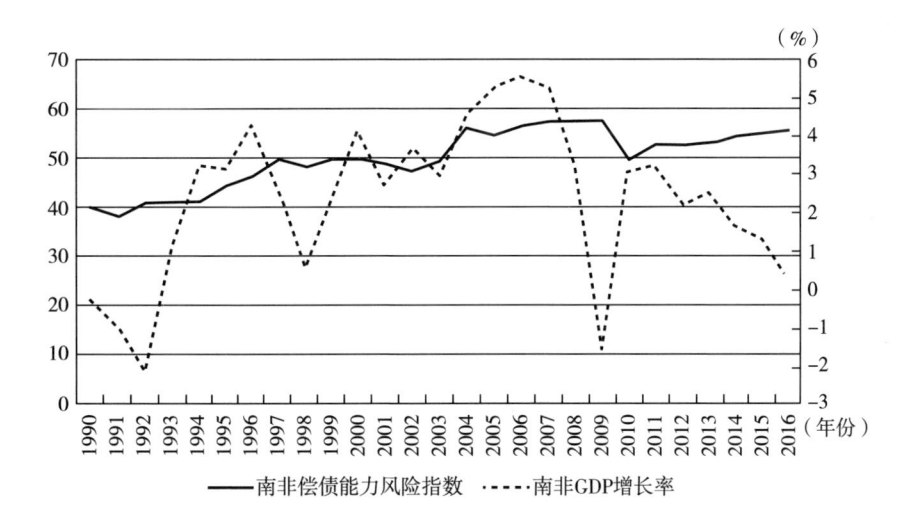

**图6-33 南非偿债能力风险指数与GDP增长率趋势**

从偿债能力风险指数与经济增长率的互动性来看，1990—2016年和1990—2005年南非偿债能力风险指数与经济增长率的相关系数分别为0.392和0.727，同步系数分别为0.42和0.76；从长期趋势来看，1990—2016年两者滤波趋势（见图6-34）数据的相关系数为0.636。其间，1990—2005年滤波趋势数据相关系数为0.981，同步系数分别为0.68和1.0。可见，南非偿债能力风险与经济波动长期趋势具有显著的互动关系。

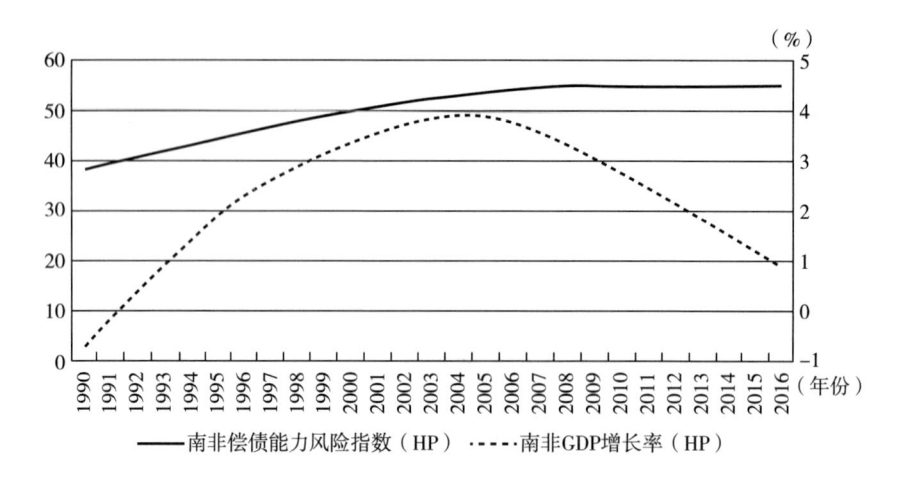

图 6-34　南非偿债能力风险指数与 GDP 增长率滤波趋势

# 第六节　国别政治风险评估结果分析
## ——基于部分国家为例

### 一　美国政治风险趋势

风险评估结果显示，1990—2016 年美国政治风险指数总体趋势下降，即考察期美国政治风险呈上升趋势（见图 6-35）。具体而言，1990—1994 年美国政治风险指数快速升高，此阶段美国政治风险达到考察期最低水平；1995—2002 年美国政治风险指数持续快速下降并于 2002 年降至历史最低，美国政治风险快速提高；2002—2014 年表现为缓慢上升，美国政治风险略有降低，其间出现 2008—2009 年金融危机的小幅波动；2014 年后政治风险指数呈下降趋势，政治风险明显增加。

从历史现实角度分析，克林顿政府期间（1991—2000 年）"新经济时代"，海湾战争美国取得胜利（1991 年），美加墨自由贸易区正式形成（1993 年），这些历史因素使美国在 1990—1995 年政治风险大幅下降。但在 1995 年之后，美国发生的一系列事件导致其政治风险不断提高，对美国民众造成极为深远的心理影响，美国民众对经济及政治上的安全感均被严重削弱。这些事件使美国 1995—2002 年政治风险持续提高。

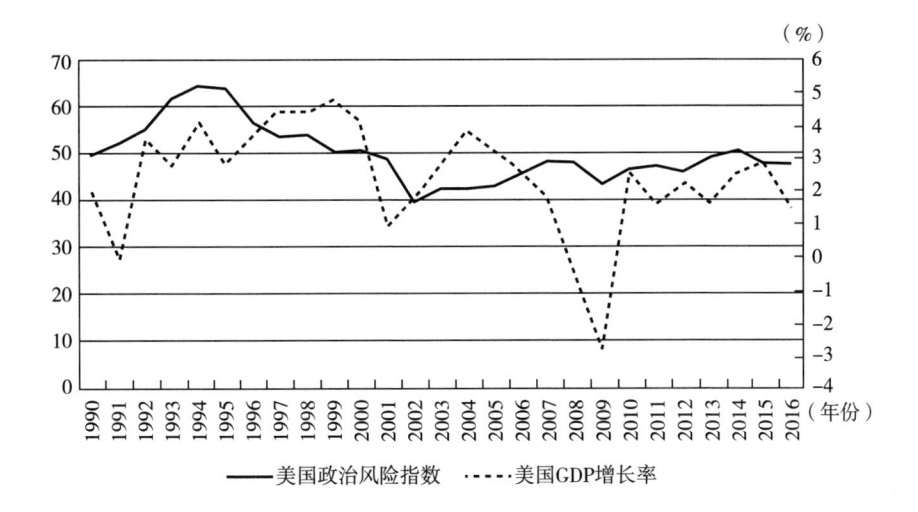

图 6-35 美国政治风险指数与 GDP 增长率趋势

其后，2003 年美英联手打击伊拉克，再显霸权主义和干涉主义，国际社会对其政治风险评估提高；2006 年美国房价泡沫和抵押支持证券泡沫开始破裂，经济开始下行，导致美国朝野对奥巴马治理能力产生怀疑；2007—2008 年美国次贷危机引发的国际金融危机，在全球形成超过 20 世纪 30 年代"大萧条"的经济衰退，给美国和世界经济、政治和社会带来深远影响，美国"投资圣地"的神话破灭。2011 年 8 月标准普尔调降美国主权信用评级，2012 年美国的财政问题凸显。尤其是 2013 年"棱镜门"的秘密监听项目曝光后，美国招致国际社会的反对和谴责，并进一步加深国际社会对美国的信任危机，并对其政治风险预期长期高居不下。2016 年美国商人特朗普上台，带来许多政治不确定性。上述历史事件导致美国在 2002—2016 年政治总体风险相对偏高。但是在奥巴马执政期间，由于美元和科技发展的支撑，美国政治风险在缓慢下降。

从 1990—2016 年美国政治风险指数与经济增长的滤波图像（见图 6-36）来看，经济增长与政治风险指数存在相同的波动周期，只是后者波幅和波频与前者相比小很多。两者相关系数为 0.586，同步性系数达到 0.60。可见，美国政治风险指数与经济增长具有较显著的同步性和互动性。上述美国政治经济的历史脉络也验证了该研究结果。

143

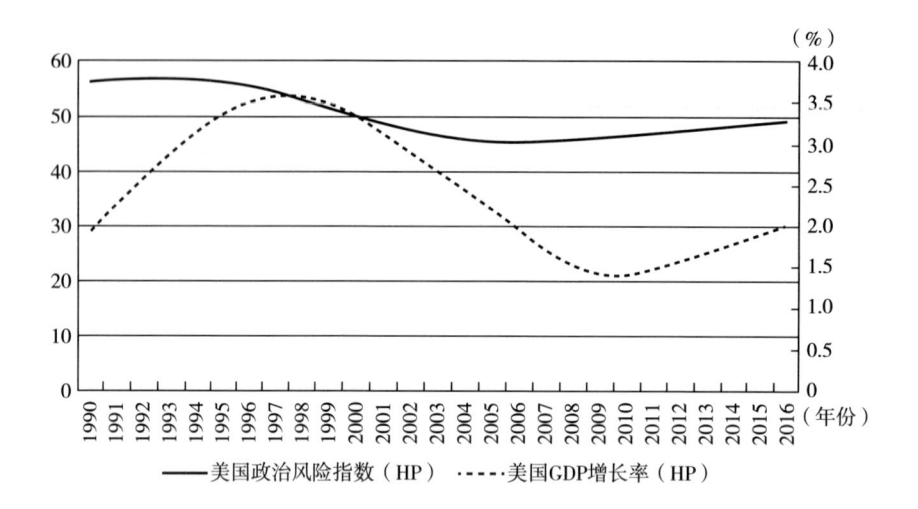

图 6–36　美国政治风险指数与 GDP 增长率滤波趋势

## 二　法国政治风险趋势

法国政治风险指数从 1990 年快速上升至 1994 年最高点（风险最低点），然后从 1994—2009 年缓慢持续下滑，2009 年降到最低点（风险最高点），2009—2016 年该指数持续增大（见图 6–37）。基于此，我们认为法国政治风险在 1994 年最小，而在 1994—2009 年漫长时期里，法国政治风险持续增大，在 2009 年后该国政治风险缓慢下降。考察期总体趋势显示，1992—2008 年法国政治风险持续提高，2009—2016 年呈下降趋势。

从历史角度来看，法国历史上"左右共治"局面使社会党和保卫共和联盟（人民运动联盟前身）不断上演权斗大戏，削弱了法国国际社会威望直接导致法国当局政府执行力与政策功效大幅下降，在希拉克和萨科齐两届政府期间出现了显著的积累性政治风险。加剧了法国国际国内政治乃至欧盟陷入前所未有的政治危机中。2007 年希拉克离任总统，标志着法国乃至欧洲政治跨世代、跨阶层和跨性别的历史性更替，法国政治风险开始下降。

从欧盟一体化角度来看，欧盟化对成员国政治产生深层影响。一是成员国国内政治机构的权力平衡关系发生变化，二是成员国政府机构的决策方式也发生了"无声的革命"。具体而言，这些影响表现在如下几个方面：第一，成员国中央政府各部门之间权力关系的变化，使成员国内部部门间很难形成统一姿态参与欧盟层面的协商和协调，导致欧盟整体和国家内部政治风险增大。第二，中央政府部门间建立和强化政策与利益协调机制，部门局部参与欧盟事宜难以顾全国家利益，部门间的协调变得十分重要且艰难，导致区域和成员国内部政治风险增大。第三，成员国部长与官员之间权力平衡飘移，使实务性和技术性官员权力增大，导致联盟部长级磋商难以达成共识的风险增大。第四，地方政府谋求更多自主权和去中央化趋势，地方主义影响增大，中央权威削弱。①

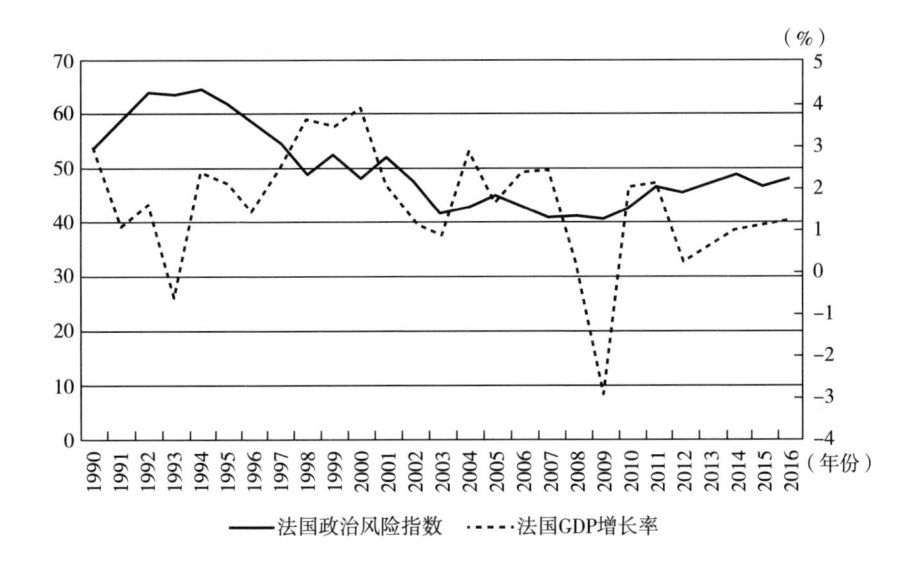

图6-37 法国政治风险指数与GDP增长率趋势

从1990—2016年法国政治风险指数趋势与经济增长率的长期滤波趋势图像来看，法国经济增长与政治风险指数存在相同的波动周期，但后者的波幅和波频比前者要大很多。统计显示，两者原序列的相关系数为0.12，同步性系数为0.15，两者滤波趋势序列的相关系数为0.501，同步性系数为0.53（见图6-38）；从局部时段来看，1997—2016年滤波趋势数据的相关系数为0.664，同步性系数达到0.70。可见，法国政

---

① 吴志成、王霞：《欧洲化及其对成员国政治的影响》，《欧洲研究》2007年第4期。

治风险与经济波动间具有较显著的互动性。

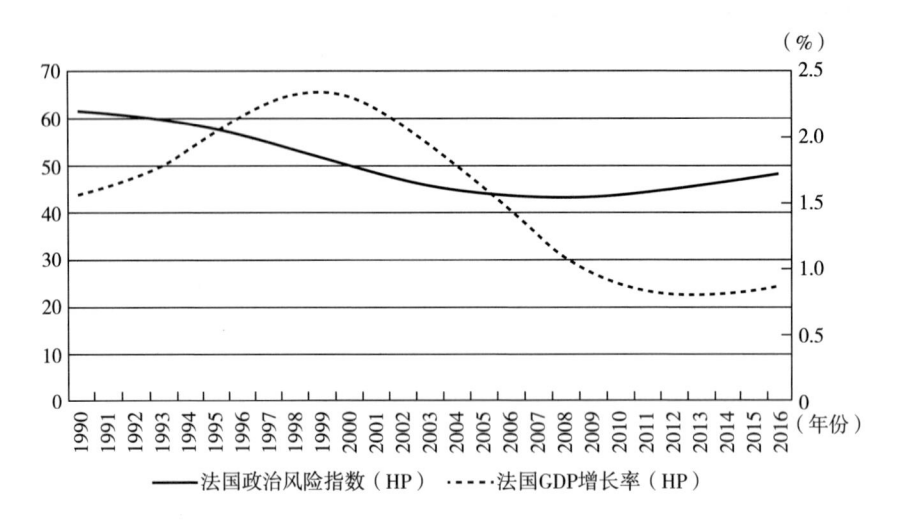

**图6-38 法国政治风险指数与GDP增长率滤波趋势**

需要讨论的是，统计显示1990—1999年法国经济增长与国家政治风险指数呈反向相关，原因主要在于法国作为欧洲一体化的主要推动者，区域一体化进程改变了法国与整个欧盟及成员国的政治经济关系，以致掩盖或者扭曲了经济对政治影响。而在2000年之后（除了国际金融危机时期），欧元诞生、市场一体化和政治一体化使成员国经济政治与整个欧盟呈现高度协同状态，成员国经济—政治协同性在联盟体系中得以强化，导致法国经济波动与政治风险同步性有所增加。

### 三 澳大利亚政治风险趋势

风险评估和统计显示，1990—2016年澳大利亚政治风险指数总体上呈下降趋势。具体而言，澳大利亚政治风险指数从1991年迅速提高，在1993—1997年呈高位稳定，但在1998年陡然下降（见图6-39），这说明澳大利亚在1991—1997年政治风险相对较小而在1997年之后该国政治风险大幅增加；在1999—2016年，除1999—2002年和2008—2010年两时期政治风险出现轻微的缓解，其他时期该国政治风险处于相对较高的状态，在考察期澳大利亚政治风险总体呈递增趋势。

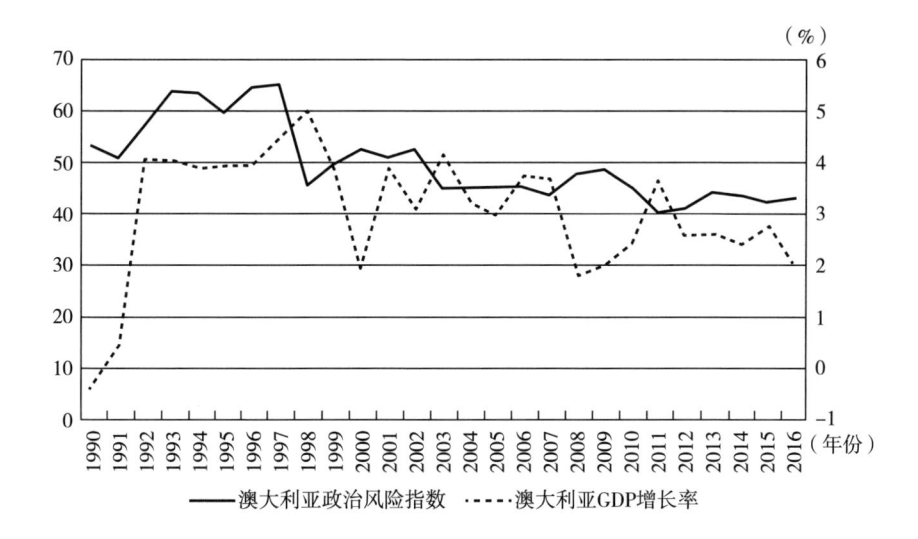

图 6-39 澳大利亚政治风险指数与 GDP 增长率趋势

从统计结果来看,澳大利亚政治风险指数与经济增长率的变化同步性在整个考察期并不高,相关系数仅为 0.251,两者滤波趋势数据(见图 6-40)的相关系数为 0.266,说明澳大利亚政治风险指数与经济增长率互动水平低,主要因为 1990—1995 年两者巨大的非同步性所导致。在整个考察期,澳大利亚政治风险指数总体上与经济增长率之间明显具有正相关趋势,但是两者存在波幅、时间上的明显差异。如果排除 1990—1995 年、1996—2016 年的澳大利亚政治风险指数与经济增长率原数据的相关系数为 0.365,滤波后趋势相关系数达到 0.90,同步系数为 0.92;尤其是 2000—2016 年,两者滤波趋势数据的相关系数为 0.978,同步系数为 1.0。这表明两者在长期趋势上具有非常高的同步性或互动性。

### 四 巴西政治风险趋势

巴西政治风险指数趋势(见图 6-41)显示,巴西偿债能力风险指数从 1990—2016 年总体呈下降趋势。1995—1998 年该国政治风险明显降低,其他时期该国政治风险总体处于持续增加趋势(偿债能力风险指数持续下降),其原因包含政府、政策和经济三个层面。

政府层面因素。1995 年卡多佐总统成功实施雷亚尔计划有效抑制

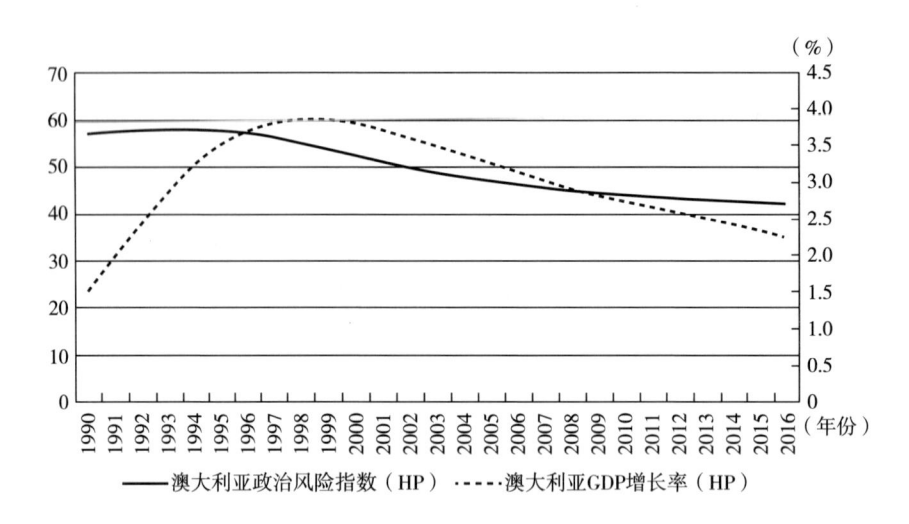

图 6-40 澳大利亚政治风险指数与 GDP 增长率滤波趋势

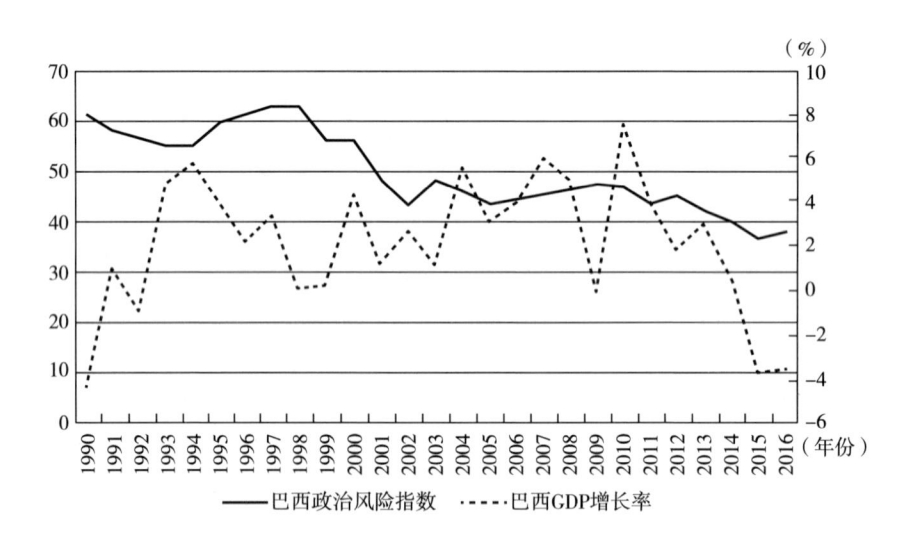

图 6-41 巴西政治风险指数与 GDP 增长率趋势

了巴西通货膨胀，并积极与美国建立友好合作的国际关系，使其政治和经济逐渐稳定下来（1995—1998 年）。2005 年，罗塞夫上任后重拳反腐恶化了罗塞夫政府与国会的关系，导致政府形象受损。同时，罗塞夫政府（2011—2016 年）所属的执政联盟内党派众多（超过 10 个），各盟党之间平衡与协调的难度，党派利益分配成为联盟内部矛盾激化的导火索，导致行政低效、腐败和贫富差距，政治风险增加。

政策层面因素。基于国际货币基金组织（IMF）统计，巴西涉外投资政策变动和法规调整风险日趋频繁（2001—2016年各种捐税58种以及各种社会性费用），政策风险显著。在外贸政策方面，在1997年亚洲金融危机，1998年巴西金融危机，2008—2009年国际金融危机等使巴西奉行格外严格的贸易保护主义政策，对国外企业出口和投资形成消极的预期，政策风险凸显。

经济层面因素。在整个考察期（1990—2016年），巴西经济经历了几个重要阶段。在1990—1994年，巴西仍然遭受1960年以来的全球最高通货膨胀；1998—1999年巴西金融危机导致巴西经济严重衰退；2002—2011年全球对原油、铁矿石以及农产品的需求使巴西成为大宗商品"超级周期"的主要受益者之一，该段时期巴西政治稳定，风险不显；2012—2015年出现经济大幅衰退（2015年增长率为-3.8%），就业、消费和投资逐渐疲软，罗塞夫政府的执政合法性受到严重质疑，巴西政治危机逐渐显露；2016年4月，巴西众议院弹劾特别委员会建议弹劾总统罗塞夫，该国政治风险凸显。

上述三方面综合因素，巴西1990—2016年政治风险指数与经济增长率的同步性并不显著，两者相关性仅为0.03，1997年二者为负相关。在1997年之后，巴西政治风险指数与经济增长率出现一定同步性趋势，1997—2016年两者相关系数为0.2。2005—2016年两者同步性较明显，相关系数为0.773，同步系数为0.8。可见，在整个考察期，巴西政治风险与经济波动的同步性很弱，但是从局部时期来看，两者互动水平很高，不同时期存在很大差别。

### 五　印度政治风险长期趋势

评估结果和趋势统计显示，1990—2016年印度政治风险指数总体呈上升继而平稳态势（见图6-42）。具体而言，印度政治风险指数在1990—1994年迅速提高，1994—1997年呈高位稳定态势，但在1998年陡然下降。这表明印度在1990—1997年政治风险迅速减小，但是在1998年后该国政治风险大幅增加。在2000—2004年政治风险快速下降，并在2005—2016年呈持续温和提高的态势。

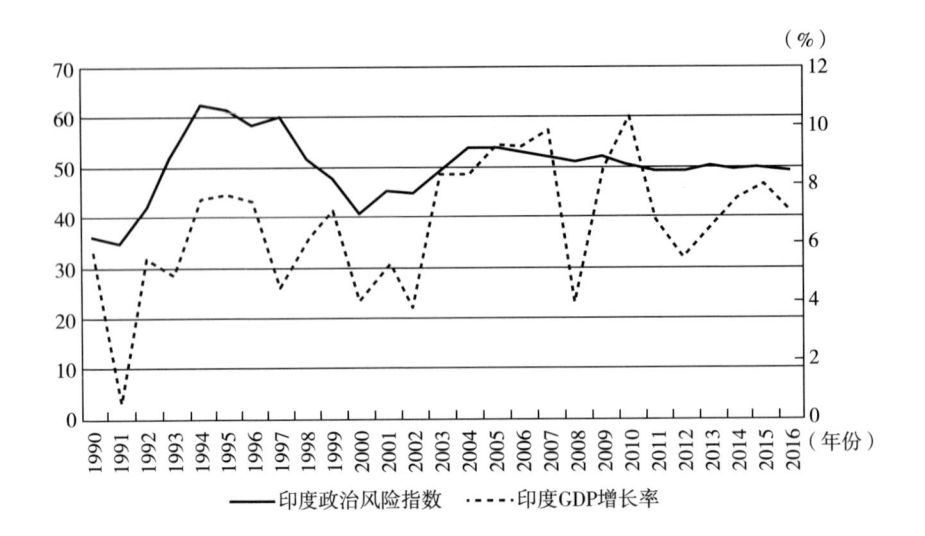

图 6-42 印度政治风险指数与 GDP 增长率趋势

统计结果显示，印度政治风险指数与经济增长率变化趋势在整个考察期同步性很高，1990—2016 年两者原数据相关系数为 0.5，数据滤波趋势（见图 6-43）相关性为 0.58，同步性系数为 0.62。尤其是 2005—2016 年，两者滤波趋势数据相关系数达到 0.98，同步性系数为 1.0。可见，印度政治风险与经济波动具有非常显著的互动关系。

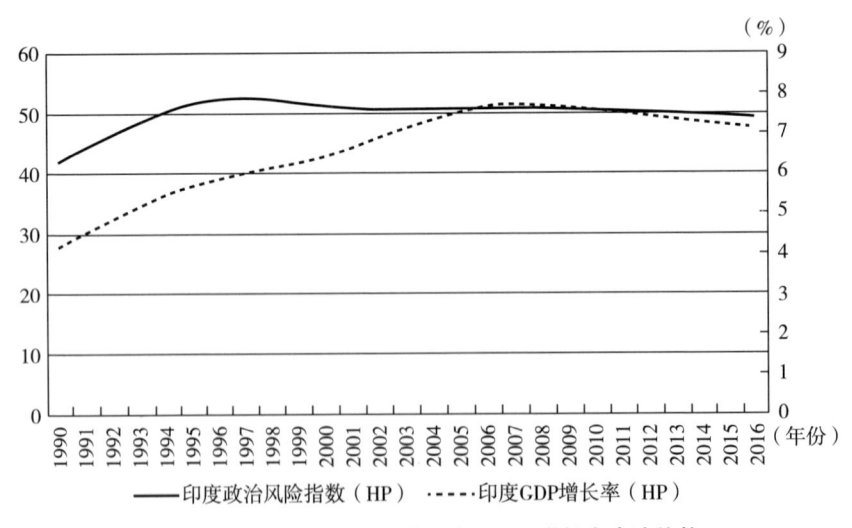

图 6-43 印度政治风险指数与 GDP 增长率滤波趋势

### 六 南非政治风险长期趋势

从政治风险指数和趋势来看，20世纪90年代南非政治风险指数经历了明显的倒"U"形趋势，即南非政治风险在1990—1999年经历了一个上升—下降的周期；而2000—2016年，南非政治风险指数呈温和持续上升态势（见图6-44），政治风险温和下降。

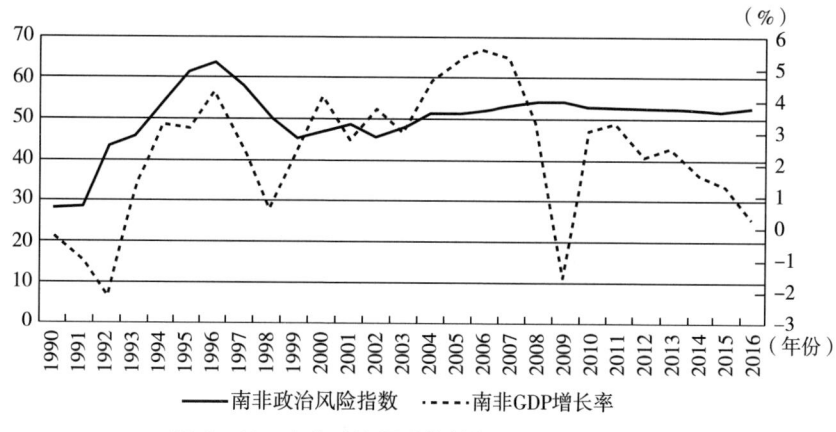

**图6-44 南非政治风险指数与GDP增长率趋势**

南非政治风险指数与GDP增长率滤波趋势（见图6-44）显示，1990—2016年南非政治风险指数与经济增长率的变化同步性较明显，两者原数据相关系数为0.48，滤波趋势（见图6-45）数据相关系数

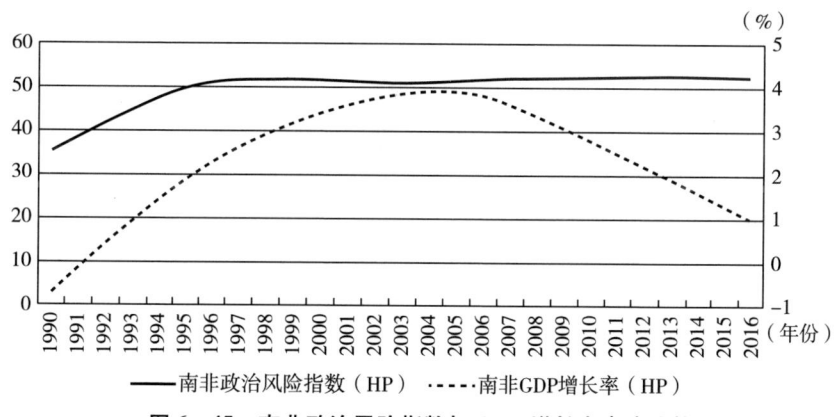

**图6-45 南非政治风险指数与GDP增长率滤波趋势**

为 0.74，同步性系数为 0.80。局部时段的统计显示，1990—2006 年南非政治风险与经济增长率的同步性非常高，原数据相关性为 0.66，滤波趋势数据相关系数达到 0.93，同步性系数 0.96，表明两者长期内具有显著的互动关系。

## 第七节　国别对外经济风险评估分析
### ——基于部分国家为例

对外经济风险评估的主要指标包括该国国际双边投资（流量和存量）和贸易进出口水平。我们认为，东道国与他国的经济交往（如国际直接投资和国际贸易）规模和变动反映了该国参与世界经济的水平，侧面地体现了该国经济信心和国际责任。因为深度国际合作说明国际间有深刻的利益纠缠，主观和客观上要求经济主体更加尊重国际惯例和公约，珍惜国际双边或多边关系，限制或减少单边主义行为，珍视国际经济声誉，并会努力营造良好外商投资和营运环境。从该意义上讲，当东道国国际投资和贸易活动水平很高或持续增加时，说明该国深度参与了国际经济合作，该国国内投资环境相对安全。反之，对该国的投资风险可能很大。

### 一　美国对外经济风险趋势

评估结果和统计显示，1990—2016 年美国对外经济风险指数波动整体平稳且呈缓升缓降趋势（见图 6-46），表明美国对外经济风险较小。从美国对外经济风险指数与经济增长率的互动关系来看，1990—2016 年原数据相关系数为 0.38；1998—2016 年原数据相关系数为 0.60，滤波数据（见图 6-47）趋势数据相关系数为 0.734，同步性指数为 0.8。表明美国经济波动对该国对外经济风险有显著影响。

### 二　法国对外经济风险趋势

评估和统计结果显示，1990—2016 年法国对外经济风险指数持续缓慢下降，这表明法国对外经济状况呈恶化趋势（见图 6-48），我们认为这是欧盟整体经济和盟内政治关系恶化所导致的不良后果。

从法国对外经济风险指数波动与经济增长变化的互动关系来看，1990—2016 年原数据相关系数为 0.414，2000—2016 年为 0.450。

1990—2016 年法国对外经济风险指数波动与经济增长率的滤波趋势数据相关系数为 0.450，同步性指数为 0.470；从局部来看，2000—2016 年滤波趋势（见图 6-49）数据相关系数为 0.985，同步性系数接近 1.0。这表明法国经济波动与该国对外经济风险互动关系显著。

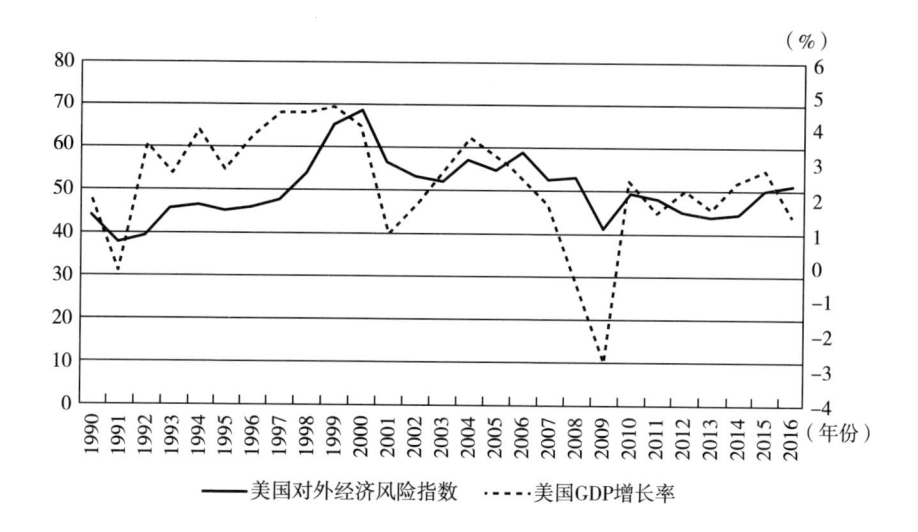

**图 6-46　美国对外经济风险指数与 GDP 增长率趋势**

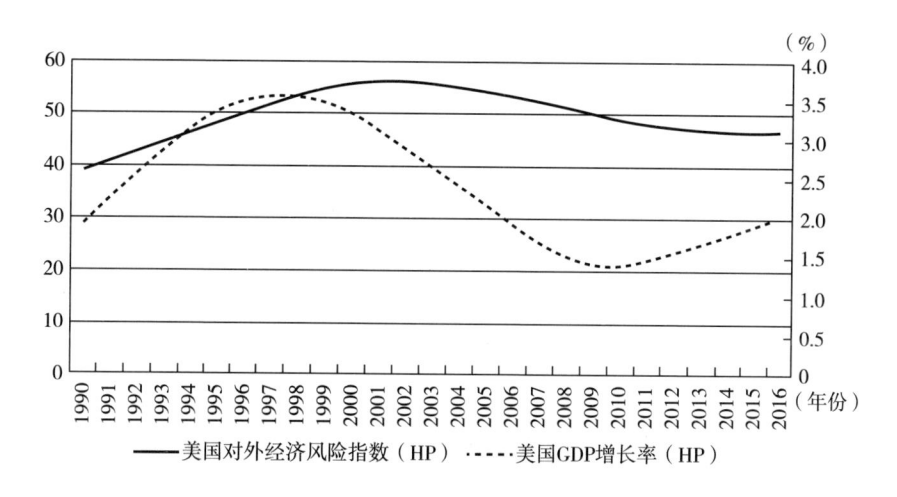

**图 6-47　美国对外经济风险指数与 GDP 增长率滤波趋势**

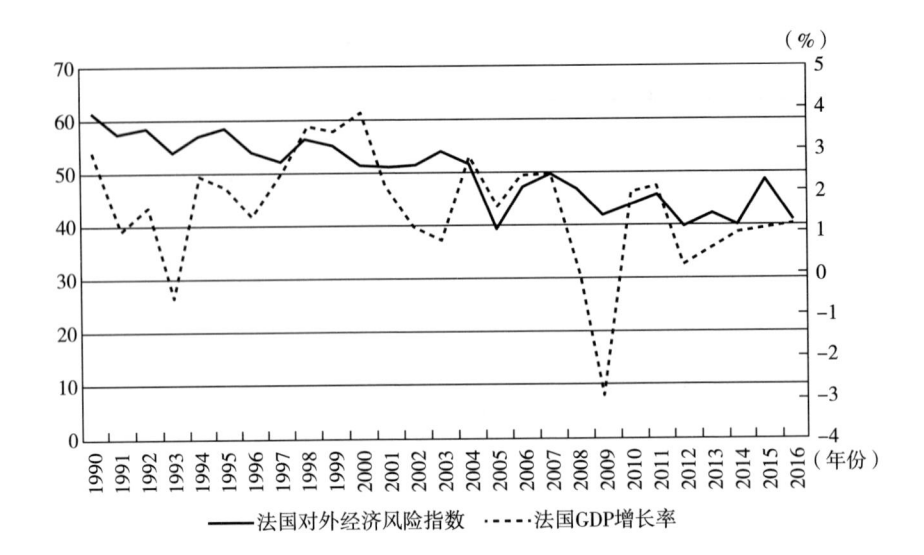

图 6-48 法国对外经济风险指数与 GDP 增长率趋势

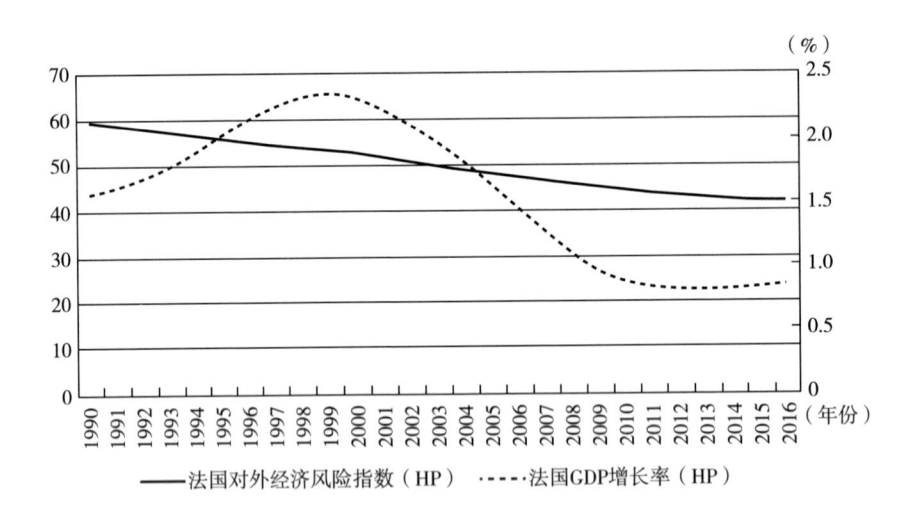

图 6-49 法国对外经济风险指数与 GDP 增长率滤波趋势

### 三 澳大利亚对外经济风险趋势

从对外经济风险指数的统计趋势来看，澳大利亚对外经济风险在1990—2010年相对平稳且温和上升，这表明澳大利亚对外经济流量和存量稳步增加，对外经济风险减小；2010年之后，澳大利亚对外经济风险指数呈温和下降态势,即对外经济风险增大,而2016年该风险有所下降(见图6-50)。

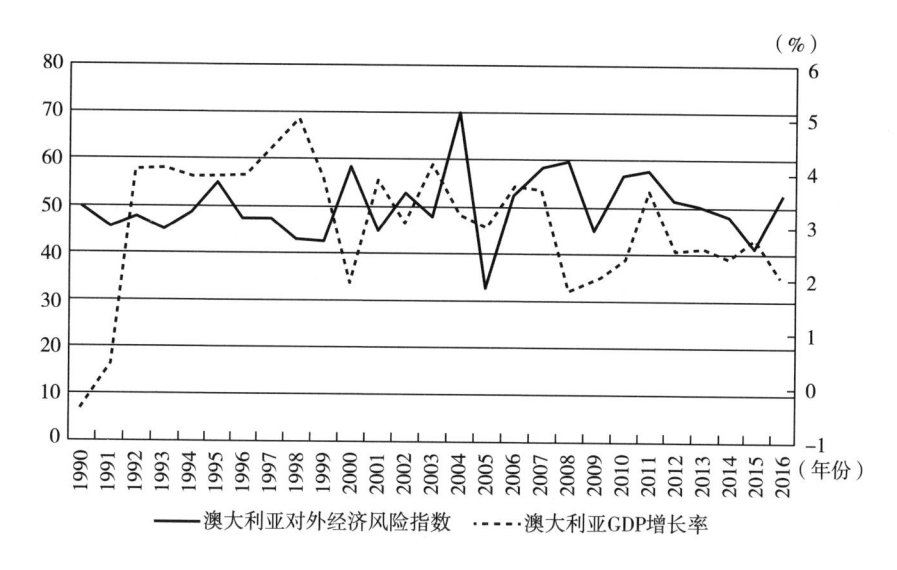

图6-50 澳大利亚对外经济风险指数与GDP增长率趋势

对比经济增长率波动趋势(见图6-50),澳大利亚对外经济风险指数与前者总体呈负相关(-0.102)。笔者把对外经济风险指数作为滞后一期数据平移一年,通过比较发现二者出现较明显的同步性,1990—2016年二者相关系数为0.304,同步性系数为0.32;1999—2015年二者的相关系数为0.477,同步性系数为0.50(见图6-51)。对比澳大利亚经济增长率和对外经济风险指数(滞后一期)滤波数据我们发现,二者同步性非常高(相关性系数为0.87,同步性系数为0.90)。实证表明,澳大利亚对外经济风险指数与经济波动长期互动关系显著。

**四 巴西对外经济风险趋势**

笔者基于原始数据和预设评估方法得出巴西对外经济风险指数,并绘制其长期趋势(见图6-52、图6-53)。统计显示,1990—2016年巴西对外经济风险指数呈缓慢提高(1990—2000年)然后下降趋势(2001—2016年)。其中,2011—2016年巴西对外经济风险指数持续下降(对外经济风险不断提高)尤为明显。基于原数据和滤波趋势判断,巴西未来对外经济风险可能增大。

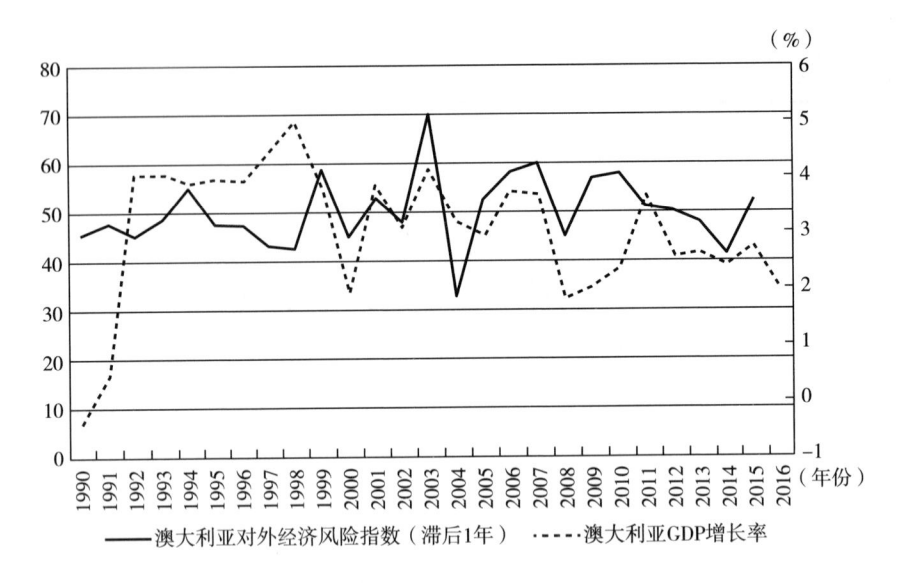

图6-51 澳大利亚对外经济风险指数（滞后1年）与GDP增长率滤波趋势

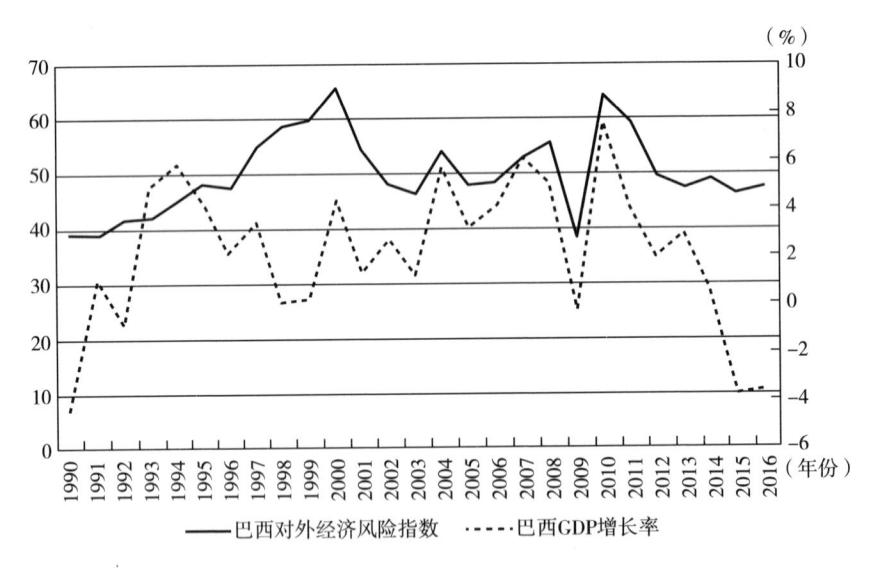

图6-52 巴西对外经济风险指数与GDP增长率趋势

对外经济风险指数与经济增长率的互动关系显示，1990—2016年原数据相关系数为0.433，1990—2007年相关系数为0.26，2007—2016年相关系数为0.747。滤波趋势显示，1990—2016年对外经济风险指数与经济增长率的相关系数为 0.706（见图 6-53），同步性指数为 0.74，1990—2007 年相关系数为 0.928，2007—2016 年相关系数为 1.0。表明巴西经济波动与其对外经济风险有显著互动关系。

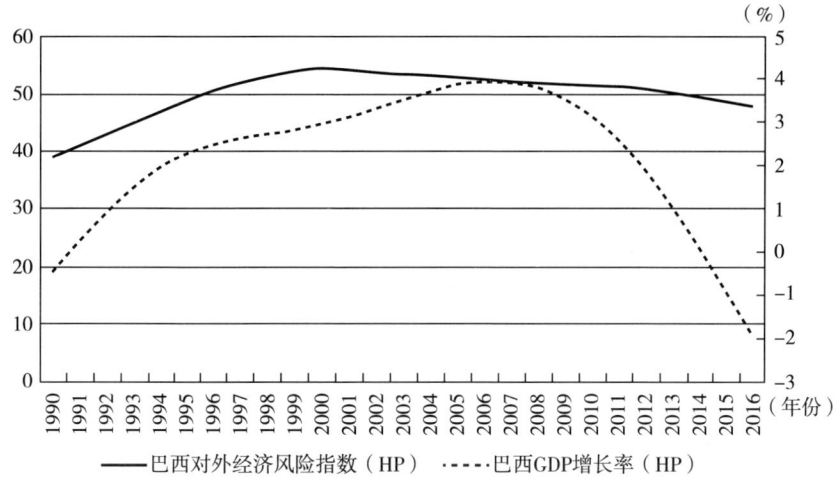

**图 6-53　巴西对外经济风险指数与 GDP 增长率滤波趋势**

### 五　印度对外经济风险长期趋势

对外经济风险评估结果显示，1990—2016 年印度对外经济风险指数呈温和波动趋势，总体趋势平稳且温和上升（见图 6-54）。具体而言，1990—2008 年持续上升，2009—2016 年缓升缓降。从对外经济风险指数滤波趋势来看，印度在整个考察期对外经济风险指数平稳上升，说明印度对外经济活跃，对外经济风险较小。

从印度对外经济风险指数波动与经济增长变化的互动关系来看，1990—2016 年原数据相关系数为 0.470，而 1990—2016 年滤波趋势（见图 6-55）数据的相关系数为 0.957，同步性指数为 0.97。即印度经济波动与其对外经济风险有显著互动关系。

### 六　南非对外经济风险长期趋势

据对外经济风险指数计算结果和趋势显示，1990—2016 年南非对外经济风险指数变化呈现总体缓慢提高（1990—2007 年）和缓慢下降（2008—2016 年）两个阶段（见图 6-56、图 6-57）。短时期内，该国对外经济风险指数有明显波动，表明该国对外经济活动缺乏稳定性。

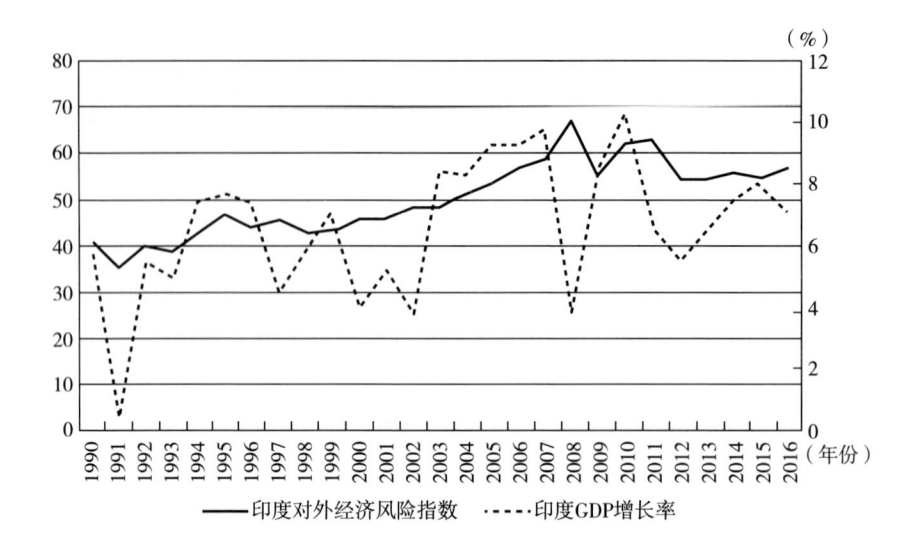

图 6-54 印度对外经济风险指数与 GDP 增长率趋势

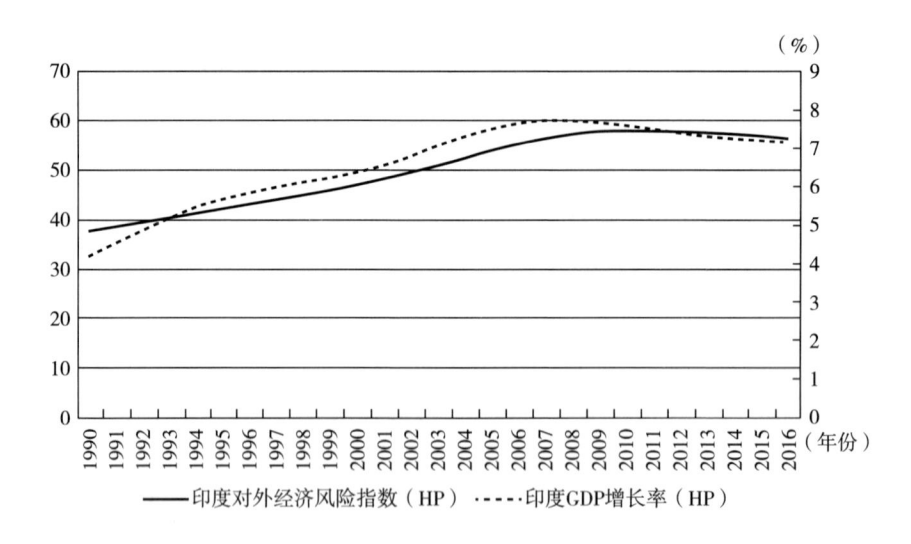

图 6-55 印度对外经济风险指数与 GDP 增长率滤波趋势

从考察期呈现的趋势来看，南非对外经济风险指数与经济增长率波动趋势具有显著的正向同步性。统计分析发现，1990—2016 年两者原数据相关系数达到 0.683，同步性系数为 0.70。同期滤波趋势数据相关系数为 0.783，同步性系数约为 0.80。从不同时期来看，1990—2005 年滤波趋势数据相关系数为 0.953，2006—2016 年为 0.995，同步性系数几乎达到 1.0。可见，南非经济波动与其对外经济风险具有显著互动关系。

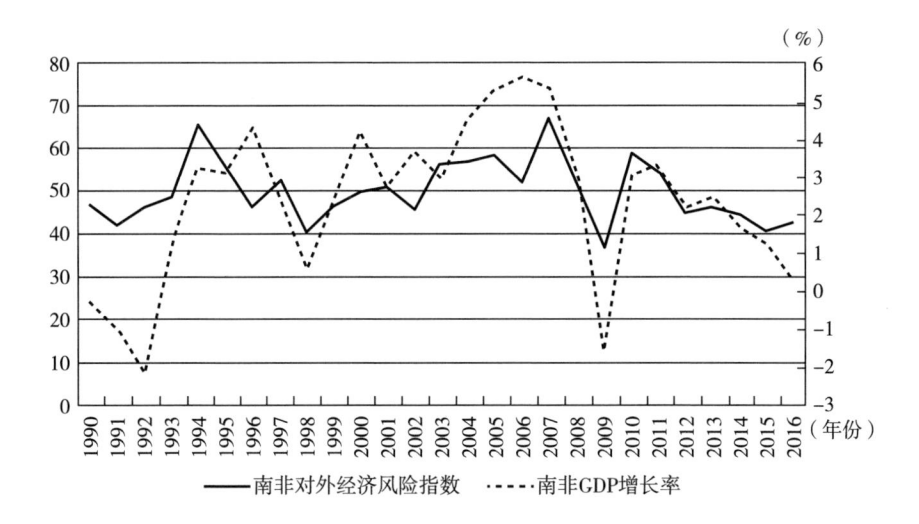

图 6-56 南非对外经济风险指数与 GDP 增长率趋势

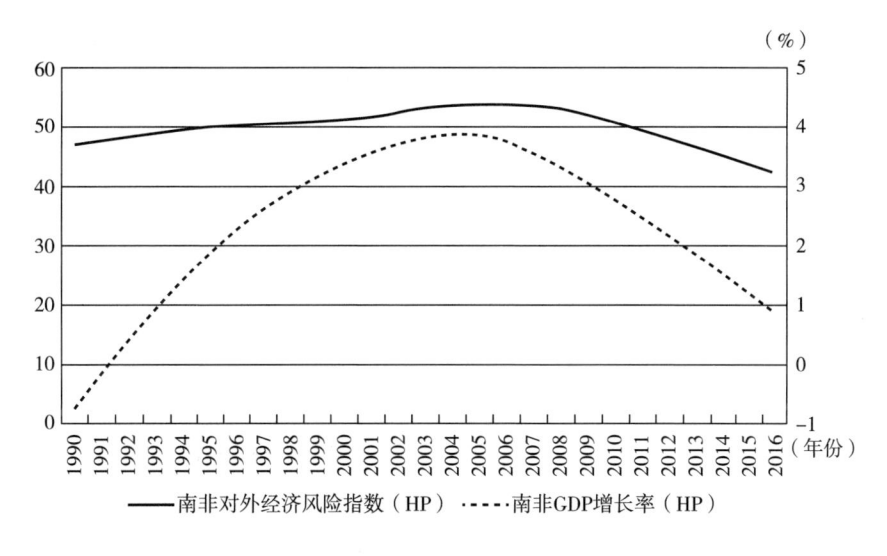

图 6-57 南非对外经济风险指数与 GDP 增长率滤波趋势

## 第八节 国别对华关系风险评估结果
## ——以部分国家为例

笔者从 33 个样本国家中选取了 6 个国家示例阐释了样本国家对华关系风险。统计分析结果显示（见图 6-58 至图 6-63），该 6 国对华关系总体表现为更加友好，对华关系风险下降。其中，除了澳大利亚对华关系没有显著提升外，其他国家在考察期内与中国关系均有显著改善。从国别对华关系风险指数与经济增长的长期趋势对比发现，两者很难有明显相关关系。但是，两者在局部阶段却呈显著同步性，如法国在 1993—2000 年、澳大利亚在 1998—2001 年、巴西在 1992—1994 年和 2003—2011 年、印度在 2004—2010 年等。这部分地说明，这些国家与中国政治经济关系会影响该国投资、进出口以及入境贸易，进而影响经济。相反，这些经济体的经济发展进一步推进其与中国的政治经济互信和合作。从图 6-58 至图 6-63 中容易观察到，法国、澳大利亚、巴西和印度等国对华关系风险指数与其经济增长率的相关性更为显著；而美国对华关系风险指数与经济增长的影响很微弱。而南非自 1990 年后非国大党上台后，国内政治成为扰动整个社会的最重要因素，中国—南非政治经济关系很难表现在经济增长上，中国—南非关系也很难被经济增长所推动。

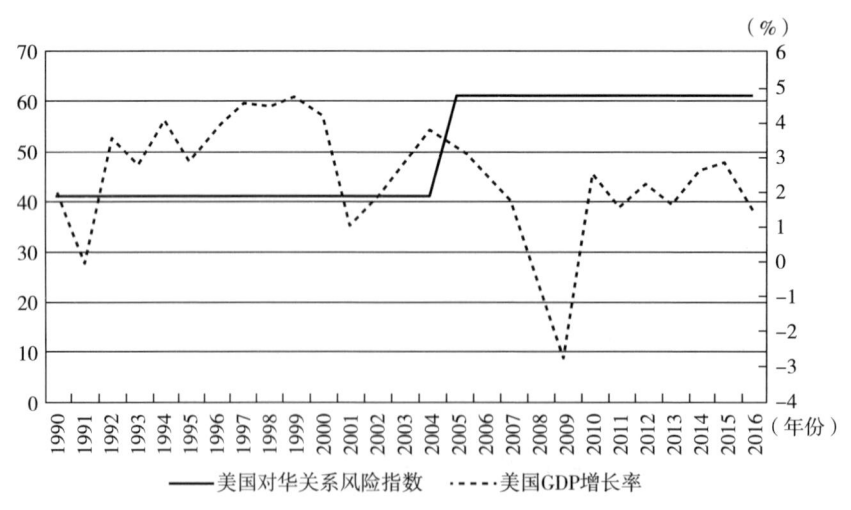

图 6-58 美国对华关系风险指数与 GDP 增长率趋势

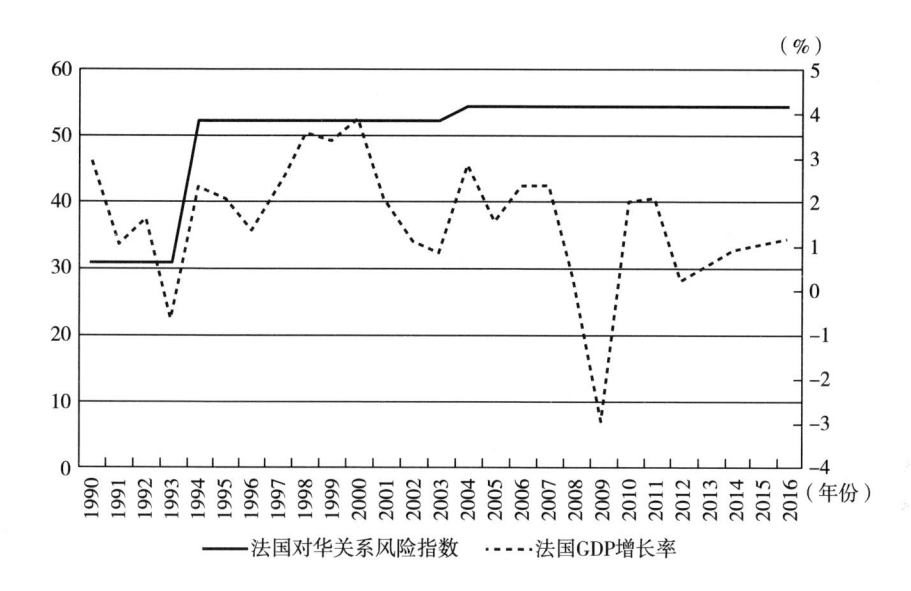

图 6-59 法国对华关系风险指数与 GDP 增长率趋势

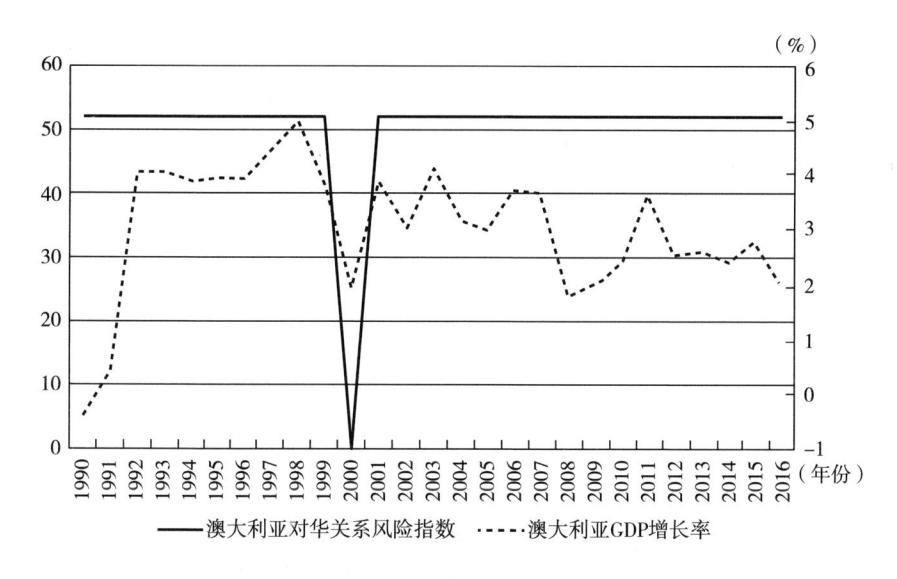

图 6-60 澳大利亚对华关系风险指数与 GDP 增长率趋势

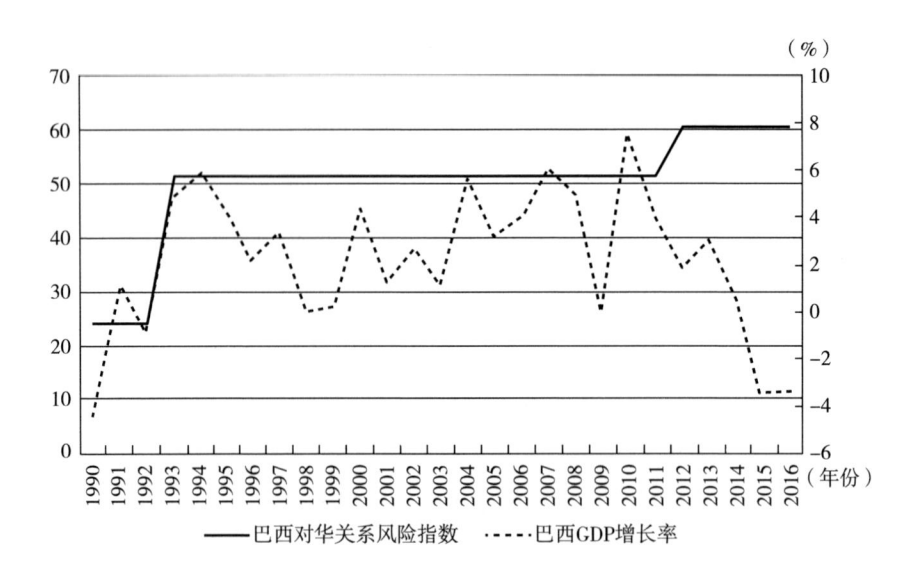

图6-61 巴西对华关系风险指数与GDP增长率趋势

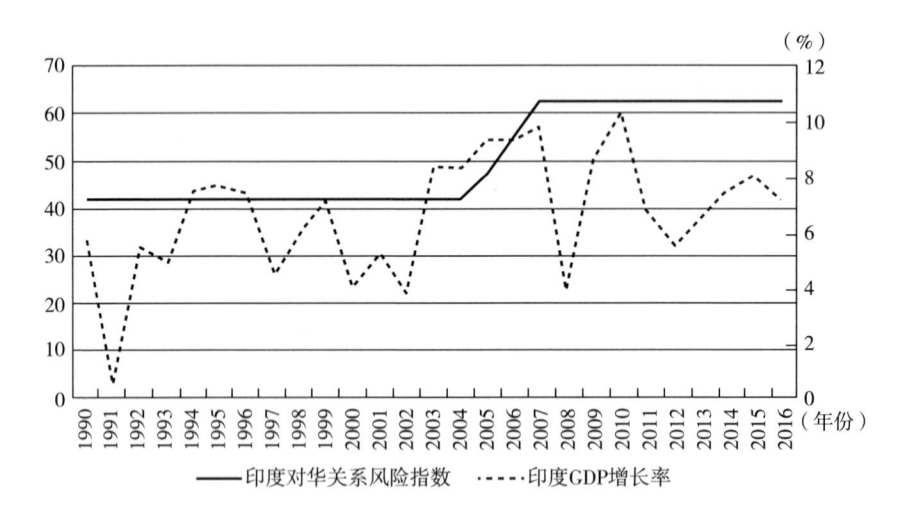

图6-62 印度对华关系风险指数与GDP增长率趋势

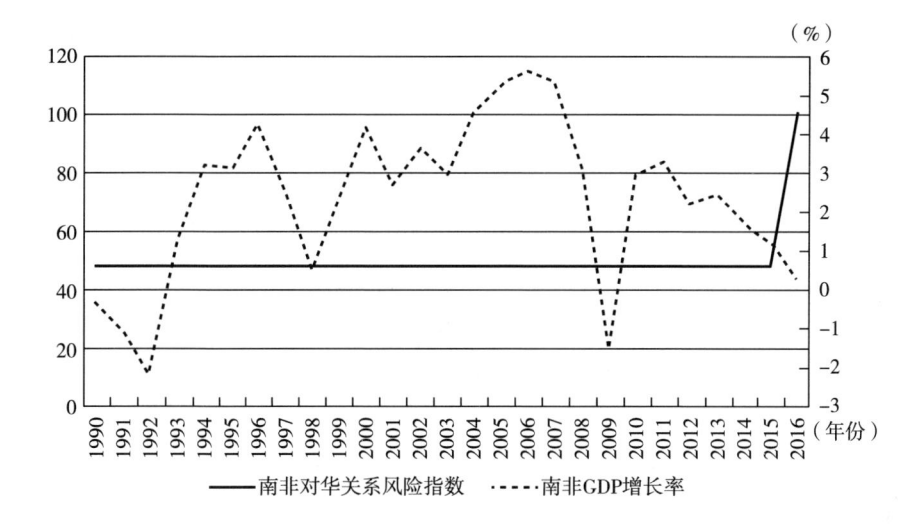

图6-63 南非对华关系风险指数与GDP增长率趋势

# 第七章

# 中国对外直接投资国别综合风险评估

国家综合风险（National Composite Risk – NCR）是基于类别风险计算所得。对于计算方法而言，不同机构和学者的方法不尽相同。中国社会科学院世界经济与政治研究所和陈菲琼（2010）把类别风险平均加权得到综合风险，而 PRS 使用 100 分制对类别风险赋权加总得到综合风险指数（CNR_ICRG）。本书各类别风险计算过程中，无法确认各指标之间的权重比，也没有采用 PRS 的风险指标分段赋值方法，而是采用原值作为风险计量数据，因此无法使用 PRS 的类别风险加总获得综合风险的计算方式。本书评估类别风险的方式与中国社会科学院世界经济与政治研究所相似，采用平均加权法或因子分析中特征值占比作为权数并求和，两种方法得到的评估结果分别记为 CNR_AVG（平均加权法的计算结果）和 CNR_ENGV（利用特征值占比结算的结果）。我们认为，两种评估结果均有可取之处。平均加权法具有抑平风险波动的效果，相当于滤波效果，能更好地显示出长期趋势，便于观察东道国综合风险的长期趋势。而因子分析中特征值占比加权求和则考虑了各类别风险在国家综合风险比重的差异性，使综合风险评价更具客观性，能体现某类风险重要性，但是其评估结果更多倾向于个别重要类别风险，且综合风险指数趋势波动性较大。本部分利用两种方法评估东道国的综合风险，包括国别综合风险和样本整体综合风险，与 PRS（ICRG）国家综合风险评估结果进行比较，并做讨论。

# 第七章 中国对外直接投资国别综合风险评估

## 第一节 国别综合风险的总体趋势（1990—2016 年）

### 一 风险趋势持续下降

基于综合风险指数（CNR_ENGV 和 CNR_AVG）评估结果和统计（见表 7-1、表 7-2）显示，33 个东道样本国中刚果（金）、德国、印度、韩国、缅甸、荷兰、挪威、巴基斯坦、新加坡、南非、苏丹、瑞典、沙特阿拉伯、泰国、特立尼达和多巴哥和赞比亚 16 个国家的综合风险指数的滤波趋势持续上升，表明这些国家综合风险总体上呈持续降低的长期态势。

### 二 风险趋势不明确

表 7-1 和表 7-2 内国别综合风险趋势显示，阿尔及利亚、阿根廷、澳大利亚、巴西、加拿大、法国、加纳、印度、伊朗、日本、卢森堡、马来西亚、尼日利亚、美国和委内瑞拉 15 个国家的综合风险指数滤波数据呈正"U"形、倒"U"形、"N"形等趋势。

其中，阿尔及利亚、阿根廷、澳大利亚、加拿大、法国、加纳、印度、伊朗、日本、卢森堡、马来西亚、尼日利亚和委内瑞拉这些国家的综合风险指数滤波分布总体呈直、扁、正、偏不一的倒"U"形趋势。总体而言，在 2008—2010 年，这些经济体的国家综合风险总体持续下降，而在 2010—2016 年则持续上升。

而巴西综合风险指数的滤波数据分布趋势则表现为上升—下降—快速上升—下降的波动过程，风险指数在总体上表现为上升，即综合风险呈下降态势。美国综合风险指数的滤波趋势为"U"形，即 1998—2008 年美国综合风险持续提高，而在金融危机之后（2009—2016 年）美国综合风险逐渐下降，并于 2016 年与 1998 年持平。

### 三 风险持续上升

与上述国家情况不同，英国和津巴布韦两国综合风险指数的滤波趋势总体呈持续下降态势。英国综合风险指数在 1998 年前缓慢爬升，但在 1998—2016 年持续下降，即这近 20 年英国综合风险持续提高。就津巴布韦而言，1990—2005 年该国综合风险指数的滤波趋势高位平稳，但在 2006—2016 年则持续下降。也就是说，近 10 年来津巴布韦综合风

表7-1 1990—2016年各国总体风险（基于特征值占比）的总趋势与经济波动（BC）的互动水平

| 国家 | 阿尔及利亚 | 阿根廷 | 澳大利亚 | 巴西 | 加拿大 | 刚果（金） | 法国 | 德国 | 加纳 | 印度 | 印度尼西亚 |
|---|---|---|---|---|---|---|---|---|---|---|---|
| 总趋势图像 | ⌒ | ⌒ | ⌒ | ⌒ | ⌒ | ⌒ | ⌒ | ⌒ | ⌒ | ⌒ | ⌒ |
| 与BC的相关性 | 0.417* | 0.336 | 0.192 | 0.192 | 0.148 | 0.710 | 0.207 | 0.023 | 0.316 | 0.522* | 0.077 |
| 滤波数据相关性 | 0.873** | -0.355 | 0.401* | -0.109 | 0.667* | 0.990** | 0.045 | -0.791** | 0.944** | 0.945** | -0.520* |
| 与BC的同步性 | 0.420* | 0.340 | 0.200 | 0.200 | 0.150 | 0.720** | 0.210 | 0.020 | 0.330 | 0.530* | 0.080 |
| 滤波数据同步性 | 0.880** | -0.360* | 0.410* | -0.110 | 0.670* | 0.990** | 0.060 | -0.800** | 0.950** | 0.950** | -0.530* |

| 国家 | 伊朗 | 日本 | 韩国 | 卢森堡 | 马来西亚 | 缅甸 | 荷兰 | 尼日利亚 | 挪威 | 巴基斯坦 | 沙特阿拉伯 |
|---|---|---|---|---|---|---|---|---|---|---|---|
| 总趋势图像 | ⌒ | ⌒ | ⌒ | ⌒ | ⌒ | ⌒ | ⌒ | ⌒ | ⌒ | ⌒ | ⌒ |
| 与BC的相关性 | -0.218 | -0.217 | -0.095 | -0.223 | 0.121 | 0.306 | -0.130 | 0.139 | -0.563* | 0.102 | 0.048 |
| 滤波数据相关性 | -0.834** | -0.727* | -0.960** | -0.474* | -0.863** | 0.612* | -0.741* | 0.606** | -0.861** | -0.270 | -0.246 |
| 与BC的同步性 | -0.220 | -0.220 | -0.100 | -0.230 | 0.130 | 0.310 | -0.130 | 0.140 | -0.570* | 0.100 | 0.050 |
| 滤波数据同步性 | -0.840** | -0.730* | 0.970** | -0.480* | -0.870** | 0.620* | -0.740* | 0.610* | -0.860** | -0.270 | -0.250 |

| 国家 | 新加坡 | 南非 | 苏丹 | 瑞典 | 泰国 | 特立尼达和多巴哥 | 英国 | 美国 | 委内瑞拉 | 赞比亚 | 津巴布韦 |
|---|---|---|---|---|---|---|---|---|---|---|---|
| 总趋势图像 | ⌒ | ⌒ | ⌒ | ⌒ | ⌒ | ⌒ | ⌒ | ⌒ | ⌒ | ⌒ | ⌒ |
| 与BC的相关性 | -0.150 | 0.456* | 0.070 | 0.297 | -0.051 | -0.038 | 0.278 | 0.396 | 0.476* | 0.315 | -0.195 |
| 滤波数据相关性 | -0.785* | 0.616 | -0.120 | 0.750 | -0.825** | -0.099 | 0.569* | 0.741* | 0.538* | 0.505* | -0.714* |
| 与BC的同步性 | -0.150 | 0.460* | 0.080 | 0.300 | -0.060 | -0.040 | 0.290 | 0.400 | 0.480* | 0.320 | -0.200 |
| 滤波数据同步性 | -0.790* | 0.620* | -0.130 | 0.750* | -0.830** | -0.100 | 0.570* | 0.750* | 0.550* | 0.510* | -0.720* |

资料来源：根据原数据计算所得。*表示相关性在0.05的显著性水平下显著（双尾），**表示相关性在0.01的显著性水平下显著（双尾）；下同。

表7-2　1990—2016年各国总体风险（基于算术平均）的总趋势与经济波动（BC）的互动水平

| 国家 | 阿尔及利亚 | 阿根廷 | 澳大利亚 | 巴西 | 加拿大 | 刚果（金） | 法国 | 德国 | 加纳 | 印度 | 印度尼西亚 |
|---|---|---|---|---|---|---|---|---|---|---|---|
| 总趋势图像 | ~ | ~ | ~ | ~ | ~ | ~ | ~ | ~ | ~ | ~ | ~ |
| 与BC的相关性 | 0.520* | -0.146 | 0.286 | 0.286 | 0.021 | 0.471* | 0.419* | 0.23 | 0.451* | 0.389 | 0.059 |
| 滤波数据相关性 | 0.902** | -0.221 | 0.318 | 0.434* | -0.02 | 0.956** | 0.927** | -0.772 | 0.959** | 0.933** | 0.223 |
| 与BC的同步性 | 0.520* | -0.150 | 0.290 | 0.290 | 0.020 | 0.480* | 0.420* | 0.230 | 0.460* | 0.400* | 0.060 |
| 滤波数据同步性 | 0.910** | -0.230 | 0.320 | 0.440* | -0.020 | 0.960* | 0.930* | -0.780* | 0.960* | 0.940* | 0.230 |

| 国家 | 伊朗 | 日本 | 韩国 | 卢森堡 | 马来西亚 | 缅甸 | 荷兰 | 尼日利亚 | 挪威 | 巴基斯坦 | 沙特阿拉伯 |
|---|---|---|---|---|---|---|---|---|---|---|---|
| 总趋势图像 | ~ | ~ | ~ | ~ | ~ | ~ | ~ | ~ | ~ | ~ | ~ |
| 与BC的相关性 | 0.056 | 0.009 | 0.098 | 0.274 | 0.127 | -0.097 | 0.192 | -0.028 | -0.282 | 0.033 | 0.048 |
| 滤波数据相关性 | -0.635** | 0.868** | -0.674* | 0.573* | -0.884** | 0.153 | 0.011 | 0.238 | -0.889** | -0.299 | -0.246 |
| 与BC的同步性 | 0.060 | 0.010 | 0.100 | 0.270 | 0.140 | -0.100 | 0.200 | -0.030 | 0.300 | 0.040 | 0.050 |
| 滤波数据同步性 | -0.650* | 0.880* | -0.690* | 0.570* | -0.900** | 0.160 | 0.020 | 0.250 | 0.900* | -0.300 | -0.260 |

| 国家 | 新加坡 | 南非 | 苏丹 | 瑞典 | 泰国 | 特立尼达和多巴哥 | 英国 | 美国 | 委内瑞拉 | 赞比亚 | 津巴布韦 |
|---|---|---|---|---|---|---|---|---|---|---|---|
| 总趋势图像 | ~ | ~ | ~ | ~ | ~ | ~ | ~ | ~ | ~ | ~ | ~ |
| 与BC的相关性 | -0.022 | 0.458 | 0.082 | 0.233 | 0.113 | -0.081 | 0.280 | 0.007 | 0.561** | 0.535** | 0.110 |
| 滤波数据相关性 | -0.525** | 0.523** | -0.143 | 0.618* | 0.097 | -0.738* | 0.619* | -0.296 | 0.704* | 0.912** | -0.591* |
| 与BC的同步性 | -0.030 | 0.470* | 0.090 | 0.240 | 0.140 | -0.100 | 0.300 | 0.008 | 0.680* | 0.540* | 0.110 |
| 滤波数据同步性 | -0.550* | 0.530* | -0.150 | 0.630* | 0.100 | -0.750* | 0.630* | -0.300 | 0.720* | 0.920* | -0.600* |

险持续提高。

### 四 CNR_ENGV、CNR_AVG 与 CNR_ICRG① 评估的比较和解释

1. 风险指数差异

评估结果统计显示（见表7-3），33个样本国的 CNR_ENGV、CNR_AVG 与 CNR_ICRG 比较而言，ICRG 估计结果指数值最大（1990—2016年样本国的平均值为70.89），其次是 CNR_ENGV（1990—2016年样本国的平均值为62.15），最低的是 CNR_AVG（1990—2016年样本国的平均值为55.05）。笔者认为，这是因为 ICRG 计算方法与本书的研究方法的差异。在计算方面，ICRG 国家综合指数的计算方法是对各类别风险（经济风险、金融风险和政治风险）下的各指标进行分段赋值，然后赋值分数加总得到类别风险，类别风险按照特定公式（综合风险 = 政治风险×50% + 经济风险×25% + 金融风险×25%）得出国家综合风险。从计算方式和类别风险所含指标（ICRG 的政治风险指标为12个）来看，ICRG 评估方法偏重政治风险。ICRG 的风险评级原则是，按照风险指数从小到大排列，数字越小，风险越大。前59.99%为高风险等级，60%—69.99%为中等风险等级，70%—79.99%为低风险等级，80%—100%为极低风险等级。

ICRG 国家风险数据统计显示，1990—2016年政治风险平均得分为65.24，经济风险平均得分为34.63，金融风险平均得分为35.91。根据 ICRG 综合风险计算方法，第一，国家综合风险因政治风险指数得分和权重导致经济 ICRG 的综合风险指数高于本书评估。第二，在估计指标和风险类别上的不同也导致 CNR_ICRG 比 CNR_ENGV 和 CNR_AVG 高。第三，CNR_ICRG 只有三种类别风险，而 CNR_ENGV 和 CNR_AVG 包含六个类别指标，其中商务环境风险、对外经济风险、债务偿还风险等可能在长期和某阶段现实情况很差而得分较低，导致综合风险得分相对较低。

2. 波动水平差异

基于附图（见附图2至附图34）观察和平均各国综合风险标准差

---

① ICRG（International Country Risk Guide）是 PRS 集团发行国家风险国际指南。CNR_ICRG 表示 ICRG 风险指标中的国家综合风险指标。

（CNR_ICRG 为 5.67，CNR_ENGV 为 24.90，CNR_AVG 为 12.71）（见表 7-3），本书的综合风险指数趋势波动性明显高于 ICRG。究其原因主要在于：第一，ICRG 风险指数基于评估基本指标真实数据的区间风险赋值，滤平了基础数据的波动性。如在人均 GDP 的风险赋值方面，ICRG 把 ［150.0，199.9］ 区间的人均 GDP 的风险赋值为 4.0，［200.0，249.9］ 区间的风险赋值为 4.5。该风险赋值方法的后果极大地抑平了现实风险的波动。第二，政治指标的相对平稳性。ICRG 风险指标倾向于政治指标，由于政治指标比经济指标更具刚性，因此政治指标波动很小。对于全球绝大多数国家而言，政府稳定性，社会经济状况，内部外部冲突、腐败、军事或宗教干政，民族冲突或官员素质等在较长时期内相对稳定。本书在数据处理上保留了原数据的波动成分，这些波动趋势将体现在东道国综合风险指数中，导致本书研究的综合风险评估结果波动性比 ICRG 评估结果大得多。

3. 趋势同步性相似

从 33 国的综合风险指数分析结果来看，CNR_ENGV、CNR_AVG 与 CNR_ICRG 之间的总体趋势相似。基于统计显示，33 国综合风险指数 CNR_ICRG 与 CNR_ENGV 和 CNR_AVG 面板数据的同步系数分别为 0.228 和 0.281，而各国 CNR_ICRG 与 CNR_ENGV 和 CNR_AVG 平均同步系数为 0.360 和 0.560，这表明 ICRG 和本书研究国家综合风险的统计结果趋势相似。

表 7-3　CNR_ENGV、CNR_AVG 与 CNR_ICRG 统计特征比较

| 统计描述项 | CNR_AVG | CNR_ENGV | CNR_ICRG |
| --- | --- | --- | --- |
| 均值 | 55.04604 | 62.15297 | 70.88969 |
| 中位数 | 55.66499 | 65.49165 | 72.66083 |
| 最大值 | 74.57675 | 100.0000 | 92.47083 |
| 最小值 | 19.44531 | 0.000000 | 22.00000 |
| 标准差（各国平均） | 12.712678 | 24.90472 | 5.66280 |

**五　经济波动与国别综合风险的互动关系**

本部分我们拟基于 33 国经济增长率（作为衡量经济波动指标）与

国别综合风险指数（风险评估结果）的面板数据进行回归，通过该回归来考察经济波动与国别综合风险的互动关系。

检验面板序列的单位根检验结果显示，经济增长率（GDPR）、基于算术平均方法评估得出综合风险指数（CNRA）和因子分析法的评估结果（CNRD）均为平稳序列（见表7-4）。

表7-4　　　　　　　序列的单位根检验结果

| 序列 | 检验方法 | T-统计量 | 概率 | 国家数 | 观测量 |
| --- | --- | --- | --- | --- | --- |
| CNRA | LLC | -9.6017 | 0.0000 | 33 | 825 |
|  | IPS | -10.8569 | 0.0000 | 33 | 825 |
|  | ADF | 247.0470 | 0.0000 | 33 | 825 |
|  | PP | 430.6830 | 0.0000 | 33 | 858 |
| CNRD | LLC | -4.5081 | 0.0000 | 33 | 825 |
|  | IPS | -3.2446 | 0.0006 | 33 | 825 |
|  | ADF | 93.0656 | 0.0158 | 33 | 825 |
|  | PP | 91.8048 | 0.0196 | 33 | 858 |
| GDPR | LLC | -9.6110 | 0.0000 | 33 | 825 |
|  | IPS | -10.0235 | 0.0000 | 33 | 825 |
|  | ADF | 228.7990 | 0.0000 | 33 | 825 |
|  | PP | 304.0950 | 0.0000 | 33 | 858 |

面板回归结果显示，CNRA和CNRD与经济增长率分别在5%和1%的显著水平下具有线性关系（见表7-5）。可见，经济波动与国家综合风险具有显著的互动关系。

表7-5　　经济波动与国别综合风险面板数据回归结果

| 被解释变量 | 解释变量 | 系数 | 标准误 | T-统计量 | F统计量 | P值 |
| --- | --- | --- | --- | --- | --- | --- |
| CNRA | GDPR | 2.123256 | 0.956319 | 2.220239 | 4.92946 | 0.0267 |
| CNRD | GDPR | 1.894937 | 0.554413 | 3.417916 | 11.68215 | 0.0007 |

## 六 CNR_ENGV、CNR_AVG、CNR_ICRG 与经济波动互动水平比较

相关性检验结果显示（见表7-6），基于特征值占比和算术平均为权数的两种方法测算的国别综合风险指数分别与 GDP 增长率的相关系数为 0.01 和 0.77，显示基于特征值占比计算的国别综合风险指数与经济波动（BC）互动很弱，而基于算术平均测算的风险指数与经济波动具有很高的相关性。相关性检验显示，ICRG 的国家风险指数与经济波动为负相关。

表7-6　　　　　国别综合风险与经济波动的互动关系

|  |  | CNR_ENGV | CNR_AVG | CNR_ICRG |
| --- | --- | --- | --- | --- |
| CNR_AVG | 皮尔森（Pearson）相关 | 0.770** | | |
|  | 显著性（单尾） | 0.000 | | |
|  | N | 891 | | |
| CNR_ICRG | 皮尔森（Pearson）相关 | 0.228** | 0.281** | |
|  | 显著性（单尾） | 0.000 | 0.000 | |
|  | N | 891 | 891 | |
| GDPR | 皮尔森（Pearson）相关 | 0.099** | 0.309** | -0.020 |
|  | 显著性（单尾） | 0.002 | 0.000 | 0.275 |
|  | N | 891 | 891 | 891 |

注：** 表示相关性在 0.01 水平上显著（单尾）。

## 第二节　国别综合风险的描述与分析
### ——以部分国家为例

本节我们选取美国、南非、印度、巴西、澳大利亚和法国6国，对其综合风险的评估结果和趋势进行描述、分析和解释。本节分别展示了平均加权法和因子分析中特征值占比作为权数加总两种方法求得的综合风险指数，并把两种结果与 PRS 集团 ICRG 风险指数进行比较。在本部分做图中，我们用 CNR_ENGV、CNR_AVG 和 CNR_ICRG 分别标识基于

特征值占比的综合风险指数、基于算术平均的综合风险指数和 ICRG 综合风险指数。

## 一 美国综合风险的描述与分析

风险评估结果及统计分析显示（CNR_ENGV 和 CNR_AVG），美国综合风险指数总体趋势可以分为三段，即 1990—1998 年上升阶段，1999—2008 年下降阶段和 2009—2016 年上升阶段（见图 7-1），即 1990—2016 年美国综合风险经历了提高和下降过程。图 7-1 显示，2007—2008 年金融危机成为美国近 20 年综合风险转折的"分水岭"。总体而言，与 PRS 集团 ICRG 风险指数具有相同趋势。

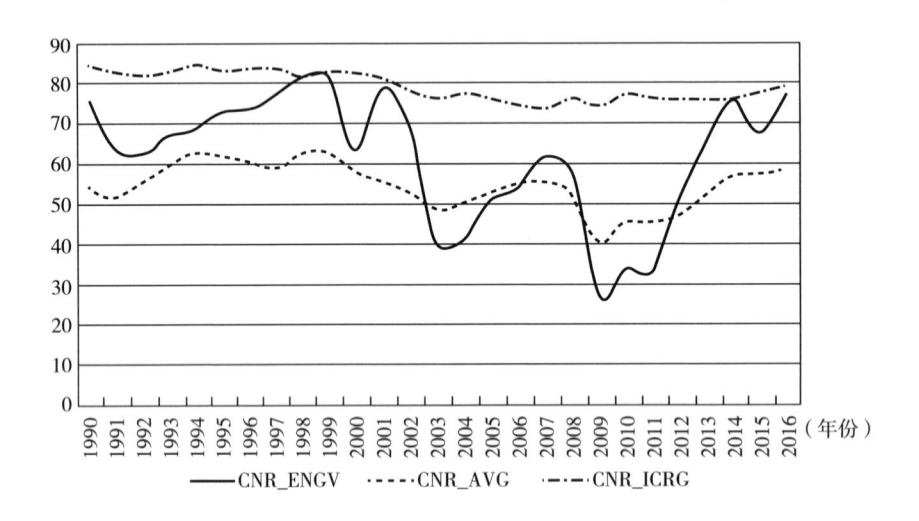

图 7-1　美国国家综合风险指数及 ICRG 计算风险指数的比较

与 ICRG 综合风险指数相比，本书评估结果具有两个特征：其一，本书评估所得的美国综合风险指数时间序列具有显著的波动性。美国 CNR_ENGV 和 CNR_AVG 综合风险指数在总体趋势上均为下降—上升的态势，而 ICRG 风险指数波动趋势相同，但是波幅和波频很小；其二，CNR_ENGV 和 CNR_AVG 风险指数低于 ICRG 综合风险指数。

同步性分析结果显示，CNR_ENGV 和 CNR_AVG 与 CNR_ICRG 的同步系数分别为 0.63 和 0.65，而滤波趋势的同步系数分别为 0.883 和 0.908。从趋势平滑度来看，CNR_ENGV 波动性最大，CNR_AVG 较平滑，而CNR_ICRG最平滑。

从美国综合风险指数时间分布来看，CNR_ENGV和CNR_AVG更能准确地显示美国历史事实。CNR_ENGV和CNR_AVG能较准确反映1991—1999年新经济、2001年恐怖袭击和2008年国际金融危机等重大历史节点。CNR_ENGV所反映的历史事实更为丰富。相比而言，CNR_ICRG趋势则更侧重于显示长期总体趋势。笔者认为，CNR_ENGV和CNR_AVG的评估结果能更好地刻度中国对美国OFDI的真实综合风险水平和长期趋势。

统计显示，CNR_ENGV、CNR_AVG和CNR_ICRG的均值为61.97、54.72和79.29，即CNR_ICRG指数结果比本书对美国OFDI的综合风险评估结果高。

实际上，绝大多数样本国的综合风险评估结果均比PRS评估结果高（33国样本CNR_ENGV、CNR_AVG和CNR_ICRG的均值为62.15、55.05和70.89，即ICRG显示的风险水平比CNR_ENGV、CNR_AVG要低些）。该现象已在本章第一部分作了阐释，将不再此和下文进行讨论。

**二 法国综合风险的描述与分析**

统计显示，1990—2016年法国综合风险指数（CNR_ENGV和CNR_AVG）总体上可分为上升（1991—2000年）、下降（2001—2008年）和上升（2009—2016年）三个阶段，即法国综合风险经历了下降、提高和下降（见图7-2）。从统计结果来看，法国国家综合风险出现显著的波动。本书与PRS集团对法国综合风险评估的结果有明显差别，但是也存在较显著的一致性。差别主要表现为CNR_ICRG明显高于CNR_ENGV和CNR_AVG。一致性表现为在两者长期趋势上具有相似性。趋势相似性表现在如下几个方面：第一，CNR_ICRG和CNR_AVG相关系数为0.662；第二，CNR_ICRG和CNR_ENGV在1999年之后的总体趋势均为缓慢下降；第三，1999年后，CNR_ICRG滤波趋势与CNR_ENGV和CNR_AVG的滤波趋势同步系数为0.90和0.98。

实际上，1990—1992年整个欧洲遭受了世界性经济危机的重创，欧洲国家货币经历索罗斯和共同基金及跨国公司恶性投机操作，法国作为欧盟大国在这些事件中遭受重创。在20世纪90年代法国经历了高风险时期，随着欧洲《马斯特里赫特条约》签署和欧元发行，整个欧洲和法国的区域经济、政治、安全、商贸等诸方面稳定和好转为全球树立了一体化典范与和平发展的旗帜。法国在21世纪初的国家综合风险显著下降，该状况持续到2004年前后（该阶段为伊拉克战争和德国经济衰退时期）。2004年之后法国综合风险开始总体增加，随着2007—2008年国际金融危机的到来，欧洲债务危机、移民危机等全球或区域性危机纷至沓来，法国综合风险增加的趋势一直持续到2015年。法国综合风险的历史趋势在本书风险评估结果中明显反映出来，但是在CNR_ICRG中却不显著。因此，我们认为本书研究的评估结果更符合法国综合风险的真实情况。

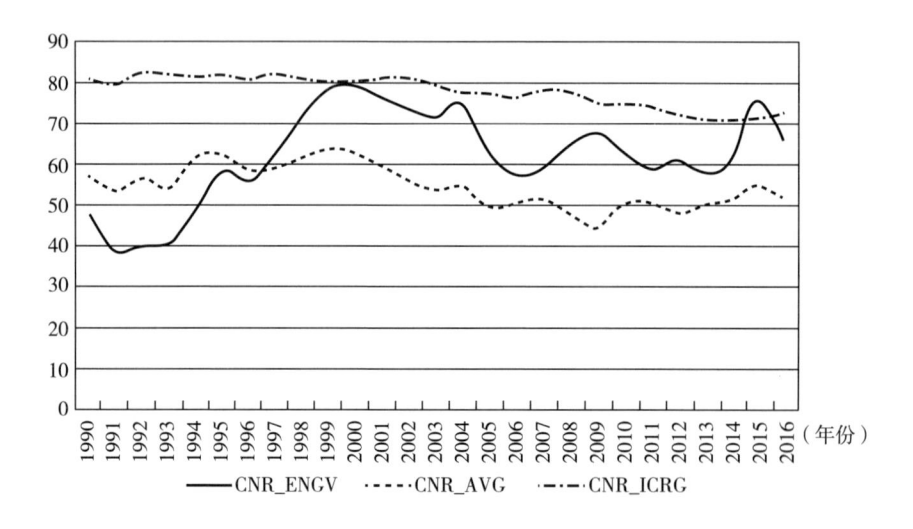

图7-2 法国国家综合风险指数及ICRG计算风险指数的比较

### 三 澳大利亚综合风险的描述与分析

澳大利亚综合风险指数（CNR_ENGV和CNR_AVG）的估计结果和统计趋势总体显示（见图7-3），1990—2007年澳大利亚综合风险逐渐降低（风险指数增大），2008—2014年则逐渐增大（风险指数变小），2015—2016年呈明显下降态势。具体而言，1990—2002年澳大利亚综合风险指数持续增大（风险下降），2003—2007年出现大幅高频波动，但总体呈增大（风险下降）趋势；2008—2009年，该国风险综合指数急速下降（风险下降），但在其后两年逐步提高（风险增加）并于 2012—2015 年呈下降（风险下降）趋势。

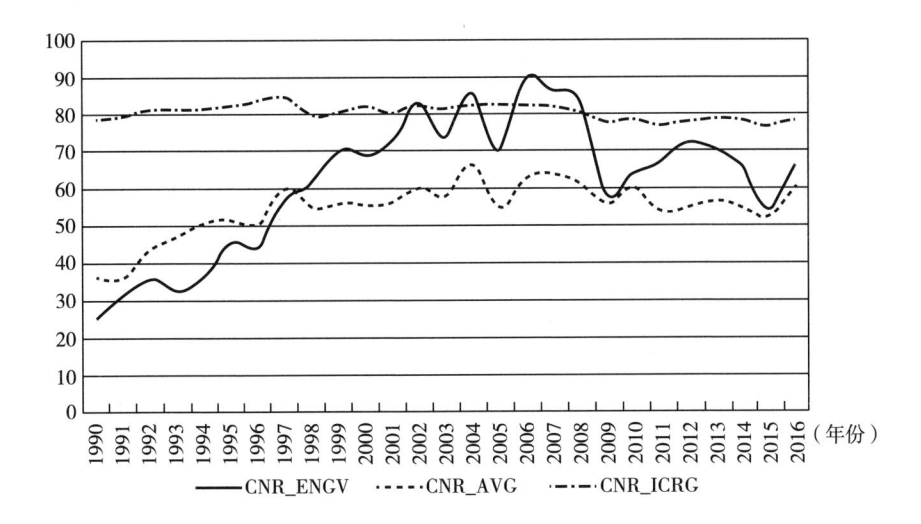

图 7-3 澳大利亚国家综合风险指数及 ICRG 计算风险指数的比较

本书评估结果与 ICRG 评估结果在长期趋势上是一致的，均显示澳大利亚综合风险增大减小与逐步增大的过程。从滤波趋势数据的同步性系数（2005—2016 年）来看，CNR_ICRG 滤波趋势与 CNR_ENGV 和 CNR_AVG 的同步系数分别为 0.971 和 0.996。但是，CNR_ICRG 风险指数高于本书研究的评估结果。

### 四 巴西综合风险的描述与分析

评估结果显示（见图 7-4），巴西综合风险指数（CNR_ENGV 和 CNR_AVG）总体上包含 1990—2002 年和 2003—2016 年两个上升和下降的波动周期。1990—2002 年包含了 1990—1997 年上升、1998—2000 年短期剧烈波动（1999 年的风险指数谷值）和 2000—2002 年的迅速下降三个阶段；2003—2016 年波动周期包含了巴西综合风险指数上升阶段（2003—2011 年）和下降阶段（2011—2016 年），其中包括 2007—2009 年国际金融危机期间的剧烈波动。

本书评估结果（CNR_ENGV 和 CNR_AVG）与 ICRG 评估结果（CNR_ICRG）相比，两者总体趋势显著趋同，且风险水平相近。统计显示，CNR_ICRG 与 CNR_ENGV 和 CNR_AVG 的同步系数分别为 0.50 和 0.85。从 1990—2016 年 CNR_ICRG 与 CNR_ENGV 和 CNR_AVG 的分布趋势图可以看出，CNR_ENGV 波动最大，其次是 CNR_AVG，CNR_ICRG 趋势最平滑。

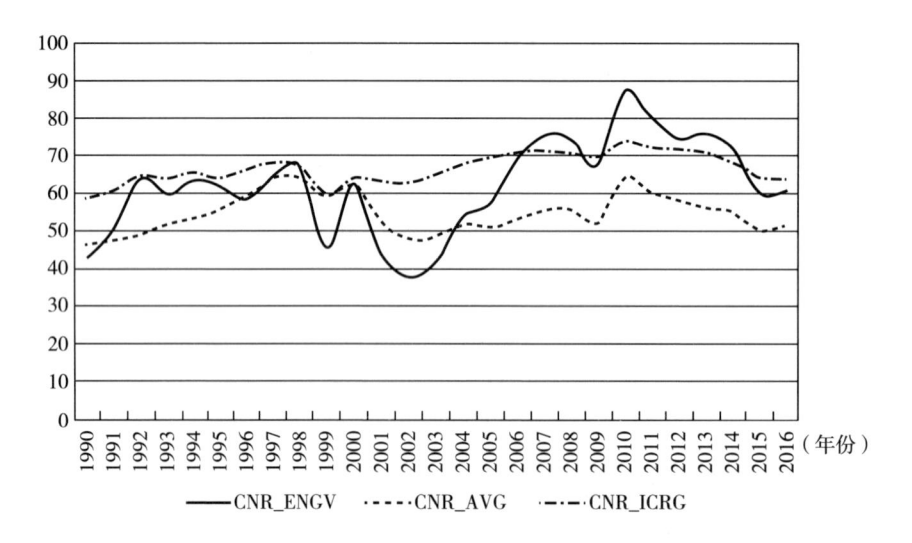

图 7－4　巴西国家综合风险指数及 ICRG 计算风险指数的比较

### 五　印度综合风险的描述与分析

评估结果显示（见图 7－5），印度综合风险指数（CNR_ENGV 和 CNR_AVG）除了 2007—2012 年的剧烈波动外，整体上呈持续提高的趋势。2007—2012 年出现波动的主要原因在于，2007—2009 年国际金融危机和 2012—2013 年印度腐败痼疾、强奸案和印度电网崩溃等事件引起的社会动荡。实际上 CNR_ENGV 的长期趋势显示，印度在 2005 年后综合风险指数出现明显波动并总体呈下降趋势。但近五年数据显示，印度社会风险指数上升，即印度综合风险下降。

相比上述几个国家，本书的印度综合风险评估结果（CNR_ENGV 和 CNR_AVG）与 ICRG 评估结果（CNR_ICRG）在长期趋势上的同步性尤为显著。统计显示，CNR_ICRG 与 CNR_ENGV 和 CNR_AVG 的同步系数分别为 0.823 和 0.901，滤波趋势的同步指数均逼近 1.0（几乎重合或平行）。在整个考察期中，CNR_ICRG 与 CNR_ENGV 的趋势更为接近。

第七章 | 中国对外直接投资国别综合风险评估

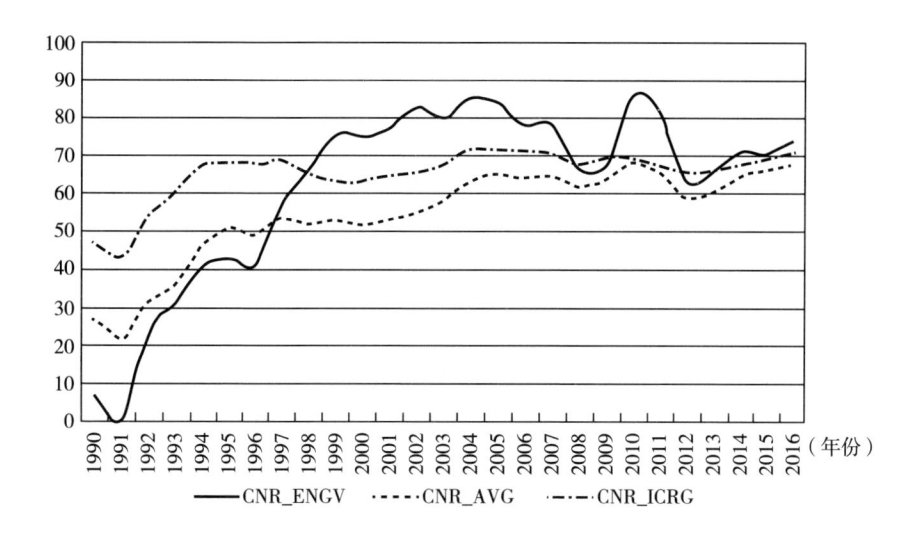

图 7-5 印度国家综合风险指数及 ICRG 计算风险指数的比较

## 六 南非综合风险的描述与分析

估计结果（CNR_ENGV 和 CNR_AVG）显示（见图 7-6），1990—2016 年南非综合风险指数总体趋势包含两个较明显的波动周期，即 1990—

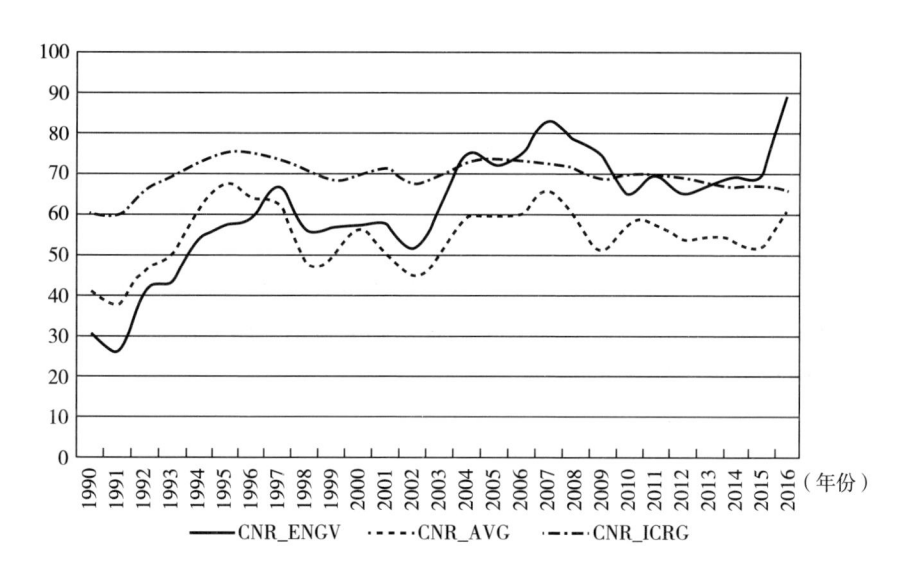

图 7-6 南非国家综合风险指数及 ICRG 计算风险指数的比较

177

2003年和2003—2009年。1990—2003年,南非综合风险指数在1991—1998年上升,1999—2003年呈下降趋势;其后,2003—2007年南非综合风险指数上升,其后迅速下降直到2009年前后,构成2003—2009年波动周期。2010—2015年南非综合风险指数趋势总体平稳或温和下降,2016年明显上升。总而言之,南非综合风险自1990—2016年总体呈下降趋势;具体而言,在持续下降过程中,1997—2003年和2010—2015年为高风险时期;从2011—2015年的风险指数来看,南非综合风险呈稳定状态,但2016年显著下降。

本书研究评估结果与ICRG的评估结果(CNR_ICRG)相比,总体趋势相同,CNR_ICRG与CNR_AVG和CNR_ENGV同步系数为0.52和0.86。滤波趋势的同步指数均达到0.93。基于本书研究的评估结果,我们可以预估未来几年中国在南非OFDI的综合风险将降低,与CNR_ICRG显示的温和上升趋势存在差异。

# 第八章

# 中国对外直接投资国家组别类别风险评估

本章拟基于33个东道国研究不同收入水平和发展水平国家的中国OFDI风险。按照收入水平分为高收入国家、中高收入国家、中低收入国家和低收入国家四个不同组别；按照发展水平分为发达国家、发展中国家和最不发达国家三个组别。基于国家分类，评估每个国家组别经济风险、偿债能力风险、商务环境风险、政治风险方面、对外经济风险和对华关系六个类别的风险，并就风险水平和长期趋势进行阐释。

## 第一节 不同收入水平国家的类别风险

### 一 高收入国家类别风险

我们对高收入国家各类风险作平均处理，得到高收入国家各类别风险指数。

1. 经济风险方面

统计结果显示（见图8-1），高收入国家的经济风险在1990—1999年呈逐渐下降趋势，在其后经过了2000—2003年和2008—2010年的剧烈波动，从2000—2016年呈总体下降趋势。从图8-1可以看出，1990—2009年高收入国家经济风险总体呈温和上升趋势，但是2010—2016年经济风险明显上升。从平均风险指数来看（见图8-2），1990—2016年高收入国家经济风险指数为63.57，1990—1999年平均经济风险指数为64.68，2000—2009年平均风险指数为65.39，2010—

2016年平均风险指数为59.37。

2. 偿债能力风险方面

高收入国家偿债能力风险呈明显下降趋势（见图8-1），总体上可以分为三个阶段，1990—1999年为高风险期，2000—2009年为低风险期，2009—2016年为风险温和增长期。从图8-2的分段统计结果也显著地展示该趋势。基于平均风险指数来看，1990—2016年，高收入国家偿债能力风险指数为63.55；1990—1999年的平均偿债能力风险指数为39.89，风险很高；2000—2009年的平均风险指数为81.15，风险很低；2010—2016年平均风险指数为73.67，风险较低。

3. 商务环境风险方面

1990—2016年高收入国家商务环境风险总体上较平稳且温和提高（见图8-1）。具体而言，1990—1999年风险较高，在2000—2009年风险略高于2009—2016年。基于平均风险指数来看（见图8-2），1990—2016年高收入国家商务环境风险指数为66.01，1990—1999年平均商务环境风险指数为59.94，2000—2009年平均商务环境风险指数为69.01，2010—2016年风险指数为70.72。可见，随着时间推移，高收入国家商务环境风险指数越来越高，即风险越来越小。

4. 政治风险方面

统计显示（见图8-1），1990—2016年高收入国家政治风险呈持续提高态势。从风险阶段性分布来看（见图8-2），1990—1999年高收入国家政治风险相对较低，2000—2009年该风险显著提高，2010—2016年高收入国家政治风险明显提高。从平均风险指数来看，1990—2016年高收入国家政治风险指数为63.55，1990—1999年平均政治风险指数为84.23，表明此阶段风险非常小；2000—2009年平均政治风险指数为55.89，2010—2016年该风险指数为44.94，表明这两阶段风险都很高。

5. 对外经济风险方面

1990—2016年高收入国家对外经济风险总趋势为1990—2000年总体下降和2001—2016年总体提高。在1998—2001年、2001—2004年、2008—2010年和2014—2016年四个时期出现显著波动（见图8-1）。从平均风险指数来看（见图8-2），1990—2016年高收入国家对外经济风险指数为 63.55，1990—1999 年指数为 65.07，2000—2009 年指数为 68.37，2010—2016 年指数为 54.47。可以看出，高收入国家对外经济风险在 1990—2016 年总体上呈较高水平。

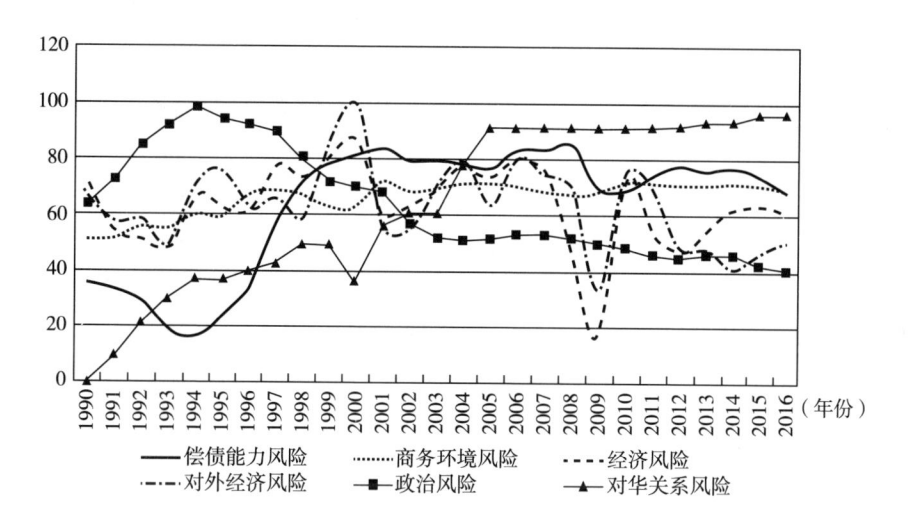

图 8-1 高收入国家类别风险指数趋势比较（1990—2016 年）

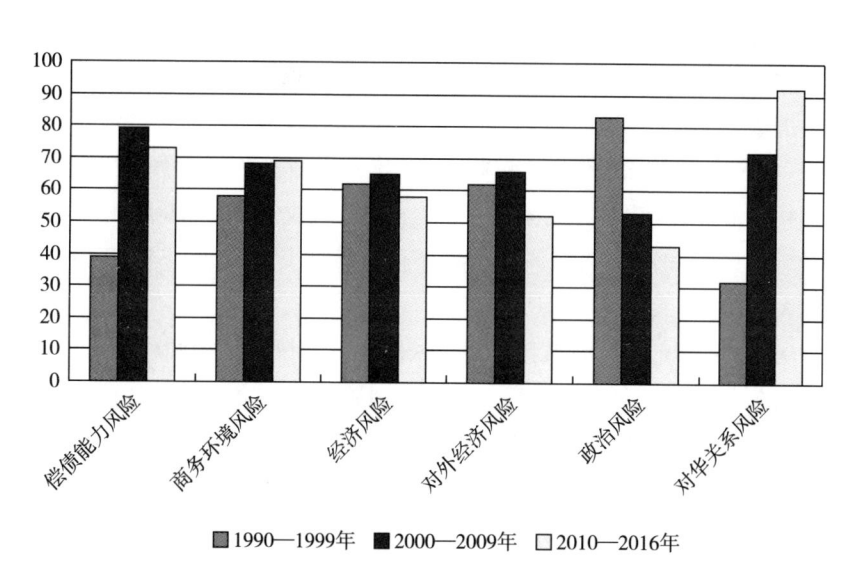

图 8-2 高收入国家类别风险指数分段平均及趋势比较（1990—2016 年）

6. 对华关系风险方面

1990—2016年高收入国家对华关系风险总体呈持续下降态势（见图8-1）。具体而言，从1990—2000年高收入国家对华关系风险明显下降，2000—2005年快速下降，2006—2016年呈稳定和温和下降态势，图8-2分段统计结果明显地展示该趋势。平均风险指数显示，1990—2016年高收入国家对华关系风险指数为63.57，表明该阶段的风险较高；1990—1999年高收入国家对华关系平均风险指数为31.59，这表明此阶段该项风险非常高；2000—2009年高收入国家平均对华关系风险指数为82.37，2010—2016年平均风险指数为93.29，这表明从2000—2016年我国与高收入国家关系得以显著改善，我国与高收入国家国际关系风险极低。

7. 高收入国家类别风险的阶段性比较

上文说明了高收入国家各类别风险水平的时间趋势，但就六类风险的横向比较来看，1990—1999年与2010—2016年两个时期，各类别风险之间分化较大，2000—2009年六者之间的差异相对较小。

具体而言，从2010—2016年来看（见图8-3、图8-4），对华关系风险最小（平均风险指数为94.13），其后风险水平从高到低排序为偿债能力风险（平均风险指数为73.66）、商务环境风险（平均风险指数为70.72）、经济风险（平均风险指数为59.37）、对外经济风险（平均风险指数为54.47）和政治风险（平均风险指数为44.94）。蛛网分布图（见图8-4）显示，高收入国家2000—2016年偿债能力风险和对华关系风险大幅下降，商务风险有所下降，而政治风险大幅提高。

从图8-3统计结果来看，高收入国家六类风险在1990—2016年考察期间存在明显逆向演变过程，即早期风险水平较高的类别风险逐渐降低，而较高的类别风险逐渐提高，2000—2009年成为交替调整的过渡时期。这是一个很有趣的结果。

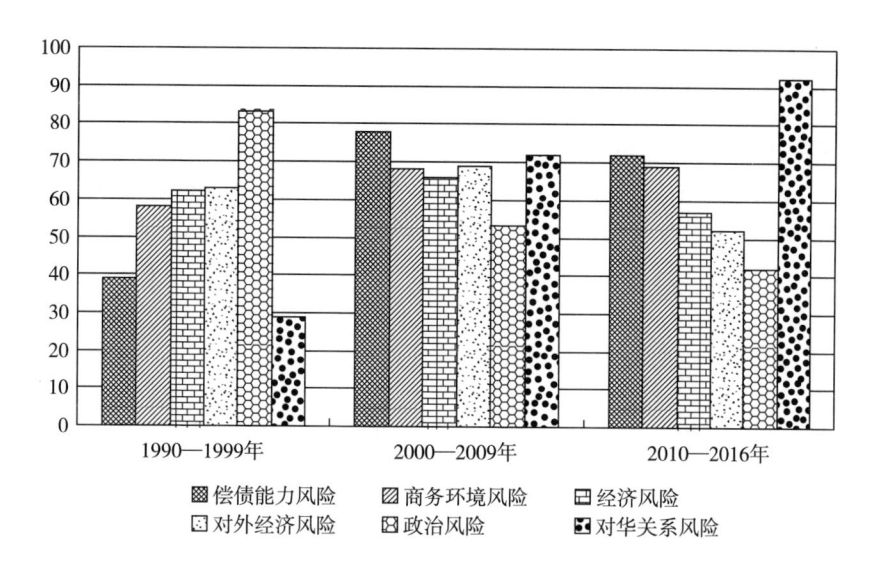

图 8-3 高收入国家类别风险指数比较（1990—2016 年）

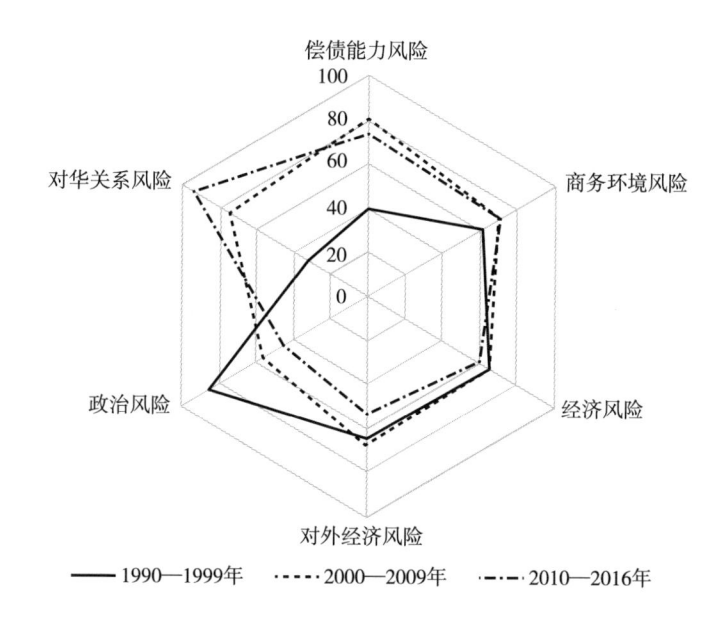

图 8-4 高收入国家类别风险指数分布蛛网图（1990—2016 年）

## 二 中高收入国家类别风险

估计结果统计显示（见图 8-5），中高收入国家六个类别风险指数波动在1990—2016年呈倒"U"形共同趋势（除2011年之后对华关系的趋势），而且这些类别风险指数基本上在 [20, 60] 之间，这说明中高收入国家的类别风险等级非常高。具体而言，1990—2003年中高收入国家六个类别风险指数总体上表现为上升趋势，2004—2016年呈下降趋势。

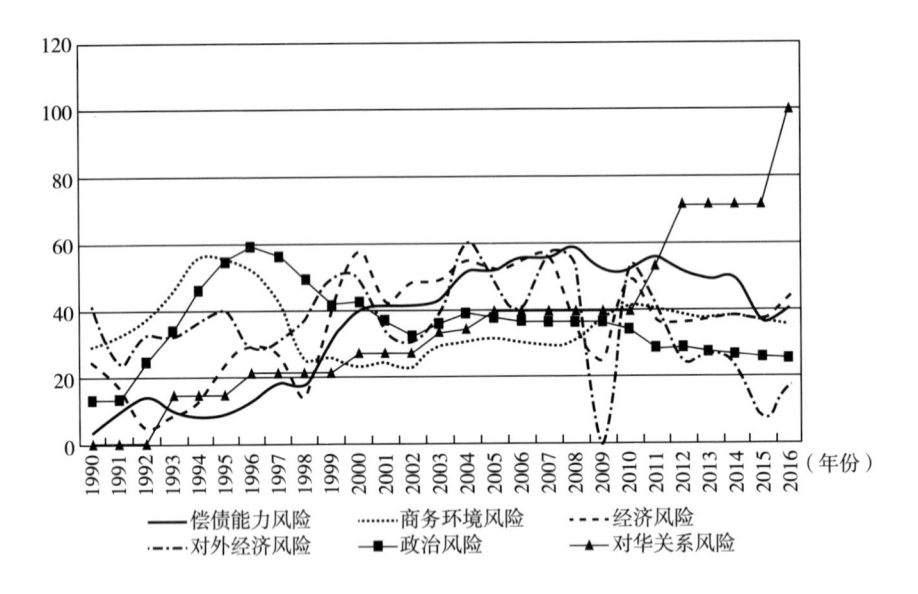

图8-5　中高收入国家类别风险指数趋势比较

1. 经济风险方面

中高收入国家经济风险趋势按时间可分为下降期（1990—1999年）、稳定期（2000—2009年）和温和下降期（2010—2016年）。从图8-5、图8-6分段平均风险指数统计来看，1990—2016年中高收入国家经济风险指数为35.49，1990—1999年平均经济风险指数为20.28，2000—2009年为47.63，2010—2016年为39.89。从指数大小来看，中高收入国家经济风险很大。

2. 偿债能力风险方面

风险估计结果统计分析显示，中高收入国家偿债能力风险呈长期下降趋势（1990—2008年），在2009—2016年出现明显上升趋势，分段平均风险指数统计（见图8-6）也显示同样趋势。从阶段性风险来看，

1990—2016年中高收入国家偿债能力风险指数为35.51，1990—1999年为13.36，2000—2009年为49.00，2010—2016年为47.88。虽然风险趋势向下，但中高收入国家偿债能力风险水平仍然很高。

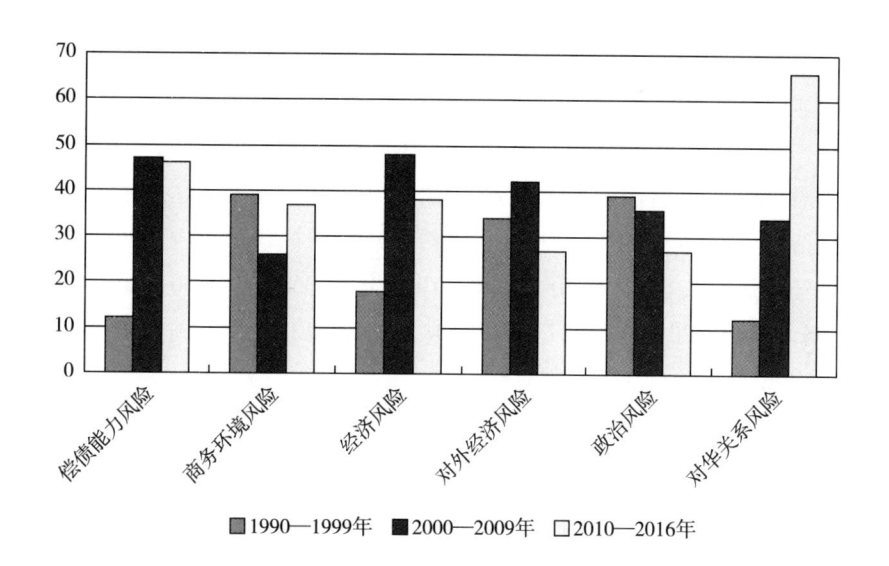

**图8-6 中高收入国家类别风险指数分段平均及趋势比较（1990—2016年）**

3. 商务环境风险方面

中高收入国家商务环境能力风险在1990—1998年迅速下降后快速提高（风险指数迅速增加和迅速下降，呈倒"U"形波动）。图8-5、图8-6显示，1999—2011年中高收入国家商务环境能力风险缓慢下降，但在2012—2016年则缓慢增加。从阶段性风险来看，1990—2016年中高收入国家商务环境风险指数为35.51，1990—1999年为40.17，2000—2009年为28.81，2010—2016年为38.39。从商务环境风险指数评估结果来看，风险很高。

4. 政治风险方面

各国政治风险评估和统计显示，中高收入国家政治风险在1990—1996年迅速下降，在1997—2016年则表现为缓慢持续上升趋势，其中2001—2009年存在一个短时风险下降和中期稳定阶段。从图8-6的分段平均风险指数统计来看，1990—2016年中高收入国家政治风险指数为 35.50，1990—1999 年为 39.13，2000—2009 年为 36.98，2010—2016 年为 28.19。政治风险指数显示 1990—2016 年中高收入国家政治风险很高。

5. 对外经济风险方面

图 8-5 显示，1990—2016 年中高收入国家对外经济风险波动性非常明显。总体上看，1992—2007 年中高收入国家对外经济风险呈下降趋势，2008—2016 年则为上升趋势。在国际金融危机期间，中高收入国家对外经济风险出现剧烈波动（剧烈升高和迅速下降），并在 2009 年呈持续上升趋势；从阶段性风险来看，1990—2016 年中高收入国家对外经济风险指数为 35.50，1990—1999 年为 35.27，2000—2009 年为 41.06，2010—2016 年为 27.87。指数大小显示中高收入国家对外经济风险很高。

6. 对华关系风险方面

评估和统计结果显示，1990—2016 年中高收入国家对华关系风险总体持续下降。1990—2012 年为中高收入国家对华关系风险的下降期，2013—2016 年为高速下降期。图 8-6 分段平均风险指数统计结果显示，1990—2016 年中高收入国家对华关系风险指数为 39.50，1990—1999 年为 12.96，2000—2009 年为 34.93，2010—2016 年为 68.50。

7. 中高收入国家类别风险的阶段性比较

就横向比较来看，整个考察期六类风险的平均水平非常一致；但在 2000—2016 年和 2010—2016 年两个时期，六类风险出现明显分化（见图 8-7、图 8-8）。

从图 8-7、图 8-8 的分段统计结果来看，六类风险水平从低到高的排序为：对华关系风险（风险最小，平均风险指数为 65.50）、偿债能力风险（平均风险指数为 47.89）、经济风险（平均风险指数为 39.89）、商务环境风险（平均风险指数为 38.39）、政治风险（平均风险指数为 28.19）和对外经济风险（风险最大，平均风险指数为 27.87）。蛛网分布图（见图 8-8）显示，中高收入国家在 2000—2016 年，偿债能力风险和对华关系风险方面有明显下降，其他风险变化不明显。

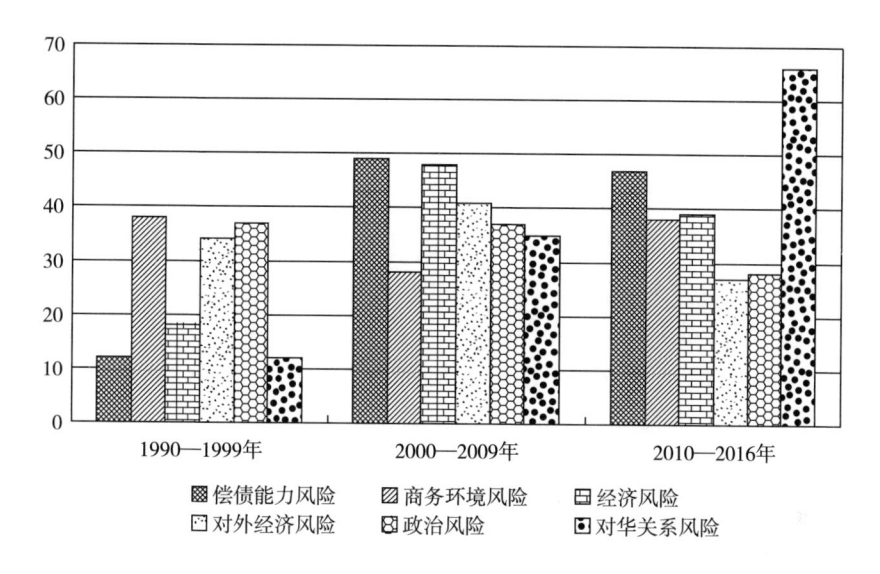

第八章 中国对外直接投资国家组别类别风险评估

图 8-7 中高收入国家类别风险指数阶段性趋势（1990—2016 年）

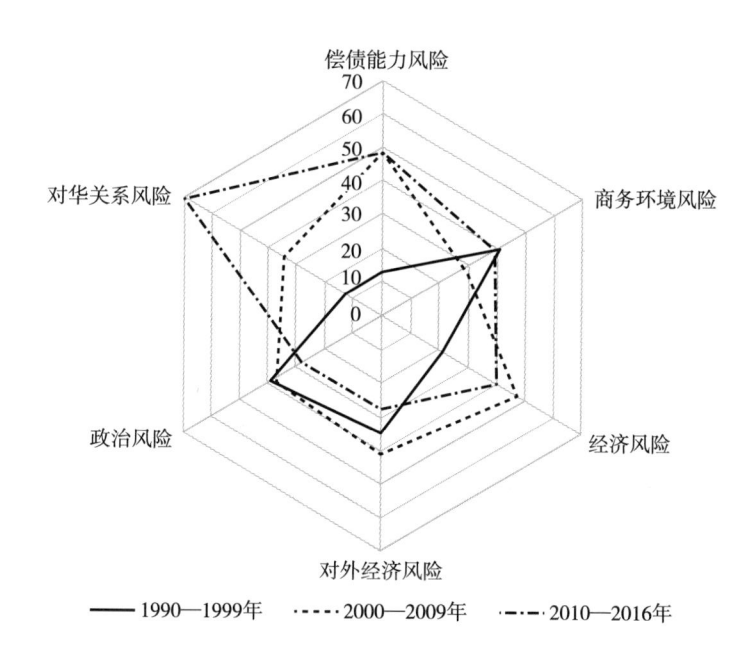

图 8-8 中高收入国家类别风险指数蛛网分布比较（1990—2016 年）

## 三 中低收入国家类别风险

基于风险评估结果的统计显示，1990—2016 年中低收入国家类别风险指数具有明显的一致上升趋势,即各类风险都呈下降趋势。

1. 经济风险方面

中低收入国家的经济风险在考察期呈总体下降趋势,其中1993—1994年、1997—1998年和2008—2009年为风险波动的高风险时期(见图8-9)。2009—2014年中低收入国家的经济风险呈快速下降趋势,但在2015—2016年风险呈增加趋势。阶段性统计分布显示(见图8-10),中低收入国家经济风险总体呈下降趋势。具体而言,1990—2016年中低收入国家经济风险指数为65.84,1990—1999年为42.66,2000—2009年为74.17,2010—2016年为87.05。中低收入国家的经济风险总体较低。

2. 偿债能力风险方面

风险评估结果显示,中低收入国家偿债能力风险在1990—2005年持续下降,并在国际金融危机(2007—2008年)前后形成剧烈波动,2009年偿债能力风险达到危机期间峰值;其后由于经济恢复,中低收入国家偿债能力逐渐恢复,偿债能力风险迅速下降。但在2012—2016年,中低收入国家偿债能力风险有逐步升高趋势。分段平均风险指数统计(见图8-10)结果显示,1990—2016年中低收入国家平均偿债能力风险指数为65.83,1990—1999年指数为40.06,2000—2009年为80.46,2010—2016年为81.74,即2000—2016年中低收入国家偿债能力风险很低。

3. 商务环境风险方面

商务环境风险指数趋势(见图8-9)显示,1990—2016年中低收入国家的商务环境风险指数趋势经历两个明显阶段,即1990—2000年倒"U"形波动阶段和2000—2016年迅速提高与稳定阶段。具体而言,1990—2000年中低收入国家商务环境风险从1991年迅速下降,其后在1996年转而迅速提高并在2000年达到风险最高值;2000—2005年中低收入国家的商务环境风险迅速下降,并在2005年之后呈稳定或缓慢提高态势。图8-9、图8-10显示,1990—2016年中低收入国家商务环境风险指数为76.24,1990—1999年为68.35,2000—2009年为77.88,2010—2016年为85.15。总体而言,考察期内中低收入国家的商务环境风险较低。

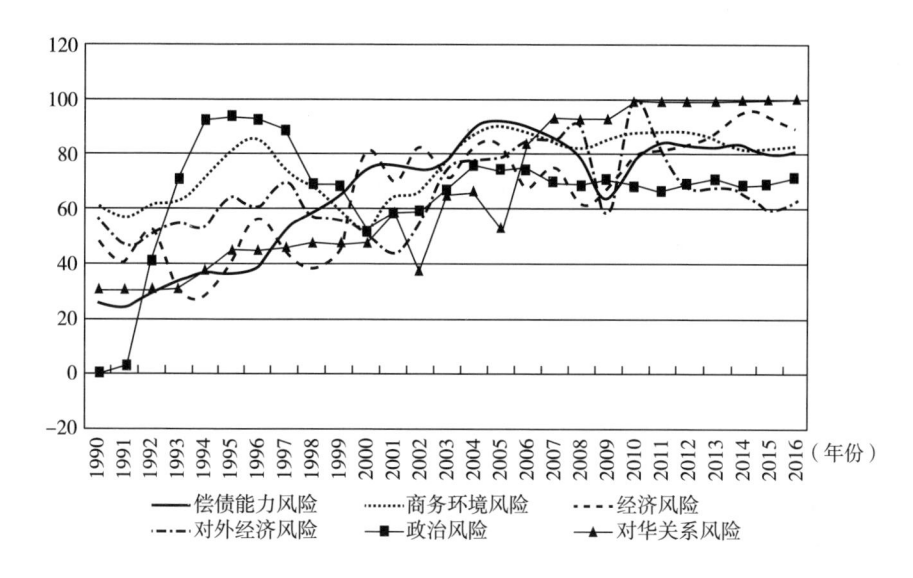

图8-9 中低收入国家类别风险指数趋势比较

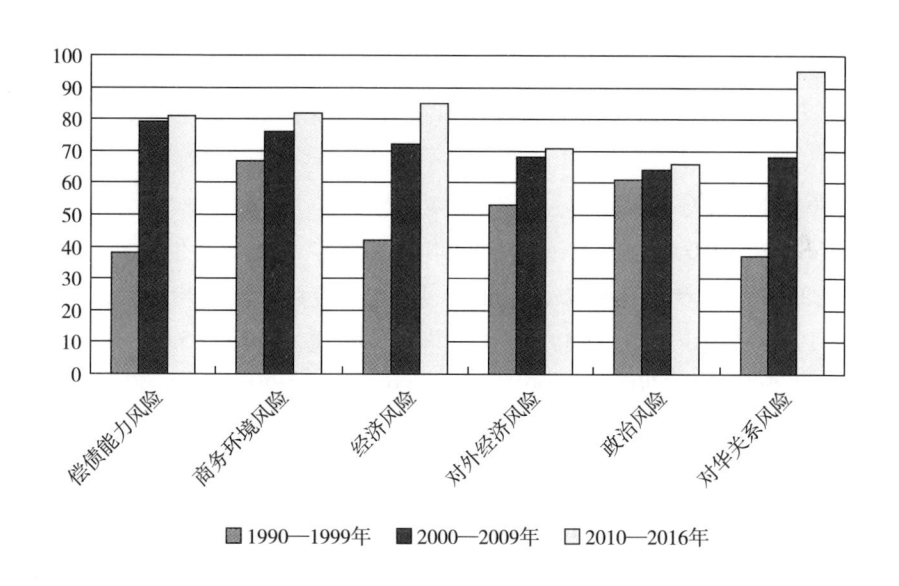

图8-10 中低收入国家类别风险指数分段平均及趋势比较（1990—2016年）

4. 政治风险方面

中低收入国家政治风险在1990—2004年经历了剧烈波动。1990年，中低收入国家在四年内迅速将政治风险降至很低水平，但在

1997—2000年政治风险大幅上升,而 2000—2004 年该风险又急速下滑,并在 2004 年之后呈温和下降趋势。从阶段性风险统计来看(见图 8-10),中低收入国家的政治风险呈总体下降趋势。1990—2016 年中低收入国家政治风险指数为 65.83,1990—1999 年为 62.07,2000—2009 年为 67.09,2010—2016 年为 70.01。

5. 对外经济风险方面

中低收入国家对外经济风险在趋势上呈两个波动周期,即 1990—2001 年和 2002—2016 年。1990—2001 年中低收入国家的对外经济风险下降至 1997 年风险最低值,达到较安全水平,其后风险逐渐提高并在 2001 年达到峰值。2002—2016 年,中低收入国家对外经济风险逐渐下降,在 2008 年国际金融危机前后达到最低水平,2011—2016 年呈迅速提高态势;其中,由于国际金融危机 2008—2009 年出现剧烈波动。从阶段性风险统计来看(见图 8-10),中低收入国家的对外经济风险呈总体降低趋势。在 1990—2016 年,中低收入国家对外经济风险指数为 65.83,1990—1999 年为 57.16,2000—2009 年为 70.18,2010—2016 年为 72.03。总体而言,中低收入国家对外经济风险总体上处于偏低水平。

6. 对华关系风险方面

1990—2016 年中低收入国家对华关系风险总体呈持续下降态势,其中 2000—2006 年有所波动。图 8-10 风险指数分段平均统计结果显示,1990—2016 年中低收入国家对华关系风险指数为 65.84,1990—1999 年为 39.19,2000—2009 年为 69.00,2010—2016 年为 99.38。统计结果显示,在近十多年来中低收入国家的对华关系风险均较小。

7. 中低收入国家类别风险的阶段性比较

从图 8-11 分段统计结果来看,2010—2016 年各类别风险从小到大排序为:对华关系风险(平均风险指数为 99.38)、经济风险(平均风险指数为 87.05)、商务环境风险(平均风险指数为 85.15)、偿债能力风险(平均风险指数为 81.74)、对外经济风险(平均风险指数为 72.03)、政治风险(平均风险指数为 69.40)。总体而言,中低收入国家的各类风险相对高收入国家和中高等收入国家而言较低。

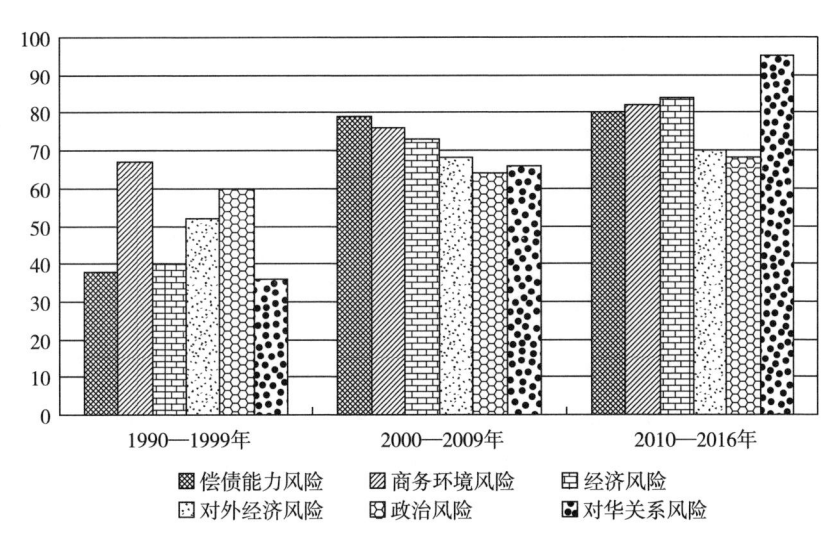

图 8-11 中低收入国家类别风险指数阶段性趋势（1990—2016 年）

从中低收入国家的各类别风险指数蛛网分布趋势（见图 8-12）来看，2010—2016 年经济风险、偿债能力风险、商务环境风险、对华关系风险均较小。相比 1990—1999 年，2000—2016 年中低收入国家的对华关系风险、偿债能力风险、经济风险均存在明显下降趋势，政治风险、商务风险和对外经济风险略有下降。

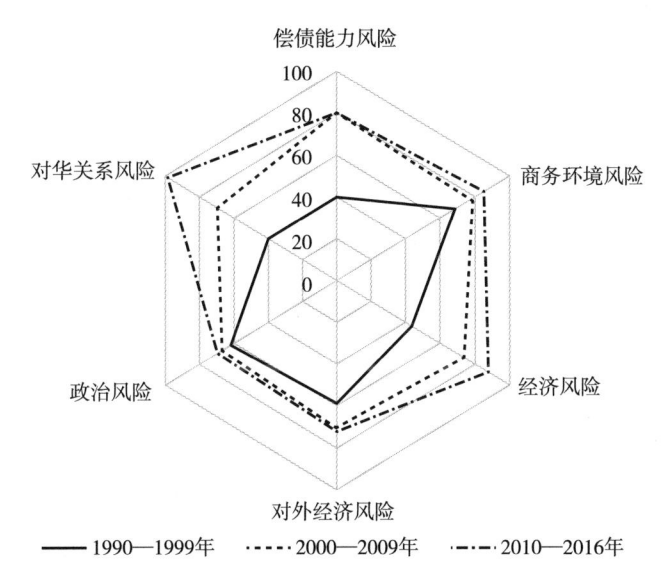

图 8-12 中低收入国家类别风险指数蛛网分布（1990—2016 年）

### 四 低收入国家类别风险

1. 经济风险方面

1990—2016年低收入国家经济风险总体呈下降趋势（见图8-13），尤其在2000—2016年更是如此。具体而言，1990—2000年出现明显波动，但总体上处在很高风险水平（风险指数<49.99）；2000—2016年低收入国家经济风险持续降低，在此期间达到最低水平（风险指数为85.92），该阶段平均风险指数为53.81。从阶段性风险统计来看（见图8-14），低收入国家经济风险呈总体降低趋势。1990—2016年低收入国家的经济风险指数为45.88，1990—1999年为32.42，2000—2009年为43.63，2010—2016年为68.33。评估显示，低收入国家经济风险总体很高。

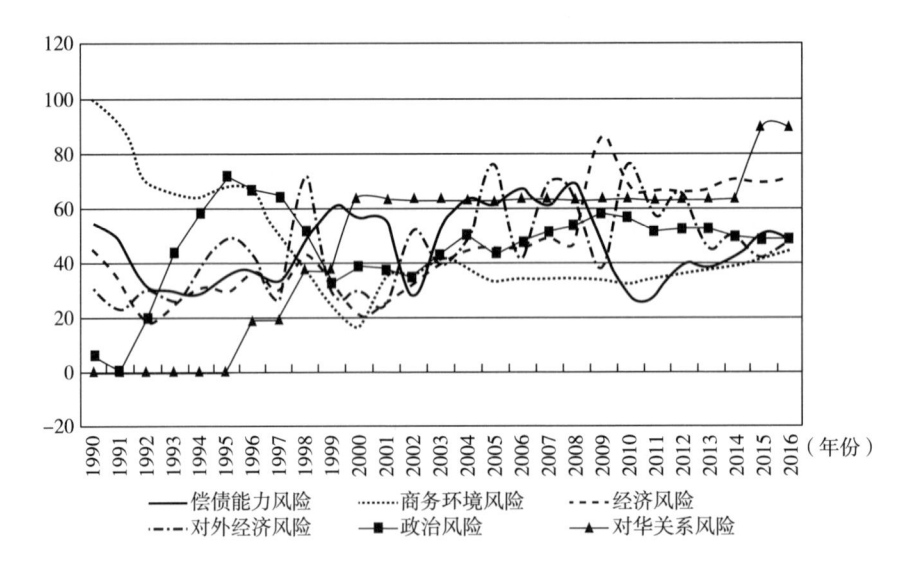

**图8-13 低收入国家类别风险趋势比较（1990—2016年）**

2. 偿债能力风险方面

在整个考察期，在2000—2009年低收入国家的偿债能力风险较高（风险指数在［49.99，59.99］区间），其他时期该项风险更高。从阶段性风险统计来看（见图8-14），低收入国家偿债能力风险呈总体降低趋势。1990—2016年低收入国家偿债能力风险指数为45.88，1990—

1999 年为 40.45，2000—2009 年为 56.02，2010—2016 年为 39.18。总体而言，低收入国家偿债能力风险非常高。

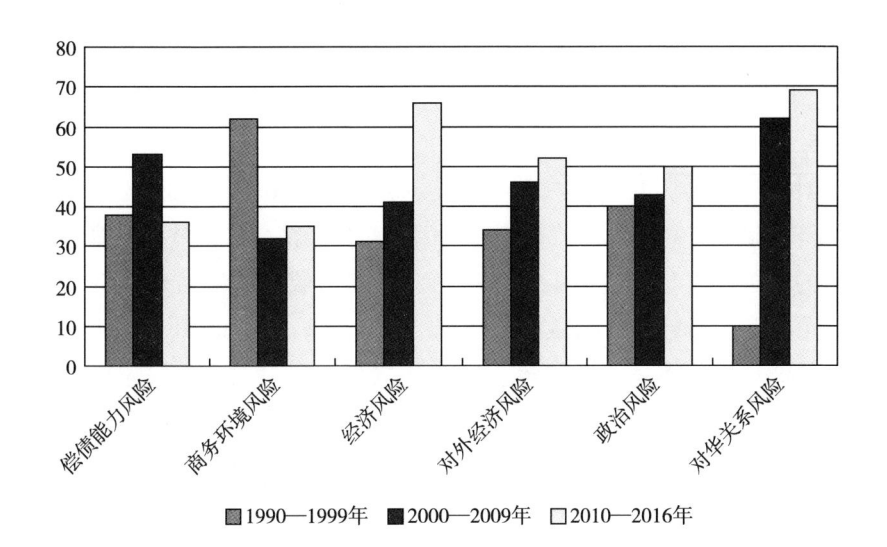

**图 8-14　低收入国家类别风险指数分段平均及趋势比较（1990—2016 年）**

3. 商务环境风险方面

2010—2016 年低收入国家商务环境风险总体上可以分为 1990—2000 年和 2001—2016 年两个阶段（见图 8-13、图 8-14）。1990—2000 年低收入国家商务环境风险持续增加，从 1993 年很低的风险水平迅速提高到 2000 年的很高水平。2000—2016 年，低收入国家商务环境风险呈小幅下降和总体稳定状态，但平均风险指数为 35.42，说明在此期间低收入国家商务环境风险很高。1990—2016 年低收入国家商务环境风险指数为 45.88，1990—1999 年为 63.69，2000—2009 年为 33.79，2010—2016 年为 37.74。总体而言，低收入国家商务环境很差，风险极高。

4. 政治风险方面

1990—2016 年低收入国家政治风险指数趋势分为 1990—2000 年的陡峭倒"U"形波动和 2000—2016 年扁平倒"U"形波动（见图 8-13）。1990—1999 年政治风险指数最高为 77.2，最低小于 50.00；

2000—2016年，低收入国家政治风险自1999年温和降低至2009年相对较低风险水平，然后在2009—2019年缓慢持续提高。从阶段性风险统计来看（见图8-14），1990—2016年低收入国家政治风险指数为45.91，1990—1999年为41.83，2000—2009年为46.00，2010—2016年为51.59。总体而言，低收入国家的政治风险很高。

5. 对外经济风险方面

对外经济风险方面。图8-14显示，1990—2016年低收入国家对外经济风险具有高频波动特征，这是因为对外经济与经济波动本身具有极高的相关性。总体趋势上，1990—2000年低收入国家对外经济风险表现下降和上升趋势（指数趋势呈倒"U"形波动）；2000—2012年风险频繁波动但总体呈下降趋势；2012年之后，风险表现为快速提高态势。从阶段性风险来看，1990—2016年低收入国家对外经济风险指数为45.90，1990—1999年为36.64，2000—2009年为48.82，2012—2016年为50.12（但2010—2016年平均风险指数为54.94）。可见，低收入国家对外经济风险很高。

6. 对华关系风险方面

低收入国家对华风险指数在考察期有两个时期值得关注，1995—2000年和2014—2015年，这两个时期是低收入国家与中国对外关系大幅向好的两个时期，尤其是1995—2000年。第一个时期是中国改革开放和经济快速发展期，第二个时期是中国提出了"一带一路"倡议，这两个时期吸引低收入国家积极与中国建立良好的政治和经贸关系。从阶段性风险来看（见图8-14），1990—2016年低收入国家对华关系风险指数为45.89，1990—1999年为11.17，2000—2009年为63.22，2010—2016年为70.76。可见，低收入国家对华关系风险很高。

7. 低收入国家类别风险的阶段性比较

基于图8-15、图8-16蛛网分布统计结果来看，2010—2016年低收入国家各类别风险从小到大排序为，对华关系风险（平均风险指数为70.75），经济风险（平均风险指数为68.33），政治风险（平均风险指数为51.59），对外经济风险（平均风险指数为54.94），偿债能力风险（平均风险指数为39.18），商务环境风险（平均风险指数为37.74）。总体而言，低收入国家各类风险都比较高。

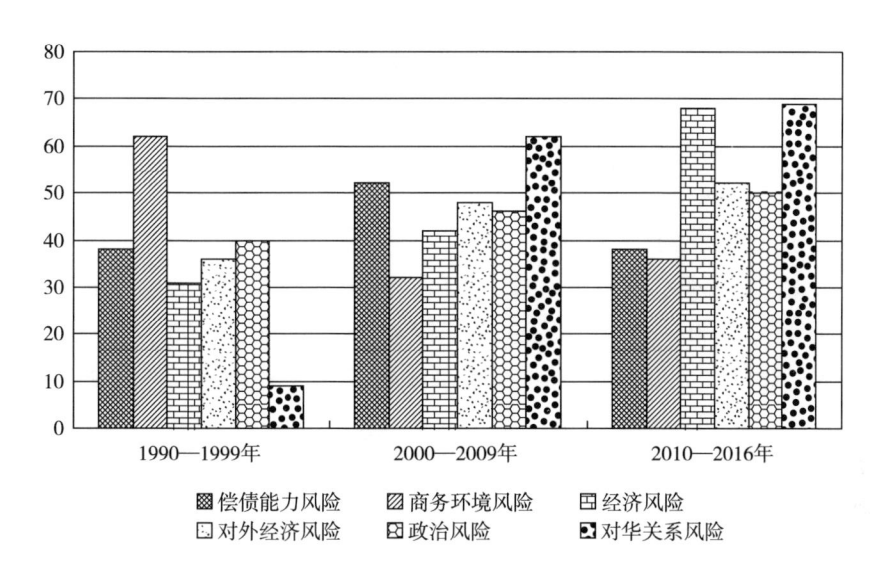

第八章 中国对外直接投资国家组别类别风险评估

图 8-15 低收入国家类别风险指数的阶段性趋势（1990—2016 年）

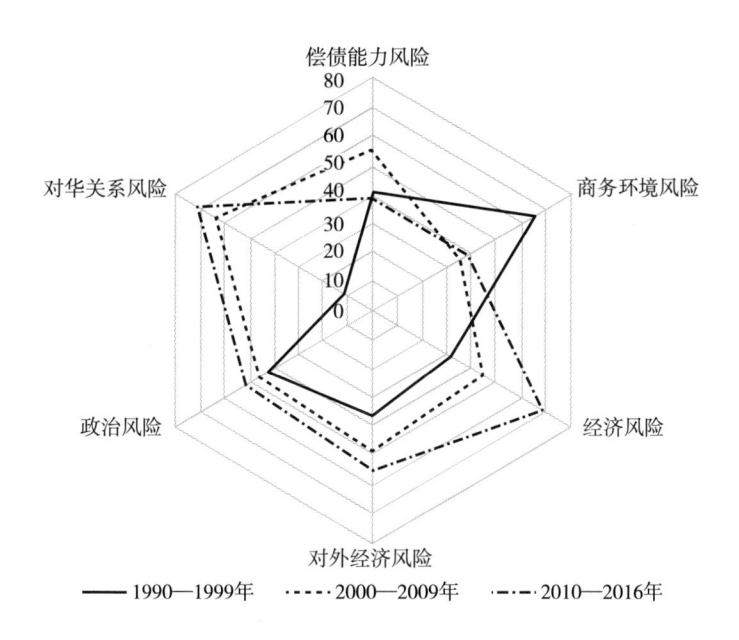

图 8-16 低收入国家类别风险指数蛛网分布（1990—2016 年）

195

## 第二节　不同发达水平国家的类别风险分析

### 一　发达国家的类别风险分析

1. 经济风险方面

统计结果显示（见图 8-17）发达国家经济风险在 1991—1999 年呈逐渐下降趋势，在其后经过了 2008—2010 年和 2011—2014 年的剧烈波动，从 2000—2016 年呈总体下降趋势。从图 8-18 可以看出，1990—2016 年发达国家经济风险总体呈温和上升趋势，但是 2010—2016 年经济风险明显上升。基于平均风险指数来看，1990—2016 年，发达国家经济风险指数为 59.93，1990—1999 年为 61.27，2000—2009 年为 61.62，2010—2016 年为 55.60。总体来看，发达国家经济风险总体偏大。

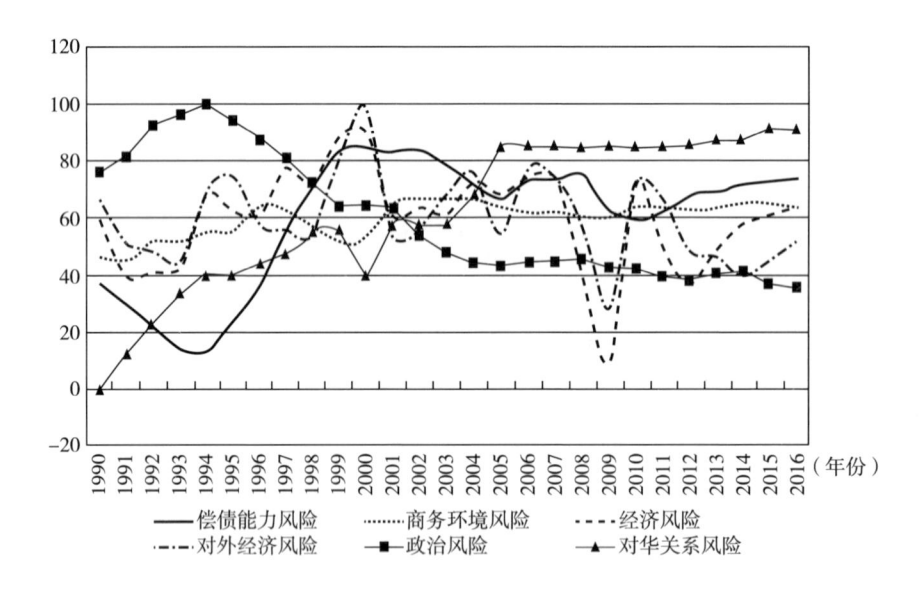

图 8-17　发达国家类别风险趋势比较（1990—2016 年）

2. 偿债能力风险方面

发达国家偿债能力风险呈明显下降趋势（见图 8-17），总体上可以分为四段：1990—1994 年为风险上升期，1995—2000 年为风险快速下降期，2001—2009 年为风险温和增长期，2010—2016 年为风险温和下降期。基于风险指数阶段性平均统计（见图 8-18）发现，1990—2016 年发达国家偿债能力风险指数为 59.92，1990—1999 年为 38.59，2000—2009 年为 75.50，2010—2016 年为 64.14。可见，2000—2016 年发达国家偿债能力风险较小。

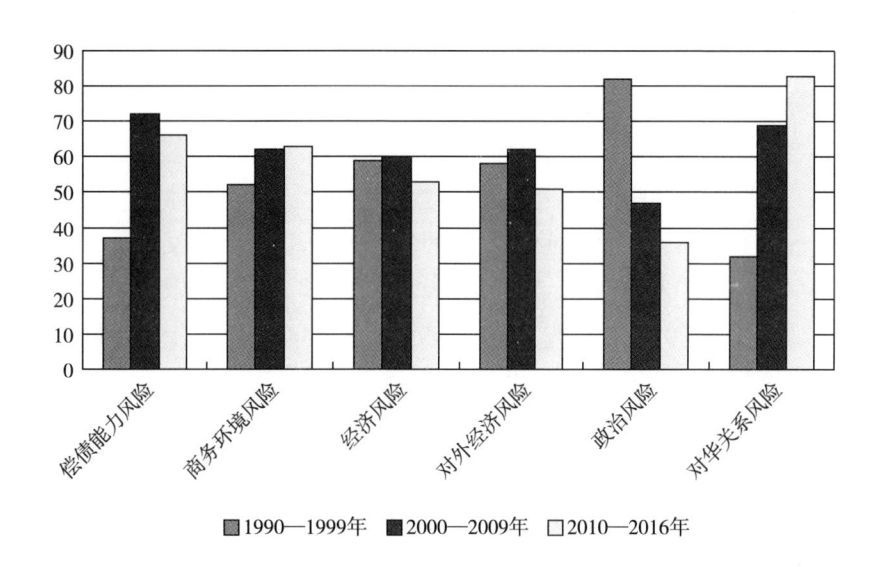

**图 8-18　发达国家类别风险指数分段平均及趋势比较（1990—2016 年）**

3. 商务环境风险方面

1990—2016 年发达国家商务环境风险总体较平稳且温和上升，没有出现剧烈波动情况。具体而言，1990—1999 年、2000—2009 年和 2009—2016 年依次降低，但三阶段差距不大。从阶段性平均风险指数（见图 8-18）来看，1990—2016 年发达国家商务环境风险指数为 59.92，1990—1999 年为 54.32，2000—2009 年为 62.71，2010—2016 年为 63.95。可见，1990—2016 年发达国家商务环境风险偏高。

4. 政治风险方面

风险评估结果的统计显示，1994—2016 年发达国家政治风险呈持续增长趋势。从风险阶段性分布来看（见图 8-18），1990—2016 年发达国家政治风险不断提高。平均风险指数显示，1990—2016 年发达国家政治风险指数为59.91，1990—1999年为84.60，2000—2009年为49.45，2010—2016年为39.49。可见，发达国家政治风险在考察期迅速增加，2000—2016年政治风险极高。该结果与我们的常识大相径庭。

5. 对外经济风险方面

统计分析显示（见图8-17），在1991—2000年发达国家对外经济风险波动剧烈，总体呈下降趋势，其中出现两个风险指数峰值74.14（1995年）和99.06（2000年），该指数反映发达国家对外经济在这些年风险很小。2008—2010年和2013—2014年发达国家对外经济风险指数剧烈波动，从2000—2016年指数呈上升趋势（风险下降）。从图8-18可以看出，1990—2016年发达国家的对外经济风险总体呈"上升—下降"态势。基于平均风险指数来看，1990—2016年，发达国家对外经济风险指数为59.92，1990—1999年为62.21，2000—2009年为64.63，2010—2016年为52.75。总体显示，2000—2016年发达国家对外经济风险偏大。

6. 对华关系风险方面

1990—2016年发达国家对华关系风险总体呈持续下降趋势。具体而言，在1990—1998年和2003—2005年发达国家对华关系风险显著下降，而2006—2016年该风险则呈平稳下降态势。基于平均风险指数来看，1990—2016年发达国家对华关系风险指数为61.84，1990—1999年为35.20，2000—2009年为70.53，2010—2016年为87.51。

7. 发达国家类别风险的阶段性比较

基于统计分析发达国家类别风险分布显示（见图8-18、图8-19），在1990—1999年、2000—2009年和2010—2016年三个时期，发达国家各类别风险差异主要体现在两个方面：第一，2000—2009年和2010—2016年对华关系风险大幅下降，偿债风险明显下降，商务风险略有下降。第二，相较2000—2009年而言，发达国家商务环境风险、政治风险和对外经济风险在2010—2016年呈上升趋势。

发达国家类别风险指数蛛网分布（见图8-19）显示，发达国家在2000年前后的国家风险结构发生剧烈变化。尤其是在对华关系风险、偿债能力风险方面明显降低，但是政治风险却大幅提高。其他类别风险变化不大。在2000—2016年，除政治风险处于高风险外，发达国家其他类别风险处于偏低水平。

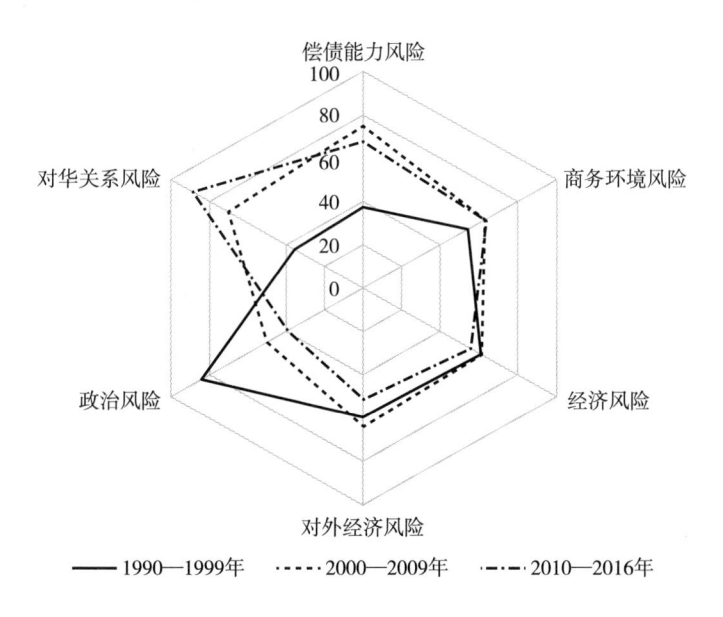

图 8-19 发达国家类别风险指数蛛网分布（1990—2016 年）

## 二 发展中国家的类别风险分析

基于风险评估结果发现，发展中国家所有类别风险指数的趋势总体上呈长期缓慢上升（1990—2007 年）和缓慢下降（2008—2016 年）的趋势（见图 8-20）。

1. 经济风险方面

发展中国家经济风险指数在考察期（1990—2016 年）总体上呈倒"U"形趋势。具体而言，1990—2004 年发展中国家经济风险指数上升（风险下降），2005—2016 年则呈下降趋势（风险上升），2004 年为经济风险指数峰值（69.06）。图 8-20 显示，1990—2009 年发展中国家经济风险总体显著下降，在 2010—2016 年经济风险温和上升。基于平均风险指数来看，1990—2016 年发展中国家经济风险很大（指数为 46.68），1990—1999 年的平均经济风险极大（指数为 31.93），2000—2009 年平均风险偏高（指数为 56.69），2010—2016 年经济风险指数为 53.45，风险偏高。

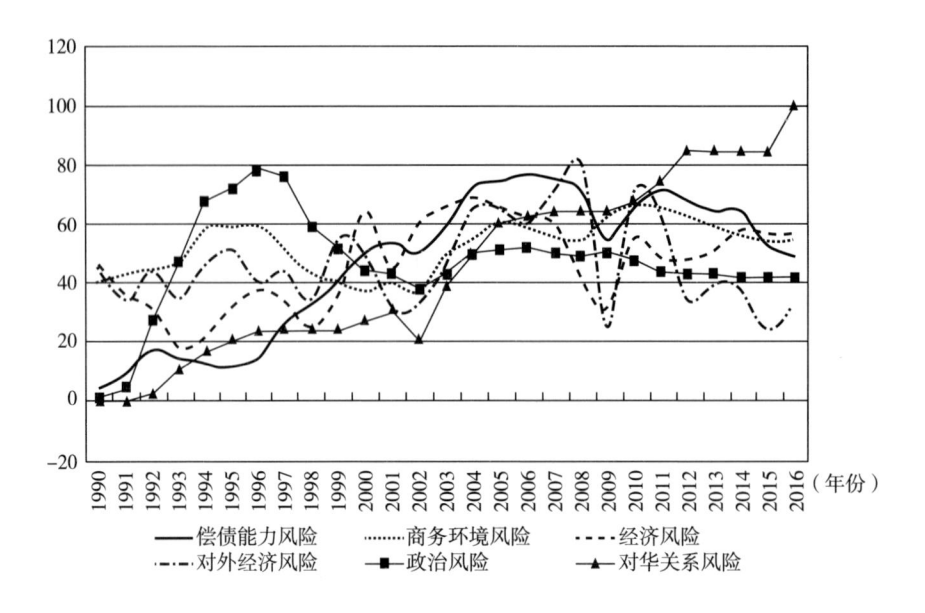

图 8-20 发展中国家类别风险趋势比较

2. 偿债能力风险方面

从图 8-20 可以看出，发展中国家偿债能力风险在 1990—2006 年呈持续上升趋势，在 2006—2016 年不断下降，其中在 2008—2009 年出现剧烈波动，偿债能力风险迅速增加。图 8-20 显示，发展中国家偿债能力风险在 1990—1999 年大幅下降，在 2010—2016 年温和提高。基于平均风险指数来看，1990—2016 年发展中国家偿债能力风险指数为 46.68，1990—1999 年为 18.53（极高风险），2000—2009 年平均风险指数为 63.91，2010—2016 年为 62.28。可见，在 2000—2016 年，发展中国家偿债能力风险偏低，而且未来可能保持该趋势。

3. 商务环境风险方面

从图 8-20 可以看出，发展中国家商务环境风险指数在考察期（1990—2016 年）包含 1990—2001 年和 2002—2016 年两个倒"U"形波动周期。但是从阶段性平均风险来看，发展中国家商务环境风险在 1990—2016 年呈总体下降趋势。基于平均风险指数来看，1990—2016 年发展中国家商务环境风险指数为 52.49，1990—1999 年平均商务环境风险指数为 48.90，2000—2009 年为 50.96，2010—2016 年为 59.08。

风险指数显示,发展中国家商务环境风险偏高。

4. 政治风险方面

风险评估和统计趋势显示,发展中国家政治风险在1990—2002年经历了倒"U"形剧烈波动。1990年发展中国家在5年内迅速将很高的政治风险水平下降至低风险水平,但在1997—2002年政治风险大幅上升至极高风险水平;2002—2006年该风险水平略有下降,在2006年之后该风险呈温和增加趋势。从阶段性风险统计来看(见图8-20),发展中国家政治风险呈总体增加趋势。1990—2016年发展中国家政治风险指数为46.68,1990—1999年为48.48,2000—2009年为47.11,2010—2016年为43.47。总体来看,发展中国家政治风险很高。

5. 对外经济风险方面

图8-20显示,发展中国家对外经济风险指数趋势总体呈上升(风险下降)(1990—2007年)和下降(风险提高)(2008—2016年)两个周期。两个周期中分别包含了1999—2003年和2008—2010年两个剧烈波动期,出现对外经济风险短时间内大幅增加和迅速下降。从不同阶段来看,1990—2016年发展中国家对外经济风险指数为46.68,1990—1999年为42.80,2000—2009年为50.82,2010—2016年为43.45。可见,发展中国家对外经济风险很高。

6. 对华关系风险方面

统计显示(见图8-20),发展中国家对华关系风险指数在考察期呈持续上升趋势,这表明对华关系风险持续下降。从不同阶段来看,1990—2016年发展中国家对华关系风险指数为44.60,1990—1999年为14.76,2000—2009年为48.31,2010—2016年为86.09。

7. 发展中国家类别风险的阶段性比较

基于统计分析发展中国家类别风险阶段分布显示(见图8-21、图8-22),1990—1999年、2000—2009年和2010—2016年三个时期发展中国家各类别风险差异主要体现在两个方面:第一,后两个时期的对华关系风险和偿债风险明显下降,商务风险和经济风险略有下降。第二,但相较1990—1999年和2000—2009年而言,对外经济风险和政治风险在2010—2016年略有增加。

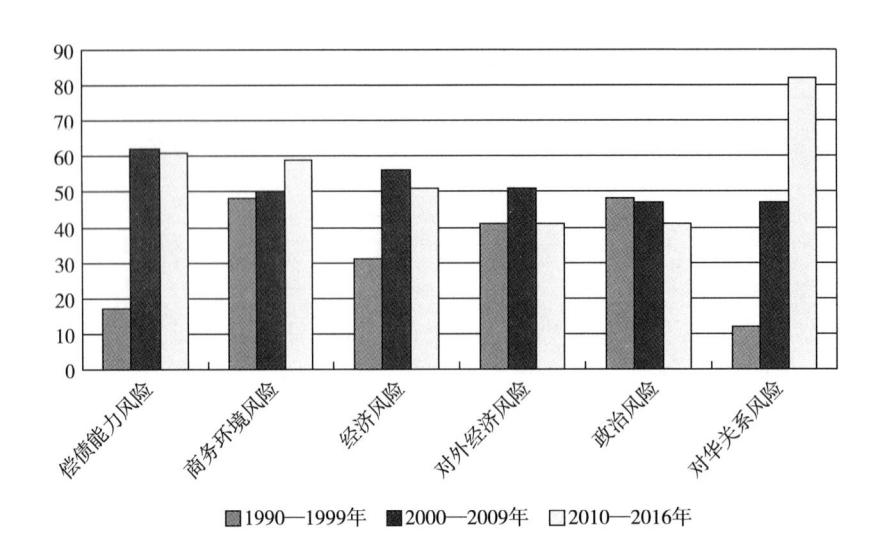

图8-21 发展中国家类别风险指数分段平均及趋势比较（1990—2016年）

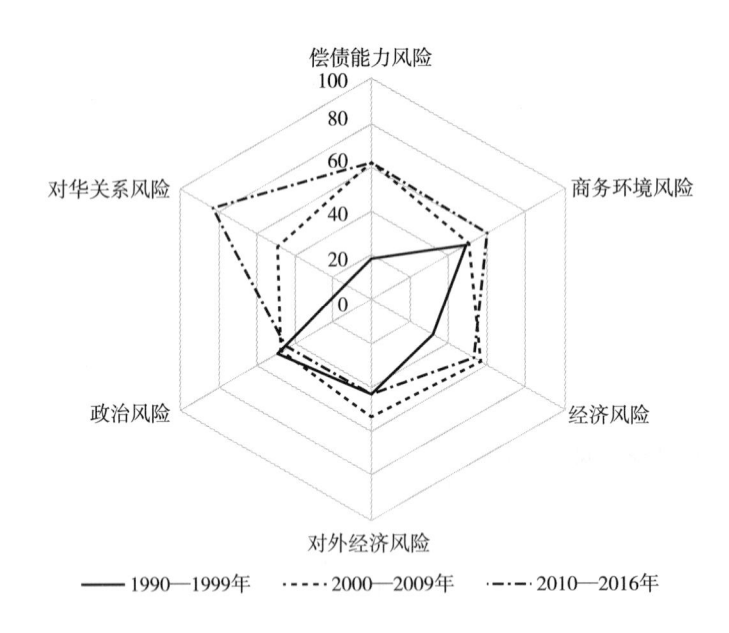

图8-22 发展中国家类别风险指数蛛网分布（1990—2016年）

三 最不发达国家的类别风险分析

基于风险评估结果发现，最不发达国家所有类别风险指数持续变大，即风险持续下降（见图8-24）。

1. 经济风险方面

最不发达国家经济风险在1994—2016年持续下降。阶段性平均风险指数统计显示（见图8-23），1990—2016年风险下降趋势明显且速度很快。图8-23显示，1990—2016年最不发达国家经济风险指数为55.48，1990—1999年为30.80，2000—2009年为70.01，2010—2016年为82.98。综合来看，2000—2016年最不发达国家的经济风险很小。

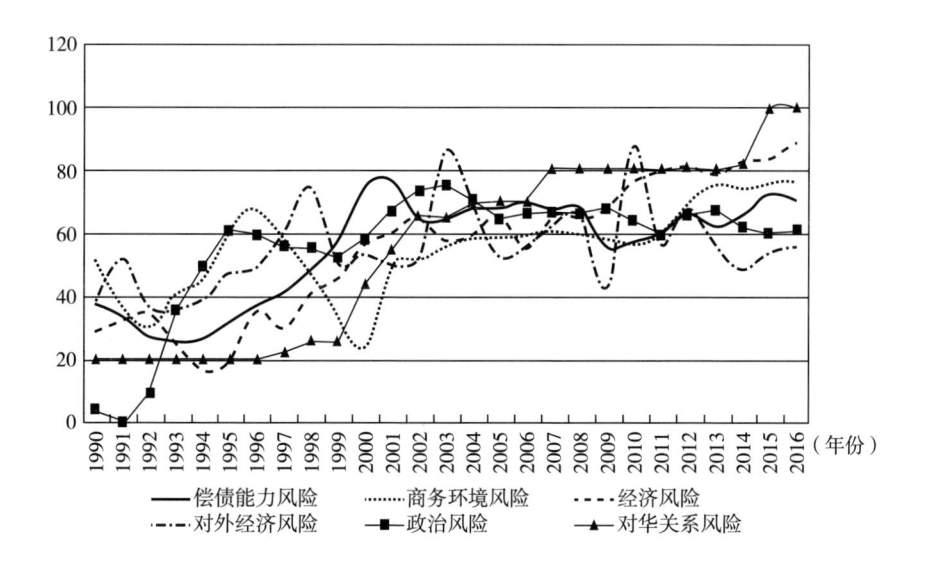

图8-23 最不发达国家类别风险趋势比较

2. 偿债能力风险方面

统计显示，考察期内最不发达国家的偿债能力风险总体呈下降趋势（见图8-23）。具体可分为两个阶段，1990—2001年为风险快速下降阶段，2001—2016年为风险稳定阶段（见图8-24）。图8-24显示，1990—2016年最不发达国家偿债能力风险较大（指数为55.50），1990—1999年平均偿债能力风险非常高（指数为36.59），2000—2009年和2010—2016年平均风险偏小（指数为67.74和65.01）。总体而言，最不发达国家的偿债能力风险很大，但在2000年之后，有较明显改善，风险减小。

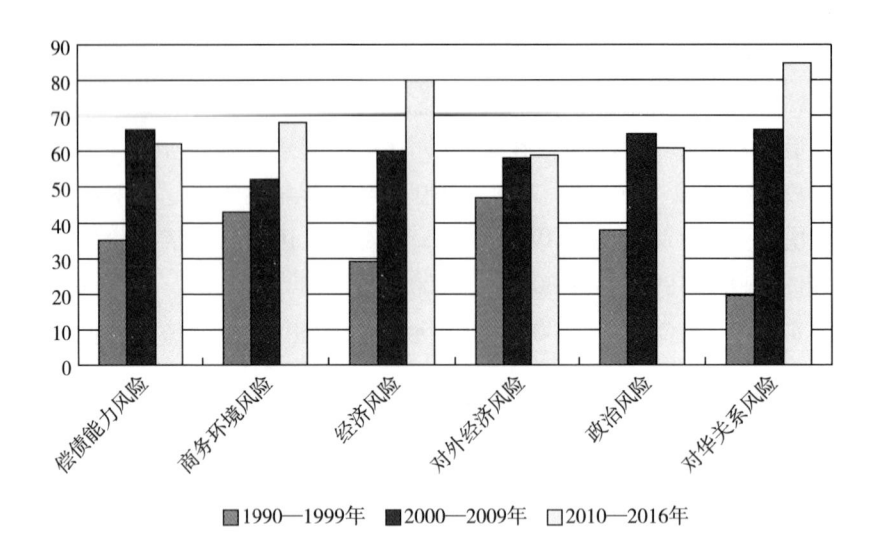

图 8-24 最不发达国家类别风险指数分段平均及趋势比较（1990—2016年）

### 3. 商务环境风险方面

图 8-23 和图 8-24 显示，1990—2016 年最不发达国家商务环境风险指数趋势可以分为两个阶段，即 1993—2000 年倒"U"形波动阶段和 2001—2016 年持续上升（风险下降）阶段。基于阶段性平均风险指数来看，考察期最不发达国家商务环境风险指数总体呈上升（风险下降）趋势。图 8-24 显示，1990—2016 年最不发达国家商务环境风险指数为 55.50，1990—1999 年为 47.22，2000—2009 年为 53.83，2010—2016 年为 69.65。1990—2016 年最不发达国家商务环境风险水平很高，其中 2010—2016 年商务环境有所改善，风险呈下降态势。

### 4. 政治风险方面

统计显示，样本考察期最不发达国家的政治风险总体呈下降趋势（见图 8-23）。具体可分为两个阶段，即 1990—2002 年风险快速下降阶段和 2003—2016 年风险稳定阶段（见图 8-23）。图 8-23 显示，1990—2016 年最不发达国家政治风险指数为 55.49，1990—1999 年为 38.23，这两个阶段风险很高；2000—2009 年平均风险指数为 67.71，2010—2016 年为 62.70，这两阶段风险偏低。总体而言，最不发达国家政治治理逐渐好转，政治风险逐渐下降。

## 5. 对外经济风险方面

图 8-23 显示，最不发达国家对外经济风险指数虽然波动显著，但总体呈上升趋势。统计显示，1990—2016 年最不发达国家对外经济风险指数为 55.48，1990—1999 年为 48.25，2000—2009 年为 58.93，2010—2016 年为 66.89。风险指数显示，最不发达国家对外经济风险指数较大，但随着对外经济交往不断提高，参与全球经济不断深化，对外经济风险逐步下降。

## 6. 对华关系风险方面

1990—2016 年最不发达国家的对华关系风险总体呈持续下降趋势。具体而言，1990—2007 年为最不发达国家对华关系风险的显著下降期。平均风险指数显示，整个考察期（1990—2016 年）最不发达国家的对华关系风险指数为 55.50，1990—1999 年为 21.24，2000—2009 年为 68.13，2010—2016 年为 89.39。

## 7. 最不发达国家类别风险的阶段性比较

统计分析最不发达国家类别风险阶段性分布（见图 8-24、图 8-25）显示，2000—2009 年和 2010—2016 年两个时期，所有类别风险较

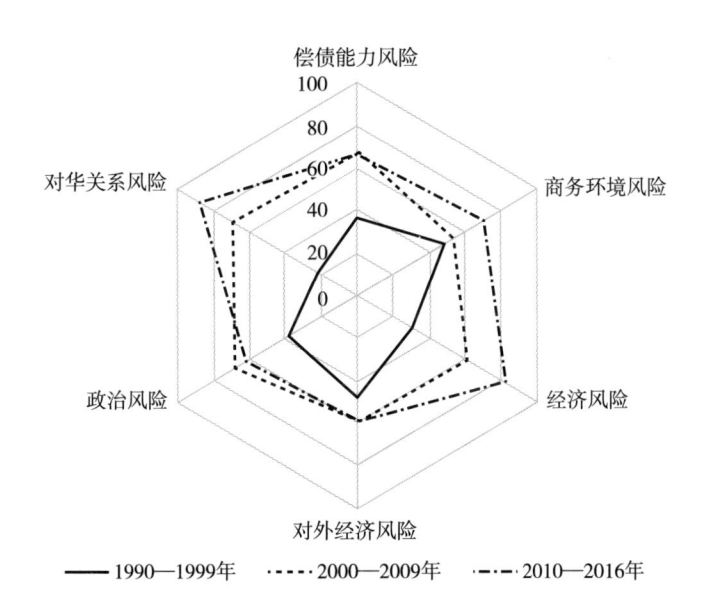

图 8-25 最不发达国家类别风险指数蛛网分布（1990—2016 年）

1990—1999 年均下降；但相较 1990—1999 年而言，2000—2009 年经济风险、商务环境风险和对华关系风险有明显下降。综观整个考察期，最不发达国家各类风险均呈总体下降态势，这表明最不发达国家在经济、政治和社会环境治理方面不断加强，经济发展水平和社会稳定性不断提高。

## 第三节 不同收入水平国家相同类别风险比较

### 一 不同收入水平经济体的偿债能力风险比较

图 8-26、图 8-27 显示，1990—2016 年不同收入水平经济体之间的偿债能力风险指数趋势具有较明显的同步性，其中，低收入国家偿债能力风险趋势波动很大，与其他组别的同步性（在 [0.38, 0.54] 区间）较弱，其他组别国家偿债能力风险指数同步系数均在 [0.87, 0.935] 区间，同步水平极高。图 8-27 显示，1990—1999 年，除低收入国家外，其他组别国家的平均偿债能力风险水平非常高；2000—2009 年，所有国家平均偿债能力风险水平很低；在 2010—2016 年，低收入国家偿债能力风险非常高，高收入国家风险次之（中等风险水平），中高收入和中低收入国家的平均风险最低。

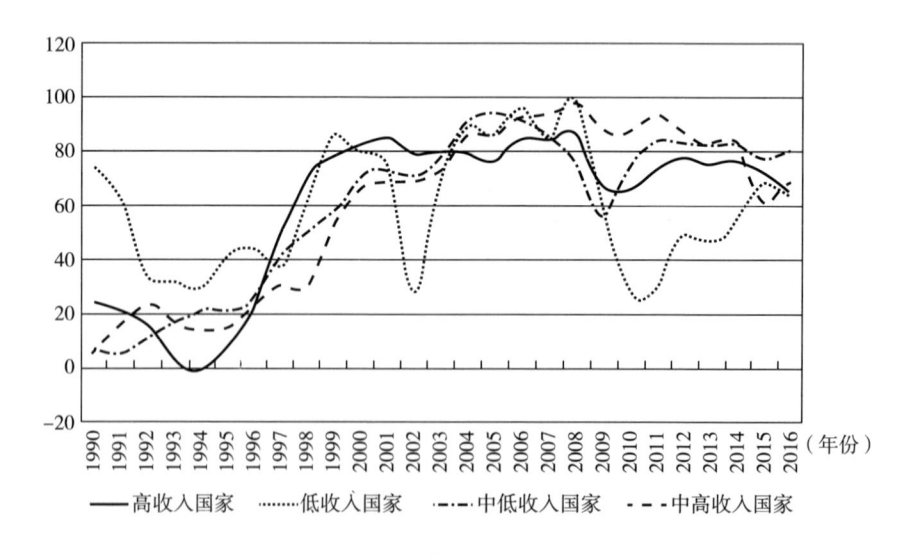

图 8-26 不同收入水平经济体的偿债能力风险趋势

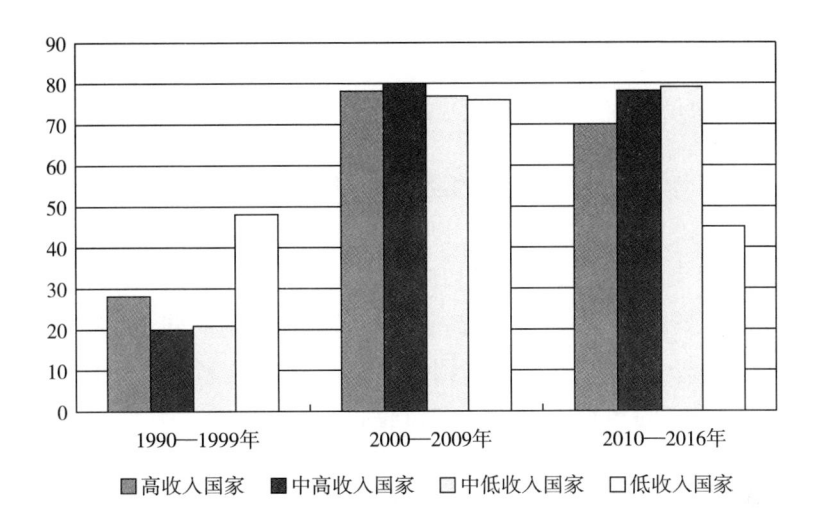

**图 8-27 不同收入水平经济体偿债能力风险阶段性趋势比较**

## 二 不同收入水平经济体的商务环境风险比较

图 8-28 显示,高收入国家的商务环境风险较稳定,中高收入国家、中低收入国家和低收入国家的商务环境波动明显,特别是在 1990—2002 年。从 2000—2016 年平均风险指数来看,商务环境风险水

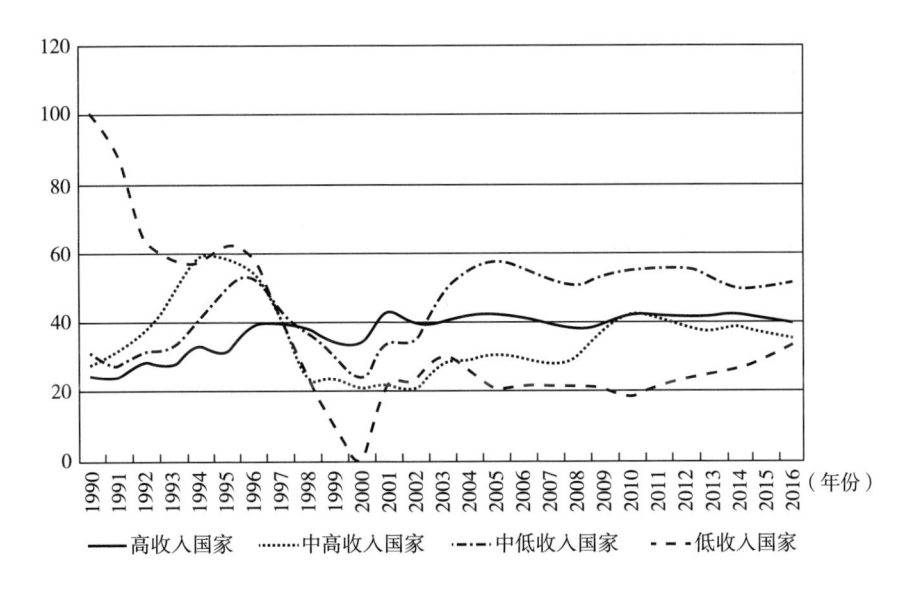

**图 8-28 不同收入水平经济体的商务环境风险趋势比较**

207

平由低到高的顺序分别是中低收入国家、高收入国家、中高收入国家和低收入国家。其中，低收入国家的商务环境自2010年呈优化趋势，风险不断下降。

### 三 不同收入水平经济体的经济风险比较

基于风险评估和统计显示（见图8-29、表8-1），高收入国家、中高收入国家、中低收入国家和低收入国家之间相邻收入水平组别之间的经济风险趋势同步性明显高于不相邻组别之间的同步性。趋势比较发现，1990—1999年高收入国家、中高收入国家、中低收入国家和低收入国家的风险排序（由低到高风险水平排序）经过2000—2007年和2008—2016年慢慢调整和演化成为低收入国家、中低收入国家、中高收入国家和高收入国家的排序格局，完全逆转了20世纪90年代排序情况。这是一个很有趣的研究结果，笔者称为风险排序逆转现象。

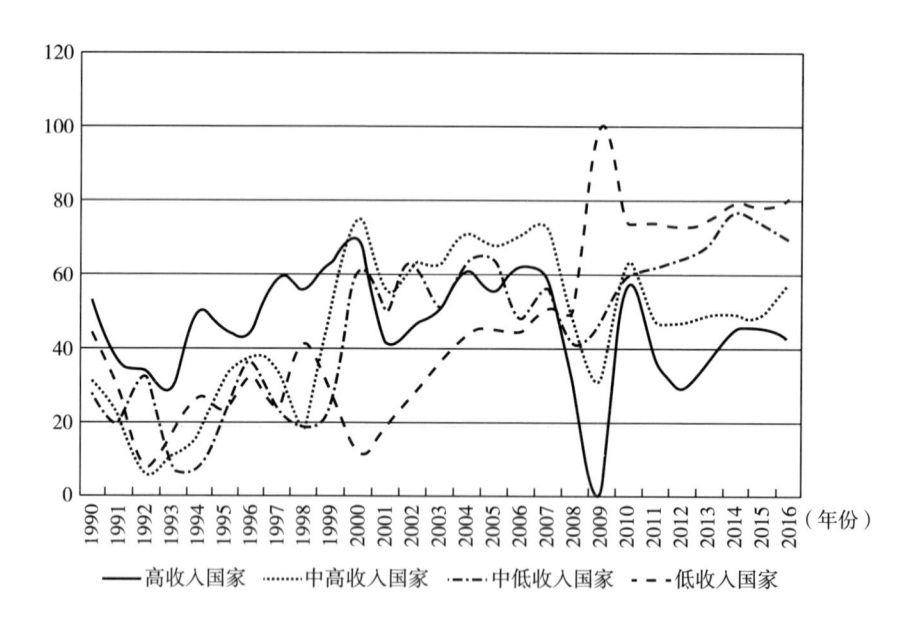

图8-29 不同收入水平国家的经济风险趋势比较

表8-1　不同收入水平国家的经济风险指数相关性比较

|  |  | 高收入国家 | 中高国家 | 中低收入国家 | 低收入国家 |
|---|---|---|---|---|---|
| 高收入国家 | 皮尔森相关 | 1 |  |  |  |
|  | 显著性（单尾） |  |  |  |  |
| 中高国家 | 皮尔森相关 | 0.475** | 1 |  |  |
|  | 显著性（单尾） | 0.006 |  |  |  |
| 中低收入国家 | 皮尔森相关 | 0.027 | 0.739** | 1 |  |
|  | 显著性（单尾） | 0.446 | 0.000 |  |  |
| 低收入国家 | 皮尔森相关 | -0.395* | 0.233 | 0.602** | 1 |
|  | 显著性（单尾） | 0.021 | 0.121 | 0.000 |  |

注：*表示相关性在0.05水平下显著（单尾），**表示相关性在0.01水平下显著（单尾）；下同。

### 四　不同收入水平经济体的对外经济风险

基于风险评估结果统计显示（见图8-30），不同收入水平的国家中，相邻收入水平国家之间的对外经济风险趋势的同步性高于不相邻的收入水平国家（见表8-2），尤其是2007年之后该特征尤为显著（同步系数均在[0.789，0.936]）。基于趋势比较发现（见图8-30），1990—1999年高收入国家、中高收入国家、中低收入国家和低收入国家的风险排序（由低到高风险水平排序）经过2000—2007年和2008—2016年慢慢演化，形成风险排序逆转现象，与上文类似情况。

表8-2　不同收入水平国家的对外经济风险指数相关性比较

|  |  | 高收入国家 | 中高收入国家 | 中低收入国家 | 低收入国家 |
|---|---|---|---|---|---|
| 高收入国家 | 皮尔森相关 | 1 |  |  |  |
|  | 显著性（单尾） | 0.000 |  |  |  |
| 中高收入国家 | 皮尔森相关 | 0.819** | 1 |  |  |
|  | 显著性（单尾） | 0.000 | 0.000 |  |  |
| 中低收入国家 | 皮尔森相关 | 0.295 | 0.487** | 1 |  |
|  | 显著性（单尾） | 0.068 | 0.005 | 0.000 |  |
| 低收入国家 | 皮尔森相关 | 0.011 | 0.312 | 0.692** | 1 |
|  | 显著性（单尾） | 0.479 | 0.057 | 0.000 | 0.000 |

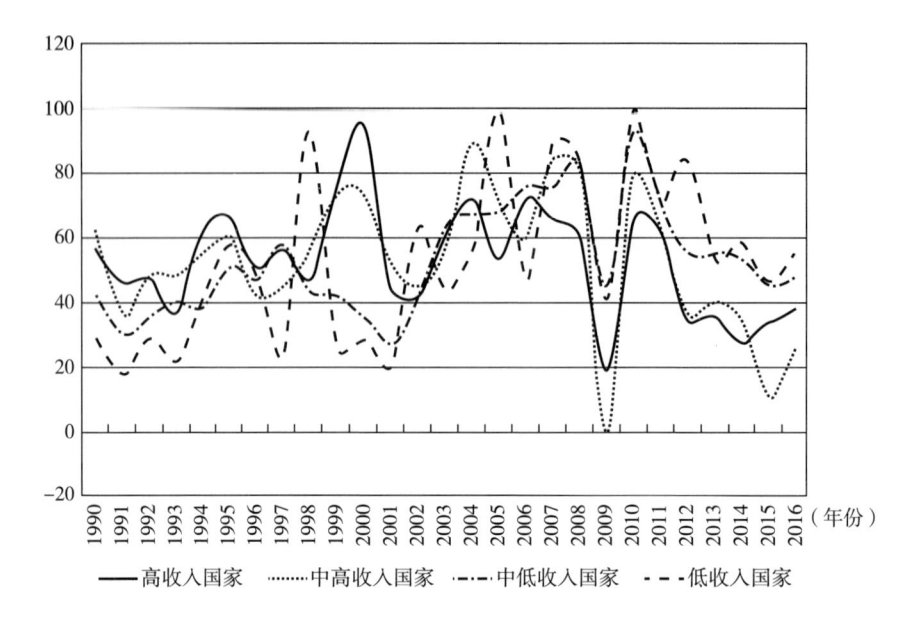

**图 8-30 不同收入水平国家的对外经济风险趋势比较**

### 五 不同收入水平经济体的政治风险比较

统计显示（见图 8-31），不同收入水平国家的政治风险在 1990—1995 年呈快速下降趋势，2007 年后呈长期持续上升趋势。低收入国家与中低收入国家政治风险同步性很高（同步系数为 0.93），中低收入国家与中高收入国家的同步性次之（同步系数为 0.76），中高收入国家与高收入国家的同步性为第三（同步系数为 0.54），低收入国家与高收入国家的同步性最低（同步系数为 0.03）。在考察期，不同收入水平类型经济体的政治风险水平排序也出现逆转现象，逆转时期集中在世纪之交前后。

### 六 不同收入水平经济体的对华关系风险比较

不同收入水平国家的对华关系风险趋势（见图 8-32）显示，不同收入水平国家对华关系水平在时间分布上有明显差异。高收入国家在 1990—2000 年对华关系为稳步提升，在 2000—2005 年提升速度明显增加，而在 2005—2016 年则为停滞状态；中高收入国家在 1990—2010 年对华关系持续稳步提升，而在 2010—2013 年和 2015—2016 年加速提升；中低收入国家对华关系水平一直处于波动与提升态势；低收入国家

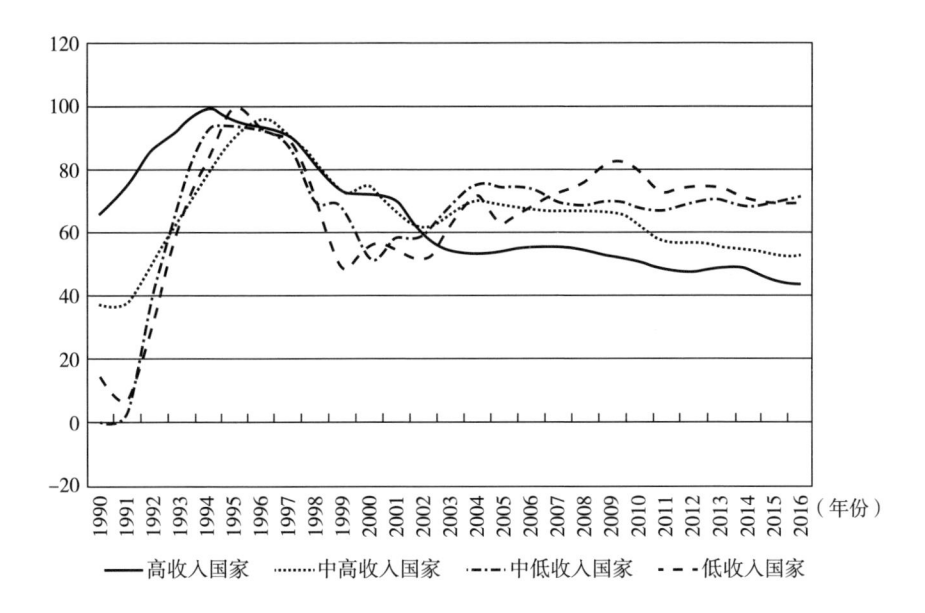

图 8-31　不同收入水平国家的政治风险趋势比较

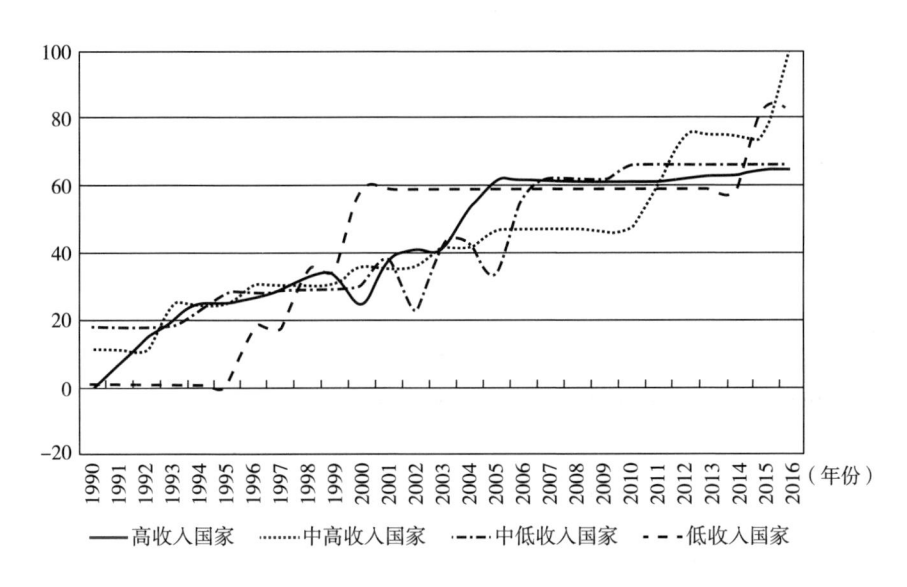

图 8-32　不同收入水平国家的对华关系风险趋势比较

对华关系的变化主要体现在1995—2000年和2014—2015年。从2011—2016年各类经济体对华关系风险水平来看，中低收入国家和低收入国家对华关系风险远低于高收入国家。

211

## 第四节　不同发展水平的相同类别风险比较

### 一　不同发展水平经济体的偿债能力风险比较

趋势比较分析显示（见图8-33、图8-34），发达国家、发展中国家和最不发达国家的偿债能力风险趋势指数具有显著同步性，三者两两同步系数均高于0.75，而发达国家与发展中国家同步性更高（同步性指数为0.93）。图8-34显示，在1990—1999年，发达国家、发展中国家和最不发达国家的偿债能力风险都非常高；2000—2016年三个组别经济体的平均偿债能力风险很低；与2000—2009年相比，2010—2016年所有组别该项风险均略有上升。2010—2016年偿债能力风险水平最高的为发达国家，其次为最不发达国家，发展中国家该类风险相对最低。

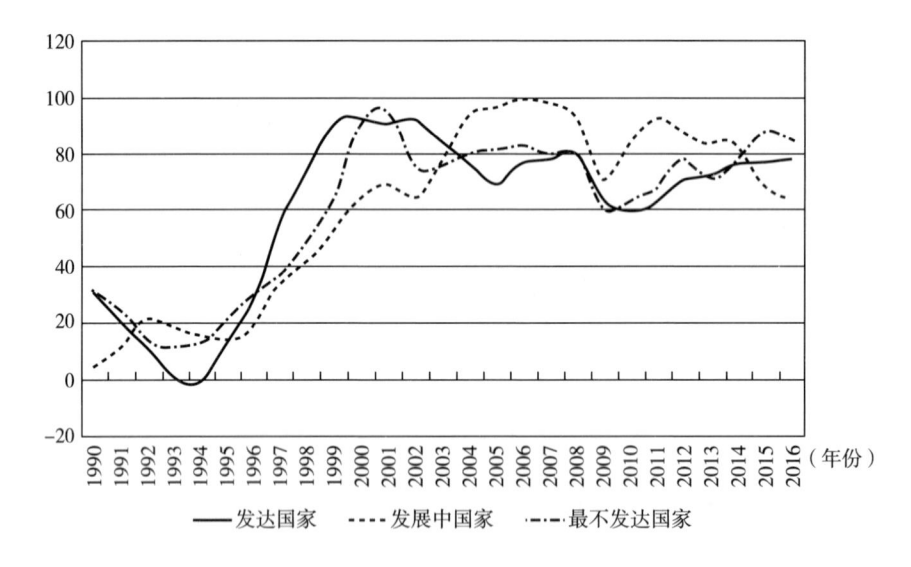

图8-33　不同发展水平经济体的偿债能力风险比较

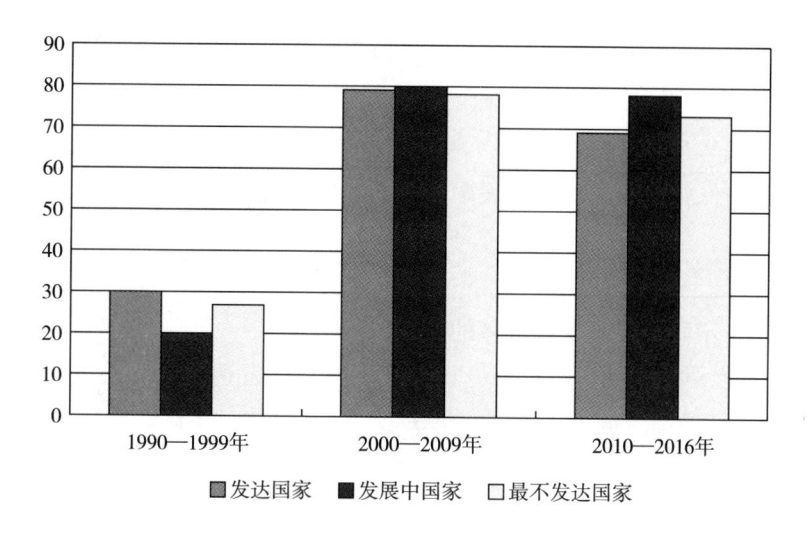

第八章 中国对外直接投资国家组别类别风险评估

图 8-34 不同发展水平经济体的偿债能力风险分布比较

## 二 不同发展水平经济体的商务环境风险比较

统计显示（见图 8-35），发达国家、发展中国家和最不发达国家的商务环境风险指数趋势具有一定同步性，同步系数在 [0.46，0.70] 区间。在 1990—2000 年，三类经济体商务环境风险都呈倒"U"形波

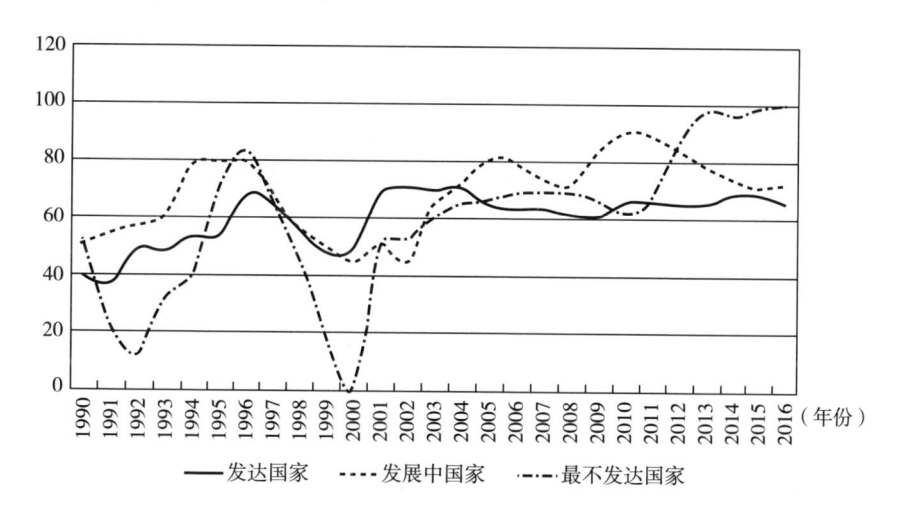

图 8-35 不同发展水平经济体的商务环境风险趋势比较

213

动趋势。统计显示，商务环境风险指数趋势波动性与经济发展水平成反比（发达国家、发展中国家和最不发达国家商务环境风险指数的标准差分为别 9.6、13.6、26.3）。从 2000—2016 年平均风险指数来看，风险水平由低到高的顺序是发展中国家、最不发达国家和发达国家。值得关注的是，最不发达国家商务环境自 2011 年起呈优化趋势明显，风险快速下降。

### 三　不同发展水平经济体的经济风险比较

风险评估结果和统计显示（见图 8-36），发达国家、发展中国家和最不发达国家的经济风险在 1990—2007 年总体呈下降趋势；在 2007 年之后，发展中国家和发达国家经济风险呈上升趋势，而最不发达国家风险呈持续下降趋势。在 2007 年前后，不同发展水平经济体的经济风险水平出现风险排序逆转现象。

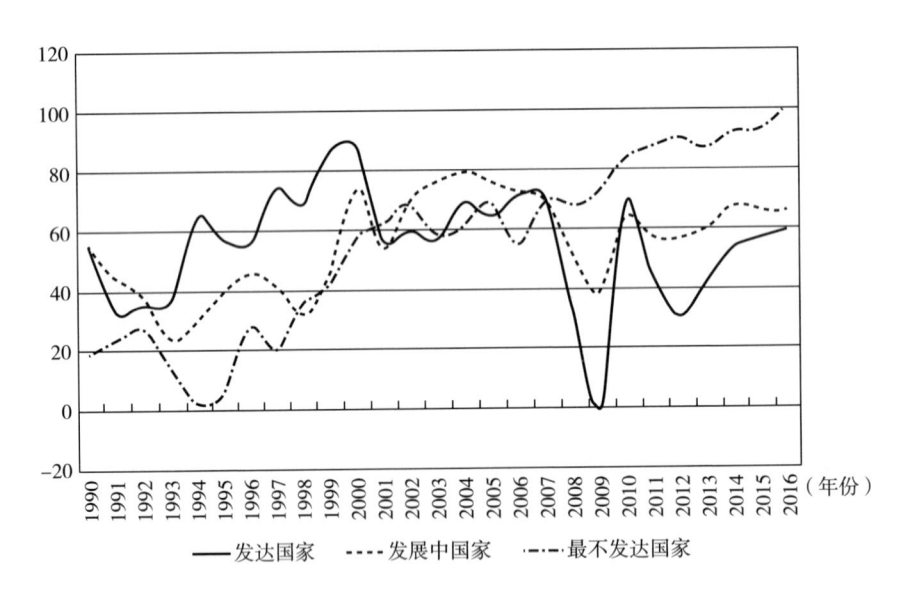

图 8-36　不同发展水平国家的经济风险趋势比较

### 四　不同发展水平经济体的对外经济风险

统计显示（见图 8-37），发达国家、发展中国家和最不发达国家对外经济风险在国际金融危机之前（2008—2009 年）呈下降趋势，2010—2014 年该风险迅速提高，2015—2016 年出现下降迹象。1990—

2016年发达国家、发展中国家和最不发达国家的对外经济风险水平排序（由低到高风险水平排序）经过2000—2007年和2008—2016年慢慢演化，到2010—2016年三个组别经济体的风险水平排序逆转。

图8-37显示，发达国家与发展中国家对外经济风险趋势的同步性较高（同步系数为0.61），二者与最不发达国家的同步性弱（同步系数在[0.25，0.37]）。从图形趋势上看，最不发达国家对外经济风险趋势滞后于发达国家和发展中国家2—3年（除了2008—2009年国际金融危机期间），这部分地表明发达国家和发展中国家的对外经济影响将在2—3年后传递到最不发达国家。

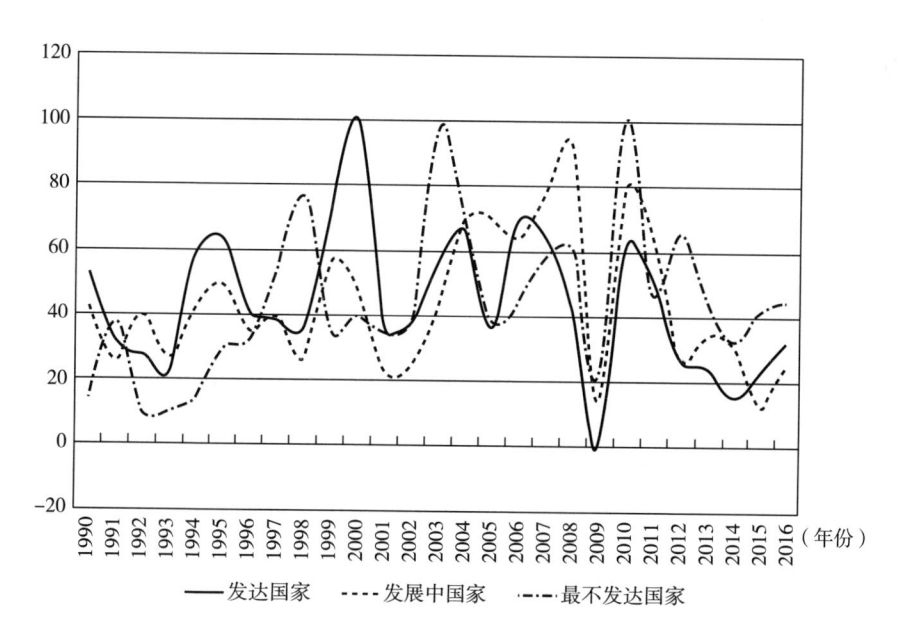

图8-37 不同发展水平国家的对外经济风险趋势比较

### 五 不同发展水平经济体的政治风险比较

分析结果显示（见图8-38），发达国家、发展中国家和最不发达国家的政治风险在1990—1995年呈快速下降趋势，在2007—2016年呈长期持续上升态势。最不发达国家与发展中国家政治风险同步性较高（同步系数为0.62），发展中国家与发达国家的同步性次之（同步系数为0.144），最不发达国家与发达国家的同步性最弱（同步系数

-0.60)。图8-38显示，不同发展水平国家的政治风险水平排序在1990—2016年发生了逆转。

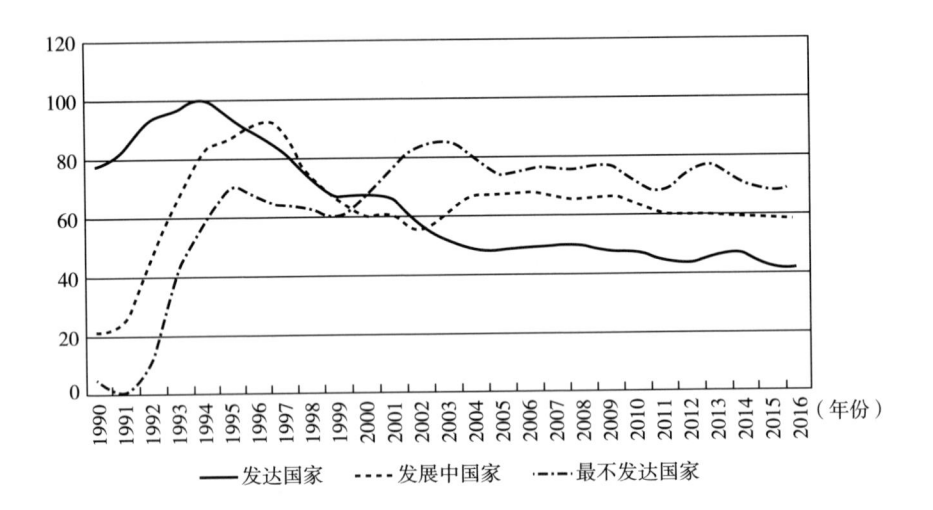

**图8-38 不同发展水平国家的政治风险趋势比较**

### 六 不同发展水平经济体的对华关系风险比较

图8-39趋势比较显示，不同发展水平国家对华关系在时间分布上存在明显差异。发达国家在1990—2005年对华关系表现为持续提升，在2005—2016年则处于稳定状态；发展中国家在1990—2010年对华关系表现为稳定提升，在2010—2013年和2015—2016年两阶段迅速提升；最不发达国家对华关系提升主要体现在1999—2007年和2014—2015年。从近五年趋势来看，发展中国家和最不发达国家对华风险低于发达国家。值得一提的是，与上文其他风险趋势结果一样，发达国家、发展中国家和最不发达国家的对华关系风险水平排序在1990—2016年发生了逆转。

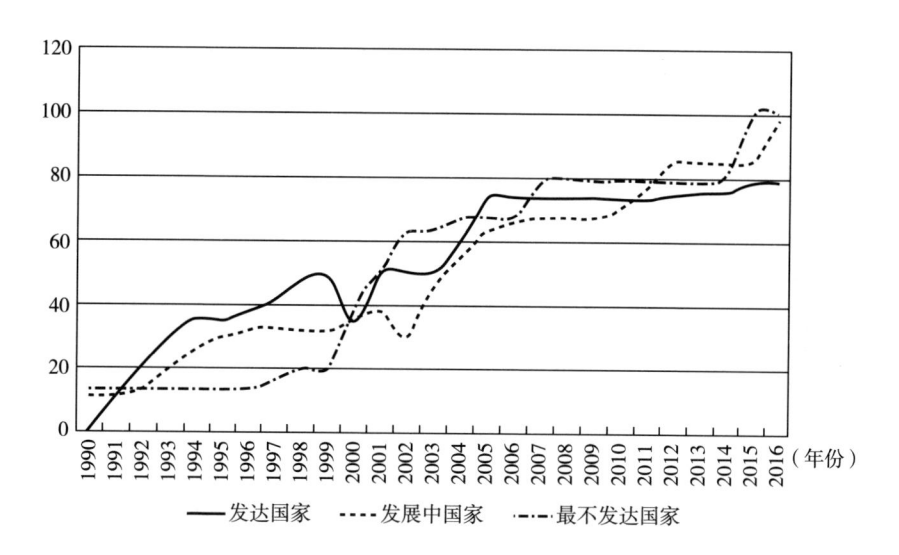

图 8-39 不同发展水平国家的对华关系风险趋势比较

# 第九章

# 中国对外直接投资总体风险评估

## 第一节 中国对外直接投资的总体类别风险评估结果与分析

根据本书的风险评估方法和全面性考虑,我们在国别类别风险基础上将采用 GDP 占比、OFDI 占比和混合占比(GDP 和 OFDI 综合占比,简称混合法)等权重计算方法评估中国 OFDI 类别风险。[①] 由于中国 OFDI 流量统计数据只能追溯到 2003 年,因此我们对中国 OFDI 总体类别风险的考察期确定为 2003—2016 年。GDP 占比、OFDI 占比和混合占比的含义在前文已作说明,在此不再赘述。本章将对评估结果进行分析比较。

### 一 中国对外直接投资偿债能力风险评估和分析

图 9-1 显示,通过三种占比方法评估得出的中国 OFDI 偿债能力风险指数。很容易看到,基于 GDP 占比和 OFDI 占比的评估结果在时间分布趋势上具有很强的同步性,混合占比的评估结果极大地抑平了前二者的波动,基本上为一条水平直线。从风险指数来看,OFDI 占比法所得的平均风险指数高于基于 GDP 占比法的评估结果,而混合法评估的风险指数结果则远低于前二者。统计显示,三种方法的评估结果差异很大。

基于风险评估结果趋势,我们把考察期分为 2003—2007 年、

---

① 中国 OFDI 类别风险估计方法在前文第五章第四节已作专门说明。

2008—2011 年和 2012—2016 年三个阶段。GDP 占比法和 OFDI 占比法的风险评估结果显示，2003—2007 年中国 OFDI 的偿债能力风险呈下降趋势，2008—2009 年该项风险迅速上升并在 2009—2011 年处于较高水平，2012—2016 年逐渐下降，其中 2014—2015 年出现小幅度上升。图 9-1 显示，GDP 占比法和混合法评估结果的风险水平很高，而 OFDI 占比法的评估结果显示为低风险水平；2013—2016 年阶段性统计来看，GDP 占比法、OFDI 占比法和混合法评估出的平均风险指数分别为 66.7（风险偏低）、73.66（风险较小）和 42.30（风险很高）。

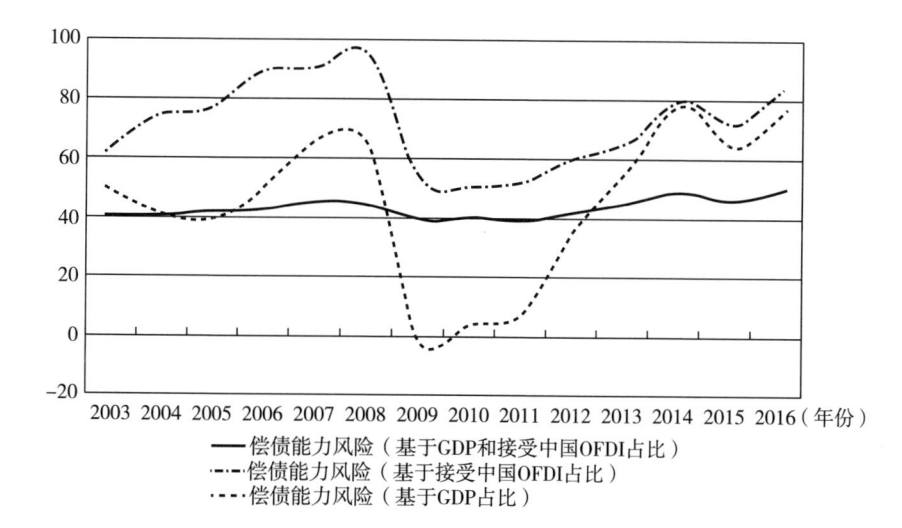

**图 9-1　中国对外直接投资偿债能力风险趋势**

## 二　中国对外直接投资经济风险评估和分析

基于 GDP 占比法和 OFDI 占比法的风险评估结果显示（见图 9-2），中国 OFDI 东道国的经济风险在 2007—2013 年出现显著波动，主要体现在 2008—2009 年国际金融危机期间和 2011—2012 年欧洲债务危机期间。[①] 评估结果显示，2012—2016 年中国对外直接投资经济风险逐渐下降，平均经济风险指数为 92.27，即经济风险水平极低。混合法评

---

① 笔者认为，国际金融危机和欧洲债务危机直接影响及相关预期带来经济风险波动和经济风险大幅提高。

估结果显示，中国 OFDI 东道国的经济风险指数为 72.94，经济风险水平较低。混合法与前两种方法的评估结果相比，风险指数趋势波动幅度大幅缩小，但混合法的评估结果与基于 GDP 占比法和 OFDI 占比法计算所得的风险指数趋势的同步性水平仍然很高，同步性系数均在 [0.81，0.91] 区间。但相对而言，基于 GDP 占比法和 OFDI 占比法的风险评估结果的趋势同步性更高（同步性指数为 0.93）。

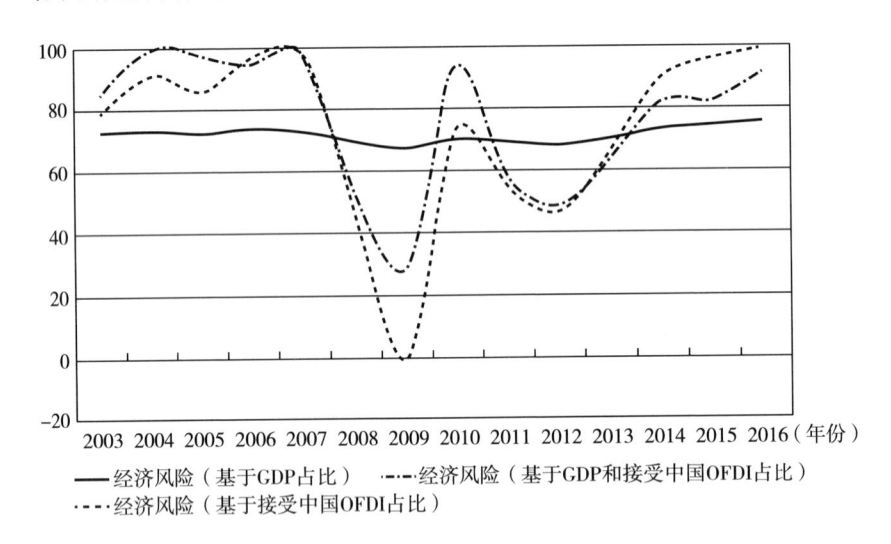

图 9-2　中国对外直接投资经济风险趋势

### 三　中国对外直接投资商务环境风险

从评估结果的趋势来看（见图 9-3），GDP 占比法、OFDI 占比法和混合法估计的中国 OFDI 商务环境风险差异很大。GDP 占比法和混合法估计的风险水平很高，而 OFDI 占比法评估风险水平相对低得多，平均风险指数为 75.47（处在低风险水平）。在 2012—2016 年，GDP 占比法、OFDI 占比法和混合法估计的平均商务环境风险指数分别为 63.22（风险偏小）、72.08（风险较小）和 39.18（风险很高）。同三种评估方法的结果同步性来看，GDP 占比法和 OFDI 占比法两种风险估计结果的趋势同步性非常高（同步系数为 0.81），两者与混合法评估结果的同步性相对较弱（平均同步系数为 0.72），但仍然显示为较高同步水平。

总之，2003—2016 年中国 OFDI 商务环境风险总体呈上升趋势，2015—2016 年风险呈加速增加趋势。

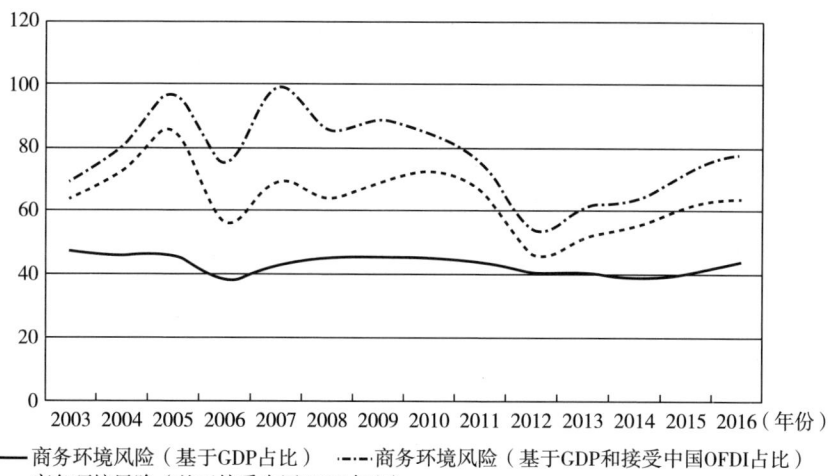

第九章 | 中国对外直接投资总体风险评估

**图 9-3 中国对外直接投资商务环境风险趋势**

## 四 中国对外直接投资政治风险评估和分析

中国 OFDI 政治风险评估结果呈现在图 9-4 中。评估结果显示，GDP 占比法、OFDI 占比法和混合法测算出来的中国 OFDI 政治风险差异很大。混合法估计风险指数很高（风险很低），远高于其他两种方法的评估结果。GDP 占比法和基于 OFDI 占比法所得的风险指数波动明显，总体呈明显下降趋势，在 2007—2016 年下降趋势尤为明显。

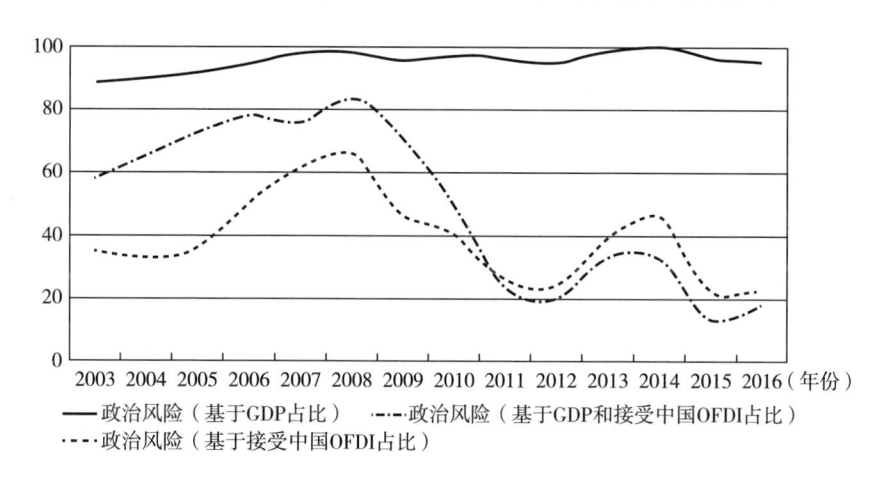

**图 9-4 中国对外直接投资政治风险趋势**

221

### 五 中国对外直接投资对外经济风险

GDP 占比法和 OFDI 占比法评估结果（见图 9-5）显示，由于国际金融危机，2007—2010 年中国 OFDI 东道国对外经济风险出现显著波动，2008—2009 年对外经济风险短时期大幅增加。评估结果显示，2013—2016 年中国 OFDI 对外经济风险总体呈上升趋势，平均经济风险指数为 51，风险水平非常高。GDP 占比法和 OFDI 占比法的评估结果具有很高同步性（同步指数为 0.91）。混合占比法的评估结果显示的风险指数为 49.59，风险水平很高。

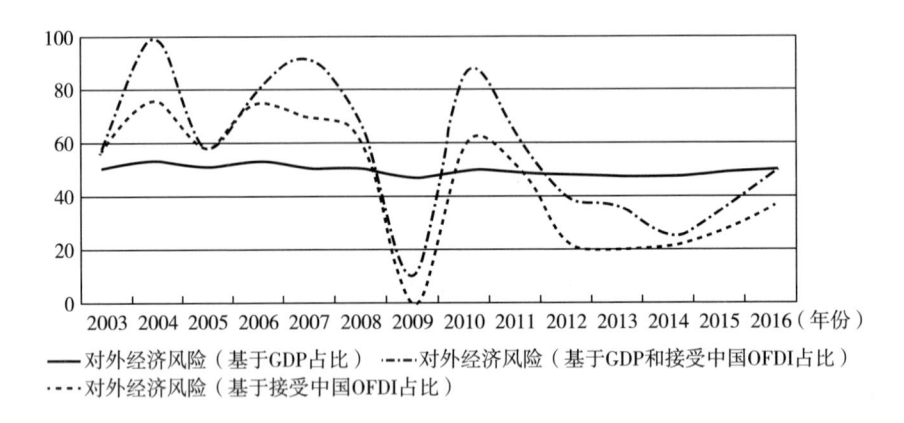

图 9-5 中国对外直接投资对外经济风险趋势

### 六 中国对外直接投资对华关系风险

GDP 占比法、OFDI 占比法和混合法估计风险指数（见图 9-6）显示，中国 OFDI 东道国对华友好关系不断提升，国际关系风险逐渐下降，2003—2005 年该风险下降程度尤为显著。统计显示，GDP 占比法和 OFDI 占比法估计的对华关系风险水平较低，风险指数分别为 75.83 和 64.69。而混合法评估结果显示该项风险非常大（风险指数仅为 28.97）。

### 七 风险评估结果的选择

上文用三种方法评估了中国 OFDI 的东道国各类风险，分析结果显示三种方法的评估结果差异巨大。混合法与 GDP 占比法和 OFDI 占比法的评估结果相去甚远，混合法风险评估结果要么极大或要么极小，与现

## 第九章 中国对外直接投资总体风险评估

实基本情况不相符合，因此我们在本书中将主要基于 GDP 占比法和 OFDI 占比法的评估结果，混合法风险评估结果仅供参考。

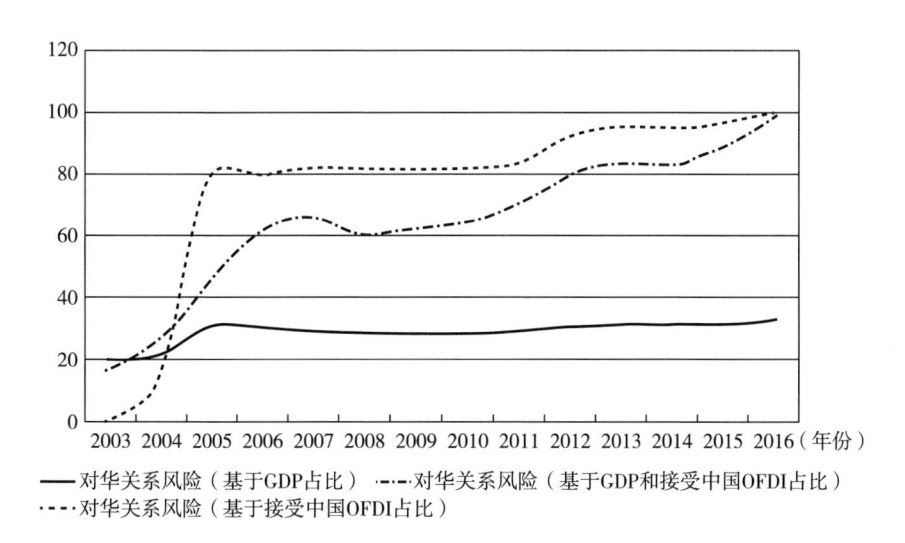

**图 9-6　中国对外直接投资东道国对华关系风险趋势**

上文中 GDP 占比法和 OFDI 占比法评估的风险结果趋势同步但风险水平差异明显。笔者认为，在评估中国 OFDI 综合风险中，OFDI 占比法比 GDP 占比法更科学。首先，风险结果是指在投资收益和投资安全方面的不良后果，本质上是中国 OFDI 的损失程度和可能性，而东道国 GDP 体量和增长率是中国 OFDI 决策因素而不是中国 OFDI 风险的直接内容，东道国 GDP 的不利结果更不是中国 OFDI 需要考察的风险结果；其次，在某特定东道国风险水平不变的情况下，该东道国接受的中国 OFDI 存量变化将会更直接改变中国 OFDI 风险结构和整体风险水平。

换句话说，接受中国 OFDI 最多、GDP 占比最大的经济体的国家风险对中国 OFDI 总体风险影响越大。而 GDP 体量较大经济体，如果接受中国直接投资存量较小，对我国 OFDI 风险也较小。鉴于此，笔者选择基于 OFDI 占比法的评估结果来刻画中国 OFDI 总体风险水平和趋势。

## 第二节　中国对外直接投资的总体风险评估

### 一　评估说明

正如上文所述，笔者选择基于 OFDI 占比法的评估结果来刻画和阐释中国 OFDI 总体风险水平和趋势，因此本部分将基于 OFDI 占比法得出的六类风险评估结果展开中国 OFDI 综合风险评估。需要指出的是，六种类别风险在中国 OFDI 综合风险中的权重难以确定，陈菲琼（2011）和中国社会科学院（CROIC – IWEP，2017）取加权平均得出综合风险指数，而 ICRG（PRS 集团）直接加总得出综合风险指数。笔者认为，各类别风险在中国 OFDI 综合风险的分量是不相同的，基于各类别风险影响大小确定各自权重显得更科学。鉴于此，笔者采用因子分析中的特征值占比作为各类别风险的加权系数，基于此得出中国 OFDI 综合风险得分（综合风险指数）[①]，并与算术平均法获得的综合风险指数相比较。两种方法计算的综合风险指数显示于图 9 – 7。

### 二　综合风险趋势和等级分析

综合风险评估结果显示在见图 9 – 7，1990—2016 年中国 OFDI 综合风险指数波动很大，说明中国 OFDI 环境在长期内变化很大，需要进行适时风险研究和投资策略调整。从滤波趋势来看（见图 9 – 8），1990—2016 年中国 OFDI 综合风险指数总体呈增大趋势，这表明在考察期中国 OFDI 总体风险水平呈下降态势，国际投资环境总体向好。

从基于特征值占比和算术平均两种方法的风险指数趋势来看，两个综合风险指数总体趋势相似，同步性较明显（同步性指数为 0.42）；两者滤波数据的趋势显示出更显著的同步水平，CM 同步指数达到 0.84。风险指数趋势（见图 9 – 7、图 9 – 8）显示，1990—2016 年中国 OFDI 综合风险指数经历了上升（风险下降）—下降（风险上升）—上升（风险下降）的波动过程。其中 1990—1999 年为上升（风险下降）阶段，1999—2010 年为下降（风险上升）阶段，2010—2016 年为上升（风险下降）阶段。

---

[①] 中国 OFDI 综合风险指数的计算方法在前文第五章第四节已作专门说明。

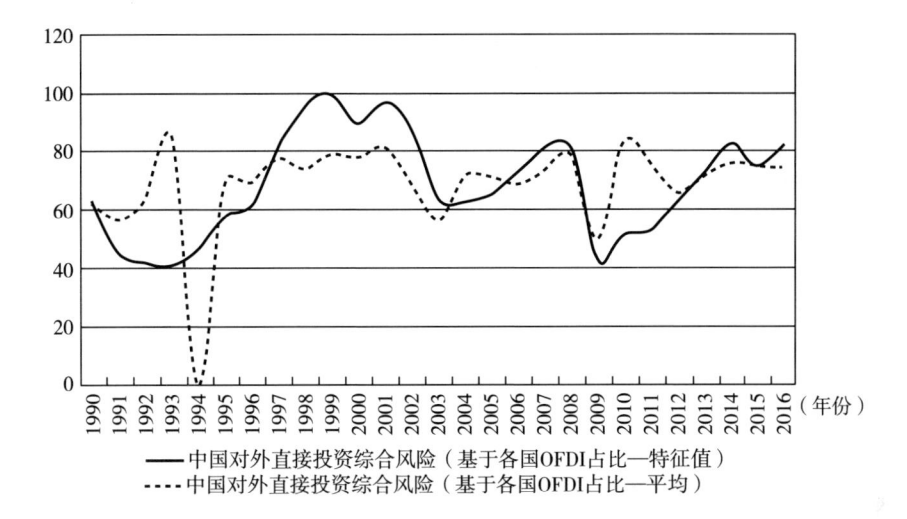

图 9-7 中国对外直接投资综合风险指数趋势

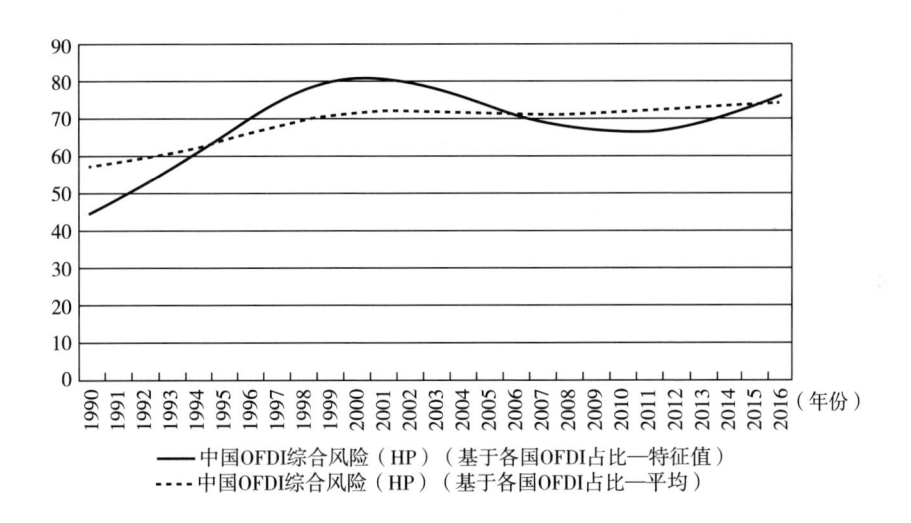

图 9-8 中国对外直接投资综合风险指数滤波趋势

统计显示，1990—1996 年我国 OFDI 风险很高，平均风险指数低于 49.9；1997—2008 年我国 OFDI 总体大幅下降，风险指数在 [60.00，100] 区间，风险水平较低；2008—2012 年由于国际金融危机的影响，中国 OFDI 处于高风险水平；2012—2016 年该风险逐渐减小，平均风险指数在 [70.00，79.99] 区间，总体处于低风险投资环境。

225

## 三 综合风险与经济波动互动分析

我们以世界经济增长率来替代经济波动，分析其与中国 OFDI 的综合风险的互动关系。选择世界经济增长率而非样本国 GDP 平均增长率的原因包括：第一，后者可能降低了国别增长率原数据的内在统计特性。第二，世界经济增长率和样本国 GDP 平均增长率具有较明显的一致趋势（见图 9-9）。

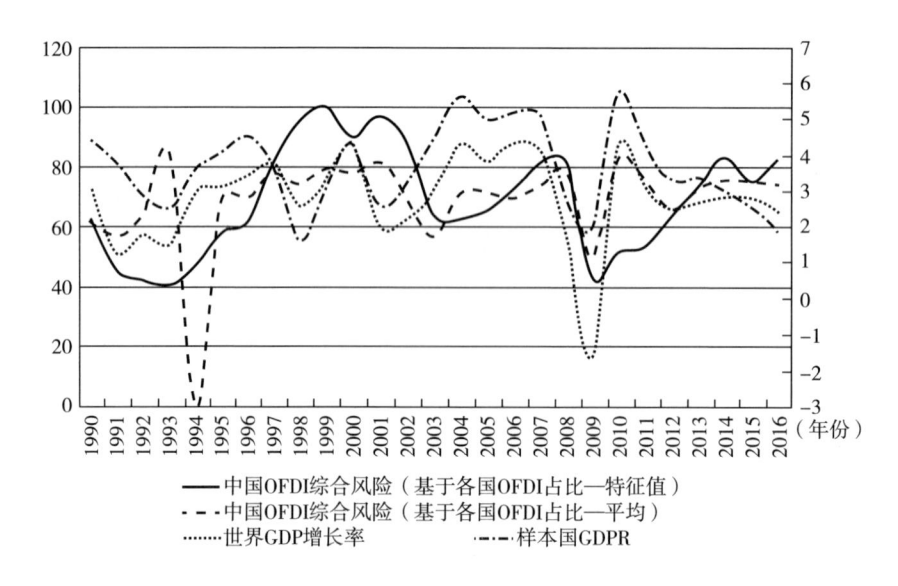

**图 9-9 中国对外直接投资综合风险指数与世界 GDP 增长率趋势**

图 9-9 显示了中国对外直接投资综合风险指数与世界 GDP 增长率趋势。统计结果显示，经济波动与综合风险具有一定同步性。相关性和同步性检验显示，基于特征值占比和算术平均计算的综合风险指数与世界 GDP 的增长率相关分别为 0.308 和 0.438，同步指数为 0.31 和 0.44，两者具有中等互动水平。

# 第十章

# 中国对外直接投资风险等级

前文已经对各类风险指数进行了评估，本书设定风险指数越大风险越高。本章将基于风险指数对风险评估结果进行定级（风险等级评定）。基于本书风险定级的现实意义，本章仅对国别类别风险和国别综合风险进行定级。

## 第一节 风险等级的划分方法

### 一 极值—均值法四级风险定级方法

极值—均值法就是把风险评估指数的极差（最大值与最小值之差）平均分成四段，求得各段门槛值，四个风险等级分别设为危险、警戒、基本安全和安全，划分该四个等级有三个门槛值 $F_{1\_危险}$、$F_{2\_警戒}$、$F_{3\_基本安全}$，其计算方法为：

$$F_{n\_shreshold\_value} = F_{\min} + \frac{F_{\max} - F_{\min}}{4} \times n$$

其中，$F_{n\_shreshold\_value}$ 为风险门槛值，$F_{\max}$ 为风险指数序列最大值，$F_{\min}$ 为风险指数序列最小值，$n$ 为风险等级门槛值个数，$n=1，2，3$。

设 $F_t$ 为风险指数，当 $F_t \leqslant F_{1\_危险}$ 时为危险等级，当 $F_{2\_警戒} < F_t \leqslant F_{1\_危险}$ 时为警戒等级，$F_{3\_基本安全} < F_t \leqslant F_{2\_警戒}$ 时为基本安全等级，当 $F_t \geqslant F_{3\_基本安全}$ 时为安全等级。

### 二 "2+1×3+5" 五级风险定级方法

该风险定级方法是把风险指数归一化数值乘以100后所得的新风险指数按 80—100、70—79.9、60—69.9、50—59.9 和 00.0—49.9 划分为五段，每一段为一个风险等级。80—100 为弱风险，70—79.9 为低风险，60—69.9 为中等风险，50—59.9 为高风险，00.0—49.9 为强风险（见表 10 – 1）。在本书中，风险指数越小则代表风险水平越大，所属风险等级越高，反之则反。政治风险服务集团（PRS 集团）发布的年度风险评估指南（ICRG）就是采用该方法划分风险等级。

表 10 – 1　　　　　　　　风险等级对应的风险指数

| 风险等级 | 等级代码 | 风险指数范围 |
| --- | --- | --- |
| 强风险 | B | 00.0—49.9 |
| 高风险 | BB | 50.0—59.9 |
| 中等风险 | BBB | 60.0—69.9 |
| 低风险 | A | 70.0—79.9 |
| 弱风险 | AA | 80.0—100.0 |

## 第二节　国别类别风险等级

### 一　极值—均值法四级风险定级结果

基于风险指数评估结果，我们将采用极值—均值法计算出各国各类风险的等级门槛值，各国类别门槛值显示于本书附录中附表 46。[①]

1. 经济风险等级

基于极值—均值法的经济风险定级结果（见附表 10）显示，1990—2016 年阿根廷、伊朗、日本、韩国、卢森堡、荷兰、尼日利亚、挪威、巴基斯坦、沙特阿拉伯、新加坡、特立尼达和多巴哥、美国和津巴布韦这些国家的风险等级总体处在危险至基本安全等级之间，即风险等级较高。其他国家的经济风险等级相对较低，总体保持在基本安全水平。从 2015—2016 年的经济风险等级来看，伊朗、日本、韩国、卢森堡、荷兰、尼日利亚、沙特阿拉伯、新加坡、南非、特立尼达和多巴哥、美国、委内瑞拉、津巴布韦的经济风险等级为危险或警戒，其他国

---

[①] 本书附表均指"附录"部分的附表。

家为基本安全或安全。

2. 商务环境风险等级

附表11显示了基于极值—均值法确定的商务环境风险等级。等级列表显示，1995—2016年巴西、法国、德国、卢森堡、荷兰、尼日利亚、南非、泰国、委内瑞拉、津巴布韦的商务环境风险等级非常高，基本上处于警戒或危险的风险级别水平。其他国家商务环境风险等级相对较低，大体上为基本安全或安全。

3. 偿债能力风险等级

偿债能力风险等级（见附表12）显示，除加拿大等少数国家外，1990—1999年绝大多数样本国家的偿债能力风险等级为危险或警戒；除赞比亚等少数国家外，2000—2009年绝大多数国家多数年份的偿债能力风险等级为基本安全或安全；除阿尔及利亚、加拿大、加纳、日本、沙特阿拉伯、英国、委内瑞拉、赞比亚等少数国家外，2000—2016年其他所有国家总体上偿债能力风险为基本安全或安全。

4. 政治风险等级

极值—均值法确定的政治风险等级列表（见附表13）显示，1990—2016年阿尔及利亚、加拿大、刚果（金）、加纳、印度、韩国、马来西亚、缅甸、沙特阿拉伯、南非、苏丹、特立尼达和多巴哥、美国、赞比亚、津巴布韦的政治风险等级总体上较低，绝大多数年份的风险等级为基本安全或安全；其他国家在考察期间多数年份的政治风险等级较高，为危险或警戒。2015—2016年，阿尔及利亚、加拿大、刚果（金）、加纳、印度、韩国、马来西亚、缅甸、尼日利亚、沙特阿拉伯、南非、苏丹、特立尼达和多巴哥、美国、赞比亚、津巴布韦的政治风险等级为基本安全或安全，其他国家政治风险等级基本上为危险或警戒。

5. 对外经济风险等级

附表14显示了基于极值—均值法下各国对外经济风险等级。风险等级列表显示，澳大利亚、加纳、印度、印度尼西亚、韩国、卢森堡、尼日利亚、新加坡、苏丹、瑞典、特立尼达和多巴哥、美国等国家在1990—2016年多数年份的风险等级为基本安全或安全，其他国家多数年份的风险等级为危险或警戒；2015—2016年，加纳、印度、印度尼西亚、卢森堡、新加坡等少数国家对外经济风险为安全或基本安全；其他国家该风险等级基本上为危险或警戒。

6. 对华关系风险等级

基于极值—均值法对华关系风险等级评定结果（见附表15）显示，在1990—1999年，除澳大利亚、韩国、卢森堡、巴基斯坦、赞比亚等少数国家的对华关系风险为基本安全或安全外，其他国家基本为危险或警戒；2000—2014年马来西亚、南非、泰国等少数国家对华关系风险等级为警戒或危险，其他国家基本上为基本安全或安全；2015—2016年，所有样本国家对华关系风险等级均为安全。

## 二 "2+1×3+5" 五级风险定级结果

1. 经济风险等级

基于"2+1×3+5"五级风险定级方法，我们对33个样本国的国别经济风险进行定级（见附表22）。附表22显示，绝大多数样本国1990—2016年的经济风险等级均介于强风险（B）与中等风险（BBB）之间，其中加拿大、法国、德国、印度尼西亚、日本、韩国、卢森堡、荷兰、挪威、新加坡、英国、委内瑞拉等国家在考察期的经济风险非常高，绝大多数年份介于强风险（B）和高风险（BB）之间；2015—2016年，阿尔及利亚、加拿大、法国、日本、韩国、卢森堡、马来西亚、荷兰、尼日利亚、苏丹、挪威、新加坡、南非、沙特阿拉伯、泰国、特立尼达和多巴哥、英国、委内瑞拉、津巴布韦的经济风险处于强风险或高风险等级，刚果（金）、伊朗、印度、缅甸的同期经济风险等级为低风险或弱风险，其他国家经济风险等级为中等。"2+1×3+5"五级风险定级结果显示，中国OFDI东道国的经济风险较高。2012—2016年，大多数国家的经济风险均处于高风险或强风险级别。此外，风险定级结果还显示，许多发达国家的经济风险等级很高，该结果很出乎意料。

2. 商务环境风险等级

"2+1×3+5"五级风险定级方法下的商务环境风险等级展示在附表23中。商务环境风险等级列表（附表23）显示，阿根廷、巴西、刚果（金）、加纳、伊朗、韩国、卢森堡、荷兰、尼日利亚、巴基斯坦、南非、泰国、美国、委内瑞拉、赞比亚在1995—2016年的商务环境风险水平介于高风险（BB）与强风险（B）之间，2015—2016年商务环境处于高风险或强风险状态。其他国家该项风险总体处在低风险（A）与中等风险（BBB）之间。值得注意的是，韩国、卢森堡、荷兰、美国的商务环境风险水平为高风险等级，这明显超出我们的一般认知。

3. 偿债能力风险等级

从五级风险定级的等级结果（见附表24）来看，偿债能力风险比经济风险和商务环境风险等级低得多，绝大多数国家在1995—2016年绝大多数年份处在弱风险（AA）与中等风险（BBB）之间。相比而言，日本、英国、赞比亚、委内瑞拉在该期间偿债能力风险等级较高。就2015—2016年来看，阿尔及利亚、阿根廷、加拿大、日本、马来西亚、尼日利亚、沙特阿拉伯、英国、赞比亚、委内瑞拉九个国家的偿债能力风险等级为高风险或强风险。

4. 政治风险等级

附表25政治风险等级结果显示，阿根廷、澳大利亚、巴西、法国、德国、马来西亚、伊朗、日本、卢森堡、荷兰、挪威、新加坡、瑞典、泰国、美国、委内瑞拉这16个经济体从2000—2016年总体风险等级介于高风险（BB）与强风险（B）之间，风险等级很高。其他国家该阶段的政治风险处在中等风险（BBB）与弱风险（AA）之间，风险等级相对较低。就2015—2016年来看，澳大利亚、巴西、德国、卢森堡、荷兰、挪威、新加坡、瑞典、泰国、委内瑞拉的政治风险等级为强风险（B）；阿根廷、法国、印度尼西亚、伊朗、韩国、马来西亚、苏丹、英国、美国的政治风险等级总体为高风险（BB）；其他国家在该期间该风险等级较低，处在低风险（A）与中等风险（BBB）之间。

5. 对外经济风险等级

对外经济风险等级结果（见附表26）显示，所有样本国对外经济风险等级都很高，全部为强风险水平。这是一个怪异的现象，可能是由于数据归一化处理所导致的结果。但是该结果仍然具有一定的统计意义，即对外经济风险相比其他类别风险而言更大。我们将把该结果与极值—均值法的定级结果相比较，给予补充性说明。

6. 对华关系风险等级

对华关系风险等级（见附表27）显示，东道国对华关系风险总体处于高风险和中等风险之间。从风险等级变化来看，绝大多数国家该项风险等级呈持续降低的态势。

## 第三节 国别综合风险等级

### 一 极值—均值法四级风险定级结果

本部分利用极值—均值法对评估所得风险指数（未归一化和百分制化）计算出各国综合风险等级门槛值（见附表47），根据门槛值给出各国综合风险等级。综合风险等级结果显示于附表31中，笔者拟按五年平均分段描述风险定级结果，即1990—1994年、1995—1999年、2000—2004年、2005—2009年、2010—2014年和2015—2016年六阶段。

总体来看，1990—2014年的各国综合风险等级逐渐降低，但是在2015—2016年略有提高。1990—1994年英国、美国、津巴布韦3国的综合风险等级为基本安全，同期其他国家综合风险等级均为危险或警戒；1995—1999年阿根廷、法国、德国、印度、印度尼西亚、伊朗、卢森堡、缅甸、尼日利亚、巴基斯坦、南非、瑞典、特立尼达和多巴哥、英国、美国、津巴布韦16个经济体的综合风险为基本安全或安全，同期其他国家综合风险等级为危险或警戒；2000—2004年，阿根廷、巴西、加纳、赞比亚、津巴布韦5国的综合风险等级为危险或警戒，其他国家为基本安全或安全。2005—2009年，荷兰、英国、美国、赞比亚4国综合风险等级为危险或警戒，同期其他国家为安全或基本安全，多数国家为安全；2010—2014年，加拿大、日本、英国、美国、津巴布韦4国综合风险等级为危险或警戒，其他国家为安全或基本安全，多数国家为安全；2015—2016年，阿尔及利亚、阿根廷、澳大利亚、巴西、加拿大、加纳、日本、卢森堡、沙特阿拉伯、英国、委内瑞拉、津巴布韦的综合风险等级为危险或警戒，其他国家为安全或基本安全。

### 二 "2+1×3+5" 五级风险定级结果

笔者按上文五年平均分段描述五级风险定级结果，即1990—1994年、1995—1999年、2000—2004年、2005—2009年、2010—2014年和2015—2016年六个阶段。

1990—1994年，绝大多数国家的综合风险等级为强风险（B）或高风险（BB），仅有英国、美国和津巴布韦 3 国的风险等级为中等风险（BBB）；1995—1999 年，英国、美国和津巴布韦的风险等级为低风险（A），阿根廷、法国、印度尼西亚、日本、卢森堡、缅甸、赞比亚的综合风险为中等风险（BBB），同期其余国家综合风险为强风险（B）或高风险（BB）；2000—2004 年，阿根廷、巴西、特立尼达和多巴哥、美国、赞比亚、津巴布韦的综合风险等级为强风险（B）或高风险（BB），德国、加纳、缅甸、荷兰、尼日利亚、巴基斯坦、沙特阿拉伯、南非的综合风险等级为中等风险（BBB），同期其他国家的综合风险为低风险（A）或弱风险（AA）。

2005—2009 年，荷兰、英国、美国的综合风险为强风险（B）或高风险（BB），巴西、法国、德国、日本、韩国、卢森堡、缅甸、泰国、赞比亚的综合风险等级为中等风险（BBB），同期其他国家的综合风险为低风险（A）或弱风险（AA）；2010—2014 年，加拿大、日本、英国、美国、委内瑞拉、津巴布韦的综合风险为强风险（B）或高风险（BB），澳大利亚、法国、加纳、伊朗、卢森堡、缅甸、南非、瑞典的综合风险等级为中等风险（BBB），其他国家的综合风险为低风险（A）或弱风险（AA）；2015—2016 年，阿尔及利亚、加拿大、日本、尼日利亚、沙特阿拉伯、英国、委内瑞拉、津巴布韦的综合风险为强风险（B）或高风险（BB），阿根廷、澳大利亚、巴西、法国、加纳、伊朗、韩国、卢森堡、马来西亚、南非、美国的综合风险等级为中等风险（BBB），同期其他国家的综合风险等级为低风险（A）或弱风险（AA）。

## 第四节　不同组别国家的风险等级

### 一　极值—均值法四级风险定级

1. 不同收入国家风险等级

本部分采用"极值—均值法"四级风险定级规则对不同收入国家组别的风险指数进行风险定级，其结果显示在附表 39 至附表 42（见附录）中，并对各类别风险等级作阐释和说明。

（1）偿债能力风险等级。附表 39 至附表 42 显示，1990—2016 年高收入国家的偿债能力风险等级较低,除了 1990—1994 年为危险外,其他年份高收入国家的偿债能力风险等级为基本安全或安全,其中大多数年份为安全等级;1990—1999 年中高收入和中低收入国家偿债能力风险等级为危险或警戒,在 2000—2016 年大多数年份为安全,少数年份为基本安全;相较而言,低收入国家的偿债能力风险等级明显高于高收入、中高收入和中低收入国家的对应等级。2000—2009 年和 2015 年低收入国家偿债能力风险等级很高,为危险和警戒等级。总体而言,高收入国家、中高收入国家和中低收入国家的偿债能力风险等级明显低于低收入国家。

(2) 商务环境风险等级。风险等级分析显示,1990—1994 年高收入国家商务环境较差,风险等级为危险,1995—2016 年商务环境大幅好转,风险等级为安全;1990—1999 年和 2010—2011 年两个时期,中高收入国家商务环境风险等级为基本安全,其他年份风险等级为危险或警戒;1990—1994 年和 2000—2004 年中低收入国家商务环境风险等级为警戒,其他时期为基本安全或安全;考察期内低收入国家的商务环境总体很差,仅 1990—1994 年为基本安全,1995—2016 年风险等级均为警戒或危险。

(3) 经济风险等级。附表 39 显示,1990—2016 年高收入国家经济风险等级总体较低。除 2012 年为警戒之外,其他年份的风险等级为基本安全或安全;1990—1999 年,中高收入和中低收入国家经济风险为危险或警戒,其他年份均为基本安全或安全(见附表 40、附表 41);就低收入国家而言,1990—2004 年经济风险等级为警戒或危险,2005—2016 年为安全或基本安全(见附表 42);四级风险定级结果显示,2010—2016 年所有样本东道国的经济风险等级较低,均处于安全或基本安全等级。

(4) 对外经济风险等级。附表 39 显示了样本国家对外经济风险等级。就高收入国家而言,1995—2004 年和 2010—2011 年对外经济风险等级为基本安全,其他年份或阶段为警戒或危险;就中高收入国家而言,从对外经济风险等级差异来看,考察期可分为 1990—2011 年基本安全或安全阶段和 2012—2016 年警戒或危险阶段(见附表 40);中低收入和低收入国家在 2005—2012 年对外经济风险等级较低(安全或基本安全），其他年份或时期为警戒或安全（见附表41、附表42）。

（5）政治风险等级。附表39显示，1990—1999年高收入国家政治风险等级较低（为安全或基本安全），其他年份均为危险（少数年份为警戒）；与高收入国家相比，考察期内中高和中低收入国家的政治风险等级较低，除1990—1994年为警戒外，其他时期为基本安全或安全（见附表40至附表41）；低收入国家在1995—2009年的政治风险等级为安全或基本安全，其他年份或时期为警戒或危险（见附表42）。综合来看，在考察期内高收入国家和低收入国家政治风险等级相对较高。

（6）对华关系风险等级。风险等级列表（见附表39至附表42）显示，高收入国家和中高收入国家（1990—1999年）[①]，中低收入国家（1990—2004年）和低收入国家（1990—2010年）的对华关系风险等级在考察期前段时期为危险或警戒，在考察期后段时期为基本安全或安全。

2. 不同发展水平国家风险等级

附表43至附表45展示了不同发展水平国家采用极值—均值法测算的各类别风险定级结果。笔者将对各类别风险定级结果进行阐释说明。

（1）偿债能力风险等级。附表43至附表45显示，发达国家偿债能力风险等级在1995—2016年为基本安全或安全；发展中国家和最不发达国家在2000—2016年偿债能力风险等级为基本安全或安全，其他时期为警戒或危险。

（2）商务环境风险等级。风险等级列表（见附表43至附表45）显示，1990—1994年发达国家商务环境风险等级为危险，1995—2016年为基本安全或安全；发展中国家1990—2004年商务环境风险等级为警戒或危险，其他时期为基本安全或安全；最不发达国家在1990—1994年和2000—2004年的商务环境风险等级较高，为警戒或危险，其他时期为基本安全或安全。

（3）经济风险等级。附表43至附表45显示，2011—2014年发达国家经济风险等级为危险或警戒，其他时期为基本安全或安全；发展中国家和最不发达国家在1990—1999年的经济风险等级较高，为警戒或

---

[①] 括号里的时段为相应"考察期前段时期"。

危险，其他时期为基本安全或安全。

（4）对外经济风险等级。风险定级结果（见附表43至附表45）显示，1990—1994年、2005—2009年和2012—2016年三个时期发达国家对外经济风险的等级为警戒或危险，其他年份或时期为基本安全或安全；发展中国家2005—2009年和2011年对外经济风险等级为基本安全或安全，其他时期为警戒或危险；最不发达国家在2000—2004年和2012年的对外经济风险等级为基本安全或安全，其他时期为警戒或危险。

（5）政治风险等级。风险定级结果显示，1990—2016年发达国家的政治风险很高，除了2000—2009年为基本安全或安全外，其他时期大多数为危险；发展中国家和最不发达国家在1990—1994年的政治风险为危险或警戒，其他时期为基本安全或安全。

（6）对华关系风险等级。对华关系风险等级结果显示，发达国家除了1990—1994年对华关系风险等级为危险外，其他时期为基本安全或安全。发展中国家和最不发达国家的情况相似，1990—2004年对华关系风险等级为警戒或危险，其他时期为安全或基本安全。

## 二 "2+1×3+5"五级风险定级结果

"2+1×3+5"五级风险定级是基于风险指数归一化并百分制化（归一化数值乘以100）后进行定级的。不同收入国家和不同发达水平国家的风险指数部分地展示于附表50至附表56，风险等级结果展示在附表57至附表63。

1. 不同收入水平国家的风险等级

（1）偿债能力风险等级。风险等级结果（见附表57至附表63）显示，1990—1999年高收入、中高收入和中低收入国家的偿债能力风险等级均为强风险（B），少数年份为中等风险（2010年和2016年高收入国家为中等风险，2015—2016年中高收入国家为中等风险），其他时期为低风险（A）或弱风险（AA）。在考察期间，高收入国家、中高收入国家和中低收入国家的偿债能力风险等级总体呈降低态势，而且三类国家该风险等级与收入水平成反比（中低收入国家的偿债能力风险等级最低，其次是中高收入国家的该风险等级居中，高收入国家的该风险等级最高）。低收入国家偿债能力风险明显高于前三类国家，在1990—

1999年和2010—2014年，该风险等级为强风险（B）或高风险（BB），2005—2009年该风险等级最低（弱风险，AA），其他时期均为中等风险（BBB）。

（2）商务环境风险等级。从"2+1×3+5"五级风险定级结果来看，1990—2016年高收入和中高收入国家的商务环境风险等级均为强风险（B）。1990—2016年中低收入和低收入国家的商务环境基本上为强风险（B）或高风险（BB）。该方法定级结果显示，中国OFDI的商务环境风险很高。

（3）经济风险等级。从经济风险等级来看，收入越高的国家，其经济风险越大。1990—2016年高收入国家和中高收入国家经济风险在每个时期或年份的等级基本为高风险（BB）或强风险（B）。中低收入和低收入国家的经济风险等级在1990—2010年相对很高（B或BB），在2011—2016年经济风险等级逐渐降低，处在中等风险或低风险水平，其中低收入国家经济风险等级下降尤其显著（2011—2016年为A或AA）。

（4）对外经济风险等级。对外经济方面，高收入、中高收入和中低收入国家的对外经济风险等级总体较高，2000—2004年和2010—2011年为中等风险（BBB）或低风险（A），其他时期为高风险（BB）或强风险（B）。低收入国家2005—2012年主要为低风险，其他时期为高风险（BB）或强风险（B）。总体上看，收入越高的经济体，对外经济风险等级越高；反之则反。

（5）政治风险等级。政治风险等级列表（见附表57至附表63）显示，高收入国家1990—1999年风险等级为弱风险（AA），在2000—2004年为中等风险（BBB），而在2005—2016年为强风险或高风险；1995—2010年中高收入国家的政治风险等级相对较低，为低风险或中等风险（BBB），其他时期为高风险（BB）；1990—1994年中低收入和低收入国家的政治风险等级为高风险，其他时期为中等风险或低风险。值得强调的是，比较不同收入水平国家的风险等级可以发现，收入水平越高的国家其政治风险越高。这是一个与正常逻辑相悖的现象，值得进一步研究和讨论。

（6）对华关系风险等级。对华关系风险等级结果显示，高收入和中低收入国家对华关系风险在2000年之前均处于强风险等级，而2000年之后为中等风险等级，并且随时间推移其风险等级逐渐下降；中高收入国家对华关系风险在2012年之前为高风险或强风险等级，2012年后则大幅降至低风险等级；就低收入国家而言，除了2015—2016年为弱风险（AA）以外，其他年份低收入国家对华关系风险基本上为高风险等级（BB）。趋势表明，在考察期样本国对华关系风险等级明显降低，其中低收入和中低收入国家尤为显著。

2. 不同发展水平国家的风险等级

基于发达水平差异，33国样本东道国被分为发达国家、发展中国家和最不发达国家三个组别，其各类别风险指数呈现于附表54至附表56中，其风险等级评定结果显示在附表61至附表63。

（1）偿债能力风险等级。风险等级列表（见附表61至附表63）显示，除1990—1999年和2010—2011年发达国家的偿债能力风险等级为强风险（B）、高风险（BB）或中等风险（BBB）外，其他时期为低风险（A）或弱风险（AA）等级；发展中国家风险在1990—1999年和2015—2016年分别为强风险（B）和中等风险（BBB），其他时期均为低风险（A）或弱风险（AA）等级；在1990—1999年和2010—2011年，最不发达国家偿债能力风险等级分别为强风险（B）和中等风险（BBB），其他时期均为低风险（A）或弱风险（AA）等级。在考察期内，1990—1999年偿债能力风险等级较高，2000—2016年等级较低，但总体处在低风险水平。

（2）商务环境风险等级。附表61至附表63显示，2000年前后相比，发达国家、发展中国家和最不发达国家商务环境风险等级有所下降。2000年之前，发达国家商务环境风险为高风险（BB）或强风险（B），在2000年之后则为中等风险。1990—2004年发展中国家和最不发达国家的商务环境风险总体上为高风险（BB）。在2005年之后总体上呈低风险态势，少数年份为中等风险（BBB），多数年份为低风险（A）或弱风险（AA）。

（3）经济风险等级。经济风险等级显示，在1995—2004年和2011年发达国家经济风险等级为中等风险（BBB），其他年份为高风险（BB）或强风险（B）；发展中国家经济风险等级在2000—2010年和

2014—2016 年为中等风险（BBB）或低风险（A），其他年份为高风险（BB）或强风险（B）；最不发达国家经济风险等级在 1990—1999 年为强风险（B），2000—2009 年为中等风险（BBB），2010—2016 年为弱风险（AA）。不同发展水平国家的经济风险等级比较结果显示，经济越发达，经济风险越大。

（4）对外经济风险等级。从总体来看（见附表 61 至附表 63），发达国家、发展中国家和最不发达国家对外经济风险在 1990—2016 年非常高，仅个别年份为中等风险（BBB）或低风险（A）。相比而言，经济越发达的国家对外经济风险相对较高。

（5）政治风险等级。政治风险等级列表（见附表 61 至附表 63）显示，1990—1999 年发达国家政治风险等级为弱风险（A），2000—2016 年的等级为强风险（B）；相较而言，发展中国家和最不发达国家的政治风险总体上要低得多，1995—2013 年该风险等级为中等风险（BBB）或低风险（A），其他时期为高风险（BB）或强风险（B）。

（6）对华关系风险等级。风险等级结果表明，发达国家和最不发达国家在 2005—2016 年对华关系风险为低风险（A），发展中国家 2010—2016 年为低风险（A）或弱风险（AA）。而在其他时期，发达国家、发展中国家和最不发达国家的对华关系风险总体上为高风险（BB）。可见，在 1990—2005 年中国 OFDI 面临的对华关系风险等级很高，而在 2010—2016 年则很低。实际上，良好的中外关系能优化东道国制度环境，有效地调节制度差异和空间距离对中国 OFDI 的抑制作用，弥补两国制度和空间距离对中国 OFDI 的负面影响。[1][2]

---

[1] 武立东、杨军节：《制度距离、双边外交关系和对外直接投资》，《预测》2016 年第 3 期。

[2] 刘晓光、杨连星：《双边政治关系、东道国制度环境与对外直接投资》，《金融研究》2016 年第 12 期。

# 第十一章

# 经济波动与对外直接投资企业经营风险

## ——基于一般跨国公司的视角

前文主要基于宏观经济数据和东道国风险角度评估了中国 OFDI 面临的宏观风险,该评估结果对 OFDI 国家层面的风险管控、国际协调和企业层面的风险规避与管理有一定参考意义。实际上,经济波动对中国海外经营企业(跨国公司)的影响更深远、更直接。到目前为止,中国跨国公司的海外经营状况并不理想,处于盈利、持平和亏损状态的企业各占 1/3。

在频繁的全球经济波动背景下,市场萎缩、资金链脆弱、政治排挤、技术创新不足、内部化不完善越来越成为中国跨国公司面临的共同问题,这些问题导致中国跨国企业经营环境恶化、经营业绩下滑甚至投资失败。本书认为,经济波动对跨国公司传统优势产生了结构性冲击并构成经营风险,具体表现为跨国公司的技术优势、规模优势、内部化优势、整体优势(邓宁理论中所有权优势、内部化优势和区位优势)、跨国性优势等垄断优势的不断弱化或丧失。

同时,世界经济的演化使世界经济波动周期表现出许多时代性新特征,这些特征体现在全球、区域和国家经济波动上,主要表现为:①经济周期扁平化,即扩张期拉长、衰退期变短和波幅减小;②国际经济波动的协同性日益显著①,这些新特征对跨国公司行为形成巨大冲击。②

本部分主要从一般性跨国公司为切入点,兼以中国跨国公司的经营状况为例,分析经济波动下跨国公司优势变迁和经营风险形成的机制和机理。之所以从一般性企业或跨国公司展开分析而非针对我国跨国公司风险展开研究的主要原因在于,经济波动与一般企业或跨国公司经营风险的内在逻辑具有更强的普遍性。

## 第一节 经济波动与跨国公司经营风险

一般性企业在经济波动下所面临的经营风险规避行为分析同样适用于跨国公司。但与一般性企业不同的是,跨国公司是跨国经营,面临汇率波动、跨国转移、政策避障、政治风险等各类风险。除此之外,还可能遭受跨国文化差异等风险。我们在经济周期"四阶段"(繁荣、衰退、萧条与复苏)和宏观环境"三维度"(金融、经济和政治)的框架下讨论经济波动对跨国公司经营风险的影响。我们列出经济波动四个阶段的环境变化与跨国公司的经营风险(见表11-1)。需要说明的是,表中仅列举了有限的环境变化项和风险项,并且它们之间没有完全的一一对应关系。

### 一 经济周期与跨国公司经营风险

1. 繁荣阶段经营环境变化和经营风险

在经济繁荣阶段,跨国企业拥有良好的外部金融环境,主要体现在汇率和利率稳定,货币汇兑和国际融资便利。在金融环境方面,跨国公司资产价格稳定或提高,资产价值提高,融资成本和违约风险很小;在经济环境方面,经济繁荣背景下,东道国产业政策宽松,市场获得性(市场容量和市场进入)很高,国际贸易畅通,投资收益水平和保障度高。因此,跨国公司该阶段产业风险和市场风险很小,资金链稳健,企业偿付风险很低,企业间信任度很高,交易风险小;在政治环境方面,经济繁荣期往往是东道国政权稳定和国内和谐的时期。该阶段,东道国

---

① 刘军荣:《战后美国经济周期再考察》,《财经理论与实践》2013年第5期。
② 刘军荣:《经济周期新特点与跨国公司行为研究》,《财会通讯》2010年第14期。

表 11-1　经济波动下跨国公司经营环境变化和经营风险

| 经济波动 | 宏观环境变化 | 企业经营风险 |
| --- | --- | --- |
| 繁荣阶段 | 汇率稳定↑，利率稳定↑，汇兑便利↑，国际融通↑，产业政策↑，市场获得↑，国际贸易↑，投资收益↑，政权稳定↑，投资环境↑，经济互信↑，政治互信↑ | 价格风险↓，资产值风险↓，成本风险↓，合约风险↓，产业风险↓，资金链风险↓，偿付风险↓，交易风险↓，法律风险↓，国有化风险↓，转移风险↓，干预风险↓ |
| 衰退阶段 | 汇率稳定↘，利率稳定↘，汇兑便利↘，国际融通↘，产业政策↘，市场获得↘，国际贸易↘，投资收益↘，政权稳定↘，投资环境↘，经济互信↘，政治互信↘ | 价格风险↗，资产值风险↗，成本风险↗，合约风险↗，产业风险↗，资金链风险↗，偿付风险↗，交易风险↗，法律风险↗，国有化风险↗，转移风险↗，干预风险↗ |
| 萧条阶段 | 汇率稳定↓，利率稳定↓，汇兑便利↓，国际融通↓，产业政策↓，市场获得↓，国际贸易↓，投资收益↓，政权稳定↓，投资环境↓，经济互信↓，政治互信↓ | 价格风险↑，资产值风险↑，成本风险↑，合约风险↑，产业风险↑，资金链风险↑，偿付风险↑，交易风险↑，法律风险↑，国有化风险↑，转移风险↑，干预风险↑ |
| 复苏阶段 | 汇率稳定↗，利率稳定↗，汇兑便利↗，国际融通↗，产业政策↗，市场获得↗，国际贸易↗，投资收益↗，政权稳定↗，投资环境↗，经济互信↗，政治互信↗ | 价格风险↘，资产值风险↘，成本风险↘，合约风险↘，产业风险↘，资金链风险↘，偿付风险↘，交易风险↘，法律风险↘，国有化风险↘，转移风险↘，干预风险↘ |

注：↑：表示处于"已提高，已优化"；↗：表示逐渐"提高，优化"；↘：表示逐渐"恶化，下降"；↓：表示处于"已恶化，已下降"。

尊重商业规则，保护外商投资，母国东道国关系良好，投资环境优越。同时国际纠纷很少，政治经济互信水平很高。跨国公司此时的政策法律、资产国有化、资产罚没、内部转移和政治干预等风险很低。

2. 衰退阶段经营环境变化和经营风险

在经济衰退阶段，跨国公司外部金融环境、经济环境和政治环境逐渐向坏的方向转变。在金融环境方面，由于各国的微观经济行为和宏观经济调控，东道国汇率和利率出现较大波动，由于政府宏观调控可能出现货币兑换限制，国际融资不畅的状况。在这种情况下，跨国公司可能面临资产价格波动风险，资产贬值风险。由于融资市场不确定性提高，融资成本提高，客户违约风险也逐渐提高；在经济环境方面，经济衰退期间东道国的产业政策可能会降低对跨国公司的国民待遇水平，甚至不利于企业经营。由于消费不足，导致市场容量减小，市场竞争加大，交易成本增加。在全球和区域经济衰退的背景下，跨国公司国际贸易受阻，交易风险增大；在政治环境方面，经济衰退可能导致社会对政府不满情绪，出现国内政治风险。最重要的是，经济衰退也会影响东道国对外商直接投资的态度，导致东道国民族主义倾向，投资政策环境恶化。经济衰退经常是国际经济冲突和贸易保护主义逐渐显露的时期，国际纠纷增多，国际经济互信和政治互信减弱，导致跨国公司国际经营环境变差。以上因素将导致跨国公司的法律风险、国有化风险、政府干预风险以及资产转移受阻风险逐渐提高。

3. 萧条阶段经营环境变化和经营风险

经济萧条指 GDP 增长率低于 -10% 且持续时间超过三年的经济衰退。经济萧条的主要特征是存在持续性经济增长率低下、社会需求和投资萎缩、失业率增大、企业销售量下降、企业盈利水平下降、生产萎缩、公众对未来悲观等。世界和区域经济视角下，经济衰退还导致国际经济政治关系恶化，对跨国公司经营的金融环境、经济环境和政治环境产生重大冲击，经营风险增大。

在金融环境方面，经济萧条期利率和汇率变动的不确定性显著提高，由于市场因素或政府因素的影响，国际汇兑、支付和国际资金融通受到阻碍，甚至对跨国公司实行金融排斥政策。这些变化使跨国公司的资产风险大幅提高，比如资产价格降低，企业资产贬值。由于金融市场不确定性增加，所以企业融资成本增大，面临的违约风险提高。

在经济环境方面，萧条期的东道国政策可能不利于跨国公司，包括取消跨国公司国民待遇，对跨国公司实施市场排挤或资源排斥。由于国际贸易保护主义抬头，导致跨国公司国际贸易受阻，汇率波动风险加大，投资收益风险增加。在这种情况下，跨国公司的产业风险、资金供给风险、偿付风险和各类交易风险等将大幅提高。

在政治环境方面，基于历史经验，经济萧条可能导致国家政权更迭，国家内部矛盾加深，引发社会动荡，国家法律执行力、政府治理能力和社会契约精神下降，从而导致政权不稳定，企业诚信和履约能力下降导致投资环境恶化。除此之外，世界性和区域性经济萧条也会导致国际政治经济关系恶化，国际经济互信和政治互信减弱。这些因素导致跨国公司面临巨大的法律风险、国有化风险、政府干预风险和资产转移限制风险。

4. 复苏阶段经营环境变化和经营风险

所谓经济复苏，简单地说，就是经济增长从低谷向高峰的运动。在该阶段，跨国公司经营的金融、经济和政治环境日趋好转，经营风险逐渐降低。

在金融环境方面，此阶段跨国公司金融环境逐渐好转，汇率和利率日趋稳定，东道国经济政策日渐宽松，国际金融渠道逐渐通畅，为跨国企业的货币汇兑和国际融资提供便利。在该阶段，跨国公司资产价格的不确定性降低，金融市场活跃，企业资产增值预期明显，融资成本和违约风险降低。

在经济环境方面，经济复苏促使东道国产业政策逐渐宽松，社会就业和国民收入增加，市场容量提高，国际贸易畅通，投资收益水平和保障水平逐渐提高。跨国公司该阶段产业风险和市场风险减小，资金链日趋稳健，企业偿付风险降低，企业间信任度提高，交易风险降低。

在政治环境方面，经济复苏提高了社会民众对政府的信任度，政府内部和党派之争相对减弱，东道国政权稳定，国内日趋和谐。同时，经济复苏有利于促进政府更加尊重商业规则，重视保护外商投资企业，改善母国—东道国关系，国际纠纷减少，国际政治经济互信水平逐步提高，直接投资外部环境优越。在此阶段的社会经济信心日益高涨，跨国公司的法律风险、资产国有化、资产罚没风险、内部转移风险和政治干预风险逐渐降低。

5. 经济波动与内部市场限制风险

跨国公司的内部市场操作包括产品、资金和生产资料的内部转移。内部市场转移目的有三：一是追随繁荣市场提高产品销售量；二是追随繁荣经济体提高投资产出率；三是利用国际财税政策差异降低利息和缴税成本。在经济复苏和繁荣期，跨国公司内部市场操作与东道国政策的目的大体相同，内部市场限制风险较低，企业市场操作空间较大，企业经营风险很小。在经济衰退和萧条期，由于跨国公司通过内部转移定价进行资产或投资移除与东道国宏观经济调控目的相悖，因此跨国公司内部市场将受到东道国政府更加严格的限制和监管，导致跨国公司难以利用内部化优势规避其经营风险。

## 二 非周期经济波动与企业风险

外部突发危机会形成非周期经济波动，它是由至少一个刺激事件（Catalytic Event）引起的经济变动。此处所谈的刺激性事件主要指世界或区域范围内发生的巨大变故，包括战争、大流行疾病、经济危机、政治动乱、自然灾害等突发事变引发的经济非周期性波动，如海湾战争、SARS 和 Covid-19 大流行病、1997 年亚洲金融风暴、南美债务危机、2008 年国际金融危机等。这些突发事件对经济产生巨大冲击，并形成区域性或全球性经济非周期波动，极大地改变了企业外部环境和内部组织，尤其是跨国企业。非周期经济波动会毫无预期地破坏企业平静的经营环境，导致企业销售和利润陡然下降，对同行业竞争、债务偿付和内部结构产生迅猛冲击。其最大特征为不可预测性、后果严重性和不可弥补性。对跨国公司而言，经济危机严重冲击了跨国企业出口产业，增加融资出口难度。

据汤姆逊银行亚洲观察（Thomson Bank Watch Asia）统计，1997年亚洲金融危机导致韩国在一天内破产企业达到 100 多家，印度、中国、印度尼西亚和韩国共有 150 多家银行已处于"技术上破产"的边缘；而 2008—2009 年国际金融危机灾难更为深重。在 2007—2009 年至少近 100 家大型跨国投资银行、保险公司、抵押公司等金融机构被兼并或收购，绝大多数金融机构出现股价暴跌和盈利预警的情况。美国华尔街最大物价投行均受到致命打击以致破产或转型,全球所有主要经济体货币当局和政府出巨资救市,并呼吁国际合作。2008年国际金融危机爆发之初,我国数万家涉外企业一夜倒闭,其后的影响更为深远。而且突如其来的经济危机往往会彻底改变企业战略基础,企业不可能通过简单弥补和微小调整就能迅速适应新环境。

对于企业而言,外来事件冲击是企业变革的发动因素,它首先引起企业外部的环境变化,再通过外部环境作用于企业内部组织结构。对跨国公司而言,突发性经济波动会通过利率、汇率、资本市场对其金融资产价值构成贬值风险,国际融资受阻,资金链断裂。除此之外,东道国经济调控和市场震荡将导致国际贸易大幅萎缩。2008—2009年国际金融危机中,中国跨国公司的出口产业、国际融资和竞争地位遭受严重打击。随着金融危机的爆发,美国、日本和欧洲消费方式的调整导致中国跨国企业出口大幅减少。我国在2011年的贸易顺差占GDP的比重同比下降1.1%。我国跨国公司国际金融信用较低、企业规模相对较小、国际融资经验不足,危机期间及其后一段时间长期忍受国际融资渠道不畅、融资成本高企不下的困境,导致其国际化经营严重受阻。再由于我国跨国公司国际化经营的经验不足,缺乏必要的商务应对手段,我国跨国公司在本次金融危机中损失率远高于发达国家的跨国公司。

## 第二节 经济周期扁平化与跨国公司优势变迁

### 一 经济周期扁平化与技术优势变迁

1. 经济周期扁平化导致技术密度增强

自20世纪80年代后,世界经济周期扁平化趋势逐渐加强,经济波动出现了低害化或无害化趋势,企业行为决策更趋于长期化。实际上,这种稳定环境下的市场竞争更为激烈,尤其是积累性市场竞争结果对企业的影响极为深远。在这种情况下,技术创新作为获得市场优势的基本手段被广泛接受,新技术的水平、出现频度和革命性大大提高。

从近几年样本国家的数据来看,全球创新能力(GII)和专利申请的增量主要集中在少数发达国家,尤其集中在美国、日本和欧洲(见表11-2、图11-1、表11-3)。中国积极参与全球技术竞争并获得巨大成就，逐渐成为全球技术和创新的密集区。从 2013—2017 年全球创新能力来看，中国 GII 排名大幅提高，为中等收入国家之首（见表11 - 2）。从 2017 年全球 PCT 专利来看，中国排全球第 35 名；从 2018 年全球企业专利申请数量排名 TOP50 来看（见表 11 - 3），中国 8 家企业入围，中国华为公司冠为全球之首，中兴通信和京东方排名全球 TOP10，这是中国企业在技术方面取得的巨大成就。但是从全球专利申请增量来看，美国和日本仍然是全球技术创新的领跑者（见图 11 - 1）。

表 11 - 2　部分样本国家全球创新能力指数（GII）排名近五年变化

| 国家 | 2013 年 | 2014 年 | 2015 年 | 2016 年 | 2017 年 |
|---|---|---|---|---|---|
| 瑞典 | 2 | 3 | 3 | 2 | 2 |
| 荷兰 | 4 | 5 | 4 | 9 | 3 |
| 美国 | 5 | 6 | 5 | 4 | 4 |
| 英国 | 3 | 2 | 2 | 3 | 5 |
| 新加坡 | 8 | 7 | 7 | 6 | 7 |
| 德国 | 15 | 13 | 12 | 10 | 9 |
| 韩国 | 18 | 16 | 14 | 11 | 11 |
| 卢森堡 | 12 | 9 | 9 | 12 | 12 |
| 日本 | 22 | 21 | 19 | 16 | 14 |
| 法国 | 20 | 22 | 21 | 18 | 15 |
| 加拿大 | 11 | 12 | 16 | 15 | 18 |
| 挪威 | 16 | 14 | 20 | 22 | 19 |
| 中国 | 35 | 29 | 29 | 25 | 22 |
| 澳大利亚 | 19 | 17 | 17 | 19 | 23 |

资料来源：历年《全球创新指数报告》。

表 11 - 3　中国企业申请专利全球 TOP50 排名（2017—2018 年）

| 排名 | 企业名称 | 2017 年数量（个） | 2018 年数量（个） |
|---|---|---|---|
| 1 | 华为 | 4024 | 5405 |
| 5 | 中兴通信 | 2965 | 2080 |
| 7 | 京东方 | 1818 | 1813 |

续表

| 排名 | 企业名称 | 2017年数量（个） | 2018年数量（个） |
|---|---|---|---|
| 17 | 广东欧珀移动通信有限公司 | 474 | 1042 |
| 28 | 腾讯公司 | 560 | 661 |
| 29 | 深圳市大疆创新科技有限公司 | 238 | 656 |
| 40 | 深圳市华星光电技术有限公司 | 972 | 463 |
| 50 | 武汉华星光电器 | 290 | 395 |

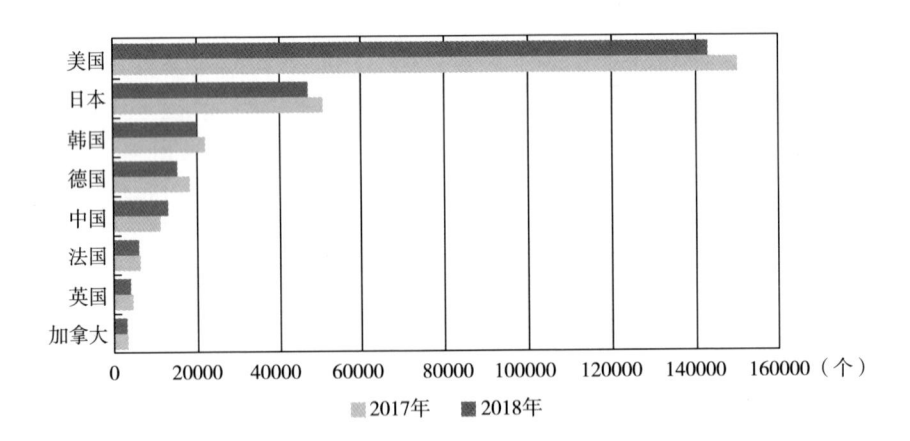

**图 11-1　部分样本国家获美国专利数量比较（2017—2018年）**

资料来源：美国商业专利数据库（IFI Claims）。

2. 经济波动扁平化导致技术周期缩短

从长期来讲，经济波动扁平化与科学技术快速升级有很大关联。从微观上来看，经济波动扁平化导致的市场供求格局和企业竞争压力不仅为技术更新加速提供了必要性，也提供了可行性。首先，长期稳定发展的社会经济为基础理论积累和新技术快速突破提供了条件。长期稳定的经济环境促进企业更加重视长期战略性技术研发和储备，为应用性技术群的突破奠定坚实基础，为缩短技术研发和应用的时间提供了可能性。其次，扁平化经济周期形成的良好市场预期推动企业加速技术应用，提高产品市场竞争力和销售收入。最后，扁平化经济周期形成的市场长期繁荣将导致同业竞争激烈化，迫使企业加快推进技术研发与应用日程，缩短了技术改革周期。

### 3. 经济波动扁平化缩短产品生命周期

经济周期扁平化包含经济周期扩张期拉长，衰退期变短，经济波动幅度减小等内在特征，这些特征导致需求结构性变化，最终缩短产品生命周期，促使公司研发风险提高。

经济持续繁荣是经济周期扁平化的重要特征。基于经济理论和消费理论，经济繁荣提高了社会收入水平，导致人们个性化消费需求提高和消费偏好动态性增强，即收入增加强化了需求个性化和消费偏好动态化。换言之，随着经济繁荣期拉长，人们感知收入长期处于高位，"小众化"和个性化消费倾向更加明显，同时人们更容易改变自己的消费偏好。在当今信息网络技术高速发展和广泛普及应用的背景下，消费网络化、产品信息化以及消费者间畅通的网络沟通将极大地推进需求个性化和消费偏好动态化。

需求侧个性化导致企业原有整体性市场碎片化，强迫供给侧作相应调整，企业为满足大量碎片市场的"小众"需求必须推进生产技术、设备和管理柔性化发展，以便于提供个性化和多样化消费产品。消费偏好动态性要求企业缩短产品更新周期和升级周期，满足不断变化的市场需求。市场需求的个性化和动态性要求企业在短时间内向市场提供有效产品，缩短了产品生产和产品市场的存续时间。

### 4. 经济波动增加企业研发投资风险

基于上文的讨论，技术周期和产品生命周期缩短会提高跨国企业的研发投资风险，主要原因如下：第一，跨国企业研发投入大，研发投资回收周期很长，而技术和产品周期缩短可能使企业来不及收回成本和获取利润就已经被市场所淘汰，导致企业投资损失。第二，由于技术和产品周期缩短，新旧技术产品之间和同级技术产品之间的可替代性升高，直接弱化研发企业对新产品的垄断定价能力，从而使其无法从新产品销售中获得垄断利润，最终无法保证研发投资收益。第三，20世纪80年代以来，随着经济周期扁平化趋势加强，企业经营环境较稳定，市场个性化消费（生产消费和生活消费）需求逐渐提高，大型跨国企业很难在技术研发上满足碎片化的个性化需求，而中小企业更能出色地满足市场需求，由此跨国公司将不知不觉地丧失市场份额，长此以往可能威胁跨国企业生存状态。

## 二 经济周期扁平化与跨国企业规模优势变迁

跨国公司理论强调规模经济优势，并认为跨国公司的规模优势是其竞争优势源泉之一。[①] 基于弗农（Venron，1966，1968，1977）对跨国公司的定义，跨国公司拥有强大的资金保障和技术保障，依靠其规模生产获得规模收益，并在复杂多变的经营环境中占尽先机。然而，经济周期扁平化新特征对传统跨国公司的生产规模、市场垄断、垄断利润和经营规模产生重大冲击，使其规模优势失去传统意义上的决定性（Determinacy）。

### 1. 对跨国公司市场和生产规模的影响

正如前文所述，经济周期扁平化导致市场需求多样化，市场细分更加深入，跨国公司大规模标准化生产与市场产品需求的多样性的矛盾日益突出。随着对标准化产品需求的减少，跨国公司曾经拥有的规模市场将会被细化而"破碎"，长期内将伤害其规模生产所需的大市场。

第一，生产规模方面。跨国公司大规模生产不再吻合市场需求，为满足细分市场个性化需求，企业必须放弃大规模标准化生产，取而代之的是很多个性化产品生产线。这意味着企业需要庞大的生产线建设资本投入，这样跨国企业将丧失其传统的规模优势、成本优势和技术标准化优势。

第二，市场垄断方面。基于成本考虑，跨国公司选择满足市场"碎片"中较大的市场，放弃很多小市场，其市场垄断状态将不攻自破，从而跨国公司市场垄断优势将荡然无存。

第三，市场份额方面。同行小型企业很容易发现被跨国公司放弃的市场机会，跨行业小型企业也会调整行业，大型企业留下的个性化需求市场很快被占领，并不断侵蚀跨国公司的产品市场，市场份额可能长期下降。

可见，经济周期扁平化背景下跨国公司（尤其是大型跨国公司）规模优势被削弱，同时也陷入了由规模优势与市场细化形成的两难困境中。

---

① 郭玉华：《跨国公司竞争优势研究》，博士学位论文，四川大学，2009年。

2. 对跨国公司的"利润"规模影响

"长期化""扁平化"和"偏态化"的经济波动特征碎片化了跨国公司的规模市场，同时随着新技术的高密度出现，产品"时尚化"（满足潮流）、"个性化"（满足个性需求）和"加速化"（生命周期缩短）趋势逐渐加强。由于成本水平、产品款式和个性满意度等因素的影响，跨国公司非个性化产品竞争力逐渐减弱，而中小跨国企业产品竞争力提升，受到消费者青睐，竞争结果使得跨国公司失去垄断定价权，价格下降，利润变薄。如福特公司2008年全球业务亏损127亿美元，花旗银行2008年亏损200亿美元，松下公司2008年亏损3000亿日元。在柔软性和灵活性已取代稳定性的行业中，规模巨大的跨国公司的市场优势明显减弱。[1] 我国国际化很高的企业规模巨大，但灵活性和柔性不足，在日益激烈的国际竞争中也遭遇了同样的尴尬。《中国跨国公司发展报告（2016）》显示，2016年中国入围世界500强的企业共有110家，创下历史新高，但是中国海外企业亏损状态严重，自2013年以来中国世界TOP500强企业亏损面逐年增大，由2013年的11.6%扩大至2016年的19.1%。

## 第三节 经济波动协同性与跨国公司经营风险

### 一 概述

在经济全球化背景下，世界经济协同性是当前经济波动的另一个显著特征。关于经济波动协同性阐释和描述请参见附录（附文1《经济波动协同性的阐释和描述》）。经济周期的协同性主要表现为不同国家和地区存在经济周期共振、同步和互动现象。经济互动紧密的经济体之间经济周期协同性越来越紧密，多国同期宏观经济指标的长期趋势同步，产业发展趋势和市场繁荣水平相近，政府干预方向近似。

跨国公司"经济人"本性告诉我们，他们必然是风险厌恶者和理性经济主体。为了躲避经济周期对他们的影响，跨国公司通常把生产基地安排在不同经济结构、政治结构和不同区域的国家，以避免"把所

---

[1] 郭玉华：《跨国公司竞争优势研究》，博士学位论文，四川大学，2009年。

有鸡蛋放在一个篮子里"的风险。同时，跨国公司把价值链广泛地分布在不同国家和区域，这样不仅可以分散商业风险，还可以在各东道国获得比较优势和资源优势。除此之外，跨国公司利用其跨国优势在母公司、全球支机构之间构建内部贸易（Intra-firm Trade）市场从而形成风险"规避通道"，既可以克服外部市场缺陷，也可以控制内部资金流和物资流以规避外部风险。

经济周期协同性影响了跨国公司全球生产布局和资源配置。在经济波动协动情形下，跨国公司将面临不利局面，一是丧失了利用各国差异规避风险的优势，二是跨国公司机遇和风险大幅增加，其跨国优势将会大大减弱甚至转变为弱势。本节从市场销售、资产安全和财务能力三个方面讨论经济波动协同性下跨国公司的风险内容和形成机制。我们把经济周期四个阶段简化为经济景气（繁荣与复苏）和经济不景气（衰退与萧条）两个时期。

## 二 经济波动协同性与跨国公司市场风险

### 1. 市场同步波动风险

在经济繁荣期，多个东道国经济同步景气，跨国公司销售市场容量明显扩大，价格提高趋势显著，销售收入大幅增加，企业生产迅速扩大。在经济景气时期，跨国公司市场风险很小；在经济萧条期，由于数个东道国消费市场同时萎缩，导致企业库存迅速增加，销售收入大幅下降。由于多个东道国同时处于相同经济和市场状态，在经济不景气时期跨国公司难以通过内部转移改善其市场结构，分散市场风险。在该阶段跨国公司市场风险很大。

### 2. 市场同步竞争风险

经济周期协同性背景下，跨国公司面临的多国市场差异减小和同质性有所提高，因而享有一定规模市场优势。但是，多国市场协动后的同质化和规模化会产生同步竞争风险。在经济景气时期，由于市场容量增大，竞争较弱，竞争结果有利于促进企业营运能力提高，优化企业内外管理；在经济不景气时期，多国市场同步萎缩，跨国公司不仅面临东道国本地企业和其他跨国企业竞争，而且须承受东道国政府支持民族产业和企业的政策压力，这些因素进一步增加了跨国公司的竞争压力；在全球经济萧条的背景下，各国贸易保护主义和单边主义抬头将使跨国公司市场竞争风险大幅提高。

### 三 经济波动协同性与跨国公司资产安全风险

经济波动的协同性意味着多个东道国的经济和政治方面在同时期相似变化，导致跨国企业在多国同期遭受当地政策打压，导致企业资产安全风险大幅提高。多国利率波动、汇率波动和政治波动对跨国公司资产安全风险的放大作用尤为显著。

1. 多国利率同步波动放大企业资产风险

在经济周期协同性背景下，多个东道国进入相同加息或降息周期，使得跨国公司在多国可能获得巨额积累性利益或遭受巨额亏损。经济复苏时期，多国政府为进一步保证经济持续复苏，持续保持低基准利息直到经济出现过热端倪。在降息或者真实利息降低时期，跨国公司金融资产增值。在这种情况下，利息政策利好将促进企业资产增值，跨国公司资产在多个东道国同时获益，总体利益巨大。在该情况下，跨国公司资产风险很小。在多国经济同步过热背景下，多国利率政策的逆周期调控形成地域性或跨区域性共同加息周期，跨国公司金融资产大面积贬值或大幅亏损，形成极大资产安全风险。

2. 多国汇率同步波动放大企业资产风险

首先，经济波动协动下，汇率同步波动导致跨国公司在多个东道国子公司合并报表中固定资产累计折旧迅速加快，加速境外各子公司的资产减值。多国利率同步波动的共同力量把跨国公司利润空间压缩得更小，导致跨国公司的合并报表不能如实地反映企业的资产状况。其次，多国汇率同步波动会导致境外多国子公司合并报表横向不可比性，及其资产评估价值纵向不可比性。最后，多个东道国汇率同期波动导致跨国公司跨国海外资产价值大幅波动，在多个东道国货币贬值的背景下，跨国公司海外资产贬值风险很大。

3. 多国政治动荡将提高企业资产安全风险

托克维尔（Alexis de Tocqueville）发现，最可能发生动荡的时刻是经济停止增长、开始出现下滑拐点的时期。亨廷顿（1988）曾经认为，经济发展和政治稳定是两个独立因素，经济发展往往成为社会冲突的直接原因。国际经济协同性和经济波动协同性导致多数东道国同期出现经济动荡，大幅提高跨国公司资产罚毁风险和国有化风险。此外，多国经济波动背景下，东道国与母国的国际政治矛盾和国际敌对关系成为跨国公司海外资产致命风险源，跨国公司资产大面积国有化和罚款没收事件往往发生在此类情景下。

### 四 经济波动协同性与跨国公司财务能力风险

#### 1. 采购成本风险增加

经济协同性使多个东道国同时处在相同周期阶段，扩大了跨国公司经营风险的空间区域，增强了企业风险水平。经济波动的协同背景下，多国子公司的采购成本同步提高，叠加并放大了跨国公司采购成本风险。内部机理可以简单地表述为：（利率+汇率）×经济波动同步性，即利率风险和汇率风险是跨国公司采购成本的风险源，经济波动协同性则是成本风险的强化或放大因素。换句话说，跨国公司采购成本风险来自不同东道国的利率和汇率风险，经济协同性使跨国公司在多个东道国面临同类风险，企业采购成本的总风险被放大。

在经济过热阶段，由于利息提高和东道国本币贬值将导致大量海外子公司的国际采购贷款和应支账款同时增加，迅速提高了跨国公司总体采购成本风险。在经济衰退和萧条期，多国利率和汇率风险积累导致整个跨国公司的采购价格风险、货款支付风险和交易成本风险增大。在复苏期，跨国公司采购成本风险很低，主要有两方面原因：一方面，多国利率降低，企业采购贷款成本降低；另一方面，东道国内外利率差增大导致本币坚挺，企业采购货款减少。

#### 2. 放大资金融通风险

在世界经济波动协同背景下，多国利率同步提高或降低是导致跨国公司金融风险增大的重要因素。当各国利息同步提高时，一方面，跨国公司各子公司的融资成本同步提高，导致企业总体融资成本增加；另一方面，由于多国本币同期升值或贬值，跨国公司的国际融资总体风险显著提高。

多国政策同步是跨国公司融资风险放大的另一个重要因素。人们很容易想象，当多个东道国同时出台紧缩银根政策或限制外资流入政策时，跨国公司将会遭受极大资金供给风险，甚至可能导致企业资金链断裂。

### 3. 扩大企业收支风险

世界经济波动协同性对跨国公司收支风险有巨大影响。一方面，多国利率同向变化提高多个子公司银行融资成本和企业对银行的债务负担，减弱了企业偿债能力；另一方面，多国汇率可能导致企业海外应收账款大幅贬值。如果考虑政治风险下财产没收、跨国支付限制和国家税收政策等因素，世界经济波动协同性对跨国公司收支风险的增强功能更显著。

# 第三篇 风险管理

## 中国对外直接投资风险管理

上篇评估了中国对外直接投资的风险，本篇主要研究如何对这些风险进行有效管理。本篇主要内容包括中国 OFDI 风险分析结论和相关问题思考，经济波动下中国对外直接投资风险预警研究，经济波动与跨国公司风险管理机制与策略，经济波动与跨国公司风险应对战略，以及中国对外直接投资和跨国公司风险管理。

#　第十二章

# 中国 OFDI 风险分析结论和相关问题思考

前文就经济波动对中国 OFDI 流量和环境的影响进行了实证分析，并将经济波动作为重要协同因素纳入中国 OFDI 风险评估系统之中，得出中国 OFDI 风险评估结果，并从理论上讨论了经济波动对跨国公司经营风险的影响机制。基于这些实证风险和理论阐释，得出了许多结论。但是这些结论分散在各章节之中，散而不聚。为了更好地显示出本篇风险管理的必要性和研究结果的管理学意义，我们将在本章对上述研究结论进行提炼、总结和阐释。

## 第一节　中国 OFDI 风险实证研究综合描述

### 一　世界经济波动、中国 OFDI 流量和环境

1. 世界经济波动与中国 OFDI 流量

通过实证研究显示，全球、区域和个别国家不同层面经济波动均影响中国 OFDI 流量。全球层面分析结果表明，中国 OFDI 主要受世界 GDP、全球食物产品价格指数、全球贸易、全球基准汇率指数和全球产品价格指数波动的影响并与这些指标存在长期均衡关系。区域层面分析结果显示，亚洲宏观经济波动对中国在亚洲的 OFDI 具有明显影响。研究显示，亚洲 GDP、工业生产指数、失业率（UNEM）和工业（INDU）对中国 OFDI 流量影响显著。前文国别或地区层面的研究发现，东道国 GDP、贷款利率、资本构成率、通货膨胀、失业率和广义货币增长率等

指标显著地影响中国对其直接投资流量。

2. 世界经济波动与东道国国内投资环境

（1）宏观经济波动对东道国国内投资环境的冲击是客观存在的。前文研究表明，宏观经济指标与金融投资环境、经济投资环境、政治投资环境和综合投资环境指数都具有显著的线性相关关系。从理论角度来讲，经济波动会导致投资环境优化或恶化，东道国糟糕的投资环境必然会提高外商直接投资的风险。从分析结果可以看出，GDP 增长率和消费物价指数是影响金融、经济和综合投资环境的最主要因素。经济增长、社会总投资和经常账户余额对东道国综合投资环境的影响非常显著。总体经济景气状况对东道国的经济投资环境的影响力度很大。实证分析显示，经济波动与政治投资环境指数存在相关性。尽管回归系数显示后者对前者的弹性较弱，但是前者对后者的影响是客观存在的。

（2）利用经济波动（波动周期）规律可以预测和控制 OFDI 风险。既然实证研究已经表明经济波动对金融环境、经济环境、政治环境和总体环境有客观的影响，那么成熟的经济波动（经济周期）理论、方法和成果可以有效地指导对外直接投资风险的研究。同时，历史和当前的宏观经济指标不仅是历史投资环境恶化和投资风险发生的现实结果，也是未来投资环境变化和投资风险形成的基础和预测指标。因此，利用经济波动周期理论和规律来分析、评估和预测 OFDI 风险是可行和可靠的。从上述意义来讲，东道国和投资国政府宏观经济调控工具可以部分地发挥投资环境优化以及投资风险控制功能，可以通过国际经济合作和国际政府沟通，积极顺应经济波动规律，改善东道国宏观经济状态，优化投资金融、经济和政治环境，从而有效化解我国 OFDI 风险。

## 二 类别风险评估结果

本书对 33 个中国 OFDI 样本东道国的经济风险、偿债能力风险、商务环境风险、政治风险、对外经济风险和对华关系风险进行了评估。并以部分样本国为例对风险评估结果进行了描述和阐释。

1. 经济风险评估总体结论与阐释

经济风险评估结果显示，33 个样本国家中 16 个国家的经济风险呈持续下降趋势，12 个国家经济风险呈持续上升趋势，5 个国家的经济风险长期趋势不明。国别评估结果表明，中国 OFDI 的经济风险总体较高。

就不同收入水平国家而言，高收入国家和中高收入国家近 10 年处于经济风险增长阶段；中低收入和低收入国家的经济风险在考察期内呈总体下降趋势。

就不同发达水平国家而言，发达国家和发展中国家的经济风险总体上都表现为下降—上升—下降的趋势。但相比较而言，发达国家的经济风险波动很大，而发展中国家的经济风险波动相对平缓，两者在 2011—2016 年的经济风险呈下降趋势。相比之下，最不发达国家的经济风险在考察期波动平缓且总体呈缓慢下降态势；总体经济风险评估结果显示，中国 OFDI 的经济风险在 2012 年后呈持续降低趋势。从当前趋势来看，中国 OFDI 的外部经济风险处于下降周期。

2. 偿债能力风险评估总体结论与阐释

评估结果显示，33 个样本国中 19 个国家的偿债能力风险呈总体下降趋势，11 个国家该项风险呈上升趋势，3 个国家该风险呈下降—上升趋势。虽然有大部分样本国家的偿债能力得到提高，但仍有 14 个国家的偿债能力风险处于上升周期并呈不稳定态势，这说明东道国债务风险增大可能是中国 OFDI 的重要风险源。

从不同收入水平国家来看。高收入、中高收入、中低收入和低收入国家偿债能力风险具有较明显的共同特征，在国际金融危机（2008—2009 年）爆发之前，他们共同经历了偿债能力风险总体下降过程；在国际金融危机之后，偿债能力风险水平经历了缓慢提高、陡然增大和高位稳定三个阶段。2013—2016 年的趋势显示，高收入国家、中高收入国家和中低收入国家的偿债能力风险均表现为缓慢上升趋势，而同期低收入国家的偿债风险则呈温和下降态势。

从不同发展水平国家来看。风险评估结果统计显示，发达国家、发展中国家和最不发达国家的偿债能力风险总体呈下降趋势。在 2000 年之前，三类国家偿债能力经历明显波动和变化，偿债能力风险在 2000—2016 年总体呈稳定态势，同期发达国家和最不发达国家该项风险温和下降，发展中国家则呈上升趋势。

3. 商务环境风险评估总体结论与阐释

评估结果显示，33 个样本国家中的 15 个国家在整个考察期（1990—

2016年）内的商务环境不断优化，商务环境风险持续下降；14个国家的商务环境则在考察期内逐渐恶化，商务环境风险总体呈上升趋势；2008—2016年20个样本国家的商务环境逐渐向好，风险持续下降。

从不同收入水平的国家组别来看。1990—2016年，高收入国家的商务环境风险水平总体温和下降；中高收入国家商务环境风险在考察期内呈迅速下降—快速提高—长期温和下降的总体趋势，风险水平波动频繁；中低收入国家的商务环境风险经历了下降—上升和长期缓慢下降的两个阶段，在整个考察期内总体呈下降趋势；低收入国家商务环境风险经历了持续上升和持续高位稳定两个阶段。四个不同收入水平国家组别的商务环境风险均经历了相对稳定（1990—2000年）与缓慢下降（2001—2016年）两个时期，在2011—2016年四个组别的该项风险均持续下降。

从不同发达水平的国家组别来看，发达国家、发展中国家和最不发达国家的商务环境风险在1990—2000年波动较大，在2001—2016年总体呈平缓下降态势。表明三个国家组别的商务环境在2000年前状况不稳定，进入21世纪后各国商务环境均得到不同程度的改善，商务环境风险下降。

从中国OFDI商务环境整体状况（综合33个样本东道国商务环境风险）来看，1990—2008年商务环境风险总体较低，2009—2011年风险水平迅速升高，但在2012—2016年商务环境不断优化，商务环境风险逐渐下降。

4. 政治风险评估总体结论与阐释

基于政治风险评估和统计来看，中国对外直接投资国别政治环境较严峻，政治风险较大。在本书33个样本国家中，18个国家政治风险在考察期呈持续上升趋势，4个国家政治风险波动明显，政治风险趋势不明。仅1/3的样本国（11个国家）的政治风险在考察期内呈总体下降趋势。

从不同收入水平的国家来看。高收入国家和中高收入国家的政治风险在20世纪90年代中期之后呈持续提高态势，特别是1995—2000年上升很快，在其后上升速度有所缓慢，2000—2016年高收入国家和中高收入的政治风险水平处于历史最高位；中低收入国家和低收入国家的政治风险在20世纪90年代中后期迅速上升，但在2000年后迅速下降并长期稳定。2000—2016 年中低收入国家政治风险稳定在平均水平，低收入国家政治风险在考察期平均水平之下。

从不同发展水平的国家来看，发达和发展中国家的政治风险在 20 世纪 90 年代中期之后呈持续提高态势，但风险上升速度逐渐放缓，2000—2016 年政治风险水平处于历史高位。相较而言，发达国家持续下降趋势更为明显；最不发达国家政治风险在考察期呈明显下降的总体趋势，在 2002—2016 年呈平稳态势并处历史低水平，但存在温和上升趋势。

从中国 OFDI 的政治风险评估结果来看，中国 OFDI 的政治风险水平尽管有所波动，但总体呈明显的上升趋势，2007—2016 年上升速度特别快。总体而言，中国 OFDI 政治环境有恶化趋势，政治风险增大。

5. 对外经济风险评估总体结论与阐释

评估结果显示，考察期内 33 个样本国中仅有 5 个国家对外经济风险呈下降趋势，13 个国家的该风险呈上升趋势，15 个国家对外经济风险总体趋势不明确。从近期来看，26 个国家对外经济风险呈上升趋势。

从不同收入水平国家来看，高收入、中高收入、中低收入和低收入国家对外经济风险水平的波动性均很显著。高收入国家和中高收入国家对外经济风险趋势非常相似，1990—2000 年总体呈下降趋势，1990—2000 年总体呈上升趋势；中低收入和低收入国家对外经济风险趋势相似，以全球经济危机（2008—2009 年）为转折点，总体呈下降—上升态势。

从不同发展水平的国家组别来看，发达国家、发展中国家和最不发达国家的对外经济风险的波动性都非常显著，总体均呈上升—下降的长期趋势。发达国家对外经济风险上升—下降的转折点比发展中国家和最不发达国家的转折点提前了 3—5 年。从近期来看，三类国家对外经济风险虽在最后两年有小幅下降，但自 2011 年后风险整体上都显示出迅速提高态势。

从 2003—2016 年 33 个样本国整体对外经济风险来看，风险水平波动很大且总体呈增加趋势，尤其是在国际金融危机后风险水平大幅提高。但在 2013—2016 年出现风险降低的征兆。

6. 对华关系风险评估总体结论与阐释

风险评估与统计结果显示，各国对华关系风险均呈持续下降趋势，即各东道国与我国外交和经贸合作不断加强。基于收入水平和发展水平分类的国家组别的风险评估结果显示，两者对华关系风险水平相当，风险趋势相同，均呈下降趋势。这表明中国 OFDI 拥有友好的双边或多边国际关系以及良好的国际经贸合作环境，对华关系风险较小。

7. 发展中国家和最不发达国家的风险总体下降趋势

从前文国别风险分析结果来看，许多发达国家类别风险或综合风险与非发达国家（发展中国家和最不发达国家）相比可以得到如下几点结论：第一，发达国家的很多风险项在许多年份高于非发达国家。第二，许多发展中国家和最不发达国家类别风险或综合风险呈明显下降态势。第三，许多发展中国家和最不发达国家类别风险或综合风险在2000—2016 年低于许多发达国家。这三点结论反映出非发达国家经济社会治理能力、发展空间和崛起可能性的巨大提升，这预示着全球经济和政治格局的重大变革。这可能昭示，21 世纪前叶既是全球发展中国家和最不发达国家的机遇期，也是发达国家与发展中国家的竞争期，更是全球霸权主义和单边主义的爆发期或窗口期，发展中国家的 OFDI 可能面临来自发达国家的挤压，如何凝聚发展中国家共识和团结的力量，将是改变世界旧经济政治秩序的关键。因此，我国提出"一带一路"倡议符合全球经济发展潮流，它既是中国及其他所有发展中国家的发展机遇，也是世界的发展机遇。

**三 综合风险评估结果**

从国别综合风险来看，基于因子分析打分法的评估结果（CNR_ENGV）和算术平均法（CNR_AVG）评估结果，33 个样本国家中有 16 个经济体的综合风险在考察期内呈下降趋势，2 个国家该风险呈持续上升趋势，其他 15 个国家综合风险趋势不明。从 2010—2016 年的趋势来看，阿尔及利亚、阿根廷、澳大利亚、巴西、加拿大、韩国、卢森堡、马来西亚、尼日利亚、沙特阿拉伯、特立尼达和多巴哥和委内瑞拉 12 个国家的综合风险呈较明显的上升趋势，其他绝大多数国家的综合风险呈上升趋势，少数国家的综合风险水平保持稳定态势。

从中国 OFDI 的总体风险评估结果来看，1990—1996 年我国 OFDI 综合风险处于历史高位；1997—2008 年中国 OFDI 综合风险逐渐下降，达到历史低位；2009—2012 年由于遭受国际金融危机的影响，中国 OF-

DI 风险与历史最高点持平；2012—2016 年风险逐渐减小，总体上风险水平相对较低。可见，中国 OFDI 环境总体向好，风险下降。在没有发生国际政治和经济关系突变的情况下，我国当前对外直接投资的模式和格局将是可持续的，但仍需警惕美国等发达国家的政治风险对我国 OFDI 的冲击。

**四 经济波动与风险趋势**

*1. 经济波动与类别风险的互动关系*

前文基于风险评估结果，统计分析了样本各国对经济增长率（作为经济波动指标）与其各种类别风险的相关水平和同步性。分析结果显示，经济波动与经济风险的互动关系在所有类别风险中最显著，大多数国家呈强相关性和高同步性关系，且在考察样本中具有普遍性；经济波动与商务环境风险的互动关系很弱，虽然在个别国家这种互动关系较强，但不具有普遍性；在样本国家中，经济波动与偿债能力风险的互动关系普遍存在，但是总体互动强度较弱，但 1/3 的样本国家经济波动与商务环境风险在长期趋势上具有显著的互动关系；统计分析显示，大多数样本国家的政治风险与经济波动之间具有互动关系，50% 的样本国家两者的长期互动关系很显著；对绝大多数国家而言，经济波动和对外经济风险之间具有互动关系，50% 以上的样本国家两者之间在长期趋势上存在强相关关系。这说明经济波动对东道国的对外经济活动具有较显著的影响，该影响在全球普遍存在，我国 OFDI 风险的重要因素；根据互动分析显示，发展中国家或最不发达国家的经济波动与对华关系风险之间存在或强或弱的相关性。需要关注的结论是，样本国中绝大多数发达国家的经济波动与对华关系风险之间呈极强负相关，即发达国家经济越好，对华关系越差；反之则反。该结论对我国 OFDI 风险管理提供了极具价值的启示。

基于前文 33 个样本国家的面板数据回归分析显示，偿债能力风险、经济风险、对外经济风险和政治风险与经济波动都存在线性回归关系，而商务环境和对华关系风险指数与 GDP 增长率没有线性回归关系，与上文结论相同。

*2. 经济波动与综合风险的互动关系*

从经济波动与国别综合风险的互动关系来看，基于国别数据的相关性和同步性分析结果显示，经济波动对综合风险的影响不具有普遍性和显著性。但是，面板数据回归显示，经济波动和综合风险之间具有显著的线性关系。从中国 OFDI 总体风险与世界经济增长率互动关系来看，两者存在较显著的互动关系。

## 第二节　互动分析和风险评估的综合观点

### 一　对经济波动下我国 OFDI 风险评估和管理研究是国家经济安全的需要

近几次经济危机对全球经济引发的灾难有目共睹，对全球产业和经济环境产生重大影响，中国企业即使在金融危机扩散及恶化期间海外投资仍非常活跃，但投资绩效明显下滑，这必然可以部分地归咎于世界经济波动的影响。因此，系统分析世界经济波动对我国 OFDI 风险长期趋势的影响以及风险形成机制，既有利于中国投资者识别并规避各种 OFDI 风险，做出理性投资决策，也有利于维护投资安全。

在经济波动背景下研究我国对 OFDI 风险评估，实际上是对于我国 OFDI 风险历史考察和未来风险预估，这对我国制定对外投资政策、构建国际或区域经济政治政策的协同和风险管控体系具有重要参考价值。其中，考察我国 OFDI 长期风险趋势对于我国海外经济安全和国际环境的优化管理的意义尤为显著。在当前我国推进"一带一路"建设和打造"全球命运共同体"背景下，基于经济波动来研究我国 OFDI 风险及管理的重要性更加凸显。

风险评估服务于风险管理。中国企业整体实力尚不雄厚，而 OFDI 是国家经济发展的必需。如何规避中国 OFDI 带来的风险损失，保障投资安全，这是风险监测、预警和控制的最终目的。中国 OFDI 风险管理的微观主体是中国跨国公司。现代跨国企业必须适应经济波动带来的外部威胁，不断优化内外经营方式和组织结构，逐渐形成高效快速、动态柔性、内外兼顾的风险应对策略或战略，提升自身风险免疫能力。跨国企业的母国属性是永远存在的，除了企业自身风险保护体系外，海外投资和跨国公司的安全保障必须依赖国家主权力量。保护跨国企业是保障我国经济安全和海外直接投资的重要内容，我国实行"不可靠实体清单"制度的背景正是来自美国跨国公司和美国政府对华为、大疆和中兴等中国跨国公司的无端迫害和打压,"当头棒喝"唤醒了对我国跨国公司的国家主权性保护的意识。因此,建立国家和企业层面风险管控体系,对我国经济持续发展和国家经济安全具有深远战略意义。

**二　经济波动对OFDI影响的客观性和我国OFDI风险的多面性和复杂性**

经济波动是客观存在的,经济波动与直接投资及其环境互动性也是客观存在的。理论或实证研究显示,全球、区域和国别(地区)层次的经济波动对中国OFDI流量影响是显著的;同时,经济波动对我国OFDI东道国的经济、政治、金融环境以及综合环境波动存在长期影响,在多数东道国有显著的短期影响。可见,在我国OFDI风险评估中经济波动必然是重要的风险因素。

我国OFDI宏观风险包括许多因素,每个机构和学者在进行该项评估时所选择的指标、方法、测度和侧重均有差异,很难找到就同一项风险被广泛认可的风险评估结果。我们认为,我国OFDI宏观风险包括偿债能力风险、商务环境风险、经济风险、政治风险、对外经济风险和对华关系风险六个方面内容,基于这六个方面风险可以得出综合风险,以便考察整体风险;风险评估需要从不同层面进行考察,包括国家层面,国家组别(不同发展或收入水平的国家组别)和总体层面;除此之外,风险评估过程中,涉及基于类别风险和国别风险来计算中国OFDI类别综合风险和中国OFDI整体风险时,类别风险和国别风险的加权权数可能有多重选择。在没有充分理由排除其他选择的情况下,多重权数选择与计算结果的比较是必需的,这样有利于显示风险评估的客观性和科学性,这必然使基于定量分析难以获得统一的定性评估结果。这也说明,我国OFDI宏观风险评估具有明显多面性和复杂性。

该复杂性和多面性也体现在风险评估结果上。我国OFDI宏观风险评估显示,在多数样本东道国中,我国OFDI的经济风险、商务环境风险、偿债能力风险和对华关系风险呈下降趋势;在政治风险和对外经济风险方面多数东道国呈上升趋势;而部分国家类别风险长期趋势不确定。这显示了不同类别风险和不同国家风险的显著差异性。从综合风险评估结果来看,有半数样本国的综合风险在1990—2016年呈下降趋势

(2007—2016年综合风险下降趋势尤为显著),其中绝大多数为发展中国家;而2007—2016年绝大多数发达国家的综合风险呈明显增大趋势,国家组别风险的评估结果也呈现出相似趋势,这显示我国OFDI未来可能遭受来自发达国家的阻击,值得高度重视和谨慎对待。从中国OFDI总体风险来看,偿债能力风险、经济风险、对华关系风险趋势波动较大,但总体呈下降趋势,尤其是2000年之后,下降趋势相对明显;长期来看,中国OFDI的政治风险、商务环境风险和对外经济风险呈上升态势,因此国家和企业必须高度重视这方面的风险预警和控制。风险指数趋势显示,1990—2016年中国OFDI综合风险总体呈中等或低风险水平,国际金融危机之后呈明显下降趋势。

对不同收入和发展水平国家组别的风险分析显示,存在两个比较明显的趋势:第一,收入水平越高,类别风险水平越高,收入水平越低则类别风险等级越低。第二,经济越发达的经济体类别风险越大,而经济欠发达则相关类别风险越小。这个结果与我们预期的研究结果差距甚大,值得进一步专门研究。

企业是对外直接投资主体也是风险承担主体,因此中国跨国公司的经营风险必然是中国OFDI风险研究的重要内容。研究显示,经济波动对跨国公司的价格风险、资产值风险、成本风险、合约风险、产业风险、资金链风险、偿付风险、交易风险、法律风险、国有化风险、转移风险、干预风险等产生重要影响;同时,世界经济周期扁平化和协同性等新特征对跨国公司的传统技术优势、规模优势和内部化优势产生重大冲击,并使得跨国公司经典优势发生"迁移"。中国跨国公司具有一般跨国公司的普遍属性,因此经济波动是我国跨国企业的重要风险因素。

## 第三节 中国OFDI风险评估的相关问题

### 一 国内机构和学者对我国OFDI风险评估缺乏对经济波动因素的考量

笔者在中国知网(CNKI)检索到与"对外直接投资+风险"的相关文献共700余篇,通过对这些文献梳理,我们发现目前国内学者对中国OFDI风险研究主要集中在风险内容和风险控制两个方面。从风险内容来看可分为市场和非市场风险因素,市场角度的学者研究了包括财务、税务、汇率、金融、产权等风险内容,非市场风险方面学者主要关注了法律、政治、国际关系、文化和社会责任等内容。从这些文献中可以看出,除了经济、金融和汇率相关风险的研究部分地涉及经济波动外,极少有学者把经济波动纳入对中国 OFDI 风险分析、风险评估、预警和管理之中。

风险评级实践来看,张明王和永中(2015)的《中国海外投资国家风险评级报告(2015)》基于经济基础、偿债能力、社会弹性、政治风险和对华关系五大指标,共 37 个子指标,对中国企业海外投资所面临的战争风险、国有化风险、政党更迭风险、缺乏政府间协议保障风险、金融风险以及东道国安全审查等主要风险作了全面的量化评估。中国社会科学院世界经济与政治研究所的《中国海外投资国家风险评级》(2016—2018 年)评级体系纳入了经济基础、偿债能力、社会弹性、政治风险、对华关系五大指标,共 41 个子指标。PRS 把影响国家风险的因素总体分为经济风险、金融风险和政治风险,但明显地侧重于对政治风险的考量。这些机构和学者风险评估均包括经济基础并部分地考虑了经济波动对风险评级的影响。但是他们并没有从经济波动的角度来识别和判断其对投资风险的长期影响。没有把经济波动(本书把经济波动率作为风险计算因子)与其他风险指标(本书为对外经济、政治、商务环境等类别风险)纳入风险评估之中。

**二 经济周期趋势有助于考察对外直接投资风险周期**

对外直接投资是跨国、跨区域的经济活动,其影响因素正如学者研究那样包括了一切社会因素。我们认为,这些因素是在社会系统中协同运行的,这种协同运行包括国际协同和国内协同。所谓国际协同是指区域化和全球化导致经济社会变化的国际传播,经济波动的国际传播也被学界广为认可;国内协同则指在一国的社会系统中,各影响因素相互作用并影响目标事物。实际上,经济波动与社会其他因素相互纠缠已成公理,从这个角度讲,经济波动对中国 OFDI 投资环境与风险之间的联系是天然存在的。当然,并非所有因素都发挥同等重要作用,不同因素的影响是有重有轻的。基于此,我们通过经济周期可以更加有效地考察对外直接投资的风险,并拟从国际经济互动性、投资风险因素与经济波动的非独立性、经济周期的长期性和可预测性几方面展开阐述。

1. 全球化背景下国际经济互动性

经济波动是客观存在的，在全球化背景下，任何经济体的经济波动将会很快传导到周边国家或经济联系紧密的国家，从而形成区域性或全球性经济波动。这一点已经在1997年亚洲金融危机、2008年国际金融危机和2010—2011年欧洲债务危机等事件中明显地体现出来。美国在克林顿时期的新经济和中国改革开放后的持续高速发展带动了区域和全球经济发展并有效遏制了经济危机带来的严重后果。

毫无疑问，无论国别性的、区域性的或全球性的经济波动都会对具体投资企业和投资项目的运营产生正面或负面的影响。因此，当任何企业、机构和经济体在考察其投资经营的利好和风险时不仅要考虑当前国内经济状况，还要考虑国际的、区域的乃至全球的经济形势。尤其是进行跨国投资经营更应如此，其特殊性在于国内投资的风险因素是可以全部或者部分控制的，至少国家政府会做出有利于企业经营的调控，而跨国投资超出了本国主权保护范围，风险面将会更大。因此在中国OFDI风险评估和管理中，我国直接投资目标区域内的主要经济体及其经贸密切国家的经济波动必须纳入风险因素之中。

2. 社会体系下投资风险因素与经济波动的非独立性

经济活动是社会活动的一部分，从学者研究投资风险的角度就很容易看出，投资决策和项目经营与所在社会体系中的上层建筑和经济基础存在深刻且紧密的联系。从该逻辑出发，经济系统运行不能独立于其他社会子系统，它不仅与其他子系统有支撑和被支撑关系，也存在影响或被影响关系。在研究对外直接投资风险评估和风险管控时，不能独立地从某类投资风险要素考虑，而要综合几方面重要因素。我们认为，经济波动与投资风险要素相互影响强度大，并具普遍性，因此在风险评估和管理上充分考虑经济波动显得更科学。

3. 经济周期的长期性和可预测性

经济波动分为周期性和非周期性。非周期性经济波动表现为突发经济危机，是难以预测或不可预测的。但是经济周期性波动（简称为经济周期）是经济体长期运行内部积极或消极力量的积累，形成了从量变到质变，阶段性经济繁荣、衰退、萧条和复苏依次出现的演进格局，而且该格局在更长时期内将循环往复出现。可见一个单独经济周期本身具有长期性特征（可能为 3—5 年、8—10 年或更长），而多周期循环更是长期的。长期性和循环性说明经济周期波动是可以预测的，至少能够判断全球、区域或经济体所处经济周期阶段，这为投资者判断东道国的经济形势、评估投资风险和风险管理策略提供了可靠决策参考。正是基于上述考虑，本书更倾向于结合经济波动长期趋势与风险指标综合地考察中国 OFDI 的风险。

### 三 不同层次风险评估的必要性

本书把中国 OFDI 风险总体分为类别风险、国别综合风险和总体综合风险三个层次。类别风险包括国别类别风险和总体类别风险，前者指每个经济体的不同类别风险，后者指中国 OFDI 的类别风险；国别综合风险是指基于六个类别风险计算而来的风险；总体综合风险是指中国 OFDI 在全球范围内面临的总体风险状况。

正如上文所述，影响中国 OFDI 风险的因素有很多。但是，不同因素的影响力是有差别的。在风险分析中无论是行业专家还是理论学者总是分析最重要、最有效的因素。基于不同因素类别评估得出 OFDI 的类别风险，并根据这些风险采取相应的管理措施。不同投资方式、不同投资项目和不同经营阶段可能面临着不同风险，因此类别风险的研究无论从宏观层面、企业微观层面还是从理论角度都是非常必要的。直接投资企业经营和项目总是落在具体的国家（东道国）空间范围内，东道国经济社会变化对投资企业和投资项目有着最直接的影响。因此，针对特定国家进行风险分析时，必须对风险评估结果的刻画更为具体，对象性更加突出，投资决策和后期风险管理必须更可行可靠。目前许多风险评估机构和绝大多数研究者均重视类别风险和国别综合风险研究；如果从投资国宏观角度来看，政府在制定国际性或区域性投资合作战略时，则还需要考察本国对外直接投资总体环境。在"一带一路"倡议、"人类命运共同体""全球治理"的语境下，评估中国 OFDI 总体类别风险和总体风险的意义显得尤为重大。

### 四 风险评估和预警结果的科学性与管理意义

风险评估和预警在很多领域被实践，现实需求表明其必要性，而学界和实践界的高度关注则反映其重要性。我们认为，任何风险评估具有其科学性和科学有限性，因此如何充分利用其科学性弱化非科学性并凝练出风险管理观点和科学管理方案是风险评估的本质意义所在。中国OFDI风险评估和管理莫不如此。

1. 风险评估和预警的科学性与有限科学性

风险评估的科学性在于评估指标的选择来自实践界和学术界的长期知识积累、运用和验证，这是基于大量"试错"和"纠错"事件凝结而成的风险认知、刻画和风险估算方面的知识成果。具体而言包括风险评估指标、风险评估和预警方法及结果评判。本书强调投资风险评估和风险长期变动趋势并重视这些风险与经济波动的长期互动关系，并基于此进行预测和评判中国OFDI长期和阶段性风险状况。这正是基于实践界和学术界广为接受的研究方法，其科学性相对较高。

尽管如此，相关OFDI风险评估的知识并非是公理或定理，因此其真理性是不完全的，甚至可能相去甚远，这必将导致风险评估的有限科学性。虽然我们在研究中尽可能找到足够理由支撑风险评估指标体系和评估方法的选择，但是我们仍然无法保证指标系统完备性和方法可靠性。比如，可能选择无效或低效指标，遗漏高效指标；指标权重确定；预警模型选择，模型训练方法和参数设定等；数据本身奇异值干扰的处理。这些方面的误差将会导致整个评估和预警结果出现偏差，可能误导投资和风险管理决策。因此，在运用风险分析结果进行风险管理前，需要对研究结果进行再评估，以尽可能保证风险管理的有效性。

2. 风险评估结果的管理价值适用

基于上述理解，我们认为风险长期趋势比短期（1年及以下）趋势考察结果更可靠，充分利用宏观经济和OFDI风险长期趋势的可预测性和可观测性，制定中国OFDI风险管理战略和策略。本书中我国OFDI风险长期考察结果和经济波动与风险趋势的互动关系研究将为国家和企业层面提供投资不同风险管理视角和参考。总体综合风险和总体类别风险评估结果适用于服务区域和国家宏观层面的风险管理与协调，国别风险则适用于行业和企业中微观层的面风险管理，国别类别风险评估结果对于企业或项目等微观层面风险管理的意义更为显著。

# 第十三章

# 经济波动下中国对外直接投资风险预警分析

前文基于相关指标得出中国 OFDI 的经济风险、偿债能力风险、商务环境风险、政治风险、对外经济风险和对华关系风险指数和综合风险指数，部分风险指数在充分考虑经济波动因素的基础上计算所得。每一种风险的评估指标在前文已作了清楚的介绍和说明。本部分我们将基于上述风险评估指标和风险指数对中国 OFDI 风险作预测并预警分析。

## 第一节 研究方法和数据

### 一 研究方法介绍

本章将采用神经网络模型，前文对该方法作了大体介绍，本部分将进一步作具体的针对性说明。

我们将 1990—2016 年归一化后的各类别风险指标数据作为输入值，对应年份的类别风险作为目标输出值，每个样本国家数据上具有时间连续性。一般来说，如果输入值对目标输出值有影响，那么目标输出值不仅与上一期数据有关，也和前几期的数值有关，因此对目标输出值进行预测，往往需要考虑最近几年的数据。

设输出目标指标为 $S$（包括经济风险、偿债能力风险、商务环境风险、政治风险、对外经济风险和对华关系风险指数和综合风险指数）。根据经验，设与输出目标指标 $S$ 相关的指标集合为 $T$（前文已经对指标 $T$ 作了叙述）。对于属于同一个国家的数据，采用该国 $t+z$ 年的风险真

实值为第 $t$ 年对以后第 $z$ 年风险预测的期望值。我们这里取 $z=1$，即采用该国 $t+1$ 年的风险真实值为 $t$ 年对下一年风险预测的期望值。我们设当前时间为 $t$，则指标集合 $T$ 的 $t_{-z}$，$t_{-z+1}$，$t_{-z+2}$，…，$t$ 年数值组成的向量记作 $x$，$x$ 是模型输入值。$t+1$ 年度输出目标值（$S$）记为 $y$。设 $u=(x,y)$ 的输入和答案为一个训练样本，因此每一个国家的数据被划分为（$n-t+1$）个训练样本，$m$ 个国家可以得到 $MS=m\times(n-t+1)$ 个样本。然后按 50%、20%、30% 的比例把数据划分为训练集合、验证集合和测试集合，构建基于神经网络的对外直接投资预警模型。

基于本书研究主题，为了更好地显示经济波动因素对风险的影响，我们引入了相邻 2 年模型输入的经济类指标值的差值作为补充输入。由于一个指标值相邻 2 年的差反映了该指标的波动幅度，因此该种处理方法会导致数据训练样本的减少。

所有模型都是一个三层的神经网络，包括输入层、隐藏层和输出层。笔者通过训练集和测试集在不同的超参数条件下进行试验，所有模型的输入节点数为每个样本向量的维数，隐藏层神经节点设成 10，输出节点数为 1，输入层和隐藏层节点的激活函数都设为 Relu 函数，输出节点的激活函数设为 Sigmoid 函数。模型输入层为风险因素指标个数，输出层的结果为风险评价等级结果。本书设定四个风险等级，分别为安全（A）、基本安全（B）、警戒（C）和危险（D），因此输出神经元数为 4。

## 二 数据说明

本部分数据包括经济风险、偿债能力风险、商务环境风险、政治风险、对外经济风险和对华关系风险六类指标，指标内涵和选取原因前文已经说明，每一类数据值（前文风险指数中已作归一化处理）为所对应的风险输入值，各风险等级为目标输出值。前文估算的风险结果作为模型训练的验证集合。

# 第二节 国别类别风险预警模型训练

## 一 偿债能力风险预警模型训练

我们将 1990—2016 年归一化后的偿债能力风险指标数据，包括预算余额指数（Index of Budget Balance）、经常账户 GDP 占比（Current Account as % of GDP）、经常账户 XGS 占比（Index of Current Account as % of XGS）、债务清偿指数（Index of Debt Service）、汇率稳定风险指数（Exchange Rate Stability）、外债风险指数（Index of Foreign Debt）以及 GDP 增长率的变化率作为输入值，对应年份风险等级作为风险目标输出值。输入层的输入指标数为 7 个，故神经网络默认神经节点为 7 个（7 个神经元）。我们把模型拟合所得随机年度的各样本国的偿债能力风险实际检验输出值与目标输出值进行比较，比较发现两者输出趋近一致，误差在接受范围，偿债能力风险预警神经网络模型训练通过检验。表 13－1 展示的是随机选择部分年份的对比结果。

表 13－1　偿债能力风险检验样本的实际输出与目标输出的对比结果

| 国家 | 年份 | 偿债能力风险实际检验输出 | | | | 风险目标输出 | | | |
|---|---|---|---|---|---|---|---|---|---|
| 阿尔及利亚 | 2016 | 0.9999976 | 2.15E－07 | 1.94E－08 | 1.92E－07 | 1 | 0 | 0 | 0 |
| 阿根廷 | 2012 | 2.41E－05 | 1.71E－06 | 1.92E－06 | 0.9999183 | 0 | 0 | 0 | 1 |
| 澳大利亚 | 2011 | 6.34E－07 | 4.82E－07 | 0.9999989 | 4.26E－06 | 0 | 0 | 1 | 0 |
| 巴西 | 2014 | 4.69E－04 | 2.94E－04 | 3.54E－04 | 0.9999996 | 0 | 0 | 0 | 1 |
| 加拿大 | 2015 | 0.9999962 | 2.75E－03 | 2.07E－03 | 1.79E－03 | 1 | 0 | 0 | 0 |
| 刚果（金） | 2010 | 1.53E－04 | 0.9999209 | 1.34E－04 | 1.24E－04 | 0 | 1 | 0 | 0 |
| 法国 | 2016 | 8.58E－05 | 3.59E－07 | 5.91E－05 | 0.9999915 | 0 | 0 | 0 | 1 |
| 德国 | 2014 | 3.12E－05 | 2.59E－05 | 2.75E－08 | 0.9999221 | 0 | 0 | 0 | 1 |
| 加纳 | 2015 | 3.76E－07 | 0.9999927 | 3.33E－07 | 2.75E－07 | 0 | 1 | 0 | 0 |
| 印度 | 2015 | 4.27E－07 | 4.87E－07 | 0.9999933 | 3.77E－07 | 0 | 0 | 1 | 0 |
| 印度尼西亚 | 2016 | 3.24E－05 | 2.62E－08 | 2.96E－05 | 0.9999939 | 0 | 0 | 0 | 1 |
| 伊朗 | 2014 | 1.15E－04 | 2.99E－05 | 0.9999244 | 9.03E－05 | 0 | 0 | 1 | 0 |
| 日本 | 2015 | 2.14E－07 | 0.9999950 | 2.39E－10 | 1.58E－07 | 0 | 1 | 0 | 0 |
| 韩国 | 2014 | 4.31E－05 | 2.81E－08 | 3.51E－05 | 0.9999956 | 0 | 0 | 0 | 1 |
| 卢森堡 | 2015 | 3.95E－07 | 4.43E－07 | 0.9999935 | 3.49E－07 | 0 | 0 | 1 | 0 |
| 马来西亚 | 2010 | 2.10E－04 | 1.46E－04 | 1.77E－04 | 0.9999999 | 0 | 0 | 0 | 1 |
| 缅甸 | 2012 | 2.19E－07 | 1.84E－07 | 0.9999102 | 1.70E－07 | 0 | 0 | 1 | 0 |

续表

| 国家 | 年份 | 偿债能力风险实际检验输出 | | | | 风险目标输出 | | | |
|---|---|---|---|---|---|---|---|---|---|
| 荷兰 | 2012 | 1.22E-04 | 8.42E-05 | 9.65E-05 | 0.9999986 | 0 | 0 | 0 | 1 |
| 尼日利亚 | 2013 | 5.50E-05 | 3.78E-05 | 3.91E-05 | 0.9999899 | 0 | 0 | 0 | 1 |
| 挪威 | 2016 | 1.29E-07 | 6.10E-01 | 9.20E-08 | 0.9999913 | 0 | 0 | 0 | 1 |
| 巴基斯坦 | 2011 | 2.29E-04 | 9.74E-05 | 1.31E-07 | 0.9999916 | 0 | 0 | 0 | 1 |
| 沙特阿拉伯 | 2012 | 1.29E-09 | 9.63E-06 | 5.21E-11 | 0.9999930 | 0 | 0 | 0 | 1 |
| 新加坡 | 2010 | 1.09E-03 | 1.26E-03 | 0.9999960 | 1.07E-03 | 0 | 0 | 1 | 0 |
| 南非 | 2011 | 1.90E-05 | 1.36E-05 | 0.9999990 | 1.07E-05 | 0 | 0 | 1 | 0 |
| 苏丹 | 2016 | 1.21E-03 | 1.05E-03 | 1.13E-03 | 0.9999955 | 0 | 0 | 0 | 1 |
| 瑞典 | 2010 | 1.22E-07 | 1.60E-07 | 0.9999988 | 1.17E-07 | 0 | 0 | 1 | 0 |
| 泰国 | 2012 | 7.49E-07 | 6.56E-07 | 7.59E-07 | 0.9999362 | 0 | 0 | 0 | 1 |
| 特立尼达和多巴哥 | 2013 | 1.74E-06 | 1.81E-06 | 2.46E-06 | 0.9999935 | 0 | 0 | 0 | 1 |
| 英国 | 2012 | 0.9998123 | 4.26E-08 | 3.72E-08 | 3.24E-08 | 1 | 0 | 0 | 0 |
| 美国 | 2014 | 1.78E-07 | 1.24E-07 | 1.46E-07 | 0.9999936 | 0 | 0 | 0 | 1 |
| 委内瑞拉 | 2011 | 5.63E-06 | 0.9999936 | 4.69E-06 | 4.19E-06 | 0 | 1 | 0 | 0 |
| 赞比亚 | 2011 | 1.10E-03 | 8.74E-04 | 5.36E-10 | 0.9999990 | 0 | 0 | 0 | 1 |
| 津巴布韦 | 2014 | 0.9999999 | 3.31E-07 | 2.87E-07 | 2.50E-07 | 1 | 0 | 0 | 0 |

## 二 商务环境风险预警模型训练

商务环境风险指标包括官僚素质指数（Index of Bureaucracy Quality）、腐败指数（Index of Corruption）、投资环境指数（Index of Investment Profile）、法律和秩序指数（Index of Law & Order）、国际流动性指数（Index of International Liquidity）、经济社会状况指数（Index of Socioeconomic Conditions）和GDP增长率的变化率。我们将1990—2016年归一化后的商务环境风险指标数据作为输入值，对应年份的商务环境风险等级作为目标输出值。神经网络默认输入神经节点为7个（7个神经元）。把商务环境风险预警模型的实际检验输出值与目标输出值进行比较显示，两者输出趋近一致，说明商务环境风险预警模型训练通过检验。表13-2展示的是随机选择部分年份的对比结果。

**表 13−2　商务环境风险检验样本的实际输出与目标输出的对比结果**

| 国家 | 年份 | 商务环境风险实际检验输出 | | | | 风险目标输出 | | | |
|---|---|---|---|---|---|---|---|---|---|
| 阿尔及利亚 | 2016 | 1.39E−07 | 1.07E−09 | 1.23E−07 | 0.9999562 | 0 | 0 | 0 | 1 |
| 阿根廷 | 2012 | 1.36E−06 | 1.14E−07 | 1.21E−08 | 0.9999935 | 0 | 0 | 0 | 1 |
| 澳大利亚 | 2011 | 2.56E−07 | 1.52E−07 | 1.82E−07 | 0.9999998 | 0 | 0 | 0 | 1 |
| 巴西 | 2014 | 1.70E−04 | 0.9999920 | 1.34E−06 | 1.10E−06 | 0 | 1 | 0 | 0 |
| 加拿大 | 2015 | 1.35E−03 | 8.76E−04 | 5.10E−07 | 0.9999980 | 0 | 0 | 0 | 1 |
| 刚果（金） | 2010 | 1.03E−04 | 0.9999952 | 8.75E−05 | 7.81E−05 | 0 | 1 | 0 | 0 |
| 法国 | 2016 | 0.9999352 | 1.56E−08 | 3.32E−06 | 2.25E−09 | 1 | 0 | 0 | 0 |
| 德国 | 2014 | 0.9999023 | 2.14E−05 | 2.01E−05 | 1.89E−07 | 1 | 0 | 0 | 0 |
| 加纳 | 2015 | 1.60E−07 | 1.74E−10 | 0.9999303 | 1.41E−11 | 0 | 0 | 1 | 0 |
| 印度 | 2015 | 3.12E−07 | 2.42E−07 | 2.56E−10 | 0.9999963 | 0 | 0 | 0 | 1 |
| 印度尼西亚 | 2016 | 2.93E−05 | 2.45E−05 | 0.99990312 | 2.19E−05 | 0 | 0 | 1 | 0 |
| 伊朗 | 2014 | 3.33E−05 | 1.84E−05 | 0.9999792 | 1.64E−05 | 0 | 0 | 1 | 0 |
| 日本 | 2015 | 1.09E−06 | 6.81E−08 | 8.18E−07 | 0.9996962 | 0 | 0 | 0 | 1 |
| 韩国 | 2014 | 1.06E−08 | 1.78E−06 | 0.9999362 | 1.36E−06 | 0 | 0 | 1 | 0 |
| 卢森堡 | 2015 | 0.9999712 | 2.36E−07 | 2.19E−07 | 2.04E−07 | 1 | 0 | 0 | 0 |
| 马来西亚 | 2010 | 9.06E−05 | 6.65E−05 | 7.57E−05 | 0.9995262 | 0 | 0 | 0 | 1 |
| 缅甸 | 2012 | 1.36E−07 | 1.02E−07 | 0.9999023 | 9.13E−08 | 0 | 0 | 1 | 0 |
| 荷兰 | 2012 | 0.9999553 | 5.56E−05 | 5.22E−05 | 4.80E−05 | 1 | 0 | 0 | 0 |
| 尼日利亚 | 2013 | 2.19E−05 | 0.9999213 | 1.96E−07 | 1.88E−05 | 0 | 1 | 0 | 0 |
| 挪威 | 2016 | 3.22E−01 | 2.14E−07 | 2.46E−06 | 0.9999953 | 0 | 0 | 0 | 1 |
| 巴基斯坦 | 2011 | 5.37E−05 | 3.95E−05 | 0.9999852 | 3.21E−05 | 0 | 0 | 1 | 0 |
| 沙特阿拉伯 | 2012 | 2.50E−05 | 2.59E−08 | 1.56E−07 | 0.9999620 | 0 | 0 | 0 | 1 |
| 新加坡 | 2010 | 8.13E−04 | 6.21E−04 | 7.21E−06 | 0.9999877 | 0 | 0 | 0 | 1 |
| 南非 | 2011 | 0.9999806 | 2.96E−06 | 2.46E−06 | 2.36E−08 | 1 | 0 | 0 | 0 |
| 苏丹 | 2016 | 8.92E−07 | 7.80E−04 | 3.27E−07 | 0.9999663 | 0 | 0 | 0 | 1 |
| 瑞典 | 2010 | 9.24E−08 | 8.63E−08 | 5.93E−11 | 0.9999333 | 0 | 0 | 0 | 1 |
| 泰国 | 2012 | 4.05E−07 | 0.9993625 | 3.27E−10 | 2.89E−07 | 0 | 1 | 0 | 0 |
| 特立尼达和多巴哥 | 2013 | 2.11E−06 | 2.13E−06 | 2.26E−05 | 0.9999945 | 0 | 0 | 0 | 1 |
| 英国 | 2012 | 1.96E−08 | 0.9999987 | 1.84E−10 | 1.31E−10 | 0 | 1 | 0 | 0 |
| 美国 | 2014 | 8.05E−08 | 0.9999623 | 7.31E−08 | 6.63E−08 | 0 | 1 | 0 | 0 |
| 委内瑞拉 | 2011 | 0.9999268 | 3.12E−07 | 2.96E−06 | 2.46E−10 | 1 | 0 | 0 | 0 |
| 赞比亚 | 2011 | 0.000377 | 0.000222 | 0.000265 | 0.9999656 | 0 | 0 | 0 | 1 |
| 津巴布韦 | 2014 | 0.9999956 | 1.52E−06 | 1.28E−08 | 1.11E−04 | 1 | 0 | 0 | 0 |

### 三　经济风险预警模型训练

经济风险预警指标包括总投资变化率（Percent Change of Total Investment）、GDP 增长率（Annual Average Growth Rate of GDP）、人均 GDP 增长率（GDP Per Capita Growth Rate）、失业率（Unemployment Rate）、国民总储蓄（Gross National Savings）、GDP 平减指数（GDP Deflator）和 GDP 增长率的变化率共 7 个指标。把 1990—2016 年归一化后的上述指标作为输入值，对应年份经济风险等级作为目标输出值。神经网络默认输入神经节点为 7 个（7 个神经元）。将经济风险预警模型实际检验输出值与目标输出值进行比较，发现二者输出趋近一致，说明经济风险预警模型训练通过检验。表 13-3 展示的是随机选择部分年份的对比结果。

表 13-3　经济风险检验样本的实际输出与目标输出的对比结果

| 国家 | 年份 | 经济风险实际检验输出 | | | | 风险目标输出 | | | |
|---|---|---|---|---|---|---|---|---|---|
| 阿尔及利亚 | 2016 | 2.10E-06 | 2.10E-06 | 0.9999324 | 2.10E-06 | 0 | 0 | 1 | 0 |
| 阿根廷 | 2012 | 1.47E-05 | 0.9999998 | 1.42E-05 | 1.38E-05 | 0 | 1 | 0 | 0 |
| 澳大利亚 | 2011 | 3.03E-05 | 0.9999999 | 3.3E-05 | 2.59E-05 | 0 | 1 | 0 | 0 |
| 巴西 | 2014 | 3.78E-08 | 0.000104 | 0.9999932 | 4.47E-05 | 0 | 0 | 1 | 0 |
| 加拿大 | 2015 | 1.32E-05 | 1.35E-07 | 0.9999766 | 1.3E-05 | 0 | 0 | 1 | 0 |
| 刚果（金） | 2010 | 1.83E-05 | 1.65E-05 | 0.9999569 | 1.75E-07 | 0 | 0 | 1 | 0 |
| 法国 | 2016 | 1.27E-08 | 1.21E-05 | 0.9999942 | 1.12E-05 | 0 | 0 | 1 | 0 |
| 德国 | 2014 | 1.19E-05 | 1.13E-05 | 1.16E-05 | 0.9999333 | 0 | 0 | 0 | 1 |
| 加纳 | 2015 | 6.92E-06 | 6.56E-06 | 6.38E-06 | 0.9999522 | 0 | 0 | 0 | 1 |
| 印度 | 2015 | 2.58E-05 | 2.09E-09 | 1.78E-05 | 0.9999923 | 0 | 0 | 0 | 1 |
| 印度尼西亚 | 2016 | 2.93E-08 | 1.4E-07 | 0.9999986 | 9.8E-05 | 0 | 0 | 1 | 0 |
| 伊朗 | 2014 | 1.13E-05 | 0.9999998 | 1.11E-05 | 1.09E-05 | 0 | 1 | 0 | 0 |
| 日本 | 2015 | 1.1E-05 | 0.9999788 | 1.08E-06 | 1.06E-05 | 0 | 1 | 0 | 0 |
| 韩国 | 2014 | 6.29E-05 | 0.9999993 | 5.03E-05 | 3.78E-05 | 0 | 1 | 0 | 0 |
| 卢森堡 | 2015 | 1.08E-06 | 0.9999076 | 1.04E-07 | 9.99E-06 | 0 | 1 | 0 | 0 |
| 马来西亚 | 2010 | 2.59E-050 | 2.24E-05 | 2.5E-05 | 0.9999960 | 0 | 0 | 0 | 1 |
| 缅甸 | 2012 | 6.44E-05 | 5.36E-07 | 4.77E-05 | 0.9999532 | 0 | 0 | 0 | 1 |
| 荷兰 | 2012 | 0.9999980 | 9.67E-06 | 9.74E-06 | 9.82E-06 | 1 | 0 | 0 | 0 |

续表

| 国家 | 年份 | 经济风险实际检验输出 | | | | 风险目标输出 | | | |
|---|---|---|---|---|---|---|---|---|---|
| 尼日利亚 | 2013 | 1.4E－05 | 0.9999999 | 1.37E－05 | 1.31E－05 | 0 | 1 | 0 | 0 |
| 挪威 | 2016 | 1.2E－05 | 1.15E－05 | 0.9999999 | 1.12E－05 | 0 | 0 | 1 | 0 |
| 巴基斯坦 | 2011 | 0.9999912 | 1.26E－05 | 1.3E－05 | 1.23E－05 | 1 | 0 | 0 | 0 |
| 沙特阿拉伯 | 2012 | 3.85E－05 | 0.9999998 | 3.92E－05 | 2.92E－05 | 0 | 1 | 0 | 0 |
| 新加坡 | 2010 | 1.91E－05 | 1.8E－05 | 1.63E－05 | 0.9999958 | 0 | 0 | 0 | 1 |
| 南非 | 2011 | 1.75E－05 | 2.35E－05 | 0.9999905 | 1.74E－08 | 0 | 0 | 1 | 0 |
| 苏丹 | 2016 | 2.34E－05 | 1.63E－05 | 1.8E－05 | 0.9999921 | 0 | 0 | 0 | 1 |
| 瑞典 | 2010 | 2.66E－05 | 1.74E－05 | 2.35E－05 | 0.9999957 | 0 | 0 | 0 | 1 |
| 泰国 | 2012 | 2.17E－05 | 1.68E－05 | 0.9999999 | 1.71E－05 | 0 | 0 | 1 | 0 |
| 特立尼达和多巴哥 | 2013 | 1.6E－05 | 0.9999951 | 2.72E－05 | 1.86E－05 | 0 | 1 | 0 | 0 |
| 英国 | 2012 | 2.1E－05 | 1.6E－05 | 0.9999994 | 1.75E－05 | 0 | 0 | 1 | 0 |
| 美国 | 2014 | 2.35E－05 | 1.66E－05 | 2.12E－05 | 0.9999691 | 0 | 0 | 0 | 1 |
| 委内瑞拉 | 2011 | 1.73E－05 | 2.25E－05 | 0.9999928 | 1.86E－05 | 0 | 0 | 1 | 0 |
| 赞比亚 | 2011 | 2.08E－05 | 1.92E－05 | 1.95E－05 | 0.9999799 | 0 | 0 | 0 | 1 |
| 津巴布韦 | 2014 | 1.88E－05 | 1.77E－05 | 0.9999990 | 1.78E－05 | 0 | 0 | 1 | 0 |

## 四 对外经济风险预警模型训练

对外经济风险预警指标包括商品出口增长率（Merchandise Exports_Total Trade Growth Rates）、商品进口增长率（Merchandise Import_Total Trade Growth Rates）、出口贸易世界占比（Trade Export Percentage of Total World）、进口贸易世界占比（Trade Import Percentage of Total World）、INFDI 流量增长率（Growth Rate of INFDI Flows）、INFDI 流量对 GDP 占比（Percentage of GDP of INFDI Flows）、INFDI 流量对固定资本形成总额占比（Percentage of GFCF of INFDI Flow）、INFDI 流量对贸易总额占比（Percentage of Total Merchandise Trade of INFDI Flows）、INFDI 流量对商品和服务贸易总额占比（Percentage of Total Trade in Merchandise and Services of INFDI）和 GDP 增长率，共 10 个指标。

把 1990—2016 年归一化后的上述指标时间序列作为输入值，对应年份对外经济风险等级作为目标输出值。神经网络默认输入神经节点为 10 个（10 个神经元）。比较对外经济风险预警模型实际检验输出值与目标输出值，显示二者输出趋近一致，说明对外经济风险预警模型训练通过检验。表 13-4 展示的是随机选择部分年份的对比结果。

表 13-4　　对外经济风险检验样本的实际输出与目标输出的对比结果

| 国家 | 年份 | 对外经济风险实际检验输出 ||||  风险目标输出 ||||
|---|---|---|---|---|---|---|---|---|---|
| 阿尔及利亚 | 2016 | 0.9999534 | 1.01E-07 | 9.68E-08 | 4.98E-08 | 1 | 0 | 0 | 0 |
| 阿根廷 | 2012 | 4.32E-07 | 0.9998574 | 5.26E-08 | 3.11E-08 | 0 | 1 | 0 | 0 |
| 澳大利亚 | 2011 | 5.2E-08 | 5.3E-08 | 0.9999955 | 4.3E-08 | 0 | 0 | 1 | 0 |
| 巴西 | 2014 | 3.34E-08 | 0.9999921 | 1.88E-08 | 1.48E-08 | 0 | 1 | 0 | 0 |
| 加拿大 | 2015 | 0.9999952 | 1.1E-06 | 9.67E-07 | 1.21E-06 | 1 | 0 | 0 | 0 |
| 刚果（金） | 2010 | 1.11E-07 | 9.78E-08 | 9.49E-08 | 0.9999996 | 0 | 0 | 0 | 1 |
| 法国 | 2016 | 0.9999983 | 0.00198 | 0.001764 | 0.001688 | 1 | 0 | 0 | 0 |
| 德国 | 2014 | 7.49E-07 | 6.08E-07 | 0.9999475 | 4.16E-07 | 0 | 0 | 1 | 0 |
| 加纳 | 2015 | 1.93E-08 | 1.45E-08 | 0.9999105 | 9.12E-09 | 0 | 0 | 1 | 0 |
| 印度 | 2015 | 1.64E-06 | 1.54E-06 | 0.9999918 | 1.27E-06 | 0 | 0 | 1 | 0 |
| 印度尼西亚 | 2016 | 5.71E-05 | 4.49E-05 | 0.9999954 | 2.97E-05 | 0 | 0 | 1 | 0 |
| 伊朗 | 2014 | 1.42E-06 | 0.9999912 | 1.13E-06 | 1E-06 | 0 | 1 | 0 | 0 |
| 日本 | 2015 | 6.97E-08 | 0.9999959 | 5.38E-08 | 4.82E-08 | 0 | 1 | 0 | 0 |
| 韩国 | 2014 | 5.82E-07 | 4.88E-07 | 0.9999999 | 4.13E-07 | 0 | 0 | 1 | 0 |
| 卢森堡 | 2015 | 0.000217 | 0.000184 | 0.000159 | 0.99999912 | 0 | 0 | 0 | 1 |
| 马来西亚 | 2010 | 0.9999991 | 3.38E-06 | 2.9E-06 | 2.81E-06 | 1 | 0 | 0 | 0 |
| 缅甸 | 2012 | 0.9999899 | 3.03E-06 | 2.41E-06 | 2.1E-06 | 1 | 0 | 0 | 0 |
| 荷兰 | 2012 | 0.9999953 | 2.28E-06 | 1.8E-06 | 1.45E-06 | 1 | 0 | 0 | 0 |
| 尼日利亚 | 2013 | 3.54E-06 | 0.9999995 | 2.2E-06 | 2.06E-06 | 0 | 1 | 0 | 0 |
| 挪威 | 2016 | 0.9999926 | 1.56E-06 | 1.5E-06 | 1.32E-06 | 1 | 0 | 0 | 0 |
| 巴基斯坦 | 2011 | 0.9999984 | 2.6E-06 | 2.21E-06 | 2.01E-06 | 1 | 0 | 0 | 0 |
| 沙特阿拉伯 | 2012 | 3.66E-05 | 0.9999993 | 0.000024 | 2.24E-05 | 1 | 0 | 0 | 0 |
| 新加坡 | 2010 | 8.89E-07 | 7.82E-07 | 7.13E-07 | 0.9999999 | 0 | 0 | 0 | 1 |
| 南非 | 2011 | 6.63E-08 | 5.72E-08 | 0.9999998 | 4.45E-08 | 0 | 0 | 1 | 0 |
| 苏丹 | 2016 | 2.9E-07 | 2.45E-07 | 0.9999976 | 1.89E-07 | 0 | 0 | 1 | 0 |
| 瑞典 | 2010 | 3.6E-08 | 2.28E-08 | 2.39E-08 | 0.9999990 | 0 | 0 | 0 | 1 |
| 泰国 | 2012 | 4.36E-05 | 0.9999879 | 4.38E-05 | 3.67E-05 | 0 | 1 | 0 | 0 |

续表

| 国家 | 年份 | 对外经济风险实际检验输出 | | | | 风险目标输出 | | | |
|---|---|---|---|---|---|---|---|---|---|
| 特立尼达和多巴哥 | 2013 | 2.62E-08 | 2.4E-08 | 0.9999957 | 2.09E-08 | 0 | 0 | 1 | 0 |
| 英国 | 2012 | 0.9999998 | 2.41E-06 | 1.4E-06 | 7.45E-07 | 1 | 0 | 0 | 0 |
| 美国 | 2014 | 0.9999957 | 5.27E-06 | 4.49E-06 | 3.7E-06 | 1 | 0 | 0 | 0 |
| 委内瑞拉 | 2011 | 0.9999944 | 0.000138 | 0.000119 | 9.36E-05 | 1 | 0 | 0 | 0 |
| 赞比亚 | 2011 | 4.36E-06 | 0.9999996 | 2.86E-06 | 2.58E-06 | 0 | 1 | 0 | 0 |
| 津巴布韦 | 2014 | 6.1E-07 | 0.9999984 | 5.67E-07 | 5.25E-07 | 0 | 1 | 0 | 0 |

### 五 政治风险预警模型训练

政治风险预警指标包括民主问责指数（Index of Democratic Accountability）、种族紧张度指数（Index of Ethnic Tensions）、外部冲突指数（Index of External Conflict）、政府稳定性指数（Index of Government Stability）、内部冲突指数（Index of Internal Conflict）、军事干政指数（Index of Military in Politics）和宗教紧张指数（Index of Religious Tensions）共7个指标。把1990—2016年归一化后的上述指标作为输入值，对应年份政治风险等级作为目标输出值。神经网络默认输入神经节点为7个（7个神经元）。比较政治风险预警模型实际检验输出值与目标输出值，结果显示政治风险预警模型训练通过检验。表13-5展示了随机选择部分年份的对比结果。

表13-5 政治风险检验样本的实际输出与目标输出的对比结果

| 国家 | 年份 | 政治风险实际检验输出 | | | | 风险目标输出 | | | |
|---|---|---|---|---|---|---|---|---|---|
| 阿尔及利亚 | 2016 | 1.75E-07 | 2.14E-06 | 0.9999950 | 3.40E-08 | 0 | 0 | 1 | 0 |
| 阿根廷 | 2012 | 1.65E-07 | 0.9999995 | 3.60E-08 | 6.40E-10 | 0 | 1 | 0 | 0 |
| 澳大利亚 | 2011 | 0.9999958 | 1.50E-09 | 3.28E-08 | 5.62E-06 | 1 | 0 | 0 | 0 |
| 巴西 | 2014 | 0.9999932 | 6.19E-05 | 1.56E-06 | 9.84E-08 | 1 | 0 | 0 | 0 |
| 加拿大 | 2015 | 6.67E-06 | 8.63E-06 | 0.9999968 | 5.46E-09 | 1 | 0 | 0 | 0 |
| 刚果（金） | 2010 | 8.94E-07 | 8.59E-07 | 0.9999929 | 7.50E-07 | 0 | 0 | 1 | 0 |
| 法国 | 2016 | 5.70E-06 | 0.9999965 | 3.96E-06 | 4.74E-06 | 0 | 1 | 0 | 0 |
| 德国 | 2014 | 0.9999938 | 8.04E-06 | 7.59E-06 | 6.19E-06 | 1 | 0 | 0 | 0 |

续表

| 国家 | 年份 | 政治风险实际检验输出 | | | | 风险目标输出 | | | |
|---|---|---|---|---|---|---|---|---|---|
| 加纳 | 2015 | 5.06E-05 | 1.96E-06 | 1.01E-07 | 0.9999936 | 0 | 0 | 0 | 1 |
| 印度 | 2015 | 1.06E-07 | 9.81E-05 | 0.9999995 | 4.48E-06 | 0 | 0 | 1 | 0 |
| 印度尼西亚 | 2016 | 0.9999993 | 1.94E-04 | 1.83E-06 | 1.76E-09 | 1 | 0 | 0 | 0 |
| 伊朗 | 2014 | 7.90E-10 | 0.9999997 | 4.42E-06 | 5.82E-06 | 0 | 1 | 0 | 0 |
| 日本 | 2015 | 0.99999915 | 1.75E-05 | 9.45E-07 | 2.17E-08 | 1 | 0 | 0 | 0 |
| 韩国 | 2014 | 3.51E-06 | 7.72E-05 | 0.9999982 | 1.10E-07 | 0 | 0 | 1 | 0 |
| 卢森堡 | 2015 | 0.99999954 | 1.75E-06 | 8.71E-08 | 8.04E-07 | 1 | 0 | 0 | 0 |
| 马来西亚 | 2010 | 3.53E-06 | 8.48E-05 | 0.9999958 | 1.22E-07 | 0 | 0 | 1 | 0 |
| 缅甸 | 2012 | 1.94E-11 | 2.17E-10 | 1.74E-06 | 0.99999967 | 0 | 0 | 0 | 1 |
| 荷兰 | 2012 | 8.86E-06 | 0.9999973 | 4.73E-06 | 6.12E-06 | 0 | 1 | 0 | 0 |
| 尼日利亚 | 2013 | 5.74E-05 | 0.9999922 | 1.16E-07 | 1.01E-06 | 0 | 1 | 0 | 0 |
| 挪威 | 2016 | 0.9999977 | 1.61E-08 | 3.98E-08 | 7.06E-06 | 1 | 0 | 0 | 0 |
| 巴基斯坦 | 2011 | 4.56E-06 | 0.9999948 | 3.55E-06 | 4.01E-06 | 0 | 1 | 0 | 0 |
| 沙特阿拉伯 | 2012 | 4.53E-08 | 7.03E-05 | 2.74E-08 | 0.9999937 | 0 | 0 | 0 | 1 |
| 新加坡 | 2010 | 0.9999953 | 1.94E-07 | 1.24E-06 | 2.82E-08 | 0 | 1 | 0 | 0 |
| 南非 | 2011 | 2.82E-06 | 4.34E-05 | 0.9999982 | 7.45E-08 | 0 | 0 | 1 | 0 |
| 苏丹 | 2016 | 3.15E-06 | 5.12E-09 | 0.9999968 | 8.60E-08 | 0 | 0 | 1 | 0 |
| 瑞典 | 2010 | 0.9999989 | 1.58E-09 | 7.80E-08 | 6.47E-07 | 1 | 0 | 0 | 0 |
| 泰国 | 2012 | 0.9999969 | 9.52E-05 | 1.90E-06 | 3.87E-08 | 1 | 0 | 0 | 0 |
| 特立尼达和多巴哥 | 2013 | 6.62E-05 | 2.49E-06 | 1.28E-07 | 0.9999949 | 0 | 0 | 0 | 1 |
| 英国 | 2012 | 0.9999963 | 1.63E-06 | 5.59E-08 | 4.19E-08 | 0 | 1 | 0 | 0 |
| 美国 | 2014 | 1.71E-10 | 1.30E-05 | 5.58E-08 | 0.9999987 | 0 | 0 | 0 | 1 |
| 委内瑞拉 | 2011 | 0.9999967 | 6.29E-05 | 6.20E-08 | 7.18E-08 | 1 | 0 | 0 | 0 |
| 赞比亚 | 2011 | 1.74E-07 | 1.53E-04 | 6.93E-08 | 0.9999903 | 0 | 0 | 0 | 1 |
| 津巴布韦 | 2014 | 1.62E-09 | 1.17E-04 | 0.9999999 | 8.73E-08 | 0 | 0 | 1 | 0 |

## 六 对华关系风险预警模型训练

对华关系风险预警指标包括对华战略关系指数（Index of Strategic Sino - Relation）、对华建交水平指数（Relation Sino - Building - Up）、对华空间距离指数（CHN_Distw）、双边投资协议指数（BIT）以及GDP的增长率共5个指标。把1990—2016年归一化后的上述指标作为

## 第十三章 | 经济波动下中国对外直接投资风险预警分析

输入值,对应年份对华关系风险等级作为目标输出值。神经网络默认输入神经节点为5个(5个神经元)。对华关系风险预警模型实际检验输出值与目标输出值进行比较,结果显示,对华关系风险预警模型训练通过检验。表13-6展示的是随机选择部分年份的对比结果。

表13-6 对华关系风险检验样本的实际输出与目标输出的对比结果

| 国家 | 对华关系风险实际检验输出 | | | | 风险目标输出 | | | |
|---|---|---|---|---|---|---|---|---|
| 阿尔及利亚 | 0.00003832 | 0.000392 | 0.00035169 | 0.9999999 | 0 | 0 | 0 | 1 |
| 阿根廷 | 3.16366E-05 | 2.95E-05 | 2.7E-05 | 1.00000 | 0 | 0 | 0 | 1 |
| 澳大利亚 | 9.50061E-06 | 8.68E-06 | 8.48E-06 | 1.00000 | 0 | 0 | 0 | 1 |
| 巴西 | 1.16244E-05 | 1.1E-05 | 1E-05 | 1.00000 | 0 | 0 | 0 | 1 |
| 加拿大 | 6.69449E-07 | 5.81E-07 | 4.82E-07 | 1.00000 | 0 | 0 | 0 | 1 |
| 刚果(金) | 4.45538E-08 | 4.14E-08 | 3.84E-08 | 0.9999999 | 0 | 0 | 1 | 0 |
| 法国 | 3.39754E-05 | 2.67E-05 | 2.13E-05 | 1.00000 | 0 | 0 | 0 | 1 |
| 德国 | 3.42885E-08 | 3.2E-08 | 2.9E-08 | 1.00000 | 0 | 0 | 0 | 1 |
| 加纳 | 4.89028E-09 | 4.33E-09 | 3.53E-09 | 1.00000 | 0 | 0 | 0 | 1 |
| 印度 | 2.1886E-08 | 1.73E-08 | 1.35E-08 | 1.00000 | 0 | 0 | 0 | 1 |
| 印度尼西亚 | 3.20871E-06 | 2.81E-06 | 2.64E-06 | 1.00000 | 0 | 0 | 0 | 1 |
| 伊朗 | 6.6208E-06 | 5.81E-06 | 4.81E-06 | 1.00000 | 0 | 0 | 0 | 1 |
| 日本 | 0.003982686 | 0.004618 | 0.00318 | 1.00000 | 0 | 0 | 0 | 1 |
| 韩国 | 4.46184E-07 | 4.09E-07 | 3.74E-07 | 1.00000 | 0 | 0 | 0 | 1 |
| 卢森堡 | 1.38921E-05 | 1.29E-05 | 1.1E-05 | 1.00000 | 0 | 0 | 0 | 1 |
| 马来西亚 | 2.12421E-10 | 1.93E-10 | 1.68E-10 | 0.9999999 | 0 | 0 | 0 | 1 |
| 缅甸 | 6.96038E-05 | 6.5E-05 | 5.91E-05 | 1.00000 | 0 | 0 | 0 | 1 |
| 荷兰 | 1.7051E-06 | 1.56E-06 | 1.32E-06 | 1.00000 | 0 | 0 | 0 | 1 |
| 尼日利亚 | 1.44578E-05 | 1.4E-05 | 1.25E-05 | 1.00000 | 0 | 0 | 0 | 1 |
| 挪威 | 3.83198E-07 | 3.43E-07 | 3.06E-07 | 1.00000 | 0 | 0 | 0 | 1 |
| 巴基斯坦 | 2.69745E-08 | 2.45E-08 | 2.25E-08 | 1.00000 | 0 | 0 | 0 | 1 |
| 沙特阿拉伯 | 1.01481E-07 | 8.43E-08 | 7.12E-08 | 1.00000 | 0 | 0 | 0 | 1 |
| 新加坡 | 1.3847E-08 | 1.29E-08 | 1.06E-08 | 1.00000 | 0 | 0 | 0 | 1 |
| 南非 | 1.0000 | 2.64E-08 | 2.04E-06 | 1.18E-09 | 1 | 0 | 0 | 0 |
| 苏丹 | 1.69338E-08 | 1.61E-08 | 1.53E-08 | 1.00000 | 0 | 0 | 0 | 1 |
| 瑞典 | 1.8092E-07 | 8.55E-08 | 5.84E-08 | 1.00000 | 0 | 0 | 0 | 1 |

续表

| 国家 | 对华关系风险实际检验输出 | | | | 风险目标输出 | | | |
|---|---|---|---|---|---|---|---|---|
| 泰国 | 1.64436E-06 | 1.38E-06 | 1.12E-06 | 1.00000 | 0 | 0 | 0 | 1 |
| 特立尼达和多巴哥 | 1.00803E-07 | 9.45E-08 | 5.73E-08 | 1.00000 | 0 | 0 | 0 | 1 |
| 英国 | 1.00378E-06 | 9.7E-07 | 1.42E-08 | 1.00000 | 0 | 0 | 0 | 1 |
| 美国 | 9.88374E-08 | 8.39E-08 | 3.45E-08 | 1.00000 | 0 | 0 | 0 | 1 |
| 委内瑞拉 | 8.06481E-05 | 7.19E-05 | 8.47E-09 | 0.999999 | 0 | 0 | 0 | 1 |
| 赞比亚 | 0.000657755 | 0.00057 | 5.42E-07 | 1.00000 | 0 | 0 | 0 | 1 |
| 津巴布韦 | 5.30422E-05 | 4.72E-05 | 4.76E-08 | 1.00000 | 0 | 0 | 0 | 1 |

## 第三节 国别类别风险模型预警与结果分析

### 一 偿债能力风险模型预警与结果分析

把2016年偿债能力风险评估指标输入到模型中，得到神经网络模型2017年的预测输出，基于预测输出，我们能对2017年偿债能力风险进行预警。基于预警输出值，并根据上文训练模型的输出设定，我们对2017年各样本国偿债能力风险进行了判断。本书基于时间序列角度考虑，我们将预测结果与各国1990—2016年的各国偿债能力风险进行对比，并得出相对的风险预警等级：危险、警戒、基本安全和安全。

预警结果显示（见表13-7），2017年澳大利亚、刚果（金）、法国、德国、印度、印度尼西亚、伊朗、韩国、缅甸、荷兰、挪威、巴基斯坦、新加坡、南非、苏丹、瑞士、泰国的偿债能力风险等级为安全；巴西、加纳、卢森堡、特立尼达和多巴哥和赞比亚的2017年偿债能力风险等级为基本安全；阿根廷、日本、美国和津巴布韦2017年偿债能力风险等级为警戒；阿尔及利亚、加拿大、尼日利亚、沙特阿拉伯、英国和委内瑞拉2017年偿债能力风险等级为危险。在33个样本国家风险预警结果中，22个国家的偿债能力风险预警等级为安全或基本安全，11个国家为警戒或危险。偿债能力风险预警处于危险或警戒的国家包括8个发展中国家以及加拿大、日本及英国3个发达国家。这表明，2017年中国OFDI面临东道国的偿债能力环境总体安全，但风险挑战也很明显。

**表 13－7　　2017 年偿债能力风险预警结果**

| 国家 | 偿债能力风险预测输出 | | | | 风险等级 |
|---|---|---|---|---|---|
| 阿尔及利亚 | 0.9999902 | 1.26E－09 | 2.18E－10 | 7.38E－10 | 危险 |
| 阿根廷 | 1.52E－07 | 0.9999951 | 2.16E－08 | 1.57865E－08 | 警戒 |
| 澳大利亚 | 3.99E－09 | 2.82E－09 | 1.12E－10 | 0.99999544 | 安全 |
| 巴西 | 2.95E－06 | 1.72E－06 | 0.9999982 | 2.84841E－06 | 基本安全 |
| 加拿大 | 0.9999962 | 1.61E－05 | 2.33E－05 | 1.96701E－05 | 危险 |
| 刚果（金） | 9.62E－07 | 5.85E－05 | 1.51E－06 | 0.999998 | 安全 |
| 法国 | 5.4E－07 | 2.10E－09 | 6.64E－07 | 0.9999993 | 安全 |
| 德国 | 1.96E－07 | 1.51E－07 | 3.09E－10 | 0.9999974 | 安全 |
| 加纳 | 2.36E－09 | 5.85E－03 | 0.9999950 | 3.74E－09 | 基本安全 |
| 印度 | 2.69E－09 | 2.85E－09 | 1.12E－02 | 0.99999941 | 安全 |
| 印度尼西亚 | 2.04E－07 | 1.53E－10 | 3.33E－07 | 0.9999969 | 安全 |
| 伊朗 | 7.23E－07 | 1.75E－07 | 1.12E－09 | 0.9999864 | 安全 |
| 日本 | 1.35E－09 | 0.9999985 | 2.69E－12 | 0.00003962 | 警戒 |
| 韩国 | 2.71E－07 | 1.64E－10 | 3.94E－07 | 1.97273E－07 | 安全 |
| 卢森堡 | 2.48E－09 | 2.59E－09 | 0.9999978 | 0.000056179 | 基本安全 |
| 马来西亚 | 1.32E－06 | 8.54E－07 | 0.9999999 | 1.42128E－06 | 基本 |
| 缅甸 | 1.38E－09 | 1.08E－09 | 1.12E－07 | 0.99997474 | 安全 |
| 荷兰 | 7.67E－07 | 4.92E－08 | 1.08E－06 | 0.99999633 | 安全 |
| 尼日利亚 | 0.9999946 | 2.21E－07 | 4.39E－07 | 3.30189E－07 | 危险 |
| 挪威 | 0.9999357 | 8.11E－10 | 1.03E－09 | 0.001783626 | 安全 |
| 巴基斯坦 | 1.44E－06 | 5.70E－07 | 1.47E－09 | 0.99999831 | 安全 |
| 沙特阿拉伯 | 0.9999981 | 5.63E－08 | 5.85E－13 | 2.81582E－08 | 危险 |
| 新加坡 | 6.86E－08 | 7.37E－06 | 1.12E－07 | 0.99999639 | 安全 |
| 南非 | 1.19E－07 | 7.95E－08 | 1.12E－02 | 0.99995618 | 安全 |
| 苏丹 | 7.61E－06 | 6.14E－06 | 1.27E－09 | 0.99999418 | 安全 |
| 瑞典 | 7.67E－10 | 9.36E－10 | 1.12E－10 | 0.99999797 | 安全 |
| 泰国 | 4.71E－09 | 3.84E－09 | 8.53E－09 | 0.99999217 | 安全 |
| 特立尼达和多巴哥 | 1.09E－08 | 1.06E－08 | 0.9999976 | 1.91126E－08 | 基本安全 |
| 英国 | 0.9999628 | 2.49E－10 | 4.18E－10 | 3.3355E－10 | 危险 |
| 美国 | 1.12E－07 | 0.99999828 | 7.25E－7 | 1.64E－09 | 基本安全 |
| 委内瑞拉 | 0.9999354 | 5.85E－08 | 5.27E－08 | 2.9239E－07 | 危险 |
| 赞比亚 | 6.92E－06 | 5.11E－06 | 0.99999602 | 2.55556E－09 | 基本安全 |
| 津巴布韦 | 1.94E－09 | 0.9999989 | 3.22E－09 | 2.5802E－09 | 警戒 |

## 二 商务环境风险模型预警与结果分析

基于上述训练神经预测模型输出显示（见表13-8），2017年商务环境风险预警等级为安全的国家包括澳大利亚、加拿大、印度、日本、缅甸、挪威、沙特阿拉伯、苏丹、瑞典、特立尼达和多巴哥、英国和赞比亚共12个国家；商务环境风险预警等级为基本安全的国家包括阿尔及利亚、阿根廷、印度尼西亚、伊朗、韩国、马来西亚和新加坡7个国家；巴西、刚果（金）、荷兰、尼日利亚、巴基斯坦、泰国、美国和津巴布韦的商务环境风险等级为警戒；法国、德国、加纳、卢森堡、南非和委内瑞拉这些国家的商务环境风险预警等级为危险。

表13-8　　　　　　　　2017年商务环境风险预警结果

| 国家 | 商务环境风险预测输出 | | | | 风险等级 |
|---|---|---|---|---|---|
| 阿尔及利亚 | 8.74E-10 | 6.26E-12 | 0.9999913 | 6.9414E-10 | 基本安全 |
| 阿根廷 | 8.55E-09 | 6.67E-10 | 0.9999136 | 4.01311E-10 | 基本安全 |
| 澳大利亚 | 1.61E-09 | 8.89E-10 | 2.04E-09 | 1.46692E-09 | 安全 |
| 巴西 | 1.07E-06 | 0.9999585 | 1.51E-08 | 0.002923961 | 警戒 |
| 加拿大 | 8.49E-06 | 5.12E-06 | 5.73E-09 | 0.99995642 | 安全 |
| 刚果（金） | 6.48E-07 | 0.99994454 | 5.85E-05 | 9.83E-07 | 警戒 |
| 法国 | 0.99999289 | 9.12E-11 | 3.73E-08 | 1.86973E-08 | 危险 |
| 德国 | 0.99993252 | 1.25E-07 | 2.26E-07 | 1.75494E-07 | 危险 |
| 加纳 | 0.99999586 | 1.02E-12 | 1.12E-08 | 1.01E-09 | 危险 |
| 印度 | 1.96E-09 | 1.42E-09 | 2.88E-12 | 0.99999041 | 安全 |
| 印度尼西亚 | 1.84E-07 | 0.000617505 | 0.9999143 | 1.12E-06 | 基本安全 |
| 伊朗 | 2.09E-07 | 1.08E-07 | 0.99999112 | 0.003617914 | 基本安全 |
| 日本 | 6.86E-09 | 3.98E-10 | 9.19E-09 | 0.99999463 | 安全 |
| 韩国 | 6.67E-11 | 1.04E-07 | 0.99996532 | 0.006017671 | 基本安全 |
| 卢森堡 | 0.9999989 | 1.38E-09 | 2.46E-09 | 1.9204E-09 | 危险 |
| 马来西亚 | 5.7E-07 | 3.89E-07 | 0.9999851 | 6.19725E-07 | 基本安全 |
| 缅甸 | 8.55E-10 | 5.96E-9 | 1.63E-07 | 0.99999429 | 安全 |
| 荷兰 | 3.25E-07 | 0.9999629 | 5.87E-07 | 4.55832E-07 | 警戒 |
| 尼日利亚 | 1.38E-07 | 0.99999223 | 2.20E-09 | 5.85E-05 | 警戒 |
| 挪威 | 1.4446E-08 | 1.25E-09 | 2.76E-08 | 0.99992025 | 安全 |

续表

| 国家 | 商务环境风险预测输出 | | | | 风险等级 |
| --- | --- | --- | --- | --- | --- |
| 巴基斯坦 | 3.38E-07 | 0.9986556 | 3.12E-05 | 2.31E-07 | 警戒 |
| 沙特阿拉伯 | 1.57E-07 | 1.51E-10 | 1.75E-09 | 0.9999521 | 安全 |
| 新加坡 | 5.11E-06 | 3.63E-06 | 0.9979068 | 1.8563E-06 | 基本安全 |
| 南非 | 0.9999923 | 1.73E-08 | 2.76E-07 | 2.24752E-05 | 危险 |
| 苏丹 | 5.61E-09 | 4.56E-06 | 3.67E-10 | 0.9999928 | 安全 |
| 瑞典 | 5.81E-10 | 5.05E-10 | 6.66E-13 | 0.997863441 | 安全 |
| 泰国 | 2.55E-09 | 0.9998584 | 3.67E-12 | 0.0002922113 | 警戒 |
| 特立尼达和多巴哥 | 1.33E-08 | 1.25E-08 | 2.54E-07 | 0.99961331 | 安全 |
| 英国 | 1.23E-10 | 5.85E-08 | 2.07E-12 | 0.99982397 | 安全 |
| 美国 | 5.06E-15 | 0.97356420 | 8.21E-6 | 0.000923867 | 警戒 |
| 委内瑞拉 | 0.9999999 | 1.82E-09 | 3.33E-08 | 1.75415E-08 | 危险 |
| 赞比亚 | 2.37E-06 | 1.30E-06 | 2.98E-06 | 0.99013782 | 安全 |
| 津巴布韦 | 0.0006219 | 0.999756201 | 1.44E-10 | 4.51635E-09 | 警戒 |

该预警结果显示，中国对外直接投资所面临的商务环境总体不好，有14个国家的商务环境风险等级为警戒或危险，其中包括美国、荷兰、法国、德国、卢森堡等主要发达国家。

### 三 经济风险模型预警与结果分析

风险预警结果（见表13-9）显示，澳大利亚、巴西、刚果、德国、加纳、印度、缅甸、苏丹和美国在2017年的经济风险预警等级为安全；阿尔及利亚、阿根廷、加拿大、法国、卢森堡、马来西亚、荷兰、巴基斯坦、新加坡、瑞典、泰国和英国的经济风险预警为基本安全；印度尼西亚、日本、韩国、沙特阿拉伯、南非、赞比亚和津巴布韦的2017年经济风险预警等级为警戒；尼日利亚、特立尼达和多巴哥和委内瑞拉2017年的经济风险预警等级为危险。

就风险模型预警结果来看，2017年中国对外直接投资经济风险处于警戒或危险的区域主要是发展中国家，但是日、韩两国的经济风险也很高。

表 13-9　　　　　　　　　2017 年经济风险预警结果

| 国家 | 经济风险预测输出 | | | | 风险等级 |
|---|---|---|---|---|---|
| 阿尔及利亚 | 1.32E-05 | 1.77E-04 | 0.90310202 | 0.005617604 | 基本安全 |
| 阿根廷 | 9.25E-04 | 0.00083253 | 0.998562331 | 0.0002924056 | 基本安全 |
| 澳大利亚 | 1.91E-07 | 5.85E-06 | 3.71E-07 | 0.999929241 | 安全 |
| 巴西 | 2.38E-10 | 6.08E-07 | 1.56E-02 | 0.956018243 | 安全 |
| 加拿大 | 8.3E-08 | 7.89E-10 | 0.995621112 | 0.000661846 | 基本安全 |
| 刚果（金） | 1.15E-04 | 9.65E-03 | 0.00412332 | 0.865617784 | 安全 |
| 法国 | 7.99E-11 | 7.08E-08 | 0.99993620 | 0.000771798 | 基本安全 |
| 德国 | 7.48E-08 | 6.61E-08 | 1.30E-07 | 0.999095081 | 安全 |
| 加纳 | 4.35E-08 | 3.84E-08 | 7.17E-08 | 0.99995024 | 安全 |
| 印度 | 1.62E-07 | 1.22E-09 | 2.00E-07 | 09999999 | 安全 |
| 印度尼西亚 | 1.84E-10 | 0.986686617 | 1.12E-02 | 8.19E-10 | 警戒 |
| 伊朗 | 7.11E-08 | 5.85E-03 | 0.97899112 | 0.000024038 | 基本 |
| 日本 | 6.92E-08 | 0.99862354 | 1.21E-08 | 0.0002013921 | 警戒 |
| 韩国 | 3.96E-07 | 0.99992546 | 5.65E-07 | 2.42E-07 | 警戒 |
| 卢森堡 | 6.79E-09 | 5.85E-07 | 0.99992707 | 1.17E-09 | 基本安全 |
| 马来西亚 | 1.63E-52 | 1.31E-07 | 2.81E-07 | 2.05947E-07 | 基本安全 |
| 缅甸 | 4.05E-07 | 3.13E-09 | 0.9995441 | 2.69545E-07 | 安全 |
| 荷兰 | 0.0001253 | 5.65E-08 | 0.99867023 | 8.2994E-08 | 基本安全 |
| 尼日利亚 | 0.97785997 | 5.85E-03 | 1.54E-05 | 0.001924053 | 危险 |
| 挪威 | 7.55E-08 | 6.73E-08 | 0.9858011 | 0.00012268 | 基本安全 |
| 巴基斯坦 | 0.00036281 | 7.37E-08 | 0.99168997 | 1.09876E-07 | 基本安全 |
| 沙特阿拉伯 | 2.42E-07 | 0.96886254 | 4.40E-07 | 0.002924196 | 警戒 |
| 新加坡 | 1.2E-07 | 1.05E-07 | 0.99945236 | 1.44205E-07 | 基本安全 |
| 南非 | 1.1E-07 | 0.9996993 | 1.17E-06 | 1.37E-07 | 警戒 |
| 苏丹 | 1.47E-07 | 9.53E-08 | 2.02E-07 | 0.9998784 | 安全 |
| 瑞典 | 1.67E-06 | 9.02E-07 | 0.99984212 | 1.829E-07 | 基本安全 |
| 泰国 | 1.36E-05 | 9.82E-05 | 0.96224359 | 0.0018026 | 基本安全 |
| 特立尼达和多巴哥 | 0.8924115 | 5.85E-03 | 3.06E-07 | 1.01E-07 | 危险 |
| 英国 | 1.32E-07 | 9.36E-08 | 1.15E-08 | 0.99998021 | 基本安全 |
| 美国 | 1.48E-07 | 9.71E-08 | 2.38E-07 | 0.9999945 | 安全 |
| 委内瑞拉 | 0.9998003 | 1.32E-07 | 1.12E-06 | 1.09E-07 | 危险 |
| 赞比亚 | 1.31E-07 | 0.96235668 | 2.19E-07 | 1.65691E-07 | 警戒 |
| 津巴布韦 | 1.18E-05 | 0.99817104 | 2.31E-05 | 0.000456124 | 警戒 |

## 四 对外经济风险模型预警与结果分析

基于上述训练的神经网络模型，输入相关归一化后的指标数据，可得到对外经济风险预警结果。预警结果（见表 13 - 10）显示，加纳和新加坡两国 2017 年对外经济风险预警等级为安全；澳大利亚、加拿大、刚果（金）、印度、印度尼西亚、韩国、卢森堡、苏丹、瑞典、英国和美国对外经济风险预警等级为基本安全；巴西、法国、伊朗、马来西亚、缅甸、荷兰、巴基斯坦、沙特阿拉伯、特立尼达和多巴哥和津巴布韦的对外经济风险预警等级为警戒；阿尔及利亚、阿根廷、德国、日本、尼日利亚、挪威、南非、泰国、委内瑞拉和赞比亚对外经济风险预警等级为危险。

**表 13 - 10　　2017 年对外经济风险预警结果**

| 国家 | 对外经济风险预测输出 | | | | 风险等级 |
|---|---|---|---|---|---|
| 阿尔及利亚 | 0.9999989 | 5.91E - 10 | 1.09E - 09 | 8.39142E - 10 | 危险 |
| 阿根廷 | 0.9999685 | 5.25E - 09 | 5.91E - 10 | 2.72E - 096 | 危险 |
| 澳大利亚 | 3.27E - 10 | 3.10E - 10 | 1.12E - 02 | 0.005617952 | 基本安全 |
| 巴西 | 2.1E - 10 | 5.85E - 03 | 2.11E - 10 | 0.002923954 | 警戒 |
| 加拿大 | 0.9999289 | 6.43E - 09 | 1.09E - 08 | 8.64896E - 09 | 基本安全 |
| 刚果（金） | 6.98E - 5 | 5.72E - 4 | 0.9697325 | 8.19111E - 5 | 基本安全 |
| 法国 | 1.16E - 05 | 0.9826289 | 1.98E - 05 | 1.56996E - 05 | 警戒 |
| 德国 | 0.999917684 | 3.56E - 09 | 1.12E - 08 | 4.71E - 09 | 危险 |
| 加纳 | 1.21E - 5 | 8.48E - 4 | 0.000122 | 0.94023365 | 安全 |
| 印度 | 1.03E - 08 | 9.01E - 09 | 0.99991793 | 1.19E - 07 | 基本安全 |
| 印度尼西亚 | 3.59E - 07 | 2.63E - 07 | 0.99561808 | 2.55E - 05 | 基本安全 |
| 伊朗 | 8.93E - 09 | 0.99785412 | 1.27E - 08 | 0.000023957 | 警戒 |
| 日本 | 0.895612554 | 0.002588693 | 0.00652466 | 0.002923965 | 危险 |
| 韩国 | 3.66E - 09 | 2.85E - 09 | 0.9996527879 | 5.36E - 06 | 基本安全 |
| 卢森堡 | 1.36E - 06 | 1.08E - 06 | 0.99991254 | 1.43127E - 06 | 基本安全 |
| 马来西亚 | 6.23E - 8 | 0.99999854 | 3.26E - 08 | 2.61752E - 08 | 警戒 |
| 缅甸 | 6.289E - 07 | 0.9999997 | 2.71E - 08 | 2.2399E - 08 | 警戒 |
| 荷兰 | 0.0025364 | 0.9312543 | 0.002543 | 0.01377908 | 警戒 |
| 尼日利亚 | 0.9999994 | 2.23E - 08 | 2.47E - 08 | 2.92E - 08 | 危险 |
| 挪威 | 0.8886289 | 0.00925633 | 0.01293655 | 0.012188422 | 危险 |

续表

| 国家 | 对外经济风险预测输出 | | | | 风险等级 |
|---|---|---|---|---|---|
| 巴基斯坦 | 2.89E−07 | 0.9999856 | 2.48E−08 | 2.00181E−08 | 警戒 |
| 沙特阿拉伯 | 2.3E−05 | 0.96552311 | 2.70E−05 | 0.00029241 | 警戒 |
| 新加坡 | 5.59E−09 | 4.57E−09 | 8.01E−09 | 0.9999999 | 安全 |
| 南非 | 0.99999991 | 4.17E−10 | 1.32E−11 | 1.79E−09 | 危险 |
| 苏丹 | 0.0018205 | 1.43E−04 | 0.895563669 | 0.0017965 | 基本安全 |
| 瑞典 | 2.26E−10 | 1.33E−10 | 0.9999999 | 2.00936E−10 | 基本安全 |
| 泰国 | 0.98924187 | 5.85E−04 | 4.92E−05 | 2.74E−05 | 危险 |
| 特立尼达和多巴哥 | 1.65E−10 | 0.9999530 | 2.33E−08 | 1.40E−09 | 警戒 |
| 英国 | 5.52E−07 | 1.41E−08 | 0.99986587 | 1.4912E−08 | 基本安全 |
| 美国 | 2.24E−08 | 3.08E−08 | 0.99999912 | 4.06341E−08 | 基本安全 |
| 委内瑞拉 | 0.9999994 | 8.07E−07 | 1.34E−06 | 1.072E−07 | 危险 |
| 赞比亚 | 0.99239945 | 5.85E−06 | 3.21E−05 | 1.23E−05 | 危险 |
| 津巴布韦 | 3.84E−09 | 0.9999929 | 6.37E−09 | 5.03E−07 | 警戒 |

风险模型预警结果显示，2017年18个国家对外经济风险处于警戒和危险，这意味着这些国家对外经济交流可能减少，出现国际经济政策协同较差，对外经贸合作政策变动乃至可能存在国际经贸合作违约的现象，可能造成我国OFDI投资损失。

**五 政治风险模型预警与结果分析**

2017年样本各国政治风险模型预警显示（见表13−11），加纳、缅甸和特立尼达和多巴哥3国的政治风险预警等级为安全；阿尔及利亚、加拿大、刚果（金）、伊朗、韩国、马来西亚、尼日利亚、巴基斯坦、南非、苏丹、英国、美国、津巴布韦的政治风险预警等级为基本安全；阿根廷、法国、荷兰和沙特阿拉伯的政治风险预警等级为警戒；澳大利亚、巴西、德国、印度、印度尼西亚、日本、卢森堡、挪威、新加坡、瑞典、泰国和委内瑞拉的政治风险预警等级为危险。

预警结果显示，法国、澳大利亚、德国、日本、卢森堡、挪威、新加坡、瑞典8个发达国家和部分发展中国家共17国的政治风险预警等级为警戒或危险。这表明，2017年中国对外直接投资面临较严重的政治风险。预警结果还显示，2017年"一带一路"沿线国家（包括印度、

# 第十三章 | 经济波动下中国对外直接投资风险预警分析

印度尼西亚、伊朗、新加坡、缅甸、马来西亚、巴基斯坦、沙特阿拉伯和泰国）的政治风险总体较高，其中印度、印度尼西亚、新加坡、泰国等国的政治风险尤为凸显。

表 13 – 11　　　　　　　　2017 年政治风险预警结果

| 国家 | 政治风险预测输出 | | | | 风险等级 |
| --- | --- | --- | --- | --- | --- |
| 阿尔及利亚 | 1.1E – 05 | 1.25E – 06 | 0.97567731 | 0.003327956 | 基本安全 |
| 阿根廷 | 1.04E – 09 | 0.9996589 | 4.04E – 10 | 2.39E – 08 | 警戒 |
| 澳大利亚 | 0.88999125 | 0.008777 | 0.03695523 | 0.01886561 | 危险 |
| 巴西 | 0.99999902 | 3.62E – 07 | 1.75E – 08 | 1.89758E – 07 | 危险 |
| 加拿大 | 4.19E – 08 | 5.05E – 08 | 0.999123365 | 9.85E – 07 | 基本安全 |
| 刚果（金） | 5.62E – 05 | 5.02E – 04 | 0.912256213 | 0.00161794 | 基本安全 |
| 法国 | 3.58E – 04 | 0.87259978 | 4.45E – 04 | 0.00923989 | 警戒 |
| 德国 | 0.99223011 | 4.70E – 06 | 8.53E – 07 | 6.61492E – 07 | 危险 |
| 加纳 | 3.18E – 05 | 1.15E – 04 | 1.13E – 04 | 0.89887663 | 安全 |
| 印度 | 6.67E – 05 | 5.74E – 04 | 1.12E – 03 | 0.861826211 | 危险 |
| 印度尼西亚 | 0.996289 | 1.13E – 06 | 2.06E – 05 | 5.77532E – 06 | 危险 |
| 伊朗 | 4.97E – 12 | 5.85E – 08 | 0.99292400 | 4.97E – 08 | 基本安全 |
| 日本 | 0.88894266 | 1.02E – 04 | 1.06E – 04 | 0.02259700 | 危险 |
| 韩国 | 2.21E – 08 | 4.51E – 07 | 1.92E – 02 | 0.99956613 | 基本安全 |
| 卢森堡 | 0.87211891 | 0.01225556 | 0.02233442 | 0.056062819 | 危险 |
| 马来西亚 | 2.22E – 08 | 4.96E – 07 | 0.999618202 | 2.22E – 06 | 基本安全 |
| 缅甸 | 1.22E – 04 | 1.27E – 04 | 1.96E – 04 | 0.886655331 | 安全 |
| 荷兰 | 5.57E – 06 | 0.97005321 | 5.31E – 05 | 0.000125511 | 警戒 |
| 尼日利亚 | 3.61E – 07 | 5.81E – 06 | 0.99300095 | 1.30E – 064 | 基本安全 |
| 挪威 | 0.86332289 | 0.00924332 | 0.04471110 | 0.270672611 | 危险 |
| 巴基斯坦 | 2.87E – 08 | 1.85E – 06 | 0.99999561 | 3.99E – 08 | 基本安全 |
| 沙特阿拉伯 | 2.85E – 10 | 09999997 | 3.08E – 10 | 2.05709E – 07 | 警戒 |
| 新加坡 | 0.84628911 | 0.0193312 | 0.01669211 | 0.075335409 | 危险 |
| 南非 | 1.77E – 10 | 2.54E – 09 | 0.9999999 | 5.61E – 08 | 基本安全 |
| 苏丹 | 1.98E – 04 | 2.99E – 04 | 0.91555421 | 0.00796553 | 基本安全 |
| 瑞典 | 0.8551123 | 9.24E – 04 | 8.76E – 04 | 0.02428221 | 危险 |
| 泰国 | 0.99912233 | 5.57E – 04 | 2.13E – 08 | 2.89037E – 07 | 危险 |

续表

| 国家 | 政治风险预测输出 | | | | 风险等级 |
|---|---|---|---|---|---|
| 特立尼达和多巴哥 | 4.16E－07 | 1.46E－08 | 1.44E－09 | 0.99988901 | 安全 |
| 英国 | 8.19E－07 | 9.53E－09 | 0.9999928 | 5.08013E－08 | 基本安全 |
| 美国 | 1.08E－06 | 7.60E－06 | 0.9976634 | 3.832E－05 | 基本安全 |
| 委内瑞拉 | 0.9999995 | 3.68E－08 | 6.97E－10 | 1.84266E－09 | 危险 |
| 赞比亚 | 0.01092221 | 8.95E－04 | 7.79E－03 | 0.896633322 | 安全 |
| 津巴布韦 | 1.02E－08 | 6.84E－07 | 1.72E－07 | 0.99996319 | 基本安全 |

## 六 对华关系风险模型预警与结果分析

神经网络风险模型预警结果（见表13－12）显示，所有国家对华关系风险均为安全。该预警结果也与1990—2016年东道国对华关系风险指数（风险得分）持续增加趋势相一致，这表明我国对外直接投资的国际关系风险较小。

表13－12　　　　　　2017年对华关系风险预警结果

| 国家 | 对华关系风险预测输出 | | | | 风险等级 |
|---|---|---|---|---|---|
| 阿尔及利亚 | 2.41E－07 | 2.29E－07 | 3.95E－06 | 0.99999999 | 安全 |
| 阿根廷 | 1.99E－07 | 1.73E－07 | 3.03E－07 | 0.99999999 | 安全 |
| 澳大利亚 | 5.98E－08 | 5.08E－08 | 9.53E－08 | 0.99999999 | 安全 |
| 巴西 | 7.31E－08 | 6.43E－08 | 1.12E－07 | 0.99999999 | 安全 |
| 加拿大 | 4.21E－09 | 3.40E－09 | 5.42E－09 | 0.99999999 | 安全 |
| 刚果（金） | 2.8E－10 | 2.42E－10 | 4.31E－10 | 0.99999999 | 安全 |
| 法国 | 2.14E－07 | 1.56E－07 | 2.39E－07 | 0.99999999 | 安全 |
| 德国 | 2.16E－10 | 1.87E－10 | 3.26E－10 | 0.99999999 | 安全 |
| 加纳 | 3.08E－11 | 2.53E－11 | 3.97E－11 | 0.99999999 | 安全 |
| 印度 | 1.38E－10 | 1.01E－10 | 1.52E－10 | 0.99999999 | 安全 |
| 印度尼西亚 | 2.02E－08 | 1.64E－08 | 2.97E－08 | 0.99999999 | 安全 |
| 伊朗 | 4.16E－08 | 3.40E－08 | 5.40E－08 | 0.99999999 | 安全 |
| 日本 | 2.5E－08 | 2.70E－09 | 3.57E－9 | 0.99999999 | 安全 |
| 韩国 | 2.81E－09 | 2.39E－09 | 4.20E－09 | 0.99999999 | 安全 |
| 卢森堡 | 8.74E－08 | 7.54E－08 | 1.24E－07 | 0.99999999 | 安全 |

续表

| 国家 | 对华关系风险预测输出 | | | | 风险等级 |
|---|---|---|---|---|---|
| 马来西亚 | 1.34E−12 | 1.13E−12 | 1.89E−12 | 0.99999999 | 安全 |
| 缅甸 | 4.38E−07 | 3.80E−07 | 6.64E−07 | 0.99999999 | 安全 |
| 荷兰 | 1.07E−08 | 9.12E−09 | 1.48E−08 | 0.99999999 | 安全 |
| 尼日利亚 | 9.09E−08 | 8.19E−08 | 1.40E−07 | 0.99999999 | 安全 |
| 挪威 | 2.41E−09 | 2.01E−09 | 3.44E−09 | 0.99999999 | 安全 |
| 巴基斯坦 | 1.7E−10 | 1.43E−10 | 2.53E−10 | 0.99999999 | 安全 |
| 沙特阿拉伯 | 6.38E−10 | 4.93E−10 | 8.00E−10 | 0.99999999 | 安全 |
| 新加坡 | 8.71E−11 | 7.54E−11 | 1.19E−10 | 0.99999999 | 安全 |
| 南非 | 0.006289 | 1.54E−10 | 2.29E−08 | 0.99999999 | 安全 |
| 苏丹 | 1.07E−10 | 9.42E−11 | 1.72E−10 | 0.99999999 | 安全 |
| 瑞典 | 1.14E−09 | 5.00E−10 | 6.56E−10 | 0.99999999 | 安全 |
| 泰国 | 1.03E−08 | 8.07E−09 | 1.26E−08 | 0.99999999 | 安全 |
| 特立尼达和多巴哥 | 6.34E−10 | 5.53E−10 | 6.44E−10 | 0.99999999 | 安全 |
| 英国 | 6.31E−09 | 5.67E−09 | 1.60E−10 | 0.99999999 | 安全 |
| 美国 | 6.22E−10 | 4.91E−10 | 3.88E−10 | 0.99999999 | 安全 |
| 委内瑞拉 | 5.07E−07 | 4.20E−07 | 9.52E−11 | 0.99999999 | 安全 |
| 赞比亚 | 4.14E−06 | 3.33E−06 | 6.09E−09 | 0.99999999 | 安全 |
| 津巴布韦 | 3.34E−07 | 2.76E−07 | 5.35E−10 | 0.99999999 | 安全 |

## 第四节　国别综合风险预警

### 一　国别综合风险预警模型训练

本部分以得到的各国 6 个类别风险指数作为输入值，对应年份风险等级作为风险输出值，以上文基于因子分析方法的风险评分（国别综合风险指数）为预测期望值。由于参与模型输入指标中已经包含了经济波动，因此我们这里不再将经济波动指标纳入其中，否则将出现重复计入现象。输入层的输入指标数为 6 个，故神经网络默认神经节点为 6 个。

我们把模型拟合所得各年度的各样本国综合风险实际检验输出值与

目标输出值进行比较，发现二者存在一定差异但总体趋近一致，误差在可接受范围，表明中国对 OFDI 东道国的风险预警神经网络模型训练通过检验。表 13-13 展示的是随机选择部分年份的对比结果。

表 13-13　国别综合风险检验样本输出与目标输出对比

| 国家 | 年份 | 实际检验输出 | | | | 风险目标输出 | | | |
|---|---|---|---|---|---|---|---|---|---|
| 阿尔及利亚 | 2016 | 0.9993252 | 1.01E-07 | 1.70E-07 | 1.35E-07 | 1 | 0 | 0 | 0 |
| 阿根廷 | 2012 | 2.50E-08 | 2.50E-08 | 3.84E-08 | 0.99712925 | 0 | 0 | 0 | 1 |
| 澳大利亚 | 2011 | 3.84E-08 | 4.20E-08 | 0.9995578 | 4.88E-08 | 0 | 0 | 1 | 0 |
| 巴西 | 2014 | 1.69E-06 | 1.72E-05 | 2.44E-05 | 0.99978531 | 0 | 0 | 1 | 0 |
| 加拿大 | 2015 | 1.66E-10 | 0.99986697 | 2.93E-10 | 2.44803E-10 | 0 | 1 | 0 | 0 |
| 刚果（金） | 2010 | 3.99E-08 | 3.67E-08 | 4.16E-08 | 0.999991612 | 0 | 0 | 0 | 1 |
| 法国 | 2016 | 1.01E-10 | 1.22E-10 | 1.76E-10 | 1.4877E-10 | 0 | 0 | 1 | 0 |
| 德国 | 2014 | 6.97E-11 | 7.27E-12 | 9.78E-12 | 0.99999998 | 0 | 0 | 0 | 1 |
| 加纳 | 2015 | 2.59E-05 | 0.99996211 | 3.48E-06 | 2.98264E-06 | 0 | 1 | 0 | 0 |
| 印度 | 2015 | 4.57E-09 | 5.43E-09 | 6.36E-09 | 0.99966332 | 0 | 0 | 0 | 1 |
| 印度尼西亚 | 2016 | 1.56E-08 | 1.65E-08 | 2.24E-08 | 0.99994586 | 0 | 0 | 0 | 1 |
| 伊朗 | 2014 | 9.67E-06 | 9.50E-06 | 1.09E-05 | 0.99996997 | 0 | 0 | 0 | 1 |
| 日本 | 2015 | 1.17E-05 | 0.99855237 | 1.63E-04 | 1.42099E-06 | 0 | 1 | 0 | 0 |
| 韩国 | 2014 | 3.21E-08 | 4.13E-08 | 6.25E-08 | 0.99986962 | 0 | 0 | 0 | 1 |
| 卢森堡 | 2015 | 0.0000 | 0.99998862 | 9.63E-9 | 6.53E-08 | 0 | 1 | 0 | 0 |
| 马来西亚 | 2010 | 2.06E-07 | 2.01E-07 | 2.72E-07 | 0.99986556 | 0 | 0 | 0 | 1 |
| 缅甸 | 2012 | 3.51E-07 | 4.31E-07 | 0.99968898 | 5.4527E-07 | 0 | 0 | 1 | 0 |
| 荷兰 | 2012 | 9.78E-09 | 1.22E-08 | 1.93E-08 | 0.99995889 | 0 | 0 | 0 | 1 |
| 尼日利亚 | 2013 | 2.15E-05 | 2.74E-05 | 4.37E-04 | 0.99894547 | 0 | 0 | 0 | 1 |
| 挪威 | 2016 | 5.78E-07 | 4.33E-07 | 4.28E-07 | 0.99993227 | 0 | 0 | 0 | 1 |
| 巴基斯坦 | 2011 | 6.54E-06 | 8.53E-05 | 1.18E-07 | 0.99976658 | 0 | 0 | 0 | 1 |
| 沙特阿拉伯 | 2012 | 1.16E-08 | 1.36E-08 | 2.00E-08 | 0.99999032 | 0 | 0 | 0 | 1 |
| 新加坡 | 2010 | 1.57E-06 | 1.87E-05 | 2.86E-05 | 0.99936812 | 0 | 0 | 0 | 1 |
| 南非 | 2011 | 4.32E-09 | 5.06E-10 | 0.99999108 | 6.91E-10 | 0 | 0 | 1 | 0 |
| 苏丹 | 2016 | 0.0000 | 1.16E-10 | 0.99999999 | 1.45398E-10 | 0 | 0 | 1 | 0 |
| 瑞典 | 2010 | 2.21E-07 | 1.67E-06 | 0.99977568 | 1.89314E-06 | 0 | 0 | 1 | 0 |
| 泰国 | 2012 | 6.38E-07 | 1.55E-08 | 2.52E-08 | 0.99999135 | 0 | 0 | 0 | 1 |

续表

| 国家 | 年份 | 实际检验输出 | | | | 风险目标输出 | | | |
|---|---|---|---|---|---|---|---|---|---|
| 特立尼达和多巴哥 | 2013 | 5.84E-08 | 6.41E-09 | 0.0000 | 0.99999902 | 0 | 0 | 0 | 1 |
| 英国 | 2012 | 0.99987553 | 3.62E-07 | 5.22E-07 | 4.41689E-06 | 1 | 0 | 0 | 0 |
| 美国 | 2014 | 1.58E-08 | 1.27E-07 | 1.66E-07 | 0.99994639 | 0 | 0 | 0 | 1 |
| 委内瑞拉 | 2011 | 0.99995886 | 1.09E-06 | 1.51E-06 | 1.29833E-06 | 1 | 0 | 0 | 0 |
| 赞比亚 | 2011 | 1.03E-07 | 7.27E-06 | 9.21E-06 | 0999939810 | 0 | 0 | 0 | 1 |
| 津巴布韦 | 2014 | 0.999866544 | 1.20E-07 | 1.74E-06 | 1.46572E-06 | 1 | 0 | 0 | 0 |

## 二 国别综合风险模型预警和结果分析

基于上述训练所得的国别综合风险预警模型，我们把归一化处理后的2016年类别风险指数输入该模型中，得到2017年中国OFDI东道国国别综合风险预警结果（见表13-14）。预警结果显示，澳大利亚、刚果（金）、印度、印度尼西亚、伊朗、韩国、卢森堡、马来西亚、缅甸、荷兰、挪威、巴基斯坦、新加坡、南非、苏丹、瑞典和泰国2017年综合风险预警等级为安全；阿根廷、法国和加纳2017年综合风险预警等级为基本安全；巴西、加拿大、日本和沙特阿拉伯的2017年综合风险预警等级为警戒；阿尔及利亚和委内瑞拉2017年综合风险预警等级为危险。

表13-14 2017年中国对外直接投资东道国国别综合风险预警结果

| 国家 | 预测输出 | | | | 风险等级 |
|---|---|---|---|---|---|
| 阿尔及利亚 | 0.93955632 | 2.21E-04 | 3.11E-03 | 2.6635E-04 | 危险 |
| 阿根廷 | 1.26E-05 | 1.67E-06 | 0.99865532 | 2.02802E-05 | 基本安全 |
| 澳大利亚 | 3.79E-07 | 4.90E-08 | 7.50E-06 | 0.999863354 | 安全 |
| 巴西 | 0.99325564 | 6.21E-04 | 8.85E-03 | 7.53212E-04 | 警戒 |
| 加拿大 | 6.67E-02 | 0.89936612 | 4.27E-02 | 3.77399E-03 | 警戒 |
| 刚果（金） | 1.78E-6 | 2.34E-6 | 3.40E-5 | 0.99916332 | 安全 |
| 法国 | 1.35E-06 | 1.51E-07 | 0.99935886 | 1.69672E-06 | 基本安全 |
| 德国 | 1.37E-08 | 1.81E-08 | 2.57E-07 | 0.99995564 | 安全 |
| 加纳 | 1.95E-5 | 2.45E-06 | 0.99954112 | 2.78511E-05 | 基本安全 |
| 印度 | 8.72E-07 | 9.77E-06 | 1.19E-06 | 0.999923351 | 安全 |

续表

| 国家 | 预测输出 | | | | 风险等级 |
|---|---|---|---|---|---|
| 印度尼西亚 | 1.28E-08 | 1.59E-09 | 2.34E-08 | 0.999963324 | 安全 |
| 伊朗 | 2.64E-05 | 3.28E-05 | 4.26E-04 | 0.99873321 | 安全 |
| 日本 | 1.59E-04 | 0.98912444 | 2.81E-04 | 2.7116E-03 | 警戒 |
| 韩国 | 1.78E-09 | 2.31E-09 | 3.31E-09 | 0.99999994 | 安全 |
| 卢森堡 | 5.53E-03 | 7.29E-04 | 9.73E-04 | 0.96553214 | 安全 |
| 马来西亚 | 8.46E-07 | 1.09E-06 | 1.49E-07 | 0.99999334 | 安全 |
| 缅甸 | 2.77E-04 | 3.67E-04 | 5.23E-03 | 0.99012235 | 安全 |
| 荷兰 | 6.79E-09 | 8.81E-09 | 1.17E-08 | 0.9999989 | 安全 |
| 尼日利亚 | 5.76E-05 | 7.91E-05 | 0.99965587 | 9.48578E-06 | 基本 |
| 挪威 | 1.53E-08 | 1.94E-08 | 2.71E-06 | 0.99999632 | 安全 |
| 巴基斯坦 | 1.07E-07 | 1.38E-06 | 1.99E-07 | 0.99999577 | 安全 |
| 沙特阿拉伯 | 4.04E-10 | 4.76E-10 | 6.30E-10 | 5.5318E-10 | 警戒 |
| 新加坡 | 5.52E-11 | 7.29E-11 | 9.38E-11 | 8.33433E-11 | 安全 |
| 南非 | 3.98E-03 | 1.49E-03 | 1.81E-03 | 0.89955314 | 安全 |
| 苏丹 | 6.75E-11 | 9.10E-11 | 1.35E-10 | 1.13179E-10 | 安全 |
| 瑞典 | 7.21E-10 | 4.83E-9 | 5.17E-10 | 0.99999999 | 安全 |
| 泰国 | 6.55E-03 | 3.80E-04 | 2.91E-04 | 0.97102250 | 安全 |
| 特立尼达和多巴哥 | 4.02E-05 | 5.34E-05 | 0.99955778 | 5.20489E-05 | 基本安全 |
| 英国 | 4.00E-05 | 0.99902334 | 1.26E-04 | 2.80294E-04 | 警戒 |
| 美国 | 3.94E-07 | 4.74E-08 | 3.05E-08 | 0.99999411 | 安全 |
| 委内瑞拉 | 0.99995114 | 4.06E-07 | 7.50E-05 | 2.03145E-06 | 危险 |
| 赞比亚 | 2.62E-06 | 3.22E-06 | 4.80E-09 | 1.61257E-06 | 基本安全 |
| 津巴布韦 | 2.11E-06 | 0.99997734 | 4.21E-07 | 1.33544E-06 | 警戒 |

预警结果显示，2017年中国OFDI东道国中有8个国家的综合风险预警等级为警戒和危险，25个国家为安全和基本安全。其中日本、加拿大和英国三个发达国家的综合风险较大，值得关注。预警结果还显示，除沙特阿拉伯外，"一带一路"沿线其他国家（包括印度、印度尼西亚、伊朗、新加坡、缅甸、马来西亚、巴基斯坦和泰国）的综合风险很小，对其直接投资较安全。

# 第十四章

# 经济波动与跨国公司风险管理机制和策略

## ——基于跨国公司的视角

## 第一节 经济波动与跨国公司风险管理策略

### 一 经济周期对企业经营环境和风险管理策略概述

1. 前期相关研究

许多学者就经济波动对企业经营策略影响机制的主题展开了深入研究，这些研究大多以宏观经济政策、金融政策、宏观经济指标变化（如利率、汇率）、宏观经济环境等为起点，研究企业经营在风险状态下的行为变化。研究结果显示（见表14-1），经济波动会对企业经营环境造成直接冲击，构成其内外部经营风险，企业将采取权变经营行为。这些研究为本书提供极具价值的理论和方法参考，但是他们大多数以某一切入点为基础来研究企业在某方面的行为选择，鲜有相对较系统性的研究成果，本章将尝试在前人的基础上略作拓展性探索。

表14-1　经济波动对企业经营影响机制的研究文献

| 研究主题 | 研究结论 | 研究学者 |
| --- | --- | --- |
| 宏观经济环境 VS 企业行为 & 产出 | "经济波动*—宏观经济环境—微观企业行为—宏观经济产出"的作用机制框架 | 姜国华、饶品贵（2011） |

续表

| 研究主题 | 研究结论 | 研究学者 |
|---|---|---|
| 宏观经济 VS 企业投融资行为决策 | 经济波动*—宏观经济政策—企业所处宏观经济环境—企业信贷违约的概率—企业的融资行为—企业生产变化* | Korajczyk Levy（2003） |
| | 外部宏观经济环境—企业融资决策（影响显著） | 江龙等（2013） |
| 宏观经济因素 VS 企业资本结构动态调整行为 | 经济波动—企业资本结构动态调整速度—企业产出* | Cook、Tang（2010） |
| 经济波动—货币政策—企业信贷环境 | 经济波动—货币政策紧缩（扩张）—民营企业遭受"信贷歧视"程度变化（严重/减弱） | 陆正飞等（2009） |
| 制度环境和宏观经济环境 VS 企业资本结构 | 宏观经济周期—企业资本结构动态调整速度（显著）—生产消费和人力资源需求变化* | Wanzenried（2006） |
| | 经济环境与宏观政策的波动—改变企业面临的信贷融资环境和权益融资环境—资本结构的动态调整 | 甄红线等（2014） |
| 经济波动导致宏观政策变化 VS 企业融资 | 经济波动*—宏观经济政策之货币政策—企业融资行为（重要）—投资能力和生产策略变化* | 江龙等（2013） |
| 经济波动与企业投资 | 经济波动—经济繁荣/衰退时企业营运资本需求高/低—企业会将更多/更少资金投入营运—生产变化* | Chiou 等（2006） |
| | 经济波动—市场利率—企业资本成本—投资行为—企业生产策略变化* | Mojon（2002） |
| | 经济波动—货币供给量的增加/减少（显著）—提高/降低企业获信贷水平—企业投资行为—企业生产策略变化* | Bernanke、Gertler（1989） |
| 经济波动与企业竞争力 | 外生的宏观波动—宏观经济不确定性—经济波动—微观公司的市场竞争力（显著） | 郭俊妃（2016） |

注：*是基于原作者理论的推论。

### 第十四章 经济波动与跨国公司风险管理机制和策略

**2. 经济波动下一般企业的风险管理策略选择**

企业一般以"风险水平"来衡量其所感知的内外经营环境的变化。换句话说，企业感知到内外环境变化后，便立即进入其风险评估程序，通过风险评估来衡量这些变化对其经营的影响和冲击，并采取恰当应对措施。

经典理论中经济周期的"四阶段"（繁荣、衰退、萧条和复苏）依次更替并对企业经营的金融、经济和政治等宏观环境产生冲击，进而对企业经营构成经济风险、金融风险和社会风险，威胁企业经营和生存。基于这些风险的特征和强度，企业将会在资本融投、生产销售和内外控制等方面实施风险管控。

经济周期对企业经营环境和风险策略的影响机制展示于图14-1中。在经济繁荣期，宏观环境宽松优化，企业风险较低，企业生产扩张，扩展市场；在经济衰退期，宏观经济逐渐收紧导致企业经营环境逐渐恶化，企业风险逐渐增大，企业强化风险控制，逐步引入各方面创新；在经济萧条期，宏观经济触底，企业经营环境恶劣，企业风险大幅提高，企业此时专注内外风险控制，同时加大技术和管理创新，再造企业内部系统，强化横向联合应对内外风险；在复苏期，宏观环境逐渐好转，企业风险逐渐下降，企业感受到发展新机会，将充分利用前期创新，加快升级技术、更新产品和拓展市场，抢占先机。

**二 经济波动下跨国公司的风险管理策略选择**

上述一般性企业在经济波动下所面临的经营风险规避行为分析同样适用于跨国公司。但与一般性企业不同的是，跨国公司是跨国经营，面临汇率波动、跨国转移、政策避障、政治风险等各类风险，牵涉到跨国互信和适应等问题。我们在经济周期"四阶段"（繁荣、衰退、萧条与复苏）和宏观环境"三维度"（金融、经济和政治）的框架下讨论经济波动下的跨国公司风险管理策略（见图14-2）。

第十一章已经讨论了经济波动下跨国公司经营风险，并认为，在经济繁荣期跨国公司面临较小的经营风险，而在衰退期风险逐渐提高，萧条期风险最大，复苏期风险逐渐下降。跨国公司将基于风险类别和特征选择相应风险管理措施，以此规避、转移或降低风险。

图 14-1 经济周期对企业经营环境和风险策略的影响机制

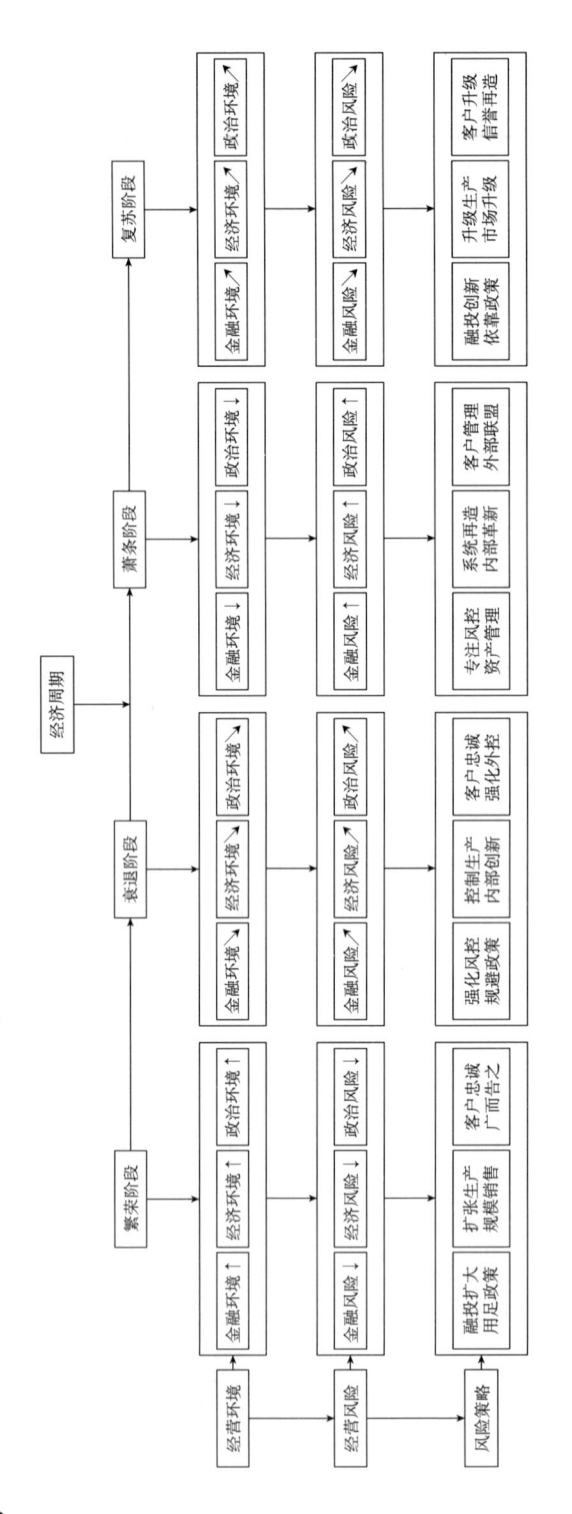

注：↑，在繁荣期，表示处于"已优化"，在萧条期表示"已增高"，在衰退期表示"逐步增大"，在复苏期表示"逐步优化"；↓，在衰退期表示"逐步恶化"，在复苏期表示"逐渐下降"，在繁荣期表示"已下降"，在萧条期表示"已增高"。

第十四章 | 经济波动与跨国公司风险管理机制和策略

图14-2 经济周期对跨国公司经营环境和风险策略的影响机制

注：↑：在繁荣期，表示处于"已优化"，在衰条期表示"已增高"；↗：在衰退期表示"逐步优化"，在复苏期表示"逐步恶化"，在复苏期表示"逐渐下降"；↘：在繁荣期表示处于"已下降"，在萧条期表示"已增高"。

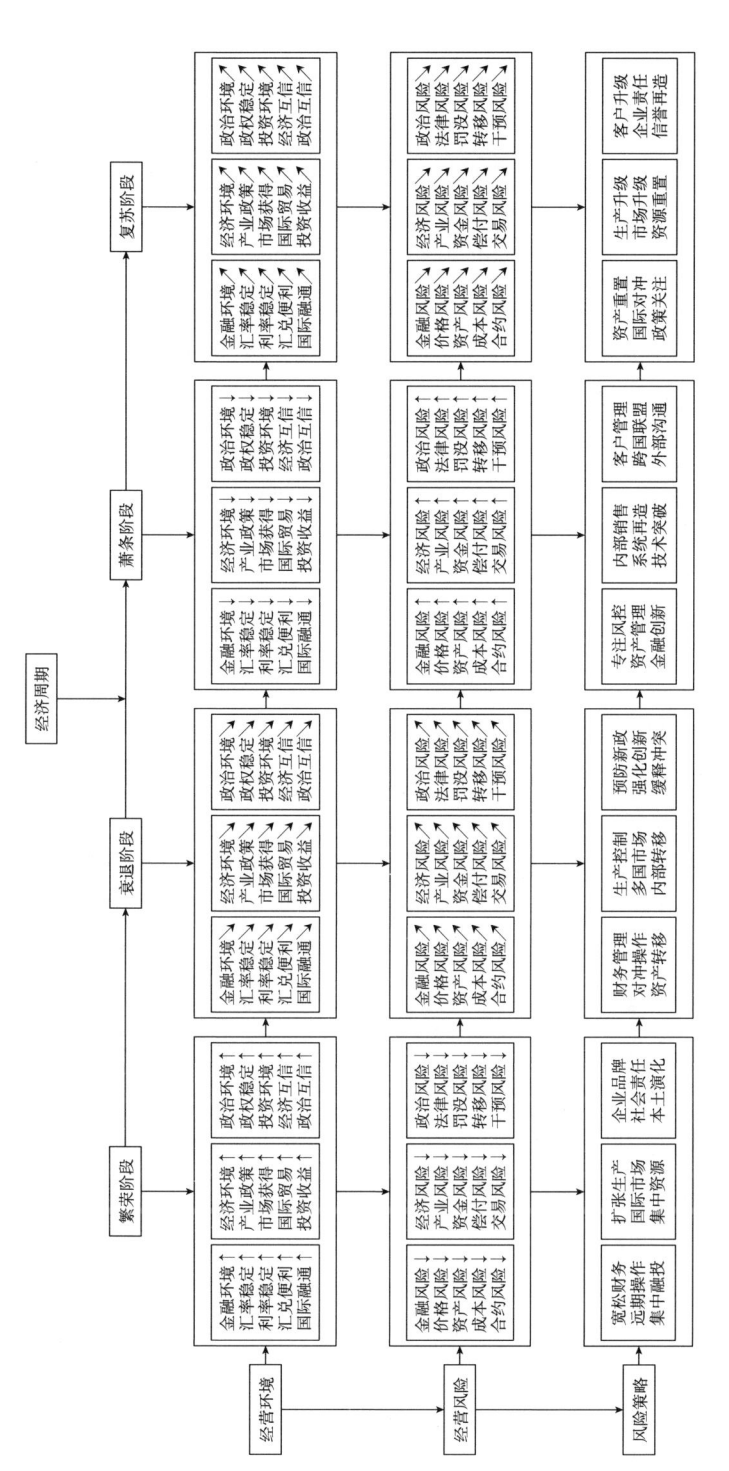

301

1. 繁荣阶段

在经济繁荣阶段，由于金融风险、经济风险和政治风险都很低，跨国公司在此阶段主要是充分利用宽松利好的经营环境，获取短期利益和谋划长期利益。在宽松金融环境下，跨国公司将会实施宽松财务政策，扩大业务范围。基于良好利率和汇率预期，实施金融资产远期操作，积极把握金融资产增值机会，同时集中融投，降低融投成本和获取规模收益；对应利好的经济环境，企业将扩张生产规模，提高销售收入，积极拓展国际市场，并集中资源启动和推进重大项目服务未来发展战略；在利用东道国内外良好的政治环境，跨国公司将大力推进区域和国际市场品牌建设，履行良好社会义务，强化企业本土化进程，打造企业良好品牌形象和公众形象。

2. 衰退阶段

在经济衰退阶段，外部金融环境逐渐变坏，政府对市场干预加强，国际政治经济互信下滑。在应对金融风险方面，跨国公司将强化财务管理，严格履行内部决策和审批程序，审慎开展并购重组和金融投资活动，降低资产损失概率；强化收支项目管理，避免银行信用下降；强化资产保值管理，减少利率、通胀和汇率因素波动对资产的侵蚀；利用跨国公司内部市场优势，加速内部资产转移，规避金融风险。在应对经济风险方面，强化生产规模控制和成本管理，积极利用好企业跨国优势拓展国际市场，规避市场风险。同时利用好企业内部市场，通过转移定价操作调整目标市场和转移生产资料。在应对政治风险方面，企业需要积极观察国家政策变动方向并做出新政策风险的控制预案。同时强化技术和管理创新，提高产品竞争力和内部管理效率，高效应对市场变动，提高危机快速响应能力。强化内部管理，处理好内部情绪矛盾和观点分歧，寻找释放冲突压力的有效途径和方式。[①]

3. 萧条阶段

在经济萧条阶段，跨国公司面临的金融、经济和政治风险达到整个经济周期最高点。在该阶段，跨国公司工作重点在于保证企业生存安

---

① 谭庆美：《企业跨国经营面临的政治风险及其防范》，《西北农林科技大学学报》（社会科学版）2004年第2期。

全、资产安全和突破困境。在应对金融风险方面，企业高度强化资产风险管理，突出金融资产风险监测，强化内部财务管理，建立好与基金、银行、金融监管部门的合作与协作机制，以便及时捕捉到风险信息，提前防范，强化金融资产管理，积极进行金融创新以规避或最小化风险后果。在应对经济风险方面，跨国公司应充分利用内部市场，减少外部市场风险和交易成本，通过内部市场实现销售市场转移；强化企业内部管理、生产、市场销售系统的升级和再造，强化研发和技术突破，提高企业竞争力。应对政治风险方面，通过提高客户管理，化解因政治变动在客服之间引起的信息、文化及政策等方面的误解；同时加强跨国联盟与合作，共同抵御、规避和转移政治风险；强化外部沟通，提高与政府、银行、协会和社区的互信关系，减弱内外部沟通障碍，降低政治风险冲击。

4. 复苏阶段

经济复苏阶段，金融、经济和政治等风险逐渐降低，跨国企业风险变小，跨国公司此时为新一轮发展发起冲锋做准备。在金融方面，跨国公司布局未来发展，强化资产重置，重视国际金融投资和金融操作，更加关注东道国和国际金融市场风险和各国金融政策，为企业新一轮发展获取金融支撑；同时，随着经济复苏，市场重归活跃，跨国公司将更关注其生产升级、产品升级、市场规模化和市场高端化，并着手企业内外资源重新配置，配套企业的新发展需要。因此，在逐渐趋好的社会政治环境下，企业需要更加关注客户培育和市场升级，更加重视社会责任担当以及企业信誉的提高和重置，这将为企业获得长期社会软实力、市场忠诚度和企业品牌提供强有力支撑。

## 第二节 经济波动下跨国公司其他风险管理策略

本章第一节从经济周期四阶段角度讨论了跨国公司风险管理策略，旨在厘清对应每一种经济状况企业所采取的风险控制行为以及策略选择机制。本节将对经济波动下跨国公司风险管控策略作进一步补充和完善。

## 一　分散经营

为了避开多个东道国同时出现经济显著起伏带来的危害，跨国公司总是坚持"不把鸡蛋装在同一个篮子"的原则，即分散经营模式。分散经营包括两个方面，即空间分散和行业分散。

### 1. 空间分散

所谓空间分散是指跨国公司必须在更多的国家进行投资，设立多空间分散的商业基地网络。空间分散不仅体现在东道国数量上，而且体现在东道国的经济发展、政治体制和社会文化的属性多样化上。也就是说，为避免经济波动协同性带来的危害，跨国公司投资空间要超越经济合作组织、自贸区、共同市场、关税同盟、经济联盟等国际经济协动单元空间①，把其"跨国"优势转化为"跨区域"优势，从而减弱世界经济波动协动对其经营的不利影响。其次，跨国公司必须在不同发展水平或不同收入水平国家进行投资，利用其经济、政治和文化差异寻求风险规避和风险转移路径。

### 2. 行业分散

对于小型跨国公司而言，行业分散经营可能导致商业失败。但对于大型跨国公司而言，行业适度分散是其规避经济风险的有效策略。经济波动并非对所有行业的影响程度都一致或者等同，比如对制造业的冲击远比对服务业的影响大得多。在世界经济周期协动的背景下，跨国公司将基于不同行业对经济波动的免疫能力和盈利能力进行综合权衡，结合现实基础筛选出自己可经营的"一揽子行业"，从而获得"跨行业"优势，扩大了企业风险控制空间和手段，而且能较好地弥补企业空间分散经营的不足，提高风险抵抗能力。

## 二　加强内部化

在分散经营背景下，当经济危机来临时，跨国公司利用"跨区域"优势在企业内部（各子公司之间或者与母公司之间）进行内部交易，这样既可以消除外部市场的不确定性，又可以采用策略性转移定价的方

---

① 经济协动单元空间是指经济合作组织、在自贸区、共同市场、关税同盟、经济联盟以及政治联盟等经济一体化很高区域和国家联盟，比如欧盟、北美自由贸易区、东盟等，这些组织内部经济波动协同性很高，笔者为表达需要谓之"经济协动单元空间"。

法来减少东道国经济波动对公司利益的影响。除此之外，内部化贸易还有另一个重要作用，即当几个东道国的经济同时陷入不利境地时，内部贸易将把这些暂时闲置的资源、库存产品或预期贬值的资产等转移输入到其他东道国或"空间单元"，此时资产被移入的东道国（跨国公司资产转移输入的东道国）一般是经济发展处于周期复苏和繁荣阶段的经济体，跨国公司并在这些经济较景气的东道国（或景气单元空间）进行扩张。当该区域的经济陷入不景气时，跨国公司用同样的方法把此处的资源转移到经济已开始复苏的东道国（单元空间）去。除此之外，跨国公司可以充分利用其"跨行业"优势，通过内部贸易把高风险行业资产转移到低风险行业中，或把"经济波动低免疫"行业资产转移到"经济波动低免疫"行业中。可见，内部转移是跨国公司应对经济周期波动的有力工具。下文将具体讨论经济波动下跨国公司的转移策略。

### 三 倾向于投资短期化，偏好跨国并购与合作投资

跨国公司为了避免多个投资东道国同时陷入经济衰退和萧条所带来的各种风险（诸如成本提高、销售下降、股权资金成本增加和资源的浪费等），它们将不会在这些国家进行长期投资。为了迅速地、灵活地转移其资本，企业投资将倾向于短期化。另外，为了降低和分散投资风险，它们可能更倾向于跨国并购，而非绿地投资。具体做法如下：第一，认购东道国企业的股份，特别是大型企业和国有优良企业的股份。其优点是它在衰退期可以和东道国共同承担所产生的损失，同时可以享有东道方提供的国民待遇，包括政府补贴、减免税务、政府购买等。除此之外，跨国公司还能够避开东道国政府可能对其不利的政策影响。第二，合作研发与合资生产，同样可以获得上述好处。第三，技术与管理入股，对于技术水平级差较大的国家，跨国公司尤其如此。其好处在于投入资金较少，风险很小，且入股技术已经过时，并不危及跨国公司的核心技术优势。

### 四 跨国公司全球价值链多元化

跨国公司全球战略强调分散风险，并充分利用各地优势。在极端情况下，跨国公司把全球增值链的每一项活动安排在几个经济同质较高的国家。在经济周期明显具有同步性的情况下，这种安排可能会使公司陷

入很大危机:当一个联结点所在的一个或几个东道国同时陷入经济危机时,可能造成跨国公司价值链大面积的断裂。这就要求跨国公司把其中大部分活动分散复制到不同国家,并且要求跨国公司的价值链必须是多链而非单链。

**五 产品标准化**

产品标准化是对产品(或零件)的类型、性能、规格、质量、所用原材料、工艺装备和检验方法等规定统一标准,并使之贯彻实施的过程。通过标准化的零件,叫作标准件。产品标准化有助于节约跨国公司研发成本,压缩生产链,减少固定投入。当经济危机来临之时,跨国公司的资源(包括原料、半成品)能被转移到其他子公司并能直接被使用。同时,处于市场不景气的子公司会将其成品通过内部贸易或出口转移到其他市场上进行销售。相反,如果跨国企业产品的地方性或客户个性化很高,那么企业将会承受很大的转换成本和资金浪费。当然,标准化主要是对企业产品的主体部分实行标准化,不可能完全标准化。以小轿车为例,标准化的主要部分是平台(底盘及其相关部件),其次是发动机。由于在一款汽车的开发成本中汽车平台和发动机的开发成本占绝大比例,因此汽车制造商一般不对该部分进行客户个性化设计。尽管产品标准化牺牲了部分个性化需求市场,但它为公司内部和市场间转移提供了便利,避免经济波动所导致的产品废弃和严重生产浪费,同时也为跨国企业在世界经济波动背景下提供了避险机会和空间。

## 第三节 跨国公司对突发危机反应机理
### ——基于一般企业的视角

外部非周期性事件大多表现为突发事件,由于其后果严重,影响深远,也被称为突发危机,它是指由自然、政治、军事等突发事件产生的危机,这些事件产生冲击形成经济波动,这种波动为非周期性波动。2000年以来发生的SARS、海啸、中东战争以及恐怖活动等事件对全球经济产生了重大影响。除此之外,非周期性经济波动也对全球经济产生了巨大扰动,如1997年东南亚金融危机和2007年美国次贷危机。这些突发事件会对企业外部和内部环境产生显著影响。对大型跨国企业来

第十四章 | 经济波动与跨国公司风险管理机制和策略

说,更是如此。实际上,企业营运所涉及的区域范围越广和资金流及规模越大,受到外来影响的可能性越大、越直接。本部分将基于一般企业视角从理论上分析跨国公司对外部突发危机的反应及其变革的机理。

**一 突发危机下企业变革周期概述**

企业变革包括以下几个阶段:初始阶段、生存阶段、复苏阶段、持续运转阶段、稍事休息阶段(更高级的初始阶段)。正如上所述,企业在变革时必须要考虑三个方面的因素:组织内部环境、组织外部环境和变革规模。实际上,没有任何企业在应对危机时只注重组织内部变革或只注重组织外部变革,而是二者必须同时兼顾,在此基础上进行科学权重。[①] 由于不同企业对外部突发危机的敏感度不同,危机对企业营运基础和战略不同,不同企业进行变革的规模也不一致。

为了更清楚地阐述企业在重大突发事件后所做出的变革,此处引用变革周期模型。基于直角坐标系,笔者设定直角坐标系(见图14-3)X轴为企业变革规模,越靠近原点表示变革规模越小或越不易引起变革,离原点越远表示变革规模越大或愿意进行变革,原点表示变革停滞。Y轴表示企业变革倾向,越靠近原点表示越注重组织内部,离原点越远表示企业变革越注重外部环境。在此坐标基础上,我们在其右边构建一个包含四项的矩阵,每一项表示企业变革中的五个阶段,我们分别命名为:象限Ⅰ、象限Ⅱ、象限Ⅲ、象限Ⅳ、象限Ⅴ(象限Ⅰ和象限Ⅴ重合)。分隔四个象限的两条轴线与X、Y轴的交点是我们想象中的中点,与X轴的交点表示组织处于半变革和半稳定的交织状态;与Y轴的交点表示企业同等看重外部和内部环境。需要强调的是,这四个象限是连续的,反映了企业变革路径和演变顺序。每一个象限受其上一象限的影响并影响下一象限。

图14-3中,象限Ⅰ主要是内部调整,企业变革规模最小,变革主要发生在企业内部,该阶段的变革迅速而廉价;当企业进入象限Ⅱ时,企业变革的规模仍然很小,但主要关注外部。第三象限的企业变革剧烈且主要关注组织外部环境。第四象限的企业继续进行重大变革,但变革

---

① [美]罗伯特·E.格鲁斯主编:《全球商务战略》,王兆斌译,机械工业出版社2002年版,第1—3页。

重点已经转移至内部；经过上述几个阶段后，企业又回归到初始阶段（象限Ⅴ）。但值得注意的是，经过重大变革的企业已经远远超越了初始阶段（象限Ⅰ）。下面将具体分析，在应对突发事变所引起的非周期性经济波动时，企业所进行的变革内容、变革各阶段之间的演进关系和企业变革中所采用的工具。

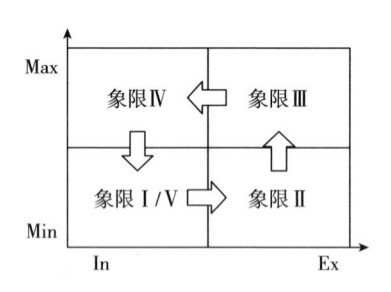

**图14-3 企业变革周期模型**

## 二 象限Ⅰ——稳定和宁静

人们习惯性认为，事物发展总是由弱到强，由缓到急，因此我们把象限Ⅰ作为企业变革的起始阶段。在该阶段，外部环境稳定，企业内部管理顺畅，员工工作努力，企业利润不断提高，因此企业所做出的变革仅仅是进行内部简单调整。这种变革主要是发生在组织内部，由于内部沟通方便，可控性高，变革成本很低，因此效果显著。对企业来说，象限Ⅰ是一个和平而又稳定的时期，企业家和员工拥有美好的未来愿景，企业员工及领导按惯例行事且富有安全感。

然而，稳定仅仅只是阶段性特征，变化总是存在的。当外部发生变化时，企业必须做出相应的调整以适应这些变化。尤其是当外部发生重大变化时，比如全国性、跨国性乃至全球性的重大事件将会影响整个国家、整个地区以及全球的经济发展。此时的企业（特别是跨国企业）不得不做出相应重大变革，不仅要关心内部，也必须关注外部。这时，企业曾经拥有的和平与稳定已不复存在，变革成为企业的主旋律。

## 三 象限Ⅱ——动荡与喧嚣

外部经济环境的巨变改变甚至摧毁了企业原有发展的内外条件，企业变革势在必行。然而，在有益和有效的变革之前，管理层必须要充分认识危机对企业的影响，这对企业是否能获得先发优势具有重要意义。在此阶段，企业面对太多的信息，企业也需要太多的信息，因此进行信息收集和筛选的成本很大，但这是企业变革前和变革中必需的投入。

为了达到认识危机的目的，企业必须首先了解同行业企业和业务相关企业对危机的看法，并分析现在与后危机时期可能的竞争优势，获得自己相关变革信息，有助于决定变革方向。当然，竞争对手和相关企业的改革定位本身就是一个刺激性事件；其次，企业必须分析当前环境中存在的威胁和机遇，充分利用潜在机会，把此次变革转化为攻击性、建设性和竞争性的行动；最后，对其他相关和相似市场的深度考察是不可或缺的，因为这样可以获得该突发事件的冲击力度，有助于理解市场状况和未来趋势。实际上，在当今的经济活动水平和技术水平上，不同行业、区域的市场联系比我们料想的更紧密，"牵一发而动全身"用在此处毫不为过。在1997年，当韩国企业受到重挫时，中国香港企业大举吞噬韩国市场；另外泰铢在此次危机中首次受到重创后，中国香港高估的财富和股票很快成了投资的目标；2007年美国房地产次级贷款违约风波对全球企业来说简直是一场噩梦，该事件导致国际金融危机（2008—2009年）并让人类因此而损失了60万亿美元的资产。基于市场跟踪、研判和外部干预，企业将确定变革定位和路线以应对外部冲击。

由于本阶段是危机发生的初期，企业只能进行较小规模的变革。外部变化包含着大量未知信息，而企业需要大量的信息，在没有对外部进行清楚的认识之前，企业只能本能地进行尝试性细小变革。在美国1987年10月的"黑色星期一"的那场危机中，克莱斯勒公司就是一个反面例子。刚步入危机的企业不可能仅仅做寂静的关注和微弱的变革，它必须在经历恐慌、低效率、雇员离去和客户逃逸的阵痛中，利用企业家和全体员工的智慧制订出指向未来的、积极有效的、可行可靠的远景规划和各种预备方案，进行完整彻底的变革。根据上述分析，此阶段既是企业感受动荡和喧嚣的阶段，也是企业接受外部冲击的初始阶段。我们可以说，此阶段是变革准备阶段。

### 四　象限Ⅲ——清醒与创新

经过上一阶段的迷茫和阵痛，企业会慢慢地平静并清醒过来。迷茫并非是麻痹于外部变化的表现，而是正在经历阵痛和思考。当已经掌握了危机的相关信息后，企业对外部动荡环境不再陌生，而是获取了变革的信心并积极乐观。此阶段企业的变革规模大，重点关注外部变化。

随着信息不断积累和筛选，在上一阶段中形成的指向未来的思想、念头和概念等得以慢慢整合并转化为行动计划。实际上，企业危机前既定的长期战略、中期计划和内部组织结构由于危机的到来变得不合时宜，从而使创新和重构成了本阶段重要任务。值得注意的是，在本阶段，企业准确清晰的变革定位是很重要的，但是号召全体员工积极参与变革更加重要。美国1987年10月的"黑色星期一"危机中，美国零售商克罗格公司和亚洲金融危机的可口可乐公司是这方面的典型例子，它们恰当的改革定位和团队精神使公司有能力化危机为机遇，成功扩大了销售市场。2019年美国对中国华为公司的技术封锁，使企业华为面临生死危机，除了至关重要的"备胎计划"外，华为精准的改革定位和高度凝聚的团队精神是华为成功脱险极其重要的因素。因此，企业正确的内外判断、内部宣传和深度沟通是企业获取变革成果、战胜危机并获取先机的前提。

企业在此阶段通常采用的工具包括：①战略创新，包括确定新形势下的新战略[1]；②开拓新业务，即进行新技术组合和开发新技术；③巩固核心竞争力和确定新核心竞争力，即把企业重点放在最具有竞争力的业务和活动上。同时随着创新活动不断展开与深化，及时调整核心竞争力；④沙盘演习，通过模拟试验推演变革进程和后果，通过评判选择最优路径，包括模拟市场竞争、模拟规划试点、模拟技术推广等。[2]

### 五 象限Ⅳ——实施与整合

经过第三阶段的创新和变革，最终形成的规划将在本阶段实施。象限Ⅳ是上阶段变革的延续，变革力度很大，但是变革重点已转移至企业组织内部。这是因为，企业发展新规划和战略要求与之相匹配的内部环

---

[1] Heinz Weihrich, Harold Koontz, *Management* (ed.10), McGraw-Hill, Inc., 1993, p.153.

[2] X. M. Song and B. Dyer, Innovation Strategy and the R&D-Marketing Interface in Japanese Firms: A Contingency Perspective, *IEEE Trans on Eng. Management*, Volume: 42, Issue: 4, Nov 1995, pp. 360-371.

境，要求对企业内部管理、增值运营流程、支撑系统、政策、组织和结构进行重组与优化。本阶段变革必须基于前两阶段的大量信息和研究结果。企业流程再造主要也发生在该象限。

企业流程再造内容包括：①重新设计组织结构，适应新设定的战略；②修正价值链，检验企业创造价值过程的每一项活动，通过添加、删除、合并这些活动，提高价值创造的效率并降低成本，即优化价值链；③建立企业中枢的信息系统，从而提高信息传递、识别和筛选的效率，这是企业任何变革和决策的前提；④建设并营运电子商务网络，拓展市场信息传递和收集渠道，升级市场营销系统，降低交易成本；⑤重新设立或控制采购物流和供应；⑥信息跟踪系统，构建财物、人力开发、市场需求、经营目标、员工工作绩效和激励的系统，提高企业数字化管理水平，增强企业经营绩效监测、预警和纠错能力。[1]

### 六 象限Ⅴ——平静与暂休

外部突发事件对企业的冲击经过以上四个阶段业已被企业消化，企业又恢复了以往的和平与宁静。本阶段与象限Ⅰ很相似，但象限Ⅴ是企业经过一轮完整的变革后的结果，企业诸方面已经脱胎换骨。二者仅仅具有相似的外延，象限Ⅴ的内涵已远远超越了象限Ⅰ。

进入象限Ⅴ并非说明变革已完全结束或停止，而是进行着重大变革后的适应性调整，主要是企业内务管理调整，适应再造后的新流程。在象限Ⅴ，企业结合专门知识和从变革中获得的经验进行内部生产周期的调整，调动员工积极性并改进工作环境；优化采购，降低成本；调整客勤关系，增加客户的满意度和忠诚度；调整员工福利，提高工作效率；优化过程管理，提高管理过程和生产过程的自动化及高效化。这些调整的力度虽小，目的在于查漏与完善，协调与适应。

值得一提的是，任何一个有远见的企业有必要意识到未来所有可能必须进行的变革，构建突发危机观察、预警和应急体系，并有预见性地提高企业整体机能的灵活性，制订技术链、资金链、物流链和材料供给链的"备胎计划"，尤其是极端情况下的"备胎计划"。2018—2019年

---

[1] ［美］加里·哈梅尔、C. K. 普拉哈拉德：《竞争大未来——企业发展战略》，王振西译，昆仑出版社1998年版，第167页。

中美贸易中的华为技术有限公司为此提供世界性"教科书"式的样板。

## 第四节 经济周期与跨国公司国际转移定价策略

前文已经反复提到跨国公司内部转移有利于应对经济波动风险,而转移定价是企业风险规避的最有效工具。本节我们主要阐释经济周期与跨国公司内部贸易所运用的转移定价策略之间的机制。

### 一 经济变量对跨国公司转移定价策略的影响

跨国公司根据世界各国技术水平和专业分工水平,采取国际专业化生产策略,在全球范围内配置专业化工厂网络,定点生产,分工制造零部件,然后集中运到有利地点装配,定向销售。为了避免激烈的市场竞争,跨国公司把分散在不同国家的投资和生产体系与贸易紧密结合起来,通过企业内部化和外部市场贸易获得风险规避机会和空间,其中内部化市场起主导作用。[1] 跨国公司国际化的特点使跨国公司具有广阔的地域空间、市场空间和融资空间,从而拥有广阔的活动余地来应对各种风险。

内部化贸易"使跨国公司具有其'跨国优势'来弥补其海外营运成本并获得竞争优势"。[2] 内部化理论认为,由于外部市场的缺陷而导致的高成本,跨国企业在运用其跨国优势时通常选择内部交易而非外部市场交易。该理论认为,内部化贸易可能出现在四种情况中:缺乏外部期货市场、双边垄断、买方不确定性和歧视价格限制。也可能存在第五种情况:不同国家政府的政策差别为跨国公司提供了套利机会。由于世界市场并非为完全统一的市场,因此企业可以通过跨国操作获得增值。通过有效利用全球市场网络转移资源的可行性使跨国公司拥有非跨国公司不可企及的优势。[3]

---

[1] Cravens, K. S, "Examining the role of transfer pricing as a strategy for multinational firms", *International Business Review*, Vol. 6, No. 2, 1997, pp. 127–145.

[2] Buckley, Peter, J. and Mark Casson, *The Future of the Multinational Enterprise*, London and Basingstoke: Macmillan Press, 1976, pp. 37–39.

[3] Kogut, B. and Nalin Kulatilaka, "Operating Flexibility, Global Manufacturing and the Option Value of a Multinational Network", *Management Science*, 1994, Vol. 40, No. 1, pp. 123–139.

## 第十四章 | 经济波动与跨国公司风险管理机制和策略

转移定价是指在跨国企业内部进行产品、服务、技术和资产转移时所采取的定价策略。转移定价操作（Transfer Price Manipulation，TPM）是跨国企业利用高于或低于机会成本的转移定价规避（合法规避）政府控制或利用各国政策差异获取套利机会的策略。[①] 实际上，跨国企业转移定价操作就是充分利用全球外部市场的缺陷来实现企业增值的（Lorraine Eden，2003）。[②]

经济变量主要是指能够显示经济波动的各经济指标，主要包括汇率、税率、利率、GDP 增长率及市场消费状况。在讨论经济周期对跨国公司转移定价的影响之前，我们首先分析这些指标变动与跨国公司转移定价策略选择之间的机制。笔者将经济变量波动与跨国公司转移定价策略选择机制进行梳理并展示在表 14-2 中。

**表 14-2　经济变量波动与跨国公司转移定价策略的选择机制**

| 变量 | 变化 | 转移定价（转出） | 转移定价（转入） |
|---|---|---|---|
| 汇率 | 贬值 | 高价 | 低价 |
|  | 升值 | 低价 | 高价 |
| 税率 | 低税 | 高价 | 低价 |
|  | 高税 | 低价 | 高价 |
| 利率 | 低 | 高价 | 低价 |
|  | 高 | 低价 | 高价 |
| 经济增长率 | 低 | 高价（技术等无形资产） | 低价（生产和经营等有形资产） |
|  | 高 | 低价（生产和经营等有形资产） | 高价（技术等无形资产） |
| 市场消费水平 | 低 | 低价（技术等无形资产） | 高价（生产和经营等有形资产） |
|  | 高 | 高价（生产和经营等有形资产） | 低价（技术等无形资产） |

### 1. 汇率因素

汇率是两种货币之间兑换的比率，反映两国单位货币价值关系。一

---

[①] Thomas Horst, "Theory of the Multinational Firm: Optimal Behavior Under Differing Tariff and Tariff and Tax Rates", *Journal of Political Economy*, 1971, Vol. 9, No. 5, pp. 1059-1072.

[②] Lorraine Eden, *The Internalization Benefits of Transfer Price Manipulation*, The Bush School of Government and Public Service, Texas A&M University, Working December 2003, Paper 315#. p. 4.

国货币的升值或贬值会使两国的货币在短时间内存在套利机会，对于运作巨额资金的跨国公司来说这是不容错失的获利机会，这种套利行为必然表现在内部贸易的定价上，主要做法是利用企业内部跨国市场的价格操作获取国际套利，提高资金收益。

2. 税率因素

税率变动对跨国公司转移定价的影响是极为明显的，有些学者甚至认为跨国公司转移定价策略的运用主要是为了避税。跨国公司利用转移定价策略避税通常有两个途径：一是通过高价移进从而抬高企业成本来降低税务；二是把利润转移至低税率的国家内的分支机构。这两种方法在公司所在国税率很高的情况下可以合并适用，实为一箭双雕。当东道国税率较低时，主要确定于上述两种方法的避税效果；如果所在国的税率极低甚至免税（保税区），低价移进高价移出将是最佳策略。

3. 利率因素

利率升高或降低会改变跨国公司在该国的融资成本。在低利率的情况下，由于跨国公司在东道国 A 融资成本低，企业可能把在 A 国融得的低成本资金转移到东道国 B。如果存在资金转移限制（主要政策限制），这些资金可能以生产设备和产品的形式移到高利率国家。利率是影响金融资产的重要因素，跨国企业相机而动地利用其内部市场通过转移定价操作转移企业金融资产，提高资产收益或规避金融风险。假定其他经济变量不变，低利率会使企业低价移出和高价移进；在高利率的情况下，企业则会高价移出和低价移进。

4. GDP 增长率因素

GDP 增长率是反映经济状况的基本指标，也是衡量经济周期波动的主要指标。在 GDP 增长率较高时，表明经济处于景气阶段，此时有利于企业发展，也需要较多有形资产从事生产和经营，并在前一阶段积累了较多新技术。在 GDP 增长率较低的情况下，企业销售不畅，开工不足，跨国公司一般会把闲置设备转移到经济景气国家的分支机构或母公司。根据经济通论和经济实践，在经济周期的不同阶段，政府会采用"逆向法"来调节国民经济。在经济高涨期（GDP 快速增长）制定以高税率和高利率为特征的紧缩型财政政策和金融政策；在经济不景气（GDP 提高缓慢或下降）时期，政府则采用以低税率和低利率为特征的宽松型财政政策和金融政策。GDP 的升降直接影响人们的收入和消费水平，进而影响市场价格和市场销售。另外，GDP 的增长率与汇率有着密切的关系。因此，GDP 的变化对于跨国公司转移定价策略（TPM）的影响主要是通过 GDP 所反映的经济发展水平以及政府相应的政策（税率、利率、汇率等）实现的。一般情况下，当 GDP 增长率低时，跨国企业会采用高价移出和低价移进的策略，此时移进的主要是技术等无形资产以便于产品更新与升级，移出的主要是生产经营相关的有形资产以满足当时市场和生产管理的需要；当 GDP 增长率高时，跨国公司采用高价移出和低价移进，此时移出的主要是技术等无形资产，移进的主要是生产经营相关的有形资产。

5. 消费水平因素

市场消费水平直接反映跨国公司产品所面临的市场大小。一般而言，市场消费水平低，说明市场上的需求者少，价格低，属买方市场；相反则属卖方市场。实际上，跨国公司所面临的市场状况不能直接影响其转移定价，但是该因素一旦与其他因素相结合，其影响力是显著的。

## 二 经济周期与跨国公司的转移定价策略

1. 经济衰退期企业转移定价策略

在此阶段，由于开工不足，销售疲软，跨国企业会把企业资源运往 B 国的分支机构，以保证企业总资源的有效利用。但是此时 A 国采取的是刺激经济发展的宽松的低税政策，因此跨国企业采取的是高价移出，以享受 A 国低税优势；另外，由于 A 国货币走强，跨国企业高价移出还可以获得汇率波动的套利机会。由于 A 国处在经济衰退期，是市场洗牌和产品更新的时期，跨国企业通过内部贸易高价移出生产性、经营性和管理性的有形资产，同时也会低价移进技术，以装备新的产品，为未来市场做好准备。在转移企业既有资本的同时，跨国企业还可以利用 A 国当时宽松的货币环境在 A 国融资，降低企业成本和资产利用率，甚至可以把在 A 国低成本融得的资金高价转移到 B 国，从而获得税务减免和国际套利机会。

2. 经济复苏期企业转移定价策略

在经济复苏期，由于跨国企业所面对的 A 国政府的财政、货币政策与经济衰退阶段大致相同，其转移定价的策略也大致相同，由于政策强度的变化，跨国公司内部转移定价稍做调整，但仍是高价移出。此时A国的经济逐渐复苏，市场逐渐活跃，为了迎接逐渐好转的经济和市场形势，跨国公司在高价移出的同时，也采取低价移进的策略，来满足在A国生产和经营活动。专有技术、注册商标、专利等无形资产的移入占主要部分。

3. 滞胀期（萧条期）企业转移定价策略

在此阶段，A国政府政策趋于中性，其货币有贬值的压力。跨国企业曾享有低税政策优势消失，同时A国需求拉动的通胀使跨国公司在A国的资产按国际价格有缩水之忧；但是，此时A国为跨国企业提供了较好经营的经济环境——活跃的市场和较大的利润空间。综合其利弊，跨国公司在此阶段一方面会低价移出利润（主要以无形资产为载体），另一方面从B国高价移入生产性、经营性和管理性的有形资产（满足A国市场的需求的生产与管理经营资本），增大企业账面成本，从而规避在A国的税务及货币贬值所造成的资产损失以及获得在B国的套利机会。该时是企业最佳经营期和发展机遇期，企业既要考虑当地市场而移入，也要考虑高税务和资产安全而低价移出。

4. 经济繁荣期企业转移定价策略

经济繁荣期有如下特点：第一，政府的财政金融政策是紧缩，高税率和高利率。第二，A国通货膨胀率高，货币贬值。第三，市场饱和，无拓展空间。第四，企业销售总额大，但利润率不高。第五，经济增长因素与衰退并存。应对这些不利因素，跨国公司内部贸易转移定价主要采用低价策略，其目的为：①避税，②防止汇率贬值引起的资产贬值，③避免低效率利用资产，把资产配置到高利润地区（B国），提高资产收益率。同时高价移入技术和专利进行产品更新，为未来市场竞争做准备。

### 三　经济周期、经济变量与转移定价策略

对应经济周期各阶段特点，上述各经济变量的表现各有不同，我们把它们按不同周期阶段列于下表（见表14-3）。跨国公司根据各阶段经济变量及组合对其利益的影响选择相应的转移定价策略（Transfer Price Manipulation，TPM）。在经济衰退期和复苏期，跨国企业一般采用低价移进和高价移出的策略；而在通胀期和繁荣期，跨国公司一般采用

低价移出和高价移进策略。值得注意的是，尽管跨国公司在每个时期都会移进和移出，但是移进移出的价格不一样，移进移出的商品和资产类别也不一样，有时移出有形资产同时移进无形资产，有时却只移出无形资产（见图 14-4）。

表 14-3　　　　　　经济周期、经济变量与转移定价策略

| 经济周期阶段 | 汇率 | 税务 | 利率 | GDP增长率 | 市场消费水平 | 移进定价策略 | 移出定价策略 |
|---|---|---|---|---|---|---|---|
| 衰退期 | 升值 | 低 | 低 | 低 | 低 | 低价 | 高价 |
| 复苏期 | 升值 | 低 | 低 | 低 | 低 | 低价 | 高价 |
| 滞胀期 | 贬值 | 高 | 高 | 高 | 高 | 高价 | 低价 |
| 繁荣期 | 贬值 | 高 | 高 | 高 | 高 | 高价 | 低价 |

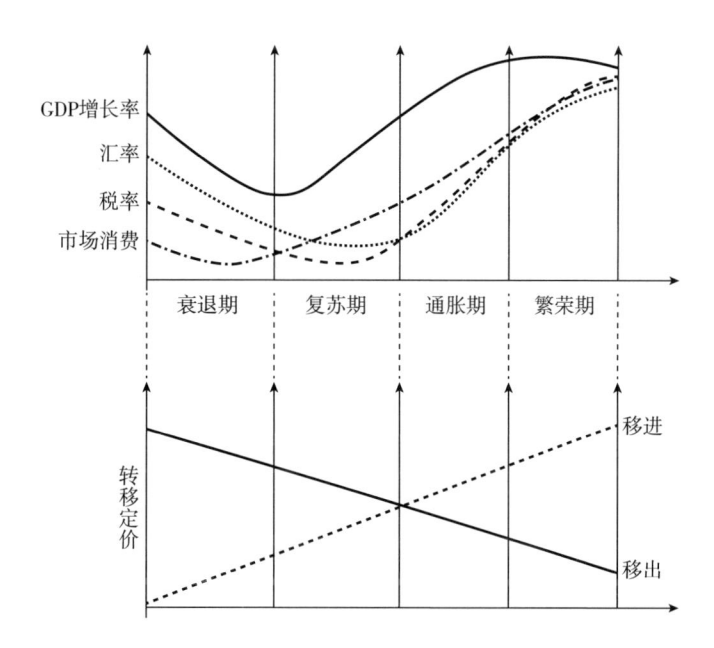

图 14-4　经济周期与跨国公司转移定价策略示意

根据上述分析结果，我们用图形（见图 14-4）表达出 GDP 增长率、汇率、税率和市场消费与跨国公司转移定价之间的关系。图 14-4

317

上部分是经济周期各阶段中宏观经济指标的变化情况,下部分是跨国公司转移定价策略变化,图 14-4 大致表达了经济周期、经济变量与转移定价策略的联动机制。实际上可以通过数据验证进行经验证明,但是由于相关跨国公司内部转移定价的数据极难收集,因此我们寄希望于以后的研究从事该验证工作。

## 第五节 经济周期与跨国公司技术研发及转移策略

### 一 经济周期与企业技术研发

第十一章已经谈及经济波动风险引致企业技术创新需求增加。学者认为经济周期与技术创新有密切联系。熊彼特(1983)认为,经济周期引发技术创新和产业投资周期;赵志耘和郑佳(2010)发现,技术创新是推动企业经济复苏的关键因素[1];蔡永英(2009)研究发现,经济周期影响技术创新。[2] 下文我们将讨论在经济周期性波动的背景下,企业技术研发策略和动机,特别是跨国大型企业的技术研发。

1. 技术革新的动机

技术革新是技术在一定程度上取得的进化与革命,它是指技术发明和应用所取得的进步,是与新技术(含新工艺、新产品)的研究开发及其商业化应用有关的经济技术活动的产物,是技术进步的核心。技术创新理论最早是由美国经济学家熊彼特提出的,在其创新理论中,他给出了创新定义并将其引入经济系统,确定一种新的生产函数。这个新函数包括新产品、新技术、新市场、原材料供给和新的企业组织形式等。显然,技术创新是一个科技、经济一体化的过程,从本质上说,技术创新是一种不断追求卓越、技术进步、追求发展的理念,是一种通过技术培育新的经济增长点,有效地促进经济增长的可行思路。[3]

正如技术革新的本质所暗示的那样,企业技术创新动力来源于自身发展和利润期望。其具体表现如下:第一,获得技术垄断。技术垄断是

---

[1] 赵志耘、郑佳:《从专利分析走向看技术创新与经济周期的关系》,《中国软科学》2010 年第 9 期。
[2] 蔡永英:《技术创新与经济周期》,《杭州电子科技大学学报》2009 年第 3 期。
[3] 杨喜涛:《论技术进步与经济发展》,《西安工程科技学院学报》2004 年第 4 期。

技术领先所获取的一种优势，它是企业获取产品垄断、市场定价垄断和超额利润的充分条件。第二，市场占有。一种新技术或者改良的技术往往赋予产品更优秀的品质或相对低廉的成本。这两者是产品占有市场和渗透市场的必要条件；市场份额的争夺是企业竞争的核心内容，占有市场是企业得以生存的基本条件和主要经营活动。第三，企业生产效率。技术创新可以提高内外生产管理效率和投入产出率等。第四，推动企业跨越式发展。企业目标除了短期盈利外，更关注持续长期利益。持续技术创新是企业可靠的飞跃平台，它往往使企业很快获得各项优势——成本优势、垄断优势和产品竞争优势。第五，技术产权和专利独享。一般来说，一项新技术会带来潜在收益，创新企业只有在充分享有这些收益的条件下，才有进行创新投入的动力。

经济周期引起市场重新划分，意味着一场激烈的企业竞争。技术革新是企业竞争获胜的必需手段，即以技术优势获取市场竞争优势以及摆脱市场困境。

2. 经济周期与企业技术革新

一般来说，企业在经济周期四个阶段中的技术创新行为主要出自以下三个目的：第一，摆脱风险和困境。第二，提高竞争力，开拓市场。第三，获得垄断利润和超额利润。在分析中我们假定不存在"市场失灵"现象。[1] 因为一旦"市场失灵"现象存在，企业会丧失对技术创新进行足够投资的动力（K. J. Arrow，1971）。

（1）复苏期和繁荣期。在复苏期和繁荣期，宏观经济的各项指标处于高位水平，消费需求旺盛。此阶段，经营风险很小，企业主要追求生产利润、投资回报和市场规模，企业技术研发投入和创新强度下降。一般来说，阻碍技术创新主要有两个因素，即技术需求太低和技术供给成本太高。在技术需求方面，技术竞争风险很小，企业利用上一轮技术创新积累和扩展技术应用能够满足其获得技术竞争优势、市场优势和现金流效应（蔡永英，2009）。这些技术创新尚在应用之中且未过时，因此企业对新技术需求不高，创新动力和投入不足；从技术供给成本来

---

[1] "市场失灵"是指技术创新活动对于社会整体的边际价值和对于私人部门的边际价值不相等，这将导致自由市场在资源配置上的无效率或低效率。

看，在经济繁荣期和复苏期，人力资源成本非常高，科学家和技术研发人员所代表技术和知识成本更高。同时，机会成本也是影响企业研发投入的重要因素。在该阶段，企业生产性和金融性投资收益率较高，导致企业技术创新的机会成本增加，进一步降低企业技术研发投入的积极性。因此，在经济复苏至繁荣期时企业研发投入将减少，技术创新会减速（吴晓波等，2011）[1]。

（2）衰退期和萧条期。在衰退期和萧条期，外部环境逐渐变化，竞争逐渐增强，企业经营业绩下降，企业经营风险和生存风险提高，技术创新动力大幅增强，研发投入增加，技术创新加速。吴晓波等实证研究发现，经济萧条期正是技术创新加速期；Dugal 和 Morbey（2007）对企业技术创新研究发现，在经济衰退期和萧条期，超过70%的企业提高了研发强度[2]，关勇军和洪开荣（2012）研究也得出同样的结论[3]。究其原因有二：一是技术更新升级需要，二是技术创新成本较低。在技术更新升级方面，上一轮技术和产品已经步入其生命周期尾声，无法满足市场需要和竞争需要，亟待技术创新和升级；在技术创新成本方面，由于衰退期和萧条期的生产投入和金融投资边际收益较低，且人力和知识资源成本较低，导致技术边际成本和边际机会成本很低，企业技术创新投入倾向增强（Gadi Barlevy，2007）[4]，蔡永英（2009）研究发现，经济萧条期技术创新具有明显机会成本效应。所以，经济衰退时期是新技术实施的最佳时机。

## 二 经济周期与跨国公司技术转移

基于创新水平和盈利能力，我们把技术分为成长型新技术，成熟型高盈利型技术，成熟型中等盈利型技术，老化型低盈利技术和老化非盈利技术。在转移方向上，技术转移包括企业内部进行技术转移与

---

[1] 吴晓波等：《我国转型经济中技术创新与经济周期关系研究》，《科研管理》2011年第1期。

[2] Dugal. S. S, Morbey G. K., "Revisiting Corporate R&D Spending During a Recession", *Research Technology Management*, Vol. 38, No. 7, 1995, pp. 23 – 27.

[3] 关勇军等：《中国上市企业 R&D 投入的周期性特征研究》，《科学学与科学技术管理》2012年第9期。

[4] Gadi Barlevy, "On the Cyclicality of Research and Development", *The American Economic Review*, Vol. 97, No. 4, Jan. 2007, pp. 1131 – 1155.

技术向外部转移；在转移方式上，技术转移包含技术转让和技术贸易两类基本方式。就跨国公司而言主要指国际技术转移和国际技术贸易。关于技术分类和技术转移的基本描述参见附录（见附文2《技术分类和技术转移》）。

1. 经济繁荣和复苏阶段

经济繁荣和复苏阶段，市场活跃、企业销售舒畅、跨国企业经营和技术风险很低。在这种情况下，成长型技术作为最新应用性技术，技术竞争优势显著，能给企业带来更高垄断利润，因此企业不会对外转让该类技术；在此期间，虽然成长型高盈利技术和成熟型中等盈利技术的创新含量已经降低，竞争优势已经减弱，外部新技术已经对其形成威胁，内部所涉产品的边际盈利能力依然不及成长性新技术，但是这两项技术在企业内部应用广泛，生产规模大，产品市场知名度较高，广告投入需求较低，在经济景气阶段该项技术仍然能为企业创造很高收益，因此企业不会对外转让这两类技术；对于老化型低盈利技术而言，尽管该技术落后且盈利能力较低，甚至已经拖累和降低企业平均边际产出和竞争力，但是繁荣和复苏期市场利好为企业技术转让提供了良好的"叫价窗口期"，因此企业会在此时期将该技术通过直接转让、技术投资或合作建厂方式对外转移；对于老化非营利技术企业一般直接完全转让或放弃[①]。在繁荣和复苏期，企业转让老化技术不仅能优化升级技术结构而且还能让老化技术利益最大化。

企业技术内部转移方面，我们认为，经济繁荣期和复苏期企业内部成长型和成熟型技术转移是为了跨国公司在更多东道国的技术推广和技术提升，提高企业市场整体技术竞争力。同期老化型技术内部转移的主要目的是满足欠发达区域市场需求。

2. 经济衰退和萧条阶段

在衰退和萧条期，跨国公司将可能通过直接转让、交叉许可和技术互换等方式将成长型新技术向外部转移。主要原因在于，衰退和萧条期经济环境和企业经营环境恶化，导致企业新型技术产品销售不畅等巨大

---

① 转移或抛弃取决于转移的交易成本，如交易成本大于技术转移收入，跨国公司会直接抛弃老化技术。

风险，市场推广风险很大，导致研发投入无法收回或血本无归；其次，这两个时期是创新产出最高的时期（Gadi Barlevy，2007；蔡永英，2009；Dugal & Morbey，2007），新技术竞争很大，研发风险和技术应用风险很高，因此跨国公司可能把成长型新技术转移出去，迅速变现和分散成本负担，减小风险；同期，企业不会对外转移成熟型高盈利技术，因为该技术所涉产品已经成熟，市场接受度高，无市场推广风险。这类技术的产品销售是经济衰退和萧条阶段企业最大的收入源泉和市场维系力量；对于成熟型中等盈利技术和老化型低盈利技术而言，该技术类别的产品在衰退和萧条期在市场竞争激烈，且该类产品缺乏市场竞争力，被该时期创新技术替代的风险很大，因此跨国公司通过 OFDI 方式把成熟型中等盈利技术转移到低技术区域（属于内部转移）或通过技术投资对外技术转移。同时通过直接转让、技术合作投资和合作建厂等途径来实现对外老化型低盈利技术的转移；对于老化非盈利技术而言，跨国企业会直接对外技术出售或抛弃。

企业技术内部转移方面，我们认为，经济衰退和萧条期，企业内部成长型和成熟型技术转移的目的包括：一是内部技术援救，二是通过技术转移规避市场和技术风险（跨"经济协动单元空间"转移）。同期老化型技术内部转移的主要目的是满足欠发达区域市场需求。

综合上述跨国公司技术转移策略，笔者将其梳理总结于表 14 - 4 中。

表 14 - 4　　　　　　经济周期和企业技术转移策略

| 周期阶段技术类型 | 经济繁荣阶段 | 经济衰退阶段 | 经济萧条阶段 | 经济复苏阶段 |
| --- | --- | --- | --- | --- |
| 成长型新技术 | 不转让 | 可能转让<br>交叉许可<br>技术互换 | 可能转让<br>交叉许可<br>技术互换 | 不转让 |
| 成熟型高盈利技术 | 不转让 | 不转让 | 不转让 | 不转让 |
| 成熟型盈利技术 | 不转让 | 可能转移<br>直接投资<br>独立建厂 | 可能转移<br>直接投资<br>独立建厂 | 不转让 |

续表

| 周期阶段技术类型 | 经济繁荣阶段 | 经济衰退阶段 | 经济萧条阶段 | 经济复苏阶段 |
|---|---|---|---|---|
| 老化型低盈利技术 | 直接出售 技术投资 合作建厂 | 直接出售 技术投资 合作建厂 | 直接出售 技术投资 合作建厂 | 直接出售 技术投资 合作建厂 |
| 老化非盈利技术 | 直接出售 | 直接出售 | 直接出售 | 直接出售 |

# 第十五章

# 经济波动与跨国公司的风险应对战略

## 第一节 经济波动与战略柔性化

### 一 概述

世界经济波动引起的变化不仅表现在经济所涉领域，而且它还将导致国际或国别政策环境、技术环境以及政治环境的变化，使跨国企业经营环境具有明显的可变性、复杂性和不确定性。"二战"以来，经济波动突发性增强，周期拉长，繁荣期拉长，衰退期缩短，经济波幅变小，机理复杂性和国际协同性增强。这些新特征对跨国公司的发展战略、投资战略、生产战略、市场战略、技术战略和资源战略等产生巨大影响，要求企业提高经营战略柔性化水平，以适应内外新形势。

基于经济波动特征与跨国公司战略的交叉分析，笔者提出跨国公司战略柔性化策略（见表15-1）。根据经济波动特征对跨国公司战略的影响，我们通过赋值来表达战略柔性程度。通过文献查阅发现，经济合作与发展组织（OECD）、联合国贸易与发展会议（NCTAD）研究报告和相关专业数据库（EPS全球统计数据、CCER经济金融研究库和亚太企业分析数据库等）都对在不同经济景气下的跨国企业的战略柔性进行初略的估计。由于数据统计口径不同且来源分散，有些数据来源于学者分散定性表达的估值，估计方法简单，数据支撑不强，但估计结果仍有一定的说服力。我们把柔性度最高到最低设在1.00—0.00。1.00表示柔性度最高,战略刚性最低;0.00 则表示柔性度为零,战略刚性最高。经济周期新特征对跨国公司战略柔性化影响估测的研究很有意义,笔者将在未来对其作深入探索。

表15－1　　经济周期波动与跨国公司战略的柔性值矩阵

| 经济波动特征 | 发展战略 | 投资战略 | 生产战略 | 供应战略 | 技术战略 | 资源战略 | 平均 |
| --- | --- | --- | --- | --- | --- | --- | --- |
| 周期性 | 0.50 | 0.60 | 0.60 | 0.60 | 0.40 | 0.20 | 0.48 |
| 突发性波动影响增强 | 0.60 | 0.70 | 0.70 | 0.70 | 0.40 | 0.10 | 0.53 |
| 波动周期拉长 | 0.70 | 0.70 | 0.70 | 0.80 | 0.50 | 0.10 | 0.58 |
| 繁荣期拉长 | 0.70 | 0.70 | 0.70 | 0.80 | 0.60 | 0.10 | 0.60 |
| 经济波幅变小 | 0.70 | 0.70 | 0.70 | 0.80 | 0.60 | 0.10 | 0.60 |
| 机理复杂性增强 | 0.30 | 0.70 | 0.50 | 0.60 | 0.30 | 0.20 | 0.43 |
| 国际协同性增强 | 0.30 | 0.80 | 0.80 | 0.70 | 0.50 | 0.20 | 0.55 |
| 平均 | 0.54 | 0.70 | 0.67 | 0.71 | 0.47 | 0.14 | 0.54 |

注:数据为笔者基于文中所注来源的初略估值。

基于文献统计结果可以看出,经济波动周期性导致跨国公司战略柔性值平均为 0.48,其中周期性对投资战略、生产战略和市场战略的影响最高,对资源战略影响最小。突发性经济波动使投资战略、生产战略和市场战略柔性化最高,而资源战略则最低。繁荣期拉长和经济波幅减小(经济周期的扁平化)使跨国公司的发展战略、投资战略、生产战略、市场战略、技术战略的柔性化大幅提高。当前世界经济波动的扁平化要求跨国企业战略柔性化,而世界经济波动的协同性则要求跨国公司在投资战略、生产战略、市场战略等方面的柔性化程度更高。

二　柔性战略功能描述

我们借用张守凤超竞争环境下的企业战略柔性模型[①]来讨论柔性战略与经济波动的匹配问题。根据经济波动内涵和表征,建立不确定性测度指标体系,包括指标准则和测度指标。指标准则按经济波动影响分为市场动态性、技术动态性和政策动态性。市场动态性(M)包括供应竞

---

① 张守凤:《基于超竞争环境下的企业柔性战略研究》,博士学位论文,武汉理工大学,2005 年。

争（$M_1$）、客户需求（$M_2$）和市场占有率（$M_3$）；技术动态性（T）包括技术进步（$T_1$）、生产管理技术变动率（$T_2$）和技术竞争（$T_3$）；政策动态性（P）包括货币政策（$P_1$）、财政政策（$P_2$）和外贸政策（$P_3$）（见表15-2）。

表15-2　　　　　　经济波动不确定性测度指标体系

| 测度准则 | 市场动态性（M） | 技术动态性（T） | 政策动态性（P） |
| --- | --- | --- | --- |
| 测度指标 | 供应竞争（$M_1$） | 技术进步（$T_1$） | 货币政策（$P_1$） |
|  | 客户需求（$M_2$） | 生产管理技术变动率（$T_2$） | 财政政策（$P_2$） |
|  | 市场占有率（$M_3$） | 技术竞争（$T_3$） | 外贸政策（$P_3$） |

柔性战略使企业更容易适应外部动态变化，降低企业战略规划刚性，化解企业风险。基于上述经济波动不确定性测度指标体系，笔者将对柔性战略在应对经济波动功能方面进行理论描述。

我们设 $\omega$ 为权重向量，$A$ 为经济波动不确定性矩阵。可得式（15-1）至式（15-4）：

$$M = \sum_{i=1}^{3} M_1 \omega_{1i} \qquad (15-1)$$

$$T = \sum_{i=1}^{3} T_1 \omega_{2i} \qquad (15-2)$$

$$P = \sum_{i=1}^{3} P_1 \omega_{3i} \qquad (15-3)$$

$$A = (M, T, P)(\omega_{41}, \omega_{42}, \omega_{43})' \qquad (15-4)$$

由于上述指标缺乏统一度量标准，难以对经济波动不确定性矩阵（$A$）进行综合评价，笔者采用效用函数对指标值进行统一化。对无法直接定量的指标采用等级赋值的方法转化为可定量分析数值。评价准则权重有多种方法，包括直接给出法（DDM）、层次分析法（APH）和环比分析法（CCM）。我们此处采用环比分析法度量 $M$、$T$、$P$ 的权重。[①]

根据柔性战略的研究，柔性战略包括两个维度：时间维度和空间维

---

① 张守凤（2005）采用同样的方法测算竞争环境下不确定性中环境复杂性、环境资源可用性和环境动态性的权重。

度。时间维度表现为环境变化在战略设计和战略实施中过去、将来和未来的衔接与动态适应。柔性水平越好，战略实施中随时间变化所形成的错位和偏差能更适时被控制和调适，表现为时间纵向上的连续性和反应性。空间维度是指不可预期冲击能被柔性控制所适用的范围，表现为空间横向的多样性（Variety）和稳健性（Robustness）。

跨国公司的柔性战略（发展战略、投资战略、生产战略、市场战略、技术战略和资源战略）的每一个方面都包含空间和时间两个维度。基于此，笔者构建出跨国公司柔性战略测度指标体系（见图15-1）。

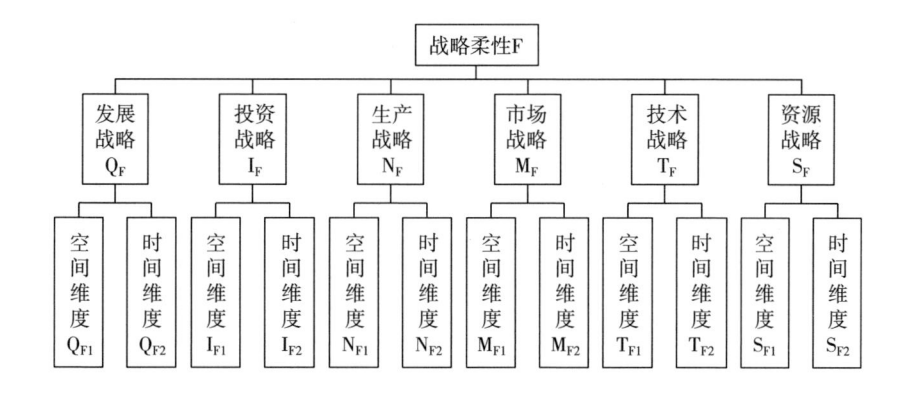

**图15-1 经济波动下跨国公司柔性战略测度指标体系**

我们设 $\omega$ 为权重向量，$F$ 表示柔性战略与经济波动的匹配关系，可用匹配函数表示 $F = f(F, A)$。可得式（15-5）至式（15-11）：

$$Q_F = \sum_{i=1}^{2} Q_{Fi}\omega_{1i} \qquad (15-5)$$

$$I_F = \sum_{i=1}^{2} I_{Fi}\omega_{2i} \qquad (15-6)$$

$$N_F = \sum_{i=1}^{2} N_{Fi}\omega_{3i} \qquad (15-7)$$

$$M_F = \sum_{i=1}^{2} M_{Fi}\omega_{4i} \qquad (15-8)$$

$$T_F = \sum_{i=1}^{2} T_{Fi}\omega_{5i} \qquad (15-9)$$

$$S_F = \sum_{i=1}^{2} S_{Fi}\omega_{6i} \qquad (15-10)$$

$$F = (Q_F, I_F, N_F, M_F, T_F, S_F) \times (\omega_{71}, \omega_{72}, \omega_{73}, \omega_{74}, \omega_{75}, \omega_{76})' \qquad (15-11)$$

通过对上述指标值进行归一化，使各指标间具有可比性，再将测定结果代入匹配函数，即可得到相应判断规则①（见表15-3、表15-4）。

表15-3　　跨国公司战略柔性时间维度的测度判断

| 测度准则 | 测度比较 | 含义 | 对策 |
| --- | --- | --- | --- |
| 市场动态性（M） | $\|\Gamma - M\|/M < 10\%$ | 柔性战略与市场动态相匹配 | 执行柔性战略 |
| | $\Gamma > M$ | 柔性过度 | 强化控制 |
| | $\Gamma < M$ | 柔性不足 | 提高柔性 |
| 技术动态性（T） | $\|\Gamma - T\|/T < 10\%$ | 柔性战略与技术动态相匹配 | |
| | $\Gamma > T$ | 柔性过度 | 强化控制 |
| | $\Gamma < T$ | 柔性不足 | 提高柔性 |
| 政策动态性（P） | $\|\Gamma - P\|/P < 10\%$ | 柔性战略与政策动态相匹配 | |
| | $\Gamma > P$ | 柔性过度 | 强化控制 |
| | $\Gamma < P$ | 柔性不足 | 提高柔性 |

表15-4　　跨国公司战略柔性空间维度的测度判断

| 测度准则 | 测度比较 | 含义 | 对策 |
| --- | --- | --- | --- |
| 市场动态性（M） | $\|K - M\|/M < 10\%$ | 柔性战略与市场动态相匹配 | 执行柔性战略 |
| | $K > M$ | 柔性过度 | 强化控制 |
| | $K < M$ | 柔性不足 | 提高柔性 |
| 技术动态性（T） | $\|K - T\|/T < 10\%$ | 柔性战略与技术动态相匹配 | 执行柔性战略 |
| | $K > T$ | 柔性过度 | 强化控制 |
| | $K < T$ | 柔性不足 | 提高柔性 |
| 政策动态性（P） | $\|K - P\|/P < 10\%$ | 柔性战略与政策动态相匹配 | 执行柔性战略 |
| | $K > P$ | 柔性过度 | 强化控制 |
| | $K < P$ | 柔性不足 | 提高柔性 |

---

① 张守凤（2005）采用同样的方法获得测度规则。

## 第二节 动态联盟战略

### 一 动态联盟的简述

企业动态联盟（Enterprise Dynamic Union）是实现全球化敏捷生产的组织形式，通过利益共享和风险共担来实现企业间的精诚合作，是一种联合竞争、共同盈利的合作机制。动态联盟作为跨国公司柔性战略的实施途径，以成员企业的各自优势为合作基础，以信任、合作和互利为纽带，其特点是高效、开放、动态调整、灵活和合作竞争等。动态联盟使企业获得参与行业技术标准制定的资格，行业联盟红利，引导并控制行业市场发展轨迹。动态战略联盟提高组织柔性，扩大内部市场，增强企业文化交流和兼容性，降低交易成本，分享产业链条和价值链拉长所形成的成本优势红利，增强企业获得市场信息和快速响应能力。因此，动态联盟提高成员企业抗风险能力。可见，跨国公司动态联盟本质是一种借势策略，强化企业外部资源优势整合，分担风险、共享资源、获取知识、协同合作和创新，实现骤变并创造出超常的竞争优势，提高风险免疫能力。

实际上，20世纪70年代开始，随着国际经济环境和经济波动新格局的形成，使企业竞相在行业内建立各类战略联盟，这在当时成为一种趋势，于20世纪80年代达到高潮，企业结盟已成为企业最广泛运用的纵横经营战略之一。世界500强（World Top 500）中90%的跨国公司均与其他企业结成了各种形式的动态联盟，如雷诺—尼桑战略联盟、福特—马自达战略联盟、摩托罗拉—东芝战略联盟、富士—施乐战略联盟等。

### 二 市场动态性与动态联盟

1. 市场同质性增强

（1）长尾现象导致产品同质增加，企业动态联盟需求提高。经济繁荣期拉长导致技术周期和产品周期长尾现象[1]，长尾现象是指技术成

---

[1] 技术延尾和产品延尾并非指技术或产品在市场上存在的时间延长，而是由于技术更新周期缩短和新技术爆发密度高，导致旧的技术范式或产品在新技术范式和新产品已经进入成长期或成熟期后仍然存在。而在传统的新旧技术范式或产品更新周期中，旧技术和老产品会不会超过新技术范式和新产品导入期。

熟—淘汰期拉长，在此阶段同类技术叠加和积累，导致同类产品积累和市场竞争大幅提高（见图15-2、图15-3）。在产品周期"延尾"阶段，新技术产品、成熟产品和衰退产品同期存在。虽然新技术产品性能优越，但产品价格很高。成熟产品和衰退产品相对而言价格较低，反映在性价比上，新产品并不具有明显优势，因此新技术产品市场推广成本高和市场接受度较低，导致新产品市场失败、企业品牌损失和企业竞争力下降等风险出现，当然也存在新技术研发可能失败的风险。对于任何单个企业来说，这可能是无法承担的风险后果。因此为了分散此类风险，企业间产生了缔约动态联盟的需求。在此情况下，企业缔约动态联盟有两个目的：第一，结成行业产品市场同盟，动态控制市场价格，形成利益最大化价格结构，以价格机制保证新产品市场快速扩大和老产品的获利能力。第二，结成技术研发联盟，集聚研发资金和智力资源，提高研发效率和安全性。第三，利用联盟力量，提高新产品市场推广能力。第四，分散研发失败风险和市场推广风险。第五，巩固市场垄断地位。

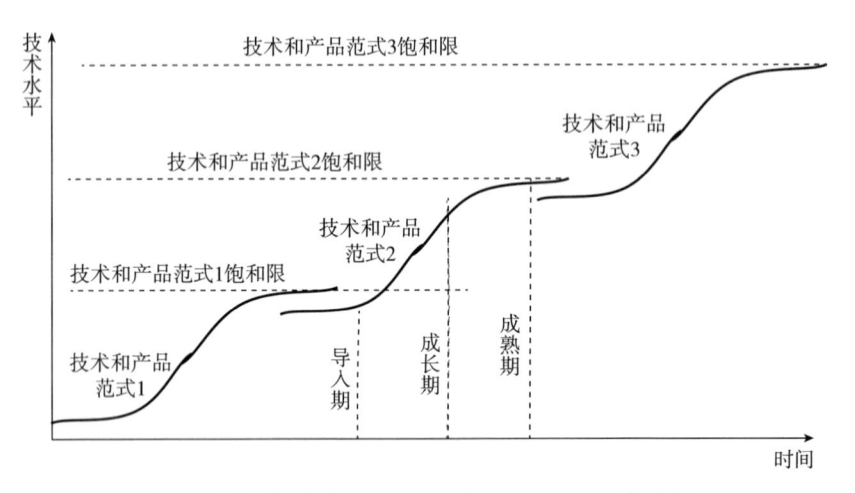

**图15-2 传统情况下技术生命周期和产品生命周期**

资料来源：转自李正卫（2005）。①

---

① 李正卫：《技术动态性组织学习与技术追赶》，《科技进步与对策》2005年第7期。

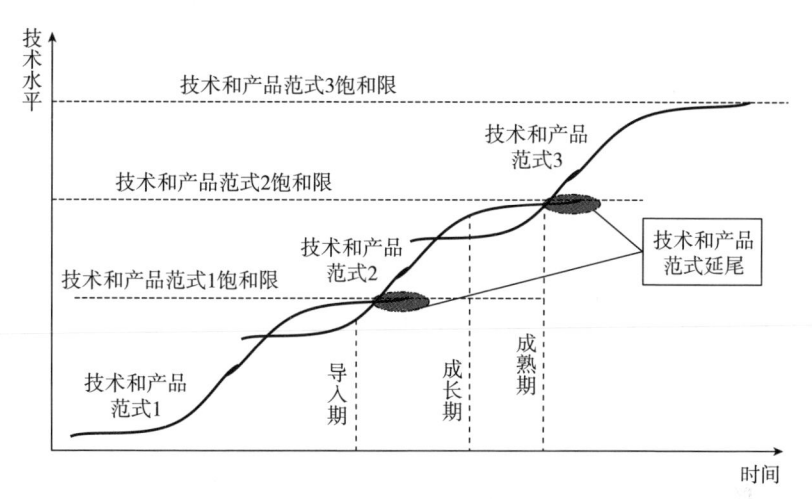

图 15-3  经济波动下的技术生命周期和产品生命周期长尾

资料来源：基于李正卫（2005）和笔者研究观点绘制。

（2）经济周期国际协同性导致国际市场同质性提高。

大量学者（宋玉华，2007；彭斯达，陈继勇，2009；张兵，2006）对世界经济周期的协同性进行了研究。研究表明，"二战"以来国别经济周期已不再独立于国际或世界经济波动，国家之间或国家集团之间存在经济波动的协同性，包括经济波动的同步性和协同性。世界经济波动协同性导致国际市场的差异化减弱，同质化提高，从而导致跨国公司跨国优势减弱，跨国公司应对经济波动的风险的活动空间减小。导致单个跨国公司市场控制和风险规避能力减弱，因此产品多样化和行业多样化成为跨国公司空间规避减弱的补充或替代。然而单个企业要实现产品多样化和行业多样化面临的风险很大，成本很高，必然导致企业按照产业需求进行联盟缔约。

2. 产品市场竞争加剧

经济周期延长，导致经济繁荣期拉长，虽然企业经营环境良好，但竞争激烈程度增大。首先，经济繁荣期拉长，市场需求活跃，产品供给增强，市场竞争增强；其次，世界经济波动的同步性导致国际市场同质化趋势增强，国际市场竞争激烈；最后，技术"延尾"现象增强产品"跨代"竞争。当代技术革新快，不同代际产品间隔时间缩短，形成不同代际产品在同一时空中的高密度积累，市场竞争激烈。而动态联盟的优势在于对同种技术和可替代技术的产品可以进行市场控制，通过联盟定价、旧技术退出或转移、新技术共享减小同类产品和替代产品的竞争。通过联盟定价，区分不同技术水平的产品并加以调控。同时联盟将减少内部企业的竞争，并可获得外部垄断优势；技术周期和产品周期延尾是由于市场繁荣导致已淘汰的技术产品通过价格优势仍能获得市场和利润，因此企业联盟可以围攻旧技术产品的市场，强迫其退出市场或者转移到其他地方，从而使新技术产品获得更多市场空间；联盟成员通过共同研发投入和技术交换，将联盟利益捆绑在一起来降低研发风险和技术市场风险，同时获得共同控制市场的动力。

3. 资源市场竞争与风险加强

资源控制对于跨国公司来讲至关重要，经济波动不仅可以改变产品市场而且还能冲击生产资料市场。跨国公司全球化生产需要稳定、优质的生产资源，包括人才资源、资金资源、自然资源、技术资源和信息资源。经济波动导致要素市场的价格波动，强有力经济波动甚至可能改变要素市场格局乃至重新洗牌。除此之外，经济波动特征无疑加剧了产品市场不确定性，进而传导给生产要素。

一般而言，全球或区域范围内经济震荡所导致的在资源市场不利影响对于单个企业而言是难以承受的。为了减少经济波动形成的资源市场不利影响，减少类似企业间的资源竞争，跨国企业缔约动态性联盟是提高其竞争力和风险抵抗能力的有效手段。

第一，增强企业联盟对资源的控制。单个企业无论其资源消费规模抑或信息获取能力均不足以控制资源市场，但是企业联盟整体能大幅提高与要素供应商的谈判力量。

第二，稳定资源市场获得利好效益。企业联盟作为庞大需求者，既能控制要素价格，也能间接控制要素供给水平。同时通过提高谈判力量确保要素供给的质量，为企业联盟带来更多消费者剩余，转化为低成本要素和低成本产品。

第三，减少要素市场的风险。既然联盟具有一定市场控制力，那么其对要素市场风险控制能力也增强，使经济波动下的要素市场风险可控性提高。

4. 竞争方式变化

竞争方式变化不能全部归咎于经济波动，但是与经济波动有很大的关系。竞争方式的变化促进企业联盟的形成。传统上，企业竞争方式主要以生产能力和行销能力为基准，包括产品质量竞争、价格竞争、规模优势竞争、服务竞争和广告竞争等。随着技术和市场的变化，尤其是技术环境和经济波动格局变化，企业竞争重点由生产能力、营销能力等传统竞争优势逐渐转向以企业形象力、整合力和创新力为主导的竞争方式。注重企业品牌管理、形象管理、经营方式创新、发展战略设计和管理创新等成为提高企业竞争力的主要手段。[①] 相比而言，企业传统的竞争力更倾向于"硬实力"，而新竞争力倾向于"软实力"，企业形象力、整合力和创新力等软实力的提升更便于企业合作和联合，促进企业联盟的形成。

### 三 技术动态性与动态联盟

1. 经济波动导致跨国公司技术研发风险增强

经济周期四个阶段导致市场竞争加剧，市场洗牌所留下的空白需要新技术产品去占领，技术竞争激化。经济竞争最为集中的阶段是经济衰退期，由于经济波动繁荣期延长，市场竞争更新要求技术迅速更新。因此形成跨国公司研发投资呈现阶段性高密度分布态势，形成技术研发竞争。单个企业的技术研发可能无法规避如下技术竞争风险。第一，同行相同或相近技术的研发形成替代性，导致最终产品市场缺乏竞争力。第二，同类技术追赶与超越。同期相同技术研发投资可能出现竞争者优先研发成功，导致后期成功的企业遭受研发投资损失，无法回收成本且失去市场先机。第三，技术垄断优势的控制难度增加。技术人员流动或产品流动可能导致技术"克隆"，引致市场"山寨产品"驱逐"正版产品"，危害企业技术投资和经营状况。企业技术研发联盟能更有效地把技术垄断权控制在联盟内，避免和降低上述风险。据研究，企业联盟中技术联盟相关的产品研发占比最大，为 37.7%（Hergert & Motris, 1988）。基于 1990—1999 年数据显示，95% 的企业联盟属于技术联盟，

---

[①] 孙新雷、孙学敏：《论企业竞争方式及其选择》，《郑州大学学报》（哲学社会科学版）2001 年第 6 期。

其中50%的企业联盟侧重于研究与开发（徐涛，2005）。[①] 另外两个例子可用于佐证此观点。

第一，全球医药产业企业联盟。全球医药产业企业正逐渐网络化并在生物药品领域寡头化，尤其是形成生物药品领域技术寡头。20世纪80年代末，由于经济波动导致企业经营环境的变化，世界最大的10家制药公司通过购并和战略联盟而急剧膨胀，联盟集团科技研发进步和产品竞争力对广大中小微企业产生了巨大的压力，以及承受不了急剧攀升的R&D成本而陷入财务困境，在医药行业形成了"大鱼吃小鱼"行业内收购浪潮。近年来，全球绝大部分大型医药企业已经形成R&D联盟或技术战略伙伴关系，尤其是技术和知识网络型联盟性寡头垄断发展极为迅速，R&D联盟或技术战略伙伴关系的机构间接地改变了产业定位。而1990年之后，这些医药技术联盟逐渐由国内联盟演变成跨国技术联盟，最终形成产品寡头和技术寡头的行业市场结构。[②]

第二，世界通信产业企业联盟。随着各国技术交流管制的弱化和技术不断更新，信息交换网络公司迅速成为全球信息传播和交换的领跑者，全球通信产业逐渐控制在寡头战略联盟手中，形成寡头垄断并垄断全球通信服务。这些联盟的定位主要是网络信息、物联技术、通信技术以及云技术的高度融合，以技术优势为先导，逐渐开拓从国内、区域到全球的服务消费市场。"全球一号"（Global One）联盟，就是由极少数发达国家（法国、德国及美国）内具有垄断地位的交换网络公司组成，整个联盟作为一个商业主体展开全球技术服务和市场竞争。[③]

2. 经济波动导致跨国公司技术资源竞争增强

技术资源包括技术产品、技术信息、技术人才和知识产权等。我们认为，经济波动导致企业竞争增强。其中，产品市场竞争是终极竞争，它解决企业利润实现问题，而技术进步是提高企业产品竞争力的最有效

---

[①] 徐涛：《经济全球化背景下美国跨国公司战略管理研究》，博士学位论文，武汉大学，2005年。

[②] 彭光映、曾繁华：《技术创新竞争力的新内涵及其借鉴与启示》，《科技进步与对策》2008年第2期。

[③] 黄曼行、时侠术：《FDI的新特点及发展趋势》，《哈尔滨商业大学学报》（社会科学版）2002年第7期。

手段。企业技术竞争主要方面体现在技术资源的竞争，即对技术服务（产品）、技术人才、技术信息和技术产权的抢夺。竞争结果导致竞争参与者技术成本大幅提高和技术控制投入增大，直接推动技术资源价格大幅提高，降低企业技术资源的产出效益。而企业联盟直接可以弱化技术资源竞争，作为技术资源的大型买方或卖方，调控技术市场供需状况。当然，企业联盟是否能产生较高的综合效益取决于联盟性质和联盟结构。

3. 颠覆性技术频繁出现

美国哈佛商学院教授克莱顿·克里斯滕森（1995）提出了颠覆性技术概念。克莱顿·克里斯滕森认为，颠覆性技术来自颠覆性创新。颠覆性技术形成的技术优势不仅超越任何单一技术，甚至可能超越一般技术群或技术域。颠覆性技术概念已被政府、企业和学者广泛重视。麦肯锡全球研究所（2013）发布了"2025年前可能改变生活、企业与全球经济的12项颠覆性技术"，包括移动互联网、知识型工作自动化、物联网、云技术、先进机器人、车联网、基因技术、能源存储、3D打印技术、分子材料、石油和天然气勘探与回收技术、可再生能源以及无人驾驶技术等。[①] 这些颠覆性技术可能完全改变既有的生产理念、服务范式和供求方式，这对以持续创新、实现利润最大化为导向的企业而言，颠覆性技术可能成为巨大灾难，因为它可以使传统企业一夜之间失去经营优势，遭受没顶之灾。在这种情况下，不仅要求企业发展战略具有很高的柔性度，而且需要强大的联盟力量来应对这些冲击。同时，任何单个企业无法完成颠覆性技术创新，它需要"强强联合"的企业联盟才能满足此类技术研发的资金需求、人才需求和市场开发需求，而且只有企业联盟才能承担技术研发失败的风险。

4. 技术研发与创新的范式演进

徐佳宾（2004）等区分了技术垄断优势和技术竞争优势，薛求知（2006）认为，它们是跨国公司两种不同的技术优势。技术垄断优势范式和技术竞争优势范式对跨国公司导向结果是不同的，对企业技术运作和竞争战略具有决定和制约作用，甚至影响跨国公司竞争优势的得失和

---

① 技术域本书指若干跨行业的技术群形成的覆盖多个技术领域的超技术领域。

市场成败。① 跨国公司传统的技术竞争主要内容是技术垄断优势,随着技术进步,经济波动特征演变(经济周期逐渐拉长和扁平化)、技术更新快速化以及长尾化,跨国公司将逐渐改变传统的技术垄断范式思维,并实施技术竞争优势范式,形成从技术垄断优势范式到技术竞争优势范式的转换(见图15-4)。

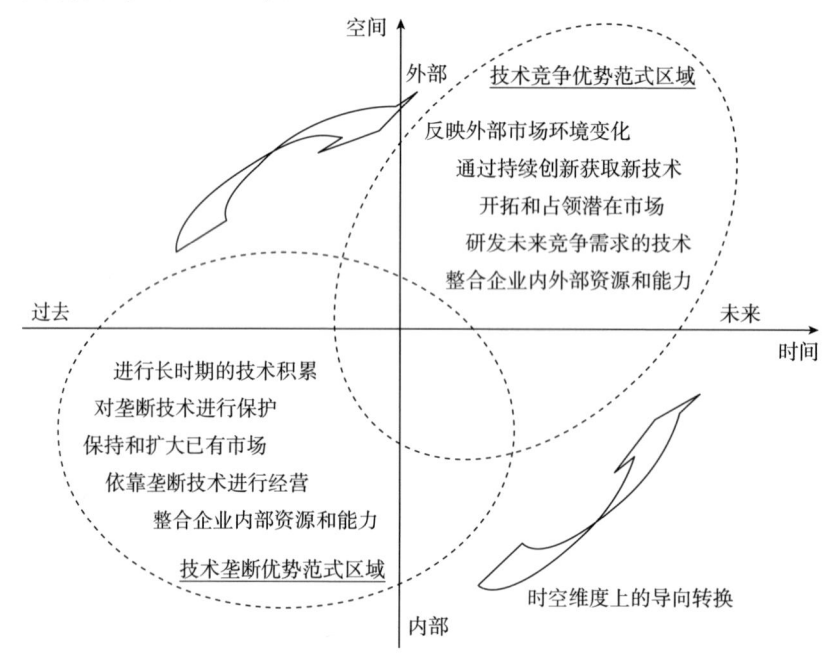

**图15-4 跨国公司技术垄断优势范式向技术竞争优势范式的导向转换**

资料来源:薛求知、罗来军:《跨国公司技术研发与创新的范式演进》,《研究与发展管理》2006年第6期。

技术垄断主要在于技术知识控制以确保技术不外泄,技术竞争主要在于技术研发与新技术的获取,确保技术的先进性和竞争力。20世纪80年代以来,技术联盟成为跨国公司控制技术、获取技术、凝聚技术力量的主要手段。特别是当跨国公司以技术竞争作为发展动力源泉时,研发投入增大,研发周期拉长,技术研发风险提高,因此缔约技术联盟

---

① 薛求知、罗来军:《跨国公司技术研发与创新的范式演进》,《研究与发展管理》2006年第6期。

不仅成为技术获取手段,而且也是规避研发风险的重要路径。如诺基亚西门子通信与 TD 技术携手同行,打造 TD - SCDMA 产业联盟,尽管该技术联盟以失败而告终,但是它仍然是跨国公司技术联盟实施技术竞争战略的经典案例。

5. 技术合作联盟的新形势——创新网络的形成

全球经济互动促进了跨国公司内部和企业之间的技术研发合作,构建创新网络。近几十年技术创新已进入全球化进程,跨国公司在世界范围内构建了包括企业内部、企业之间、研究机构、高等学府等创新主体在内的技术创新联盟(Archibugi & Michie,1997;Narula & Zanfei,2005)。因此,当前跨国公司的研发基地具有明显的去"中心化"趋势,知识创新、技术创新和技术运用在空间和组织间转移,导致知识和技术密集型服务产业全球化的趋势更加显著(Cantwell,1995),知识的创造程序已经发生了改变,而且越来越具有网络依赖性特征(Gibbons,1994;Meyer - Kramer,2000),因此研发群体或主体之间的伙伴关系和合作变得越来越重要,跨区域和跨行业的大型跨国公司、政府研发部门和高校实验室的联合研发活动日趋频繁,并成为重大技术突破的前提条件。国际间科学和知识创造的合作也日益成为政策制定者关注的焦点,而且政府鼓励并乐意出资支持科技研发的联盟和合作(Veuglers,2010),使更多参与机构获得更多学习机会和智力分红(Archi - bugi & Michie,1995)。

## 四 政策动态性与动态战略联盟

政府对经济波动反周期调控已成为不证自明的事实和逻辑。Modigliani[1]、Patinkin[2]、Mundell[3]、Romer[4]、Hubbard[5] 等学者研究了经济

---

[1] Franco Modigliani, "The Monetary Mechanism and Its Interaction with Real Phenomena", *The Review of Economics and Statistics*, Vol. 45, No. 1, Jan. 1963, pp. 79 – 107.

[2] Patinkin, D. *Money, Interest and Prices: An Integration of Monetary and Value Theory*, NewYork: Harper & Row, 1965, pp. 45 – 79.

[3] Mundell, Robert. A., "Inflation and Real Interest", *Journal of Political Eeonomy*, Vol. 71, No. 6, June, 1963, pp. 280 – 283.

[4] Romer, Chlistina. D., "The Great Crash and the on set of the Great Depression", *Quarterly Journal of Economics*, Vol. 105, No. 3, Aug. 1990, pp. 597 – 624.

[5] Hubbard, R. Glemi, Skinner, etc., "Precautionary Saving and Social Insurance", *Joumal of Political Economy*, Vol. 103, No. 4, April 1995, pp. 360 – 399.

波动与经济政策的关系，研究表明经济波动需要政府通过金融政策工具进行调节控制。政策结果改变了企业经营成本、融资成本和资金可得性，间接影响消费融资变化并导致消费市场波动，使企业面临系统性风险。金融危机导致各国出台新的金融政策，也可能导致企业资金链断裂或企业"猝死"，如中国的巨人集团、德隆集团和三九集团等企业。

母国和东道国经济政策（包括金融政策和财政政策等）会对跨国经营造成危机，单个企业的脆弱性导致企业缔结各类联盟。动态经济政策要求企业联盟必须具有动态性，而非一成不变。对于长期稳定的经济政策，跨国公司联盟可能是稳定的。而短暂或暂时的调控性政策则需要企业间动态合作联盟机制。这种结盟特征在时间、内容、方式上不连续，在形式和空间上具有很高的虚拟性，即虚拟联盟。

自20世纪30年代起，为应对周期性和非周期性经济波动，美国政府出台了许多反周期调控的经济政策，这些政策极大地改变了该国跨国公司的经营环境，迫使其调整经营战略和策略，其中企业虚拟结盟行动便是此类调整行动之一，旨在抵御政府的货币政策、投资政策和财政政策对他们的负面冲击。日本政府在20世纪70—90年代和2000年之后高频率地出台了系列经济调节政策，日本跨国企业同样采取了虚拟动态结盟行动并有效地规避了政府政策造成的不利影响。互联网信息技术发展为全球跨国公司的虚拟联盟提供了必需的技术基础。

## 第三节　经营虚拟化战略

经济波动是企业经营环境最大的变量，上文多处论述了经济波动及其新特征对跨国公司市场竞争、技术竞争的影响，随着网络技术的发展和广泛应用，跨国公司虚拟化必要性大大提高，而且可行性也与日俱增。自20世纪90年代起，跨国公司更注重寻求外部效率、企业内部改革和业务流程重组，积极把内部化竞争优势逐步转化为企业间的协同竞争优势。[1] 由于虚拟企业的柔性化程度很高，更加适应外部动态变化

---

[1] 林子华：《企业虚拟化运营——信息化时代企业营运的一种创新》，博士学位论文，福建师范大学，2007年。

(Rayport. J, John J. Svikpla), 因此跨国公司虚拟化对于规避经济波动风险具有重要意义。按照虚拟化阶段和表现形式，我们把跨国公司的虚拟化分为"思维虚拟""组织虚拟"和"营运虚拟"。所谓"思维虚拟"是指企业家虚拟经营的理念，使企业在动态营运环境中更倾向于选择外向合作策略。"组织虚拟"体现为对"思维虚拟"在企业制度安排，即以虚拟组织形式开展企业联盟合作配置资源（但不发生产权变化），从而形成合作网络并提高风险应对能力。"营运虚拟"则是厂商运用技术构建合作虚拟配置资源平台。

### 一 "虚拟化理念"

跨国公司虚拟化作为环境变化的应对之道，必然源于企业经营者虚拟经营理念和虚拟经营系统的构想。虚拟化经营的"虚拟化理念"是企业虚拟化经营知识准备阶段。企业虚拟化经营的知识准备应该包括：第一，企业经营外部风险因素内涵与外延。第二，企业经营外部风险水平和风险后果。第三，企业经营虚拟化克服外部风险效能水平。第四，虚拟化经营与非虚拟化经营的成本与效益及其差异。第五，经营虚拟化规避外部风险的机制和原理。第六，企业经营虚拟化方案的设计及论证相关知识。第七，企业经营虚拟化经营的风险控制相关知识。"虚拟化理念"作为企业虚拟化经营启动准备，"虚拟化理念"的正确与错误决定企业虚拟化经营实践成败。

### 二 "虚拟化组织"

"虚拟化组织"是"虚拟化思维"的制度化结果。"虚拟化组织"涉及如下内容：第一，企业虚拟经营组织构架的建立和分工。第二，企业虚拟经营组织构架对企业市场风险、金融风险和投资风险管控的适应度和效能。第三，企业虚拟经营组织对企业核心发展和竞争优势的保护能力，包括资金优势、技术优势以及扩大的内部化优势（联盟优势）。第四，企业虚拟经营组织与动态联盟的融合。虚拟组织是指两个以上的独立实体，依靠计算机网络、软件、虚拟现实技术等将彼此联系结成动态联盟，迅速向市场提供产品和服务。虚拟联盟是跨国公司虚拟经营的重要组织形式，不再保留技术创新组织的实体形态，只是根据外部变化相应的市场机会组成虚拟的创新公司或创新联合体，共担创新风险，共享创新利益,当既定的创新目标实现时,创新联盟即随之解散。① 企业"虚拟化组织"主要是局部虚拟或不能虚拟,企业整体组织虚拟化是不可能的。企业组织虚拟化具有三个功能强化企业抗风险能力,即完善内部虚弱部门功能、减少低收益业务部门和提高企业柔性水平。

为完善内部虚弱部门功能,企业将借用外部力量来弥补或完善劣势部门的功能,使之能与其他企业优势部门相配合。② 当前很多企业将市场营销、技术开发、产品加工、商品物流、财务管理等部门业务通过外包方式转到外部企业,其目的是补齐短板,提高管理和企业运行水平,降低成本,提高效益;占领"微笑曲线"两端是企业局部虚拟化的重要目的,因此企业会减少低收益业务部门,把这些部门业务外包或转移到企业之外。比如耐克、阿迪达斯等服装制造商将价值链中的"低值"环节外包给"代工"企业,提高企业产出投入比;企业组织虚拟化的主要功能是提高企业柔性化水平。企业柔性化就是降低企业经营刚性,为此企业将会把非核心重资产业务和部门外移,减少企业投入,提高运行效率和企业灵活性。

为应对世界经济波动国际协同所带来的市场同质化、国际政策协同化、区域性经济危机等带来的经营风险,基于虚拟组织的动态战略联盟成为跨国公司广泛接受的虚拟化营运模式,前文已作讨论,此处不再赘述。

### 三 "虚拟化营运"

"虚拟化营运"主要是指跨国公司以信息流带动物流、人流、资金流乃至管理流集成的智能化运营方式,形成跨越时空的企业要素组合集成和运作形态。虚拟运营必须以强大信息智能化平台和完善的社会产品与服务供给系统为基础,具有强大的数据收集、处理、协同、决策和发布功能。基于经典经济理论,经济波动对实体经济的影响最为直接。为减弱经济波动对实体企业营运的直接影响,企业必须降低企业对实体性货物或商品与企业经营的联系,即降低这种企业对"实体性"的依附。当前高度发展的信息技术企业对削弱这种"实体性"的依附提供了可

---

① 黄妮:《跨国公司组织结构变革与发展趋势研究》,《现代商贸工业》2009年第18期。

② 张洁梅、赵永强:《企业虚拟经营模式分析》,《黑龙江对外经贸》2005年第6期。

能。在虚拟化运营实施阶段，企业需要协同创造客户所需要的产品和服务，组织并实现顺畅的信息、物质、人力、资金等的网络联通和流动。"虚拟化营运"具体包括措施构建现代物流系统、信息化运作平台，电信支付系统等。这样基于虚拟运行平台，极大地减弱企业对"实体性"的依赖，大幅提高企业经营风险的管控能力。

## 第四节 经济波动与平衡战略

经济波动及其新特征使跨国公司面临各种挑战，包括技术竞争加强、引致政治风险提高、企业规避风险余地缩小和金融风险增大等。经济波动及其新特征也为企业带来好处和机遇，包括稳定市场预期、市场空间拓展以及技术研发投资边际收益提高等。面临不断演变的世界政治经济格局、技术革新及金融动态变化，跨国公司不可能采取某种战略，而是权变地多种战略平衡运用。我们把经济波动下跨国公司平衡战略作为选择列表。

### 一 分散与集中

1. 研发分散化与集中

经济波动周期的扁平化，市场持续性相对繁荣。在这种情况下，产品市场竞争特别激烈，竞争焦点为技术竞争。在此阶段，市场要求跨国企业必须清楚认知如下事项：

（1）产品服务技术含量高，需要投入增加；

（2）科研能力是核心竞争力的动力战略源泉；

（3）新产品和差异化产品需要差异化技术和人才；

（4）颠覆性技术的频繁出现导致研发风险无穷大；

（5）长期繁荣呼唤科研战略长期化，技术突破需要多方重资源联合投入；

（6）经济长期繁荣导致市场膨胀和需求多样化，本土化需求强化技术更新；

（7）研发分散化有利于最新技术跟踪和猎取。

实际上，信息与通信技术（ICT）、电子数据交换（Electronic Data Interchange，EDI）和电子商务技术（ECS）的高速发展提高了跨国公司研发活动柔性水平。同时，由于信息网络技术提高了研发资源的流动性、可靠性、共享性和可控性，跨地区和跨行业协同研发成为可能，为研发分散化提供了基础。分散部署研发力量具有如下优点：第一，贴近当地市场，有利于满足当地市场顾客需求的变化。第二，有利于技术研发与营销和生产结合，提高技术和产品对市场的适应度。第三，缩短新产品研制和投入市场的周期。

经济持续繁荣促进国际经济自由化，从而降低国际服务市场准入障碍，在制度上为离岸研发提供了条件。在当前世界经济秩序下，经济持续繁荣使各国投资环境大有改善，经济发展增强了技术需求，有利于改善科研基础设施，保证了工艺和设备的当地化、产品本土化和当地科研资源和信息的获取。改善入市时间、获取技术能力、渗透市场和竞争逼迫（见表15-5）。

表15-5　　　　　　　　　经济波动与企业研发分散

| 经济波动表征 | 海外研发机构类型 | 设立海外研发机构的目的 | 应对的风险 |
| --- | --- | --- | --- |
| 增长期延长 | 当地化支撑调整型 | 提升全面市场产品竞争力 | 产品竞争激烈化 |
| 波幅变小 | | 优化企业全面技术 | 产品竞争激烈化 |
| 协同性增强 | 当地化研究开发型 | 优化当地市场产品技术 | 区域市场技术不均衡 |
| 非周期波动 | 全球化研究开发型 | 应对突发性技术需求 | 突发性市场技术短板 |
| 主导国多极化 | | 应对多极化市场竞争 | 竞争激烈度提高 |

除此之外，跨国企业还必须认识到，技术研发行业分散和空间分散的同时，技术研发的主题需要相对集中，其目的有四点：一是旨在率先获得行业技术突破；二是旨在巩固企业技术竞争力；三是旨在应对竞争这颠覆性技术和突发性技术的致命冲击；四是旨在制造获取颠覆性技术和突发性技术的机会。

基于上述论述，我们可以得到如下简单的结论：

第一，经济波动扁平化导致跨国公司研发重点突破与分散；

第二，经济周期新特征导致跨国公司研发的空间分散；

第三，国际经济波动协同性提高导致研发投资国际分散。

但是研发力量分散部署，会将完整的研发团队和相对最优构成的研发机构变成为若干个信息知识不能自给、学科体系不完整的破碎分支，势必导致效率大量损失，如信息传递损失、知识对接不便利、积累性知识和经验散失，而且使 R&D 总成本提高，技术容易泄密，降低学科知识互补的机会等。[①] 分散化还会导致企业追求短期经营目标忽视技术可持续发展和积累，使 R&D 资金效用很低；或由于分散导致失控和盈利能力降低等后果。可见分散 R&D 可能降低研发投资效能，最重要的问题是它不能确保企业核心技术竞争力的持续垄断，以及应对行业颠覆性技术带来的冲击。因此，相对集中是需要的，主要表现在如下几方面：

第一，跨国公司技术开发重点突破，表现为企业核心技术的资金和人才的集中投入。第二，由于核心技术基础和防泄密的需求，核心技术的研发中心主要集中在母国和经济发达国家且技术合作历史深厚的地区。第三，由于核心技术和重要技术研发的人才、技术基础和资金要求，核心技术研发中心集中在发达国家。集中化具有突破并完成重大项目研究的能力，利于技术垄断和技术守密，便于财务控制。

2. 投资分散化与集中

从跨国公司投资空间分散角度来看，自 20 世纪 70 年代以来，跨国公司投资在行业和空间分布逐渐分散。在空间上，跨国公司投资目的地不再限于发达国家，发展中国家逐渐成为投资目的地。尤其是对中国、印度、巴西、韩国等新兴经济体的直接投资逐年攀升。在 2003—2016 年全球接受外商直接投资最高 20 个经济体中，发展中国家占 10 个。

跨国公司投资目的地多元化启于 20 世纪 70 年代，于 20 世纪 80 年代日趋普遍化。自 2000 年之后，跨国公司直接投资的区域分布分散化趋势更加显著。随着部分新兴经济体和市场经济国家的崛起，投资主体和投资东道国才逐渐在发展中国家出现，并在 21 世纪逐渐形成不可逆转的趋势，形成当前发达经济体和发展中国家相互为目的地的投资格局。

行业投资分散的原因是多方面的，抵御经济波动风险是其重要目的。跨国公司在多个行业投资，除了行业有利可图的诱惑外，其主要目的是避免"鸡蛋放在同一个篮子"的风险。例如，美国通用电力（GE）业务涉及的范围非常广泛，包括科技（包含医疗、飞机、交通

---

① 孙瑶：《跨国公司研发离岸研究》，博士学位论文，四川大学，2007 年。

运输、企业安防），能源（能源、水处理、油气），金融（商业金融、GE消费者金融、企业融资）等。又如，在美国多次并购潮中，第一次以横向并购为主。第二次以纵向并购为主（其中混合并购占27.6%）。第三次以混合并购为主。在1968年并购高潮中，横向和纵向并购共占17.3%，而混合并购占比高达82.7%。第四次并购以整合混业经营优势为主，促进混业经营资源优化配置。从1990—2012年全球跨国并购之购买宗数的行业分布来看①，三次行业投资分布随着经济波动而呈周期性波动。当经济景气时，第二产业和服务业占比较高，在经济衰退时，第二产业相对较低。可见，投资行业分布反映出跨国公司对经济波动风险规避的策略。

在跨国公司实施分散投资战略时并没有抛弃集中投资战略。在美国第一、第二、第三次并购浪潮中，混合联合经营导致跨国公司管理指挥不灵和经营亏损，在第四次和第五次并购浪潮中出现反混合并购（Anti-Conglomerate Merger）趋势。20世纪90年代，并购浪潮中，跨国公司更加注重核心业务能力，更重视同行业并购，跨行业并购大幅减少，公司主业以外的并购案占比低于10%。

在经济波动冲击下，行业独特性与投资决策特殊性显示出跨国公司投资策略的另一种逻辑上的"集中"。根据UNCTAD Survey显示（见图15-5），在国际金融危机（2008—2009年）期间以及之后，制造行业（包括汽车、化学、金属或非金属制品、机械设备等）受此次金融危机的破坏最严重，对服务业（电信、商业服务、医药、饮食等）的影响明显较小。投资统计显示，在此期间跨国公司对制造业的投资明显降低②，而对服务业的投资规模没有变化（Jetro，2009）。③

在跨国公司直接投资"集中"方面。投资空间与行业集中有利于巩固企业核心业务和核心竞争力，实现重点突破，打造跨国公司价值"增长极"硬核。相比较而言，发达国家具有许多吸引投资的优势并长期占世界FDI流入总量的很高比例。2003—2012年跨境投资目的地统

---

① 联合国贸发会议跨境并购数据库（参见网址www.unctad.org/fdistatistics）。
② 金融行业具有同样的趋势，未在此处讨论。
③ 联合国贸发会议2009—2012年《世界投资前景调查报告》（*World Investment Prospects Survey*）。

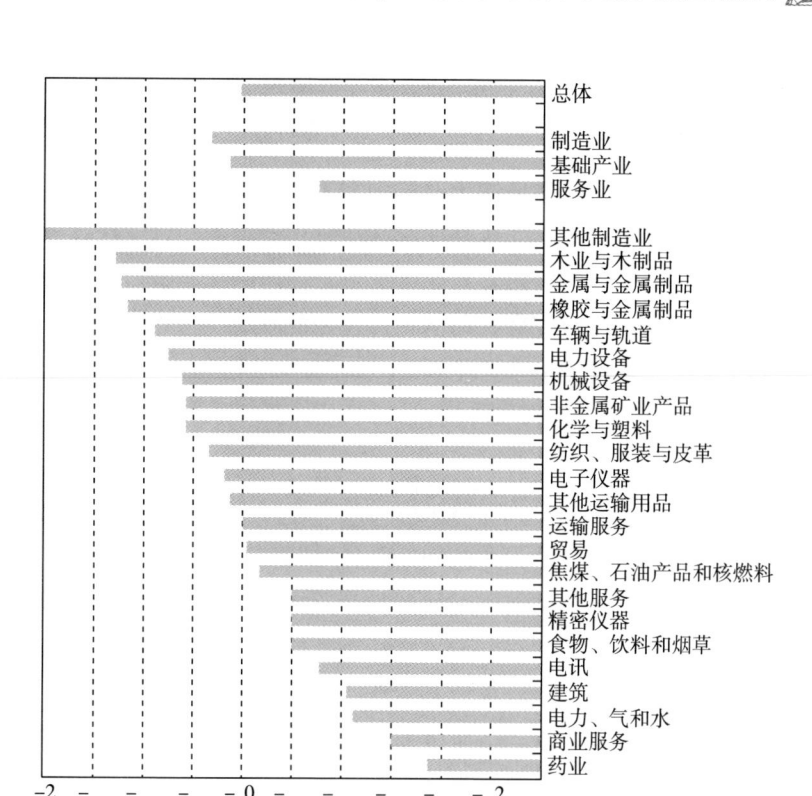

**图 15-5  经济波动对跨国公司投资行业计划的冲击（2009—2012 年）**

注：0 = 没有影响，-2 = 负面影响很大；数据为行业平均响应。

资料来源：UNCTAD Survey。

计显示，全球吸资最大的前 5 位经济体（Top5）在 DDT 领域占总比为 51%，前 10 位经济体（Top10）占总比 63.5%，前 20 位（Top 20）占总比 78.79%；在 R&D 领域，前五位占总比 50.2%，前十位占总比 66.4%，前 20 位占总比 83.4%；在制造业领域（Manufacturing）前五位占总比 39.3%，前十位占总比 54.3%，前 20 位占总比 73.5%。[①] 这些经济体主要包括美国、日本、部分欧洲发达国家和"BRICS"国家，这表明跨国公司投资区位选择更倾向于发达、稳定和发展潜力巨大的地区。亚太地区的经济崛起，使该地区逐渐成为全球优秀跨国公司的投资集中区。据 UNCTAD 数据显示，2012 年，52.1% 的北美跨国企业、

---

① *FDI Market Data*，UNCTAD。

36.4%的西欧跨国公司、55.2%的本地区跨国企业投资于亚太区域。

## 二 内部化与虚拟化

规避风险和获取机遇需要企业合理的组织形式。以跨国生产和跨国经营为特征的跨国公司，经济波动及其新变化所带来的风险和机遇相比国内企业更大，经营的组织形式显得更重要。内部化和虚拟化是跨国公司经营组织形式的主要方面，跨国企业在经济波动下基于当代技术水平和市场竞争状况需要做出选择。

*1. 虚拟化有利于降低经济波动风险，但长期将导致企业生存风险提高*

正如前文所述，虚拟化经营可以提高企业经营灵活性，降低企业外部冲击伤害。但是，跨国公司必须保存自身经营核心和核心竞争力。虽然跨国企业虚拟化联盟能解决中短期经济波动冲击的负面影响，然而全面的虚拟化会导致跨国公司失去经营和发展的坚实基础，因此保留企业核心技术、核心产品和核心业务对企业实体的长期发展和存续是非常重要的。以耐克、阿迪达斯、爱华等为例，这些企业虽然在生产、销售或管理方面进行外包，但企业仍然把技术研发和核心业务把持在手中，并没有进行外部虚拟化。世界通信巨头诺基亚公司基于其通信核心业务与微软集团展开合作，最终导致诺基亚公司几乎毁灭，一个典型的企业结盟失败案例。

*2. 均衡内部化与虚拟化策略理论探讨*

根据Coase（1937）交易方称，由于外部市场的不完全导致企业交易成本增加，因此企业更多地进行内部化交易。这种起于成本的交易策略被理论界和实践界推广到企业生产和研发领域。同时外部化已由单纯的企业外部市场化交易演化成为企业技术、生产、营销以及资产营运的联盟内部化。Masten（2002）认为，Coase交易成本缺乏明确的组织形式，导致交易成本无法观察和度量。而Williamson（1985）把资产专用性、交易频率和市场不确定性联系起来，使交易成本变得可观察和可测量，从而明晰了企业外部化与内部化的界限。

笔者认为，交易成本与市场风险（不确定性）有密切的关系，甚至起决定性作用。企业专用资产可得性和生产成本部分地决定于宏观经济景气——经济波动态势。因此，宏观经济波动是企业外部化与内部化界限游动不定的重要影响因素。基于收益最大化原则，企业必须根据效益因素和风险因素调整经营组织形式，这些因素包括企业核心能力（技术能力、管理能力、生产能力、信息整合能力等）、所有权优势（资产、人才和技术等）、制度设计、新知识吸收和学习能力、要素供给波动、产品市场波动和国家政治风险等（见图15-6）。企业核心能力、所有权优势、新知识吸收和学习能力等要素推动企业选择内部化组织形式，而与经济波动相关的风险（要素供给波动、产品市场波动和国家政治风险等）则要求企业内部化的同时推动外部化联盟（横向虚拟化联盟）以规避经济波动风险。正如前文所述，横向虚拟化联盟是一种扩大化的内部化，而对企业个体而言则为外部化虚拟化。内部化可以让企业积累、传承和壮大，凝练学习与吸收的成果，而外部化可以克服企业能力陷阱，分散风险，同时专注于学习与吸收。

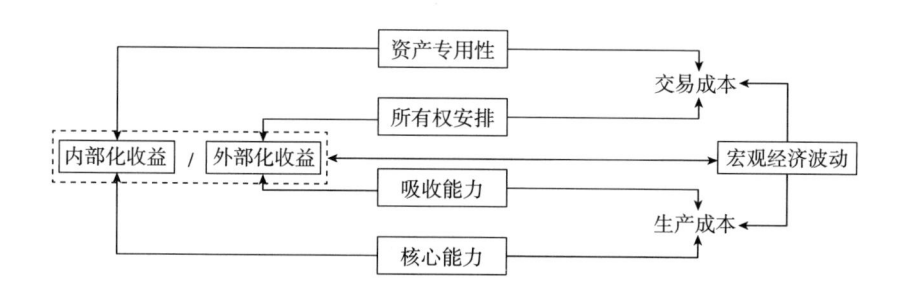

**图 15-6　经济波动与内外部化及其因素的互动示意**

资料来源：参见侯广辉（2009）《企业边界的决定因素与收益成本的关系》而得。①

## 三　标准化与差异化

### 1. 标准化生产提高跨国公司应对经济波动的能力

跨国公司的标准化生产具有如下功能：第一，降低交易成本，简化品种可以降低供应商所面临的风险，降低信息成本和谈判及签约成本。第二，规模经济降低生产成本，规模生产形成规模效益，技术普适度高，成本减低。第三，实现企业统一产品品牌。第四，为政府提供实施贸易保护的技术依据并构成企业进入壁垒。第五，掌握标准使企业成为

---

① 侯广辉：《企业边界的确定："内部化"与"外部化"》，《财经科学》2009 年第 8 期。

行业规则的制定者,最有效的竞争战略是成为游戏规则的制定者并有能力改变游戏规则,组成产业联盟、专利联盟和标准联盟,共同研制标准。[1] 标准化生产提高了跨国企业应对经济波动风险能力。

2. 标准化生产方式使跨国公司逐步适应经济波动

跨国公司生产标准化随着世界经济环境的变化而变化,最早的福特制(包括标准法与移动装配法,主要为美国福特公司采用)导致了世界大工业的形成,将世界经济带入了新增长时代。其工艺过程和产品标准化大幅减低了成本,提高了企业的市场风险抵御力,使福特汽车畅销全球并推动了美国乃至世界工业的进程。然而,福特制逐渐被追求"完美"和"协调"的丰田法(日本丰田公司)所取代。丰田法通过标准化实现精益生产方式从而杜绝人力、物力、时间和空间的浪费,极大地降低了生产成本并提高了质量,使产品适应各种经济和市场竞争环境变化。随着经济全球化以及信息通信技术发展,跨国公司新生产方式——温特制孕育而生,温特制(美国戴尔公司应用得最好)围绕产品标准、控制标准和标准制定,以标准产品模块生产为核心,使产业组织形式和治理结构更高效,更有利于适应经济环境的变化和波动。[2]

3. 产品差异化提高跨国公司规避经济波动风险的效能

产品差异化是指根据地区、国家和消费市场偏好差异,对标准化产品进行改造以满足市场差异化需求的产品生产策略。在经济波动视角下,差异化为跨国公司规避经济波动风险提供如下便利:第一,产品差异化有利于融入当地文化,获得市场忠诚,保障市场的持续性,弱化经济波动所导致的市场选择风险。第二,产品差异化容易形成区域市场进入障碍,减小经济波动带来的市场竞争。第三,产品差异化使市场多样化,有利于应对经济波动对国际市场同质性形成的普遍风险。第四,产品差异化将降低市场价格敏感性和价格预期,弱化经济波动风险。

4. 标准化与差异化产品策略的均衡

在世界经济波动和跨国公司"经济人"属性背景下,标准化与差

---

[1] 邝兵:《标准化战略的理论与实践研究》,博士学位论文,武汉大学,2011年。
[2] 李岳丽:《标准化与差异化产品策略的融合——以雀巢公司为例》,《经济视角》2011年第8期。

第十五章 | 经济波动与跨国公司的风险应对战略

异化之间的权变均衡必须遵守市场利益和市场风险平衡原则。差异化能提高产品风险适应性,产品价格—收入的弹性很低,而标准化则能很好地对接国际市场同质化趋势,节约生产成本和交易成本。当前国际市场同质化与经济波动同步性同时出现,跨国公司必须在狭窄空间内均衡运用标准化与差异化产品策略。因此跨国公司必须综合分析两种策略下经营收益与市场风险,确定策略均衡点,确保企业综合利益最大,总体风险最小。

在权变均衡时,跨国公司必须考虑如下因素:第一,经济波动类型,即确定经济波动是区域性或全球性,周期性或突发性等。第二,经济波动所处的阶段,包括衰退、复苏、繁荣或萧条四个阶段。第三,企业行业和产品特征是否对经济波动有特殊反应。以雀巢公司为例,该公司在制定经营战略时,同时充分考虑了全球与区域市场风险,制定并执行了标准化和差异化产品生产与营销战略。该战略既使雀巢公司获得标准化国际性品牌,又满足了国别市场产品的需求偏好。经济景气中基于商业品牌获取广大市场,又能在经济衰退中巩固差别化市场,降低经济风险冲击。

## 第五节 经济波动与跨国公司非均衡战略

### 一 培育发展行业"极"和技术"极"——归核化趋势明显

20世纪90年代,跨国公司逐渐从混合型转向专业型,从近20年的跨国并购来看,跨国公司对混合并购逐渐减弱,而同领域并购逐渐增加。企业核心业务基于其核心技术,具有稀缺性、可延展性、高价值性、难以模仿性等特征,跨国公司归核化成为一种战略趋势。

1. 经济周期扁平化弱化了企业对危机的恐惧感

"二战"之后,经济波动周期整体上出现扁平化,即微波化、增长期延长、衰退期缩短等特征。经济周期性波动引发的全球性危机越来越少。20世纪80年代中期,由于信息技术及其产业的迅速发展,美国经济出现了前所未有的一系列新现象,创纪录的长期繁荣、高增长,甚至出现低通胀伴随低失业率。美国《商业周刊》称为"新经济的胜利"。"新经济"带来的经济持续繁荣也使跨国企业获得宝贵发展机遇,一时间经济周期"无害化"甚嚣尘上，弱化了跨国公司对潜在危机的"恐惧感"和风险意识。"新经济"摒弃了传统商业的标准化、规模化、模式化、效率化、层次化的特点，转而追求网络化、个性化、差异化、速度化，从而导致企业混合型投资需求相对减小，更加重视集中资源强化核心业务以获得垄断优势。

2. 经济周期扁平化使技术竞争更激烈，技术生命周期和产品周期明显缩短

经济波动微波化提高了产品市场竞争程度，促进产品和技术更新加速，缩短技术生命周期和产品周期，导致企业既有核心业务优势丧失，风险增加，甚至威胁企业生存状态。世界著名手机制造商诺基亚是一个典型例子。可见，在当前全球经济和技术环境下，一些富有侵略性、灵活性和创新性的竞争对手能够较容易超越大型企业，成为强有力的竞争者。鉴于此，企业必须在其所经营的重点行业或核心行业具有持续技术垄断优势和技术竞争优势，强化技术"极"（核心技术）研发投入并不断取得突破，才能立于不败之地。集中资源提升核心主业技术水平和技术创新能力是企业应对外部经济不确定性的重要渠道。

3. 经济波动强化"三强法则"要求跨国公司行业核心化

所谓"三强法则"即指在全球范围内，一个成熟行业内只能容下三家主导性跨国企业，它们控制着60%—70%的行业资源（包括市场资源、资金资源、技术资源和人才资源等），主导和引领行业发展方向，具有产品定价权、标准制定权和规则制定权。在当前世界经济环境条件下，跨国公司分工协作效率被垄断效率所代替，围绕核心行业和核心业务打造行业"霸主"是跨国公司的"核心使命"。美国企业最早发现多元化经营的弊端和风险，强化企业多元业务的资产剥离。1965年资产剥离的企业案例195起。1970年之后美国企业资产剥离案数量快速上升。例如，在1981年之前通用电气公司350个产品业务部生产经营十余万种产品，由于企业发展战略的需要，1981年通用电气集团CEO韦尔奇将公司的同行领导产品作为重点发展对象，关停"落后"业务，只保留了50%的主营业务。

## 二 发展重点区位"极"

除了上文所谈到的分散经营，跨国企业更重视投资空间里的核心区

位，即"区位极"。一般来讲，跨国公司业绩是由核心基地的生产、研发和投资所支撑，这些核心基地具有要素成本最低、市场条件最佳、政策因素最好、交通条件最佳等区位特征，是跨国公司投资、生产、研发和技术密集区，其发展影响整个企业的经营业绩和发展基础。

联合国贸发会议（UNCTAD）数据显示，2000—2017年发展中经济体INFDI流量平均世界占比为36.85%（见图15-7），其中亚洲是最大的投资目的地。2000年其INFDI占全球总量的10.4%，到2017年增长到33.28%；在亚洲区域之中，东亚INFDI占比最高，2017年全球占比达到18.5%；东南亚提升速度很快（见图15-8）。2000—2017年发达经济体INFDI流量全球占比为59.35%，其中美洲和欧洲最高，分别为19.57%和36.08%（见图15-9）。从不同收入水平国家分布来看，93.17%的全球INFDI集中在高收入和中高收入国家，占比分别为22.65%和70.52%（见图15-10）。总体上，在全球OFDI流量占比中，亚洲份额逐渐提高，欧美份额逐渐减少。OFDI流量绝大多数集中在中高收入和高收入经济体。

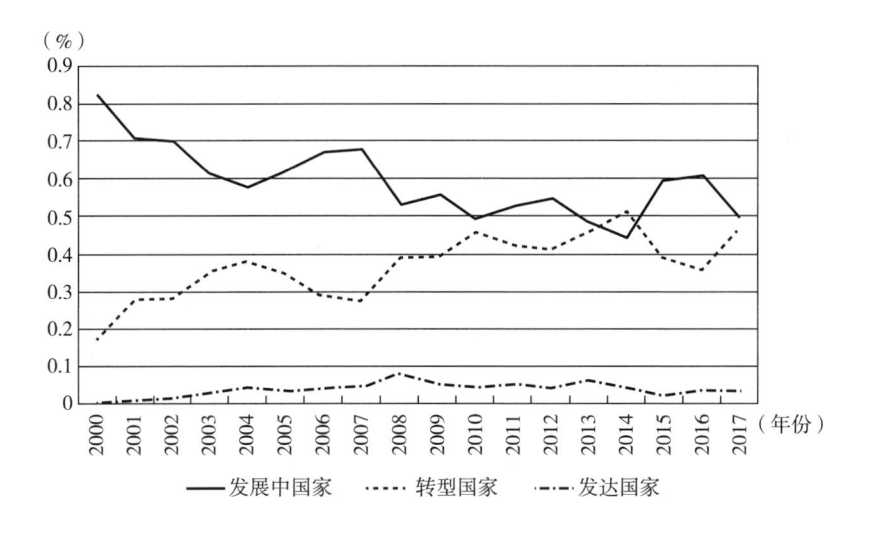

**图15-7 不同发达水平国家INFDI流量世界占比趋势**

资料来源：UNCTAD数据库。

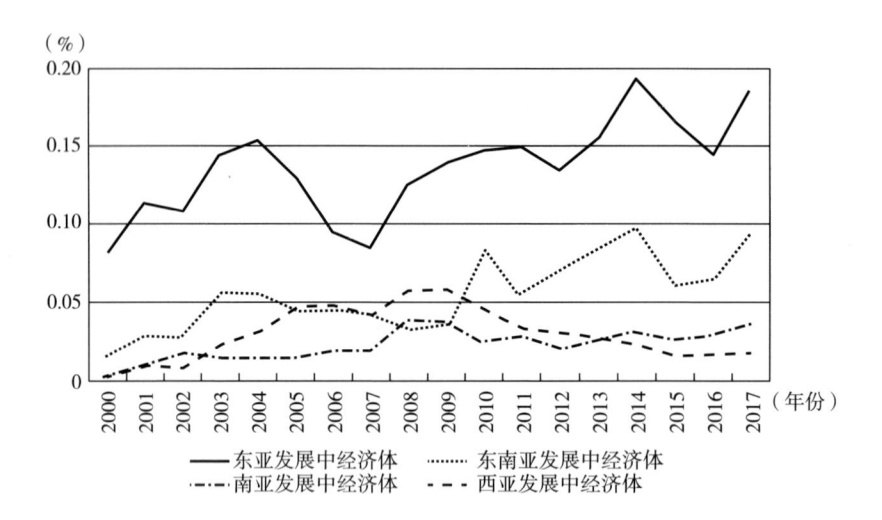

**图 15-8　亚洲各区域 INFDI 流量世界占比趋势**

资料来源：UNCTAD 数据库。

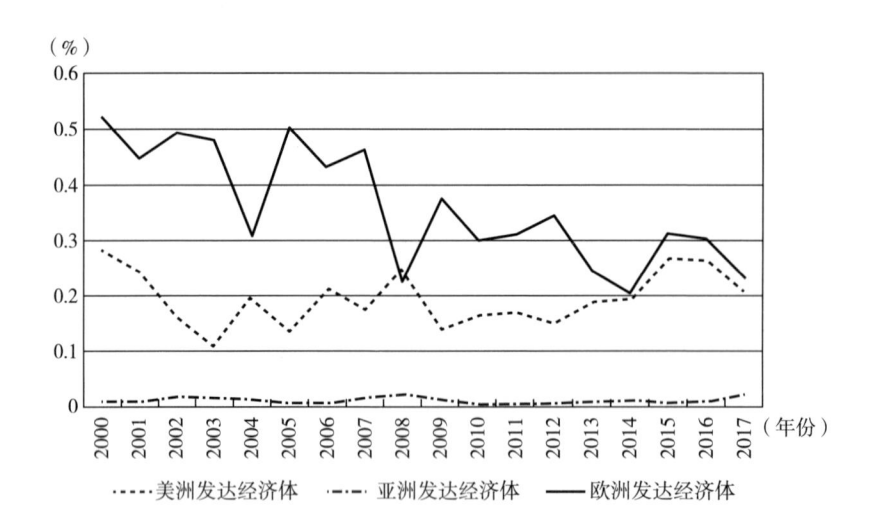

**图 15-9　美洲、亚洲和欧洲发达经济体 INFDIINFDI 流量世界占比趋势**

资料来源：UNCTAD 数据库。

从产业分布来看，联合国贸发会议《2017 年世界投资报告》显示（见图 15-11），全球 OFDI 主要集中于服务业（尤其是金融业和地产业），占全球 OFDI 的 51%；其次是制造业，占 41%。20 世纪 90 年代

## 第十五章 | 经济波动与跨国公司的风险应对战略

之后,美国金融、保险和房地产部门的投资额遥遥领先于其他部门,所占份额由 27.17%(1992 年)快速上升到 41.95%(2000 年)。全球经济数据库(CEIC)显示,2010—2017 年美国制造高科技和高端服务业成为发达国家直接投资的焦点。①

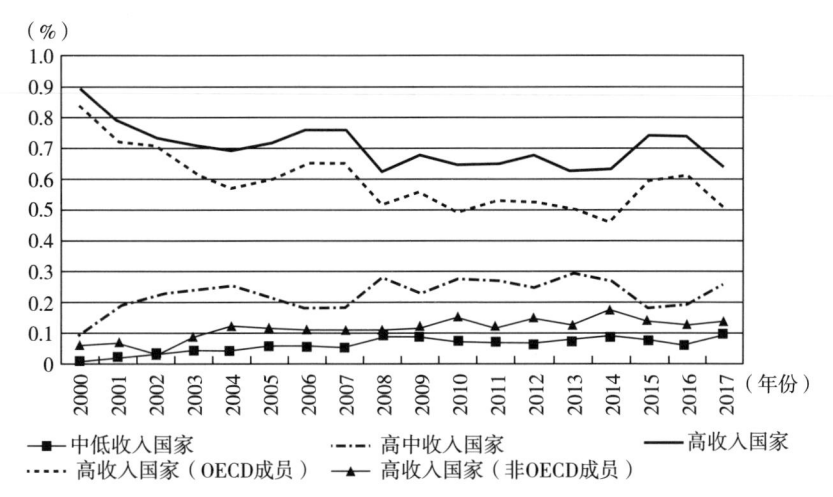

**图 15-10 不同收入水平国家 OFDI 和 INFDI 流量世界占比趋势**

资料来源:UNCTAD 数据库。

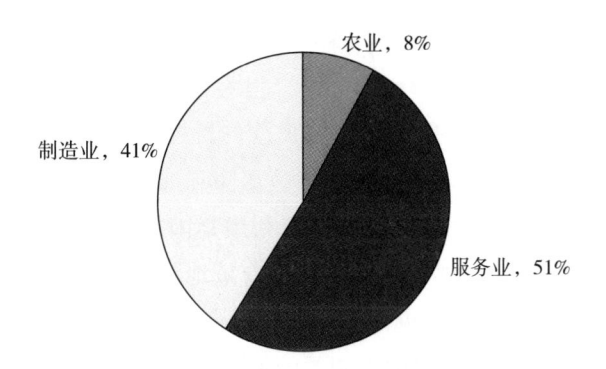

**图 15-11 2016 年全球 INFDI 的行业分布**

农业,8%
制造业,41%
服务业,51%

资料来源:联合国贸发会(UNCTAD)《2017 年世界投资报告》。

---

① 全球经济数据库,https://www.ceicdata.com/zh-hans/united-states/direct-investment-abroad-by-industry-by-naics。

353

# 第十六章

# 中国对外直接投资和跨国公司风险管理

前文分析了中国 OFDI 风险，这些风险需要国家和企业两个共同管理才能有效规避、预防和控制。前文研究显示，经济波动与经济风险、政治风险、商务环境风险、偿债风险等类别风险存在一定程度因果或协同关系。除此之外，由于 OFDI 最终落脚在企业和项目经营上，因此对我国跨国公司风险管理的讨论是非常必要的。本章将集中讨论中国 OFDI 风险管理的机制、平台和体系建设。

## 第一节 对外直接投资风险国家层面管理

从全球实践来看，国家对 OFDI 风险的管控在一定时期占据主导地位。从美国、欧盟、日本、韩国等发达国家和地区对海外投资风险的管理历史来看，"二战"以来这些国家利用其国家机器和主权从国际外交、国际合作和国内政策法规等诸方面有效地降低了本国企业海外直接投资风险。自 20 世纪 90 年代中期以来我国对外直接投资快速增长，但国家层面对我国 OFDI 的风险控制系统并不完善。虽然国家商务部、外交部、证监会、发展改革委、商务部、人民银行、外汇局等国家部委非定期发布了对外投资风险警示，但是总体上比较分散，实效性和权威性不足，不能对我国 OFDI 风险进行有效的控制。[①] 尤其是缺乏国家层面对 OFDI 风险事项的风险响应或应急措施。我们认为，国家力量参与管控经济波动风险，保护我国海外投资和海外企业，这是非常重要的。

### 一 强化政府国际协调功能，降低我国 OFDI 风险

1. 强化国际合作，抑平经济波动

在全球化机制下，经济波动通过国际贸易、国际投资、国际金融和国际债务等通道在全球迅速传播，在区域和全球范围内必然给我国 OFDI 和海外企业带来风险。鉴于此，我国需要与东道国共同构建区域或跨区域经济合作机制和平台，协同实施汇率、利率、关税合作、金融互助、经济预警等反周期调控手段，抑平经济波动。王悦[②]研究表明，国际协同调控经济波动比各自为政的效果要好很多，能有效弱化经济危机国际传导，遏制通货膨胀，从而减小经济危机破坏。因此，我国政府应基于目前区域性双边和多边的国际缔约、倡议和合作平台，促进经济可持续与平衡增长，促进多边贸易增长，加强发展援助。[③] 借此优化我国 OFDI 环境，降低海外投资和企业风险。

2. 增强外交协调，降低海外投资风险

外交是指国家为了实现对外政策目的与其他国际法主体交往的活动，主要用谈判、通信和缔结条约等方式增强国际互信、谅解和友谊，旨在减少国际误会，化解双边或多边敌意，促进国际合作和和平等处理国际关系的活动。截至 2019 年 9 月，我国已经与 180 个国家建立外交关系，在全球设立了 250 多个外交机构。中国拥有良好的国际形象，深受国际社会信任。通过外交手段，推进政治和经济互信，推进国际合作，签署多方投资合作协议，这对我国海外战略性投资项目和海外大型企业的保护具有重大意义。中外企业联合投资或第三方市场投资合作，不仅需要外交部指导，更需要我国外交部和海外外交机构的国际协调作

---

① 李飞：《中央企业境外投资风险控制研究》，博士学位论文，财政部财政科学研究所，2012 年。

② 王悦：《国际经济政策协调及其对平抑世界经济周期波动的作用》，《生产力研究》2007 年第 12 期。

③ 崔琪涌：《非同步经济周期下宏观经济政策的国际协调研究》，博士学位论文，上海外国语大学，2018 年。

保障。

我国外交部门介入了缅甸密松水电站建设和缅甸皎漂深水港建设等投资项目的风险管理；中国远洋海运集团投资于腊比雷埃夫斯港码头的特许经营权项目政治风险的成功化解，正是高层互访和国家外交努力的结果；2015年亲西方的斯里兰卡新政府上台后，斯里兰卡科伦坡港口城项目不久被新政府以"缺乏相关审批手续"等为由单方面叫停，中国外交部和驻斯大使馆积极出面交涉，要求斯方珍惜中斯互利合作成果，尊重双边协定和商业合约的严肃性，并于2016年3月回复开工，切实维护了中国投资者的合法权益。从《中华人民共和国和斯里兰卡民主社会主义共和国联合声明》（新华社2016年4月）中可以看出，国家外交在解决该事件中的重要作用；2018—2019年，美国对我国华为技术公司、中兴通信股份有限公司和大疆创新科技有限公司等企业进行技术封锁和政治打压，我国外交部对美提出严正交涉，并一直争取通过外交努力化解企业危机。

3. 深化国际政策协调，弱化海外投资风险

充分利用国际政策协调，化解或弱化我国对外投资项目和海外跨国公司的经营风险。经济政策协调本身作为国际政治协调的重要内容，可以增进国际经济互信、政治互信，减少经济竞争或对抗。有利于熨平国际或区域经济波动，增强经济稳定性，增进国际经济合作，无疑为对外直接投资项目和海外经营企业降低经营环境风险。可见，经济政策合作不仅减小经济风险，而且弱化其引致风险，包括政治风险、商务环境风险和对外经济风险等。

通过国家层面政策，积极就生态环境、技术进步、文化保护、知识产权保护、民生需求、安全保障、国家重大关切等共同问题与国际社会达成双边或多边政策协同，达成共识，减少分歧，降低我国海外资产的风险。我国在南亚和东南亚有许多投资项目正是因为缺乏多边协同而被其他有心之国所乘并通过国际非政府组织（INGO）所破坏，我国遭受惨重损失。2019年4月在北京发布的《第二届"一带一路"国际合作高峰论坛圆桌会议联合公报》中与会各方提出许多关于政策协同的倡议，包括《廉洁丝绸之路北京倡议》《"一带一路"税收征管合作机制》《"一带一路"融资指导原则》《关于进一步推进"一带一路"国

家知识产权务实合作的联合声明》《"一带一路"绿色发展国际联盟》等将在许多领域形成多边政策协同，极大降低我国"一带一路"沿线投资项目和企业运营风险。

4. 找准共同需求，提高项目认同感

毫无疑问，经济稳定、均衡和高质量的发展是国际社会的共同需求。因此，我国政府应充分利用二十国集团（G20），"一带一路"倡议，上海经合组织、中国—东盟自由贸易区等我国主导或拥有发言权的国际平台，通过多边协商，找到经济发展的共同需求，共同克服国际和区域性经济不确定性，弱化内部和外部的不利冲击，实现区域经济平稳增长，形成和谐和互信的国际经贸和投资环境。

找准双边和多边共同需求，以共同需求为切入点，生成共同需求的投资项目，与东道国联合投资，保证投资项目认同感，降低投资谈判成本和投资风险。《第二届"一带一路"国际合作高峰论坛圆桌会议联合公报》中公布了基于多边磋商发布了许多互惠共赢的倡议性项目，增强中外互信，降低我国海外投资风险。

## 二 强化国际平台建设，增强海外投资服务功能

1. 建设国际评级机构平台

共同建立国际风险评级机构。我国深度融入全球经济，同时"一带一路"建设已经进入"工笔画"阶段，中国对外直接投资将大幅提升。在当前国际政治经济形势复杂多变的背景下，我国主导与利益紧密相关方共同建立国际风险评级机构具有显著的战略意义，对我国 OFDI 风险评估、风险预警和风险管理提供便利和保障。目前，金砖国家正在推进建设组建金砖国家评级机构，该机构将基于中国大公国际、南非 GCR、俄罗斯信用评级公司、世界信用评级集团，ARC 评级（ARC Ratings）等国家级和区域性评级机构组成，我国应该成为该机构的主导者。

联合组建"一带一路"风险评级机构。随着"一带一路"建设推进，中国 OFDI 与亚非欧国家相互投资的流量和存量将大幅增加，为了减少对域外评级机构的依赖，提高域内各方经济互信，提高域内投资风险监测和预警，联合组建"一带一路"风险评级机构，将极大促进"一带一路"国家在经济发展、政治沟通、投资风险管理等方面的信息

共享、政策协调和协同响应。

2. 建设国际投资担保机构

作为最大的发展中国家和对外直接投资大国，我国应该积极参与世界银行集团的多边投资担保机构（以下简称 MIGA 机构）。该机构主要任务是承包发展中国家投资的政治风险保险，设计了"自动仲裁解决"国际争端体制，同时鼓励私人海外投资。欧皮克公司是美国政府机构，其职能主要是专门促进和鼓励美商在发展中国家的投资，并为美国海外投资企业提供政治风险承保和投资先期规划服务，该机构作为美国对 MIGA 机构的配套。早在正式签署 MIGA 机构公约之前，我国已经承认并实行了财产保险相关的基本法律原则，但至今尚没有与 MIGA 机构相配套的法律和机构。[①] 我国应该积极探索与 MIGA 机构合作，制定相关对接法律，充分参与该组织提高我国 OFDI 的风险管理水平和质量。

除此之外，我国应该积极探索基于中国—东盟自由贸易区（CAFTA）、金砖国家（BRICS）、上海合作组织（SCO）、"一带一路"倡议（BRI）等区域和次区域的经济合作平台，联合打造区域性和次区域国际投资担保机构，服务于我国对外直接投资和中国跨国公司。

3. 建设区域经济合作平台

在追求经济高质量发展进程中，我国不断探索对外开放的新模式和新路径，主导倡议和建设了许多国际合作平台，包括"一带一路"倡议，上海合作组织，中国—东盟自由贸易区和亚洲基础设施投资银行等，其中"一带一路"已成为全球最大的区域合作平台。首先，充分利用这些国际经济合作平台，强化国际协调和政府磋商，增进高层交流，解决国际政治经济误解和冲突，为中国 OFDI 和中国海外企业营造良好的国际环境。其次，充分利用亚洲基础设施开发银行、金砖国家新开发银行、丝路基金、中俄投资基金、中国—中东欧基金等多边合作金融机构为我国 OFDI 提供风险预测、风险预警、风险保险和金融支撑服务。

三　增强国家级服务体系建设，提高海外投资风险管控能力

国际风险管控超越国家主权范围，非可控因素很多，因此国际多边

---

① 陈仲洵：《多边投资担保机构和美国在华投资》，《中国社会科学》1992 年第 6 期。

风险管控系统效果有限且其本身风险较大。"二战"之后，发达国家对外经济扩张进程中，政府非常重视其海外资产风险控制系统建设，为其海外投资和跨国企业提供了强大安全保障。鉴于此，在我国经济深度融入世界经济体系和中国企业国际化快速发展的今天，建设国内海外直接投资风险管理和保障系统对于保护我国海外经济安全具有重大意义。

1. 建设对外投资信息咨询服务平台

美国、日本和欧洲国家政府主导建设了商业信息机构，专门收集和分析其他国家经济发展和商业环境动态信息，并及时分享给海外投资项目和跨国公司，为其提供风险预警提示和避险指导服务。目前国内政府主导建设的 OFDI 信息服务平台很少，对海外直接投资和我国跨国公司经营指导和服务作用非常有限，导致我国 OFDI 项目和跨国公司遭遇海外风险时不能有效规避，遭受严重后果。鉴于此，我国政府应强化海外投资指导专门机构和信息收集网络建设，为我国海外投资和企业提供实时动态信息分析、风险预报预警和风险规避指导。

2. 建设对外直接投资金融服务平台

通过整合我国政策性银行、国有商业银行和非银行金融机构以股份制组建专门国家融资服务机构，主要任务是为战略性、富有潜力的投资项目和企业提供金融支持，包括间接和直接金融支持。间接金融支持包括第三方金融支持担保和在东道国对标的项目的相关金融支撑，直接金融支持包括 OFDI 主体提供风险准备金、提供贷款、风险投资、发行债券以及国际融资等服务。目前中国银行、中国工商银行等国有银行已经展开针对"一带一路"倡议为中国企业提供金融服务。但从当前金融服务层次和覆盖面来看都需要进一步提升。

3. 建设中国海外投资保险服务平台

我们应该积极学习发达国家经验，组建海外投资承保机构为我国 OFDI 和跨国公司提供海外政治风险承保服务。中国出口信用保险公司（简称中国信保）是中国唯一承办出口信用保险业务的政策性保险公司，该公司除了为中国出口提供中长短期信用保险，也提供海外投资保险，为投资者及金融机构因投资所在国发生的征收、汇兑限制、战争及政治暴乱、违约等政治风险造成的经济损失提供风险保障。目前为吉尔吉斯斯坦中大石油项目，马耳他发电公司股权收购项目，柬埔寨制糖产业园项目，印度尼西亚棕榈园种植项目和中亚天然气管道项目等中国海外投资项目提供保险服务。

但是中国信保覆盖的项目数量和总额相比中国 OFDI 总量很小，其业务范围、资金支持、业务量和专业水平等远远无法满足我国 OFDI 的风险担保需求。全国政协常委、中国铝业集团有限公司董事长葛红林认为，"在我国打造法治化、国际化、便利化的营商环境的背景下，建议设立中国投资信用保险公司，用市场化、法制化的手段，开辟一条优化营商环境，成为保障包括外资在内的企业与政府的正当权益的新途径。"因此，基于中国信保和"中国投资信用保险公司"成立"中国海外投资信用保险公司"是非常必要的，将为我国海外投资和跨国公司提供信用担保，规制企业投资行为，增强我国 OFDI 监管和决策科学性，为我国海外投资和跨国公司安全提供有力保障。

4. 建设中国海外投资安全研究体系

我国应充分发挥国内高校、研究机构和智库功能，构建中国海外投资安全研究体系。通过对全球、区域和国别经济波动、金融趋势、政治动态、文化差异、技术动向等方面的基础理论研究和应用研究，为我国海外投资企业和投资项目提供经济风险、政治风险、文化风险、技术风险、金融风险等管理技术、管理理念和管理手段。在"一带一路"背景下，中国海外投资安全研究体系的重要性变得更加重要。

## 第二节 对外直接投资风险企业层面管理

除了国家层面风险管理外，企业对自身海外投资和经营风险微观管理更加重要，所以企业作为风险承担主体必然是风险管控主体。本节将从风险管理机制、风险管理机构系统和风险管理协作系统三个方面展开讨论。

### 一 建立风险管理机制

企业境外投资和经营风险是长期经济活动，因此风险管理必然具有长期性，因此建立持续风险管理机制是我国海外投资企业的首要任务。

1. 建立风险评估和预警机制

我国跨国公司目前在内部风险机制建设方面比发达国家落后很多。

据王雅婷（2008）和张宇（2009）调查研究显示，30%的跨国公司已经实施了全面风险管理。我国部分跨国企业仅确立了风险管理流程，但缺乏执行约束力，尚无有效运行的风险管理体系。鉴于此，我国投资海外企业应该构建有效的风险侦测、评估、预警和信息报送机制。组建专业团队制定制度化工作机制和固化工作主体、程序标准、流程标准、评估内容、技术标准等风险管理内容。由于海外经营风险的复杂性和多样性，我国跨国公司应该对经济风险、政治风险、商务环境风险、债务风险等各类风险制定具有针对性的风险评估机制和预警机制。

2. 建立风险管理决策机制

我国绝大多数企业缺乏风险意识，尚未建立风险评估和预警机制，更不说建立风险管理决策机制。当前，欧美老牌跨国公司的风险管理决策系统已经成为企业显著竞争优势，这恰恰是我国企业国际化必须补齐的短板，因此建立我国 OFDI 风险管理决策机制不仅是必要的而且是必需的。

我们认为，我国风险管理决策系统应该包括专业决策技术团队、决策评价专家团队、风险信息数据库、风险管理知识库、决策主体和链接平台等。专业决策技术团队是利用风险信息数据库和风险管理知识库采用数理方法和现代软件进行技术分析的团队，为风险管理决策提供技术支撑，尤其是针对概率型决策的技术支撑；决策评价专家团队主要针对风险管理决策中不确定型决策的智力支持，它是利用专家智慧基于决策准则（Decision Criteria）选出风险管理最优方案供决策者（决策主体）最终决策。这些决策准则主要包括"好中求好""坏中求好""拉普拉斯""最小最大后悔""现实主义"等不确定型决策准则（Uncertainty Decision Criteria）。决策链接平台是指链接专业决策技术团队、决策评价专家团队、风险信息数据库、风险管理知识库和决策主体形成信息共享、信息整合、协同合作的工作水平台面。之所以称为水平型台面是因为该平台在组织结构上为绝对扁平型，决策相关人之间只有分工不同而无行政等级差异，以保证信息无差异化传导、及时畅通和信息保真。

3. 建立风险响应机制

基于内外具体环境、经营目标和风险等级，企业应按照风险可接受准则对风险结果采取接受、减轻、规避和转移等响应行动。企业应从生存策略着眼,从完善治理结构入手,建立系统有效的 OFDI 和海外经营风险应急响应机制,强化快速反应和科学处置的指导思想、组织体系、规范程序及演练实践。

风险响应机制是风险响应系统的运行机制。风险效应系统包括响应命令发出者、风险响应出勤者、风险响应监督者、风险处置评估者、风险报告和报告提交者。风险响应命令发出方指在风险预警发布后发出风险处理命令者,该角色一般是指企业高层风险管理委员会,在重大情况下由董事会担任。一般性风险响应的命令者是风险管理组或中层独立风险管理部门;风险出勤方一般是企业独立风险管理部门或内外部合作风险管理专业机构,其主要功能是在预警发布后迅速制定风险处理方案和执行方案;风险响应监督者是指监督和督促响应执行进度人或机构,可能是企业内部专人、协作机构或被委托的第三方;风险处置评估者是对风险处理阶段性结果或最终结果进行评估,并对风险处理方案进行调整和优化;风险报告方在风险处理结束后,对风险处理进行总结并报告上级。

## 二 建立内部风险管理机构系统及工作机制

1. 建立内部风险管理机构系统

我国跨国公司风险管理的组织机构体系应该主要包括董事会(重大风险决策)、高层风险管理委员会(风险决策部门)、中层风险管理部(风险管理组—风险评估、预警和处理)、风险感知部门(销售部和财务部)。董事会是重大风险决策部门,主要涉及资金量巨大和风险后果深远的重大风险决策;高层风险管理委员会是由企业高管组成的风险决策部门,是一般性风险处理裁决的终极决策;中层风险管理部也叫风险管理组,是企业独立设立的中层管理部门,是企业或集团风险管理的核心,承担着风险评估、预警、风险处理方案制定和执行的部门;风险感知部门是直面风险冲击的部门,主要包括销售部和财务部等直接获取外部信息部门,主要承担信息收集、信息初加工、信息报告等任务。由于风险评估、预警和处理的时效性和有效性,我国跨国企业应该采用扁平化风险管理组织结构,以中层风险管理部门(风险管理组)为核心,快速对接风险信息收集部门和风险决策部门,保证风险管理的及时性和高效率。

## 2. 建立内部风险管理工作机制

跨国公司风险管理机构的工作机制直接关系到我国 OFDI 的风险管理效率和风险能力。在瞬时即变的国际经济和政治环境中，企业有效的内部风险管理工作机制可以避免企业巨额损失，提高企业存活机会。

风险管理工作机制核心是中层风险管理部，它包括市场风险、财务风险、技术风险和公关风险等主要业务分支。跨国公司遍布全球的各业务单位是市场竞争、财务状况、技术竞争和公共关系危机等风险信息最早感知部门，也是风险结果直接冲击的企业前沿部门。其中一线销售部和财务部是风险感知最敏感的部门。企业销售业绩、谈判难度、市场价格、交易成本、顾客态度等是直接反映了经济波动、政治变化、竞争变化等带来的压力。这些结果通过财务直接反馈到财务账面，包括汇兑、收入、应收应支等诸多项目上。跨国公司应在部门内部设立汇率、价格、债务风险管理机构，其主要工作包括将所面临的交易风险、折算风险、经济风险及时向风险管理组汇报，并定期向风险管理组提交风险管理预警指标。风险管理组基于收集的信息进行分析和计量，评估风险和定级，及时发布预警和制订风险处理方案，向高层风险管理委员会汇报，并请示风险响应行动。重大风险事项和行动需汇报董事会。

### 三　建立外部风险管理协作系统

除了构建内部风险管理系统，中国跨国公司必须加强外部横向和纵向合作进行风险协同管理。风险协同管理指投资项目公司（跨国公司）借助母国、东道国、行业、其他国际机构的资源和力量共同防范应对风险的机制。

## 1. 与国家海外投资风险管理协同

随着我国对外开放不断深化和国际形势更加复杂化，国家应该设置更多的政府专门机构服务于我国企业海外投资和海外经营。因此，我国跨国公司在内部风险管理机制和组织机构设计上预留外交部、当地中国大使馆或领事馆、商务部、中国海外投资信息中心（本书建议的平台）、中国信保、中国投保（本书建议的"中国投资保险公司"）等国家部门和政府性平台对接口，确保企业与国家级海外投资风险管理系统协同风险管理。2014 年，哈萨克斯坦中油阿克纠宾公司面临价格波动、汇率波动、法律业务和安全环保等多方面巨大风险，企业从国家相关部委获得指导意见,有效规避重大风险发生,降低投资损失。①

2. 与专业风险管理行业机构协同

除了企业和国家风险管理系统的协同外,企业与全球专业风险管理机构的协同合作是不可缺少的。我国投资主体和跨国公司要主动与全球权威咨询机构和国内实力咨询机构合作,获取广泛行业资源构建风险协同管理网络。积极探索与全球风险管理协会(GARP)、麦肯锡公司(McKinsey & Company)、波士顿咨询公司(The Boston Consulting Group)、贝恩公司(Bain & Company)、美世咨询公司(Mercer LLC)、政治风险服务集团(PRS集团)、安永服务(Ernst & Young LLP)等全球战略、法律咨询和投资风险管理专业管理企业寻求合作;强化与和君咨询、睿信咨询、北大纵横等国内实力型咨询公司的深度合作。提高我国对外直接投资项目和跨国企业经营规避风险的能力,减小风险影响。

3. 与当地政府风险管理部门协同

我国 OFDI 主体和跨国公司与东道国的协同风险管理是非常重要的。经济波动引起的市场风险、价格风险、汇率风险、债务风险和政治风险的相关先行信息可从东道国政府部门获取。首先,经济波动下东道国政策风险是我国 OFDI 和企业最大的风险源,通过与当地政府协同可以提前了解政府政策趋势,获得风险规避的先机。其次,海外企业与当地政府沟通也可以减弱政策风险的不良冲击。哈萨克斯坦中油阿克纠宾公司风险处理中,与当地政府的协同几乎是风险化解的关键。最主要的是,涉及当地社会风险情况下,当地政府协同成为至关重要的因素。我国海外投资者和企业正因为忽略了与当地政府的协同,尤其是缺乏项目所在地的社区和政府风险管理协同,不能及时了解风险动态和风险成因,导致风险事件爆发,造成重大损失。

4. 与其他机构协同

除了与我国政府、东道国政府和专业咨询行业机构的风险协同管理,我国海外投资企业和跨国公司还需要与东道国本地企业和其他机构合作。与本地企业合作包括投资合作和价值链合作。投资合作是指相互

---

① 邓鹏飞、王俊仁:《中油阿克纠宾公司协同风险管理实践》,《国际石油经济》2017年第11期。

股权投资，价值链合作是指与当地企业形成产业链，从而促进我方企业与当地企业成长为利益综合体和命运综合体，形成天然的风险管理联盟。中外企业利益综合体和命运综合体不仅提升了风险抵御能力，而且还有利于我方企业和项目在东道国享有"国民待遇"，获得风险管理外援。

从现实来看，第三国通过非政府组织策划和实施的反华活动导致了我国许多海外投资项目（尤其是在南亚和东南亚的投资项目）遭受挫败。中缅皎漂至昆明铁路项目（2010）和中国电投集团缅甸密松水电站项目（2011）等投资失败正是这些原因所致。另外，国际 GNO 组织在环境、政治、宗教等方面的过度关切也对我国投资项目和企业构成风险。因此，我国跨国公司和投资主体应积极沟通东道国当地中立 GNO 组织或国际 GNO 组织，加强与当地社会民众和各阶层的了解和互信，形成正面舆论引导，获得行之有效的风险处理方案是我国海外投资者和跨国公司风险协同管理的重要内容。

# 附　录

## 一　附表

**附表1　　　　　　　　ICRG国家风险指标体系**

| 一级指标 | 二级指标 | 指标说明 |
| --- | --- | --- |
| 金融类（$X_1$） | 占GDP的外债率 | 对外债务占GDP的百分比的风险指数 |
|  | 汇率 | 汇率稳定的风险指数 |
|  | 占货物和服务出口的外债率 | 货物和服务出口外债率的风险指数 |
|  | 占服务出口的外债率 | 占服务出口外债率的风险指数 |
|  | 国际流动性 | 国际流动性的风险指数 |
| 经济类（$X_2$） | 通货膨胀率 | 通货膨胀形成的风险指数 |
|  | 人均GDP | 人均GDP的风险指数 |
|  | 增长率 | 经济增长的风险指数 |
|  | 预算平衡 | 预算平衡的风险 |
|  | 经常账户 | 经常账户的风险指数 |
| 政治类（$X_3$） | 政府稳定 | 政府稳定的风险指数 |
|  | 社会条件 | 社会条件的风险指数 |
|  | 投资便利性 | 投资便利性的风险指数 |
|  | 内部冲突 | 内部冲突的风险指数 |
|  | 外部冲突 | 外部冲突的风险指数 |
|  | 腐败程度 | 腐败程度的风险指数 |
|  | 军事干预政治 | 军事干预政治的风险指数 |
|  | 宗教干预政治 | 宗教干预政治的风险指数 |
|  | 法律和秩序 | 法律和秩序的风险指数 |

续表

| 一级指标 | 二级指标 | 指标说明 |
|---|---|---|
| 政治类（$X_3$） | 民族关系 | 民族关系的风险指数 |
| | 民主问责 | 民主问责的风险指数 |
| | 官员素质 | 官员素质的风险指数 |

附表2　　中国对外直接投资风险评估的指标体系

| 指标类别 | 指标名称 | 指标说明 | 数据来源 |
|---|---|---|---|
| 经济基础 | GDP增长率 | 基于2010年不变价格的年度平均增长率 | UNCTAD |
| | GDP平减指数 | 国内生产总值平减指数 | UNCTAD |
| | 人均GDP | 基于2010年不变价格的人均GDP的增长率 | UNCTAD |
| | 失业率 | 失业人数占社会总劳动力比重 | UNCTAD、FED |
| | 国民总储蓄 | 国民总储蓄的年变动率 | WEO、FED |
| | 总投资 | 总投资占GDP的比重 | WEO、FED |
| 商业环境 | 官员素质 | 衡量官员素质高低，0—4分，分数越大，官员素质越高 | ICRG |
| | 腐败程度 | 政治体系的腐败程度，0—6分，分数越小，越腐败 | ICRG |
| | 社会经济条件 | 社会经济条件质量，社会消费信心和贫穷水平，0—12分，分数越大，风险越小 | ICRG |
| | 国际流动性 | 进口商品资金垫付的期限，0—5分，分数越大，还款期越长 | ICRG |
| | 投资便利性 | 投资经营环境，协议履行程度、资产征收、资本或利润汇出自由度以及支付效率，社会消费信心和贫穷水平，0—12分，分数越大，风险越小 | ICRG |
| | 法律秩序 | 履约质量，产权保护，-2.5—2.5分，分数越高，法制程度越高 | ICRG |
| 偿债能力 | 债务清偿 | 债务清偿占对外商品和服务出口的比重 | ICRG、WEO |
| | 汇率波动 | 本国货币兑美元的汇率波动水平 | ICRG、UNCTAD |
| | 外债风险 | 对外债务占GDP的比重 | ICRG、WEO |

续表

| 指标类别 | 指标名称 | 指标说明 | 数据来源 |
| --- | --- | --- | --- |
| 偿债能力 | 经常账户余额（A） | 经常账户余额占 GDP 的比重 | ICRG、WEO |
| | 经常账户余额（B） | 经常账户余额占商品和服务出口的比重 | WDI |
| | 预算平衡 | 财政余额等于财政收入—财政支出 | WDI |
| 政治风险 | 民主问责 | 政府对民众诉求的回应，0—6 分，分数越高，民主问责越强 | ICRG |
| | 种族紧张度 | 本国内种族、民族和语言隔离及歧视的程度，0—6 分，得分越高，种族冲突越小 | ICRG |
| | 外部冲突 | 来自国外的行为对在位政府带来的风险。国外的行为包括非暴力的外部压力例如外交压力、中止援助、贸易限制、领土纠纷、制裁等，也包括暴力的外部压力例如跨境冲突，甚至全面战争，0—12 分，分数越高，外部冲突越小 | ICRG |
| | 政府稳定性 | 政府执行所宣布政策的能力以及保持政权的能力，0—12 分，分数越高，政府越稳定 | ICRG |
| | 内部冲突 | 国家内战和政变、恐怖主义和政治暴力，民事纠纷等发生的风险程度，0—12 分，得分越高，风险越小 | ICRG |
| | 军事干预政治 | 军队部门对一国政府的参与程度，0—6 分，分数越高，军事干预政治越弱 | ICRG |
| | 宗教紧张度 | 指某一个宗教集团控制整个国家和社会，驱逐其他宗教集团，以宗教教规取代民法，0—6 分，得分越高，宗教紧张度越小 | ICRG |
| 对外经济 | INFDI 增长率 | INFDI 流量年增长率 | UNCTAD |
| | INFDI 流量占比 | INFDI 流量占 GDP 的比率 | UNCTAD |
| | INFDI 流量固定资本形成率 | INFDI 流量固定资本形成占比 | UNCTAD |

续表

| 指标类别 | 指标名称 | 指标说明 | 数据来源 |
| --- | --- | --- | --- |
| 对外经济 | 商品贸易占 INFDI 流量比例 | 当年商品贸易总值占 INFDI 流量百分比 | UNCTAD |
| | 商品和服务贸易总值占 INFDI 流量比 | 当年商品和服务贸易总值占 INFDI 流量百分比 | UNCTAD |
| | 出口贸易增长率 | 商品出口贸易总值的年度增长率 | UNCTAD |
| | 进口贸易增长率 | 商品进口贸易总值年度增长率 | UNCTAD |
| | 出口贸易占世界比 | 该国出口贸易占世界出口份额 | UNCTAD |
| | 进口贸易占世界比 | 该国进口贸易占世界进口份额 | UNCTAD |
| 对华关系 | 与中国地理距离指数 | 按照法国经济研究中心（CEPII）特别地将地理距离 Geo_cepii 按照 Mayer 和 Zignago（2006）的算法计算 dist_W 值。dist_W 值标准化分段为 1 表示 16000—20000 千米，2 表示 12000—15999 千米，3 表示 8000—11999 千米，4 表示 4000—7999 千米，5 表示1—3999 千米 | 世界银行 |
| | 与中国战略合作指数 | 战略合作关系指数：中国按照外交亲疏关系，从 1998 年开始将建交国家的关系分类，按照等级由低到高依次为：单纯建交、睦邻友好、伙伴、传统友好合作和血盟五种关系。1 = 单纯建交，2 = 为其他合作关系，3 = 睦邻友好，4 = 伙伴关系（合作伙伴、建设性伙伴、全面合作伙伴、战略伙伴、战略合作伙伴、全面战略合作伙伴），5 = 传统友好合作 | 外交部 |
| | 与中国签订 BIT 指数 | 是否签订 BIT（双方投资协定）指数：指数为 1，表示已签订且生效；0.5 表示已签订未生效；0 表示未签订 | 商务部 |
| | 与中国是否建交指数 | 与中国是否建交指数：建交为 1，没有建交为 0 | 外交部 |

附表 3　1990—2016 年各国经济风险（未归一化）

| 国家 | 阿尔及利亚 | 阿根廷 | 澳大利亚 | 巴西 | 加拿大 | 刚果（金） | 法国 | 德国 | 加纳 | 印度 | 印度尼西亚 |
|---|---|---|---|---|---|---|---|---|---|---|---|
| 1990—1994 年 | -1.252 | 0.940 | -0.848 | -1.774 | -0.782 | -0.926 | -0.494 | -0.448 | -0.954 | -1.022 | 0.552 |
| 1995—1999 年 | -0.286 | -0.974 | 0.428 | -0.128 | 0.298 | -0.676 | 0.132 | 0.034 | -0.462 | -0.398 | -0.452 |
| 2000—2004 年 | 0.752 | -0.528 | 0.070 | 0.507 | 0.370 | -0.172 | 0.552 | -0.038 | 0.256 | -0.118 | 0.256 |
| 2005—2009 年 | 0.414 | 0.042 | 0.132 | 0.655 | -0.098 | 0.736 | -0.070 | -0.222 | -0.108 | 0.286 | -0.408 |
| 2010—2014 年 | 0.234 | 0.220 | -0.028 | 0.569 | 0.258 | 0.572 | -0.118 | 0.488 | 0.840 | 0.528 | 0.006 |
| 2015 年 | 0.430 | 0.740 | 0.190 | 0.475 | -0.170 | 1.150 | -0.090 | 0.340 | 1.200 | 1.750 | 0.090 |
| 2016 年 | 0.240 | 0.750 | 1.030 | 0.385 | -0.060 | 1.170 | 0.070 | 0.580 | 0.950 | 1.850 | 0.150 |

| 国家 | 伊朗 | 日本 | 韩国 | 卢森堡 | 马来西亚 | 缅甸 | 荷兰 | 尼日利亚 | 挪威 | 巴基斯坦 | 沙特阿拉伯 |
|---|---|---|---|---|---|---|---|---|---|---|---|
| 1990—1994 年 | -0.206 | 0.632 | 0.006 | -0.184 | 0.172 | -0.773 | -0.196 | -0.594 | 0.630 | 0.008 | 0.442 |
| 1995—1999 年 | -0.046 | 0.674 | 0.382 | 0.577 | 0.278 | 0.718 | 0.374 | 0.034 | 0.090 | 0.224 | -0.218 |
| 2000—2004 年 | 0.356 | 0.074 | 0.578 | 0.528 | 0.406 | 0.030 | 0.098 | 0.986 | -0.366 | 0.336 | 0.076 |
| 2005—2009 年 | 0.094 | -0.438 | -0.078 | -0.202 | -0.068 | -0.536 | 0.176 | 0.346 | -0.408 | 0.256 | -0.166 |
| 2010—2014 年 | -0.014 | -0.226 | -0.402 | -0.540 | 0.090 | 1.347 | -0.488 | 0.152 | -0.386 | -0.342 | 0.050 |
| 2015 年 | -0.120 | -0.310 | -0.320 | -0.420 | -0.130 | 1.248 | -0.140 | -0.350 | 0.550 | 0.240 | 0.360 |
| 2016 年 | 1.530 | -0.330 | -0.290 | -0.570 | -0.150 | 1.172 | -0.070 | -1.190 | 0.360 | 0.600 | -0.120 |

| 国家 | 新加坡 | 南非 | 苏丹 | 瑞典 | 泰国 | 特立尼达和多巴哥 | 英国 | 美国 | 委内瑞拉 | 赞比亚 | 津巴布韦 |
|---|---|---|---|---|---|---|---|---|---|---|---|
| 1990—1994 年 | 0.232 | -1.078 | -0.870 | -0.578 | 0.134 | -0.838 | -0.214 | -0.808 | 0.380 | -1.326 | -0.046 |
| 1995—1999 年 | 0.356 | 0.274 | -0.104 | 0.536 | 0.156 | 0.748 | -0.228 | 0.350 | 0.934 | 0.810 | 0.014 |
| 2000—2004 年 | 0.128 | 0.000 | 0.552 | 0.338 | 0.724 | 0.854 | 0.492 | 0.348 | -0.432 | -0.076 | -0.686 |
| 2005—2009 年 | 0.038 | 0.668 | 0.572 | -0.266 | -0.062 | 0.076 | -0.584 | -0.068 | 0.440 | 0.578 | -0.164 |
| 2010—2014 年 | -0.192 | 0.208 | 0.306 | 0.038 | -0.338 | -0.324 | -0.314 | -0.340 | 0.234 | 0.908 | 0.796 |
| 2015 年 | -0.460 | -0.340 | 0.150 | 0.570 | 0.000 | -0.880 | -0.180 | 0.840 | -0.750 | 1.050 | 0.340 |
| 2016 年 | -0.400 | -0.460 | 0.700 | 0.330 | 0.030 | -1.110 | -0.350 | 0.860 | -1.760 | 0.250 | 0.430 |

资料来源：根据原数据计算所得。

附表4　1990—2016年各国商务环境风险（未归一化）

| 国家 | 阿尔及利亚 | 阿根廷 | 澳大利亚 | 巴西 | 加拿大 | 刚果（金） | 法国 | 德国 | 加纳 | 印度 | 印度尼西亚 |
|---|---|---|---|---|---|---|---|---|---|---|---|
| 1990—1994年 | -1.545 | -0.882 | -1.687 | 1.190 | -1.347 | 0.744 | 0.950 | 1.451 | 0.942 | -1.860 | 0.410 |
| 1995—1999年 | -0.728 | 0.228 | -0.609 | 0.644 | -1.046 | -0.538 | 0.630 | 0.930 | -0.020 | 0.008 | 0.218 |
| 2000—2004年 | 0.254 | -0.344 | 0.486 | -0.630 | 0.607 | -0.508 | -0.434 | -0.710 | -0.860 | 0.462 | -0.604 |
| 2005—2009年 | 0.852 | 0.350 | 0.900 | -0.924 | 0.705 | 0.198 | -0.690 | -0.718 | 0.098 | 0.651 | 0.406 |
| 2010—2014年 | 0.708 | 0.606 | 0.584 | -0.142 | 0.756 | 0.034 | -0.316 | -0.646 | 0.058 | 0.565 | 0.417 |
| 2015年 | 0.760 | 0.070 | 0.765 | -0.360 | 0.782 | 0.090 | -0.300 | -0.746 | -0.170 | 0.336 | 0.238 |
| 2016年 | 0.660 | 0.120 | 0.865 | -0.320 | 0.844 | 0.240 | -0.400 | -0.791 | -0.920 | 0.531 | 0.242 |

| 国家 | 伊朗 | 日本 | 韩国 | 卢森堡 | 马来西亚 | 缅甸 | 荷兰 | 尼日利亚 | 挪威 | 巴基斯坦 | 沙特阿拉伯 |
|---|---|---|---|---|---|---|---|---|---|---|---|
| 1990—1994年 | -0.494 | -0.664 | 0.226 | 0.818 | -1.062 | -0.648 | 1.212 | 1.130 | -1.578 | -0.694 | -0.531 |
| 1995—1999年 | 0.594 | -0.956 | 0.636 | 1.074 | -0.280 | 0.500 | 0.754 | -0.258 | -0.649 | -0.558 | -0.183 |
| 2000—2004年 | -0.222 | 0.000 | -0.544 | -0.056 | 0.010 | -0.256 | 0.014 | -0.838 | 0.440 | 0.194 | 0.282 |
| 2005—2009年 | -0.082 | 0.370 | -0.230 | -0.810 | 0.538 | -0.520 | -0.946 | -0.002 | 0.820 | 0.924 | 0.309 |
| 2010—2014年 | 0.230 | 0.864 | -0.062 | -0.722 | 0.614 | 0.424 | -0.710 | 0.110 | 0.759 | 0.164 | 0.613 |
| 2015年 | -0.110 | 0.960 | -0.060 | -0.770 | 0.550 | 1.250 | -0.730 | -0.420 | 0.539 | -0.450 | 0.768 |
| 2016年 | -0.010 | 0.970 | -0.060 | -0.750 | 0.350 | 1.270 | -0.900 | -0.290 | 0.499 | 0.330 | 0.664 |

| 国家 | 新加坡 | 南非 | 苏丹 | 瑞典 | 泰国 | 特立尼达和多巴哥 | 英国 | 美国 | 委内瑞拉 | 赞比亚 | 津巴布韦 |
|---|---|---|---|---|---|---|---|---|---|---|---|
| 1990—1994年 | -1.460 | 1.372 | -1.458 | -1.174 | 1.192 | -1.393 | -1.340 | 1.482 | 0.956 | -0.796 | 1.292 |
| 1995—1999年 | -0.256 | 0.460 | -0.118 | -0.944 | 0.196 | -0.824 | -0.258 | 0.220 | 0.644 | 0.196 | 0.752 |
| 2000—2004年 | 0.698 | -0.558 | 0.078 | 0.320 | -0.628 | 0.093 | 0.882 | -0.498 | 0.058 | -0.008 | -0.282 |
| 2005—2009年 | 0.318 | -0.680 | 0.706 | 0.700 | -0.382 | 0.674 | 0.558 | -0.404 | -0.316 | 0.305 | -0.938 |
| 2010—2014年 | 0.536 | -0.454 | 0.598 | 0.762 | -0.270 | 1.081 | -0.048 | -0.528 | -0.922 | 0.225 | -0.670 |
| 2015年 | 0.540 | -0.310 | 0.530 | 0.760 | -0.280 | 0.923 | 0.580 | -0.580 | -1.030 | 0.236 | -0.410 |
| 2016年 | 0.270 | -0.380 | 0.430 | 0.910 | -0.270 | 0.921 | 0.450 | -0.790 | -1.080 | 0.155 | -0.350 |

资料来源：根据原数据计算所得。

附表 5  1990—2016 年各国偿债能力风险（未归一化）

| 国家 | 阿尔及利亚 | 阿根廷 | 澳大利亚 | 巴西 | 加拿大 | 刚果（金） | 法国 | 德国 | 加纳 | 印度 | 印度尼西亚 |
|---|---|---|---|---|---|---|---|---|---|---|---|
| 1990—1994 年 | -1.058 | -0.662 | -1.416 | -0.272 | -0.318 | -0.810 | -1.162 | -0.954 | -0.144 | -1.372 | -0.950 |
| 1995—1999 年 | -0.278 | -0.264 | -0.348 | -0.518 | 0.162 | -0.500 | -0.142 | -0.506 | -0.714 | -0.180 | -0.420 |
| 2000—2004 年 | 0.462 | -0.252 | 0.700 | -0.612 | 0.976 | 0.456 | 0.692 | 0.150 | 0.190 | 1.024 | 0.406 |
| 2005—2009 年 | 0.876 | 0.716 | 0.714 | 0.548 | 0.056 | 0.230 | 0.292 | 0.290 | 0.634 | 0.232 | 0.508 |
| 2010—2014 年 | 0.316 | 0.460 | 0.316 | 0.780 | -0.648 | 0.324 | 0.108 | 0.678 | 0.024 | 0.188 | 0.212 |
| 2015 年 | -0.620 | 0.350 | -0.100 | 0.220 | -0.430 | 0.840 | 0.680 | 0.770 | -0.090 | 0.200 | 0.500 |
| 2016 年 | -0.950 | -0.350 | 0.270 | 0.170 | -0.730 | 0.660 | 0.380 | 0.950 | 0.160 | 0.330 | 0.730 |

| 国家 | 伊朗 | 日本 | 韩国 | 卢森堡 | 马来西亚 | 缅甸 | 荷兰 | 尼日利亚 | 挪威 | 巴基斯坦 | 沙特阿拉伯 |
|---|---|---|---|---|---|---|---|---|---|---|---|
| 1990—1994 年 | -1.060 | -0.940 | -0.782 | -1.226 | -0.518 | -0.120 | -0.946 | -1.012 | -1.691 | -1.324 | -0.530 |
| 1995—1999 年 | -0.326 | 0.210 | -0.818 | -0.138 | -1.074 | 0.012 | -0.408 | -0.522 | -0.431 | -0.492 | 0.834 |
| 2000—2004 年 | 0.588 | 0.770 | 0.544 | 0.582 | 0.506 | 0.150 | 0.196 | 0.216 | 0.613 | 0.574 | 0.070 |
| 2005—2009 年 | 0.304 | 0.348 | 0.150 | 0.450 | 0.576 | -0.050 | -0.166 | 0.662 | 0.659 | 0.400 | 0.848 |
| 2010—2014 年 | 0.324 | -0.266 | 0.672 | 0.264 | 0.694 | -0.042 | 0.818 | 0.762 | 0.675 | 0.550 | 0.868 |
| 2015 年 | 0.290 | -0.300 | 0.540 | -0.100 | -0.740 | 0.120 | 1.300 | -0.060 | 0.408 | 0.690 | -0.590 |
| 2016 年 | 0.580 | -0.290 | 0.600 | 0.470 | -0.190 | 0.130 | 1.220 | -0.480 | 0.469 | 0.760 | -1.540 |

| 国家 | 新加坡 | 南非 | 苏丹 | 瑞典 | 泰国 | 特立尼达和多巴哥 | 英国 | 美国 | 委内瑞拉 | 赞比亚 | 津巴布韦 |
|---|---|---|---|---|---|---|---|---|---|---|---|
| 1990—1994 年 | -1.198 | -0.976 | -1.416 | -1.562 | -0.976 | -1.136 | 0.298 | 0.176 | -0.500 | -0.548 | 0.322 |
| 1995—1999 年 | -0.764 | -0.234 | -0.634 | -0.114 | -0.824 | -0.694 | 0.704 | 0.680 | -0.402 | -0.084 | 0.300 |
| 2000—2004 年 | 0.286 | 0.036 | 0.698 | 0.444 | 0.466 | -0.060 | 0.638 | 0.036 | 0.308 | -0.768 | -0.134 |
| 2005—2009 年 | 0.752 | 0.688 | 0.762 | 0.666 | 0.512 | 0.738 | -0.288 | -0.598 | 0.752 | -0.010 | 0.728 |
| 2010—2014 年 | 0.704 | 0.266 | 0.346 | 0.252 | 0.572 | 0.942 | -1.104 | -0.484 | 0.114 | 1.106 | -1.012 |
| 2015 年 | 0.430 | 0.520 | 0.620 | 1.080 | 0.540 | 0.780 | -0.470 | 0.250 | -0.330 | 0.730 | -0.530 |
| 2016 年 | 0.670 | 0.580 | 0.600 | 0.480 | 0.730 | 0.270 | -0.800 | 0.700 | -1.020 | 0.750 | -0.500 |

资料来源：根据原数据计算所得。

附录

附表6　1990—2016年各国政治风险（未归一化）

| 国家 | 阿尔及利亚 | 阿根廷 | 澳大利亚 | 巴西 | 加拿大 | 刚果（金） | 法国 | 德国 | 加纳 | 印度 | 印度尼西亚 |
|---|---|---|---|---|---|---|---|---|---|---|---|
| 1990—1994年 | -0.206 | -0.354 | 0.764 | 0.708 | 0.808 | -1.212 | 1.092 | 0.446 | -1.204 | -0.206 | -0.354 |
| 1995—1999年 | -0.878 | 0.658 | 0.694 | 1.060 | -0.934 | 0.078 | 0.516 | 0.824 | 0.202 | -0.878 | 0.658 |
| 2000—2004年 | -0.508 | -0.258 | -0.074 | -0.160 | -0.618 | 0.330 | -0.352 | 0.230 | 0.240 | -0.508 | -0.258 |
| 2005—2009年 | 0.930 | 0.186 | -0.388 | -0.450 | 0.548 | 0.392 | -0.776 | -0.400 | 0.480 | 0.930 | 0.186 |
| 2010—2014年 | 0.490 | -0.160 | -0.714 | -0.644 | 0.070 | 0.392 | -0.378 | -0.768 | 0.258 | 0.490 | -0.160 |
| 2015年 | 0.450 | -0.240 | -0.750 | -1.340 | 0.550 | 0.060 | -0.310 | -0.750 | 0.040 | 0.450 | -0.240 |
| 2016年 | 0.410 | -0.130 | -0.690 | -1.210 | 0.080 | 0.050 | -0.200 | -0.910 | 0.080 | 0.410 | -0.130 |

| 国家 | 伊朗 | 日本 | 韩国 | 卢森堡 | 马来西亚 | 缅甸 | 荷兰 | 尼日利亚 | 挪威 | 巴基斯坦 | 沙特阿拉伯 |
|---|---|---|---|---|---|---|---|---|---|---|---|
| 1990—1994年 | -0.124 | 1.140 | -1.036 | 0.970 | -1.104 | -0.840 | 0.778 | 0.134 | 1.392 | -0.406 | -1.030 |
| 1995—1999年 | 0.810 | 0.386 | 0.628 | 0.592 | 0.576 | 0.294 | 0.934 | 0.456 | 0.112 | 0.858 | 0.378 |
| 2000—2004年 | 0.090 | -0.282 | 0.448 | 0.110 | 0.456 | -0.006 | 0.262 | -0.490 | -0.382 | -0.460 | 0.482 |
| 2005—2009年 | -0.150 | -0.482 | 0.032 | 0.054 | 0.086 | -0.080 | -1.250 | -0.054 | -0.364 | -0.424 | 0.352 |
| 2010—2014年 | -0.522 | -0.496 | -0.020 | -1.050 | 0.000 | 0.364 | -0.506 | -0.122 | -0.510 | 0.196 | 0.008 |
| 2015年 | -0.300 | -0.660 | -0.170 | -1.560 | 0.080 | 0.620 | -0.540 | 0.140 | -0.640 | 0.540 | -0.270 |
| 2016年 | -0.240 | -0.670 | -0.080 | -1.860 | -0.160 | 0.710 | -0.560 | 0.240 | -0.610 | 0.610 | -0.700 |

| 国家 | 新加坡 | 南非 | 苏丹 | 瑞典 | 泰国 | 特立尼达和多巴哥 | 英国 | 美国 | 委内瑞拉 | 赞比亚 | 津巴布韦 |
|---|---|---|---|---|---|---|---|---|---|---|---|
| 1990—1994年 | 0.220 | -1.020 | -1.244 | 1.166 | 0.046 | -1.082 | 0.944 | 0.664 | 0.600 | -0.956 | -0.038 |
| 1995—1999年 | 0.956 | 0.602 | -0.244 | 0.528 | 0.864 | 0.374 | 0.616 | 0.562 | 0.988 | 0.576 | 0.658 |
| 2000—2004年 | 0.318 | -0.204 | 0.918 | -0.260 | 0.644 | -0.142 | -0.554 | -0.512 | 0.070 | -0.134 | -0.640 |
| 2005—2009年 | -0.320 | 0.288 | 0.686 | -0.368 | -0.480 | 0.314 | -0.836 | -0.420 | -0.412 | 0.276 | -0.068 |
| 2010—2014年 | -0.732 | 0.258 | -0.014 | -0.716 | -0.740 | 0.342 | -0.142 | -0.206 | -0.816 | 0.174 | 0.040 |
| 2015年 | -1.210 | 0.170 | -0.260 | -0.890 | -0.850 | 0.480 | -0.100 | -0.190 | -1.070 | 0.120 | 0.120 |
| 2016年 | -1.020 | 0.230 | -0.270 | -0.870 | -0.830 | 0.510 | -0.030 | -0.230 | -1.090 | 0.210 | 0.130 |

资料来源：根据原数据计算所得。

附表7　1990—2016年各国对外经济风险（未归一化）

| 国家 | 阿尔及利亚 | 阿根廷 | 澳大利亚 | 巴西 | 加拿大 | 刚果（金） | 法国 | 德国 | 加纳 | 印度 | 印度尼西亚 |
|---|---|---|---|---|---|---|---|---|---|---|---|
| 1990—1994年 | -0.432 | 0.444 | -0.272 | -0.866 | -0.216 | -0.720 | 0.764 | 0.094 | -0.320 | -1.054 | 0.074 |
| 1995—1999年 | -0.360 | 0.544 | -0.304 | 0.376 | 0.146 | -0.570 | 0.514 | 0.032 | -0.444 | -0.558 | 0.038 |
| 2000—2004年 | 0.554 | -0.286 | 0.474 | 0.364 | 0.238 | 0.102 | 0.194 | 0.448 | -0.554 | -0.208 | -0.994 |
| 2005—2009年 | 0.626 | -0.276 | -0.038 | -0.138 | -0.018 | 0.380 | -0.496 | -0.076 | 0.408 | 0.806 | 0.296 |
| 2010—2014年 | 0.072 | -0.266 | 0.266 | 0.386 | 0.034 | 0.750 | -0.766 | -0.302 | 0.720 | 0.788 | 0.574 |
| 2015年 | -1.240 | -0.400 | -0.850 | -0.360 | -0.540 | -0.030 | -0.140 | -0.480 | 0.310 | 0.480 | 0.250 |
| 2016年 | -1.050 | -0.630 | 0.230 | -0.240 | -0.380 | 0.330 | -0.910 | -0.490 | 0.640 | 0.650 | -0.170 |

| 国家 | 伊朗 | 日本 | 韩国 | 卢森堡 | 马来西亚 | 缅甸 | 荷兰 | 尼日利亚 | 挪威 | 巴基斯坦 | 沙特阿拉伯 |
|---|---|---|---|---|---|---|---|---|---|---|---|
| 1990—1994年 | 0.048 | 0.832 | 0.052 | 0.196 | 1.220 | 0.186 | -0.420 | -0.044 | -0.554 | -0.354 | -0.464 |
| 1995—1999年 | -0.142 | 0.468 | -0.082 | 0.242 | 0.364 | 0.574 | 0.130 | 0.022 | 0.246 | -0.338 | -0.550 |
| 2000—2004年 | 0.414 | 0.112 | 0.326 | -0.038 | -0.642 | -0.130 | 0.526 | 0.356 | 0.030 | -0.190 | -0.306 |
| 2005—2009年 | 0.168 | -0.430 | 0.008 | -0.440 | -0.368 | -0.444 | 0.032 | 0.116 | 0.252 | 1.218 | 1.204 |
| 2010—2014年 | -0.228 | -0.566 | 0.142 | -0.224 | -0.372 | -0.060 | -0.328 | 0.062 | 0.230 | -0.238 | 0.232 |
| 2015年 | -1.210 | -1.100 | -1.350 | 0.620 | -0.580 | -0.270 | 0.220 | -1.430 | -0.060 | -0.490 | -0.470 |
| 2016年 | -0.090 | -0.980 | -0.910 | 0.660 | -0.440 | -0.390 | 0.060 | -1.130 | -0.950 | 0.010 | -0.100 |

| 国家 | 新加坡 | 南非 | 苏丹 | 瑞典 | 泰国 | 特立尼达和多巴哥 | 英国 | 美国 | 委内瑞拉 | 赞比亚 | 津巴布韦 |
|---|---|---|---|---|---|---|---|---|---|---|---|
| 1990—1994年 | -0.690 | -0.014 | -0.860 | -0.162 | -0.348 | 0.050 | -0.110 | -0.752 | 0.102 | -0.198 | -0.322 |
| 1995—1999年 | -0.510 | -0.168 | 0.060 | 0.084 | 0.240 | 0.368 | 0.300 | 0.154 | 0.518 | -0.124 | 0.442 |
| 2000—2004年 | 0.088 | 0.196 | 0.630 | 0.160 | 0.382 | 0.372 | 0.066 | 0.750 | 0.212 | 0.102 | -0.526 |
| 2005—2009年 | 0.202 | 0.316 | 0.092 | -0.042 | 0.168 | 0.226 | 0.464 | 0.212 | -0.356 | 0.168 | 0.414 |
| 2010—2014年 | 0.692 | -0.008 | 0.024 | 0.160 | -0.118 | -0.692 | -0.654 | -0.390 | -0.248 | 0.192 | 0.080 |
| 2015年 | 0.750 | -0.910 | 0.160 | -0.890 | -0.870 | -0.740 | -1.040 | 0.010 | -0.280 | -0.220 | -0.240 |
| 2016年 | 0.320 | -0.710 | 0.090 | -0.110 | -0.750 | -0.870 | 0.690 | 0.110 | -0.860 | -0.450 | -0.210 |

资料来源：根据原数据计算所得。

附表 8　1990—2016 年各国对华关系风险（未归一化）

| 国家 | 阿尔及利亚 | 阿根廷 | 澳大利亚 | 巴西 | 加拿大 | 刚果（金） | 法国 | 德国 | 加纳 | 印度 | 印度尼西亚 |
|---|---|---|---|---|---|---|---|---|---|---|---|
| 1990—1994 年 | -1.555 | -1.232 | 0.192 | -1.503 | -0.700 | -1.156 | -1.478 | -1.527 | -0.878 | -0.835 | -1.999 |
| 1995—1999 年 | -0.624 | -0.200 | 0.192 | 0.135 | -0.700 | -1.156 | 0.210 | 0.347 | -0.878 | -0.835 | 0.452 |
| 2000—2004 年 | 0.093 | -0.038 | -0.846 | 0.135 | -0.700 | 0.487 | 0.254 | 0.347 | -0.878 | -0.835 | 0.452 |
| 2005—2009 年 | 0.869 | 0.610 | 0.192 | 0.135 | 0.840 | 0.487 | 0.430 | 0.347 | 1.097 | 0.777 | 0.452 |
| 2010—2014 年 | 0.869 | 0.610 | 0.192 | 0.681 | 0.878 | 0.487 | 0.430 | 0.347 | 1.097 | 1.234 | 0.452 |
| 2015 年 | 0.869 | 0.610 | 0.192 | 1.045 | 0.930 | 2.130 | 0.430 | 0.347 | 1.097 | 1.234 | 0.452 |
| 2016 年 | 0.869 | 0.610 | 0.192 | 1.045 | 0.930 | 2.130 | 0.430 | 0.347 | 1.097 | 1.234 | 0.504 |

| 国家 | 伊朗 | 日本 | 韩国 | 卢森堡 | 马来西亚 | 缅甸 | 荷兰 | 尼日利亚 | 挪威 | 巴基斯坦 | 沙特阿拉伯 |
|---|---|---|---|---|---|---|---|---|---|---|---|
| 1990—1994 年 | -1.172 | -1.100 | -1.221 | -0.846 | -0.525 | -1.161 | -1.052 | -1.041 | -1.421 | 0.192 | -1.778 |
| 1995—1999 年 | -1.172 | -0.532 | 0.278 | -0.070 | -0.525 | -1.161 | -1.052 | -1.041 | -0.544 | 0.192 | -1.778 |
| 2000—2004 年 | -0.081 | 0.320 | 0.278 | 0.012 | -0.525 | 0.255 | -0.419 | -0.063 | -0.325 | -0.847 | -0.876 |
| 2005—2009 年 | 1.010 | 0.320 | 0.278 | 0.340 | 1.364 | 0.862 | 1.051 | 0.181 | 0.772 | 0.192 | 0.476 |
| 2010—2014 年 | 1.010 | 0.620 | 0.278 | 0.392 | 1.836 | 0.862 | 1.051 | 1.403 | 0.772 | 0.193 | 0.476 |
| 2015 年 | 1.010 | 0.920 | 0.278 | 0.470 | 1.836 | 0.862 | 1.051 | 1.403 | 1.868 | 0.192 | 0.476 |
| 2016 年 | 1.010 | 0.920 | 0.278 | 0.470 | 1.836 | 0.862 | 1.051 | 1.403 | 1.868 | 0.192 | 0.476 |

| 国家 | 新加坡 | 南非 | 苏丹 | 瑞典 | 泰国 | 特立尼达和多巴哥 | 英国 | 美国 | 委内瑞拉 | 赞比亚 | 津巴布韦 |
|---|---|---|---|---|---|---|---|---|---|---|---|
| 1990—1994 年 | 0.476 | -0.192 | -0.950 | -1.620 | -0.468 | -1.021 | -0.946 | -0.878 | -1.184 | 0.192 | -1.745 |
| 1995—1999 年 | 0.516 | -0.192 | -0.698 | -0.499 | -0.468 | -1.021 | -0.946 | -0.878 | -1.184 | 0.192 | -0.333 |
| 2000—2004 年 | 0.676 | -0.192 | -0.340 | 0.623 | -0.468 | -0.372 | -0.553 | -0.878 | 0.414 | 0.193 | 0.608 |
| 2005—2009 年 | 0.676 | -0.192 | 0.568 | 0.623 | -0.468 | 1.006 | 1.018 | 1.097 | 0.814 | -0.847 | 0.608 |
| 2010—2014 年 | 0.676 | -0.192 | 0.986 | 0.623 | 1.048 | 1.006 | 1.018 | 1.097 | 0.814 | 0.192 | 0.611 |
| 2015 年 | 0.676 | -0.192 | 1.090 | 0.623 | 2.058 | 1.006 | 1.018 | 1.097 | 0.814 | 0.192 | 0.624 |
| 2016 年 | 0.676 | 5.004 | 1.090 | 0.623 | 2.058 | 1.006 | 1.018 | 1.097 | 0.814 | 0.192 | 0.624 |

资料来源：根据原数据计算所得。

附表9  1990—2016年各国经济风险等级

| 国家 | 阿尔及利亚 | 阿根廷 | 澳大利亚 | 巴西 | 加拿大 | 刚果(金) | 法国 | 德国 | 加纳 | 印度 | 印度尼西亚 |
|---|---|---|---|---|---|---|---|---|---|---|---|
| 1990—1994年 | 危险 | 基本安全 | 警戒 | 危险 | 警戒 | 危险 | 警戒 | 警戒 | 危险 | 危险 | 安全 |
| 1995—1999年 | 基本安全 | 危险 | 基本安全 | 基本安全 | 安全 | 基本安全 | 基本安全 | 基本安全 | 警戒 | 警戒 | 基本安全 |
| 2000—2004年 | 安全 | 警戒 | 基本安全 | 安全 | 警戒 | 安全 | 基本安全 | 基本安全 | 基本安全 | 警戒 | 安全 |
| 2005—2009年 | 基本安全 | 警戒 | 基本安全 | 安全 | 基本安全 | 安全 | 警戒 | 安全 | 安全 | 基本安全 | 基本安全 |
| 2010—2014年 | 安全 | 基本安全 | 基本安全 | 安全 | 基本安全 | 安全 | 基本安全 | 安全 | 安全 | 安全 | 基本安全 |
| 2015年 | 安全 | 基本安全 | 安全 | 安全 | 基本安全 | 安全 | 基本安全 | 安全 | 安全 | 安全 | 基本安全 |
| 2016年 | 基本安全 | 基本安全 | 安全 | 安全 | 基本安全 | 安全 | 基本安全 | 安全 | 基本安全 | 基本安全 | 基本安全 |

| 国家 | 伊朗 | 日本 | 韩国 | 卢森堡 | 马来西亚 | 缅甸 | 荷兰 | 尼日利亚 | 挪威 | 巴基斯坦 | 沙特阿拉伯 |
|---|---|---|---|---|---|---|---|---|---|---|---|
| 1990—1994年 | 警戒 | 基本安全 | 基本安全 | 警戒 | 基本安全 | 警戒 | 警戒 | 危险 | 基本安全 | 警戒 | 警戒 |
| 1995—1999年 | 警戒 | 基本安全 | 基本安全 | 基本安全 | 基本安全 | 基本安全 | 基本安全 | 警戒 | 警戒 | 基本安全 | 警戒 |
| 2000—2004年 | 基本安全 | 警戒 | 基本安全 | 警戒 | 基本安全 | 基本安全 | 基本安全 | 基本安全 | 危险 | 基本安全 | 警戒 |
| 2005—2009年 | 警戒 | 警戒 | 警戒 | 警戒 | 基本安全 | 安全 | 警戒 | 危险 | 危险 | 基本安全 | 危险 |
| 2010—2014年 | 警戒 | 警戒 | 警戒 | 警戒 | 基本安全 | 安全 | 警戒 | 警戒 | 基本安全 | 基本安全 | 警戒 |
| 2015年 | 警戒 | 警戒 | 警戒 | 警戒 | 基本安全 | 安全 | 警戒 | 危险 | 安全 | 基本安全 | 基本安全 |
| 2016年 | 安全 | 警戒 | 警戒 | 警戒 | 基本安全 | 安全 | 警戒 | 危险 | 安全 | 基本安全 | 警戒 |

| 国家 | 新加坡 | 南非 | 苏丹 | 瑞典 | 泰国 | 特立尼达和多巴哥 | 英国 | 美国 | 委内瑞拉 | 赞比亚 | 津巴布韦 |
|---|---|---|---|---|---|---|---|---|---|---|---|
| 1990—1994年 | 基本安全 | 危险 | 警戒 | 警戒 | 基本安全 | 危险 | 基本安全 | 危险 | 安全 | 危险 | 警戒 |
| 1995—1999年 | 基本安全 | 基本安全 | 基本安全 | 安全 | 基本安全 | 基本安全 | 安全 | 基本安全 | 基本安全 | 安全 | 警戒 |
| 2000—2004年 | 警戒 | 基本安全 | 安全 | 基本安全 | 基本安全 | 警戒 | 安全 | 基本安全 | 基本安全 | 基本安全 | 警戒 |
| 2005—2009年 | 警戒 | 基本安全 | 安全 | 基本安全 | 基本安全 | 警戒 | 基本安全 | 基本安全 | 安全 | 安全 | 危险 |
| 2010—2014年 | 基本安全 | 基本安全 | 安全 | 基本安全 | 基本安全 | 警戒 | 基本安全 | 基本安全 | 安全 | 安全 | 基本安全 |
| 2015年 | 危险 | 基本安全 | 安全 | 安全 | 基本安全 | 危险 | 基本安全 | 危险 | 警戒 | 基本安全 | 警戒 |
| 2016年 | 警戒 | 警戒 | 安全 | 安全 | 基本安全 | 危险 | 基本安全 | 危险 | 危险 | 基本安全 | 警戒 |

资料来源：根据原数据计算所得。

附表10 1990—2016年各国商务环境风险等级

| 国家 | 阿尔及利亚 | 阿根廷 | 澳大利亚 | 巴西 | 加拿大 | 刚果(金) | 法国 | 德国 | 加纳 | 印度 | 印度尼西亚 |
|---|---|---|---|---|---|---|---|---|---|---|---|
| 1990—1994年 | 基本安全 | 警戒 | 危险 | 安全 | 危险 | 基本安全 | 安全 | 安全 | 安全 | 危险 | 基本安全 |
| 1995—1999年 | 警戒 | 基本安全 | 警戒 | 基本安全 | 危险 | 警戒 | 基本安全 | 基本安全 | 基本安全 | 基本安全 | 基本安全 |
| 2000—2004年 | 安全 | 警戒 | 安全 | 危险 | 安全 | 基本安全 | 危险 | 危险 | 危险 | 安全 | 危险 |
| 2005—2009年 | 安全 | 安全 | 安全 | 危险 | 安全 | 警戒 | 危险 | 危险 | 基本安全 | 安全 | 基本安全 |
| 2010—2014年 | 安全 | 基本安全 | 安全 | 警戒 | 安全 | 警戒 | 危险 | 危险 | 基本安全 | 安全 | 基本安全 |
| 2015年 | 安全 | 基本安全 | 安全 | 警戒 | 安全 | 警戒 | 危险 | 危险 | 危险 | 安全 | 基本安全 |
| 2016年 | 安全 | 基本安全 | 安全 | 警戒 | 安全 | 基本安全 | 危险 | 危险 | 危险 | 安全 | 基本安全 |

| 国家 | 伊朗 | 日本 | 韩国 | 卢森堡 | 马来西亚 | 缅甸 | 荷兰 | 尼日利亚 | 挪威 | 巴基斯坦 | 沙特阿拉伯 |
|---|---|---|---|---|---|---|---|---|---|---|---|
| 1990—1994年 | 警戒 | 警戒 | 基本安全 | 基本安全 | 危险 | 危险 | 安全 | 安全 | 危险 | 危险 | 警戒 |
| 1995—1999年 | 安全 | 警戒 | 警戒 | 警戒 | 基本安全 | 基本安全 | 基本安全 | 警戒 | 警戒 | 危险 | 基本安全 |
| 2000—2004年 | 基本安全 | 基本安全 | 基本安全 | 危险 | 警戒 | 警戒 | 警戒 | 警戒 | 警戒 | 警戒 | 安全 |
| 2005—2009年 | 基本安全 | 安全 | 基本安全 | 危险 | 安全 | 警戒 | 危险 | 警戒 | 安全 | 基本安全 | 安全 |
| 2010—2014年 | 基本安全 | 安全 | 基本安全 | 危险 | 安全 | 基本安全 | 危险 | 警戒 | 安全 | 危险 | 安全 |
| 2015年 | 基本安全 | 安全 | 基本安全 | 危险 | 安全 | 安全 | 危险 | 警戒 | 安全 | 警戒 | 安全 |
| 2016年 | 基本安全 | 安全 | 基本安全 | 危险 | 安全 | 安全 | 危险 | 警戒 | 安全 | 警戒 | 安全 |

| 国家 | 新加坡 | 南非 | 苏丹 | 瑞典 | 特立尼达和多巴哥 | 泰国 | 英国 | 美国 | 委内瑞拉 | 赞比亚 | 津巴布韦 |
|---|---|---|---|---|---|---|---|---|---|---|---|
| 1990—1994年 | 危险 | 安全 | 危险 | 基本安全 | 基本安全 | 安全 | 基本安全 | 安全 | 安全 | 警戒 | 安全 |
| 1995—1999年 | 基本安全 | 基本安全 | 安全 | 基本安全 | 基本安全 | 警戒 | 警戒 | 警戒 | 安全 | 警戒 | 基本安全 |
| 2000—2004年 | 基本安全 | 危险 | 安全 | 安全 | 基本安全 | 危险 | 安全 | 警戒 | 基本安全 | 基本安全 | 警戒 |
| 2005—2009年 | 基本安全 | 危险 | 安全 | 安全 | 安全 | 警戒 | 安全 | 安全 | 危险 | 安全 | 危险 |
| 2010—2014年 | 基本安全 | 危险 | 安全 | 安全 | 安全 | 危险 | 基本安全 | 警戒 | 危险 | 安全 | 危险 |
| 2015年 | 安全 | 危险 | 安全 | 安全 | 安全 | 警戒 | 安全 | 警戒 | 危险 | 安全 | 危险 |
| 2016年 | 基本安全 | 危险 | 安全 | 安全 | 安全 | 警戒 | 安全 | 危险 | 危险 | 安全 | 危险 |

资料来源：根据原数据计算所得。

附表11　1990—2016年各国偿债能力风险等级

| 国家 | 阿尔及利亚 | 阿根廷 | 澳大利亚 | 巴西 | 加拿大 | 刚果（金） | 法国 | 德国 | 加纳 | 印度 | 印度尼西亚 |
|---|---|---|---|---|---|---|---|---|---|---|---|
| 1990—1994年 | 危险 | 危险 | 危险 | 警戒 | 危险 | 危险 | 危险 | 警戒 | 警戒 | 危险 | 危险 |
| 1995—1999年 | 警戒 | 警戒 | 警戒 | 警戒 | 警戒 | 警戒 | 基本安全 | 警戒 | 危险 | 基本安全 | 警戒 |
| 2000—2004年 | 安全 | 安全 | 安全 | 危险 | 安全 | 基本安全 | 基本安全 | 基本安全 | 警戒 | 基本安全 | 安全 |
| 2005—2009年 | 基本安全 | 安全 | 基本安全 | 安全 | 警戒 | 基本安全 | 基本安全 | 安全 | 基本安全 | 基本安全 | 基本安全 |
| 2010—2014年 | 基本安全 | 基本安全 | 基本安全 | 基本安全 | 危险 | 安全 | 安全 | 安全 | 警戒 | 基本安全 | 安全 |
| 2015年 | 警戒 | 警戒 | 安全 | 安全 | 危险 | 安全 | 安全 | 安全 | 警戒 | 安全 | 警戒 |
| 2016年 | 危险 | 警戒 | 基本安全 | 安全 | 危险 | 安全 | 安全 | 警戒 | 危险 | 安全 | 警戒 |

| 国家 | 伊朗 | 日本 | 韩国 | 卢森堡 | 马来西亚 | 缅甸 | 荷兰 | 尼日利亚 | 挪威 | 巴基斯坦 | 沙特阿拉伯 |
|---|---|---|---|---|---|---|---|---|---|---|---|
| 1990—1994年 | 危险 | 危险 | 警戒 | 危险 | 基本安全 | 警戒 | 危险 | 危险 | 危险 | 危险 | 警戒 |
| 1995—1999年 | 基本安全 | 基本安全 | 警戒 | 基本安全 | 警戒 | 警戒 | 警戒 | 基本安全 | 基本安全 | 警戒 | 基本安全 |
| 2000—2004年 | 安全 | 基本安全 | 安全 | 安全 | 安全 | 安全 | 基本安全 | 安全 | 安全 | 安全 | 安全 |
| 2005—2009年 | 安全 | 警戒 | 安全 | 基本安全 | 基本安全 | 安全 | 安全 | 安全 | 安全 | 安全 | 安全 |
| 2010—2014年 | 安全 | 警戒 | 安全 | 基本安全 | 基本安全 | 基本安全 | 安全 | 基本安全 | 安全 | 安全 | 安全 |
| 2015年 | 安全 | 警戒 | 安全 | 安全 | 基本安全 |  | 安全 | 基本安全 | 安全 | 安全 | 警戒 |
| 2016年 | 安全 | 警戒 | 安全 | 安全 | 基本安全 |  | 安全 | 警戒 | 安全 | 基本安全 | 危险 |

| 国家 | 新加坡 | 南非 | 苏丹 | 瑞典 | 泰国 | 特立尼达和多巴哥 | 英国 | 美国 | 委内瑞拉 | 赞比亚 | 津巴布韦 |
|---|---|---|---|---|---|---|---|---|---|---|---|
| 1990—1994年 | 危险 | 危险 | 危险 | 危险 | 危险 | 危险 | 基本安全 | 安全 | 警戒 | 警戒 | 基本安全 |
| 1995—1999年 | 危险 | 警戒 | 警戒 | 基本安全 | 警戒 | 基本安全 | 基本安全 | 安全 | 警戒 | 警戒 | 基本安全 |
| 2000—2004年 | 基本安全 | 安全 | 安全 | 安全 | 安全 | 基本安全 | 安全 | 基本安全 | 基本安全 | 危险 | 警戒 |
| 2005—2009年 | 安全 | 安全 | 安全 | 基本安全 | 安全 | 安全 | 警戒 | 警戒 | 基本安全 | 警戒 | 警戒 |
| 2010—2014年 | 基本安全 | 安全 | 安全 | 基本安全 | 安全 | 安全 | 危险 | 警戒 | 基本安全 | 警戒 | 安全 |
| 2015年 | 基本安全 | 安全 | 安全 | 安全 | 安全 | 安全 | 警戒 | 安全 | 警戒 | 基本安全 | 警戒 |
| 2016年 | 安全 | 安全 | 安全 | 安全 | 安全 | 基本安全 | 危险 | 安全 | 危险 | 基本安全 | 警戒 |

资料来源：根据原数据计算所得。

附录

**附表 12  1990—2016 年各国政治风险等级**

| 国家 | 阿尔及利亚 | 阿根廷 | 澳大利亚 | 巴西 | 卢森堡 | 加拿大 | 刚果（金） | 法国 | 德国 | 加纳 | 印度 | 印度尼西亚 |
|---|---|---|---|---|---|---|---|---|---|---|---|---|
| 1990—1994 年 | 警戒 | 警戒 | 基本安全 | 安全 | 安全 | 安全 | 警戒 | 安全 | 基本安全 | 警戒 | 警戒 | 基本安全 |
| 1995—1999 年 | 危险 | 安全 | 基本安全 | 安全 | 安全 | 危险 | 基本安全 | 基本安全 | 安全 | 安全 | 安全 | 基本安全 |
| 2000—2004 年 | 警戒 | 警戒 | 警戒 | 警戒 | 基本安全 | 警戒 | 安全 | 危险 | 警戒 | 安全 | 警戒 | 警戒 |
| 2005—2009 年 | 安全 | 基本安全 | 危险 | 警戒 | 警戒 | 基本安全 | 安全 | 危险 | 危险 | 安全 | 基本安全 | 危险 |
| 2010—2014 年 | 安全 | 警戒 | 危险 | 危险 | 危险 | 基本安全 | 基本安全 | 警戒 | 危险 | 安全 | 基本安全 | 危险 |
| 2015 年 | 基本安全 | 警戒 | 危险 | 危险 | 危险 | 基本安全 | 基本安全 | 警戒 | 危险 | 安全 | 基本安全 | 危险 |
| 2016 年 | 基本安全 | 警戒 | 基本安全 | 危险 | 危险 | 基本安全 | 基本安全 | 警戒 | 危险 | 安全 | 基本安全 | 危险 |

| 国家 | 伊朗 | 日本 | 韩国 | 卢森堡 | 马来西亚 | 缅甸 | 荷兰 | 尼日利亚 | 挪威 | 巴基斯坦 | 沙特阿拉伯 |
|---|---|---|---|---|---|---|---|---|---|---|---|
| 1990—1994 年 | 基本安全 | 安全 | 警戒 | 安全 | 警戒 | 警戒 | 安全 | 基本安全 | 安全 | 警戒 | 警戒 |
| 1995—1999 年 | 基本安全 | 安全 | 安全 | 安全 | 基本安全 | 安全 | 安全 | 基本安全 | 安全 | 安全 | 安全 |
| 2000—2004 年 | 基本安全 | 基本安全 | 基本安全 | 基本安全 | 基本安全 | 基本安全 | 基本安全 | 警戒 | 危险 | 危险 | 安全 |
| 2005—2009 年 | 警戒 | 危险 | 基本安全 | 警戒 | 基本安全 | 基本安全 | 基本安全 | 警戒 | 危险 | 警戒 | 安全 |
| 2010—2014 年 | 警戒 | 危险 | 基本安全 | 危险 | 基本安全 | 安全 | 警戒 | 警戒 | 危险 | 安全 | 基本安全 |
| 2015 年 | 警戒 | 危险 | 基本安全 | 危险 | 基本安全 | 安全 | 警戒 | 基本安全 | 危险 | 基本安全 | 基本安全 |
| 2016 年 | 警戒 | 危险 | 基本安全 | 危险 | 基本安全 | 安全 | 警戒 | 基本安全 | 危险 | 安全 | 警戒 |

| 国家 | 新加坡 | 南非 | 苏丹 | 瑞典 | 泰国 | 特立尼达和多巴哥 | 英国 | 美国 | 委内瑞拉 | 赞比亚 | 津巴布韦 |
|---|---|---|---|---|---|---|---|---|---|---|---|
| 1990—1994 年 | 基本安全 | 警戒 | 危险 | 安全 | 警戒 | 危险 | 安全 | 安全 | 安全 | 警戒 | 基本安全 |
| 1995—1999 年 | 基本安全 | 安全 | 基本安全 | 安全 | 安全 | 基本安全 | 基本安全 | 安全 | 安全 | 安全 | 安全 |
| 2000—2004 年 | 基本安全 | 基本安全 | 安全 | 基本安全 | 警戒 | 基本安全 | 危险 | 警戒 | 基本安全 | 基本安全 | 警戒 |
| 2005—2009 年 | 危险 | 基本安全 | 基本安全 | 危险 | 危险 | 基本安全 | 危险 | 警戒 | 警戒 | 基本安全 | 基本安全 |
| 2010—2014 年 | 危险 | 基本安全 | 基本安全 | 危险 | 危险 | 安全 | 警戒 | 基本安全 | 危险 | 安全 | 基本安全 |
| 2015 年 | 危险 | 基本安全 | 基本安全 | 危险 | 危险 | 安全 | 警戒 | 基本安全 | 危险 | 危险 | 基本安全 |
| 2016 年 | 危险 | 基本安全 | 基本安全 | 危险 | 危险 | 安全 | 警戒 | 基本安全 | 危险 | 危险 | 基本安全 |

资料来源：根据原数据计算所得。

附表 13　1990—2016 年各国对外经济风险等级

| 国家 | 阿尔及利亚 | 阿根廷 | 澳大利亚 | 巴西 | 加拿大 | 刚果（金） | 法国 | 德国 | 加纳 | 印度 | 印度尼西亚 |
|---|---|---|---|---|---|---|---|---|---|---|---|
| 1990—1994 年 | 警戒 | 基本安全 | 警戒 | 危险 | 警戒 | 危险 | 安全 | 警戒 | 警戒 | 危险 | 基本安全 |
| 1995—1999 年 | 警戒 | 基本安全 | 警戒 | 基本安全 | 警戒 | 危险 | 基本安全 | 警戒 | 警戒 | 警戒 | 基本安全 |
| 2000—2004 年 | 基本安全 | 警戒 | 基本安全 | 基本安全 | 警戒 | 警戒 | 警戒 | 基本安全 | 警戒 | 基本安全 | 危险 |
| 2005—2009 年 | 基本安全 | 警戒 | 基本安全 | 警戒 | 警戒 | 基本安全 | 危险 | 警戒 | 基本安全 | 基本安全 | 基本安全 |
| 2010—2014 年 | 危险 | 警戒 | 基本安全 | 警戒 | 危险 | 警戒 | 警戒 | 危险 | 基本安全 | 基本安全 | 基本安全 |
| 2015 年 | 危险 | 危险 | 基本安全 | 警戒 | 警戒 | 警戒 | 危险 | 危险 | 警戒 | 基本安全 | 基本安全 |
| 2016 年 | 危险 | 危险 | 基本安全 | 警戒 | 警戒 | 警戒 | 危险 | 危险 | 警戒 | 警戒 | 危险 |

| 国家 | 伊朗 | 日本 | 韩国 | 卢森堡 | 马来西亚 | 缅甸 | 荷兰 | 尼日利亚 | 挪威 | 巴基斯坦 | 沙特阿拉伯 |
|---|---|---|---|---|---|---|---|---|---|---|---|
| 1990—1994 年 | 警戒 | 安全 | 基本安全 | 安全 | 安全 | 警戒 | 警戒 | 警戒 | 警戒 | 危险 | 危险 |
| 1995—1999 年 | 基本安全 | 基本安全 | 基本安全 | 安全 | 基本安全 | 警戒 | 基本安全 | 基本安全 | 基本安全 | 警戒 | 警戒 |
| 2000—2004 年 | 基本安全 | 基本安全 | 基本安全 | 安全 | 警戒 | 危险 | 警戒 | 基本安全 | 基本安全 | 警戒 | 安全 |
| 2005—2009 年 | 警戒 | 基本安全 | 警戒 | 安全 | 警戒 | 警戒 | 警戒 | 基本安全 | 基本安全 | 警戒 | 警戒 |
| 2010—2014 年 | 警戒 | 危险 | 警戒 | 安全 | 警戒 | 警戒 | 警戒 | 危险 | 警戒 | 危险 | 危险 |
| 2015 年 | 危险 | 危险 | 基本安全 | 安全 | 警戒 | 警戒 | 警戒 | 危险 | 危险 | 警戒 | 警戒 |
| 2016 年 | 警戒 | 危险 | 警戒 | 安全 | 警戒 | 危险 | 警戒 | 危险 | 危险 | 警戒 | 警戒·|

| 国家 | 新加坡 | 南非 | 苏丹 | 瑞典 | 泰国 | 特立尼达和多巴哥 | 英国 | 美国 | 委内瑞拉 | 赞比亚 | 津巴布韦 |
|---|---|---|---|---|---|---|---|---|---|---|---|
| 1990—1994 年 | 警戒 | 警戒 | 警戒 | 警戒 | 危险 | 基本安全 | 警戒 | 危险 | 基本安全 | 警戒 | 警戒 |
| 1995—1999 年 | 基本安全 | 基本安全 | 基本安全 | 基本安全 | 基本安全 | 基本安全 | 基本安全 | 基本安全 | 安全 | 基本安全 | 基本安全 |
| 2000—2004 年 | 基本安全 | 基本安全 | 基本安全 | 基本安全 | 警戒 | 基本安全 | 基本安全 | 基本安全 | 警戒 | 警戒 | 警戒 |
| 2005—2009 年 | 基本安全 | 警戒 | 基本安全 | 基本安全 | 警戒 | 基本安全 | 基本安全 | 警戒 | 警戒 | 警戒 | 警戒 |
| 2010—2014 年 | 安全 | 危险 | 基本安全 | 危险 | 警戒 | 警戒 | 警戒 | 警戒 | 警戒 | 警戒 | 警戒 |
| 2015 年 | 安全 | 危险 | 基本安全 | 基本安全 | 危险 | 警戒 | 危险 | 警戒 | 危险· | 危险 | 警戒 |
| 2016 年 | 基本安全 | 警戒 | 基本安全 | 基本安全 | 危险 | 警戒 | 基本安全 | 基本安全 | 警戒 | 警戒 | 警戒 |

资料来源：根据原数据计算所得。

## 附录

### 附表 14  1990—2016 年各国对华关系风险等级

| 国家 | 阿尔及利亚 | 阿根廷 | 澳大利亚 | 巴西 | 加拿大 | 刚果(金) | 法国 | 德国 | 加纳 | 印度 | 印度尼西亚 |
|---|---|---|---|---|---|---|---|---|---|---|---|
| 1990—1994 年 | 危险 | 警戒 | 安全 | 警戒 | 危险 | 危险 | 危险 | 警戒 | 危险 | 危险 | 危险 |
| 1995—1999 年 | 警戒 | 基本安全 | 安全 | 安全 | 危险 | 危险 | 安全 | 安全 | 危险 | 危险 | 安全 |
| 2000—2004 年 | 基本安全 | 基本安全 | 安全 | 安全 | 安全 | 基本安全 | 安全 | 安全 | 危险 | 危险 | 安全 |
| 2005—2009 年 | 安全 | 安全 | 安全 | 安全 | 安全 | 基本安全 | 安全 | 安全 | 安全 | 安全 | 安全 |
| 2010—2014 年 | 安全 | 安全 | 安全 | 安全 | 安全 | 安全 | 安全 | 安全 | 安全 | 安全 | 安全 |
| 2015 年 | 安全 | 安全 | 安全 | 安全 | 安全 | 安全 | 安全 | 安全 | 安全 | 安全 | 安全 |
| 2016 年 | 安全 | 安全 | 安全 | 安全 | 安全 | 安全 | 安全 | 安全 | 安全 | 安全 | 安全 |

| 国家 | 伊朗 | 日本 | 韩国 | 卢森堡 | 马来西亚 | 缅甸 | 荷兰 | 尼日利亚 | 挪威 | 巴基斯坦 | 沙特阿拉伯 |
|---|---|---|---|---|---|---|---|---|---|---|---|
| 1990—1994 年 | 危险 | 危险 | 基本安全 | 基本安全 | 危险 | 危险 | 危险 | 危险 | 危险 | 安全 | 危险 |
| 1995—1999 年 | 危险 | 警戒 | 警戒 | 安全 | 危险 | 危险 | 警戒 | 危险 | 警戒 | 安全 | 警戒 |
| 2000—2004 年 | 基本安全 | 基本安全 | 基本安全 | 安全 | 基本安全 | 基本安全 | 安全 | 基本安全 | 基本安全 | 安全 | 安全 |
| 2005—2009 年 | 安全 | 安全 | 安全 | 安全 | 安全 | 安全 | 安全 | 安全 | 基本安全 | 安全 | 安全 |
| 2010—2014 年 | 安全 | 安全 | 安全 | 安全 | 安全 | 安全 | 安全 | 安全 | 安全 | 安全 | 安全 |
| 2015 年 | 安全 | 安全 | 安全 | 安全 | 安全 | 安全 | 安全 | 安全 | 安全 | 安全 | 安全 |
| 2016 年 | 安全 | 安全 | 安全 | 安全 | 安全 | 安全 | 安全 | 安全 | 安全 | 安全 | 安全 |

| 国家 | 新加坡 | 南非 | 苏丹 | 瑞典 | 泰国 | 特立尼达和多巴哥 | 英国 | 美国 | 委内瑞拉 | 赞比亚 | 津巴布韦 |
|---|---|---|---|---|---|---|---|---|---|---|---|
| 1990—1994 年 | 危险 | 危险 | 危险 | 危险 | 危险 | 危险 | 危险 | 危险 | 危险 | 安全 | 危险 |
| 1995—1999 年 | 危险 | 危险 | 危险 | 危险 | 危险 | 危险 | 危险 | 危险 | — | 安全 | 基本安全 |
| 2000—2004 年 | 安全 | 危险 | 警戒 | 基本安全 | 危险 | 警戒 | 危险 | 安全 | — | 安全 | 安全 |
| 2005—2009 年 | 安全 | 危险 | 基本安全 | 安全 | 基本安全 | 安全 | 安全 | 安全 | — | 安全 | 安全 |
| 2010—2014 年 | 安全 | 危险 | 安全 | 安全 | 安全 | 安全 | 安全 | 安全 | — | 安全 | 安全 |
| 2015 年 | 安全 | 安全 | 安全 | 安全 | 安全 | 安全 | 安全 | 安全 | — | 安全 | 安全 |
| 2016 年 | 安全 | 安全 | 安全 | 安全 | 安全 | 安全 | 安全 | 安全 | — | 安全 | 安全 |

资料来源：根据原始数据计算所得。委内瑞拉对华关系风险数据没有任何变化，无法计算评出风险等级。

附表15　1990—2016年各国经济风险（归一化和百分制化）

| 国家 | 阿尔及利亚 | 阿根廷 | 日本 | 澳大利亚 | 巴西 | 加拿大 | 刚果（金） | 法国 | 德国 | 加纳 | 印度 | 印度尼西亚 |
|---|---|---|---|---|---|---|---|---|---|---|---|---|
| 1990—1994年 | 23.93 | 66.99 | 60.94 | 31.87 | 13.67 | 33.16 | 30.33 | 38.82 | 39.72 | 29.78 | 28.45 | 59.37 |
| 1995—1999年 | 42.91 | 29.39 | 50.22 | 56.94 | 46.01 | 54.38 | 35.25 | 51.12 | 49.19 | 39.45 | 40.71 | 39.65 |
| 2000—2004年 | 63.30 | 38.15 | 49.98 | 49.90 | 58.48 | 55.80 | 45.15 | 59.37 | 47.78 | 53.56 | 46.21 | 53.56 |
| 2005—2009年 | 56.66 | 49.35 | 39.92 | 51.12 | 61.39 | 46.60 | 62.99 | 47.15 | 44.17 | 46.40 | 54.15 | 40.51 |
| 2010—2014年 | 53.12 | 52.85 | 44.09 | 47.98 | 59.71 | 53.60 | 59.76 | 46.21 | 58.11 | 65.03 | 58.90 | 48.64 |
| 2015年 | 56.97 | 63.06 | 42.44 | 52.26 | 57.86 | 45.19 | 71.12 | 46.76 | 55.21 | 72.10 | 82.91 | 50.29 |
| 2016年 | 53.24 | 63.26 | 42.04 | 68.76 | 56.08 | 47.35 | 71.51 | 49.90 | 59.92 | 67.19 | 84.87 | 51.47 |

| 国家 | 伊朗 | 韩国 | 卢森堡 | 马来西亚 | 缅甸 | 荷兰 | 尼日利亚 | 挪威 | 巴基斯坦 | 沙特阿拉伯 |
|---|---|---|---|---|---|---|---|---|---|---|
| 1990—1994年 | 44.48 | 48.64 | 44.91 | 51.91 | 33.34 | 44.68 | 36.86 | 60.90 | 48.68 | 57.21 |
| 1995—1999年 | 38.39 | 48.96 | 60.31 | 37.84 | 37.67 | 57.37 | 37.09 | 55.40 | 40.24 | 39.76 |
| 2000—2004年 | 55.52 | 59.88 | 58.90 | 56.50 | 49.12 | 50.45 | 67.90 | 41.34 | 55.13 | 50.02 |
| 2005—2009年 | 50.37 | 46.99 | 44.56 | 47.19 | 38.00 | 51.98 | 55.32 | 40.51 | 53.56 | 45.27 |
| 2010—2014年 | 48.25 | 40.63 | 37.92 | 50.29 | 74.98 | 38.94 | 51.51 | 40.94 | 41.81 | 49.51 |
| 2015年 | 46.17 | 42.24 | 40.28 | 45.97 | 73.04 | 45.78 | 41.65 | 59.33 | 53.24 | 55.60 |
| 2016年 | 78.59 | 42.83 | 37.33 | 45.58 | 71.55 | 47.15 | 25.15 | 55.60 | 60.31 | 46.17 |

| 国家 | 新加坡 | 南非 | 苏丹 | 瑞典 | 泰国 | 特立尼达和多巴哥 | 英国 | 美国 | 委内瑞拉 | 赞比亚 | 津巴布韦 |
|---|---|---|---|---|---|---|---|---|---|---|---|
| 1990—1994年 | 53.08 | 27.35 | 31.43 | 37.17 | 51.16 | 32.06 | 44.32 | 32.65 | 55.99 | 22.48 | 47.62 |
| 1995—1999年 | 47.82 | 55.68 | 34.15 | 54.22 | 39.41 | 61.02 | 62.83 | 58.90 | 46.25 | 41.81 | 47.43 |
| 2000—2004年 | 51.04 | 48.53 | 59.37 | 55.17 | 62.75 | 65.30 | 58.19 | 55.36 | 40.04 | 47.03 | 35.05 |
| 2005—2009年 | 49.27 | 61.65 | 59.76 | 51.08 | 47.31 | 50.02 | 37.05 | 47.19 | 57.17 | 59.88 | 45.30 |
| 2010—2014年 | 44.75 | 52.61 | 54.54 | 49.27 | 41.89 | 42.16 | 42.36 | 41.85 | 53.12 | 66.37 | 64.17 |
| 2015年 | 39.49 | 41.85 | 51.47 | 59.72 | 48.53 | 31.24 | 44.99 | 62.08 | 33.79 | 69.16 | 55.21 |
| 2016年 | 40.67 | 39.49 | 62.28 | 55.01 | 49.12 | 26.72 | 41.65 | 65.42 | 13.95 | 53.44 | 56.97 |

资料来源：根据原数据计算所得。

附表 16　1990—2016 年各国商务环境风险（归一化和百分制化）

| 国家 | 阿尔及利亚 | 阿根廷 | 澳大利亚 | 巴西 | 加拿大 | 刚果（金） | 法国 | 德国 | 加纳 | 印度 | 印度尼西亚 |
|---|---|---|---|---|---|---|---|---|---|---|---|
| 1990—1994 年 | 22.55 | 33.11 | 15.69 | 77.93 | 23.05 | 68.29 | 72.74 | 83.58 | 72.57 | 11.97 | 73.82 |
| 1995—1999 年 | 36.44 | 57.12 | 39.02 | 66.12 | 29.56 | 40.55 | 64.27 | 72.32 | 51.76 | 52.37 | 73.82 |
| 2000—2004 年 | 57.69 | 44.75 | 62.71 | 38.56 | 65.32 | 41.20 | 39.37 | 36.85 | 33.59 | 62.19 | 73.82 |
| 2005—2009 年 | 70.62 | 59.76 | 71.66 | 32.20 | 67.45 | 56.47 | 37.27 | 36.65 | 54.31 | 66.27 | 73.82 |
| 2010—2014 年 | 67.51 | 65.30 | 64.82 | 49.12 | 68.55 | 52.93 | 45.36 | 38.21 | 53.45 | 64.42 | 73.82 |
| 2015 年 | 68.63 | 53.71 | 68.73 | 44.40 | 69.10 | 54.14 | 45.70 | 36.06 | 48.51 | 59.46 | 73.82 |
| 2016 年 | 66.47 | 54.79 | 70.90 | 45.27 | 70.44 | 57.38 | 43.54 | 35.08 | 32.29 | 63.68 | 73.82 |

| 国家 | 伊朗 | 日本 | 韩国 | 卢森堡 | 马来西亚 | 缅甸 | 荷兰 | 尼日利亚 | 挪威 | 巴基斯坦 | 沙特阿拉伯 |
|---|---|---|---|---|---|---|---|---|---|---|---|
| 1990—1994 年 | 41.51 | 37.83 | 57.08 | 69.89 | 29.22 | 38.17 | 78.41 | 76.64 | 18.06 | 37.18 | 73.82 |
| 1995—1999 年 | 65.04 | 31.51 | 65.95 | 75.43 | 46.13 | 63.01 | 68.50 | 6.61 | 38.15 | 40.12 | 73.82 |
| 2000—2004 年 | 47.39 | 52.19 | 40.42 | 50.98 | 52.41 | 46.65 | 52.49 | 34.06 | 61.72 | 56.39 | 73.82 |
| 2005—2009 年 | 50.42 | 60.20 | 47.22 | 34.67 | 63.83 | 40.94 | 31.73 | 52.15 | 69.92 | 72.18 | 73.82 |
| 2010—2014 年 | 57.17 | 70.88 | 50.85 | 36.57 | 65.47 | 61.36 | 36.83 | 54.57 | 68.62 | 54.25 | 73.82 |
| 2015 年 | 49.81 | 72.96 | 50.89 | 35.53 | 64.09 | 79.23 | 36.40 | 43.11 | 63.84 | 42.46 | 73.82 |
| 2016 年 | 51.98 | 73.18 | 50.89 | 35.97 | 59.76 | 79.67 | 32.72 | 45.92 | 62.99 | 59.33 | 73.82 |

| 国家 | 新加坡 | 南非 | 苏丹 | 瑞典 | 泰国 | 特立尼达和多巴哥 | 英国 | 美国 | 委内瑞拉 | 赞比亚 | 津巴布韦 |
|---|---|---|---|---|---|---|---|---|---|---|---|
| 1990—1994 年 | 20.61 | 81.87 | 20.65 | 26.79 | 77.98 | 22.06 | 23.20 | 84.25 | 72.87 | 73.82 | 80.14 |
| 1995—1999 年 | 46.65 | 62.14 | 49.64 | 31.77 | 56.43 | 34.36 | 46.61 | 56.95 | 66.12 | 73.82 | 68.46 |
| 2000—2004 年 | 67.29 | 40.12 | 53.88 | 59.11 | 38.61 | 54.21 | 71.27 | 41.42 | 53.45 | 73.82 | 46.09 |
| 2005—2009 年 | 59.07 | 37.48 | 67.46 | 67.33 | 43.93 | 66.76 | 64.26 | 43.45 | 45.36 | 73.82 | 31.90 |
| 2010—2014 年 | 63.79 | 42.37 | 65.13 | 68.68 | 46.35 | 75.58 | 51.15 | 40.77 | 32.25 | 73.82 | 37.70 |
| 2015 年 | 63.87 | 45.49 | 63.66 | 68.63 | 46.13 | 72.15 | 64.74 | 39.64 | 29.91 | 73.82 | 43.32 |
| 2016 年 | 58.03 | 43.97 | 61.49 | 71.88 | 46.35 | 72.11 | 61.93 | 35.10 | 28.83 | 73.82 | 44.62 |

资料来源：根据原数据计算所得。

附表17  1990—2016年各国偿债能力风险（归一化和百分制化）

| 国家 | 阿尔及利亚 | 阿根廷 | 澳大利亚 | 巴西 | 加拿大 | 刚果(金) | 法国 | 德国 | 加纳 | 印度 | 印度尼西亚 |
|---|---|---|---|---|---|---|---|---|---|---|---|
| 1990—1994年 | 35.18 | 44.91 | 26.39 | 54.50 | 53.37 | 41.28 | 32.53 | 37.74 | 57.69 | 27.47 | 37.89 |
| 1995—1999年 | 54.35 | 54.69 | 52.63 | 48.45 | 65.16 | 48.89 | 57.69 | 48.75 | 43.59 | 56.76 | 50.86 |
| 2000—2004年 | 72.53 | 54.99 | 78.38 | 46.14 | 85.11 | 72.38 | 78.18 | 64.86 | 65.80 | 86.34 | 71.15 |
| 2005—2009年 | 82.70 | 78.77 | 78.72 | 74.64 | 62.60 | 66.83 | 68.40 | 68.30 | 76.76 | 66.88 | 73.66 |
| 2010—2014年 | 68.94 | 72.48 | 68.94 | 80.34 | 45.26 | 69.14 | 63.88 | 77.84 | 61.72 | 65.80 | 66.39 |
| 2015年 | 45.95 | 69.78 | 58.72 | 66.58 | 50.61 | 81.82 | 77.89 | 80.10 | 58.97 | 66.09 | 73.46 |
| 2016年 | 37.84 | 52.58 | 67.81 | 65.36 | 43.24 | 77.40 | 70.52 | 84.52 | 65.11 | 69.29 | 79.12 |

| 国家 | 伊朗 | 日本 | 韩国 | 卢森堡 | 马来西亚 | 缅甸 | 荷兰 | 尼日利亚 | 挪威 | 巴基斯坦 | 沙特阿拉伯 |
|---|---|---|---|---|---|---|---|---|---|---|---|
| 1990—1994年 | 34.69 | 38.08 | 41.97 | 31.06 | 48.45 | 23.98 | 37.94 | 36.76 | 19.62 | 28.65 | 44.28 |
| 1995—1999年 | 50.32 | 66.34 | 41.08 | 57.79 | 34.84 | 56.31 | 51.15 | 49.83 | 50.59 | 49.09 | 41.97 |
| 2000—2004年 | 68.94 | 80.10 | 74.55 | 75.48 | 73.61 | 70.22 | 66.00 | 67.67 | 76.25 | 75.28 | 64.52 |
| 2005—2009年 | 73.32 | 69.73 | 64.86 | 72.29 | 75.33 | 80.88 | 57.10 | 76.51 | 77.38 | 71.01 | 82.36 |
| 2010—2014年 | 72.83 | 54.64 | 77.69 | 67.67 | 78.23 | 72.97 | 81.28 | 78.57 | 77.76 | 74.69 | 81.97 |
| 2015年 | 73.22 | 53.81 | 74.45 | 58.72 | 43.00 | 64.86 | 93.12 | 57.99 | 71.20 | 78.13 | 50.37 |
| 2016年 | 78.38 | 54.05 | 75.92 | 72.73 | 56.76 | 64.86 | 91.15 | 47.17 | 72.70 | 79.85 | 26.54 |

| 国家 | 新加坡 | 南非 | 苏丹 | 瑞典 | 泰国 | 特立尼达和多巴哥 | 英国 | 美国 | 委内瑞拉 | 赞比亚 | 津巴布韦 |
|---|---|---|---|---|---|---|---|---|---|---|---|
| 1990—1994年 | 31.89 | 33.71 | 26.39 | 22.80 | 37.20 | 33.27 | 68.60 | 65.50 | 48.89 | 47.71 | 69.09 |
| 1995—1999年 | 41.43 | 55.72 | 45.60 | 58.38 | 40.93 | 44.13 | 78.53 | 77.89 | 51.30 | 59.12 | 68.55 |
| 2000—2004年 | 67.67 | 64.42 | 78.33 | 72.09 | 72.63 | 59.71 | 76.76 | 62.06 | 68.75 | 42.31 | 57.89 |
| 2005—2009年 | 80.20 | 76.46 | 79.90 | 77.54 | 73.76 | 79.31 | 54.00 | 46.49 | 79.66 | 60.93 | 79.07 |
| 2010—2014年 | 79.12 | 74.25 | 69.68 | 67.42 | 75.23 | 84.32 | 34.20 | 49.29 | 63.98 | 88.35 | 36.31 |
| 2015年 | 71.99 | 64.13 | 76.41 | 87.71 | 74.45 | 80.34 | 49.63 | 67.32 | 53.07 | 79.12 | 48.16 |
| 2016年 | 78.13 | 64.86 | 75.92 | 72.97 | 79.12 | 67.81 | 41.52 | 78.38 | 36.12 | 79.61 | 48.89 |

资料来源：根据原数据计算所得。

附表18　1990—2016年各国政治风险（归一化和百分制化）

| 国家 | 阿尔及利亚 | 阿根廷 | 澳大利亚 | 巴西 | 加拿大 | 刚果（金） | 法国 | 德国 | 加纳 | 印度 | 印度尼西亚 |
|---|---|---|---|---|---|---|---|---|---|---|---|
| 1990—1994年 | 56.35 | 52.50 | 81.61 | 80.16 | 82.76 | 30.16 | 90.16 | 73.33 | 30.36 | 50.52 | 67.55 |
| 1995—1999年 | 38.85 | 78.85 | 79.79 | 89.32 | 37.40 | 63.75 | 75.16 | 83.18 | 66.98 | 76.72 | 76.20 |
| 2000—2004年 | 48.49 | 55.00 | 59.79 | 57.55 | 45.63 | 70.31 | 52.55 | 67.71 | 67.97 | 53.13 | 51.51 |
| 2005—2009年 | 85.94 | 66.56 | 51.61 | 50.00 | 75.99 | 71.93 | 41.51 | 51.30 | 74.22 | 67.76 | 62.29 |
| 2010—2014年 | 74.48 | 57.55 | 43.13 | 44.95 | 63.54 | 71.93 | 51.88 | 41.72 | 68.44 | 60.99 | 55.99 |
| 2015年 | 73.44 | 55.47 | 42.19 | 26.82 | 76.04 | 63.28 | 53.65 | 42.19 | 62.76 | 61.20 | 49.22 |
| 2016年 | 72.40 | 58.33 | 43.75 | 30.21 | 63.80 | 63.02 | 56.51 | 38.02 | 63.80 | 59.64 | 50.26 |

| 国家 | 伊朗 | 日本 | 韩国 | 卢森堡 | 马来西亚 | 缅甸 | 荷兰 | 尼日利亚 | 挪威 | 巴基斯坦 | 沙特阿拉伯 |
|---|---|---|---|---|---|---|---|---|---|---|---|
| 1990—1994年 | 58.49 | 91.41 | 34.74 | 86.98 | 32.97 | 39.84 | 81.98 | 65.21 | 97.97 | 51.15 | 34.90 |
| 1995—1999年 | 82.81 | 71.77 | 78.07 | 77.14 | 76.72 | 69.38 | 86.04 | 73.59 | 64.64 | 84.06 | 71.56 |
| 2000—2004年 | 64.06 | 54.38 | 73.39 | 64.58 | 73.59 | 61.56 | 68.54 | 48.96 | 51.77 | 49.74 | 74.27 |
| 2005—2009年 | 57.81 | 49.17 | 62.55 | 63.13 | 63.96 | 59.64 | 29.17 | 60.31 | 52.24 | 50.68 | 70.89 |
| 2010—2014年 | 48.13 | 48.80 | 61.20 | 34.38 | 61.72 | 71.20 | 48.54 | 58.54 | 48.44 | 66.82 | 61.93 |
| 2015年 | 53.91 | 44.53 | 57.29 | 21.09 | 63.80 | 77.86 | 47.66 | 65.36 | 45.05 | 75.78 | 54.69 |
| 2016年 | 55.47 | 44.27 | 59.64 | 13.28 | 57.55 | 80.21 | 47.14 | 67.97 | 45.83 | 77.60 | 43.49 |

| 国家 | 新加坡 | 南非 | 苏丹 | 瑞典 | 泰国 | 特立尼达和多巴哥 | 英国 | 美国 | 委内瑞拉 | 赞比亚 | 津巴布韦 |
|---|---|---|---|---|---|---|---|---|---|---|---|
| 1990—1994年 | 67.45 | 35.16 | 29.32 | 92.08 | 62.92 | 33.54 | 86.30 | 79.01 | 77.34 | 36.82 | 60.73 |
| 1995—1999年 | 86.61 | 77.40 | 55.36 | 75.47 | 84.22 | 71.46 | 77.76 | 76.35 | 87.45 | 76.72 | 78.85 |
| 2000—2004年 | 70.00 | 56.41 | 85.63 | 54.95 | 78.49 | 58.02 | 47.29 | 48.39 | 63.54 | 58.23 | 45.05 |
| 2005—2009年 | 53.39 | 69.22 | 79.58 | 52.14 | 49.22 | 69.90 | 39.95 | 50.78 | 50.99 | 68.91 | 59.95 |
| 2010—2014年 | 42.66 | 68.44 | 61.35 | 43.07 | 42.45 | 70.63 | 58.02 | 56.35 | 40.47 | 66.25 | 62.76 |
| 2015年 | 30.21 | 66.15 | 54.95 | 38.54 | 39.58 | 74.22 | 59.11 | 56.77 | 33.85 | 64.84 | 64.84 |
| 2016年 | 35.16 | 67.71 | 54.69 | 39.06 | 40.10 | 75.00 | 60.94 | 55.73 | 33.33 | 67.19 | 65.10 |

资料来源：根据原数据计算所得。

附表19  1990—2016年各国对外经济风险（归一化和百分制化）

| 国家 | 阿尔及利亚 | 阿根廷 | 澳大利亚 | 巴西 | 加拿大 | 刚果（金） | 法国 | 德国 | 加纳 | 印度 | 印度尼西亚 |
|---|---|---|---|---|---|---|---|---|---|---|---|
| 1990—1994年 | 34.70 | 45.43 | 36.37 | 25.76 | 49.17 | 31.16 | 52.01 | 57.48 | 43.37 | 26.19 | 46.03 |
| 1995—1999年 | 35.58 | 54.70 | 34.86 | 49.46 | 51.85 | 26.97 | 47.76 | 45.53 | 37.02 | 30.18 | 36.72 |
| 2000—2004年 | 50.28 | 36.37 | 47.46 | 48.61 | 50.61 | 43.73 | 46.68 | 43.11 | 38.59 | 35.55 | 42.19 |
| 2005—2009年 | 51.39 | 34.21 | 40.23 | 37.71 | 34.47 | 47.50 | 36.96 | 39.31 | 45.60 | 50.18 | 45.47 |
| 2010—2014年 | 42.82 | 38.13 | 48.45 | 47.66 | 29.66 | 56.66 | 32.31 | 28.51 | 46.58 | 61.18 | 45.15 |
| 2015年 | 22.09 | 42.39 | 40.26 | 36.01 | 20.29 | 39.61 | 15.88 | 22.75 | 25.70 | 51.88 | 15.98 |
| 2016年 | 26.19 | 35.35 | 45.34 | 40.43 | 23.40 | 52.54 | 27.82 | 29.79 | 40.92 | 54.17 | 28.67 |

| 国家 | 伊朗 | 日本 | 韩国 | 卢森堡 | 马来西亚 | 缅甸 | 荷兰 | 尼日利亚 | 挪威 | 巴基斯坦 | 沙特阿拉伯 |
|---|---|---|---|---|---|---|---|---|---|---|---|
| 1990—1994年 | 41.01 | 60.16 | 28.09 | 39.67 | 55.55 | 47.23 | 33.49 | 42.03 | 40.93 | 31.46 | 35.61 |
| 1995—1999年 | 38.66 | 50.38 | 43.76 | 35.55 | 38.16 | 45.20 | 45.63 | 40.26 | 41.94 | 38.92 | 35.48 |
| 2000—2004年 | 47.95 | 43.44 | 50.05 | 38.20 | 42.85 | 39.67 | 54.86 | 44.62 | 48.26 | 39.18 | 42.55 |
| 2005—2009年 | 46.02 | 33.16 | 44.12 | 39.21 | 36.78 | 35.78 | 42.03 | 45.92 | 46.09 | 55.71 | 51.82 |
| 2010—2014年 | 38.63 | 27.95 | 43.63 | 53.36 | 43.31 | 41.57 | 33.03 | 42.32 | 41.07 | 38.63 | 48.31 |
| 2015年 | 19.80 | 22.26 | 32.41 | 43.54 | 13.30 | 36.50 | 38.95 | 22.42 | 8.19 | 46.97 | 37.97 |
| 2016年 | 41.41 | 24.88 | 42.39 | 49.10 | 25.95 | 37.97 | 38.30 | 24.55 | 22.78 | 55.81 | 15.06 |

| 国家 | 新加坡 | 南非 | 苏丹 | 瑞典 | 泰国 | 特立尼达和多巴哥 | 英国 | 美国 | 委内瑞拉 | 赞比亚 | 津巴布韦 |
|---|---|---|---|---|---|---|---|---|---|---|---|
| 1990—1994年 | 50.90 | 38.90 | 31.36 | 36.60 | 50.30 | 38.59 | 40.72 | 30.80 | 41.18 | 32.77 | 42.19 |
| 1995—1999年 | 35.95 | 37.39 | 42.36 | 55.02 | 34.04 | 42.98 | 46.19 | 42.62 | 43.14 | 39.25 | 38.89 |
| 2000—2004年 | 45.39 | 49.90 | 51.10 | 43.73 | 45.31 | 46.51 | 43.31 | 60.36 | 45.37 | 49.39 | 41.80 |
| 2005—2009年 | 41.25 | 43.14 | 46.42 | 41.77 | 41.82 | 43.96 | 47.43 | 44.68 | 46.97 | 43.18 | 41.60 |
| 2010—2014年 | 42.63 | 46.40 | 38.92 | 34.44 | 43.33 | 43.27 | 32.73 | 32.44 | 40.46 | 48.22 | 46.74 |
| 2015年 | 12.22 | 20.31 | 37.48 | 30.44 | 20.41 | 23.57 | 27.33 | 33.55 | 18.99 | 29.30 | 28.15 |
| 2016年 | 29.60 | 23.46 | 33.72 | 34.21 | 28.03 | 22.26 | 43.21 | 34.53 | 17.35 | 29.30 | 38.30 |

资料来源：根据原数据计算所得。

附表20　1990—2016年各国对华关系风险（归一化和百分制化）

| 国家 | 阿尔及利亚 | 阿根廷 | 澳大利亚 | 巴西 | 加拿大 | 刚果（金） | 法国 | 德国 | 加纳 | 印度 | 印度尼西亚 |
|---|---|---|---|---|---|---|---|---|---|---|---|
| 1990—1994年 | 34.46 | 37.69 | 51.92 | 34.98 | 43.01 | 38.45 | 35.23 | 34.75 | 41.23 | 41.66 | 30.03 |
| 1995—1999年 | 43.76 | 48.00 | 51.92 | 51.35 | 43.01 | 38.45 | 52.10 | 53.47 | 41.23 | 41.66 | 54.52 |
| 2000—2004年 | 50.93 | 49.62 | 41.54 | 51.35 | 43.01 | 54.86 | 52.54 | 53.47 | 41.23 | 41.66 | 54.52 |
| 2005—2009年 | 58.69 | 56.10 | 51.92 | 51.35 | 58.39 | 54.86 | 54.30 | 53.47 | 60.96 | 57.77 | 54.52 |
| 2010—2014年 | 58.69 | 56.10 | 51.92 | 56.80 | 58.77 | 71.28 | 54.30 | 53.47 | 60.96 | 62.33 | 54.52 |
| 2015年 | 58.69 | 56.10 | 51.92 | 60.44 | 59.29 | 71.28 | 54.30 | 53.47 | 60.96 | 62.33 | 54.52 |
| 2016年 | 58.69 | 56.10 | 51.92 | 60.44 | 59.29 | 71.28 | 54.30 | 53.47 | 60.96 | 62.33 | 55.03 |

| 国家 | 伊朗 | 日本 | 韩国 | 卢森堡 | 马来西亚 | 缅甸 | 荷兰 | 尼日利亚 | 挪威 | 巴基斯坦 | 沙特阿拉伯 |
|---|---|---|---|---|---|---|---|---|---|---|---|
| 1990—1994年 | 38.29 | 39.01 | 37.80 | 41.55 | 44.76 | 38.39 | 39.49 | 39.60 | 35.80 | 51.92 | 32.23 |
| 1995—1999年 | 38.29 | 44.68 | 52.77 | 49.30 | 44.76 | 38.39 | 39.49 | 39.60 | 44.56 | 51.92 | 32.23 |
| 2000—2004年 | 49.19 | 53.20 | 52.77 | 50.12 | 44.76 | 52.55 | 45.81 | 49.37 | 46.75 | 41.54 | 41.24 |
| 2005—2009年 | 60.09 | 53.20 | 52.77 | 53.40 | 63.63 | 58.61 | 60.50 | 51.81 | 57.71 | 51.92 | 54.76 |
| 2010—2014年 | 60.09 | 56.20 | 52.77 | 53.92 | 68.35 | 58.61 | 60.50 | 64.02 | 57.71 | 51.93 | 54.76 |
| 2015年 | 60.09 | 59.19 | 52.77 | 54.70 | 68.35 | 58.61 | 60.50 | 64.02 | 68.67 | 51.92 | 54.76 |
| 2016年 | 60.09 | 59.19 | 52.77 | 54.70 | 68.35 | 58.61 | 60.50 | 64.02 | 68.67 | 51.92 | 54.76 |

| 国家 | 新加坡 | 南非 | 苏丹 | 瑞典 | 泰国 | 特立尼达和多巴哥 | 英国 | 美国 | 委内瑞拉 | 赞比亚 | 津巴布韦 |
|---|---|---|---|---|---|---|---|---|---|---|---|
| 1990—1994年 | 55.16 | 48.08 | 41.97 | 33.81 | 45.33 | 39.80 | 40.55 | 41.23 | 38.17 | 51.92 | 32.57 |
| 1995—1999年 | 56.75 | 48.08 | 45.80 | 45.02 | 45.33 | 39.80 | 40.55 | 41.23 | 38.17 | 51.92 | 46.67 |
| 2000—2004年 | 56.75 | 48.08 | 53.72 | 56.23 | 45.33 | 46.29 | 44.48 | 41.23 | 54.14 | 51.93 | 56.08 |
| 2005—2009年 | 56.75 | 48.08 | 59.59 | 56.23 | 60.47 | 60.05 | 60.18 | 60.96 | 58.13 | 41.54 | 56.08 |
| 2010—2014年 | 56.75 | 48.08 | 50.06 | 56.23 | 70.57 | 60.05 | 60.18 | 60.96 | 58.13 | 51.92 | 56.11 |
| 2015年 | 56.75 | 100.00 | 54.95 | 56.23 | 70.57 | 60.05 | 60.18 | 60.96 | 58.13 | 51.92 | 56.24 |
| 2016年 | 55.16 | 48.08 | 54.69 | 56.23 | 70.57 | 60.05 | 60.18 | 60.96 | 58.13 | 51.92 | 56.24 |

资料来源：根据原数据计算所得。

附表21　1990—2016年各国经济风险等级（归一化和百分制化）

| 国家 | 阿尔及利亚 | 阿根廷 | 澳大利亚 | 巴西 | 加拿大 | 刚果（金） | 法国 | 德国 | 加纳 | 印度 | 印度尼西亚 |
|---|---|---|---|---|---|---|---|---|---|---|---|
| 1990—1994年 | B | BBB | B | B | B | B | B | B | B | B | BB |
| 1995—1999年 | B | B | BB | B | BB | B | BB | B | BB | B | B |
| 2000—2004年 | BBB | B | BB | BB | BB | B | BB | BB | BBB | BB | BB |
| 2005—2009年 | BB | BB | B | BBB | B | BBB | B | BB | BBB | BBB | B |
| 2010—2014年 | BB | BBB | BB | B | BB | BB | B | BB | BBB | AA | BB |
| 2015年 | BB | BBB | BBB | BB | B | A | B | BB | B | AA | BB |
| 2016年 | BB | BBB | BBB | BB | B | A | B | BB | B | AA | BB |

| 国家 | 伊朗 | 日本 | 韩国 | 卢森堡 | 马来西亚 | 缅甸 | 荷兰 | 尼日利亚 | 挪威 | 巴基斯坦 | 沙特阿拉伯 |
|---|---|---|---|---|---|---|---|---|---|---|---|
| 1990—1994年 | BB | BBB | B | B | BB | B | B | B | B | B | BB |
| 1995—1999年 | B | BB | B | BBB | B | B | BB | B | B | BB | B |
| 2000—2004年 | BB | B | BB | B | BB | BBB | BB | BBB | B | BB | BB |
| 2005—2009年 | BB | B | B | B | BB | B | BB | BB | B | BB | B |
| 2010—2014年 | B | B | B | B | BB | A | B | BB | BB | BB | BB |
| 2015年 | B | B | B | B | B | A | B | BB | BB | BBB | BB |
| 2016年 | A | B | B | B | B | A | B | BBB | BB | BBB | BB |

| 国家 | 新加坡 | 南非 | 苏丹 | 瑞典 | 泰国 | 特立尼达和多巴哥 | 英国 | 美国 | 委内瑞拉 | 赞比亚 | 津巴布韦 |
|---|---|---|---|---|---|---|---|---|---|---|---|
| 1990—1994年 | BB | B | B | B | BB | BBB | B | B | BB | B | B |
| 1995—1999年 | B | BB | B | BB | B | BBB | BBB | BB | B | B | B |
| 2000—2004年 | BB | B | BB | BB | BBB | B | BB | BB | B | BB | B |
| 2005—2009年 | B | BBB | BB | BB | B | B | B | B | BB | BBB | BBB |
| 2010—2014年 | B | BB | BB | BB | BB | B | B | BBB | B | BBB | BB |
| 2015年 | B | B | BBB | BB | BB | B | B | BBB | B | BB | BB |

资料来源：根据原数据计算所得。

附表 22　1990—2016 年各国商务环境风险等级（归一化和百分制化）

| 国家 | 阿尔及利亚 | 阿根廷 | 澳大利亚 | 巴西 | 加拿大 | 刚果（金） | 法国 | 德国 | 加纳 | 印度 | 印度尼西亚 |
|---|---|---|---|---|---|---|---|---|---|---|---|
| 1990—1994 年 | B | B | B | A | B | BBB | A | AA | A | B | A |
| 1995—1999 年 | BB | BB | BBB | BBB | BBB | B | BBB | A | BB | BB | A |
| 2000—2004 年 | BB | B | A | B | BBB | BB | B | B | B | BBB | A |
| 2005—2009 年 | A | BB | BBB | BB | BBB | BB | B | B | BB | BBB | A |
| 2010—2014 年 | BBB | BBB | BBB | BB | BBB | BB | B | B | B | BBB | A |
| 2015 年 | BBB | BB | BBB | B | A | BB | B | B | B | BBB | A |
| 2016 年 | BBB | BB | A | B | BB | BB | B | B | B | BBB | A |

| 国家 | 伊朗 | 日本 | 韩国 | 卢森堡 | 马来西亚 | 缅甸 | 荷兰 | 尼日利亚 | 挪威 | 巴基斯坦 | 沙特阿拉伯 |
|---|---|---|---|---|---|---|---|---|---|---|---|
| 1990—1994 年 | B | B | BB | BBB | B | BBB | A | A | B | B | A |
| 1995—1999 年 | BBB | B | BBB | A | BB | BBB | BBB | B | BBB | BB | A |
| 2000—2004 年 | BB | BB | B | BB | BBB | B | B | BB | BBB | A | A |
| 2005—2009 年 | BB | BBB | B | B | BBB | BBB | B | BB | BBB | BB | A |
| 2010—2014 年 | BB | A | BB | B | BBB | A | B | BB | BBB | BB | A |
| 2015 年 | A | A | BB | B | BBB | A | B | B | BBB | BB | A |
| 2016 年 | BB | A | BB | B | BB | A | B | B | BBB | BB | A |

| 国家 | 新加坡 | 南非 | 苏丹 | 瑞典 | 泰国 | 特立尼达和多巴哥 | 英国 | 美国 | 委内瑞拉 | 赞比亚 | 津巴布韦 |
|---|---|---|---|---|---|---|---|---|---|---|---|
| 1990—1994 年 | B | AA | B | B | A | B | B | AA | A | A | AA |
| 1995—1999 年 | B | BBB | BB | B | BB | BB | B | BB | BBB | A | BBB |
| 2000—2004 年 | BBB | B | BBB | BBB | B | BBB | A | B | BB | A | B |
| 2005—2009 年 | BB | B | BBB | BBB | B | BBB | BBB | B | B | A | B |
| 2010—2014 年 | BBB | B | BBB | BBB | B | A | BB | B | B | A | B |
| 2015 年 | BBB | B | BBB | A | B | A | BBB | B | B | A | B |
| 2016 年 | BB | B | BBB | A | B | B | BBB | B | B | A | B |

资料来源：根据原数据计算所得。

附表23  1990—2016年各国偿债能力风险等级（归一化和百分制化）

| 国家 | 阿尔及利亚 | 阿根廷 | 澳大利亚 | 巴西 | 加拿大 | 刚果（金） | 法国 | 德国 | 加纳 | 印度 | 印度尼西亚 |
|---|---|---|---|---|---|---|---|---|---|---|---|
| 1990—1994年 | B | B | B | BB | BB | B | BB | B | BB | B | B |
| 1995—1999年 | BB | BB | BB | B | BBB | A | BB | B | BBB | BB | BB |
| 2000—2004年 | A | BB | A | B | AA | BBB | A | BBB | A | AA | A |
| 2005—2009年 | AA | A | A | A | BBB | BBB | BBB | BBB | BBB | BBB | A |
| 2010—2014年 | BBB | A | BBB | AA | B | AA | BBB | A | BB | BBB | BBB |
| 2015年 | B | BBB | BB | BBB | BB | BBB | A | AA | BBB | BBB | B |
| 2016年 | B | BB | BBB | BBB | B | BBB | A | AA | BBB | BBB | A |

| 国家 | 伊朗 | 日本 | 韩国 | 卢森堡 | 马来西亚 | 缅甸 | 荷兰 | 尼日利亚 | 挪威 | 巴基斯坦 | 沙特阿拉伯 |
|---|---|---|---|---|---|---|---|---|---|---|---|
| 1990—1994年 | B | B | B | B | B | B | B | B | B | B | B |
| 1995—1999年 | BB | BB | B | BB | A | B | BB | B | BB | B | B |
| 2000—2004年 | BBB | BBB | AA | A | A | A | BBB | BBB | A | A | BBB |
| 2005—2009年 | A | BB | BBB | A | A | AA | BBB | A | A | A | AA |
| 2010—2014年 | A | BB | B | BBB | B | A | AA | BB | A | A | AA |
| 2015年 | A | BB | B | BB | A | BBB | AA | B | BBB | A | BB |
| 2016年 | A | BB | A | A | B | BBB | AA | B | B | A | B |

| 国家 | 新加坡 | 南非 | 苏丹 | 瑞典 | 泰国 | 特立尼达和多巴哥 | 英国 | 美国 | 委内瑞拉 | 赞比亚 | 津巴布韦 |
|---|---|---|---|---|---|---|---|---|---|---|---|
| 1990—1994年 | B | B | B | B | B | B | BBB | BBB | B | B | BBB |
| 1995—1999年 | B | BB | B | BB | B | B | BBB | A | BB | BB | BBB |
| 2000—2004年 | BBB | BBB | A | A | A | BB | A | BBB | A | B | B |
| 2005—2009年 | AA | A | A | A | A | A | BB | B | BBB | BBB | A |
| 2010—2014年 | A | A | BBB | BBB | AA | AA | B | BBB | BB | AA | B |
| 2015年 | A | BBB | B | AA | A | AA | B | BB | B | A | B |
| 2016年 | A | BBB | A | A | A | BBB | B | A | B | A | B |

资料来源：根据原数据计算所得。

附表 24　1990—2016 年各国政治风险等级（归一化和百分制化）

| 国家 | 阿尔及利亚 | 阿根廷 | 澳大利亚 | 巴西 | 加拿大 | 刚果（金） | 法国 | 德国 | 加纳 | 印度 | 印度尼西亚 |
|---|---|---|---|---|---|---|---|---|---|---|---|
| 1990—1994 年 | BB | BB | AA | AA | AA | B | AA | A | B | BB | BBB |
| 1995—1999 年 | B | A | A | AA | B | BBB | A | AA | BBB | A | A |
| 2000—2004 年 | B | BB | BB | BB | B | A | BB | BBB | BBB | BB | BB |
| 2005—2009 年 | AA | BBB | BB | BB | A | A | BB | BB | AA | BBB | BBB |
| 2010—2014 年 | A | BB | B | B | BBB | BBB | BB | B | BBB | BBB | B |
| 2015 年 | A | BB | B | B | A | BBB | BB | B | BBB | BB | BB |
| 2016 年 | BB | BB | B | B | BBB | BBB | BB | B | BBB | BB | BB |

| 国家 | 伊朗 | 日本 | 韩国 | 卢森堡 | 马来西亚 | 缅甸 | 荷兰 | 尼日利亚 | 挪威 | 巴基斯坦 | 沙特阿拉伯 |
|---|---|---|---|---|---|---|---|---|---|---|---|
| 1990—1994 年 | BB | AA | B | AA | B | B | AA | BBB | AA | BB | B |
| 1995—1999 年 | AA | A | A | A | A | BBB | AA | A | BBB | AA | A |
| 2000—2004 年 | BBB | BB | A | BBB | A | BBB | BB | BBB | BB | B | A |
| 2005—2009 年 | BB | B | BBB | BBB | BBB | BB | B | BBB | BB | BB | A |
| 2010—2014 年 | B | B | BBB | B | BBB | A | B | BB | B | BBB | BBB |
| 2015 年 | BB | B | BB | B | BBB | A | B | BBB | B | A | BB |
| 2016 年 | BB | B | BB | B | BB | AA | B | BBB | B | A | B |

| 国家 | 新加坡 | 南非 | 苏丹 | 瑞典 | 特立尼达和多巴哥 | 泰国 | 英国 | 美国 | 委内瑞拉 | 赞比亚 | 津巴布韦 |
|---|---|---|---|---|---|---|---|---|---|---|---|
| 1990—1994 年 | BBB | B | B | AA | B | BBB | AA | A | AA | B | BBB |
| 1995—1999 年 | AA | A | BB | A | BB | AA | A | A | A | A | A |
| 2000—2004 年 | A | BB | AA | BB | BBB | A | BB | BB | BBB | BB | B |
| 2005—2009 年 | BB | BBB | A | BB | BBB | B | BB | BB | BBB | BBB | BBB |
| 2010—2014 年 | B | BBB | BBB | B | A | B | BB | BB | B | BBB | BBB |
| 2015 年 | B | BBB | BB | B | B | B | BB | BB | B | BBB | BBB |
| 2016 年 | B | BBB | BB | B | A | B | BBB | BB | B | BBB | BBB |

资料来源：根据原数据计算所得。

附表25　1990—2016年各国对外经济风险等级（归一化和百分制化）

| 国家 | 阿尔及利亚 | 阿根廷 | 澳大利亚 | 巴西 | 加拿大 | 刚果（金） | 法国 | 德国 | 加纳 | 印度 | 印度尼西亚 |
|---|---|---|---|---|---|---|---|---|---|---|---|
| 1990—1994年 | B | B | B | B | B | B | BB | BB | B | B | B |
| 1995—1999年 | BB | BB | B | B | BB | B | B | B | B | B | B |
| 2000—2004年 | BB | B | B | B | BB | B | B | B | B | B | B |
| 2005—2009年 | BB | B | B | B | B | B | B | B | B | BBB | B |
| 2010—2014年 | B | B | B | B | B | BB | B | B | B | BBB | B |
| 2015年 | B | B | B | B | B | BB | B | B | B | BBB | B |
| 2016年 | B | B | B | B | B | B | B | B | B | B | B |

| 国家 | 伊朗 | 日本 | 韩国 | 卢森堡 | 马来西亚 | 缅甸 | 荷兰 | 尼日利亚 | 挪威 | 巴基斯坦 | 沙特阿拉伯 |
|---|---|---|---|---|---|---|---|---|---|---|---|
| 1990—1994年 | B | BBB | B | B | BB | B | B | B | B | B | B |
| 1995—1999年 | B | BB | B | B | B | B | B | B | B | B | B |
| 2000—2004年 | BB | B | BB | B | B | B | BB | B | B | B | B |
| 2005—2009年 | B | B | B | BB | B | B | B | B | B | BB | BB |
| 2010—2014年 | B | B | B | B | B | B | B | B | B | B | B |
| 2015年 | B | B | B | B | B | B | B | B | B | BB | B |
| 2016年 | B | B | B | B | B | B | B | B | B | B | B |

| 国家 | 新加坡 | 南非 | 苏丹 | 瑞典 | 泰国 | 特立尼达和多巴哥 | 英国 | 美国 | 委内瑞拉 | 赞比亚 | 津巴布韦 |
|---|---|---|---|---|---|---|---|---|---|---|---|
| 1990—1994年 | BB | B | B | B | BB | B | B | B | B | B | B |
| 1995—1999年 | B | B | B | BB | B | B | B | B | B | B | B |
| 2000—2004年 | B | B | BB | B | B | B | B | BBB | B | B | B |
| 2005—2009年 | B | B | B | B | B | B | B | B | B | B | B |
| 2010—2014年 | B | B | B | B | B | B | B | B | B | B | B |
| 2015年 | B | B | B | B | B | B | B | B | B | B | B |
| 2016年 | B | B | B | B | B | B | B | B | B | B | B |

资料来源：根据原数据计算所得。

附表 26　1990—2016 年各国对华关系风险等级（归一化和百分制化）

| 国家 | 阿尔及利亚 | 阿根廷 | 澳大利亚 | 巴西 | 加拿大 | 刚果（金） | 法国 | 德国 | 加纳 | 印度 | 印度尼西亚 |
|---|---|---|---|---|---|---|---|---|---|---|---|
| 1990—1994 年 | B | B | BB | B | B | B | B | B | B | B | B |
| 1995—1999 年 | BB | B | B | BB | B | BB | BB | BB | B | B | BB |
| 2000—2004 年 | BB | B | BB | BB | BB | B | BB | BB | BBB | B | BB |
| 2005—2009 年 | BB | BB | BB | BBB | BB | A | BB | BBB | BBB | BBB | BB |
| 2010—2014 年 | BB | BB | B | BBB | B | A | B | BB | BBB | BBB | BB |
| 2015 年 | B | BB | BB | BB | B | B | BBB | B | B | B | B |

| 国家 | 伊朗 | 日本 | 韩国 | 卢森堡 | 马来西亚 | 缅甸 | 荷兰 | 尼日利亚 | 挪威 | 巴基斯坦 | 沙特阿拉伯 |
|---|---|---|---|---|---|---|---|---|---|---|---|
| 1990—1994 年 | B | B | B | B | B | B | B | B | B | B | B |
| 1995—1999 年 | B | BB | BB | BB | B | BB | B | B | BB | B | BB |
| 2000—2004 年 | BBB | BB | BB | BB | B | BB | BBB | BB | BBB | B | BB |
| 2005—2009 年 | BBB | BB | BB | BB | BBB | BB | BBB | BB | BBB | BB | BB |
| 2010—2014 年 | BBB | BB | B | B | BBB | BB | BBB | BB | BBB | BB | BB |

| 国家 | 新加坡 | 南非 | 苏丹 | 瑞典 | 泰国 | 特立尼达和多巴哥 | 英国 | 美国 | 委内瑞拉 | 赞比亚 | 津巴布韦 |
|---|---|---|---|---|---|---|---|---|---|---|---|
| 1990—1994 年 | BB | B | B | B | B | B | B | B | B | BB | B |
| 1995—1999 年 | BB | B | BB | BB | B | B | BB | B | B | BB | BB |
| 2000—2004 年 | BB | B | BB | BB | B | BBB | BBB | B | BB | B | BB |
| 2005—2009 年 | BB | B | BB | BB | BBB | BBB | BBB | BBB | BB | BB | BB |
| 2010—2014 年 | BB | AA | BB | BB | A | BBB | BBB | BBB | B | BB | BB |
| 2015 年 | BB | B | BB | BB | A | BBB | BBB | BBB | BB | BB | BB |

资料来源：根据原数据计算所得。

附表27　1990—2016年各国综合风险（CNR_ENGV）（归一化和百分制化）

| 国家 | 阿尔及利亚 | 阿根廷 | 澳大利亚 | 巴西 | 加拿大 | 法国 | 德国 | 加纳 | 印度 | 印度尼西亚 |
|---|---|---|---|---|---|---|---|---|---|---|
| 1990—1994年 | 29.87 | 40.37 | 32.21 | 56.18 | 54.25 | 43.15 | 42.52 | 51.61 | 20.45 | 37.63 |
| 1995—1999年 | 46.79 | 62.86 | 55.66 | 59.59 | 56.36 | 65.38 | 58.40 | 43.38 | 56.62 | 60.04 |
| 2000—2004年 | 71.43 | 53.88 | 76.77 | 47.79 | 79.37 | 75.18 | 67.83 | 60.11 | 80.07 | 68.13 |
| 2005—2009年 | 92.39 | 80.11 | 77.63 | 68.68 | 70.32 | 62.37 | 65.79 | 83.78 | 74.92 | 78.37 |
| 2010—2014年 | 75.70 | 73.21 | 68.01 | 78.29 | 52.54 | 60.26 | 70.69 | 69.31 | 73.54 | 71.21 |
| 2015年 | 49.91 | 67.90 | 54.55 | 60.48 | 58.26 | 75.51 | 71.99 | 63.08 | 70.50 | 74.77 |
| 2016年 | 43.23 | 52.50 | 66.23 | 60.67 | 49.91 | 66.05 | 74.77 | 68.83 | 74.03 | 78.48 |

| 国家 | 伊朗 | 日本 | 韩国 | 卢森堡 | 马来西亚 | 缅甸 | 荷兰 | 尼日利亚 | 挪威 | 巴基斯坦 | 沙特阿拉伯 |
|---|---|---|---|---|---|---|---|---|---|---|---|
| 1990—1994年 | 33.88 | 44.90 | 36.29 | 40.30 | 45.57 | 51.58 | 43.15 | 40.19 | 21.52 | 28.83 | 38.96 |
| 1995—1999年 | 56.59 | 66.53 | 49.31 | 64.23 | 41.41 | 63.97 | 56.07 | 49.91 | 50.54 | 54.43 | 40.45 |
| 2000—2004年 | 75.62 | 78.66 | 76.44 | 74.29 | 70.58 | 64.97 | 68.16 | 62.26 | 73.77 | 68.46 | 63.93 |
| 2005—2009年 | 71.47 | 67.72 | 65.94 | 69.98 | 72.99 | 61.11 | 53.25 | 76.70 | 80.15 | 75.47 | 90.83 |
| 2010—2014年 | 69.20 | 55.55 | 78.33 | 61.82 | 81.22 | 64.71 | 78.48 | 82.78 | 79.52 | 75.44 | 85.38 |
| 2015年 | 65.12 | 53.06 | 68.65 | 54.55 | 51.39 | 70.50 | 90.35 | 59.93 | 73.84 | 77.18 | 49.17 |
| 2016年 | 74.21 | 53.80 | 72.17 | 65.86 | 62.15 | 70.87 | 87.38 | 53.80 | 71.99 | 82.19 | 28.20 |

| 国家 | 新加坡 | 南非 | 苏丹 | 瑞典 | 泰国 | 特立尼达和多巴哥 | 英国 | 美国 | 委内瑞拉 | 赞比亚 | 津巴布韦 |
|---|---|---|---|---|---|---|---|---|---|---|---|
| 1990—1994年 | 32.54 | 39.04 | 16.33 | 26.42 | 40.37 | 26.64 | 67.27 | 67.57 | 52.24 | 48.72 | 64.53 |
| 1995—1999年 | 49.54 | 59.22 | 45.53 | 58.59 | 48.94 | 44.34 | 77.11 | 77.14 | 58.03 | 65.83 | 74.21 |
| 2000—2004年 | 73.69 | 60.67 | 82.75 | 73.21 | 73.10 | 59.29 | 72.65 | 58.70 | 71.87 | 47.79 | 55.92 |
| 2005—2009年 | 80.30 | 76.70 | 85.05 | 78.18 | 69.05 | 85.16 | 58.44 | 50.46 | 76.22 | 62.45 | 79.29 |
| 2010—2014年 | 79.74 | 67.20 | 73.62 | 67.98 | 73.40 | 87.46 | 38.33 | 51.76 | 59.74 | 89.20 | 40.07 |
| 2015年 | 71.99 | 69.76 | 79.22 | 80.15 | 71.99 | 84.79 | 51.95 | 67.72 | 49.54 | 79.04 | 50.83 |
| 2016年 | 75.70 | 89.24 | 77.55 | 71.06 | 76.81 | 73.65 | 51.76 | 77.18 | 33.40 | 79.96 | 51.76 |

资料来源：根据原数据计算所得。

附表28  1990—2016年各国综合风险等级（CNR_ENGV）评级（归一化和百分制化）

| 国家 | 阿尔及利亚 | 阿根廷 | 澳大利亚 | 巴西 | 加拿大 | 刚果（金） | 法国 | 德国 | 加纳 | 印度 | 印度尼西亚 |
|---|---|---|---|---|---|---|---|---|---|---|---|
| 1990—1994年 | B | B | B | BB | BB | B | B | B | BB | B | B |
| 1995—1999年 | B | BBB | BB | BB | B | B | BBB | BB | B | BB | BBB |
| 2000—2004年 | A | BB | A | B | A | A | A | BBB | BBB | AA | BBB |
| 2005—2009年 | AA | AA | BBB | BBB | A | A | BBB | A | AA | A | A |
| 2010—2014年 | A | A | BB | BBB | BB | AA | BBB | A | BBB | A | A |
| 2015年 | B | BBB | BB | BBB | BB | A | A | A | BBB | A | A |
| 2016年 | B | BB | BBB | BBB | B | AA | BBB | A | BBB | A | A |

| 国家 | 伊朗 | 日本 | 韩国 | 卢森堡 | 马来西亚 | 缅甸 | 荷兰 | 尼日利亚 | 挪威 | 巴基斯坦 | 沙特阿拉伯 |
|---|---|---|---|---|---|---|---|---|---|---|---|
| 1990—1994年 | B | B | B | B | B | BB | B | B | B | B | B |
| 1995—1999年 | BB | BBB | B | BBB | B | BBB | BB | BBB | BB | BB | B |
| 2000—2004年 | A | A | A | A | A | BBB | BB | A | A | BBB | BBB |
| 2005—2009年 | A | BBB | BBB | BBB | A | BBB | B | AA | AA | A | AA |
| 2010—2014年 | BBB | BB | BBB | BB | AA | BB | A | BB | A | A | AA |
| 2015年 | BBB | A | BBB | BBB | BB | BBB | AA | BBB | A | A | B |
| 2016年 | A | BB | A | BBB | BBB | A | AA | BB | A | AA | B |

| 国家 | 新加坡 | 南非 | 苏丹 | 瑞典 | 泰国 | 特立尼达和多巴哥 | 英国 | 美国 | 委内瑞拉 | 赞比亚 | 津巴布韦 |
|---|---|---|---|---|---|---|---|---|---|---|---|
| 1990—1994年 | B | B | B | B | B | B | BBB | BBB | BB | B | BBB |
| 1995—1999年 | B | BB | B | BB | B | B | A | A | B | BBB | A |
| 2000—2004年 | A | BBB | AA | A | A | BB | BB | BB | BB | B | BB |
| 2005—2009年 | AA | A | AA | BBB | BBB | AA | BB | BB | BB | BBB | A |
| 2010—2014年 | A | BBB | A | A | A | AA | B | BBB | B | AA | B |
| 2015年 | A | BBB | A | AA | A | AA | BB | B | B | A | BB |
| 2016年 | A | AA | A | A | A | A | BB | BBB | B | A | BB |

资料来源：根据原数据计算所得。

附表29　1990—2016年各国综合风险指数（CNR_ENGV）（未归一和百分制化）

| 国家 | 阿尔及利亚 | 阿根廷 | 澳大利亚 | 巴西 | 加拿大 | 刚果（金） | 法国 | 德国 | 加纳 | 印度 | 印度尼西亚 |
|---|---|---|---|---|---|---|---|---|---|---|---|
| 1990—1994年 | -1.740 | -1.174 | -1.614 | -0.322 | -0.426 | -1.506 | -1.024 | -1.058 | -0.568 | -2.248 | -1.322 |
| 1995—1999年 | -0.828 | 0.038 | -0.350 | -0.138 | -0.312 | -0.914 | 0.174 | -0.202 | -1.012 | -0.298 | -0.114 |
| 2000—2004年 | 0.500 | -0.446 | 0.788 | -0.774 | 0.928 | 0.680 | 0.702 | 0.306 | -0.110 | 0.966 | 0.322 |
| 2005—2009年 | 1.630 | 0.968 | 0.834 | 0.352 | 0.440 | 0.508 | 0.012 | 0.196 | 1.166 | 0.688 | 0.874 |
| 2010—2014年 | 0.730 | 0.596 | 0.316 | 0.870 | -0.518 | 0.690 | -0.102 | 0.460 | 0.386 | 0.614 | 0.488 |
| 2015年 | -0.660 | 0.310 | -0.410 | -0.090 | -0.210 | 1.290 | 0.720 | 0.530 | 0.050 | 0.450 | 0.680 |
| 2016年 | -1.020 | -0.560 | 0.220 | -0.080 | -0.660 | 1.170 | 0.210 | 0.680 | 0.360 | 0.640 | 0.880 |

| 国家 | 伊朗 | 日本 | 韩国 | 卢森堡 | 马来西亚 | 缅甸 | 荷兰 | 尼日利亚 | 挪威 | 巴基斯坦 | 沙特阿拉伯 |
|---|---|---|---|---|---|---|---|---|---|---|---|
| 1990—1994年 | -1.524 | -0.930 | -1.394 | -1.178 | -0.894 | -0.570 | -1.024 | -1.184 | -2.190 | -1.796 | -1.250 |
| 1995—1999年 | -0.300 | 0.236 | -0.692 | 0.112 | -1.118 | 0.098 | -0.328 | -0.660 | -0.626 | -0.416 | -1.170 |
| 2000—2004年 | 0.726 | 0.890 | 0.770 | 0.654 | 0.454 | 0.152 | 0.324 | 0.006 | 0.626 | 0.340 | 0.096 |
| 2005—2009年 | 0.502 | 0.300 | 0.204 | 0.422 | 0.584 | -0.056 | -0.480 | 0.784 | 0.970 | 0.718 | 1.546 |
| 2010—2014年 | 0.380 | -0.356 | 0.872 | -0.018 | 1.028 | 0.138 | 0.880 | 1.112 | 0.936 | 0.716 | 1.252 |
| 2015年 | 0.160 | -0.490 | 0.350 | -0.410 | -0.580 | 0.450 | 1.520 | -0.120 | 0.630 | 0.810 | -0.700 |
| 2016年 | 0.650 | -0.450 | 0.540 | 0.200 | 0.000 | 0.470 | 1.360 | -0.450 | 0.530 | 1.080 | -1.830 |

| 国家 | 新加坡 | 南非 | 苏丹 | 瑞典 | 泰国 | 特立尼达和多巴哥 | 英国 | 美国 | 委内瑞拉 | 赞比亚 | 津巴布韦 |
|---|---|---|---|---|---|---|---|---|---|---|---|
| 1990—1994年 | -1.596 | -1.246 | -2.470 | -1.926 | -1.174 | -1.914 | 0.276 | 0.292 | -0.534 | -0.724 | 0.128 |
| 1995—1999年 | -0.680 | -0.158 | -0.896 | -0.192 | -0.712 | 0.960 | 0.806 | 0.808 | -0.222 | 0.198 | 0.650 |
| 2000—2004年 | 0.622 | -0.080 | 1.110 | 0.596 | 0.590 | -0.154 | 0.566 | -0.186 | 0.524 | -0.774 | -0.336 |
| 2005—2009年 | 0.978 | 0.784 | 1.234 | 0.864 | 0.372 | 1.240 | -0.200 | -0.630 | 0.758 | 0.016 | 0.924 |
| 2010—2014年 | 0.948 | 0.272 | 0.618 | 0.314 | 0.606 | 1.364 | -1.284 | -0.560 | -0.130 | 1.458 | -1.190 |
| 2015年 | 0.530 | 0.410 | 0.920 | 0.970 | 0.530 | 1.220 | -0.550 | 0.300 | -0.680 | 0.910 | -0.610 |
| 2016年 | 0.730 | 1.460 | 0.830 | 0.480 | 0.790 | 0.620 | -0.560 | 0.810 | -1.550 | 0.960 | -0.560 |

资料来源：根据原数据计算所得。

附录

附表30　1990—2016年各国综合风险（CNR_ENGV）评级（未归一和百分制化）

| 国家 | 阿尔及利亚 | 阿根廷 | 澳大利亚 | 巴西 | 加拿大 | 刚果（金） | 法国 | 德国 | 加纳 | 印度 | 印度尼西亚 |
|---|---|---|---|---|---|---|---|---|---|---|---|
| 1990—1994年 | 危险 | 危险 | 危险 | 警戒 | 警戒 | 危险 | 危险 | 警戒 | 警戒 | 危险 | 危险 |
| 1995—1999年 | 警戒 | 基本安全 | 警戒 | 警戒 | 警戒 | 警戒 | 基本安全 | 基本安全 | 警戒 | 基本安全 | 基本安全 |
| 2000—2004年 | 基本安全 | 警戒 | 安全 | 危险 | 安全 | 安全 | 基本安全 | 基本安全 | 安全 | 安全 | 安全 |
| 2005—2009年 | 基本安全 | 安全 | 安全 | 基本安全 | 基本安全 | 安全 | 基本安全 | 安全 | 基本安全 | 安全 | 安全 |
| 2010—2014年 | 基本安全 | 基本安全 | 基本安全 | 安全 | 警戒 | 安全 | 安全 | 基本安全 | 安全 | 安全 | 安全 |
| 2015年 | 警戒 | 基本安全 | 警戒 | 警戒 | 警戒 | 安全 | 基本安全 | 基本安全 | 基本安全 | 安全 | 危险 |
| 2016年 | 危险 | 警戒 | 基本安全 | 警戒 | 危险 | 安全 | 基本安全 | 安全 | 基本安全 | 安全 | 警戒 |

| 国家 | 伊朗 | 日本 | 韩国 | 卢森堡 | 瑞典 | 苏丹 | 南非 | 特立尼达和多巴哥 | 缅甸 | 尼日利亚 | 挪威 | 巴基斯坦 | 沙特阿拉伯 |
|---|---|---|---|---|---|---|---|---|---|---|---|---|---|
| 1990—1994年 | 警戒 | 危险 | 危险 | 危险 | 危险 | 危险 | 危险 | 危险 | 危险 | 警戒 | 危险 | 危险 | 危险 |
| 1995—1999年 | 基本安全 | 基本安全 | 警戒 | 基本安全 | 基本安全 | 警戒 | 基本安全 | 基本安全 | 基本安全 | 基本安全 | 警戒 | 基本安全 | 警戒 |
| 2000—2004年 | 安全 | 基本安全 | 基本安全 | 安全 | 安全 | 安全 | 安全 | 安全 | 安全 | 基本安全 | 安全 | 安全 | 基本安全 |
| 2005—2009年 | 安全 | 警戒 | 基本安全 | 基本安全 | 基本安全 | 安全 | 基本安全 | 安全 | 基本安全 | 基本安全 | 安全 | 安全 | 安全 |
| 2010—2014年 | 安全 | 警戒 | 安全 | 基本安全 | 安全 | 安全 | 基本安全 | 安全 | 安全 | 基本安全 | 安全 | 安全 | 警戒 |
| 2015年 | 基本安全 | 基本安全 | 安全 | 基本安全 | 安全 | 安全 | 基本安全 | 安全 | 安全 | 基本安全 | 安全 | 安全 | 危险 |
| 2016年 | 安全 | 警戒 | 安全 | 安全 | 安全 | 安全 | 基本安全 | 基本安全 | 安全 | 基本安全 | 基本安全 | 安全 | 警戒 |

| 国家 | 新加坡 | 美国 | 英国 | 委内瑞拉 | 赞比亚 | 津巴布韦 |
|---|---|---|---|---|---|---|
| 1990—1994年 | 危险 | 基本安全 | 基本安全 | 警戒 | 危险 | 基本安全 |
| 1995—1999年 | 警戒 | 基本安全 | 警戒 | 警戒 | 警戒 | 基本安全 |
| 2000—2004年 | 基本安全 | 基本安全 | 警戒 | 安全 | 危险 | 警戒 |
| 2005—2009年 | 安全 | 基本安全 | 危险 | 安全 | 警戒 | 安全 |
| 2010—2014年 | 基本安全 | 警戒 | 警戒 | 基本安全 | 安全 | 危险 |
| 2015年 | 基本安全 | 基本安全 | 警戒 | 警戒 | 安全 | 警戒 |
| 2016年 | 基本安全 | 安全 | 警戒 | 危险 | 安全 | 警戒 |

资料来源：根据原数据计算所得。

附表 31　　　　　　高收入国家的类别风险指数
（1990—2016 年）（未归一化和百分制化）

| 年份 | 偿债能力风险 | 商务环境风险 | 经济风险 | 对外经济风险 | 政治风险 | 对华关系风险 |
|---|---|---|---|---|---|---|
| 1990—1994 | －0.8558 | －0.2017 | －0.1252 | －0.0651 | 0.4401 | －1.0197 |
| 1995—1999 | －0.2416 | 0.0338 | 0.1771 | 0.1353 | 0.5184 | －0.4623 |
| 2000—2004 | 0.3937 | 0.1184 | 0.1848 | 0.1980 | －0.0891 | －0.1226 |
| 2005—2009 | 0.3752 | 0.1341 | －0.0998 | 0.0252 | －0.2665 | 0.6406 |
| 2010 | 0.1126 | 0.1809 | 0.2306 | 0.2712 | －0.3500 | 0.6406 |
| 2011 | 0.2401 | 0.1799 | －0.1718 | 0.1882 | －0.4071 | 0.6406 |
| 2012 | 0.3379 | 0.1657 | －0.3941 | －0.3612 | －0.4306 | 0.6611 |
| 2013 | 0.2877 | 0.1697 | －0.2447 | －0.3529 | －0.4018 | 0.6864 |
| 2014 | 0.3066 | 0.1844 | －0.0288 | －0.5218 | －0.4088 | 0.6888 |
| 2015 | 0.2511 | 0.1589 | －0.0076 | －0.3965 | －0.4894 | 0.7533 |
| 2016 | 0.1029 | 0.1222 | －0.0635 | －0.3012 | －0.5329 | 0.7533 |

附表 32　　　　　　中高收入国家的类别风险指数
（1990—2016 年）（未归一化和百分制化）

| 年份 | 偿债能力风险 | 商务环境风险 | 经济风险 | 对外经济风险 | 政治风险 | 对华关系风险 |
|---|---|---|---|---|---|---|
| 1990—1994 | －0.8100 | 0.1380 | －0.6673 | －0.0653 | －0.6250 | －1.4505 |
| 1995—1999 | －0.5423 | 0.1477 | －0.2624 | 0.0517 | 0.3680 | －0.7446 |
| 2000—2004 | 0.2410 | －0.2957 | 0.4574 | 0.2113 | －0.1550 | 0.5476 |
| 2005—2009 | 0.5840 | －0.1130 | 0.2835 | 0.1287 | 0.1620 | 0.5476 |
| 2010 | 0.4950 | 0.1800 | 0.4053 | 0.5117 | 0.3500 | 0.5476 |
| 2011 | 0.6233 | 0.1467 | 0.0584 | 0.2333 | 0.1900 | 0.5476 |
| 2012 | 0.4967 | 0.1067 | 0.0127 | －0.3367 | 0.2150 | 0.5476 |
| 2013 | 0.4150 | 0.0567 | 0.0616 | －0.2650 | 0.2050 | 0.5476 |
| 2014 | 0.4300 | 0.0817 | 0.0862 | －0.3667 | 0.1200 | 0.5556 |
| 2015 | 0.0350 | 0.0417 | 0.0525 | －0.8617 | 0.0900 | 1.3771 |
| 2016 | 0.1533 | 0.0050 | 0.2624 | －0.5467 | 0.0900 | 1.3771 |

附表33　　　　　中低收入国家的类别风险指数
（1990—2016年）（未归一化和百分制化）

| 年份 | 偿债能力风险 | 商务环境风险 | 经济风险 | 对外经济风险 | 政治风险 | 对华关系风险 |
| --- | --- | --- | --- | --- | --- | --- |
| 1990—1994 | -0.8608 | -0.0734 | -0.6224 | -0.3213 | -0.5903 | -0.8099 |
| 1995—1999 | -0.3793 | 0.1943 | -0.4928 | -0.0963 | 0.4093 | -0.4721 |
| 2000—2004 | 0.3113 | 0.0975 | 0.2778 | -0.1235 | -0.0818 | -0.2579 |
| 2005—2009 | 0.3923 | 0.4821 | 0.1233 | 0.3325 | 0.1423 | 0.4103 |
| 2010 | 0.2725 | 0.5197 | 0.3171 | 0.8088 | 0.0638 | 0.7991 |
| 2011 | 0.4450 | 0.5267 | 0.3716 | 0.3800 | 0.0338 | 0.7991 |
| 2012 | 0.4225 | 0.5425 | 0.4232 | 0.0375 | 0.0850 | 0.7991 |
| 2013 | 0.4038 | 0.4745 | 0.5093 | 0.0488 | 0.1250 | 0.7994 |
| 2014 | 0.4225 | 0.3860 | 0.7191 | 0.0138 | 0.0725 | 0.8154 |
| 2015 | 0.3388 | 0.3845 | 0.6722 | -0.1513 | 0.0875 | 0.8154 |
| 2016 | 0.3725 | 0.4189 | 0.5603 | -0.0938 | 0.1325 | 0.8218 |

附表34　　　　　低收入国家的类别风险指数
（1990—2016年）（未归一化和百分制化）

| 年份 | 偿债能力风险 | 商务环境风险 | 经济风险 | 对外经济风险 | 政治风险 | 对华关系风险 |
| --- | --- | --- | --- | --- | --- | --- |
| 1990—1994 | -0.2440 | 1.0180 | -0.4860 | -0.5210 | -0.2833 | -0.9024 |
| 1995—1999 | -0.1000 | 0.1070 | -0.3660 | -0.0640 | 0.5057 | -0.4743 |
| 2000—2004 | 0.1610 | -0.3950 | -0.4290 | -0.2120 | 0.0530 | -0.1730 |
| 2005—2009 | 0.4790 | -0.3700 | 0.2860 | 0.3970 | 0.0373 | 0.1382 |
| 2010 | -0.5750 | -0.4400 | 0.6850 | 0.9500 | -0.0483 | 0.1382 |
| 2011 | -0.5750 | -0.3600 | 0.6600 | 0.3750 | -0.2100 | 0.5316 |
| 2012 | -0.1950 | -0.3150 | 0.6400 | 0.6350 | -0.2050 | 1.1043 |
| 2013 | -0.2400 | -0.2550 | 0.6550 | -0.0050 | -0.2400 | 1.1043 |
| 2014 | -0.1350 | -0.2200 | 0.7800 | 0.1200 | -0.2617 | 1.1043 |
| 2015 | 0.1550 | -0.1600 | 0.7450 | -0.1350 | -0.2983 | 1.1043 |
| 2016 | 0.0800 | -0.0550 | 0.8000 | 0.0600 | -0.3000 | 1.9703 |

附表 35　　　　　　　发达国家的类别风险指数
（1990—2016 年）（未归一化和百分制化）

| 年份 | 偿债能力风险 | 商务环境风险 | 经济风险 | 对外经济风险 | 政治风险 | 对华关系风险 |
|---|---|---|---|---|---|---|
| 1990—1994 | -0.9016 | -0.2393 | -0.2348 | -0.0952 | 0.7191 | -0.9323 |
| 1995—1999 | -0.1472 | -0.0364 | 0.3008 | 0.1092 | 0.4934 | -0.2828 |
| 2000—2004 | 0.5098 | 0.0928 | 0.2440 | 0.2595 | -0.1282 | -0.0932 |
| 2005—2009 | 0.2558 | 0.0440 | -0.1606 | -0.0285 | -0.3823 | 0.6141 |
| 2010 | -0.0142 | 0.0909 | 0.3038 | 0.3085 | -0.4315 | 0.6141 |
| 2011 | 0.0424 | 0.0937 | -0.2515 | 0.1600 | -0.4931 | 0.6141 |
| 2012 | 0.1988 | 0.0743 | -0.5631 | -0.2885 | -0.5269 | 0.6411 |
| 2013 | 0.2316 | 0.0825 | -0.3062 | -0.3385 | -0.4715 | 0.6741 |
| 2014 | 0.3048 | 0.1312 | -0.0485 | -0.4977 | -0.4492 | 0.6772 |
| 2015 | 0.3121 | 0.1338 | 0.0308 | -0.3731 | -0.5554 | 0.7616 |
| 2016 | 0.3376 | 0.0859 | 0.0892 | -0.2046 | -0.5885 | 0.7616 |

附表 36　　　　　　　发展中国家的类别风险指数
（1990—2016 年）（未归一化和百分制化）

| 年份 | 偿债能力风险 | 商务环境风险 | 经济风险 | 对外经济风险 | 政治风险 | 对华关系风险 |
|---|---|---|---|---|---|---|
| 1990—1994 | -0.8564 | 0.0051 | -0.3907 | -0.1471 | -0.4177 | -1.0004 |
| 1995—1999 | -0.5267 | 0.1044 | -0.3339 | -0.0434 | 0.5066 | -0.5682 |
| 2000—2004 | 0.2581 | -0.0762 | 0.3473 | -0.0387 | -0.0737 | -0.3211 |
| 2005—2009 | 0.5887 | 0.2869 | 0.1446 | 0.3407 | 0.0951 | 0.4015 |
| 2010 | 0.4600 | 0.4844 | 0.2044 | 0.6114 | 0.0221 | 0.5214 |
| 2011 | 0.6157 | 0.4703 | 0.0450 | 0.3957 | -0.0671 | 0.6900 |
| 2012 | 0.5286 | 0.3936 | 0.0347 | -0.2886 | -0.0771 | 0.9355 |
| 2013 | 0.4364 | 0.2956 | 0.1093 | -0.1764 | -0.0814 | 0.9356 |
| 2014 | 0.4443 | 0.2383 | 0.2776 | -0.2021 | -0.1121 | 0.9355 |
| 2015 | 0.1421 | 0.1813 | 0.2475 | -0.5471 | -0.1143 | 0.9355 |
| 2016 | 0.0571 | 0.1944 | 0.2468 | -0.3486 | -0.1221 | 1.3103 |

附表37　　　　　最不发达国家类别风险指数
（1990—2016年）（未归一化和百分制化）

| 年份 | 偿债能力风险 | 商务环境风险 | 经济风险 | 对外经济风险 | 政治风险 | 对华关系风险 |
|---|---|---|---|---|---|---|
| 1990—1994 | -0.7820 | -0.4540 | -0.8563 | -0.4647 | -1.0987 | -1.0893 |
| 1995—1999 | -0.3740 | -0.0520 | -0.6535 | 0.0213 | 0.0427 | -1.0053 |
| 2000—2004 | 0.4347 | -0.2287 | 0.1368 | 0.2007 | 0.4140 | 0.1339 |
| 2005—2009 | 0.3140 | 0.1280 | 0.2575 | 0.0093 | 0.3327 | 0.6389 |
| 2010 | 0.0567 | 0.0300 | 0.6457 | 0.9733 | 0.2467 | 0.7695 |
| 2011 | 0.1333 | 0.1100 | 0.7242 | 0.0467 | 0.1067 | 0.7695 |
| 2012 | 0.3367 | 0.4367 | 0.7987 | 0.3767 | 0.3133 | 0.7695 |
| 2013 | 0.2067 | 0.6033 | 0.7049 | 0.0033 | 0.3667 | 0.7695 |
| 2014 | 0.3133 | 0.5800 | 0.8342 | -0.2100 | 0.2033 | 0.8129 |
| 2015 | 0.5267 | 0.6233 | 0.8492 | -0.0467 | 0.1400 | 1.3606 |
| 2016 | 0.4633 | 0.6467 | 1.0140 | 0.0100 | 0.1633 | 1.3606 |

附表38　　　　　高收入国家的类别风险等级
（1990—2016年）（未归一化和百分制化）

| 年份 | 偿债能力风险 | 商务环境风险 | 经济风险 | 对外经济风险 | 治风险 | 对华关系风险 |
|---|---|---|---|---|---|---|
| 1990—1994 | 危险 | 危险 | 基本安全 | 警戒 | 基本安全 | 危险 |
| 1995—1999 | 基本安全 | 基本安全 | 安全 | 基本安全 | 安全 | 警戒 |
| 2000—2004 | 安全 | 安全 | 安全 | 基本安全 | 警戒 | 基本安全 |
| 2005—2009 | 安全 | 安全 | 基本安全 | 警戒 | 危险 | 安全 |
| 2010 | 安全 | 安全 | 安全 | 基本安全 | 危险 | 安全 |
| 2011 | 安全 | 安全 | 基本安全 | 基本安全 | 危险 | 安全 |
| 2012 | 安全 | 安全 | 警戒 | 危险 | 危险 | 安全 |
| 2013 | 安全 | 安全 | 基本安全 | 危险 | 危险 | 安全 |
| 2014 | 安全 | 安全 | 基本安全 | 危险 | 危险 | 安全 |
| 2015 | 安全 | 安全 | 基本安全 | 危险 | 危险 | 安全 |
| 2016 | 基本安全 | 安全 | 基本安全 | 警戒 | 危险 | 安全 |

附表39　　　　　　　中高收入国家的类别风险等级

（1990—2016年）（未归一化和百分制化）

| 年份 | 偿债能力风险 | 商务环境风险 | 经济风险 | 对外经济风险 | 政治风险 | 对华关系风险 |
|---|---|---|---|---|---|---|
| 1990—1994 | 危险 | 基本安全 | 危险 | 基本安全 | 警戒 | 危险 |
| 1995—1999 | 警戒 | 基本安全 | 警戒 | 基本安全 | 安全 | 危险 |
| 2000—2004 | 基本安全 | 危险 | 安全 | 基本安全 | 基本安全 | 基本安全 |
| 2005—2009 | 安全 | 警戒 | 安全 | 基本安全 | 基本安全 | 基本安全 |
| 2010 | 安全 | 基本安全 | 安全 | 安全 | 安全 | 基本安全 |
| 2011 | 安全 | 基本安全 | 基本安全 | 基本安全 | 基本安全 | 基本安全 |
| 2012 | 安全 | 警戒 | 基本安全 | 警戒 | 基本安全 | 基本安全 |
| 2013 | 安全 | 警戒 | 基本安全 | 基本安全 | 基本安全 | 基本安全 |
| 2014 | 安全 | 警戒 | 基本安全 | 警戒 | 基本安全 | 基本安全 |
| 2015 | 基本安全 | 警戒 | 基本安全 | 危险 | 基本安全 | 安全 |
| 2016 | 基本安全 | 警戒 | 基本安全 | 警戒 | 基本安全 | 安全 |

附表40　　　　　　　中低收入国家的类别风险等级

（1990—2016年）（未归一化和百分制化）

| 年份 | 偿债能力风险 | 商务环境风险 | 经济风险 | 对外经济风险 | 政治风险 | 对华关系风险 |
|---|---|---|---|---|---|---|
| 1990—1994 | 危险 | 警戒 | 危险 | 危险 | 警戒 | 危险 |
| 1995—1999 | 警戒 | 基本安全 | 危险 | 警戒 | 安全 | 危险 |
| 2000—2004 | 安全 | 警戒 | 基本安全 | 警戒 | 基本安全 | 警戒 |
| 2005—2009 | 安全 | 警戒 | 基本安全 | 基本安全 | 安全 | 安全 |
| 2010 | 安全 | 安全 | 安全 | 安全 | 基本安全 | 安全 |
| 2011 | 安全 | 安全 | 安全 | 基本安全 | 基本安全 | 安全 |
| 2012 | 安全 | 安全 | 安全 | 警戒 | 基本安全 | 安全 |
| 2013 | 安全 | 安全 | 安全 | 警戒 | 安全 | 安全 |
| 2014 | 安全 | 安全 | 安全 | 警戒 | 基本安全 | 安全 |
| 2015 | 安全 | 安全 | 安全 | 警戒 | 基本安全 | 安全 |
| 2016 | 安全 | 安全 | 安全 | 警戒 | 安全 | 安全 |

附表 41　　　　　低收入国家的类别风险等级
（1990—2016 年）（未归一化和百分制化）

| 年份 | 偿债能力风险 | 商务环境风险 | 经济风险 | 对外经济风险 | 政治风险 | 对华关系风险 |
|---|---|---|---|---|---|---|
| 1990—1994 | 警戒 | 基本安全 | 危险 | 危险 | 警戒 | 危险 |
| 1995—1999 | 警戒 | 警戒 | 危险 | 警戒 | 安全 | 危险 |
| 2000—2004 | 基本安全 | 危险 | 危险 | 警戒 | 基本安全 | 警戒 |
| 2005—2009 | 安全 | 危险 | 基本安全 | 基本安全 | 基本安全 | 警戒 |
| 2010 | 危险 | 危险 | 基本安全 | 安全 | 警戒 | 警戒 |
| 2011 | 危险 | 危险 | 基本安全 | 基本安全 | 警戒 | 基本安全 |
| 2012 | 警戒 | 危险 | 基本安全 | 安全 | 警戒 | 基本安全 |
| 2013 | 警戒 | 警戒 | 基本安全 | 警戒 | 警戒 | 基本安全 |
| 2014 | 警戒 | 警戒 | 安全 | 基本安全 | 警戒 | 基本安全 |
| 2015 | 基本安全 | 警戒 | 安全 | 警戒 | 警戒 | 基本安全 |
| 2016 | 警戒 | 警戒 | 安全 | 警戒 | 警戒 | 安全 |

附表 42　　　　　发达国家的类别风险等级
（1990—2016 年）（未归一化和百分制化）

| 年份 | 偿债能力风险 | 商务环境风险 | 经济风险 | 对外经济风险 | 政治风险 | 对华关系风险 |
|---|---|---|---|---|---|---|
| 1990—1994 | 危险 | 危险 | 基本安全 | 警戒 | 安全 | 危险 |
| 1995—1999 | 基本安全 | 基本安全 | 安全 | 基本安全 | 基本安全 | 基本安全 |
| 2000—2004 | 安全 | 安全 | 基本安全 | 基本安全 | 警戒 | 基本安全 |
| 2005—2009 | 安全 | 安全 | 基本安全 | 警戒 | 危险 | 安全 |
| 2010 | 基本安全 | 安全 | 安全 | 基本安全 | 危险 | 安全 |
| 2011 | 基本安全 | 安全 | 警戒 | 基本安全 | 危险 | 安全 |
| 2012 | 安全 | 安全 | 警戒 | 警戒 | 危险 | 安全 |
| 2013 | 安全 | 安全 | 警戒 | 危险 | 危险 | 安全 |
| 2014 | 安全 | 安全 | 警戒 | 危险 | 危险 | 安全 |
| 2015 | 安全 | 安全 | 基本安全 | 危险 | 危险 | 安全 |
| 2016 | 安全 | 安全 | 基本安全 | 警戒 | 危险 | 安全 |

附表43　　　　　　　发展中国家的类别风险等级
（1990—2016年）（未归一化和百分制化）

| 年份 | 偿债能力风险 | 商务环境风险 | 经济风险 | 对外经济风险 | 政治风险 | 对华关系风险 |
|---|---|---|---|---|---|---|
| 1990—1994 | 危险 | 警戒 | 警戒 | 警戒 | 警戒 | 危险 |
| 1995—1999 | 警戒 | 警戒 | 警戒 | 警戒 | 安全 | 危险 |
| 2000—2004 | 基本安全 | 危险 | 安全 | 警戒 | 基本安全 | 警戒 |
| 2005—2009 | 安全 | 基本安全 | 基本安全 | 基本安全 | 基本安全 | 基本安全 |
| 2010 | 安全 | 安全 | 基本安全 | 安全 | 基本安全 | 基本安全 |
| 2011 | 安全 | 安全 | 基本安全 | 基本安全 | 基本安全 | 基本安全 |
| 2012 | 安全 | 安全 | 基本安全 | 危险 | 基本安全 | 安全 |
| 2013 | 安全 | 基本安全 | 基本安全 | 警戒 | 基本安全 | 安全 |
| 2014 | 安全 | 基本安全 | 安全 | 警戒 | 基本安全 | 安全 |
| 2015 | 基本安全 | 基本安全 | 安全 | 危险 | 基本安全 | 安全 |
| 2016 | 基本安全 | 基本安全 | 安全 | 警戒 | 基本安全 | 安全 |

附表44　　　　　　　最不发达国家的类别风险等级
（1990—2016年）（未归一化和百分制化）

| 年份 | 偿债能力风险 | 商务环境风险 | 经济风险 | 对外经济风险 | 政治风险 | 对华关系风险 |
|---|---|---|---|---|---|---|
| 1990—1994 | 危险 | 警戒 | 危险 | 危险 | 警戒 | 危险 |
| 1995—1999 | 警戒 | 基本安全 | 危险 | 警戒 | 安全 | 危险 |
| 2000—2004 | 安全 | 警戒 | 基本安全 | 基本安全 | 安全 | 警戒 |
| 2005—2009 | 安全 | 基本安全 | 基本安全 | 警戒 | 安全 | 基本安全 |
| 2010 | 基本安全 | 基本安全 | 安全 | 安全 | 安全 | 安全 |
| 2011 | 基本安全 | 基本安全 | 安全 | 警戒 | 安全 | 安全 |
| 2012 | 安全 | 安全 | 安全 | 基本安全 | 安全 | 安全 |
| 2013 | 基本安全 | 安全 | 安全 | 警戒 | 安全 | 安全 |
| 2014 | 安全 | 安全 | 安全 | 危险 | 安全 | 安全 |
| 2015 | 安全 | 安全 | 安全 | 警戒 | 安全 | 安全 |
| 2016 | 安全 | 安全 | 安全 | 警戒 | 安全 | 安全 |

## 附录

附表45 样本各国各类别风险等级阈值（未归一化和百分制化）

| 编号 | 国家 | 风险等级 | DEB | BUS | ECO | EXT | POL | REL |
|---|---|---|---|---|---|---|---|---|
| 1 | 阿尔及利亚 | 基本安全阈值 | 0.390 | 0.253 | 0.303 | 1.273 | 0.480 | 0.263 |
| | | 警戒阈值 | -0.220 | -0.395 | -0.395 | 0.355 | -0.050 | -0.343 |
| | | 危险阈值 | -0.830 | -1.043 | -1.093 | -0.563 | -0.580 | -0.949 |
| 2 | 阿根廷 | 基本安全阈值 | 0.410 | 0.313 | 1.080 | 1.140 | 0.625 | -0.023 |
| | | 警戒阈值 | -0.100 | -0.215 | 0.310 | 0.310 | 0.000 | -0.655 |
| | | 危险阈值 | -0.610 | -0.743 | -0.460 | -0.520 | -0.625 | -1.288 |
| 3 | 澳大利亚 | 基本安全阈值 | 0.488 | 0.289 | 0.520 | 1.060 | 0.883 | -1.105 |
| | | 警戒阈值 | -0.245 | -0.454 | -0.290 | 0.140 | 0.265 | -2.405 |
| | | 危险阈值 | -0.978 | -1.197 | -1.100 | -0.780 | -0.353 | -3.704 |
| 4 | 巴西 | 基本安全阈值 | 0.500 | 0.733 | 0.136 | 0.865 | 0.640 | 0.135 |
| | | 警戒阈值 | -0.010 | 0.085 | -0.505 | 0.190 | -0.020 | -0.775 |
| | | 危险阈值 | -0.520 | -0.563 | -1.147 | -0.485 | -0.680 | -1.685 |
| 5 | 加拿大 | 基本安全阈值 | 0.803 | 0.303 | 0.185 | 1.108 | 0.590 | 0.523 |
| | | 警戒阈值 | 0.275 | -0.369 | -0.570 | 0.355 | -0.150 | 0.115 |
| | | 危险阈值 | -0.253 | -1.040 | -1.325 | -0.398 | -0.890 | -0.293 |
| 6 | 刚果（金） | 基本安全阈值 | 0.515 | 1.193 | 0.570 | 0.980 | 0.103 | 1.308 |
| | | 警戒阈值 | -0.080 | 0.175 | -0.030 | 0.310 | -0.605 | 0.487 |
| | | 危险阈值 | -0.675 | -0.843 | -0.630 | -0.360 | -1.313 | -0.335 |
| 7 | 法国 | 基本安全阈值 | 0.295 | 0.763 | 0.570 | 0.598 | 0.870 | -0.153 |

405

续表

| 编号 | 国家 | 风险等级 | DEB | BUS | ECO | EXT | POL | RE |
|---|---|---|---|---|---|---|---|---|
| 7 | 法国 | 警戒阈值 | -0.240 | 0.255 | -0.110 | 0.055 | 0.270 | -0.735 |
|  |  | 危险阈值 | -0.775 | -0.253 | -0.790 | -0.488 | -0.330 | -1.318 |
| 8 | 德国 | 基本安全阈值 | 0.458 | 1.331 | 0.335 | 0.960 | 0.483 | -0.434 |
|  |  | 警戒阈值 | -0.345 | 0.581 | -0.360 | 0.350 | 0.005 | -1.214 |
|  |  | 危险阈值 | -1.148 | -0.168 | -1.055 | -0.260 | -0.473 | -1.995 |
| 9 | 加纳 | 基本安全阈值 | 0.925 | 0.470 | 0.633 | 0.828 | -0.148 | 0.603 |
|  |  | 警戒阈值 | 0.270 | -0.180 | 0.065 | 0.135 | -0.835 | 0.110 |
|  |  | 危险阈值 | -0.385 | -0.830 | -0.503 | -0.558 | -1.523 | -0.384 |
| 10 | 印度 | 基本安全阈值 | 0.413 | 0.295 | 1.055 | 0.903 | 0.550 | 0.717 |
|  |  | 警戒阈值 | -0.375 | -0.607 | 0.260 | 0.115 | -0.130 | 0.200 |
|  |  | 危险阈值 | -1.163 | -1.510 | -0.535 | -0.673 | -0.810 | -0.318 |
| 11 | 印度尼西亚 | 基本安全阈值 | 0.270 | 0.501 | 0.255 | 0.460 | 0.843 | -0.190 |
|  |  | 警戒阈值 | -0.280 | 0.082 | -0.550 | -0.210 | 0.215 | -0.884 |
|  |  | 危险阈值 | -0.830 | -0.337 | -1.355 | -0.880 | -0.413 | -1.577 |
| 12 | 伊朗 | 基本安全阈值 | 0.288 | 0.533 | 0.933 | 0.928 | 0.523 | 0.465 |
|  |  | 警戒阈值 | -0.365 | -0.325 | 0.335 | 0.215 | -0.195 | -0.081 |
|  |  | 危险阈值 | -1.018 | -1.183 | -0.263 | -0.498 | -0.913 | -0.626 |
| 13 | 日本 | 基本安全阈值 | 0.455 | 0.308 | 0.813 | 0.520 | 0.818 | 0.415 |
|  |  | 警戒阈值 | -0.150 | -0.395 | -0.055 | -0.020 | 0.265 | -0.090 |
|  |  | 危险阈值 | -0.755 | -1.098 | -0.923 | -0.560 | -0.288 | -0.595 |

续表

| 编号 | 国家 | 风险等级 | DEB | BUS | ECO | EXT | PO | |
|---|---|---|---|---|---|---|---|---|
| 14 | 韩国 | 基本安全阈值 | 0.200 | 0.578 | 0.733 | 0.573 | 0.180 | -0.659 |
|  |  | 警戒阈值 | -0.430 | -0.235 | -0.035 | -0.255 | -0.550 | -1.596 |
|  |  | 危险阈值 | -1.060 | -1.048 | -0.803 | -1.083 | -1.280 | -2.533 |
| 15 | 卢森堡 | 基本安全阈值 | 0.185 | 0.953 | 0.588 | -0.153 | 0.263 | -0.635 |
|  |  | 警戒阈值 | -0.340 | 0.355 | -0.005 | -1.005 | -0.445 | -1.740 |
|  |  | 危险阈值 | -0.865 | -0.243 | -0.598 | -1.858 | -1.153 | -2.845 |
| 16 | 马来西亚 | 基本安全阈值 | 0.058 | 0.128 | 0.065 | 0.768 | 0.110 | 1.246 |
|  |  | 警戒阈值 | -0.795 | -0.375 | -0.780 | -0.025 | -0.530 | 0.656 |
|  |  | 危险阈值 | -1.648 | -0.878 | -1.625 | -0.818 | -1.170 | 0.066 |
| 17 | 缅甸 | 基本安全阈值 | 0.063 | 0.680 | 0.763 | 0.780 | 0.165 | 0.356 |
|  |  | 警戒阈值 | -0.045 | 0.050 | -0.151 | 0.240 | -0.470 | -0.150 |
|  |  | 危险阈值 | -0.153 | -0.580 | -1.064 | -0.300 | -1.105 | -0.656 |
| 18 | 荷兰 | 基本安全阈值 | 0.705 | 0.943 | 0.593 | 1.315 | 0.598 | 0.525 |
|  |  | 警戒阈值 | 0.110 | 0.265 | 0.005 | 0.420 | -0.085 | 0.000 |
|  |  | 危险阈值 | -0.485 | -0.413 | -0.583 | -0.475 | -0.768 | -0.526 |
| 19 | 尼日利亚 | 基本安全阈值 | 0.468 | 1.055 | 1.635 | 0.738 | 0.690 | 0.792 |
|  |  | 警戒阈值 | -0.145 | 0.300 | 0.650 | 0.015 | 0.010 | 0.181 |
|  |  | 危险阈值 | -0.758 | -0.455 | -0.335 | -0.708 | -0.670 | -0.430 |
| 20 | 挪威 | 基本安全阈值 | -0.010 | 0.134 | 0.755 | 0.833 | 0.938 | 1.046 |
|  |  | 警戒阈值 | -0.734 | -0.634 | 0.230 | 0.105 | 0.395 | 0.223 |

续表

| 编号 | 国家 | 风险等级 | DEB | BUS | ECO | EXT | PO |
|---|---|---|---|---|---|---|---|
| 20 | 挪威 | 危险阈值 | −1.458 | −1.402 | −0.295 | −0.623 | −0.148 | −0.599 |
| 21 | 巴基斯坦 | 基本安全阈值 | 0.363 | 1.130 | 1.083 | 1.240 | 0.843 | −1.105 |
|  |  | 警戒阈值 | −0.265 | 0.510 | 0.245 | 0.570 | 0.205 | −2.405 |
|  |  | 危险阈值 | −0.893 | −0.110 | −0.593 | −0.100 | −0.433 | −3.704 |
| 22 | 沙特阿拉伯 | 基本安全阈值 | 0.433 | 0.262 | 1.110 | 1.110 | 0.065 | −0.087 |
|  |  | 警戒阈值 | −0.225 | −0.245 | 0.430 | 0.470 | −0.670 | −0.651 |
|  |  | 危险阈值 | −0.883 | −0.751 | −0.250 | −0.170 | −1.405 | −1.215 |
| 23 | 新加坡 | 基本安全阈值 | 0.660 | 0.363 | 0.848 | 0.655 | 0.725 | 0.626 |
|  |  | 警戒阈值 | 0.020 | −0.325 | 0.215 | −0.060 | 0.080 | 0.576 |
|  |  | 危险阈值 | −0.620 | −1.013 | −0.418 | −0.775 | −0.565 | 0.526 |
| 24 | 南非 | 基本安全阈值 | 0.303 | 0.863 | 0.720 | 0.945 | 0.483 | 3.705 |
|  |  | 警戒阈值 | −0.185 | 0.295 | −0.010 | 0.190 | −0.405 | 2.406 |
|  |  | 危险阈值 | −0.673 | −0.273 | −0.740 | −0.565 | −1.293 | 1.107 |
| 25 | 苏丹 | 基本安全阈值 | 0.308 | 0.000 | 0.150 | 0.358 | 0.340 | 0.580 |
|  |  | 警戒阈值 | −0.285 | −0.710 | −0.600 | −0.305 | −0.430 | 0.070 |
|  |  | 危险阈值 | −0.878 | −1.420 | −1.350 | −0.968 | −1.200 | −0.440 |
| 26 | 瑞典 | 基本安全阈值 | 0.348 | 0.440 | 0.243 | 0.635 | 0.828 | 0.062 |
|  |  | 警戒阈值 | −0.385 | −0.150 | −0.455 | −0.120 | 0.255 | −0.499 |
|  |  | 危险阈值 | −1.118 | −0.740 | −1.153 | −0.875 | −0.318 | −1.059 |
| 27 | 泰国 | 基本安全阈值 | 0.210 | 0.840 | 0.278 | 0.985 | 0.583 | 1.427 |

续表

| 编号 | 国家 | 风险等级 | DEB | BUS | ECO | EXT | PO | EXT |
|---|---|---|---|---|---|---|---|---|
| 27 | 泰国 | 警戒阈值 | -0.340 | 0.280 | -0.325 | 0.340 | 0.105 | 0.795 |
|  |  | 危险阈值 | -0.890 | -0.280 | -0.928 | -0.305 | -0.373 | 0.164 |
| 28 | 特立尼达和多巴哥 | 基本安全阈值 | 0.540 | 0.497 | 0.870 | 0.495 | 0.318 | 0.499 |
|  |  | 警戒阈值 | -0.080 | -0.187 | 0.120 | -0.350 | -0.315 | -0.008 |
|  |  | 危险阈值 | -0.700 | -0.871 | -0.630 | -1.195 | -0.948 | -0.514 |
| 29 | 英国 | 基本安全阈值 | 0.430 | 0.380 | 0.240 | 0.813 | 0.845 | 0.527 |
|  |  | 警戒阈值 | -0.120 | -0.250 | -0.640 | 0.195 | 0.270 | 0.036 |
|  |  | 危险阈值 | -0.670 | -0.880 | -1.520 | -0.423 | -0.305 | -0.455 |
| 30 | 美国 | 基本安全阈值 | 0.150 | -0.288 | 0.380 | 0.428 | -0.150 | 0.603 |
|  |  | 警戒阈值 | -0.400 | -0.455 | -0.100 | 0.005 | -0.350 | 0.110 |
|  |  | 危险阈值 | -0.950 | -0.623 | -0.580 | -0.418 | -0.550 | -0.384 |
| 31 | 委内瑞拉 | 基本安全阈值 | 0.488 | -0.173 | 0.063 | 0.273 | -0.400 | 0.814 |
|  |  | 警戒阈值 | -0.015 | -0.475 | -0.545 | -0.195 | -0.630 | 0.814 |
|  |  | 危险阈值 | -0.518 | -0.778 | -1.153 | -0.663 | -0.860 | 0.814 |
| 32 | 赞比亚 | 基本安全阈值 | 0.808 | 0.071 | 0.478 | 1.248 | 0.090 | -1.105 |
|  |  | 警戒阈值 | 0.115 | -0.483 | -0.225 | 0.445 | -0.730 | -2.405 |
|  |  | 危险阈值 | -0.578 | -1.037 | -0.928 | -0.358 | -1.550 | -3.704 |
| 33 | 津巴布韦 | 基本安全阈值 | 0.498 | 0.860 | 1.508 | 1.220 | 0.538 | 0.032 |
|  |  | 警戒阈值 | -0.095 | 0.250 | 0.695 | 0.440 | -0.095 | -0.560 |
|  |  | 危险阈值 | -0.688 | -0.360 | -0.118 | -0.340 | -0.728 | -1.153 |

注：基于类别风险指数（得分）采用极值—均值法计算所得。

附表46 样本各国综合风险等级阈值
（未归一化和百分制化）

| 编号 | 国家 | 基本安全阈值 | 警戒阈值 | 危险阈值 |
| --- | --- | --- | --- | --- |
| 1 | 阿尔及利亚 | 1.060 | 0.080 | -0.900 |
| 2 | 阿根廷 | 0.598 | -0.265 | -1.128 |
| 3 | 澳大利亚 | 0.598 | -0.265 | -1.128 |
| 4 | 巴西 | 0.695 | 0.030 | -0.635 |
| 5 | 加拿大 | 0.650 | 0.020 | -0.610 |
| 6 | 刚果（金） | 0.433 | -0.425 | -1.283 |
| 7 | 法国 | 0.373 | -0.175 | -0.723 |
| 8 | 德国 | 0.450 | -0.360 | -1.170 |
| 9 | 加纳 | 1.130 | 0.220 | -0.690 |
| 10 | 印度 | 0.138 | -1.025 | -2.188 |
| 11 | 印度尼西亚 | 0.478 | -0.315 | -1.108 |
| 12 | 伊朗 | 0.200 | -0.720 | -1.640 |
| 13 | 日本 | 0.478 | -0.165 | -0.808 |
| 14 | 韩国 | 0.325 | -0.490 | -1.305 |
| 15 | 卢森堡 | 0.393 | -0.365 | -1.123 |
| 16 | 马来西亚 | 0.305 | -0.740 | -1.785 |
| 17 | 缅甸 | 0.278 | -0.115 | -0.508 |
| 18 | 荷兰 | 0.818 | 0.115 | -0.588 |
| 19 | 尼日利亚 | 0.675 | -0.090 | -0.855 |
| 20 | 挪威 | 0.128 | -0.865 | -1.858 |
| 21 | 巴基斯坦 | 0.413 | -0.475 | -1.363 |
| 22 | 沙特阿拉伯 | 0.918 | -0.125 | -1.168 |
| 23 | 新加坡 | 0.855 | -0.040 | -0.935 |
| 24 | 南非 | 0.613 | -0.235 | -1.083 |
| 25 | 苏丹 | 0.348 | -0.715 | -1.778 |
| 26 | 瑞典 | 0.358 | -0.535 | -1.428 |
| 27 | 泰国 | 0.328 | -0.255 | -0.838 |
| 28 | 特立尼达和多巴哥 | 0.695 | -0.300 | -1.295 |
| 29 | 英国 | 0.523 | -0.125 | -0.773 |
| 30 | 美国 | 0.310 | -0.420 | -1.150 |
| 31 | 委内瑞拉 | 0.460 | -0.210 | -0.880 |
| 32 | 赞比亚 | 1.088 | 0.255 | -0.578 |
| 33 | 津巴布韦 | 0.805 | 0.030 | -0.745 |

注：基于综合风险指数（得分）采用极值—均值法计算所得。

附表 47　　全球企业专利申请数量排名 TOP50
（2017—2018 年）

| 排名 | 企业名称 | 所属国家 | 2017 年数量 | 2018 年数量 |
| --- | --- | --- | --- | --- |
| 1 | 华为 | 中国 | 4024 | 5405 |
| 2 | 三菱电机 | 日本 | 2521 | 2812 |
| 3 | 英特尔 | 美国 | 2637 | 2499 |
| 4 | 美国高通公司 | 美国 | 2163 | 2404 |
| 5 | 中兴通信 | 中国 | 2965 | 2080 |
| 6 | 三星电子 | 韩国 | 1757 | 1997 |
| 7 | 京东方 | 中国 | 1818 | 1813 |
| 8 | LG 电子 | 韩国 | 1945 | 1697 |
| 9 | 爱立信 | 瑞典 | 1564 | 1645 |
| 10 | 罗伯特博世公司 | 德国 | 1354 | 1524 |
| 11 | 微软 | 美国 | 1536 | 1476 |
| 12 | 松下 | 日本 | 1280 | 1465 |
| 13 | 索尼 | 日本 | 1735 | 1342 |
| 14 | 西门子 | 德国 | 1063 | 1211 |
| 15 | 惠普 | 美国 | 1519 | 1170 |
| 16 | 夏普 | 日本 | 963 | 1132 |
| 17 | 广东欧珀移动通信有限公司 | 中国 | 474 | 1042 |
| 18 | 飞利浦 | 荷兰 | 1077 | 1033 |
| 19 | 电装株式会社 | 日本 | 968 | 998 |
| 20 | LG 集团 | 韩国 | 850 | 969 |
| 21 | 富士胶片 | 日本 | 970 | 962 |
| 22 | 日本电气股份有限公司 | 日本 | 899 | 947 |
| 23 | 株式会社村田制作所 | 日本 | 684 | 889 |
| 24 | 谷歌公司 | 美国 | 789 | 836 |
| 25 | 林巴斯 | 日本 | 934 | 750 |

续表

| 排名 | 企业名称 | 所属国家 | 2017年数量 | 2018年数量 |
| --- | --- | --- | --- | --- |
| 26 | 美国通用电气 | 美国 | 407 | 729 |
| 27 | 日立 | 日本 | 923 | 714 |
| 28 | 腾讯 | 中国 | 560 | 661 |
| 29 | 深圳市大疆创新科技有限公司 | 中国 | 238 | 656 |
| 30 | 3M公司 | 美国 | 678 | 648 |
| 31 | 哈里伯顿能源服务公司 | 美国 | 798 | 634 |
| 32 | 舍弗勒集团 | 德国 | 489 | 613 |
| 33 | 日立汽车集团 | 日本 | 503 | 582 |
| 34 | 巴斯夫股份公司 | 德国 | 556 | 557 |
| 35 | 诺基亚 | 芬兰 | 315 | 551 |
| 36 | 宝洁公司 | 美国 | 566 | 513 |
| 37 | 本田 | 日本 | 323 | 504 |
| 38 | 加利福尼亚大学 | 美国 | 482 | 501 |
| 39 | 索尼半导体解决方案公司 | 日本 | 69 | 467 |
| 40 | 深圳市华星光电技术有限公司 | 中国 | 972 | 463 |
| 41 | NTT电信 | 日本 | 317 | 450 |
| 42 | 沙特阿拉伯基础工业公司 | 荷兰 | 488 | 446 |
| 43 | 富士通 | 日本 | 338 | 442 |
| 44 | ABBSCHWEIZAG | 瑞士 | 328 | 419 |
| 45 | 道琼斯全球技术公司 | 美国 | 421 | 417 |
| 46 | 宝马 | 德国 | 414 | 414 |
| 47 | 京瓷集团 | 日本 | 377 | 413 |
| 48 | AppliedMaterials | 美国 | 359 | 407 |
| 49 | 米其林公司 | 法国 | 411 | 406 |
| 50 | 武汉华星光电 | 中国 | 290 | 395 |

资料来源：世界知识产权组织（WIPO）。

附表48  不同类型国家综合风险等级阈值（未归一化和百分制化）

| 编号 | 国家类型 | 风险等级 | 偿债能力风险 | 商务环境风险 | 经济风险 | 对外经济风险 | 政治风险 | 对华关系风险 |
|---|---|---|---|---|---|---|---|---|
| 1 | 高收入国家 | 基本安全阈值 | 0.1061 | 0.0783 | 0.1415 | 0.4593 | 0.4765 | 0.1966 |
|   |   | 警戒阈值 | −0.2922 | −0.0450 | −0.2629 | 0.0738 | 0.1400 | −0.3600 |
|   |   | 危险阈值 | −0.6906 | −0.1682 | −0.6674 | −0.3116 | −0.1965 | −0.9166 |
| 2 | 中高收入国家 | 基本安全阈值 | 0.2879 | 0.3688 | 0.2757 | 0.2892 | 0.2663 | 0.6702 |
|   |   | 警戒阈值 | −0.1342 | 0.1158 | −0.1259 | −0.1683 | −0.2925 | −0.0367 |
|   |   | 危险阈值 | −0.5563 | −0.1371 | −0.5276 | −0.6258 | −0.8513 | −0.7436 |
| 3 | 中低收入国家 | 基本安全阈值 | 0.2272 | 0.3617 | 0.3153 | 0.4747 | 0.1084 | 0.4054 |
|   |   | 警戒阈值 | −0.1794 | 0.1377 | −0.0884 | 0.1406 | −0.4556 | −0.0111 |
|   |   | 危险阈值 | −0.5859 | −0.0863 | −0.4922 | −0.1934 | −1.0197 | −0.4275 |
| 4 | 低收入国家 | 基本安全阈值 | 0.4075 | 1.0500 | 0.7288 | 0.5400 | 0.3758 | 1.2067 |
|   |   | 警戒阈值 | 0.0800 | 0.3900 | 0.1925 | 0.1200 | 0.0250 | 0.4430 |
|   |   | 危险阈值 | −0.2475 | −0.2700 | −0.3438 | −0.3000 | −0.3258 | −0.3207 |
| 5 | 发达国家 | 基本安全阈值 | 0.1759 | 0.0402 | 0.2471 | 0.5298 | 0.5913 | 0.2030 |
|   |   | 警戒阈值 | −0.2615 | −0.0957 | −0.2496 | 0.0981 | 0.1981 | −0.3555 |
|   |   | 危险阈值 | −0.6989 | −0.2316 | −0.7463 | −0.3337 | −0.1952 | −0.9140 |
| 6 | 发展中国家 | 基本安全阈值 | 0.2982 | 0.3012 | 0.2346 | 0.4943 | 0.2938 | 0.6960 |
|   |   | 警戒阈值 | −0.1464 | 0.1181 | −0.0809 | 0.1471 | −0.1782 | 0.0817 |
|   |   | 危险阈值 | −0.5911 | −0.0651 | −0.3964 | −0.2000 | −0.6502 | −0.5327 |
| 7 | 最不发达国家 | 基本安全阈值 | 0.2617 | 0.2408 | 0.4624 | 0.5817 | 0.0233 | 0.7481 |
|   |   | 警戒阈值 | −0.1300 | −0.1650 | −0.0892 | 0.1900 | −0.5500 | 0.1357 |
|   |   | 危险阈值 | −0.5217 | −0.5708 | −0.6408 | −0.2017 | −1.1233 | −0.4768 |

附表49　　高收入国家的类别风险指数（1990—2016年）

| 年份 | 偿债能力风险 | 商务环境风险 | 经济风险 | 对外经济风险 | 政治风险 | 对华关系风险 |
| --- | --- | --- | --- | --- | --- | --- |
| 1990—1994 | 12.78 | 27.59 | 40.51 | 49.83 | 84.02 | 29.36 |
| 1995—1999 | 46.46 | 36.51 | 53.44 | 59.64 | 87.27 | 39.22 |
| 2000—2004 | 81.29 | 39.71 | 53.77 | 62.71 | 62.05 | 61.38 |
| 2005—2009 | 80.28 | 40.31 | 41.60 | 54.25 | 54.69 | 61.38 |
| 2010 | 65.88 | 42.08 | 55.73 | 66.29 | 51.22 | 61.38 |
| 2011 | 72.87 | 42.04 | 38.51 | 62.23 | 48.85 | 61.38 |
| 2012 | 78.23 | 41.50 | 29.00 | 35.34 | 47.87 | 61.98 |
| 2013 | 75.47 | 41.65 | 35.39 | 35.75 | 49.07 | 62.72 |
| 2014 | 76.51 | 42.21 | 44.63 | 27.48 | 48.78 | 62.79 |
| 2015 | 73.47 | 41.25 | 45.54 | 33.61 | 45.43 | 64.66 |
| 2016 | 65.34 | 39.86 | 43.15 | 38.28 | 43.62 | 64.66 |

附表50　　中高收入国家的类别风险指数（1990—2016年）

| 年份 | 偿债能力风险 | 商务环境风险 | 经济风险 | 对外经济风险 | 政治风险 | 对华关系风险 |
| --- | --- | --- | --- | --- | --- | --- |
| 1990—1994 | 15.29 | 40.45 | 17.31 | 49.82 | 53.99 | 16.58 |
| 1995—1999 | 29.97 | 40.82 | 34.64 | 55.55 | 86.74 | 29.01 |
| 2000—2004 | 72.92 | 24.03 | 65.44 | 63.36 | 67.95 | 37.76 |
| 2005—2009 | 91.72 | 30.95 | 58.00 | 59.31 | 67.30 | 46.80 |
| 2010 | 86.84 | 42.05 | 63.21 | 78.06 | 63.74 | 46.80 |
| 2011 | 93.88 | 40.78 | 48.36 | 64.44 | 57.03 | 58.22 |
| 2012 | 86.93 | 39.27 | 46.41 | 36.54 | 57.24 | 74.85 |
| 2013 | 82.46 | 37.37 | 48.50 | 40.05 | 55.79 | 74.85 |
| 2014 | 83.28 | 38.32 | 49.55 | 35.07 | 54.89 | 74.85 |
| 2015 | 61.62 | 36.81 | 48.11 | 10.85 | 53.36 | 74.85 |
| 2016 | 68.11 | 35.42 | 57.10 | 26.26 | 53.30 | 100.00 |

附表 51　　中低收入国家的类别风险指数（1990—2016 年）

| 年份 | 偿债能力风险 | 商务环境风险 | 经济风险 | 对外经济风险 | 政治风险 | 对华关系风险 |
|---|---|---|---|---|---|---|
| 1990—1994 | 12.51 | 32.45 | 19.23 | 37.30 | 41.25 | 19.26 |
| 1995—1999 | 38.91 | 42.59 | 24.78 | 48.31 | 82.74 | 29.07 |
| 2000—2004 | 76.77 | 38.92 | 57.75 | 46.97 | 62.36 | 35.29 |
| 2005—2009 | 81.21 | 53.49 | 51.14 | 69.29 | 71.66 | 54.70 |
| 2010 | 74.64 | 54.91 | 59.44 | 92.60 | 68.40 | 65.99 |
| 2011 | 84.10 | 55.18 | 61.77 | 71.62 | 67.15 | 65.99 |
| 2012 | 82.87 | 55.78 | 63.98 | 54.85 | 69.28 | 65.99 |
| 2013 | 81.84 | 53.20 | 67.66 | 55.40 | 70.94 | 66.00 |
| 2014 | 82.87 | 49.85 | 76.64 | 53.69 | 68.76 | 66.46 |
| 2015 | 78.28 | 49.79 | 74.63 | 45.62 | 69.38 | 66.46 |
| 2016 | 80.13 | 51.09 | 69.84 | 48.43 | 71.25 | 66.65 |

附表 52　　低收入国家的类别风险指数（1990—2016 年）

| 年份 | 偿债能力风险 | 商务环境风险 | 经济风险 | 对外经济风险 | 政治风险 | 对华关系风险 |
|---|---|---|---|---|---|---|
| 1990—1994 | 46.33 | 73.79 | 25.07 | 27.52 | 39.80 | 0.66 |
| 1995—1999 | 54.22 | 39.28 | 30.20 | 49.89 | 81.03 | 21.16 |
| 2000—2004 | 68.53 | 20.27 | 27.51 | 42.64 | 59.32 | 58.68 |
| 2005—2009 | 85.96 | 21.21 | 58.10 | 72.45 | 72.48 | 58.68 |
| 2010 | 28.18 | 18.56 | 75.18 | 99.51 | 80.28 | 58.68 |
| 2011 | 28.18 | 21.59 | 74.11 | 71.37 | 73.64 | 58.68 |
| 2012 | 49.01 | 23.30 | 73.25 | 84.09 | 74.68 | 58.68 |
| 2013 | 46.54 | 25.57 | 73.90 | 52.77 | 74.26 | 58.68 |
| 2014 | 52.30 | 26.89 | 79.24 | 58.89 | 70.73 | 58.92 |
| 2015 | 68.20 | 29.17 | 77.75 | 46.41 | 69.49 | 82.77 |
| 2016 | 64.09 | 33.14 | 80.10 | 55.95 | 69.49 | 82.77 |

附表53　　　　发达国家的类别风险指数（1990—2016年）

| 年份 | 偿债能力风险 | 商务环境风险 | 经济风险 | 对外经济风险 | 政治风险 | 对华关系风险 |
| --- | --- | --- | --- | --- | --- | --- |
| 1990—1994 | 12.49 | 45.42 | 44.67 | 38.54 | 90.10 | 19.07 |
| 1995—1999 | 52.64 | 57.92 | 68.40 | 50.30 | 81.68 | 41.99 |
| 2000—2004 | 87.60 | 65.88 | 65.88 | 58.95 | 58.50 | 48.69 |
| 2005—2009 | 74.08 | 62.88 | 47.96 | 42.38 | 49.02 | 73.65 |
| 2010 | 59.71 | 65.77 | 68.54 | 61.76 | 47.18 | 73.65 |
| 2011 | 62.73 | 65.93 | 43.93 | 53.22 | 44.89 | 73.65 |
| 2012 | 71.05 | 64.74 | 30.13 | 27.43 | 43.63 | 74.60 |
| 2013 | 72.79 | 65.25 | 41.51 | 24.55 | 45.69 | 75.77 |
| 2014 | 76.69 | 68.25 | 52.93 | 15.40 | 46.52 | 75.88 |
| 2015 | 77.08 | 68.41 | 56.44 | 22.56 | 42.56 | 78.86 |
| 2016 | 78.43 | 65.45 | 59.03 | 32.25 | 41.33 | 78.86 |

附表54　　　　发展中国家的类别风险指数（1990—2016年）

| 年份 | 偿债能力风险 | 商务环境风险 | 经济风险 | 对外经济风险 | 政治风险 | 对华关系风险 |
| --- | --- | --- | --- | --- | --- | --- |
| 1990—1994 | 14.89 | 60.48 | 37.76 | 35.56 | 47.70 | 16.66 |
| 1995—1999 | 32.44 | 66.60 | 40.28 | 41.52 | 82.17 | 31.92 |
| 2000—2004 | 74.21 | 55.47 | 70.46 | 41.79 | 60.53 | 40.64 |
| 2005—2009 | 91.80 | 77.84 | 61.48 | 63.62 | 66.83 | 66.15 |
| 2010 | 84.95 | 90.00 | 64.13 | 79.19 | 64.10 | 70.38 |
| 2011 | 93.23 | 89.14 | 57.07 | 66.78 | 60.77 | 76.33 |
| 2012 | 88.60 | 84.41 | 56.61 | 27.42 | 60.40 | 84.99 |
| 2013 | 83.69 | 78.37 | 59.92 | 33.87 | 60.24 | 85.00 |
| 2014 | 84.11 | 74.85 | 67.38 | 32.39 | 59.10 | 84.99 |
| 2015 | 68.03 | 71.34 | 66.04 | 12.55 | 59.02 | 84.99 |
| 2016 | 63.51 | 72.14 | 66.01 | 23.97 | 58.72 | 98.23 |

附表55　　最不发达国家的类别风险指数（1990—2016年）

| 年份 | 偿债能力风险 | 商务环境风险 | 经济风险 | 对外经济风险 | 政治风险 | 对华关系风险 |
| --- | --- | --- | --- | --- | --- | --- |
| 1990—1994 | 31.02 | 32.20 | 17.14 | 17.30 | 22.30 | 13.53 |
| 1995—1999 | 40.57 | 56.96 | 26.12 | 45.25 | 64.87 | 16.49 |
| 2000—2004 | 83.60 | 46.08 | 61.14 | 55.56 | 78.72 | 56.70 |
| 2005—2009 | 77.18 | 68.05 | 66.48 | 44.56 | 75.69 | 74.53 |
| 2010 | 63.48 | 62.01 | 83.68 | 100.00 | 72.48 | 79.14 |
| 2011 | 67.56 | 66.94 | 87.16 | 46.70 | 67.26 | 79.14 |
| 2012 | 78.38 | 87.06 | 90.46 | 65.68 | 74.96 | 79.14 |
| 2013 | 71.47 | 97.33 | 86.30 | 44.21 | 76.95 | 79.14 |
| 2014 | 77.14 | 95.89 | 92.03 | 31.94 | 70.86 | 80.67 |
| 2015 | 88.50 | 98.56 | 92.70 | 41.34 | 68.50 | 100.00 |
| 2016 | 85.13 | 100.00 | 100.00 | 44.60 | 69.37 | 100.00 |

附表56　　高收入国家的类别风险等级（1990—2016年）

| 年份 | 偿债能力风险 | 商务环境风险 | 经济风险 | 对外经济风险 | 政治风险 | 对华关系风险 |
| --- | --- | --- | --- | --- | --- | --- |
| 1990—1994 | B | B | B | B | AA | B |
| 1995—1999 | B | B | BB | BB | AA | B |
| 2000—2004 | AA | B | BB | BBB | BBB | BBB |
| 2005—2009 | AA | B | B | BB | BB | BBB |
| 2010 | BBB | B | BB | BBB | BB | BBB |
| 2011 | A | B | B | BBB | B | BBB |
| 2012 | A | B | B | B | B | BBB |
| 2013 | A | B | B | B | B | BBB |
| 2014 | A | B | B | B | B | BBB |
| 2015 | A | B | B | B | B | BBB |
| 2016 | BBB | B | B | B | B | BBB |

附表57　中高收入国家的类别风险等级（1990—2016年）

| 年份 | 偿债能力风险 | 商务环境风险 | 经济风险 | 对外经济风险 | 政治风险 | 对华关系风险 |
|---|---|---|---|---|---|---|
| 1990—1994 | B | B | B | B | BB | B |
| 1995—1999 | B | B | B | BB | AA | B |
| 2000—2004 | A | B | BBB | BBB | BBB | B |
| 2005—2009 | AA | B | BB | BB | BBB | B |
| 2010 | AA | B | BBB | A | BBB | B |
| 2011 | AA | B | B | BBB | BB | BB |
| 2012 | AA | B | B | B | BB | A |
| 2013 | AA | B | B | B | BB | A |
| 2014 | AA | B | B | B | BB | A |
| 2015 | BBB | B | B | B | BB | A |
| 2016 | BBB | B | BB | B | BB | AA |

附表58　中低收入国家的类别风险等级（1990—2016年）

| 年份 | 偿债能力风险 | 商务环境风险 | 经济风险 | 对外经济风险 | 政治风险 | 对华关系风险 |
|---|---|---|---|---|---|---|
| 1990—1994 | B | B | B | B | B | B |
| 1995—1999 | B | B | B | B | AA | B |
| 2000—2004 | A | B | BB | B | BBB | B |
| 2005—2009 | AA | BB | BB | BBB | A | BB |
| 2010 | A | BB | BB | AA | BBB | BBB |
| 2011 | AA | BB | BBB | A | BBB | BBB |
| 2012 | AA | BB | BBB | BB | BBB | BBB |
| 2013 | AA | BB | BBB | BB | A | BBB |
| 2014 | AA | B | A | BB | BBB | BBB |
| 2015 | A | B | A | B | BBB | BBB |
| 2016 | AA | BB | BBB | B | A | BBB |

附表 59　低收入国家的类别风险等级（1990—2016 年）

| 年份 | 偿债能力风险 | 商务环境风险 | 经济风险 | 对外经济风险 | 政治风险 | 对华关系风险 |
|---|---|---|---|---|---|---|
| 1990—1994 | B | A | B | B | B | B |
| 1995—1999 | BB | B | B | B | AA | B |
| 2000—2004 | BBB | B | B | B | BB | BB |
| 2005—2009 | AA | B | BB | A | A | BB |
| 2010 | B | B | A | AA | AA | BB |
| 2011 | B | B | A | A | A | BB |
| 2012 | B | B | A | AA | A | BB |
| 2013 | B | B | A | BB | A | BB |
| 2014 | BB | B | A | BB | A | BB |
| 2015 | BBB | B | A | B | BBB | AA |
| 2016 | BBB | B | AA | BB | BBB | AA |

附表 60　发达国家的类别风险等级（1990—2016 年）

| 年份 | 偿债能力风险 | 商务环境风险 | 经济风险 | 对外经济风险 | 政治风险 | 对华关系风险 |
|---|---|---|---|---|---|---|
| 1990—1994 | B | B | B | B | AA | B |
| 1995—1999 | BB | BB | BBB | BB | AA | B |
| 2000—2004 | AA | BBB | BBB | BB | BB | B |
| 2005—2009 | A | BBB | B | B | B | A |
| 2010 | BB | BBB | BBB | BBB | B | A |
| 2011 | BBB | BBB | B | BB | B | A |
| 2012 | A | BBB | B | B | B | A |
| 2013 | A | BBB | B | B | B | A |
| 2014 | A | BBB | BB | B | B | A |
| 2015 | A | BBB | BB | B | B | A |
| 2016 | A | BBB | BB | B | B | A |

附表61　发展中国家的类别风险等级（1990—2016年）

| 年份 | 偿债能力风险 | 商务环境风险 | 经济风险 | 对外经济风险 | 政治风险 | 对华关系风险 |
|---|---|---|---|---|---|---|
| 1990—1994 | B | BBB | B | B | B | B |
| 1995—1999 | B | BBB | B | B | AA | B |
| 2000—2004 | A | BB | A | B | BBB | B |
| 2005—2009 | AA | A | BBB | BBB | BBB | BBB |
| 2010 | AA | AA | BBB | A | BBB | A |
| 2011 | AA | AA | BB | BBB | BBB | A |
| 2012 | AA | AA | BB | B | BBB | AA |
| 2013 | AA | A | BB | B | BBB | AA |
| 2014 | AA | A | BBB | B | BB | AA |
| 2015 | BBB | A | BBB | B | BB | AA |
| 2016 | BBB | A | BBB | B | BB | AA |

附表62　最不发达国家的类别风险等级（1990—2016年）

| 年份 | 偿债能力风险 | 商务环境风险 | 经济风险 | 对外经济风险 | 政治风险 | 对华关系风险 |
|---|---|---|---|---|---|---|
| 1990—1994 | B | B | B | B | B | B |
| 1995—1999 | B | BB | B | B | BBB | B |
| 2000—2004 | AA | B | BBB | BB | A | BB |
| 2005—2009 | A | BBB | BBB | B | A | A |
| 2010 | BBB | BBB | AA | AA | A | A |
| 2011 | BBB | BBB | AA | B | BBB | A |
| 2012 | A | AA | AA | BBB | A | A |
| 2013 | A | AA | AA | B | A | A |
| 2014 | A | AA | AA | B | A | AA |
| 2015 | AA | AA | AA | B | BBB | AA |
| 2016 | AA | AA | AA | B | BBB | AA |

## 二 附图

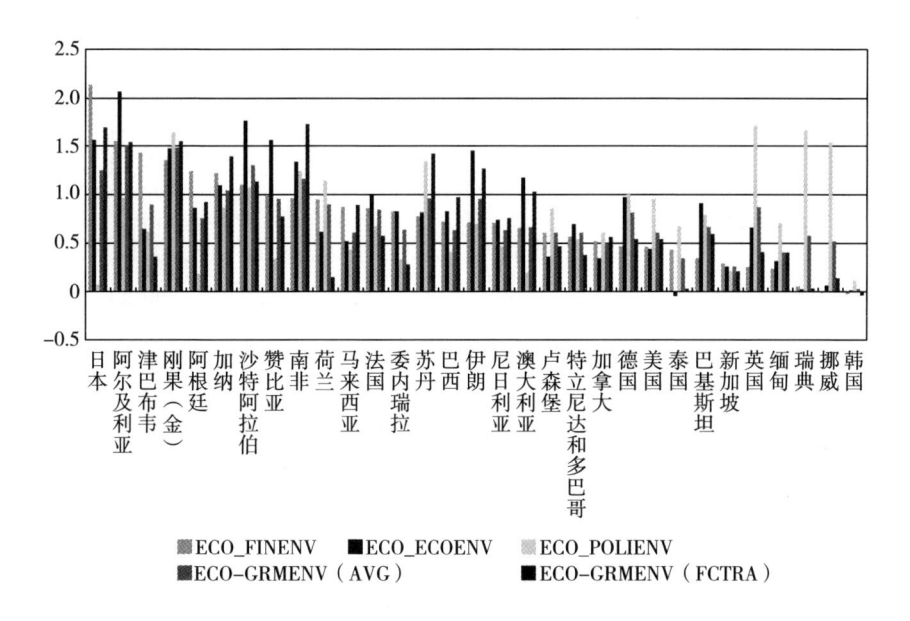

**附图1　各国经济波动指数与各类投资环境指数的同步性比较**

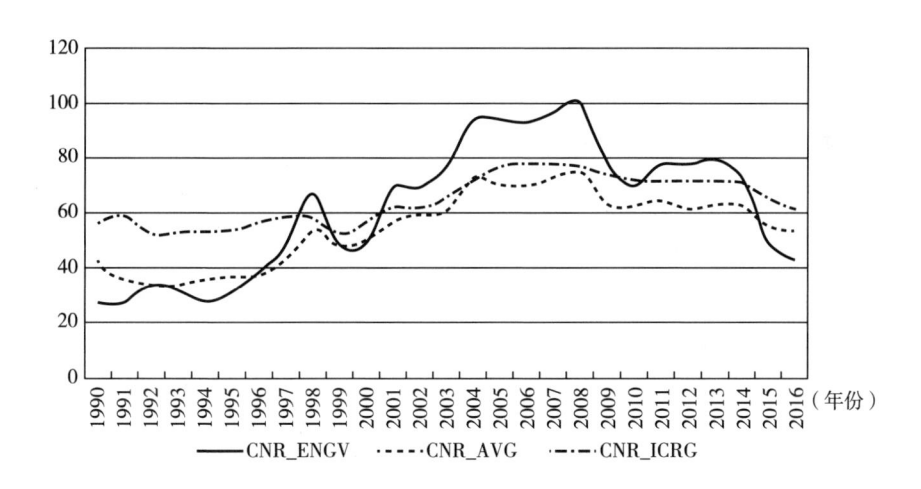

**附图2　阿尔及利亚综合风险指数历史趋势**

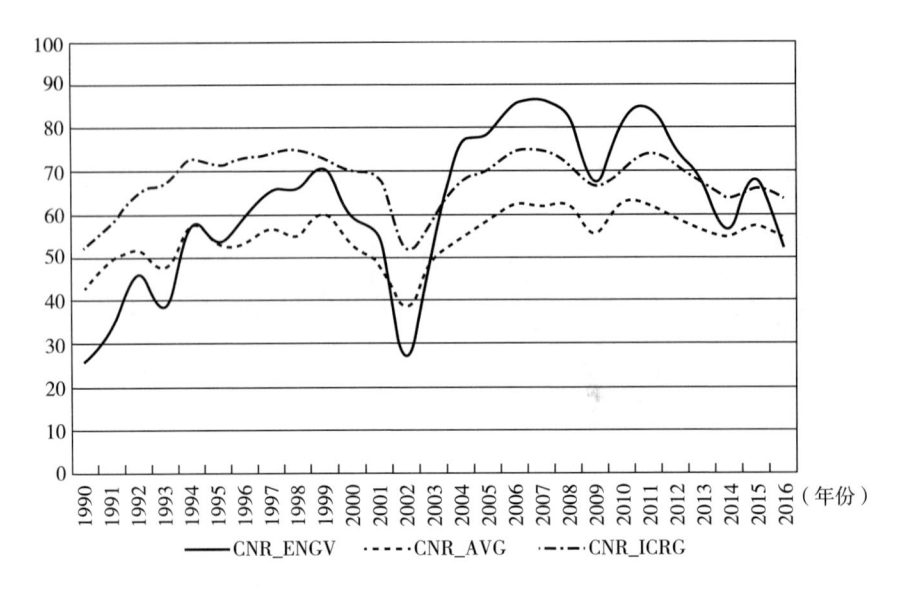

附图3 阿根廷综合风险指数历史趋势

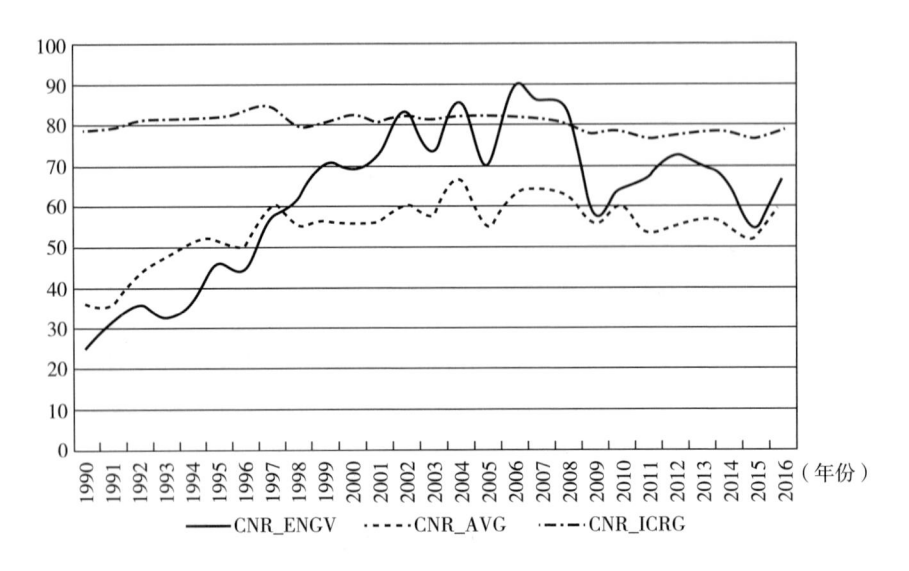

附图4 澳大利亚综合风险指数历史趋势

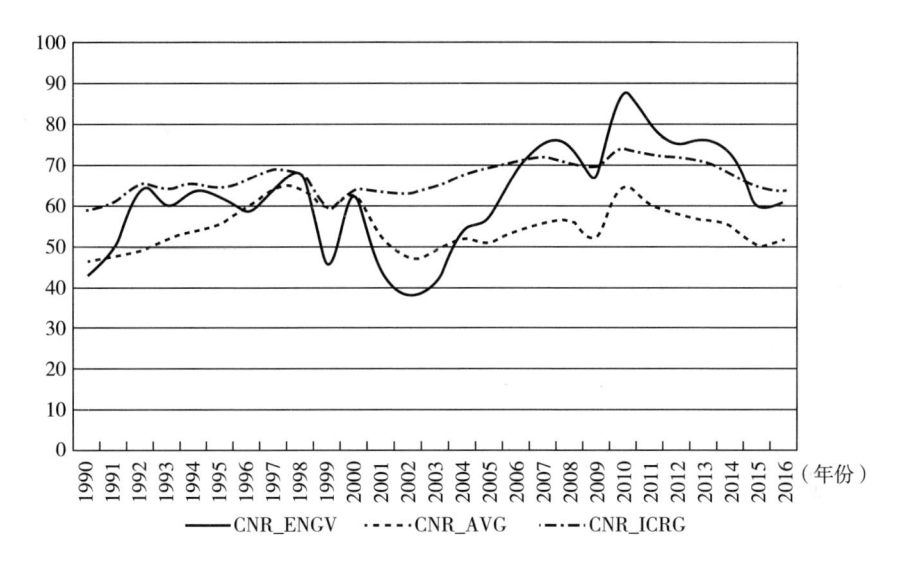

附图 5　巴西综合风险指数历史趋势

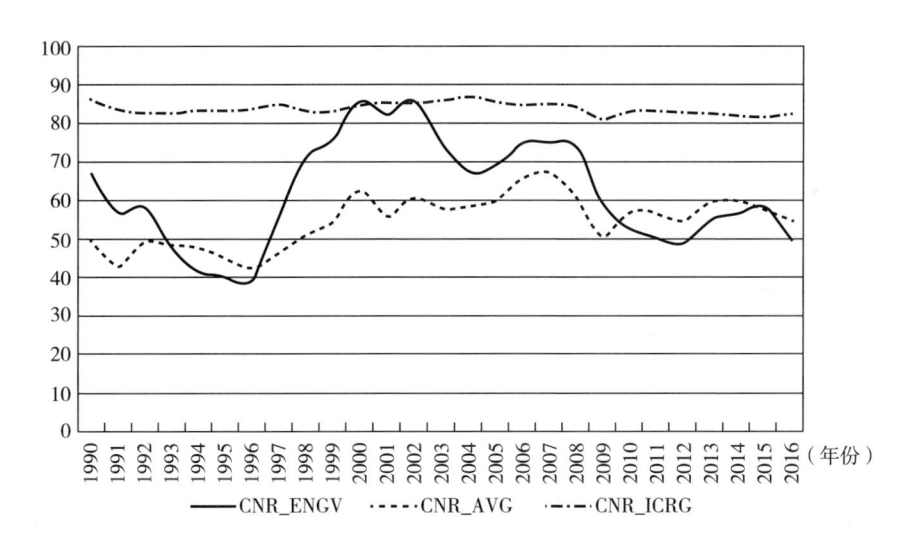

附图 6　加拿大综合风险指数历史趋势

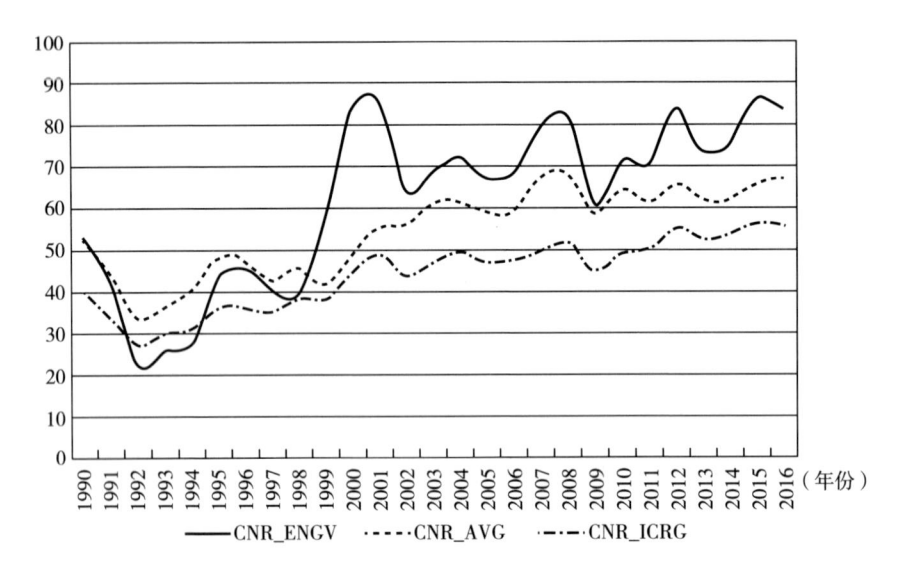

附图7 刚果（金）综合风险指数历史趋势

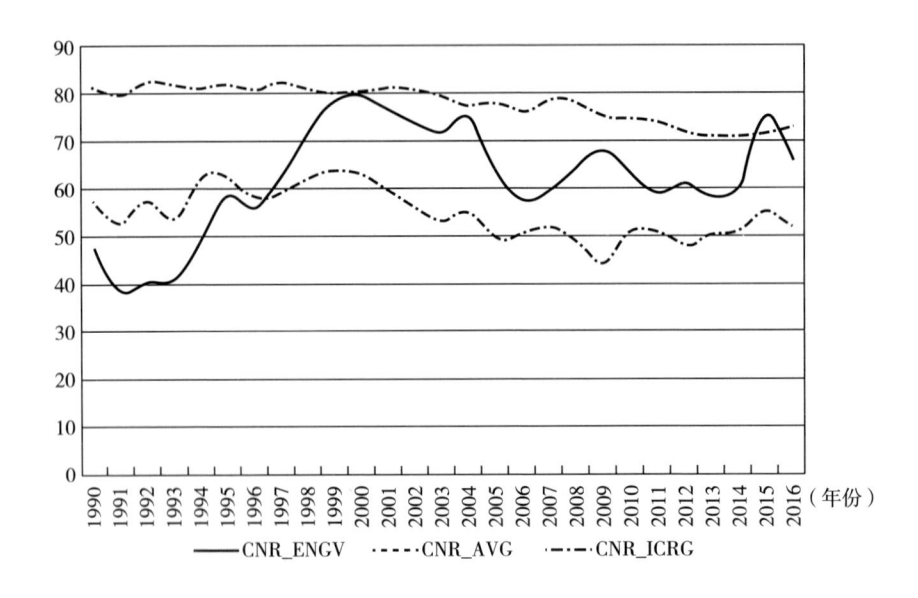

附图8 法国综合风险指数历史趋势

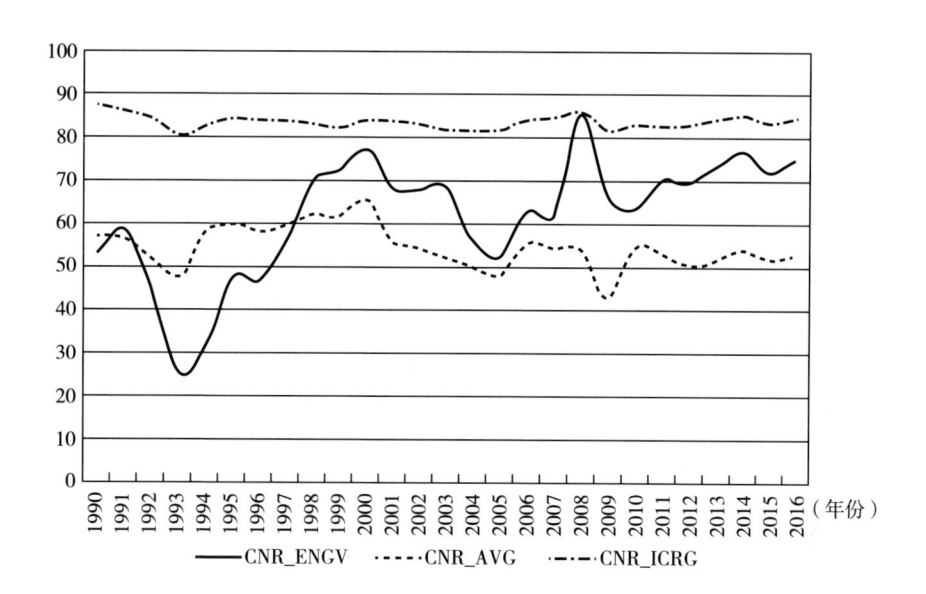

附图9　德国综合风险指数历史趋势

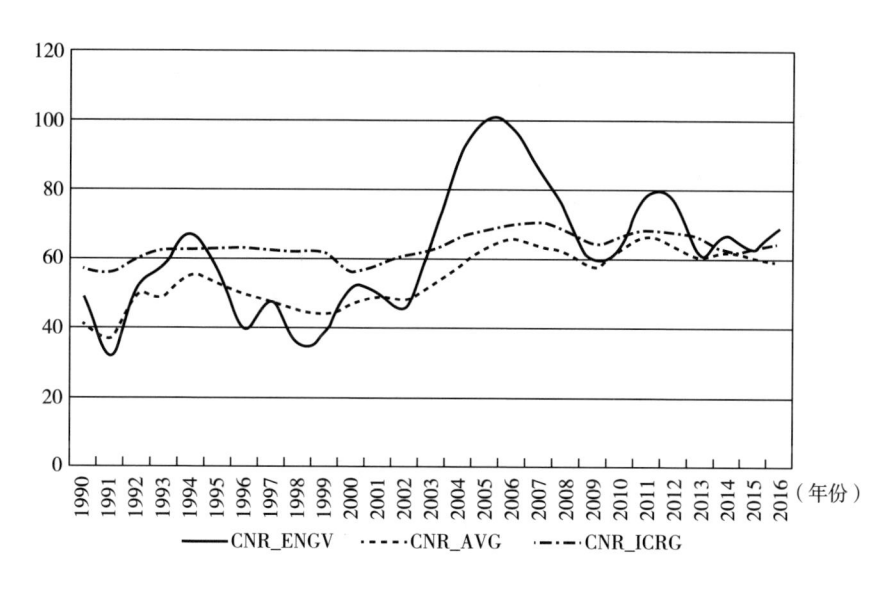

附图10　加纳综合风险指数历史趋势

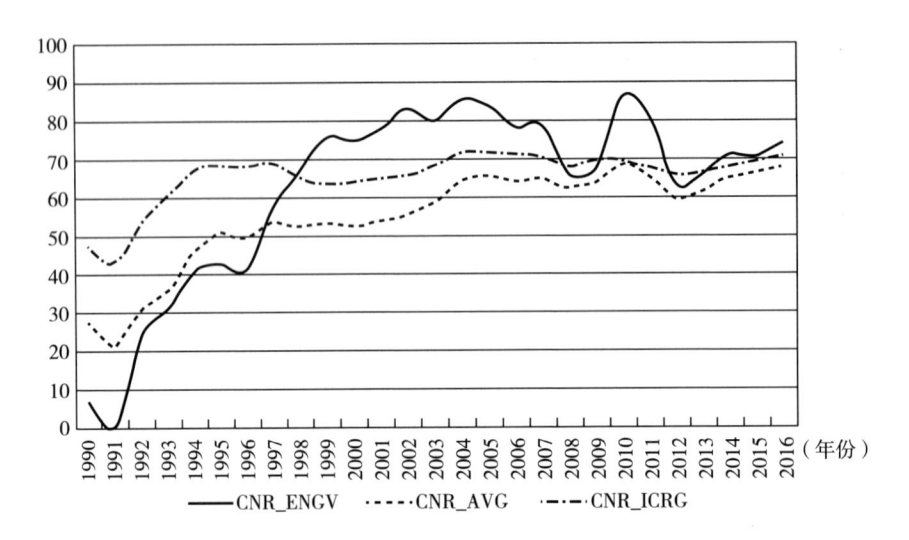

附图11　印度综合风险指数历史趋势

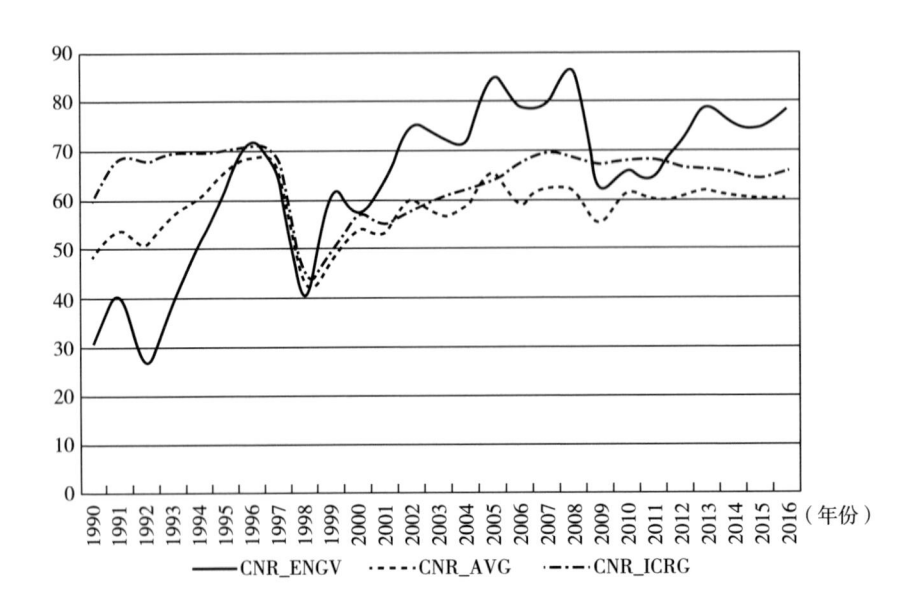

附图12　印度尼西亚综合风险指数历史趋势

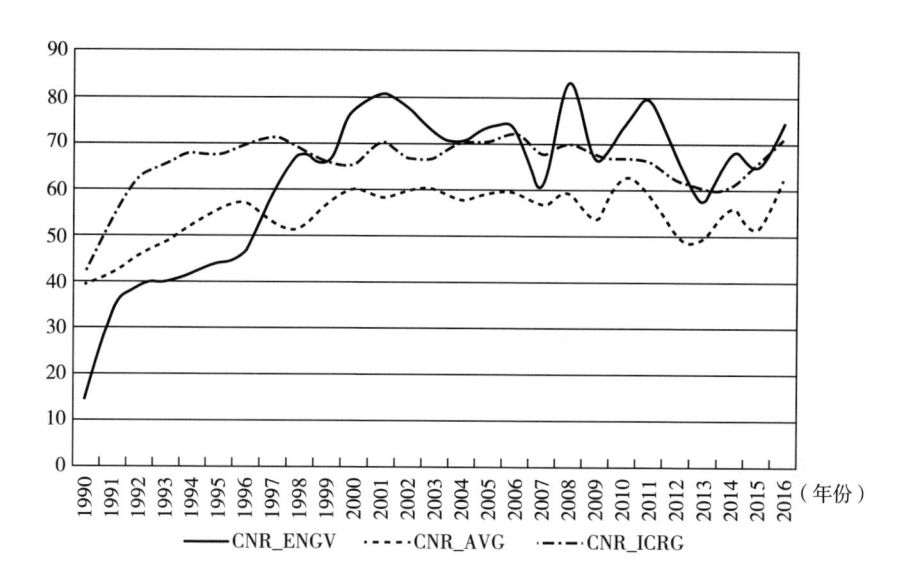

附图 13　伊朗综合风险指数历史趋势

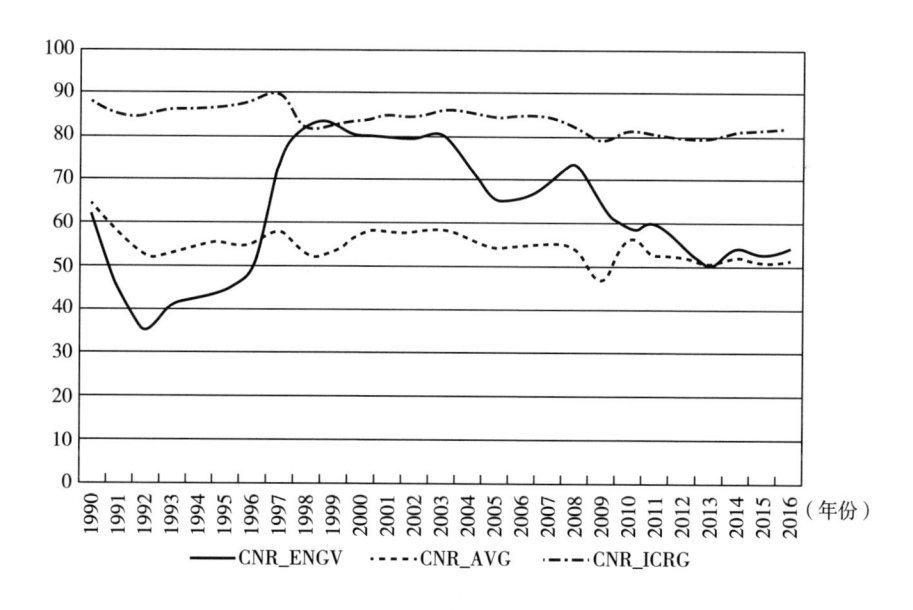

附图 14　日本综合风险指数历史趋势

427

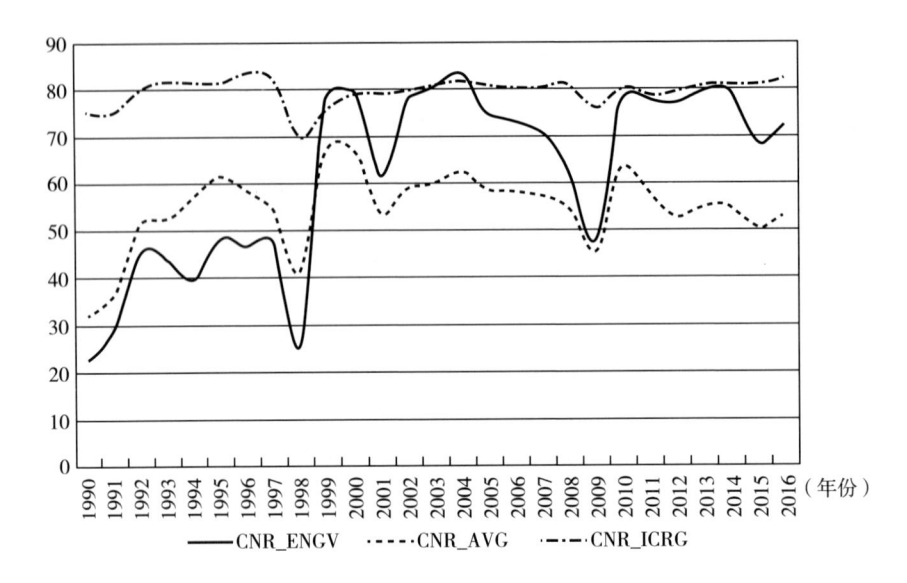

附图 15 韩国综合风险指数历史趋势

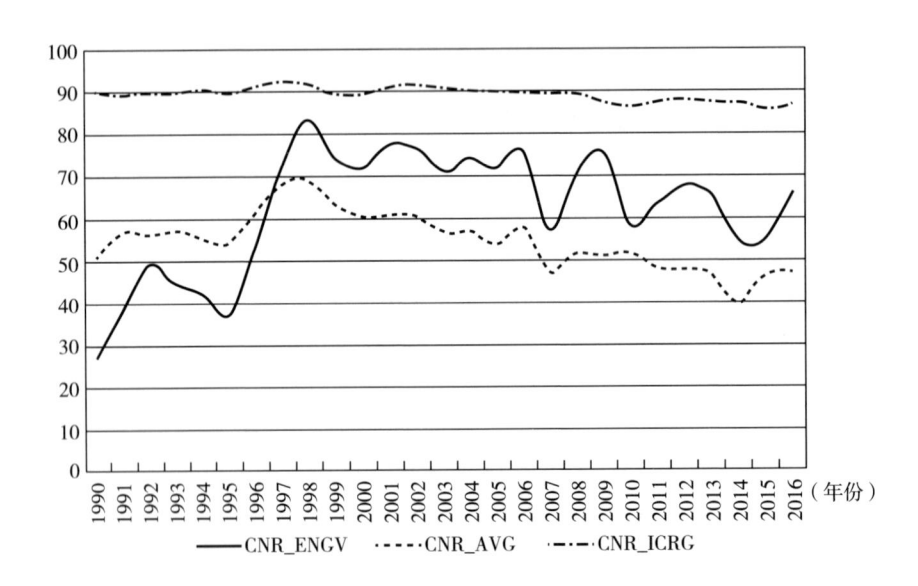

附图 16 卢森堡综合风险指数历史趋势

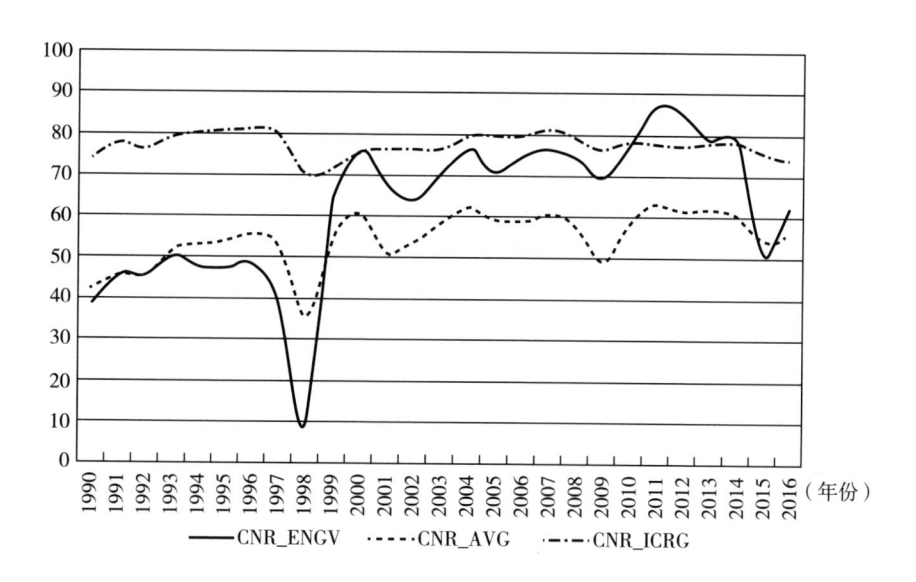

附图 17　马来西亚综合风险指数历史趋势

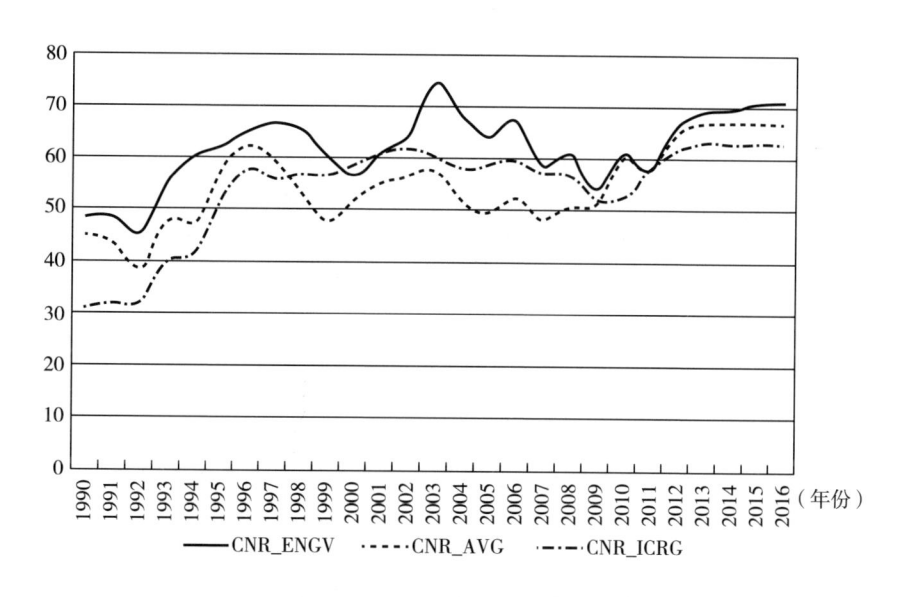

附图 18　缅甸综合风险指数历史趋势

429

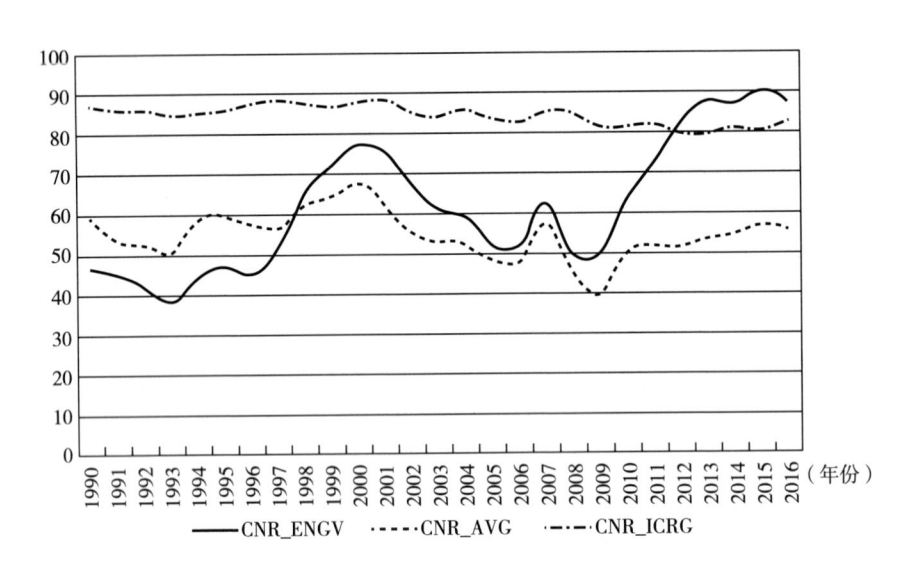

附图19　荷兰综合风险指数历史趋势

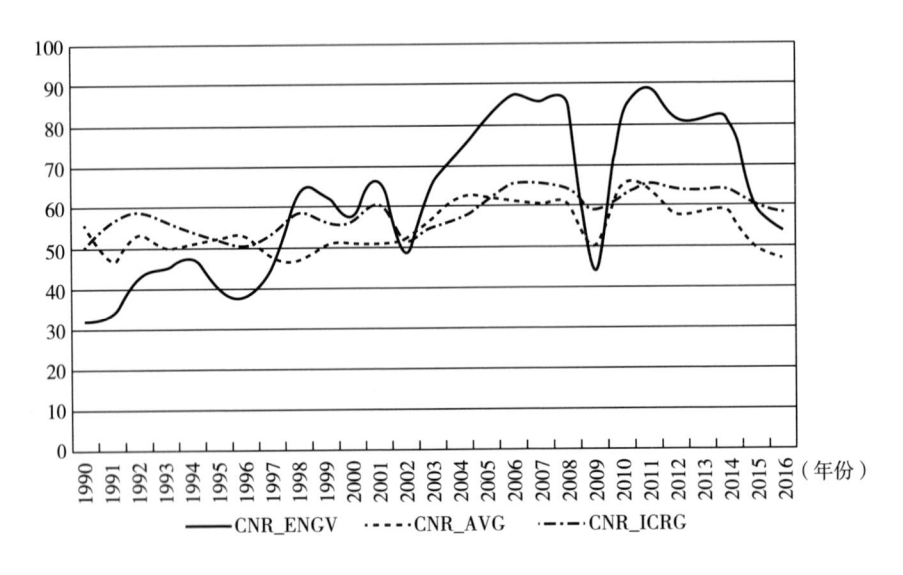

附图20　尼日利亚综合风险指数历史趋势

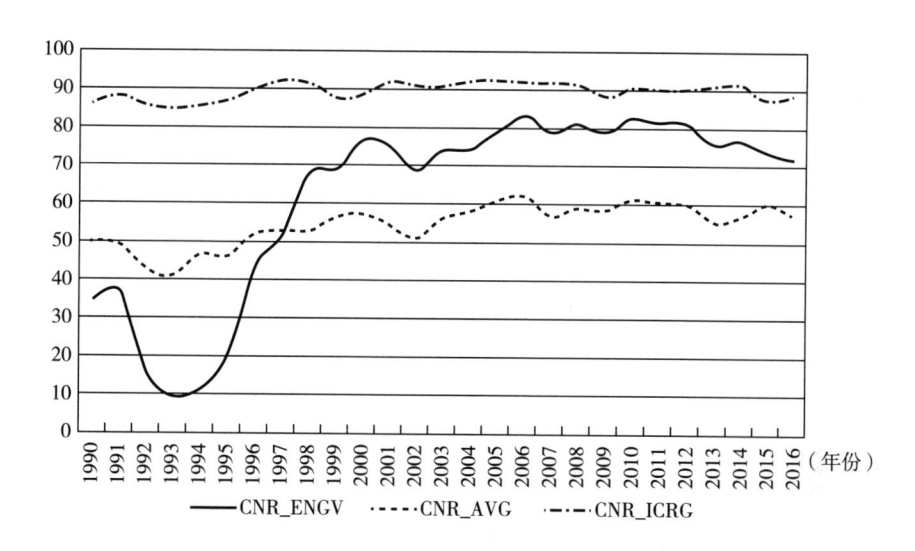

附图 21　挪威综合风险指数历史趋势

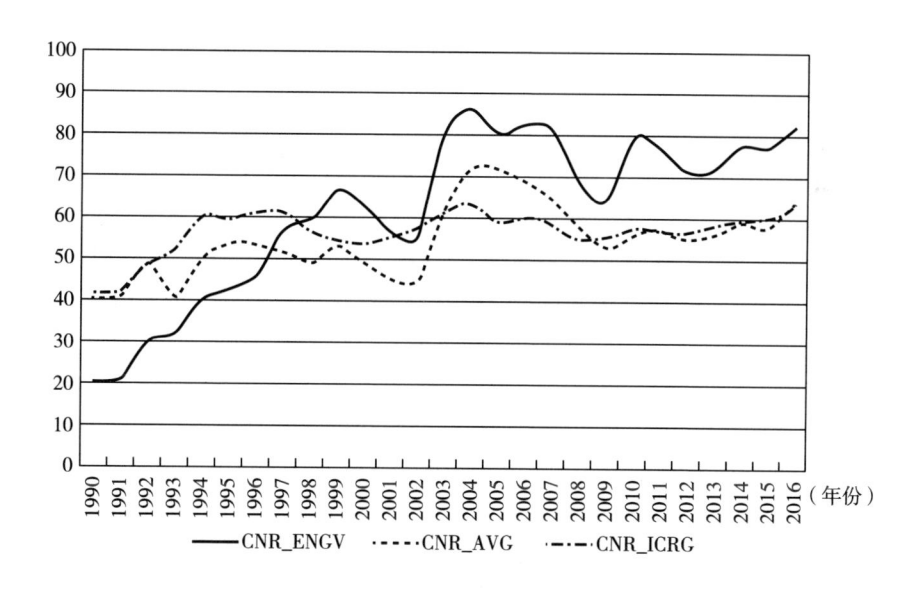

附图 22　巴基斯坦综合风险指数历史趋势

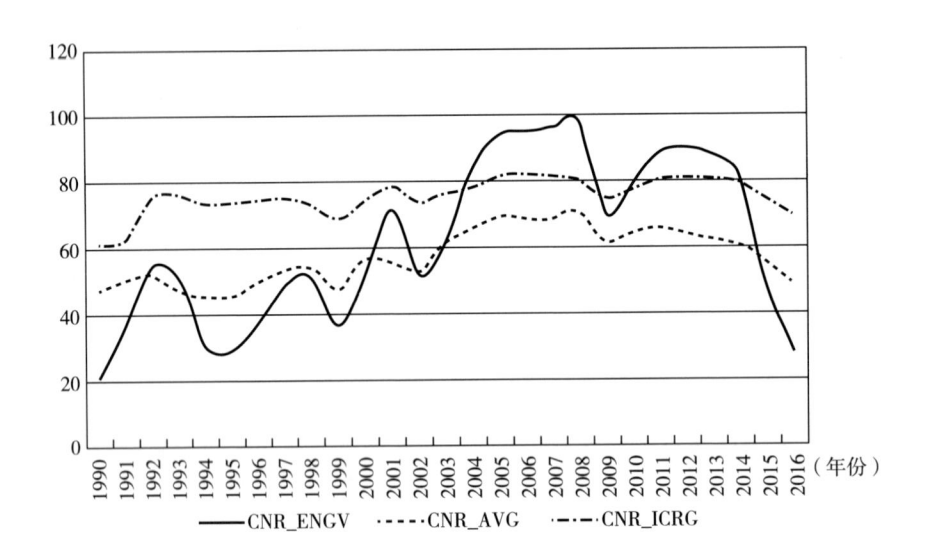

附图23　沙特阿拉伯综合风险指数历史趋势

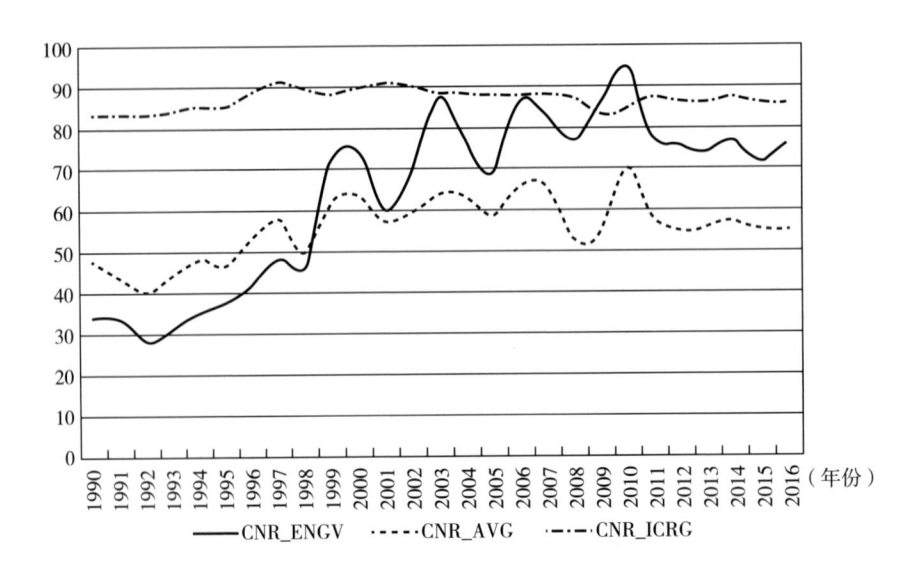

附图24　新加坡综合风险指数历史趋势

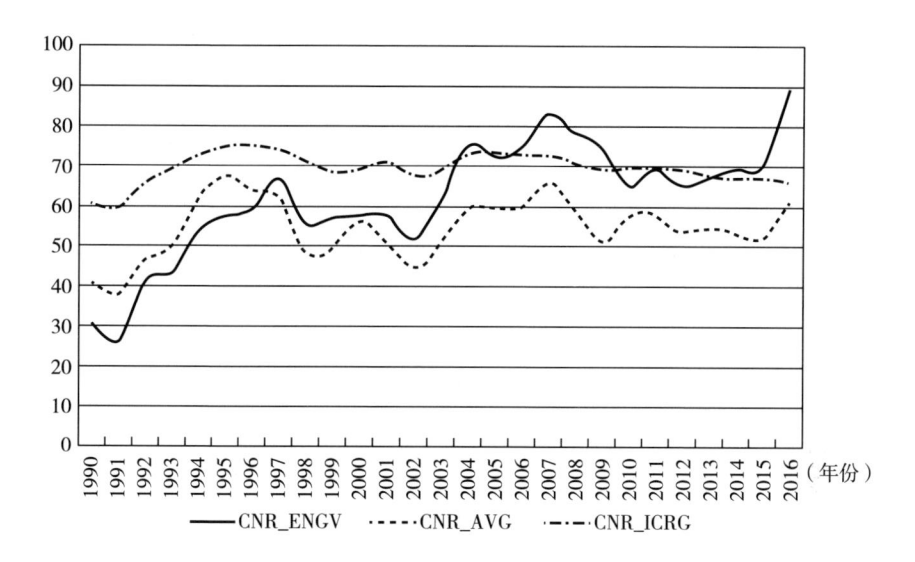

附图 25　南非综合风险指数历史趋势

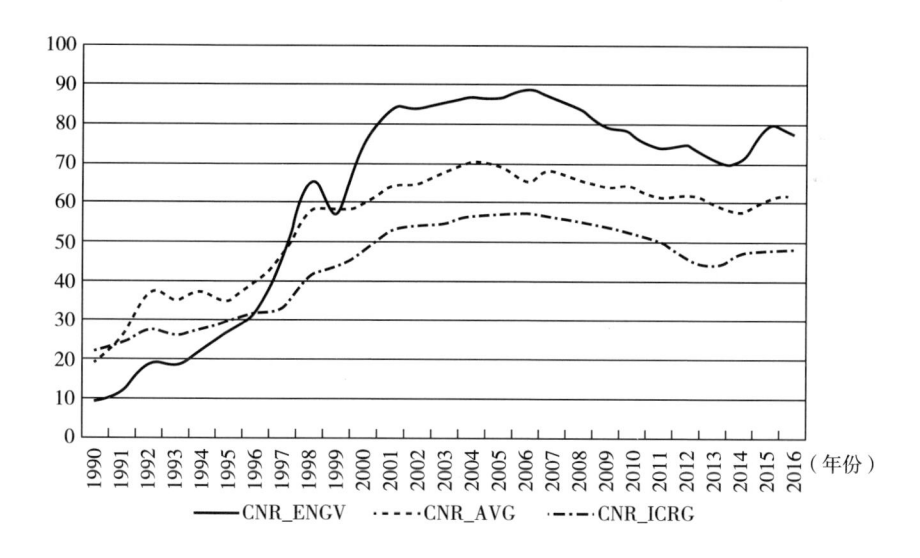

附图 26　苏丹综合风险指数历史趋势

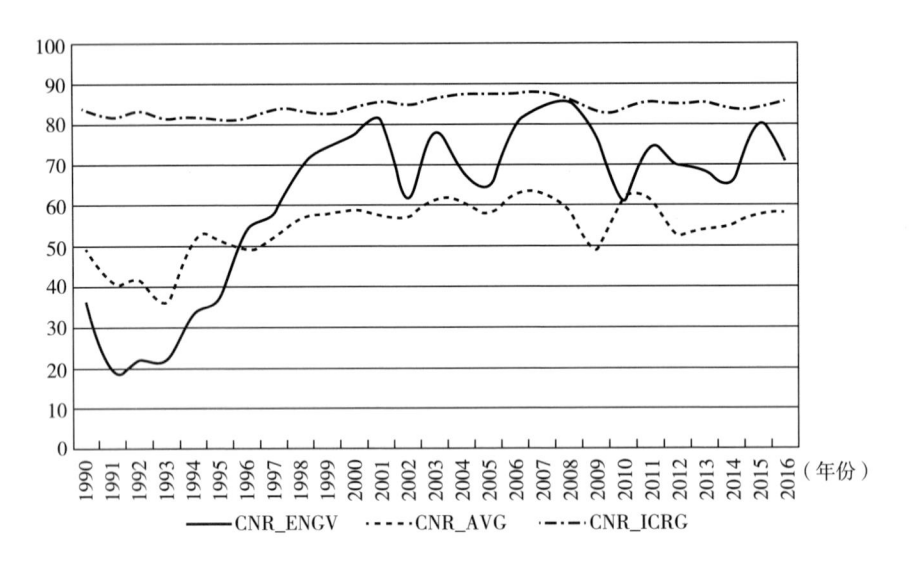

附图27　瑞典综合风险指数历史趋势

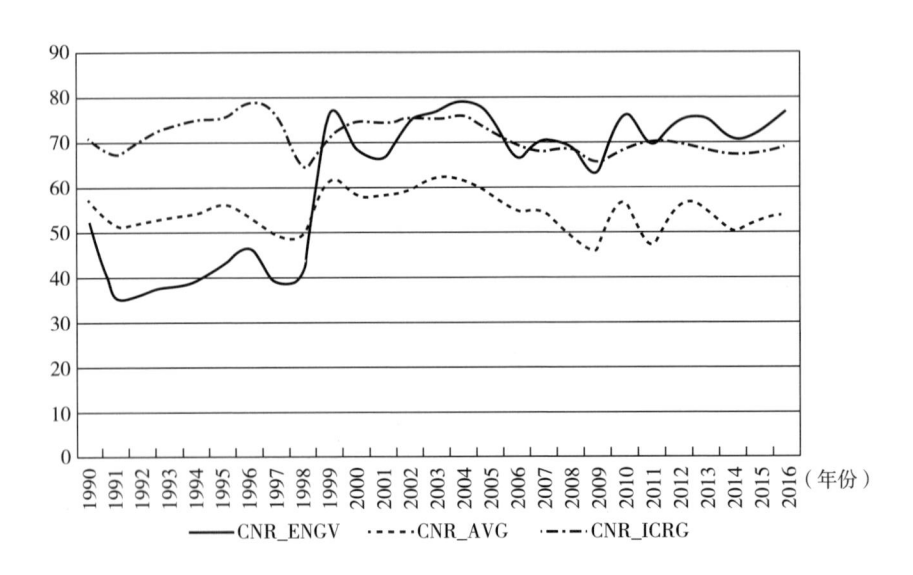

附图28　泰国综合风险指数历史趋势

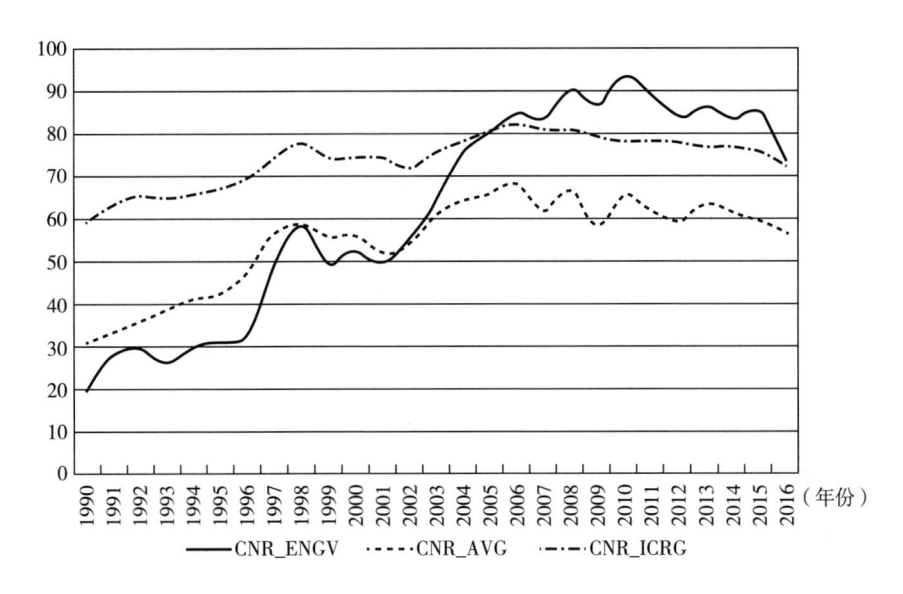

附图 29 特立尼达和多巴哥综合风险指数历史趋势

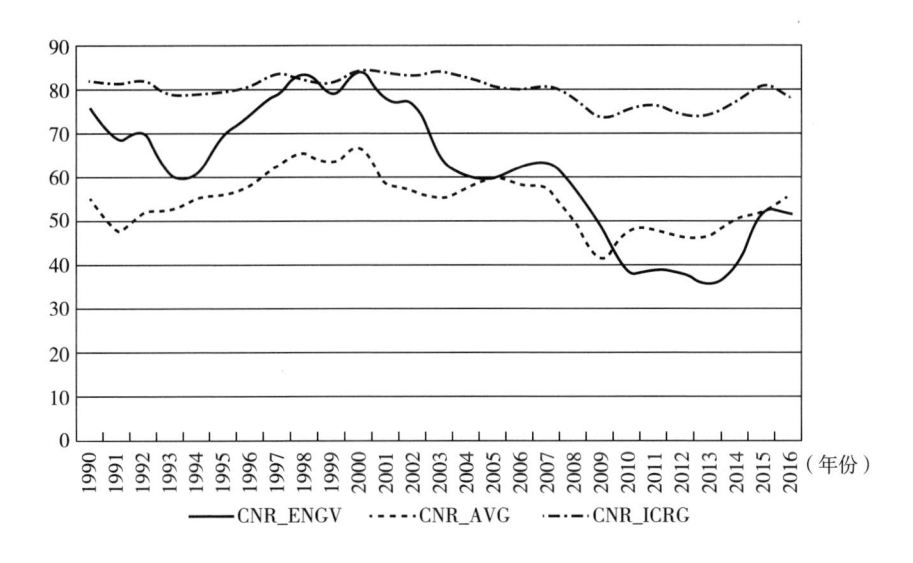

附图 30 英国综合风险指数历史趋势

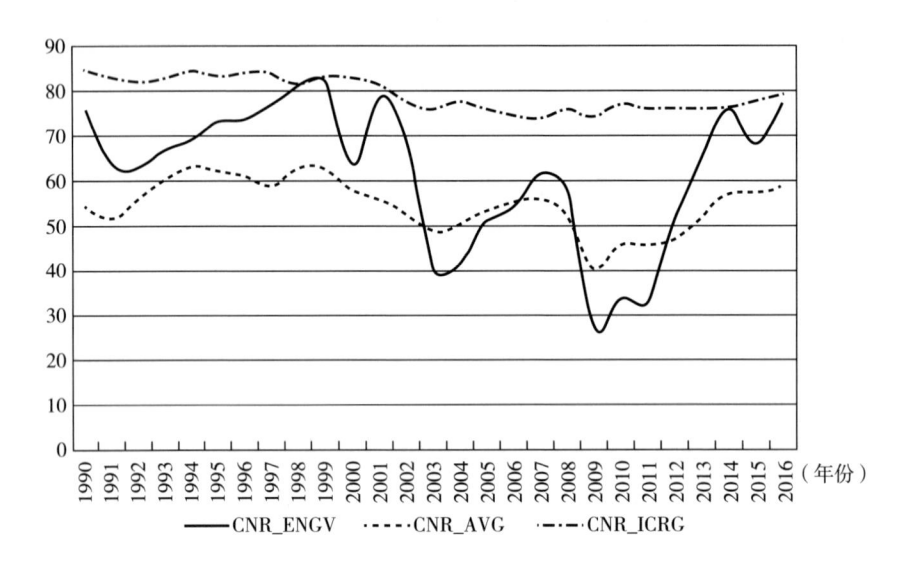

附图 31　美国综合风险指数历史趋势

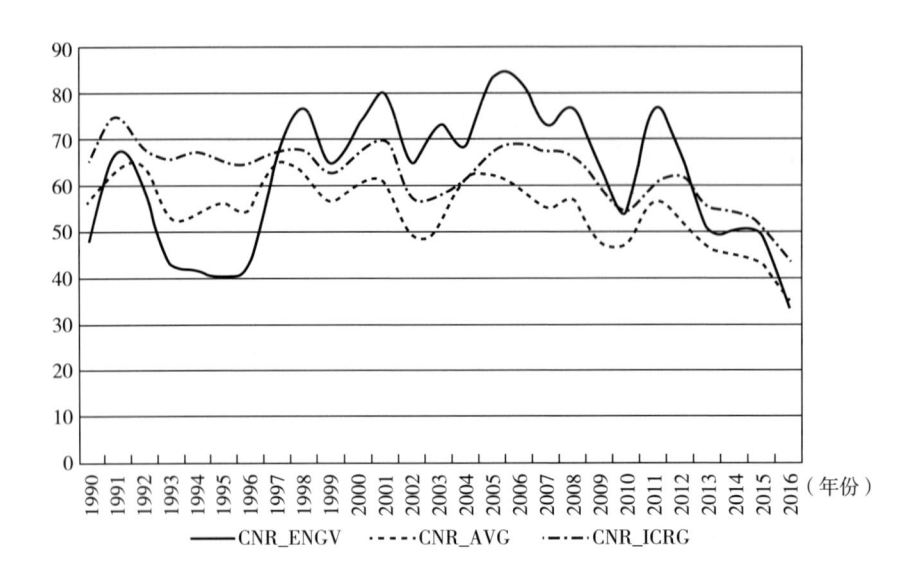

附图 32　委内瑞拉综合风险指数历史趋势

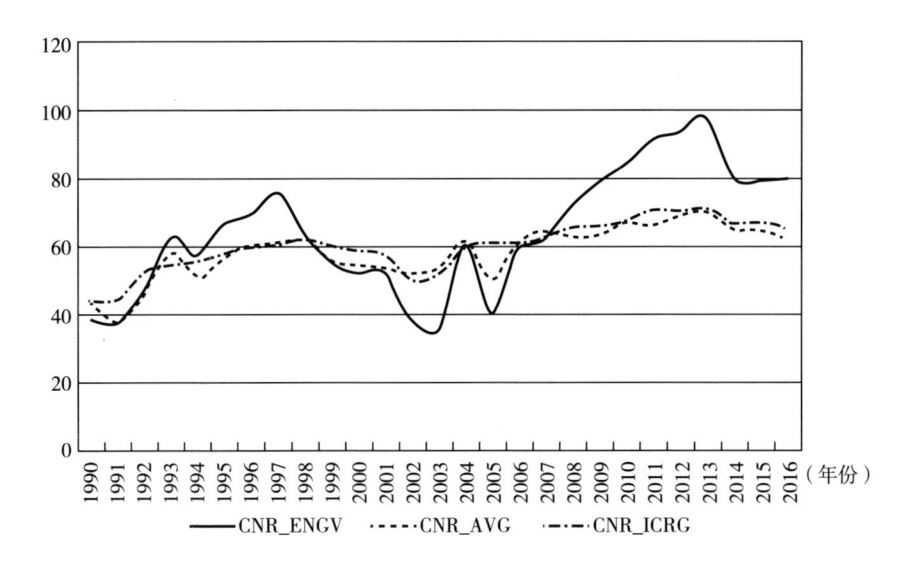

附图 33　赞比亚综合风险指数历史趋势

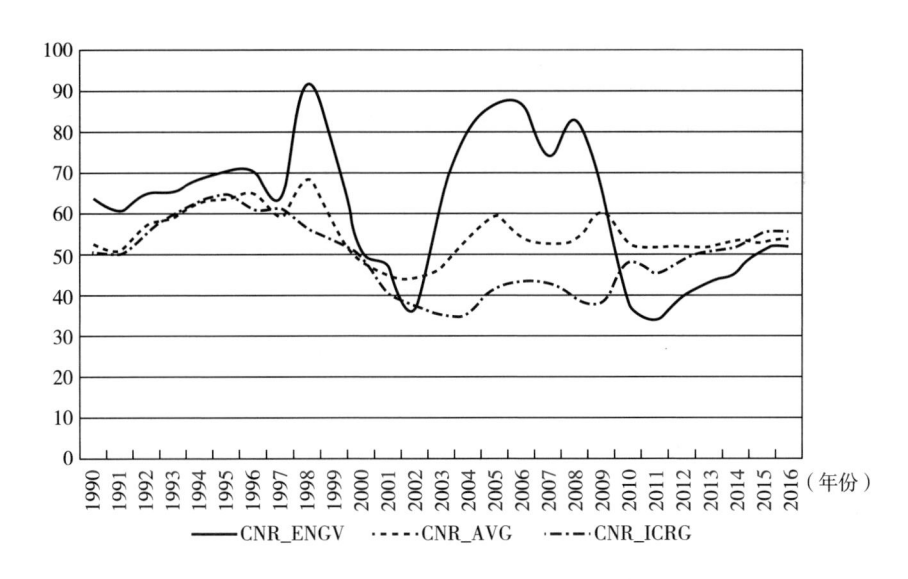

附图 34　津巴布韦综合风险指数历史趋势

## 三 附文

# 附文1 经济协同性阐释与描述

### 一 经济波动协同性概述

随着国际经贸合作的加深,国际和区域间的贸易和投资活动越来越频繁。[1] Dellas(1986)、Kouparitsas(2001)、Karry 和 Ventura(2000)等学者通过分析英美德日四国、七国集团和 OECD 国家的经济周期发现,国家之间的确存在经济周期的共振现象和经济波动的传播行为。

宋玉华(2003)、(周阳敏,2005)[2]、刘崇仪(2006)和任志祥(2004)等国内学者也对经济周期的国际协同性作了深入研究。"协同性"其英文可为 Synchronization 或 Co-movement,但是前者翻译重在"同步性"(时间上的同步),第二种翻译重在"互动性"。在学界,对于经济波动"协同性"的界定存在明显分歧。刘崇仪(2006)把协同性界定为"一定的时期内,各国经济周期循环阶段在方向和波动幅度上表现出一致性",即协同性等同为同步性或一致性。[3] 任志祥(2004)[4] 认为,经济波动的协同性和经济周期的同步性是经济周期表现出来的两个不同方面。协同性是经济体间经济波动表现出来的互动表现(Co-movement)[5];同步性是指经济体之间经济波动由于内在机制而出现的同频波动现象(Synchronization)。

张兵(2002)认为经济周期的同期性(同步性)是经济波动在时间上接近,波动进程基本一致,时间、波幅和波长有所重合。王悦(2007)将经济体之间的经济波动同步性定义为:"两个经济时间序列有较强的正的相关性,且二者的变动几乎是同期的,即其超前和滞后关

---

[1] 宋玉华等:《世界经济周期的协同性与非协同性研究综述》,《经济学动态》2003年第12期。
[2] 周阳敏:《世界经济博弈周期》,中国经济出版社2005年版,第32—35页。
[3] 刘崇仪:《经济周期论》,人民出版社2006年版,第134页。
[4] 任志祥:《中国经济波动与世界经济周期的协同性研究》,博士学位论文,浙江大学,2004年。
[5] 前文提到,周阳敏(2005)把 Co-movement 翻译为中文的"同步性",而用"协同性"来表示 Synchronization 的中文含义。

系在三期以内,一般来说,经济时间序列之间的相关性越强,则其同步性就越强。"

Stock 和 Watson(2005)把经济波动协同性理解为经济波动相关性(Correlation),他们通过 G7 经济体为研究对象通过相关性实证分析来测度不同国家之间的经济协同水平。Backus、Kehoe 和 Kydland(1992)在研究中接受了基于相关性来研究国际经济波动协同性的方法,并把这种相关性分为强相关、较强相关、弱相关和不相关。

基于学者的研究和本书的研究语境,我们认为经济周期协同性是指,在经济全球化背景下,随着国际贸易、国际投资和国际经济政策协调不断加深,国际经济依存度、经济同步性和同时性越来越高,不同经济体之间出现相似、同步或关联的经济周期波动的现象。本书重点关注国际经济波动的同步(Synchronization)、互动(Co-movement)和相关性(Correlation)。具体而言,是指两个或两个以上经济体的经济波动轨迹在趋势、时间、波幅、波长方面是否具有相同或相似的趋势。

经济周期的协同性是科技发展和经济全球化不断深化的必然结果。经济周期同步性导致跨国公司在多个国家同时面临经济衰退、市场疲软和不利政策的风险。这些国家可能包括:第一,经济同质度高的国家,如欧洲、英国、美国和日本。第二,地缘政治关系很近的国家,如北美自由贸易区成员国家(美国、加拿大和墨西哥)或东盟(东南亚诸国)等。第三,经贸合作很深伙伴国,如中国与美国,中国与东盟等。第四,地缘经济关系很近的国家,如北美自由贸易区、欧盟和东盟等经济联盟的各缔约国。当某一国经济出现危机或进入衰退期,其他国家将通过贸易、投资和财政货币政策等传导机制很快被感染而堕入衰退。

## 二 经济波动协同性表象

笔者将利用 Stock 和 Watson(2005)的方法,基于国际与区域间的经济波动指数相关水平来衡量国家间经济波动的协同水平。笔者将选取本书研究的部分样本国家,比较其经济波动趋势,探讨国际和区域经济波动的协同特征。[①]

---

① 本节的经济波动指数原始数据来源于国际货币基金组织和 BNER 等在线数据库,指标选取说明及理由见表 3-2,经济波动指数基于原数据的主成分分析所得。

（1）发展中国家经济波动的协同性。以非洲阿尔及利亚、刚果（金）、加纳和赞比亚为例（见附文图1），四国经济波动指数的趋势显示出很明显的协同关系，四者"两两相关"的系数均在0.75以上，为强相关。除此之外，非洲四国与印度也表现出很强协同水平，相关系数达到0.70以上。

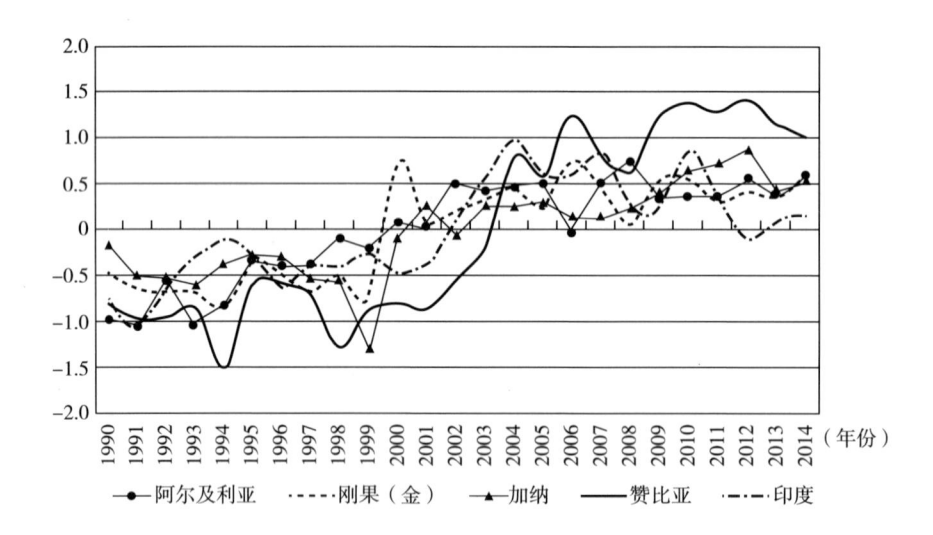

**附文图1　部分发展中国家经济波动指数的趋势比较**

资料来源：原数据来自UNCTAD在线数据库，经笔者计算并绘制所得。

（2）发达国家经济波动的协同性。附文图2显示，挪威、瑞典、加拿大和韩国之间相关系数达到0.76以上。尤其是挪威和瑞典经济波动指数的相关系数非常接近1.0，趋势几乎完全重合，达到完全协同。1990—2014年新加坡、英国、荷兰、法国、德国五国经济波动指数的"两两相关"的系数均大于0.75，平均接近0.8，而且协同趋势不断增强（见附文图3）。

（3）发展中国家与发达国家经济波动的协同性。统计趋势图（见附文图4）显示，阿尔及利亚、阿根廷、巴西三个发展中国家与澳大利亚、德国和法国之间经济波动指数的趋势比较显示，发展中国家与发达国家之间存在经济波动的协同性。这6个国家"两两之间"的相关系数均大于0.45，平均超过0.6。

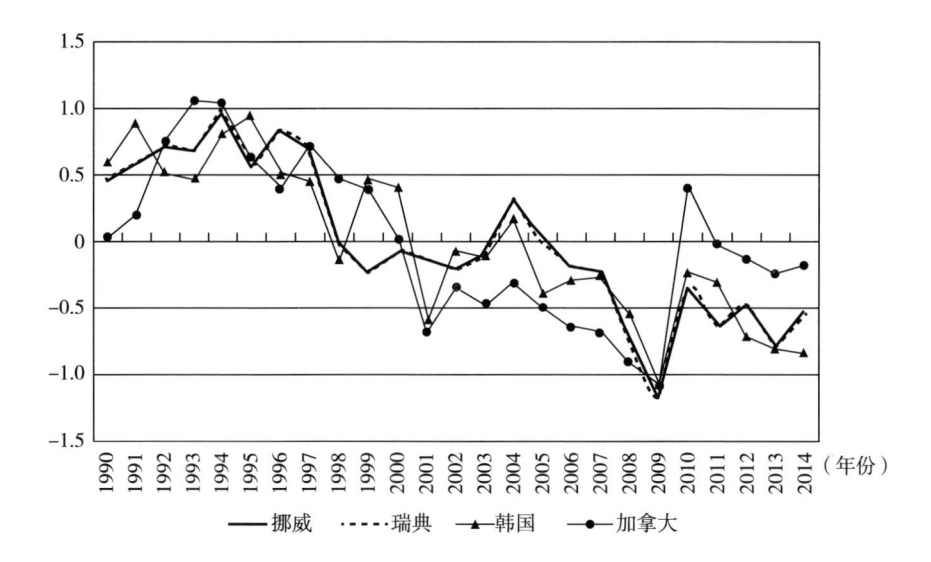

**附文图 2　部分发达国家经济波动指数的趋势比较（1）**

资料来源：原数据来自 UNCTAD 在线数据库，经笔者计算并绘制所得。

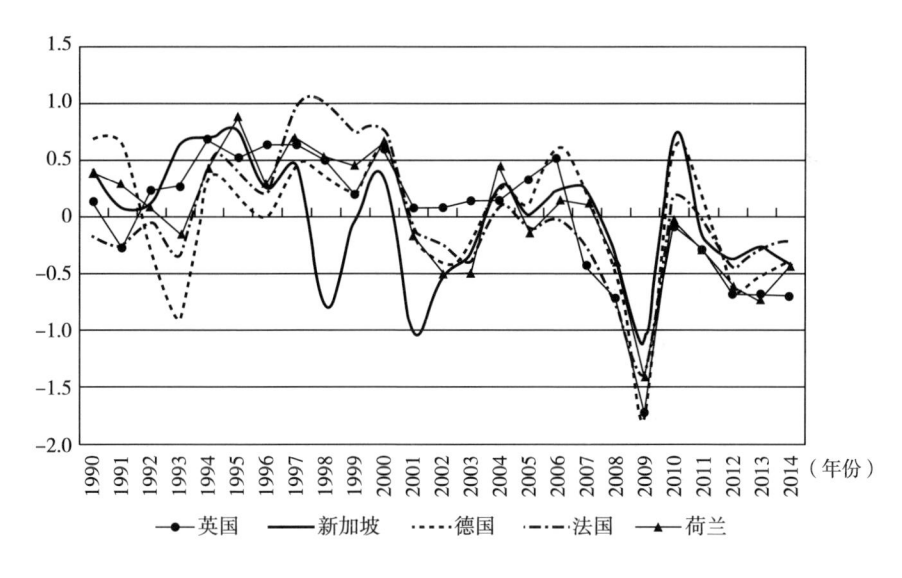

**附文图 3　部分发达国家经济波动指数的趋势比较（2）**

资料来源：原数据来自 UNCTAD 在线数据库，经笔者计算并绘制所得。

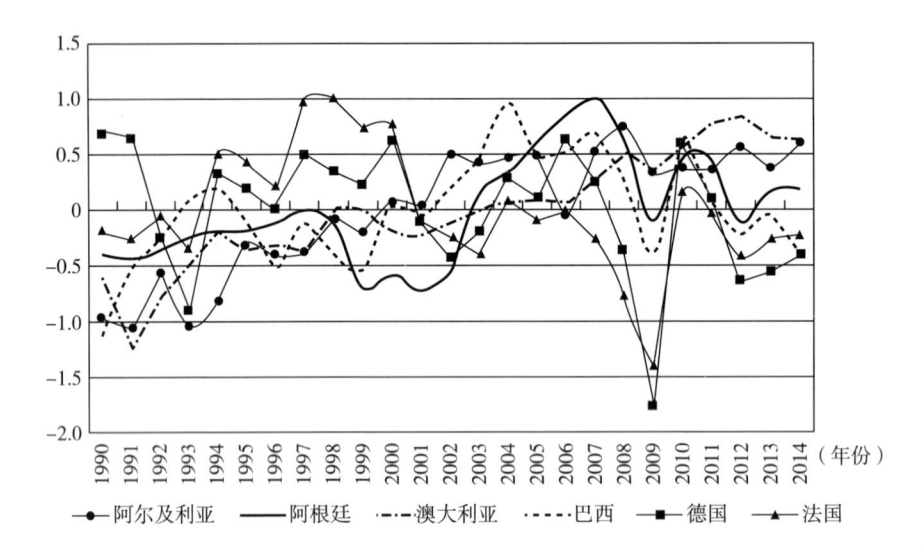

**附文图4　部分发展中国家和发达国家经济波动指数的趋势比较**

资料来源：原数据来自 UNCTAD 在线数据库，经笔者计算并绘制所得。

（4）经济联盟内部的经济波动的协同性。统计趋势（见附文图5）显示，以欧盟28国平均及法国、意大利等六国的协同性在1971—1993年长期内经济波动趋势相似，欧盟正式诞生之后（1993—2014年）经济波动协同性显著提高，各国基本上围绕欧盟总体经济波动指数的趋势呈小幅浮动。北美自由贸易区（NAFTA）呈同样趋势，三国由于地缘关系，在缔约协议之前经济波动存在明显的同步性（见附文图6）。统计显示，1994—2014年美国、加拿大和墨西哥三国经济波动协同性显著提高，"两两之间"的相关系数均接近0.80，平均超过0.85，为强相关。

（5）中国与其他国家的经济波动的协同性。中国与其他样本经济体的经济波动指数趋势比较（见附文图7）显示，中国与印度、意大利等国在1971—2014年的经济同步性很高。改革开放之后，中国与法国、日本、美国、韩国等国经济波动的协同趋势越来越显著。

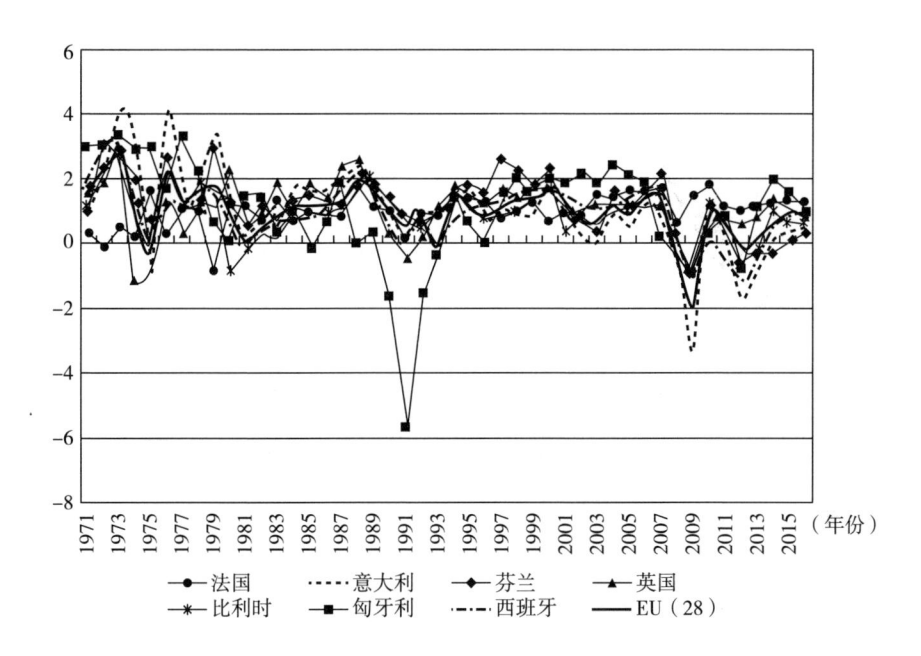

**附文图 5　欧盟 28 国与欧盟部分国家的经济波动指数趋势比较**

资料来源：原数据来自 UNCTAD 在线数据库，经笔者计算并绘制所得。

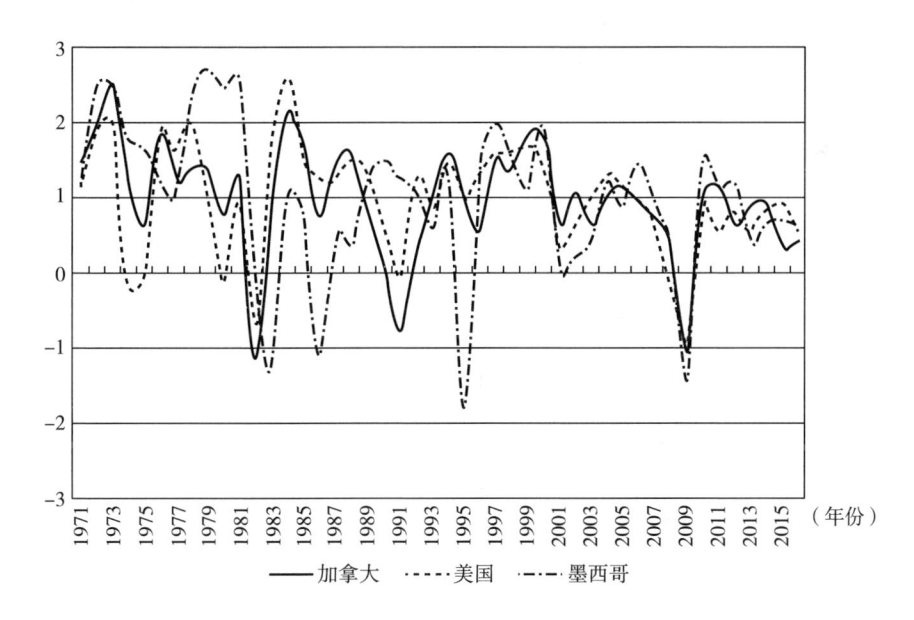

**附文图 6　北美自由贸易区的经济波动指数趋势比较**

资料来源：原数据来自 UNCTAD 在线数据库，经笔者计算并绘制所得。

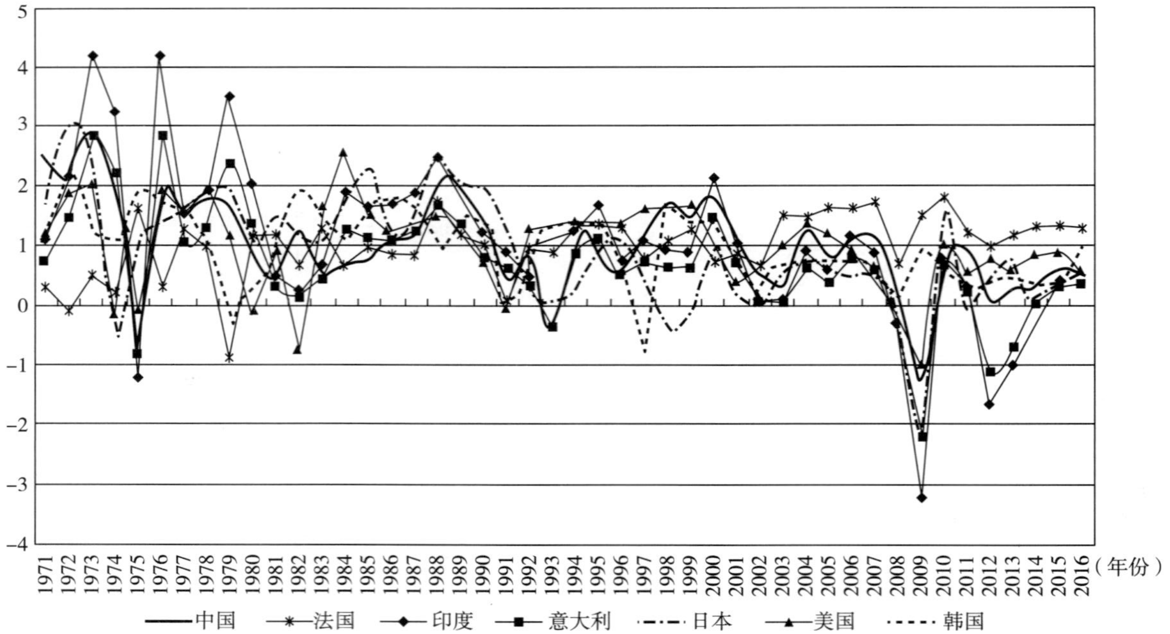

附文图 7 中国与部分其他经济体的经济波动指数趋势比较

资料来源：原数据来自 UNCTAD 在线数据库，经笔者计算并绘制所得。

## 附文 2　技术分类和技术转移

### 一　技术分类

大型跨国公司拥有绝大多数全球专利技术，这些技术对企业价值是不同的。为了论证方便，我们把企业技术分为五类：成长型新技术、成熟型高盈利型技术、成熟型中盈利型技术、老化型低盈利技术和老化非盈利技术。成长型新技术是刚脱胎于技术研发并被应用于企业生产的新技术，为企业最新技术和企业中短期竞争优势支撑；成熟型高盈利型技术为在成熟运用并创造高利润，企业外部存在相对可替代技术；成熟盈利技术是指处于成熟期但仍然有较高盈利能力的技术，企业外部同等技术增多，可替代性增大；老化低盈利技术是指有一定盈利能力，但已经过时且创利能力不高的技术；老化非盈利技术是企业拟淘汰的技术。

### 二　技术转移

技术转移包括企业内部技术转移和技术向外部转移。前者指企业母公司与子公司或子公司之间的技术转移，内部转移不涉及技术都有权转让和泄密；后者指公司把技术所有权或使用权转让给外部企业。总体而言，技术转移是指技术在空间位置、所有权或使用权方面的变化，企业内部技术转移只涉及空间转移，其意义在于技术内部推广、规避市场风险或强化区域竞争，它不涉及使用权或所有权对外让渡；外部技术转移的目的是分散技术研发风险、技术—市场互换、技术—技术互换、产业转移或技术淘汰。

技术转移包含技术转让和技术贸易两类基本方式，本书主要指国际技术转移和国际技术贸易。所谓国际技术转移（International Technology Transfer）是指跨越国境的技术转让行为。广义的国际技术转让是技术在国际不同机构之间或同一机构内部任何形式使用权和所有权转让。在国际技术转让中，按一般商业条件，通过一定方式，以不同国家的法人或自然人作为交易主体进行的有偿技术转让被称为国际技术贸易。国际技术贸易通常采用国际直接投资、许可证贸易等方式。[①] 无论采取何种贸易形式,国际商业性技术转移的根本目的是获得利润或规避风险,尤其是跨国公司为主体的技术转移。

---

[①] 饶友玲:《国际技术贸易》,南开大学出版社 2003 年版,第 4—5 页。

# 参考文献

白远：《中国企业对外投资的风险管理》，《国际经济合作》2005年第12期。

彼得·诺兰等：《全球商业革命》，《瀑布效应以及中国企业面临的挑战》，《北京大学学报》（哲学社会科学版）2006年第2期。

毕克新等：《外部技术获取对我国制造业技术创新的影响研究——基于创新投入产出视角》，《工业技术经济》2012年第11期。

曹松艳：《海外投资企业的风险控制与管理》，《山东冶金》2010年第4期。

曹征：《中国海外投资企业法律风险的实证研究——基于利益相关者治理的视角》，《财贸经济》2007年第8期。

陈菲琼等：《中国海外直接投资政治风险预警系统研究》，《浙江大学学报》（人文社会科学版）2012年第1期。

陈菲琼：《中国海外投资的风险防范与管理体系研究》，北京经济科学出版社2015年版。

陈立泰：《我国企业海外直接投资的风险管理策略研究》，《中国流通经济》2008年第7期。

陈仲洵：《多边投资担保机构和美国在华投资》，《中国社会科学》1992年第6期。

崔琪涌：《非同步经济周期下宏观经济政策的国际协调研究》，上海外国语大学出版社2018年版。

邓凯等：《略论"一带一路"安全保障机制的构建》，《当代经济》2017年第11期。

狄向华:《试析海外石油投资项目的决策风险控制》,《经济研究导刊》2012年第17期。

方英等:《政治风险对中国对外直接投资意愿和规模的影响——基于实物期权和交易成本的视角》,《经济问题探索》2015年第7期。

高蓉:《风险投资预警管理研究》,武汉大学出版社2007年版。

谷广朝:《中国企业"走出去"面临的风险及防范》,《国际经济合作》2007年第2期。

顾孟迪:《风险管理》,清华大学出版社2005年版。

韩师光:《中国企业境外直接投资风险问题研究》,吉林大学出版社2014年版。

胡兵:《人民币汇率与中国对外直接投资——基于跨国面板数据的实证分析》,《当代经济研究》2012年第11期。

黄曼行等:《FDI的新特点及发展趋势》,《哈尔滨商业大学学报》(社会科学版)2002年第7期。

姜青舫:《风险度量原理》,同济大学出版社2000年版。

蒋瑛:《国际投资》,四川大学出版社1995年版。

蒋瑛:《低于边际成本定价的再思考》,《价格理论与实践》2003年第8期。

蒋瑛:《跨国公司管理》,四川大学出版社2006年版。

蒋泽中:《企业收购与兼并》,中国人民大学出版社2004年版。

邝兵:《标准化战略的理论与实践研究》,武汉大学出版社2011年版。

李飞:《中央企业境外投资风险控制研究》,博士学位论文,财政科学研究所,2012年。

李建伟:《当前我国经济运行的周期性波动特征》,《经济研究》2003年第7期。

李天德等:《世界经济研究》,四川大学出版社2000年版。

李天德等:《中国内地与中国香港经济周期的区制状态及协同性分析》,《经济经纬》2007年第3期。

李天德等:《世界经济波动论》(1—4卷),科学出版社2012年版。

李晓等:《中国"一带一路"沿线投资的影响因素研究——基于投资引力模型的实证检验》,《东北师范大学报》(哲学社会科学版)2018年第12期。

李煜:《〈TBT协议〉下我国企业的标准化战略》,《南京财经大学学报》2008年第4期。

李岳丽:《标准化与差异化产品策略融合——以雀巢公司为例》,《经济视角》2011年第8期。

李正卫:《技术动态性、组织学习与技术追赶:基于技术生命周期的分析》,《科技进步与对策》2005年第7期。

刘红霞:《中国境外投资风险及其防范研究》,《中央财经大学学报》2006年第3期。

刘金全:《投资波动性与经济周期之间的关联性分析》,《中国软科学》2003年第4期。

刘军荣:《宏观经济波动对FDI流入量影响的实证分析》,《求索》2007年第1期。

刘军荣:《经济波动特征的考察与解释:1970—2010年》,《中国社会科学院研究生院学报》2013年第4期。

刘军荣:《战后美国经济周期再考察》,《财经理论与实践》2013年第5期。

刘旭友等:《基于模糊层次(F-AHP)分析法的境外直接投资风险综合评价》,《社会科学家》2008年第12期。

马格瑞特·A.怀特等:《技术与创新的管理:战略视角》(英文版),电子工业出版社2007年版。

孟醒等:《社会政治风险与我国企业对外直接投资的区位选择》,《国际贸易问题》2015年第4期。

聂名华:《境外直接投资风险识别及其模糊综合评价》,《中南财经政法大学学报》2007年第2期。

潘素昆等:《中国企业技术获取型对外直接投资风险量化与评估》,《工业技术经济》2014年第12期。

彭迪云:《现代跨国公司成长的文化因素与跨文化管理》,《南昌大学学报》(社会科学版)2000年第4期。

彭光映等：《技术创新竞争力的新内涵及其借鉴与启示——基于发达经济体跨国公司全球技术竞争新视角的分析》，《科技进步与对策》2008 年第 2 期。

彭红枫：《汇率对 FDI 的影响：基于实物期权的理论分析与中国的实证》，《中国管理科学》2011 年第 4 期。

饶友玲：《国际技术贸易》，南开大学出版社 2003 年版。

邵予工等：《基于国际生产折衷理论的对外直接投资项目投资风险研究》，《软科学》2008 年第 9 期。

苏柏成：《文化差异对外商在华直接投资的影响》，《黑龙江对外经贸》2011 年第 11 期。

孙新雷等：《论企业竞争方式及其选择》，《郑州大学学报》2001 年第 11 期。

王海军：《国家经济风险与 FDI——基于中国的经验研究》，《财经研究》2011 年第 10 期。

王红蕾等：《国家风险测评方法研究》，《经济经纬》2008 年第 3 期。

王永中等：《中国对拉美直接投资的特征与风险》，《拉丁美洲研究》2018 年第 3 期。

韦军亮等：《政治风险对中国对外直接投资的影响——基于动态面板模型的实证研究》，《经济评论》2009 年第 4 期。

文中发等：《跨国并购与经济周期相关性的实证分析》，《统计与决策》2008 年第 19 期。

肖政等：《影响外商直接投资的因素：兼论中国沿海与西部地区差别》，《世界经济》2001 年第 3 期。

熊小奇：《海外直接投资风险防范》，经济科学出版社 2004 年版。

徐莉：《中国企业对外直接投资风险影响因素及控制策略研究》，博士学位论文，山东大学，2012 年。

徐涛：《经济全球化背景下美国跨国公司战略管理研究》，博士学位论文，武汉大学，2005 年。

许陈生：《中国外商直接投资进入模式选择影响因素研究》，博士学位论文，暨南大学，2005 年。

薛求知等:《跨国公司技术研发与创新的范式演进》,《研究与发展管理》2006年第12期。

杨娇辉等:《破解中国对外直接投资区位分布的"制度风险偏好"之谜》,《世界经济》2016年第11期。

杨纶标等:《模糊数学——原理及应用》,华南理工大学出版社2002年版。

杨清等:《中国跨国公司成长的客观条件分析》,《中国软科学》2003年第9期。

姚凯、张萍:《中国企业对外投资的政治风险及量化评估模型》,《经济理论与经济管理》2012年第5期。

尹晨等:《"一带一路"海外投资风险及其管理》,《复旦学报》(社会科学版)2018年第2期。

张金杰:《国家风险的形成、评估及中国对策》,《世界经济与政治》2008年第3期。

张守凤:《基于超竞争环境下的企业柔性战略研究》,博士学位论文,武汉理工大学,2005年。

朱孟楠等:《我国主权财富基金投资:风险识别与风险评估体系设计》,《经济学家》2011年第11期。

朱兴龙:《中国对外直接投资的风险及其防范制度研究》,博士学位论文,武汉大学,2016年。

邹玉娟等:《我国对外直接投资与技术提升的实证研究》,《世界经济研究》2008年第5期。

Aizenman J. , Marion N. , "The merits of horizontal versus vertical FDI in the presence of uncertainty", *Journal of International Economics*, No. 62, 2004.

Arslana A. and Larimoa J. , "Greenfield Investments or Acquisitions: Impacts of Institutional Distance on Establishment Mode Choice of Multinational Enterprises in Emerging Economies", *Journal of Global Marketing*, No. 24, 2011.

Bala Ramasamy et al. , "China's outward foreign direct investment: Location choice and firm ownership", *Journal of World Business*, No.

47, 2012.

Blonigen B. A., "A review of the empirical literature on FDI determinants", *Atlantic Economic Journal*, No. 33, 2005.

Buckley et al., "The determinants of Chinese outward foreign direct investment", *Journal of International Business Studies*, Vol. 38, No. 4, 2007.

Bulligan G., "Synchronisation of Cycles: A Demand Side Perspective, Paper presented at the Research Conference Growth and cyclical Asymmetries between Germany, France and Italy", organised by the Banque de France, June 2005.

Busse M. and Hefeker, C., "Political Risk, Institutions and Foreign Direct Investment", *European Journal of Political Economy*, No. 23, 2007.

Cai K. G., "*Outward foreign direct investment: A novel dimension of China's integration into the regional and global economy*", *The China Quarterly*, No. 160, 1999.

Chakrabarti A., "The determinants of foreign direct investment: Sensitivity analyses of cross–country regressions?", *Kyklos*, Vol. 54, No. 1, 2001.

Changhai Wang et al., "Study on China's outward FDI", *Procedia Environmental Sciences*, No. 12, 2012.

Chen G., et al., "Does the type of ownership control matter? Evidence from China's listed Companies", *Journal of Banking & Finance*, Vol. 33, No. 1, 2009.

Doumpos M. and Zopounidis C., "Assessing financial risks using a multicriteria sorting procedure: The case of country risk assessment", *Omega*, Vol. 29, No. 1, 2000.

Doumpos M. and Zopounidis C., "On the Use of a Multicriteria Hierarchical Discrimination Approach for Country Risk Assessment", *Journal of Multi–criteria Decision Analysis*, Vol. 11, No. 4–5, 2002.

Dunn J., *Managing International Risk.*, New York: Cambridge University Press, 1983.

Erb C. B. and Harvey C. R., "Political Risk, Economical Risk and Financial Risk", *Financial Analysts' Journal*, Vol. 52, No. 6, 2003.

Gaur A. S. and Lu J. W. , "Ownership Strategies and Survival of Foreign Subsidiaries: Impacts of Institutional Distance and Experience", *Journal of Management*, No. 33, 2007.

Glambosky et al. , "Political Risk and Purchases of Privatized State – Owned Enterprises", *Financial Review*, No. 45, 2010.

Harms et al. , "Do Civil and Political Repression Really Boost Foreign Direct Investment?", *Economic Inquiry*, Vol. 40, No. 4, 2002.

Hubbard R et al. , "Precautionary Saving and Social Insurance", *Journal of Political Economy*, Vol. 103, No. 4, 1995.

Jansen and Stokman, "Foreign Direct Investment and International Business Cycle Co – Movement", *ECB Working Paper*, No. 401, 2004.

Jing Han et al. , "China's ODI Motivations, Political Risk, Institutional Distance and Location Choice", *Theoretical Economics Letters*, No. 4, 2014.

Kosmidou et al. , "Country Risk Evaluation – Methods and Application", Vol. 15, Springer, 2008.

Kaminsky G. and Schmukler S. L. "Emerging market instability: Do sovereign ratings Affect Country Risk and Stock Returns?", *World Bank Economic Review*, No. 16, 2002.

Kou et al. , "Discovering credit cardholders' behavior by multiple criteria linear programming", *Annals of Operations Research*, No. 135, 2005.

Krifa – Schneider et al. , "Business Climate, Political Risk and FDI in Developing Countries: Evidence from Panel Data", *International Journal of Economics and Finance*, No. 2, 2010.

Li, Quan and Adam Resnick, "Reversal of Fortunes: Democratic Institutions and Foreign Direct Investment Inflows to Developing Countries", *International Organization*, Vol. 57, No. 1, 2003.

Lipsey R. E. , "Defining and measuring the location of FDI output", *Working Paper* No. 12996. NBER, 2007.

Marin D. and Schnitzer M. , "The economic institution of international barter", *Economic Journal*, No. 112, 2002.

Michael G and Plummer et al., "Bond market development and integration in ASEAN", *International Journal of Finance & Economics*, No. 2, 2005.

Miller et al., "A Framework for Integrated Risk Management in International Business", *Journal of International Business Studies*, Vol. 23, No. 2, 1992.

Modigliani and Franco, "The Monetary Mechanism and Its Interaction with Real Phenomena", *The Review of Economics and Statistics*, Vol. 45, No. 1, 1963.

Mundell and Robert A., "Inflation and Real Interest", *Journal of Political Eeonomy*, Vol. 71, No. 6, 1963.

N Salidjanova, "Going Out: An Overview of China's Outward Foreign Direct Investment", *USCC Staff Research Report*, 2011.

Noh-Sun Kwark, "Default Risks, Interest Rate Spreads, and Business Cycles: Explaining the Interest Rate Spread as A Leading Indicator", *Journal of Economic Dynamics & Control*, No. 26, 2002.

Nunn N., "Relationship-specificity, incomplete contracts and the pattern of trade", *Quarterly Journal of Economics*, Vol. 122, No. 2, 2007.

Ram M. and Pietro N., "Political Tradition, Political Risk and Foreign Direct Investment in Italy", *Management International Review*, No. 43, 2003.

Romer and Chlistina D., "The Great Crash and the Onset of the Great Depression", *Quarterly Journal of Eeonomics*, Vol. 105, No. 8, 1990.

Russ et al., "The Endogeneity of the Exchange Rate as a Determinant of FDI: A model of Entry and Multinational firms", *Journal of International Economics*, No. 71, 2007.

Sami et al., "Impact of Exchange Rate Volatility on Foreign Direct Investment: A Case Study of Pakistan", *Pakistan Economic and Social Review*, No. 50, 2012.

Svaleryd and Vlachos J., "Financial Markets, the Pattern of Industrial

Specialization and Comparative Advantage: Evidence from OECD Countries", *European Economic Review*, No. 49, 2005.

Waldkirch A., Vertical FDI? A host country perspective. Working paper. *Department of Economics*, Colby College. 2006.

Wang et al., "Expatriate Utilization and Foreign Direct Investment Performance: The Mediating Role of Knowledge Transfer", *Journal of Management*, No. 35, 2009.

Yi. Qiu, "Analysis on Chinese Outward Foreign Direct Investment", *Commercial Economies*, No. 4, 2009.

Yothin Jinjarak, "Foreign direct investment and macroeconomic risk", *Journal of Comparative Economics*, No. 35, 2007.